Web Programming
웹 프로그래밍

이용규 · 김신우 · 박성은 지음

생능출판

웹은 월드와이드웹(World Wide Web)의 약자로서 하이퍼텍스트 문서를 인터넷을 통해 제공하는 시스템이다. 웹 프로그래밍이란 웹에서 동작하는 프로그램을 작성하는 것으로 여러 가지 언어들이 사용된다. 웹 페이지 작성을 위해서는 마크업 언어가 사용되고, 클라이언트에서 실행되는 프로그램을 위해서는 클라이언트 사이드 언어가 이용되며, 서버에서 수행되는 프로그램을 위해서는 서버 사이드 언어가 활용된다.

구체적으로 살펴보면, 마크업 언어로 HTML, XML, SGML 등이 있으나 사용이 간편한 HTML이 주로 사용되며, HTML5가 새로운 표준으로 제정되는 과정에 있다. 이와 더불어 웹 페이지의 스타일 지정을 위해 CSS가 활용되는데, 기존 CSS2의 기능을 확장한 CSS3이 최근에 사용되고 있다. 한편 클라이언트 사이드 언어로는 JavaScript가 주로 이용되며, 서버 사이드 언어로는 JSP, ASP, PHP 등이 있으나, JSP가 점점 더 많이 활용되는 추세이다. 서버의 데이터베이스 처리를 위해서는 SQL이 사용된다.

이 책은 웹 페이지 작성을 위한 HTML, HTML5, CSS3, 클라이언트 사이드 프로그래밍을 위한 JavaScript, 서버 사이드 프로그래밍을 위한 JSP, SQL에 대해서 다룬다. 이 책은 한 권으로 최신 기술을 활용한 웹 페이지 작성과 프로그래밍이 가능하도록 각 부문별 대표적인 언어를 모두 포함하며, 이론과 실습을 겸비하도록 저술하였다. 따라서 초보 프로그래머라도 스스로 공부할 수 있으며, 대학의 웹 프로그래밍 또는 인터넷 프로그래밍 과목의 교재로 적당하다고 판단한다.

웹 프로그래밍의 수요가 나날이 확대되는 시점에서 독자 여러분들 모두 이 책을 통해 훌륭한 웹 프로그래머로 성장하기를 바란다. 이 책이 나오기까지 W3C의 표준과 관련 문서들이 큰 도움이 되었으므로 W3C에 감사를 표한다. 그리고 예제의 실행 등에 도움을 준 동국대학교 컴퓨터공학과 데이터베이스 연구실의 대학원생들에게 고마움을 전하며, 책의 제작 과정에서 적극 협력해주신 생능출판사 여러분에게 감사를 드린다.

2013년 2월

저자 일동

차례

HTML

SQL

Chapter 01

HTML

웹 · 프 · 로 · 그 · 래 · 밍

01 HTML

CHAPTER

HTML의 기초에 대해서 살펴보고, HTML을 이용하여 웹 페이지를 작성하는 방법에 대하여 자세히 공부하도록 한다. 가장 기본적으로 사용되는 HTML 태그를 비롯하여, 프레임을 작성하는 방법과 폼을 만드는 방법을 익히고, 멀티미디어를 이용하는 방법도 배운다. 이 장에서는 HTML4.01 태그 위주로 공부한다.

1.1 HTML 기초

HTML의 개요에 대해 알아보고, 간단한 HTML 페이지를 작성하여 본다.

1.1.1 HTML 개요

HTML은 하이퍼텍스트(hypertext)라는 문서 형식을 사용함으로써, 문서 내의 단어나 그림을 마우스로 클릭하여 그것과 연결된 새로운 문서로 이동하게 하는 하이퍼링크(hyperlink) 기능을 제공하고 있으며, 텍스트 문서뿐만 아니라 사운드와 동영상 같은 멀티미디어를 웹에서 활용할 수 있도록 한다. 또한 HTML은 하이퍼텍스트 문서를 쉽게 작성할 수 있도록 간단한 작성 방법을 제공한다. 그러나 HTML로 표현할 수 있는 문서 형식에는 제한이 있으며 이러한 제약점을 해결하기 위하여 다양한 버전의 HTML이 등장하였다. HTML 파일은 일반 텍스트 문서와 같은 아스키(ASCII) 형식의 파일이며, 확장자는 .html 혹은 .htm이다.

HTML

HTML(HyperText Markup Language)은 웹에서 사용되는 하이퍼텍스트 문서(document) 또는 페이지(page)를 태그(tag)를 이용하여 작성하는 마크업(markup) 언어이다. HTML은 CERN(유럽 입자 물리 연구소)의 팀 버너스-리(Tim Berners-Lee)와 동료들에 의해 1990년부터 사용되기 시작하였으며, 지속적인 표준화 과정을 거쳐 1999년에는 HTML4.01이 W3C(World Wide Web Consortium)에 의해 표준으로 채택되었다. HTML을 만든 것은 웹에서 사용하는 문서의 표준 규격이 필요하였기 때문이며, 이를 위해 HTML은 새로운 언어를 정의할 수 있는 SGML(Standard Generalized Markup Language)의 DTD(Document Type Definition) 형식을 이용하여 정의되었다. 따라서 HTML의 문법에 맞게 문서를 작성한다면 사용하는 시스템에 관계없이 브라우저를 통하여 동일한 결과를 얻을 수 있게 되었다.

HTML은 문서의 구조와 내용 및 스타일을 표현할 수 있다. 즉 문서의 제목과 단락 등을 비롯하여 글자의 크기와 모양 등을 지정할 수 있다. 이러한 문서 형식을 지정하기 위해서 일종의 해석 기호인 태그(tag)를 이용하며, 태그들을 적절히 사용하여 효과적인 웹 문서를 제작할 수가 있다. 또한 하이퍼텍스트 형식의 HTML은 하이퍼링크를 이용하여 웹 상의 다른 문서로 이동할 수 있는 방법을 제공한다.

HTML은 최초 버전 1.0을 시작으로 버전 4.01까지 소개되었다. 하이퍼링크에 관한 규정을 담은 초기 HTML1.0을 비롯하여, HTML+, HTML2.0, HTML3.0, HTML3.2, HTML4.0, HTML4.01에 이르기까지 HTML은 빠른 속도로 발전하여 왔다.

HTML2.0

HTML2.0은 이전까지 사용되던 HTML을 1995년 최초로 표준화하였다는데 의의가 있다. 태그를 이용하여 문서 구조를 정의하도록 하며, 제목, 문단, 목록, 및 폼(form) 작성, 이미지 삽입, 하이퍼링크 등의 기능을 포함한다.

HTML3.2

HTML3.2는 1997년 표준화되었으며 기존의 HTML2.0에 명시된 기능 외에도 테이블, 프레임(frame), 첨자 표현 등을 추가하였으며 나아가 자바 애플릿을 웹 문서에서 사용할 수 있는 방법을 제공한다.

HTML4.01

HTML4.01은 1997년 표준화된 HTML4.0의 오류를 수정하여 1999년 표준화되었으며, CSS(Cascading Style Sheet)를 이용하여 색상과 폰트, 레이아웃(layout) 등의 스타일을 지정할 수 있다. 그리고 기존 HTML3.2의 테이블 및 프레임 기능을 확장하였고, 국제 표준인 UCS(Universal Multiple-Octet Coded Character Set) 문자 셋을 채택하였다. 또한 점자와 음성합성을 지원하며, 오른쪽에서 왼쪽으로 쓰는 우횡서 문서를 작성할 수 있도록 한다. 그 외에도 사운드와 동영상 같은 멀티미디어 요소를 웹 문서에 포함시킬 수 있을 뿐만 아니라, 스크립트 언어를 사용할 수 있는 기능을 제공한다.

HTML5

최근 웹의 진화로 인해 웹은 단순히 정보를 얻는 것에서 다양한 웹 애플리케이션을 실행하는 것으로 변화하고 있다. 기존의 HTML4.01은 이러한 기능을 구현하기 위해서 ActiveX나 플래시(flash) 같은 플러그인(plug-in) 형식의 프로그램을 따로 설치해야만 했다. 이를 극복하기 위해서 웹 브라우저 제작자들이 WHATWG(Web Hypertext Application Technology Working Group)라는 모임을 만들어 웹 애플리케이션을 쉽게 구현할 수 있는 새로운 HTML의 표준안을 만들기 시작하였다. 이후 W3C에서 이 모임을 흡수하여 본격적으로 HTML5 표준화 작업을 진행하여 2014년에 표준안이 확정되었다.

HTML5는 플러그인 프로그램의 설치 없이 동영상, 사운드, 그래픽 등 다양한 멀티미디어 콘텐츠를 구현할 수 있도록 기능이 강화되었고, 웹 애플리케이션 개발에 도움을 줄 다양한 API를 제공하고 있다.

웹과 관련된 문서 표준 언어

웹 문서 작성과 관련 있는 표준 마크업 언어들인 SGML(Standard Generalized Markup Language), XML(eXtensible Markup Language), XHTML(eXtensible HyperText Markup Language)에 대하여 살펴본다.

SGML

정보화 사회가 발전함에 따라 많은 사람들이 컴퓨터를 사용하게 되었으며, 문서 작성에 워드프로세서와 같은 다양한 문서 작성 도구들을 사용하게 되었다. 따라서 여러 가지 종류의 컴퓨터 시스템과 다양한 문서 작성 도구들이 개발되었는데, 이러한 문서 작성 도구에서 제작된 문서들은 해당 시스템과 도구에서 실행시켜야만 하였다. 예를 들어 윈도우 시스템에서 작성한 흔글 파일을 매킨토시 시스템의 Microsoft-Word에서 실행시켰을 경우 정확한 결과를 기대할 수가 없기 때문이다. 이와 같이 다양한 시스템과 프로그램에서 작성된 문서들이 서로 호환되지 않는다면 많은 불편을 초래하게 된다. 따라서 전문가들은 서로 다른 종류의 컴퓨터나 프로그램들 사이의 문서 교환을 위하여 연구를 하게 되었고, 그 결과 개발된 언어가 SGML이다.

SGML은 국제 표준기구인 ISO(International Standard Organization)에 의해 1986년 표준으로 채택되었다. SGML은 새로운 언어를 정의할 수 있는 메타언어(metalanguage)로서 DTD(Document Type Definition)에 의해 문서의 유형을 정의할 수 있다. 즉 DTD를 이용하면 문서에서 사용할 수 있는 태그의 집합을 정의할 수 있으며, 정의된 태그들을 이용하여 문서를 작성할 수 있다. HTML은 SGML의 이러한 기능을 활용하여 DTD로 정의되었다. SGML은 문법이 복잡한 단점을 갖고 있으므로 현재 HTML만큼 많이 사용되지는 않는다.

◉ XML

웹에서 사용되는 HTML은 편리하고 간단한 사용 방법을 갖고 있기 때문에 많은 사용자들을 확보할 수가 있었다. 그러나 HTML은 사용자들이 미리 정의된 고정적인 태그들만을 사용할 수 있도록 한다. 즉 사용자들은 새로운 태그들을 정의할 수가 없기 때문에, 특정 유형의 문서를 작성하기가 어렵다. 예를 들어 메모를 HTML 문서로 작성하더라도 다른 문서와 똑같은 태그를 사용할 수밖에 없다. 그러나 메모 문서에 <memo>, <from>, <to>라는 태그를 사용할 수 있다면, 의미적으로 보다 효과적인 문서 작성이 가능해진다.

이러한 상황은 전문가들로 하여금 새로운 대안을 모색하도록 하는 계기가 되었고, 그 결과 1998년 W3C에서 새로운 웹 표준 언어인 XML을 발표하게 되었다. XML은 사용법이 복잡한 SGML의 단점과 표현력이 부족한 HTML의 단점을 극복하고 SGML의 표현력과 HTML의 단순성 등 양자의 장점만을 취한 언어이다. 다시 말하면, 기존 SGML에서 자주 사용되지 않는 복잡한 부분을 제외하고 문서 작성에 필수적인 부분만을 선택한 SGML의 부분집합이다. 따라서 XML은 메타언어로서 SGML처럼 사용자 자신의 문서 유형을 정의할 수 있기 때문에 기존의 HTML에 비하여 무한한 확장성을 제공한다. 현재 웹에서 문서 작성에는 대부분 HTML을 이용하고 있지만, 웹의 데이터 표현 및 처리 분야에서는 XML의 이용이 크게 늘어나고 있다.

◉ XHTML

HTML은 다른 언어를 정의할 수 있는 메타언어(metalanguage)인 SGML에 의해 정의된 언어이다. XML이 표준화됨에 따라 HTML을 XML에 의해 다시 정의하려는 노력이 진행되었으며, 2000년에 XHTML1.0을 표준화하였다. HTML의 발전에 따라 XHTML의 표준화 작업이 계속되고 있으며, 2001년 XHTML1.1의 표준화에 이어 최근에는 HTML5에 맞추어 XHTML5의 표준화가 진행되고 있다.

웹 표준 기구

웹과 관련된 표준을 제정하는 국제기구가 W3C(World Wide Web Consortium)이다. 이 기구는 팀 버너스-리(Tim Berners-Lee)에 의해 1994년 설립되었으며, 앞에서 설명한 HTML, HTML5, XML, XHTML과 앞으로 배울 CSS, 그리고 이외에도 웹과 관련된 언어들의 표준화 작업을 수행하여, 그 결과를 표준으로 발표하고 있다. W3C의 홈페이지 주소는 www.w3.org이며, W3C의 표준과 표준화 작업에 관련된 다양한 정보를 얻을 수 있다.

1.1.2 HTML 문서의 구조

HTML은 태그(tag)를 이용하여 문서의 구성 요소(element)를 정의하는 언어이다. 본 절에서는 HTML 문서(페이지)의 기본 구조와 태그에 대하여 알아보고, 이것을 바탕으로 간단한 HTML 문서를 작성해 본다.

1.1.2.1 HTML 문서의 기본 구조

문서를 이루는 구성 요소를 정의하는 태그에 대하여 소개한다.

HTML의 태그

앞에서 설명한 바와 같이 HTML은 마크업(markup) 언어이며, 마크업 언어란 태그를 이용하여 문서의 구성 요소를 정의하는 언어이다. 따라서 HTML 문서 작성에 필수적인 요소는 태그라고 할 수 있다. HTML의 태그는 문서의 구조와 스타일을 표현하는 기호로, 브라우저에게 화면에 나타날 문서의 내용과 모양을 알려주게 된다.

태그는 '< >' 기호를 사용하여 표기한다. 태그를 작성하는데 있어서 알아야 할 몇 가지 규칙들을 살펴보자.

태그는 시작 태그와 종료 태그로 구성된다.

시작 태그 '< >'가 있다면 종료 태그 '</ >'가 나와야 한다. 단독으로 사용되는 태그는 시작 태그와 종료 태그를 겸하게 된다. HTML 문서에서 사용되는 태그 형식은 두 가지이며, 다음과 같다.

- 태그의 형식
  - <태그> 내용(content) </태그>
  - <태그>
- 태그의 예
  - <title> 문서의 제목 </title>
  -

HTML의 시작 태그부터 종료 태그까지를 HTML 요소(element)라고 하고, 태그 사이에 포함된 것을 내용(content)이라고 한다. 따라서 HTML 태그는 HTML 요소를 정의하는 기호라고 할 수 있다. 앞의 형식에서 단독으로 사용되는 태그는 빈(empty) 내용을 갖게 된다. 한편, HTML 태그는 HTML 요소에 대한 추가 정보를 제공하는 하나 이상의 속성과 함께 사용될 수 있다. 속성의 예는 곧 보게 된다.

태그를 중첩하여 사용할 수 있다.

HTML에서는 태그를 중첩하여 사용할 수 있다. 이때는 먼저 사용한 태그가 나중에 사용한 태그를 포함하도록 종료 태그를 순서에 맞추어 사용하여야 한다. 그렇지 않을 경우, 정확한 결과를 브라우저에서 기대할 수가 없게 된다. 다음은 이를 설명하고 있다.

- 태그의 올바른 중첩
  <center> <font size="2"> 올바른 태그 사용 </font> </center>

- 태그의 올바르지 못한 중첩
  <center> <font size="2"> 잘못된 태그 사용 </center> </font>

앞의 예에서 <font> 태그는 속성을 갖고 있다. 즉, 속성 size의 값으로 2를 배정하였다.

태그의 이름은 대소문자를 구별하지 않는다.

HTML에서 사용되는 태그는 대소문자를 구별하지 않는다. 즉
 이나 <br>, 혹은 <TITLE>이나 <title>은 같은 태그로 인식하게 된다.

연이은 여러 개의 공백문자들은 하나로 출력된다.

브라우저에서 문서를 출력할 때, 시작 태그와 종료 태그 사이에 연이어 입력된 여러 개의 공백문자들은 하나를 제외하고 모두 무시하게 된다. 다음 예를 살펴보자.

- 여러 개의 공백문자
  <p> 연이은   여러 개의   공백문자들 중 하나 외에는 무시된다. </p>

- 결과
  연이은 여러 개의 공백문자들 중 하나 외에는 무시된다.

앞의 예에서 연이은 여러 개의 공백문자들은 브라우저에서 하나의 공백문자로 보여주는 것을 알 수가 있으며, HTML 문서를 작성할 때 이 점을 유의해야 한다.

HTML 문서의 기본 구조

모든 HTML 문서는 머리(head)와 몸통(body)의 두 부분으로 구성된다. 다음은 HTML 문서의 기본 구조를 나타내고 있다.

• HTML 문서의 기본 구조

```
<html> ………………………………………………………… 문서의 시작
   <head> ……………………………………………………… 문서의 머리 부분
      <title> 문서의 제목 </title> ………………………… 문서의 제목
      <meta> …………………………………………………… 문서의 메타데이터
   </head>
   <body> ……………………………………………………… 문서의 몸통 부분
            문서의 내용
   </body>
</html> ………………………………………………………… 문서의 종료
```

HTML 문서 구조에서 <head> 태그의 머리 부분은 문서에 관한 여러 가지 정보를 요약한 부분이고, 그 안의 <title> 태그는 문서의 제목을 나타낸다. <body> 태그의 몸통 부분은 문서의 내용을 포함한다. 또한 HTML 문서는 항상 <html> 시작 태그로 시작하고 </html> 종료 태그로 마친다.

1.1.2.2 HTML 문서 작성

앞에서 살펴본 HTML 문서의 기본 구조를 바탕으로 간단한 예제를 작성하여 보자. HTML 문서는 보통 메모장과 같은 텍스트 에디터를 사용하는 방법, 흔글이나 워드에서 HTML 문서 변환 기능을 이용하는 방법, 또는 에디트플러스(EditPlus)와 같은 HTML 편집기를 활용하는 방법 등에 의해 작성될 수 있다. 여기서는 마이크로소프트 윈도우 시스템에서 기본으로 제공하고 있는 텍스트 에디터인 메모장을 이용하여 HTML 문서를 작성하고, 그 결과를 브라우저에서 확인하도록 한다.

HTML 문서 작성 예제

앞에서 배운 HTML 태그들을 이용하여 간단한 문서를 작성해 보자. 다음 예제는 <head> 요소와 <body> 요소를 갖고 있으며, <head> 요소에는 <title> 요소가 포함되어 있다. 메모장을 사용하여 이 예제의 <html>부터 </html>까지 보이는 대로 입력하고, 저장할 때 파일의 이름을 first-example.html로 지정한다. HTML 문서의 확장자는 보통 .html 혹은 .htm을 사용하며, 이 책에서는 .html을 기본으로 사용하도록 한다.

방금 설명한 대로 메모장을 사용하여 HTML 문서를 작성하는 것을 [그림 1.1]에서 보여주고 있다.

first-example.html

```
<html>
  <head>
       <title> 간단한 HTML 문서 작성 예제 </title>
  </head>
  <body>
  HTML 문서는 머리와 몸통의 두 부분으로 구성되어 있으며, 이를 정의하기 위하여 몇 개의
기본적인 태그가 이용된다. 본 예제는 이러한 기본 태그를 사용하여 작성한 것이다
  </body>
</html>
```

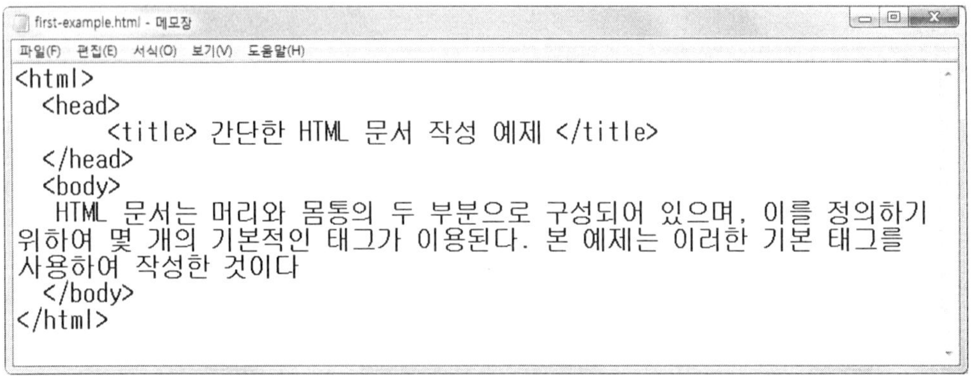

[그림 1.1] 메모장에서 HTML 문서 작성

HTML 문서를 브라우저에서 보기

앞에서 작성한 HTML 문서를 first-example.html이란 이름으로 저장한 후에 브라우저에서 결과를 확인해 보자. 주로 사용되는 웹 브라우저는 인터넷 익스플로러(Internet Explorer), 구글 크롬(Chrome), 파이어폭스(Firefox), 오페라(Opera), 사파리(Safari) 등이다. 기본적으로 first-example.html을 마우스로 더블 클릭하면 기본 브라우저로 설정된 브라우저에서 실행된 결과를 볼 수 있다. 컴퓨터에 여러 개의 브라우저가 설치되어 있다면, [그림 1.2]처럼 first-example.html을 마우스 오른쪽 버튼으로 클릭하여 나타난 메뉴 중 '연결 프로그램'에 보이는 브라우저들에서 원하는 것을 선택하여 실행 결과를 확인할 수 있다. 다른 방법으로는 브라우저를 실행시킨 뒤 first-example.html 파일을 마우스의 왼쪽 버튼으로 끌어다 브라우저 창에 놓아도 실행이 된다. [그림 1.3]은 인터넷 익스플로러와 구글 크롬에서 각각 first-example.html 문서를 실행한 결과이다.

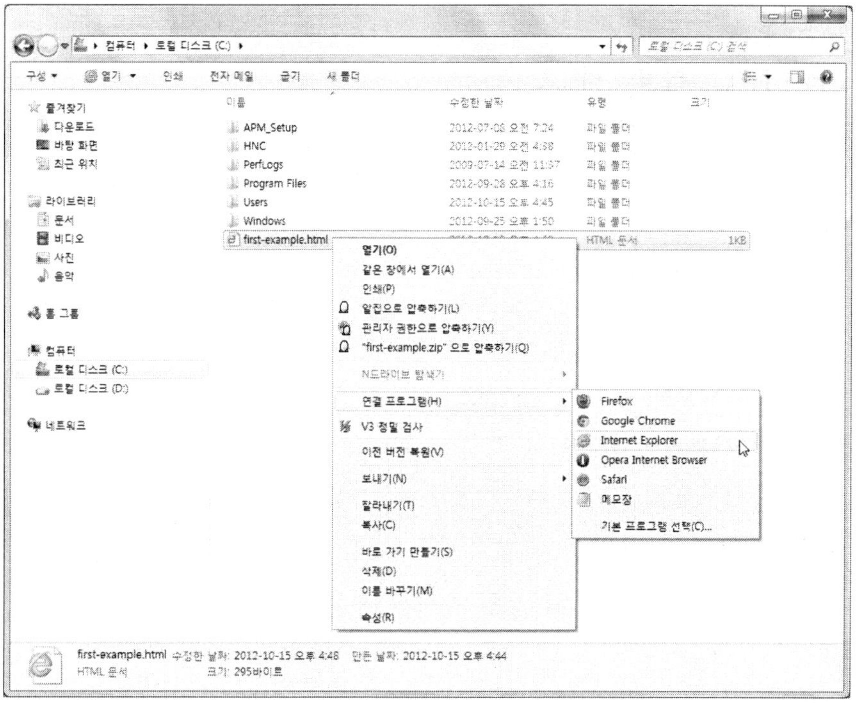

[그림 1.2] **브라우저에서 HTML 문서 실행**

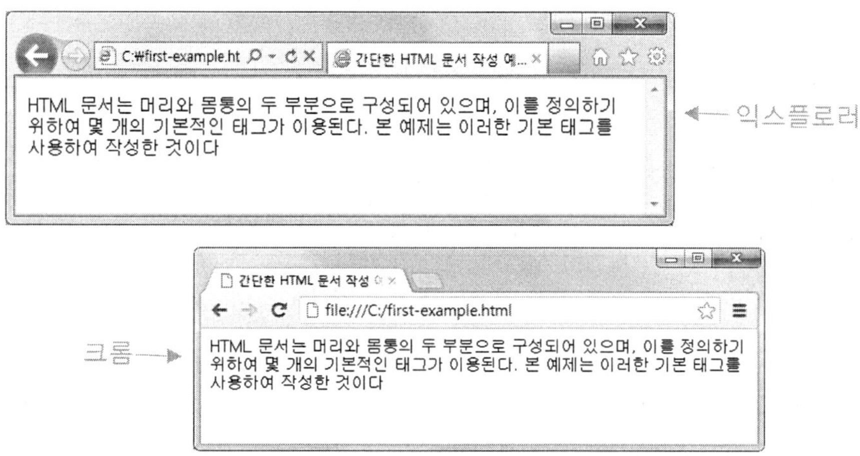

[그림 1.3] **브라우저에서 실행한 결과**

이 장에서는 앞으로 예제를 실행하기 위한 기본 브라우저로 인터넷 익스플로러를 사용한다.

1.2 HTML 기본 태그

HTML 문서(페이지)를 작성하기 위해서는 다양한 태그들을 사용하여야 하며, 태그 사용을 위한 특정한 규칙들이 있다. 이 절에서는 HTML의 기본 태그, 문자 서식 태그, 단락 서식 태그, 목록 태그, 그리고 연결 태그에 대하여 알아본다.

1.2.1 기본 태그

먼저 HTML의 기본적인 태그들에 대하여 공부하여 보자.

1.2.1.1 문서 구조 태그

HTML 태그들 중에서 가장 기본적인 태그는 문서 구조를 정의하는 <html>, <head>, <title>, <meta>, <body>라고 할 수 있다. 이러한 태그들을 사용하여 간단한 HTML 문서를 작성할 수 있다.

이미 HTML 문서의 기본 구조 부분에서 살펴보았지만, 여기서 HTML에서 사용되는 문서 구조 태그들의 역할에 대하여 자세히 살펴보고, 실제 예제를 통하여 이해하도록 한다.

HTML 문서의 구조를 정의하기 위한 기본 태그들은 다음과 같으며, 필수 태그로 표시된 태그들은 문서에서 반드시 사용되어야 한다.

- <html> ~ </html> : 문서의 시작과 끝 (필수 태그)
- <head> ~ </head> : 문서 머리 부분의 시작과 끝 (필수 태그)
- <title> ~ </title> : 문서 제목의 시작과 끝 (필수 태그)
- <meta> : 문서의 메타데이터
- <body> ~ </body> : 문서 몸통 부분의 시작과 끝 (필수 태그)

HTML 태그들을 이용하여 HTML 요소들을 정의하며, <head> 요소는 <title> 요소와 <meta> 요소를 포함한다. 이러한 HTML 요소들의 포함 관계를 그림으로 나타내면 HTML 문서는 트리(tree)로 표현된다. HTML 문서 트리에서 부모 노드(node)를 부모 요소(parent element)라고 하고, 자식 노드를 자식 요소(child element)라고 한다. 또한 조상 노드들은 조상 요소(ancestor element)들이 되며, 자손 노드들은 자손 요소(descendant element)들이 된다.

HTML의 표준 속성(standard attribute)

HTML 태그들에서 공통적으로 사용할 수 있는 속성을 표준 속성이라고 하며, 이에는 핵심 속성(core attribute), 언어 속성(language attribute), 키보드 속성(keyboard attribute)이 있다. 이들을 정리하면 [표 1.1]과 같다.

[표 1.1] HTML의 표준 속성

구분	속성	설명	비고
핵심 속성	title style class id	요소의 제목 요소의 스타일 요소의 클래스 이름 요소의 아이디	〈base〉, 〈head〉, 〈html〉, 〈meta〉, 〈param〉, 〈script〉, 〈style〉, 〈title〉 태그는 사용 불가
언어 속성	lang dir	요소 내용의 자연 언어 (ko : 한국어, en-US : 미국어 등) 요소 내용의 진행 방향 (ltr : 좌 → 우, rtl : 우 → 좌)	〈base〉, 〈br〉, 〈frame〉, 〈frameset〉, 〈hr〉, 〈iframe〉, 〈param〉, 〈script〉 태그는 사용 불가
키보드 속성	accesskey	단축키	〈a〉, 〈area〉, 〈button〉, 〈input〉, 〈label〉, 〈legend〉, 〈textarea〉 태그만 사용
	tabindex	요소의 탭(tab) 순서	〈a〉, 〈area〉, 〈button〉, 〈input〉, 〈object〉, 〈select〉, 〈textarea〉 태그만 사용

핵심 속성 중 style, class, id에 대해서는 앞으로 CSS 부분에서 상세히 설명한다. 그리고 title 속성은 요소의 제목을 기술하는 데 사용된다. 사용 예는 다음과 같다.

```
title="HTML의 표준 속성"
```

언어 속성에서 lang 속성은 요소에서 사용하는 자연 언어(natural language)를 기술하는 것으로 한국어, 미국어 등을 표시할 수 있으며, dir 속성은 언어의 진행 방향을 표시한다. 사용 예는 다음과 같다.

```
lang="ko" dir="ltr"
```

언어 속성 lang의 속성값으로 사용할 수 있는 국제표준기구 ISO에서 정한 주요 언어의 약어는 [표 1.2]와 같다.

[표 1.2] 주요 언어의 약어

언어	약어	언어	약어	언어	약어
한국어	ko	스페인어	es	산스크리트어	sa
영어	en	포르투갈어	pt	일본어	ja
프랑스어	fr	그리스어	el	러시아어	ru
독일어	de	태국어	th	중국어	zh
이탈리아어	it	베트남어	vi	라틴어	la

〈html〉 태그

<html> 태그는 <html> 요소를 정의하며, <html> 요소는 문서 트리에서 루트 노드에 해당되는 루트 요소(root element)로 문서의 모든 HTML 요소들을 포함한다. 또한 <html> 태그는 브라우저에게 HTML 문서라는 것을 알려주는 역할을 한다. <html> 태그는 다음과 같은 속성들을 사용할 수 있다.

- lang : 요소 내용의 자연 언어
- dir : 요소 내용의 작성 방향

〈head〉 태그

<head> 태그는 HTML 문서의 머리 부분에 해당되는 <head> 요소를 정의한다. <head> 요소는 다음과 같은 태그들을 포함할 수 있다.

<title> : 문서의 제목
<meta> : 문서의 메타데이터
<link> : 링크 연결
<script> : 스크립트 코드
<noscript> : 스크립트가 지원되지 않는 브라우저를 위한 대체 요소
<base> : 상대 url의 기준이 되는 절대 url

<title> 태그와 <meta> 태그는 곧 설명한다. <link> 태그와 <script> 태그는 앞으로 공부하게 되며, <noscript> 태그는 브라우저가 <script> 태그를 지원하지 않는 경우에 출력할 내용을 포함시키기 위해 사용한다. <base> 태그는 문서 내에서 사용되는 모든 상대 url들의 기준이 되는 절대 url을 다음과 같이 지정할 수 있다.

```
<base href="www.wikipedia.org">
```

앞에서 사용된 href 속성에 대해서는 <link> 태그 부분에서 공부하게 된다. <title> 태그에서도 <html> 태그에서 설명한 lang, dir 속성을 사용할 수 있다.

〈title〉 태그

<title> 태그는 문서의 제목을 나타내며, <title> 요소의 내용은 브라우저가 문서를 실행할 때 제목 표시줄(title bar)에 출력된다. <title> 태그에서도 lang, dir 속성을 사용할 수 있다.

〈meta〉 태그

메타데이터(metadata)는 데이터에 관한 데이터, 즉 데이터에 대해서 설명하는 데이터이다. <meta> 태그는 HTML 문서에 대하여 설명하는 메타데이터를 포함한다. <meta> 태그의 형식은 다음과 같다.

```
형 식 1 : <meta http-equiv = "속성값" content = "내용" >
형 식 2 : <meta name = "속성값" content = "내용" >
  • http-equiv : HTTP 헤더 정보를 기술
  • name       : 정보의 이름을 기술
  • content    : 정보의 내용을 기술
```

<meta> 태그에서 주로 사용되는 속성은 http-equiv, name, content이며, 앞의 두 가지 형식 중의 하나를 선택하여 사용한다.

http-equiv 속성은 주로 메타데이터인 HTTP 헤더 정보를 브라우저에게 제공하기 위해 사용하며, 이 속성이 취할 수 있는 주요 속성값은 다음과 같다.

- content-language : 문서의 자연 언어
- date : 문서 작성 날짜
- expires : 문서의 만료 날짜
- last-modified : 문서의 마지막 수정 날짜
- location : 페이지로 이동
- set-cookie : 쿠키 생성
- refresh : 문서를 다시 로드함
- page-enter : 문서를 여는 순간
- page-exit : 문서를 닫는 순간
- revealtrans : 문서 전환 효과 설정
- blendtrans : 점점 밝게 또는 점점 어둡게 부드럽게 전환되도록 설정
- content-type : 표준 포맷인 MIME 타입을 기술
  (text/html:HTML 타입, text/css:CSS 타입, text/plain:일반 텍스트 타입 등)

※ 이 중에서 page-enter, page-exit, revealtrans, blendtrans는 HTML4.01에서는 권장하지 않으나 주요 브라우저들은 지원함

http-equiv 속성의 주요 속성값의 사용 예는 다음과 같다.

```
<meta http-equiv = "content-language" content="ko">
<meta http-equiv = "date" content="Fri, 24 Jul 2015 19:00:00 GMT">
<meta http-equiv = "expires" content="Thu, 27 Aug 2015 12:00:00 GMT">
<meta http-equiv = "last-modified" content="Wed, 22 Jul 2015 16:10:12 GMT">
<meta http-equiv = "location" content="url=http://www.wah.or.kr">
<meta http-equiv = "set-cookie" content="WAHcookie=myContent; expires=Fri, 28 Aug 2015
                    12:00:00 GMT; path=http://www.wah.or.kr">
<meta http-equiv = "refresh" content="500">
<meta http-equiv = "content-type" content="text/html; charset=UTF-8">
```

name 속성에 사용할 수 있는 주요 속성값은 다음과 같다.

- abstract : 문서의 요약
- author : 문서 제작자
- copyright : 저작권
- expires : 문서의 만료 날짜
- generator : 문서 작성 도구
- keywords : 문서를 검색 엔진이 검색할 때 사용할 키워드
- name : 문서의 이름
- owner : 문서의 소유자
- refresh : 문서를 다시 로드하거나 다른 페이지로 이동
- reply-to : 메일 주소 및 작성자 이름
- revisit-after : 문서 수집 스파이더에게 재방문 정보 제공
- robots : 검색 로봇에게 인덱싱 정보 제공

name 속성의 주요 속성값의 사용 예는 다음과 같다.

```
<meta name="author" content="john">
<meta name="copyright" content="2015© wah.or.kr">
<meta name="expires" content="Mon, 7 Dec 2015 12:00:00 GMT">
<meta name="keywords" content="HTML, XML, HTML5">
```

<meta> 태그는 HTML 문서에 대해 다음과 같은 다양한 정보를 제공할 수 있다.

페이지 자동 이동

```
<meta http-equiv="refresh" content="5; url=mypage.html">
- 5초 후 mypage.html 페이지로 이동시킴
```

화면 전환 시 다양한 효과 제공

```
<meta http-equiv="page-enter" content="revealtrans(duration=3, transition=23)">
- 문서를 여는 순간 23개 효과들 중에서 임의로 선택하여 3초 동안 화면이 전환됨

<meta http-equiv="page-exit" content="blendtrans(duration=0.5)">
- 문서를 닫는 순간 부드럽게 0.5초 동안 화면이 전환됨

※ duration = 시간        : 전환 시간(초) 지정
※ transition = 효과 번호  : 효과 번호는 0~23까지 총 24개가 있음
                           효과 번호 23은 0~22까지 23개의 효과 중에서 임의로 선택함
```

문자 셋(character set) 지정

```
<meta http-equiv="content-type" content="text/html; charset=euc-kr">
- 콘텐츠(문서) 타입은 html 문서, 문자 셋은 한글 완성형 코드(euc-kr)로 지정함
```

검색 엔진에서 HTML 문서를 검색하기 위해 사용할 키워드 제공

```
<meta name="keywords" content="html5, css3, javascript">
- 검색 엔진에서 html5, css3, javascript를 키워드로 사용하여 본 문서를 검색하도록 함

<meta name="author" content="kim">
- 홈페이지 제작자가 kim임을 알려줌
```

다음 예제는 기본적인 태그들 중 <meta> 태그를 주로 이용하여 간단한 HTML 문서를 작성한 것이다.

meta.html

```
1: <html>
2:   <head>
3:      <title> html 문서의 메타 태그 </title>
4:      <meta http-equiv="refresh" content="1; url=meta-post.html">
5:      <meta http-equiv="page-exit" content="revealtrans(duration=1, transition=23)">
6:      <meta http-equiv="content-type" content="text/html; charset=euc-kr">
7:      <meta name="author" content="hong">
8:   </head>
9:   <body>
10:     <center>
11:          <br> <b> 잠시 후 다른 페이지로 이동합니다. </b>
12:     </center>
13:  </body>
14: </html>
```

예제의 4행에서는 본 문서가 실행된 지 1초 후에 meta-post.html 파일로 이동함을 나타내며, 5행에서는 문서를 닫는 순간 부드럽게 1초 동안 임의의 효과로 화면이 전환됨을 표시한다. 6행은 문서 타입을 html 문서로 정의하고 문자 셋은 한글 완성형 코드(euc-kr)로 지정하는 것이며, 7행은 제작자가 hong임을 알려준다. 예제에서 아직 설명하지 않은 태그들을 일부 사용하였으나 이들에 대해서는 앞으로 자세히 배우게 될 것이다.

meta-post.html

```
<html>
  <head>
     <title> html 문서 </title>
  </head>
  <body>
     <center>
        <br> <b> 여러분! 만나서 반갑습니다. *^.^* </b>
     </center>
   </body>
</html>
```

익스플로러에서 meta.html 파일을 실행하면, 자동으로 meta-post.html 파일로 이동한다. 실행 결과는 [그림 1.4], [그림 1.5]와 같다.

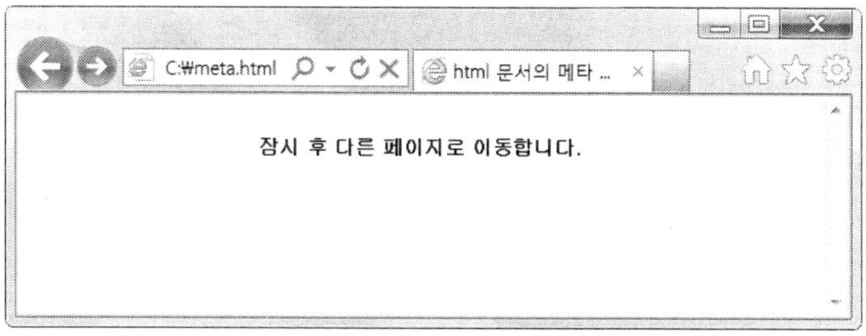

[그림 1.4] <meta> 태그 예제 실행 결과

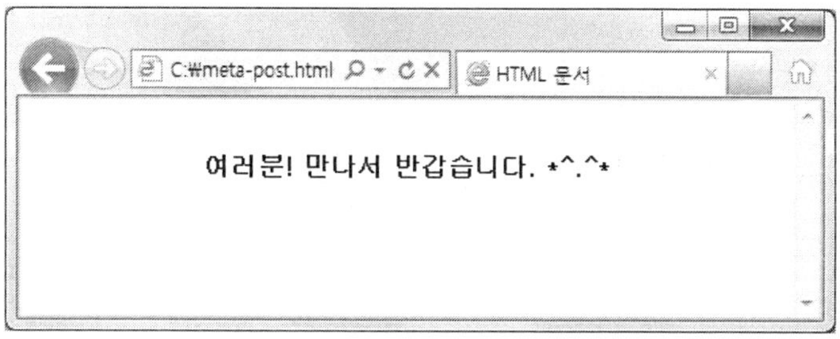

[그림 1.5] 새로 이동한 HTML 문서

<body> 태그

<body> 태그에서 사용할 수 있는 주요 속성들은 다음과 같다.

- class : 클래스 이름 지정
- id : 유일한 아이디 부여
- style : 스타일 지정
- background = "이미지 파일의 url" : 배경으로 사용될 이미지 파일의 url
- bgcolor = "색상명 | rgb 값" : 배경색
- text = "색상명 | rgb 값" : 문자색
- link = "색상명 | rgb 값" : 링크로 설정한 문자의 색
- alink = "색상명 | rgb 값" : 링크가 설정된 문자를 클릭할 때 변화되는 색
- vlink = "색상명 | rgb 값" : 링크를 클릭한 후의 문자색
- topmargin = "픽셀 수" : 문서의 위쪽 여백
- leftmargin = "픽셀 수" : 문서의 왼쪽 여백
- bgproperties = "fixed" : 배경 그림 고정
- scroll = "no" : 스크롤 바 비활성화

속성의 값은 앞에서와 같이 쌍따옴표 안에 기술하며, 수직 막대 기호(|)는 선택을 표시한다. 즉, bgcolor 속성의 값으로는 색상명 또는 rgb 값을 사용할 수 있음을 나타낸다.

앞의 속성들 중에서 CSS 부분에서 다룰 class, id, style을 제외한 속성들은 HTML4.01에서는 권장하지 않으나 호환성 차원에서 주요 브라우저들에서 지원한다. HTML4.01에서

이들을 권장하지 않은 이유는 문서의 스타일은 스타일 시트에서 정의하는 것이 바람직하기 때문이며, 문서의 스타일 정의 방법에 대해서는 CSS 부분에서 자세히 공부한다.

색상을 지정하기 위해서는 일반적으로 색상표를 참고하여 색상을 선택한다. [표 1.3]은 웹 페이지 제작에 기본적으로 사용할 수 있는 색상들을 나타낸 것이며, 보다 세밀한 색상을 원할 경우, 인터넷 검색 엔진을 이용하여 웹에서 제공되는 색상표를 찾아 사용하면 된다.

[표 1.3] 자주 사용되는 색상

색상		색상명	rgb 값
갈색		brown	#A52A2A
감색		navy	#000080
검정색		black	#000000
금색		gold	#FFD700
노란색		yellow	#FFFF00
밝은 녹색		lightgreen	#90EE90
밝은 주황색		lightsalmon	#FFA07A
밝은 파란색		lightblue	#ADD8E6
밝은 회색		lightgray	#D3D3D3
보라색		violet	#EE82EE
분홍색		pink	#FFC0CB
붉은색		red	#FF0000
어두운 녹색		darkgreen	#006400
어두운 붉은색		darkred	#8B0000
어두운 파란색		darkblue	#00008B
연두색		chartreuse	#7FFF00
연보라색		orchid	#DA70D6
올리브색		olive	#808000
은색		silver	#C0C0C0
자주색		purple	#800080
주황색		salmon	#FA8072
짙은 분홍색		magenta	#FF00FF
초록색		green	#008000
파란색		blue	#0000FF
하늘색		aqua	#00FFFF
흰색		white	#FFFFFF
회색		gray	#808080

다음 예는 기본적인 태그들을 이용하여 간단한 HTML 문서를 작성한 것이며, 익스플로러에서 실행한 결과를 [그림 1.6]에서 보여주고 있다. 예제에서 일부 설명하지 않은 태그들은 앞으로 공부하게 될 것이다.

basic-tag.html

```
<html>
  <head> <title> HTML 문서의 body 속성 정의 </title> </head>
  <body bgcolor="yellow">
    <center>
      <br> 안녕하세요? <p> 바탕화면 색상을 노란색으로 지정하였습니다. </p>
      <!-- 바탕화면 색상 지정 -->
    </center>
  </body>
</html>
```

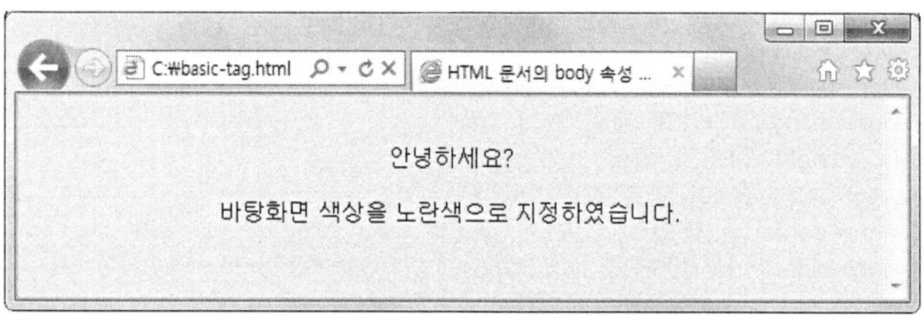

[그림 1.6] **기본 태그 예제 실행 결과**

1.2.1.2 주석 태그

주석(comment)은 HTML 문서에 대한 부수적인 실명이 필요할 경우 사용하며, 주석의 내용은 브라우저에서 나타나지 않는다. 주석 태그의 형식은 다음과 같으며, 앞의 예제에서 '<!-- 바탕화면 색상 지정 -->' 부분이 그 예이다.

```
형 식 : <!-- 주석 내용 -->
```

1.2.1.3 제목 태그

제목 태그는 문서의 제목에 해당하는 문자열을 표시하게 된다. 제목의 크기는 h1부터 h6까지의 6단계로 표현할 수 있으며, 1이 가장 크고 6이 가장 작다. 또한 align 속성을 이용하여 제목 태그 안에 있는 문자열을 정렬할 수 있다.

형 식 : <hn align = "left | right | center | justify"> ~ </hn>
: n은 1부터 6까지의 숫자

align 속성은 HTML4.01에서는 권장하지 않으나 주요 브라우저들은 지원한다. 이와 같은 문서의 스타일은 CSS를 사용해서도 지정할 수 있으며, 이에 대해서는 CSS 부분에서 자세히 다룬다.

다음 예제는 다양한 제목의 크기와 정렬 방법을 보여주고 있으며 결과는 [그림 1.7]에서 보는 바와 같다.

hn.html

```
<html>
  <head> <title> HTML 문서의 제목 부분 </title> </head>
  <body>
     <h1 align="left"> H1의 제목 크기 </h1>
     <h2 align="center"> H2의 제목 크기 </h2>
     <h3 align="right"> H3의 제목 크기 </h3>
     <h4 align="left"> H4의 제목 크기 </h4>
     <h5 align="center"> H5의 제목 크기 </h5>
     <h6 align="right"> H6의 제목 크기 </h6>
  </body>
</html>
```

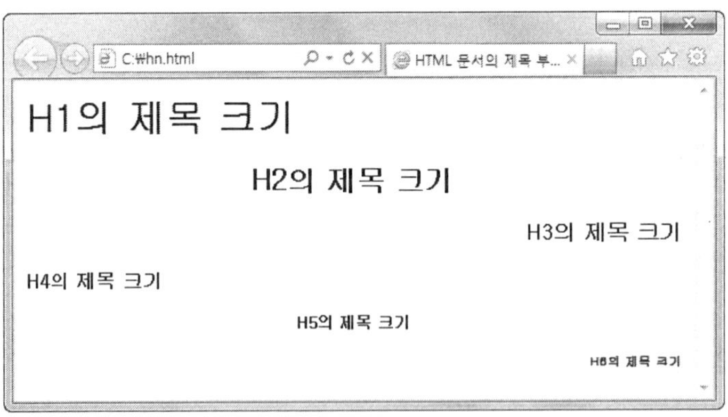

[그림 1.7] 제목 크기와 정렬 방법

1.2.2 문자 서식 태그

문자의 서식을 정하는 태그에는 글자의 모양을 정하는 태그, 글자의 크기와 색을 정하는 태그, 글꼴(글자체)을 정하는 태그 등이 있다. 문자의 모습을 결정하는 다양한 태그들의 기능에 대해서 살펴보도록 하자.

1.2.2.1 폰트 스타일 태그

폰트 스타일(font style) 태그는 문자의 크기나 모양을 조절하는 기능을 갖고 있다.

다음은 폰트 스타일을 정하기 위해 사용되는 태그들의 종류와 기능에 대하여 설명하고 있다.

- <b> : 굵은 문자(bold)
- <i> : 이탤릭체(italic)
- <tt> : 타자기체(typewritertext)
- <sup> : 윗첨자(superscript)
- <sub> : 아래첨자(subscript)
- <big> : 글자 크기를 현재 크기보다 크게
- <small> : 글자 크기를 현재 크기보다 작게
- <u> : 밑줄(underline)
- <s> 또는 <strike> : 취소선(strike through)

이와 같은 폰트 스타일 태그를 이용하여 실제 예제를 작성하여 보자. 본 예제는 이 태그들을 사용하여 문자들의 모양을 변화시켜 본 것이다. 실행 결과는 [그림 1.8]과 같다.

font.html

```
<html>
  <head> <title> 폰트 스타일 태그 </title> </head>
  <body>
      <b>굵은체</b> <i>이탤릭체</i> <tt>타자기체</tt> <br><br>
      현재에<sup>위첨자</sup> <br><br>
      현재에<sub>아래첨자</sub> <br><br>
      현재보다<big> 좀 더 크게 <big>더욱 더 크게</big> 하기 </big> <br><br>
      지금보다<small> 좀 더 작게 <small>더욱 더 작게</small> 하기 </small> <br><br>
      <u>밑줄</u> <s>취소선</s> <strike>취소선</strike> <br><br>
      <b> <i>굵은 이탤릭체</i> </b>
  </body>
</html>
```

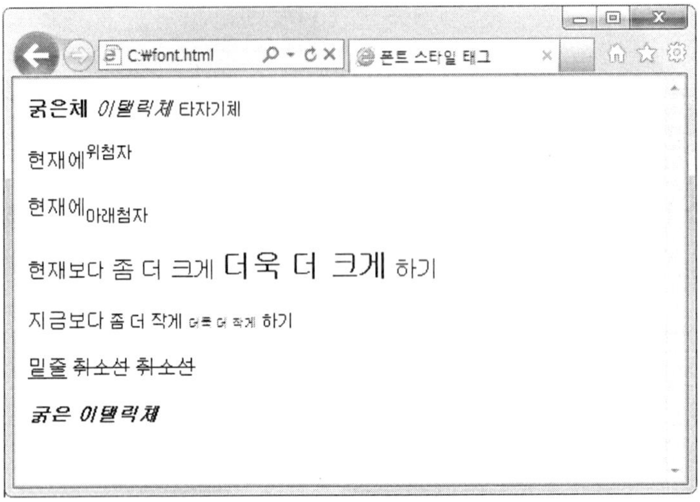

[그림 1.8] **폰트 스타일 태그 활용**

1.2.2.2 문자 크기 지정

문자의 크기를 조절하는 태그는 앞에서 살펴본 <hn> 태그 이외에 <font> 태그가 있다. <hn> 태그는 문서의 제목 크기를 변경하는 경우에 주로 사용하고, 본문의 글자 크기 조정은 <font> 태그를 사용한다. <font> 태그에서 변경할 수 있는 글씨의 크기는 1부터 7까지의 7단계가 있으며, 1이 가장 작고 7이 가장 크다. <font> 태그는 HTML4.01에서는 권장하지 않으나 주요 브라우저들은 지원한다.

형 식 : <font size = "n"> ~ </font> : n은 1부터 7까지의 숫자

<font> 태그는 상대적인 글씨 크기를 지정할 수도 있다. 기준 크기는 3이며 이보다 크게 할 때는 +n, 작게 할 때는 -n으로 크기를 변경하게 된다.

형 식 : <font size = "+n | -n"> ~ </font> : 기준 3

다음 예제는 <font> 태그의 size 속성에 따른 문자의 크기 변화를 확인하기 위한 것으로 실행 결과를 [그림 1.9]에서 보여주고 있다.

font-size.html

```
<html>
 <head> <title> HTML 문서의 글자 크기 </title> </head>
  <body>
      <font size="1"> FONT SIZE 1 </font>
      <font size="2"> FONT SIZE 2 </font>
      <font size="3"> FONT SIZE 3 </font>
      <font size="4"> FONT SIZE 4 </font> <br>
      <font size="5"> FONT SIZE 5 </font>
      <font size="6"> FONT SIZE 6 </font>
      <font size="7"> FONT SIZE 7 </font> <br>
      <font size="3"> FONT SIZE 3 </font>
      <font size="-2"> FONT SIZE 3에서 2단계 작아짐 </font> <br>
      <font size="3"> FONT SIZE 3 </font>
      <font size="+2"> FONT SIZE 3에서 2단계 커짐 </font>
  </body>
</html>
```

[그림 1.9] **글자 크기 조절**

1.2.2.3 문자색 지정

<font> 태그는 문자의 크기뿐만 아니라, 문자의 색도 지정할 수 있다. 이 경우에는 color 속성을 사용하여 원하는 글자의 색을 지정한다. 형식은 다음과 같으며 color 속성의 값으로 앞에서 배운 16진수로 표현되는 rgb 값을 지정하거나 직접 색 이름을 기술한다.

```
형 식 : <font color = "색상명 | rgb 값"> ~ </font>
```

다음은 color 속성과 색상명을 이용하여 문자의 색을 지정하는 예제이다. 이것의 실행 결과는 [그림 1.10]과 같다.

font-color.html

```
<html>
  <head> <title> HTML 문서의 글자색 </title> </head>
  <body>
    <font color="blue"> BLUE </font> 파란색으로 표시 <br>
    <font color="red"> RED </font> 빨간색으로 표시
  </body>
</html>
```

[그림 1.10] **글자색 지정**

1.2.2.4 글꼴 지정

<font> 태그는 문자의 글꼴(글자체 또는 폰트)을 지정할 수가 있으며, 이 경우에는 face 속성을 사용한다. face 속성의 값으로 컴퓨터에 설치되어 있는 글꼴들 중에서 하나를 지정하면 된다.

다음은 face 속성을 이용하여 문자의 글꼴을 변경하는 예제이며, 실행 결과는 [그림 1.11]과 같다.

형 식 : <font face = "글꼴"> ~ </font>

font-face.html

```
<html>
        <head> <title> HTML 문서의 글꼴 </title> </head>
        <body>
          <font face="맑은 고딕"> 맑은 고딕 </font> <br><br>
          <font face="궁서체"> 궁서체 </font> <br><br>
          <font face="돋움체"> 돋움체 </font> <br><br>
          <font face="바탕체"> 바탕체 </font> <br><br>
          <font face="휴먼둥근헤드라인"> 휴먼둥근헤드라인 </font>
        </body>
</html>
```

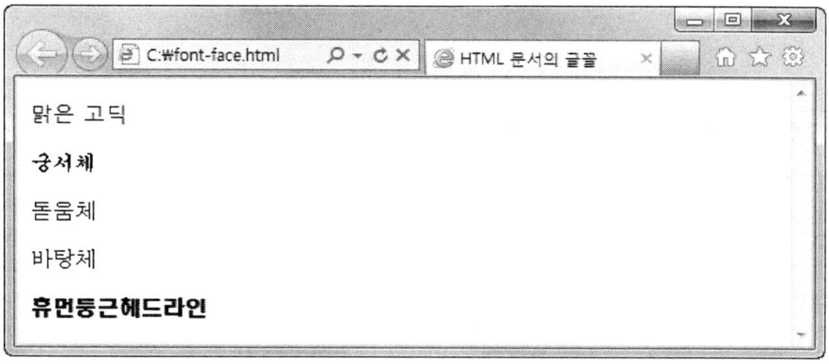

[그림 1.11] 글꼴 지정

1.2.2.5 특수 문자 사용

HTML 문서에서도 특수 문자들을 사용할 수 있다. 예전에 특히 <, >, &, “ 와 같은 특수 문자들을 브라우저에 나타내기 위해서는 별도의 지정어를 사용해야 했다. 다음은 HTML 문서에서 특수 문자들을 표현하는 지정어들이다.

- <　　: <
- >　　: >
- &　　: &
- “　　: "
- 공백　:

그러나 이제는 브라우저의 기능 향상으로 지정어를 사용하지 않고 바로 특수 문자를 사용하여도 된다. 다만, HTML 문서에 연속된 공백들을 삽입하기 위해서는 지정어( )를 사용해야 한다.

1.2.3 단락 서식 태그

단락과 그것의 모양을 결정하는 여러 가지의 태그들이 있다. 단락 서식에 관련된 태그들에 대하여 살펴보자.

1.2.3.1 줄바꿈 태그

 태그는 줄바꿈을 할 때 사용하며, 여러 행의 줄바꿈 시에는 원하는 만큼의
 태그를 사용하면 된다.

형 식 :

다음 예제는
 태그를 사용하여 한 문장의 중간에서 줄을 바꾼 것으로 결과를 [그림 1.12]에서 확인할 수 있다.

br.html

```
<html>
  <head> <title> HTML 문서의 줄바꿈 </title> </head>
  <body>
      줄바꿈 태그를 이용하면 <br> 줄이 바뀝니다.
  </body>
</html>
```

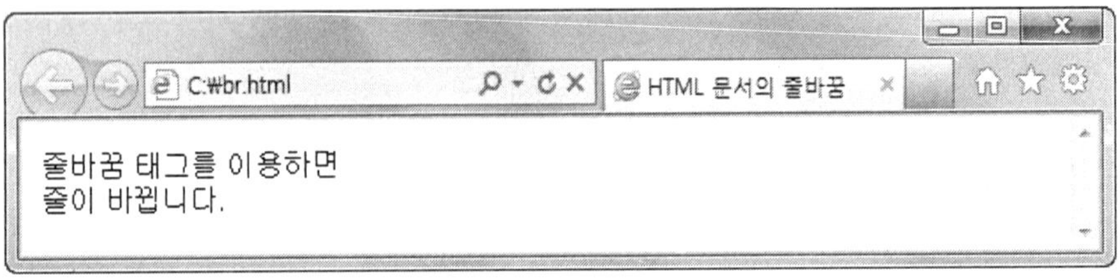

[그림 1.12] 줄바꿈 태그 활용

1.2.3.2 단락 태그

문단을 나누기 위해서는 <p> 태그를 사용하여야 한다. 앞에서 살펴본
 태그를 사용하여 줄바꿈 효과를 얻을 수 있지만, <p> 태그는
 태그와 달리 줄바꿈을 하고 한 줄을 더 띄운다. 즉,
 태그를 두 번 사용한 것과 같은 효과를 얻을 수 있다. 여기서 주의해야 할 점은 <p> 태그는 여러 번 써도 한 번 사용한 것과 동일한 결과를 얻는다는 것이다.

형 식 : <p align = "left | right | center | justify"> ~ </p>

다음 예제는 <p> 태그를 사용하여 단락을 구분한 경우와
 태그를 사용한 경우를 비교하기 위한 것이다. [그림 1.13]에서 <p> 태그와
 태그의 차이를 확인하기 바란다.

p.html

```
<html>
 <head> <title> HTML 문서의 단락 태그 사용 </title> </head>
 <body>
   <p> 단락을 만듭니다. </p>
   <p> 단락 태그는 여러 번 써도 한 번 쓴 것과 같습니다. </p> <p></p> <p></p>
   줄바꿈 태그를 한 번 쓰면 줄이 변경되고, <br>
   줄바꿈 태그를 두 번 쓰면 <br><br> 단락 태그를 한 번 쓴 것과 같은 효과가 납니다.
 </body>
</html>
```

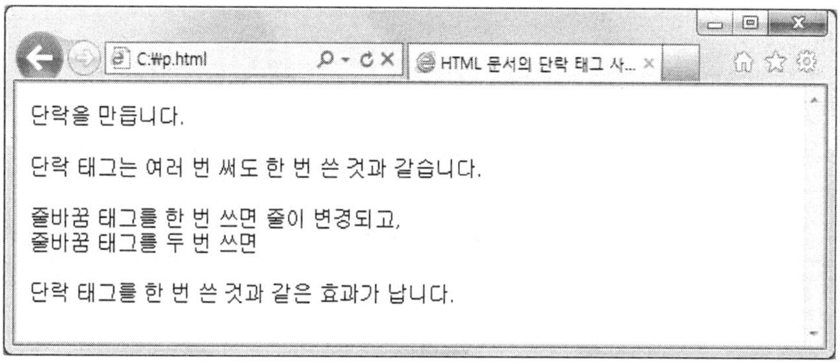

[그림 1.13] **단락 태그 활용**

1.2.3.3 괘선 태그

선을 표시하기 위해서는 <hr> 태그를 사용한다. 즉, <hr> 태그는 브라우저 화면에 수평선을 나타내며, 속성을 통해 수평선의 모양을 결정할 수 있다.

```
형 식 : <hr [속 성]>
```

<hr> 태그에는 다음과 같은 속성들이 있다. 이들은 HTML4.01에서는 권장하지 않으나 주요 브라우저들은 지원한다.

```
• size = "픽셀 수"                              : 수평선의 두께
• width = "픽셀 수 | 가로 폭에 대한 비율(%)"    : 수평선의 길이
• align = "left | right | center(기본)"         : 수평선의 위치
• color = "색상명 | rgb 값"                     : 수평선의 색
• noshade                                       : 음영 효과 제거
```

다음 예제는 <hr> 태그의 속성들을 이용하여 다양한 수평선들을 작성한 것이며, 실행 결과는 [그림 1.14]와 같다.

hr.html

```
<html>
  <head> <title> HTML 문서의 괘선 태그 사용 </title> </head>
  <body>
    보통 두께 1 <hr>
    수평선 두께 5 <hr size="5">
    길이 150픽셀 <hr width="150">
    길이 80% <hr width="80%">
    수평선 위치를 왼쪽으로 <hr align="left" width="30%">
    색이 빨간색 <hr color="red">
    음영 효과 제거 <hr noshade>
  </body>
</html>
```

[그림 1.14] 괘선 태그 활용

1.2.3.4 정렬 태그

텍스트나 이미지를 간단한 방법으로 정렬시킬 수가 있다. 여기에서는 가운데 정렬 방법과, 섹션을 정렬시키는 방법에 대하여 살펴보기로 한다.

가운데 정렬

<center> 태그는 텍스트 또는 이미지 등을 가운데로 정렬한다. 이 태그는 HTML4.01에서는 권장하지 않으나 주요 브라우저들은 지원한다.

형 식 : <center> ~ </center>

섹션의 정렬

<div> 태그는 섹션(section) 또는 구역(division)을 정의한다. <div> 태그는 섹션의 왼쪽, 오른쪽, 가운데 정렬을 위한 다음과 같은 속성을 포함하고 있다.

형 식 : <div align = "left | right | center | justify"> ~ </div>

가운데 정렬을 하기 위한 <div align = "center"> 태그는 앞에서 설명한 <center> 태그와 동일한 효과를 얻는다. align 속성은 HTML4.01에서는 권장하지 않으나 주요 브라우저들은 지원한다.

다음 예제와 [그림 1.15]의 화면에서는 <center> 태그와 <div> 태그를 사용하여 텍스트와 문단을 정렬하는 방법을 살펴볼 수 있다.

align.html

```
<html>
  <head> <title> HTML 문서의 정렬 태그 사용 </title> </head>
  <body>
    <div align="left"> 왼쪽 정렬 </div> <br><br>
    <div align="center"> 가운데 정렬 </div> <br><br>
    <center> 가운데 정렬 </center> <br><br>
    <div align="right"> 오른쪽 정렬 </div>
  </body>
</html>
```

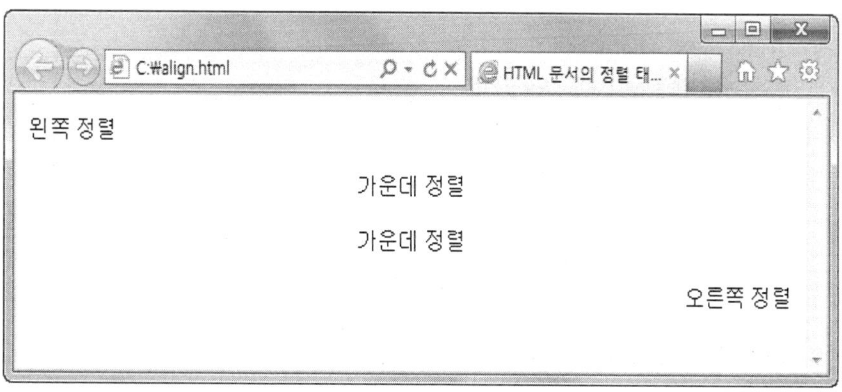

[그림 1.15] **정렬 태그 활용**

1.2.3.5 인용 태그

작문에서 다른 글에서 끌어다 쓰는 구절은 인용구로 표현하여야 한다. HTML 문서에서는 <blockquote> 또는 <q> 태그를 사용하여 인용구를 표현할 수 있다.

<blockquote> 태그는 비교적 긴 인용구에 이용하고, <q> 태그는 짧은 인용구에 사용한다. 다음은 인용구에 대한 형식이다.

```
형 식 : <blockquote> ~ </blockquote>
        <q> ~ </q>
```

다음은 <blockquote> 태그를 사용한 예제로 결과는 [그림 1.16]과 같다.

blockquote.html

```
<html>
 <head> <title> HTML 문서의 인용 태그 </title> </head>
 <body>
   Wikipedia(www.wikipedia.org)는 웹을 다음과 같이 정의한다.
   <blockquote>
   The World Wide Web is a system of interlinked hypertext documents accessed via the
   Internet. With a web browser, one can view web pages that may contain text, images,
   videos, and other multimedia, and navigate between them via hyperlinks.
   </blockquote>
   웹 프로그래밍은 웹에서 사용되는 프로그램을 작성하는 것이다.
 </body>
</html>
```

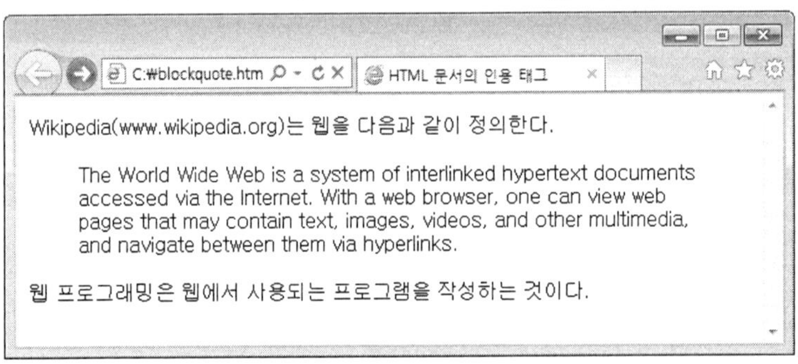

[그림 1.16] 〈blockquote〉 태그 활용

1.2.3.6 입력한 대로 보여주기

HTML 문서에서 텍스트를 입력한 대로 브라우저에 표현하기 위해서는 <pre> 태그를 사용한다. 이 태그를 이용하면 사용자가 연속해서 입력한 공백들도 그대로 브라우저에 출력된다. <pre> 태그의 형식은 다음과 같다.

형 식 : <pre> ~ </pre>

다음은 <pre> 태그를 사용한 예제로 결과는 [그림 1.17]과 같다.

pre.html

```
<html>
  <head> <title> HTML 문서의 pre 태그 </title> </head>
  <body>
    <pre>

      문서의 공백을              그대로 출력합니다. <br><br>

      다른 태그들은 본래대로 적용됩니다.

    </pre>
  </body>
</html>
```

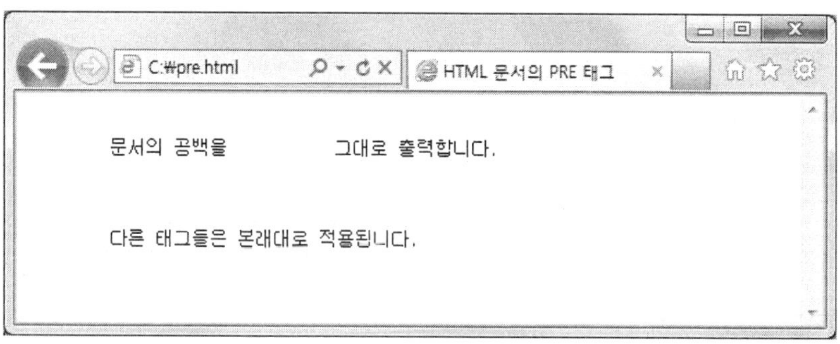

[그림 1.17] 〈pre〉 태그 활용

1.2.3.7 태그 그대로 보여주기

HTML 문서에서 태그까지도 그대로 브라우저에 표현하기 위해서는 <xmp> 태그를 사용한다. <xmp> 태그는 HTML 태그를 일반 텍스트로 취급하므로, 사용자가 입력한 공백뿐만 아니라 태그도 그대로 브라우저에 출력하게 된다. 웹 사이트의 HTML 강좌에서 태그 설명을 해야 하는 경우에 사용하면 효과적이다. <xmp> 태그의 형식은 다음과 같으며, HTML4.01에서는 권장하지 않으나 주요 브라우저들은 지원한다.

형 식 : <xmp> ~ </xmp>

다음은 <xmp> 태그를 사용한 예제로 결과는 [그림 1.18]과 같다.

xmp.html

```
<html>
  <head> <title> html 문서의 xmp 태그 </title> </head>
  <body>
    <xmp>

      화면에 보이는

      그대로 출력합니다.

      <font color="red"> 태그도 그대로 출력합니다. </font>

    </xmp>
  </body>
</html>
```

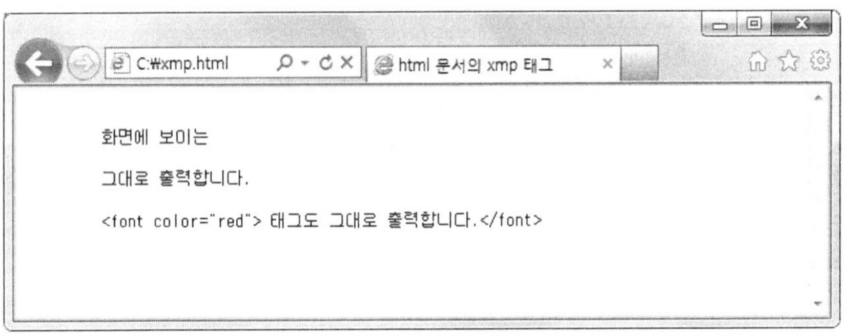

[그림 1.18] 〈xmp〉 태그 활용

1.2.3.8 문자 움직이기

HTML 문서에서 텍스트나 그림을 설정된 방향과 시간에 맞추어 움직이기 위해서 <marquee> 태그를 사용한다. <marquee> 태그의 형식은 다음과 같다. 이 태그는 HTML4.01에서는 권장하지 않으나 주요 브라우저들은 지원한다.

형 식 : <marquee> ~ </marquee>

<marquee> 태그에는 다음과 같은 속성들이 있다.

- width = "픽셀 수" : 스크롤 영역의 너비
- height = "픽셀 수" : 스크롤 영역의 높이
- direction = "up | down | left | right" : 움직이는 방향
- behavior = "scroll | alternate | slide"
  : 행동 방식 (움직이는 방향으로 사라짐 | 좌우 또는 상하로 왕복 | 스크롤 영역의 끝에 멈춤)
- scrollamount = "픽셀 수" : 스크롤 속도
- scrolldelay = "수" : 스크롤과 스크롤 사이의 지연 시간
- loop = "수" : 스크롤의 반복 횟수
- bgcolor = "색상명 | rgb 값" : 스크롤 영역의 배경색

다음은 <marquee> 태그를 사용한 예제로 결과는 [그림 1.19]와 같다.

marquee.html

```
<html>
  <head> <title> HTML 문서의 marquee 태그 </title> </head>
  <body>
    <p>
    <marquee width="500" height="10" direction="right" behavior="scroll" scrollamount="5"
     scrolldelay="50" loop="3" bgcolor="yellow"> 오른쪽 방향으로 3번 반복 후 사라집니다.
    </marquee>
    </p>
    <p>
    <marquee width="500" height="100" direction="down" behavior="alternate"
     scrollamount="5" scrolldelay="50" loop="10" bgcolor="pink">
     아래 방향으로 10번 왕복하다가 멈춥니다. </marquee>
    </p>
    <p>
    <marquee width="500" height="10" direction="left" behavior="slide" scrollamount="5"
     scrolldelay="50" loop="3" bgcolor="yellow"> 왼쪽 방향으로 3번 반복 후 멈춥니다.
    </marquee>
    </p>
  </body>
</html>
```

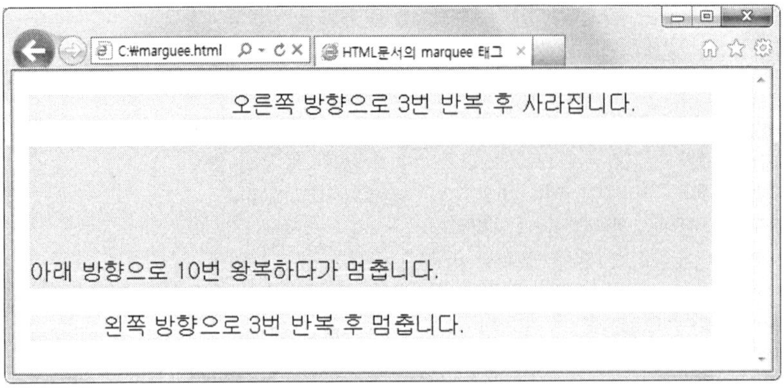

[그림 1.19] 〈marquee〉 태그 활용

1.2.4 목록 태그

시각적으로 짜임새 있는 문서를 만들기 위하여 목록 태그를 사용한다. 목록 태그는 다양한 종류의 목록 형식을 제공하고 있다. 목록을 만들기 위한 태그는 다음과 같다.

- <ul> : **순서 없는 리스트**(unordered list)
  - <li> : 리스트 항목
- <ol> : **순서 있는 리스트** (ordered list)
  - <li> : 리스트 항목
- <dl> : **용어 리스트** (definition list)
  - <dt> : 용어 제목
  - <dd> : 용어 설명

목록 태그와 속성들에 대해서 자세히 알아보기로 한다. 참고로 목록 태그의 속성들은 HTML4.01에서는 권장하지 않으나 주요 브라우저들은 지원한다.

1.2.4.1 순서 없는 리스트

<ul> 태그는 순서 없이 나열되는 목록을 작성할 경우 사용된다. 이 경우 다음의 형식처럼 항목별로 선두에 <li>를 붙이고, 검은 원, 흰 원, 사각 박스 세 종류의 마크를 type 속성에서 지정할 수 있다.

형 식 :
```
<ul type = "disc(기본) | circle | square">
      <li> 리스트 항목 </li>
</ul>
```

다음은 순서 없는 리스트를 중첩하여 작성한 예제로, 그 결과는 [그림 1.20]에서 확인할 수 있다. type을 따로 지정하지 않으면, 단계별로 검은 원, 흰 원, 사각 박스 모양이 차례대로 표시된다.

ul.html

```
<html>
  <head><title> 순서 없는 리스트 </title></head>
  <body>
      <ul>
      <li> 대항목 </li>
            <ul>
            <li> 중항목 </li>
                <ul>
                <li> 소항목 </li>
                </ul>
            </ul>
      </ul>
  </body>
</html>
```

[그림 1.20] **순서 없는 리스트**

1.2.4.2 순서 있는 리스트

<ol> 태그는 항목에 순서가 있는 목록을 생성한다. <ul> 태그와는 달리 항목에 번호를 붙여 순서를 표현한다. 그 형식은 다음과 같다.

```
형 식 :  <ol>
             <li> 리스트 항목 </li>
         </ol>
```

<ol> 태그에는 다음과 같은 속성들이 있다.

- type = "1(기본) | A | a | I | i"　　: 목록 스타일
- start = "수"　　: 시작 번호

<li> 태그에는 다음과 같은 속성들이 있다.

- type = "1(기본) | A | a | I | i"　　: 목록 타입
- value = "수"　　: 항목 번호

다음 예제는 <ol> 태그와 <li> 태그의 여러 속성들을 실제 사용하여 본 것이다. 실행 결과는 [그림 1.21]과 같으며, <ol> 태그와 <li> 태그 속성들의 효과를 확인할 수 있다.

ol.html

```
<html>
 <head> <title> 순서 있는 리스트 </title> </head>
 <body>
     <ol>
     <li> 대항목 </li>
            <ol type="A" start="3">
            <li> 중항목 1 </li>
            <li> 중항목 2 </li>
                 <ol type="i">
                 <li> 소항목 1 </li>
                 <li value="10"> 소항목 2 </li>
                 <li> 소항목 3 </li>
                 </ol>
            <li> 중항목 3 </li>
            </ol>
     </ol>
 </body>
</html>
```

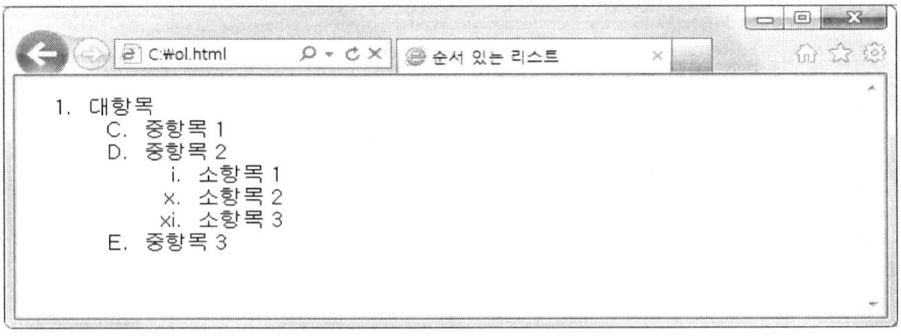

[그림 1.21] 순서 있는 리스트

1.2.4.3 용어 리스트

용어에 대한 정의나 설명을 할 때 이용한다. 용어 리스트에 대한 형식은 다음과 같다.

```
형 식 (용어 리스트) :
    <dl>
        <dt> 용어의 제목 </dt>
        <dd> 용어의 설명 </dd>
    </dl>
```

다음은 용어 리스트를 사용한 예제이며, 실행 결과는 [그림 1.22]에서 볼 수 있다.

dl.html

```
<html>
  <head> <title> 용어 리스트 </title> </head>
  <body>
     <dl>
        <dt> HTML </dt>
        <dd> HyperText Markup Language </dd>
        <dt> CSS </dt>
        <dd> Cascading Style Sheets </dd>
     </dl>
  </body>
</html>
```

[그림 1.22] **용어 리스트**

1.2.5 연결 태그

HTML에서는 하이퍼링크(hyperlink) 기능을 이용하여, 인터넷 상의 다른 웹 사이트 혹은 자신의 웹 사이트에 있는 다른 페이지에 연결할 수가 있다. 이러한 링크 기능은 HTML의 주된 장점 중의 하나라고 할 수 있으며, 웹 상에서 마우스로 링크를 눌러 이동하면서 사용자가 원하는 정보를 쉽게 얻을 수 있다.

형 식 : <a> 링크를 설정할 텍스트 </a>

<a> 태그에는 다음과 같은 속성들이 있다.

- href = "url" : 절대 url 또는 상대 url 또는 앵커 url
- name = "앵커" : 앵커 설정
- title = "설명" : 링크에 마우스를 가져가면 나타나는 설명
- target = "프레임 이름 | 예약어" : 링크된 페이지를 나타낼 곳

앞의 속성 중 target에 대한 자세한 내용은 앞으로 프레임 작성 부분에서 소개한다. HTML에서 페이지를 링크로 연결하기 위해서 href의 속성값으로 url을 지정한다. url(uniform resource locator)은 인터넷 상에서 자원의 주소를 나타내며, 절대(absolute) url, 상대(relative) url, 앵커(anchor) url 중에서 하나를 href의 속성값으로 사용한다.

절대 url은 인터넷 상에서 유일하며 일반적으로 url이라고 하면 절대 url을 의미하고, 인터넷 상의 어느 웹 사이트의 어떤 페이지라도 링크로 연결하는데 사용할 수 있다. 절대 url은 절대 경로(path)라고도 한다. 상대 url은 기준(default) url에 대한 상대적인 주소이며, 기준 url은 <base> 태그를 이용하여 설정할 수 있다. 기준 url이 설정되지 않으면 현재의 디렉토리(폴더)(즉 './')가 기준이 된다. 상대 url은 웹 사이트 내의 파일을 링크로 연결하는데 사용한다. 상대 url은 상대 경로라고도 한다. 그리고 앵커 url은 HTML 페이지 내의 앵커(특정 위치)를 가리키므로 페이지 내에서의 링크 연결에 사용된다.

앞으로 이들을 이용한 링크 연결 방법에 대하여 자세히 살펴본다.

1.2.5.1 같은 문서 내에서의 연결

앵커 url을 이용하여 같은 문서 내에서 이동할 곳을 링크로 연결한다. 이를 위해 <a> 태그를 사용하며, 그 결과 동일한 문서 내의 특정 위치인 앵커로 이동할 수 있게 된다. href 속성에 의해 설정된 링크는 보통 브라우저에서 밑줄로 표시되며 이 부분을 클릭하면 name 속성에 의해 지정된 앵커 위치로 이동하게 된다. 이러한 방법은 html 문서가 매우 길 경우에 사용하면 효과적이다. 앵커 설정 형식은 다음과 같다.

형 식 : <a href = "#앵커"> ~ </a> : 링크가 설정된 텍스트
<a name = "앵커"> ~ </a> : 문서 내 이동할 곳

다음 예제에서는 <a> 태그를 이용하여 같은 문서 내의 지정된 부분으로 이동하는

것을 보여주고 있다. 즉, href 속성에서 "#앵커1"로 지정된 링크를 누르면 name 속성에서 "앵커1"로 설정된 곳으로 이동하게 된다. [그림 1.23]은 위쪽의 익스플로러 화면에서 "앵커1" 링크를 눌렀을 때 문서 내에서 이동하는 것을 아래 화면에서 보여주고 있다.

anchor.html

```
<html>
   <head> <title> HTML 문서 내에서의 연결 </title> </head>
   <body>
      <a href="#앵커1"> 첫 번째 부분으로 이동 </a> <br>
      <a href="#앵커2"> 두 번째 부분으로 이동 </a> <br>
      <br><br> <hr>
      <a name="앵커1"> 이곳은 첫 번째 부분이다. </a>
      <br><br><br><br>
      <a name="앵커2"> 이곳은 두 번째 부분이다. </a>
   </body>
</html>
```

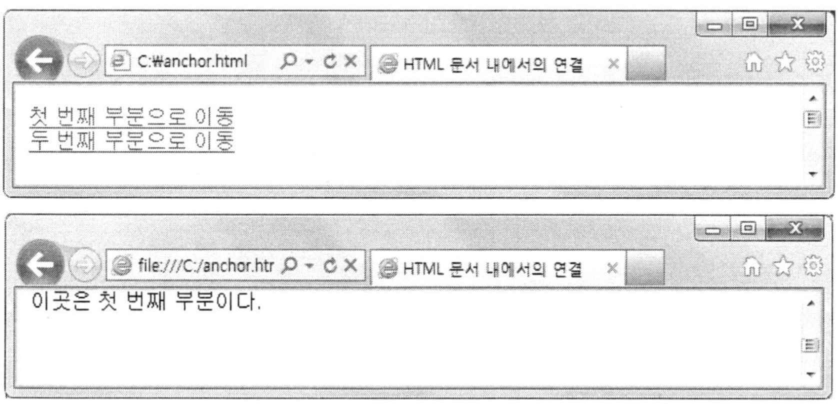

[그림 1.23] 앵커 활용

1.2.5.2 웹 상의 문서 연결

절대 url을 이용하여 다른 웹 사이트의 문서를 연결한다. 가장 일반적인 연결 방법으로 <a> 태그에서 이동하고자 하는 곳의 절대 url을 지정하여 인터넷 상의 웹 문서로 이동할 수가 있다. 형식은 다음과 같으며, href 속성 부분에 이동하고자 하는 곳의 절대 url을 지정한다. 절대 url은 자원에 접근하기 위한 프로토콜과 자원의 위치와 이름으로 구성된다.

형 식 : <a href = "절대 url"> 링크가 설정된 텍스트 </a>

다음 예제는 절대 url을 통하여 외부 사이트의 특정 웹 페이지로 이동하는 것을 나타내고 있으며, 그 결과는 [그림 1.24]에서 확인할 수 있다.

url.html

```
<html>
 <head> <title> url을 통한 링크 </title> </head>
 <body>
 <a href="http://www.wikipedia.org/" title="위키피디아">위키피디아 홈페이지로 이동</a> <br><br>
 <a href="http://ko.wikipedia.org/">위키피디아 한국어판 페이지로 이동</a>
 </body>
</html>
```

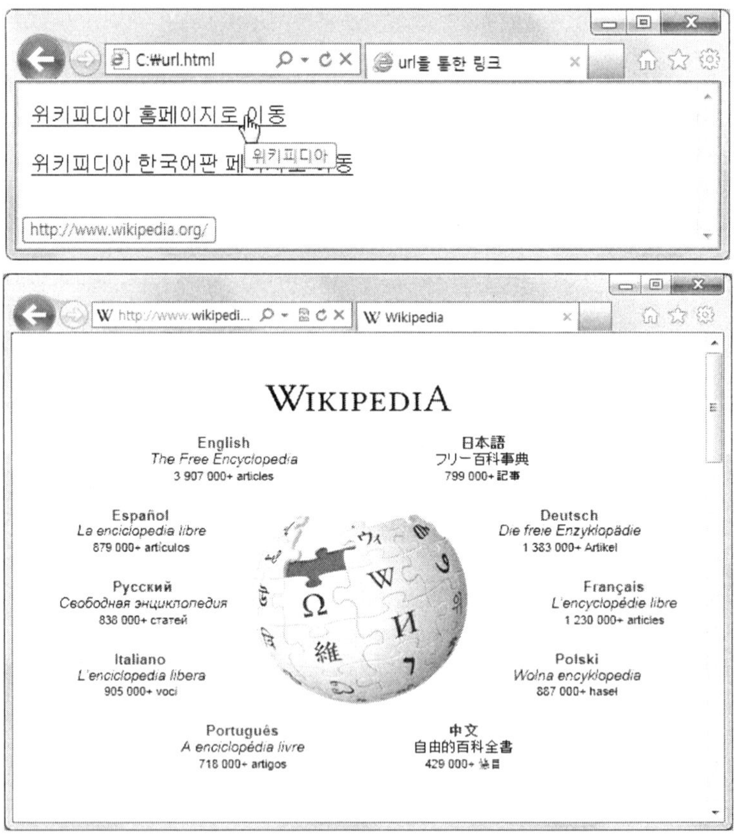

[그림 1.24] url을 이용한 문서 연결

1.2.5.3 웹 사이트 내의 문서 연결

상대 url을 이용하여 같은 웹 사이트 내의 문서를 연결한다. 이 때 이용되는 상대 url의 예는 다음과 같다.

```
href="mypage.html"            - 홈 디렉토리의 mypage.html 파일
href="myfolder/friends.html" - 홈 디렉토리의 myfolder 디렉토리 내의 friends.html 파일
```

예에서 보는 것처럼 홈 디렉토리(폴더)에 존재하는 파일의 상대 url은 그대로 파일 이름이 되는 것을 알 수 있다.

HTML에서 이와 같은 상대 url을 이용하여 같은 웹 사이트 내의 다른 문서로 이동할 수 있다. 다음은 상대 url을 지정하는 형식이다.

```
형 식 : <a href = "상대 url"> 링크가 설정된 텍스트 </a>
```

1.2.5.4 메일 프로그램 연결

HTML 문서에서 주소를 기록하기 위해서 <address> 태그를 사용한다. 웹 페이지에서 전자우편(e-mail) 서비스를 이용할 때는 <a> 태그를 사용한다. <a> 태그의 href 속성에 mailto 명령(command)을 이용하여 전자우편 주소를 지정하면, 브라우저에서 지정된 주소로 편지를 보낼 수 있게 된다. 메일 프로그램을 연결하는 형식은 다음과 같다.

```
형 식 : <a href = "mailto:메일주소"> 메일 프로그램으로 링크가 설정되는 텍스트 </a>
```

다음은 <address> 태그와 <a> 태그를 함께 사용하는 예제이다.

mailto.html

```
<html>
  <head> <title> 주소 지정 </title> </head>
   <body>
     <center> <h3> 방문을 환영합니다! </h3> </center>
     <address> 작성자 : 김동일 <br>
          메일은 <a href="mailto:dongilkim@dongguk.edu">dongilkim@dongguk.edu</a> 로
          보내시면 됩니다.
     </address>
   </body>
</html>
```

예제의 <a> 태그 내에서 mailto 명령을 이용하여 전자우편 주소를 지정한다. 예제의 실행 결과인 [그림 1.25]에서 링크가 설정된 *'dongilkim@dongguk.edu'*을 누를 경우 [그림 1.26]처럼 익스플로러에 기본으로 설정된 전자우편 프로그램을 통하여 편지를 작성하여 보낼 수 있다.

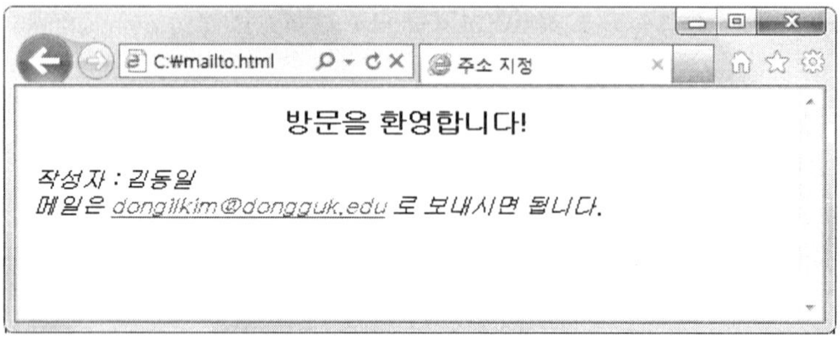

[그림 1.25] **주소 지정 태그 활용**

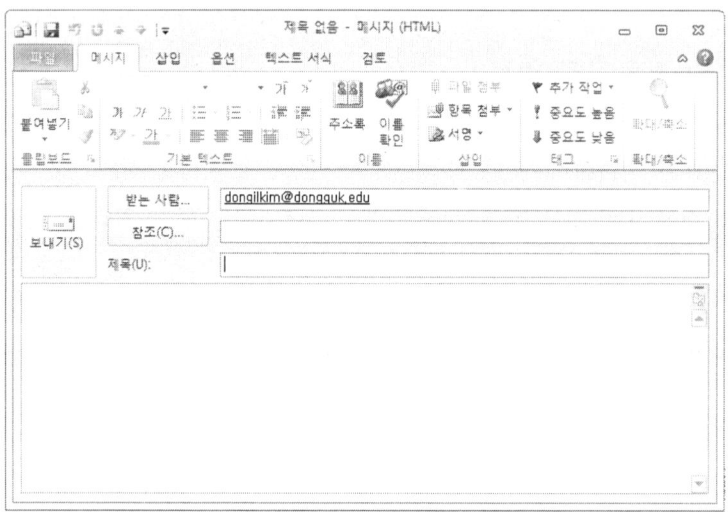

[그림 1.26] **전자우편 주소를 클릭한 결과**

1.3 이미지 삽입

HTML에서는 문서에 삽입된 이미지를 웹 브라우저에서 보여줄 수가 있다. 이 절에서는 웹 문서에 이미지를 삽입하는 방법을 비롯하여 이미지를 다루는 방법에 대하여 살펴보도록 한다.

1.3.1 이미지 태그

HTML에서 이미지를 삽입하기 위해서는 <img> 태그를 사용한다. <img> 태그의 형식은 다음과 같다.

형 식 : <img src = "이미지 파일의 url" alt = "이미지 파일 설명" title = "이미지 파일 설명">
- src : 이 속성은 필수이고, 이미지 파일을 연결함
- alt : 이미지 파일이 없으면, 파일에 대한 설명이 나타남
- title : 이미지에 마우스를 가져가면, 파일에 대한 설명이 나타남

src 속성에서 url은 절대 url 또는 상대 url을 사용하며 이에 대한 설명은 연결 태그 부분을 참고하기 바란다.

다음 예제는 <img> 태그의 src 속성을 이용하여 이미지를 삽입하고 이에 대한 설명을 추가한 것이다. 이 예제에서 이미지 파일은 fish.jpg이며, 상대 url을 사용하였다. 이 예제의 결과는 [그림 1.27]에서 확인할 수 있다.

예제 image.html

```
<html>
  <head> <title> 이미지 삽입하기 </title> </head>
  <body>
    <center>
      <h2> 이미지 삽입 </h2>
      <img src="fish.jpg" alt="물고기 그림" title="물고기입니다.">
    </center>
  </body>
</html>
```

[그림 1.27] 이미지를 삽입한 결과

1.3.2 이미지 태그의 속성

HTML에서는 이미지 삽입뿐만 아니라, 이미지를 세밀하게 제어하기 위한 다양한 속성들을 제공하고 있다. 즉, 이미지를 삽입하려는 위치, 이미지의 크기, 여백 등을 조정할 수가 있다. 이러한 이미지 관련 속성들은 HTML4.01에서는 권장하지 않으나 주요 브라우저들은 지원한다. 이제 이미지 다루는 방법들에 대하여 살펴보도록 한다.

이미지와 문자의 정렬

HTML 문서에서 이미지와 텍스트를 함께 사용할 경우, 서로에 대한 정렬 방법을 선택할 수 있다. 이때에는 align 속성을 사용하며, 이미지의 특정 위치에 텍스트를 어떻게 위치시킬 것인가를 결정하게 된다. align 속성의 형식은 다음과 같다.

- align = "top" : 이미지의 윗부분에 텍스트 출력
- align = "middle" : 이미지의 가운데 부분에 텍스트 출력
- align = "bottom" : 이미지의 아랫부분에 텍스트 출력
- align = "left" : 이미지를 왼쪽에 위치시킴
- align = "right" : 이미지를 오른쪽에 위치시킴

다음 예제에서는 align 속성을 통하여 이미지와 텍스트를 [그림 1.28]처럼 상하로 정렬하는 방법을 보여주고 있다.

image-align-tmb.html

```
<html>
  <head> <title> 이미지와 문자의 위치 </title> </head>
  <body>
     <p> <img src="fish.jpg" align="top"> 이미지의 위쪽 </p>
     <p> <img src="fish.jpg" align="middle"> 이미지의 가운데 </p>
     <p> <img src="fish.jpg" align="bottom"> 이미지의 아래쪽 </p>
  </body>
</html>
```

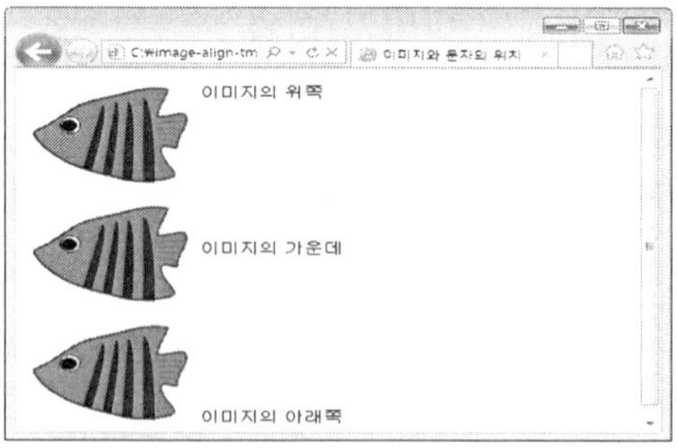

[그림 1.28] 이미지와 텍스트를 상하로 정렬

다음 예제는 이미지와 텍스트를 좌우로 정렬하는 것으로 결과는 [그림 1.29]와 같다.

image-align-lr.html

```
<html>
  <head> <title> 이미지와 텍스트의 위치 </title> </head>
  <body>
    <img src="fish.jpg" align="left">
      이미지는 왼쪽 <br>
      텍스트는 오른쪽
    <br><br><br><br>
    <img src="fish.jpg" align="right">
      이미지는 오른쪽 <br>
      텍스트는 왼쪽
  </body>
</html>
```

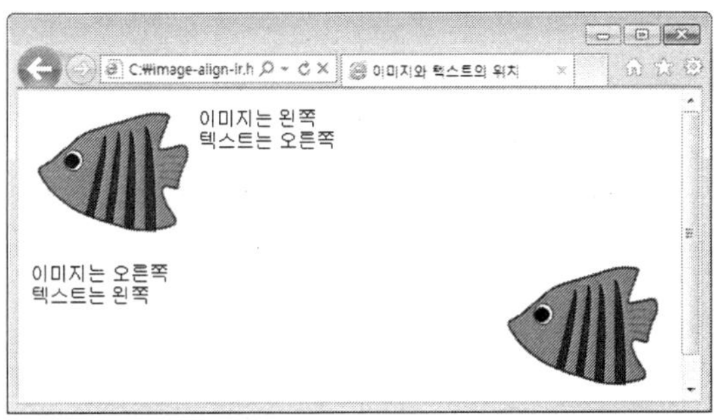

[그림 1.29] **이미지와 텍스트를 좌우로 정렬**

이미지의 크기 조절

삽입한 이미지의 크기는 width와 height 속성을 이용하여 조절한다. 이때에 이미지 크기는 픽셀 수 또는 브라우저의 너비나 높이에 대한 비율(%)로 지정하며, 그 형식은 다음과 같다.

```
형 식 : <img src = "이미지 파일의 url" width = "픽셀 수 | 비율(%)"
                                      height = "픽셀 수 | 비율(%)">
```

- width : 이미지의 가로 크기
- height : 이미지의 세로 크기

이미지의 여백 조절

삽입한 이미지의 여백은 vspace 속성과 hspace 속성을 통하여 크기를 조절할 수 있으며, 형식은 다음과 같다.

형 식 : <img src = "이미지 파일의 url" vspace = "픽셀 수 | 비율(%)"
hspace = "픽셀 수 | 비율(%)">

- vspace : 이미지 상하의 여백
- hspace : 이미지 좌우의 여백

다음 예제에서는 [그림 1.30]과 같이 이미지의 상하와 좌우에 여백을 지정한 것을 보여주고 있다.

image-space.html

```
<html>
  <head> <title> 이미지의 여백 주기 </title> </head>
   <body>
        이미지의 상하에 <br>
       <img src="fish.jpg" border="1" vspace="50" align="left">
        여백을 <br>
        50픽셀 주었다.
       <br><br><br><br><br><br><br><br><br><br><br><br>
        이미지의 좌우에 <br>
       <img src="fish.jpg" border="1" hspace="50" align="left">
        여백을 <br>
        50픽셀 주었다.
   </body>
</html>
```

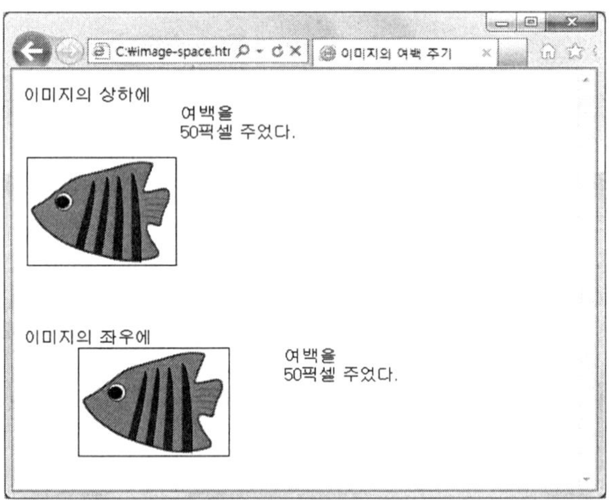

[그림 1.30] **이미지의 여백 주기**

여기서 border 속성은 이미지의 테두리를 나타내므로 이미지의 여백 크기를 확인하기 위해서 사용하였다.

1.3.3 이미지로 문서 연결

앞에서도 살펴보았듯이 HTML에서는 하이퍼링크 기능을 통하여 문서 내부의 특정 위치나 외부의 문서로 이동하게 된다. HTML에서는 텍스트를 통한 링크 방법 이외에도, 이미지를 이용하여 링크를 설정할 수가 있다. 다음은 이미지를 통하여 링크를 설정하는 형식이다. border 속성은 테두리 선의 굵기를 픽셀 수로 지정하는 것으로, 이를 '0'으로 설정하면 테두리 선이 보이지 않는다.

```
형 식 : <a href = "링크할 파일의 url">
        <img src = "이미지 파일의 url" [border = "픽셀 수"]> </a>
```

다음 예제에서는 [그림 1.31]과 같이 이미지로 문서를 연결하는 방법을 보여주고 있다.

image-link.html

```
<html>
  <head> <title> 이미지로 문서 연결하기 </title> </head>
  <body>
   <center>
     <h2> 이미지로 문서 연결하기 </h2>
     <p> 물고기 그림을 누르면 해당 페이지로 이동합니다. </p>
     <a href="image-link-result.html">
        <img src="fish.jpg" border="5" alt="물고기입니다.">
     </a>
   </center>
  </body>
</html>
```

image-link-result.html

```
<html>
  <head> <title> 이미지로 연결된 문서 </title> </head>
  <body>
    <center>
      <h2> 이미지로 연결된 문서 </h2>
      물고기 그림을 눌러서 이동한 페이지입니다.
    </center>
  </body>
</html>
```

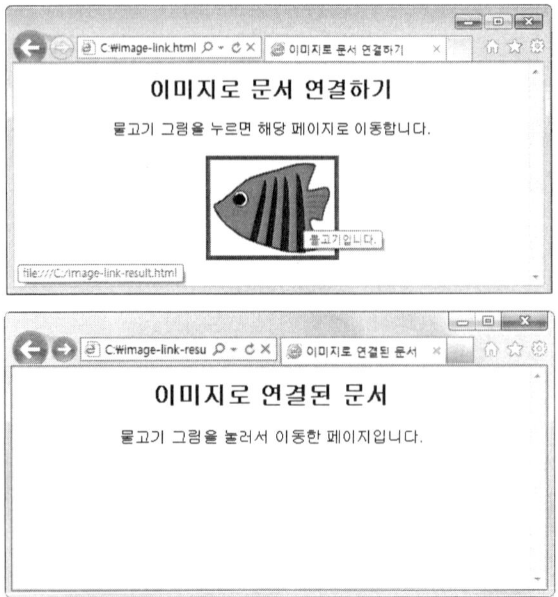

[그림 1.31] 이미지로 문서 연결

1.4 테이블 작성

테이블은 정보를 이차원적으로 표현하기 위하여 사용된다. 웹 문서에서도 테이블을 이용하여 정보를 효과적으로 전달하는 경우가 많다. 본 절에서는 테이블에 관한 기본적인 내용과 함께 테이블을 세밀하게 제어하기 위한 방법들에 대해서 살펴보자.

1.4.1 테이블 기본 태그

테이블을 작성하기 위한 기본적인 태그의 종류와 기능은 다음과 같다.

- <table> : 테이블 생성
- <tr> : table row, 하나의 행 생성
- <td> : table data, 하나의 셀 생성
- <th> : table header, 제목으로 표시되는 셀 생성
- <caption> : 테이블의 제목

테이블 선언 태그

<table> 태그는 테이블을 생성하기 위하여 사용하는 태그로, 반드시 종료 태그 </table>

을 함께 사용하여야 한다.

형 식 : <table> ~ </table>

<td> 태그는 셀의 데이터를 지정하기 때문에, 데이터를 세밀하게 제어하기 위한 여러 가지 속성들을 제공하고 있다. <td> 태그에서 사용하는 속성들은 다음과 같다.

```
<td align = "left(기본) | right | center | justify | char">  : 셀의 데이터에 대한 좌우 정렬 방법
<td valign = "top | middle | bottom | baseline">              : 셀의 데이터에 대한 상하 정렬 방법
<td rowspan = "수">                                            : 행의 셀들을 합침
<td colspan = "수">                                            : 열의 셀들을 합침
<td width = "픽셀 수 | 비율(%)">                               : 셀의 너비 (픽셀 수)
<td height = "픽셀 수 | 비율(%)">                              : 셀의 높이 (픽셀 수)
<td bgcolor = "색상명 | rgb 값">                               : 셀의 배경 색상
```

속성들 중 width, height, bgcolor는 HTML4.01에서 권장하지 않으나 주요 브라우저들은 지원한다.

먼저 간단한 테이블을 작성하여 보자. 다음의 예제에서는 테이블을 작성하기 위한 <table> 태그를 비롯하여, 테이블의 행을 표현하는 <tr> 태그와 행을 구성하는 셀을 만드는 <td> 태그를 살펴볼 수 있다.

예제의 실행 결과 [그림 1.32]와 같이 2행 1열의 테이블이 생성된다. 테이블의 모양을 확인하기 위해서 border 속성을 이용하여 테이블의 테두리를 표시하였다.

table-row.html

```
<html>
  <head> <title> 테이블 </title> </head>
  <body>
     <center> <br>
        <table border="1">
            <tr>
                <td>첫 번째 셀</td>
            </tr>
            <tr>
                <td>두 번째 셀</td>
            </tr>
        </table>
     </center>
  </body>
</html>
```

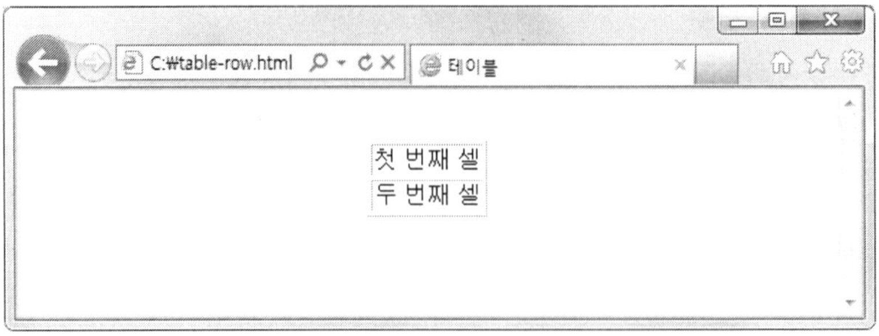

[그림 1.32] 테이블의 행

다음 예제는 앞의 예제의 테이블에 <td> 태그를 이용하여 하나의 열을 추가한 것으로 결과는 [그림 1.33]과 같다.

table-column.html

```
<html>
  <head> <title> 테이블 </title> </head>
   <body>
       <center> <br>
         <table border="1">
           <tr>
                <td>첫 번째 셀</td>
                <td>두 번째 셀</td>
           </tr>
           <tr>
                <td>세 번째 셀</td>
                <td>네 번째 셀</td>
           </tr>
         </table>
       </center>
   </body>
</html>
```

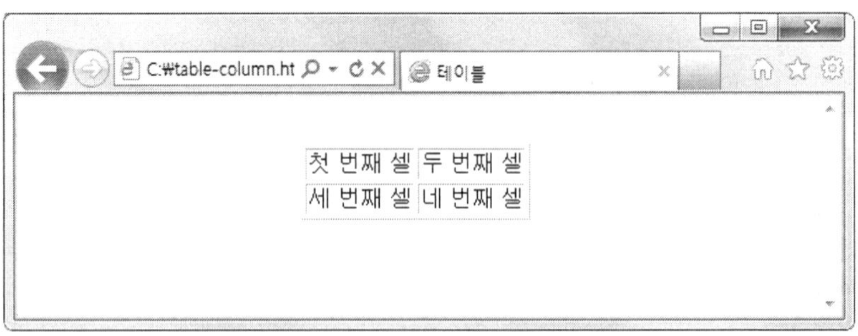

[그림 1.33] 테이블의 열

테이블 제목 태그

테이블의 제목은 <caption> 태그를 사용하여 작성한다. 또한 테이블의 제목을 align 속성을 이용하여 정렬할 수 있다. align 속성은 주요 브라우저들은 지원하지만 HTML4.01에서는 권장하지 않는다. 다음은 <caption> 태그의 형식이다.

형 식 : <caption align = "left | right | top(기본) | bottom"> 테이블의 제목 </caption>

다음 예제는 <caption> 태그를 이용하여 테이블 상단에 제목을 표시한 것이며, 결과는 [그림 1.34]와 같다.

table-caption.html

```
<html>
  <head> <title> 테이블 </title> </head>
  <body>
     <center> <br>
        <table border="1">
          <caption align="top"> 테이블 작성 </caption>
          <tr>
              <td>첫 번째 셀</td>
              <td>두 번째 셀</td>
          </tr>
          <tr>
              <td>세 번째 셀</td>
              <td>네 번째 셀</td>
          </tr>
        </table>
     </center>
  </body>
</html>
```

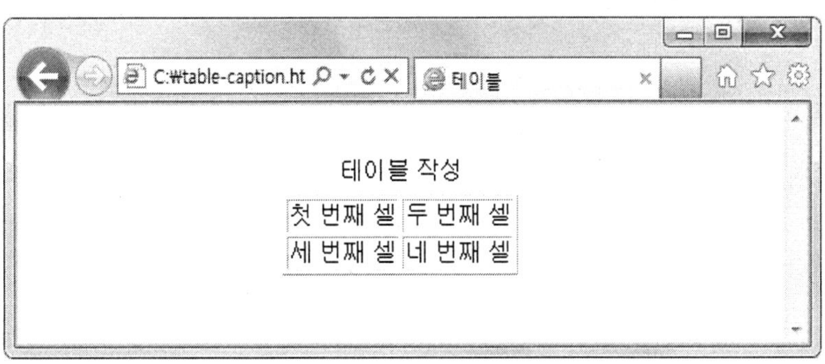

[그림 1.34] **테이블의 제목**

셀 합치기 태그

테이블의 셀을 가로 또는 세로로 확장시켜 셀들이 합쳐진 효과를 거둘 수가 있다. 이때에는 <td>나 <th> 태그의 rowspan이나 colspan 속성을 이용한다. 세로로 셀을 합치는 방법과 가로로 셀을 합치는 방법에 대하여 살펴보자.

세로로 셀 합치기

테이블의 한 열의 셀들을 합치기 위한 것으로, 세로로 여러 개의 행들을 하나의 셀로 합치게 된다. 즉 'rowspan = "3"'이라 지정하면 세로 방향으로 세 개의 셀을 합쳐 하나의 셀을 만든다. 다음의 형식에서 <th> 태그는 <td>와 같은 역할을 수행하지만, <th> 태그에서는 수평과 수직 정렬이 가운데로 자동으로 설정되며, 폰트 또한 굵은 글씨체로 지정된다.

```
형 식 :  <td rowspan = "n"> ~ </td>   : n은 합칠 셀의 수
         <th rowspan = "n"> ~ </th>   : n은 합칠 셀의 수
```

가로로 셀 합치기

테이블의 한 행에서 셀들을 합치기 위한 것으로, 여러 개의 셀들을 가로로 합쳐 하나의 셀로 만든다. 형식은 다음과 같다.

```
형 식 :  <td colspan = "n"> ~ </td>   : n은 합칠 셀의 수
         <th colspan = "n"> ~ </th>   : n은 합칠 셀의 수
```

다음 예제를 통하여 셀들을 합치는 방법을 살펴보자. 첫 번째 테이블은 rowspan을 통하여 세로로 두 개의 셀들을 합친 것이며, 두 번째 테이블은 colspan을 통하여 가로로 2개의 셀들을 합친 것이다. [그림 1.35]에서 그 결과를 보여주고 있다.

table-span.html

```
<html>
  <head> <title> 테이블 </title> </head>
  <body>
    <center> <br>
      <table border="1">
        <tr>
          <th rowspan="2">수도</th>
          <th>한국</th>
          <th>영국</th>
        </tr>
        <tr>
          <td>서울</td>
          <td>런던</td>
        </tr>
      </table>
      <br><br>
      <table border="1">
        <tr> <th colspan="2">수도</th> </tr>
        <tr>
          <th>한국</th>
          <th>영국</th>
        </tr>
        <tr>
          <td>서울</td>
          <td>런던</td>
        </tr>
      </table>
    </center>
  </body>
</html>
```

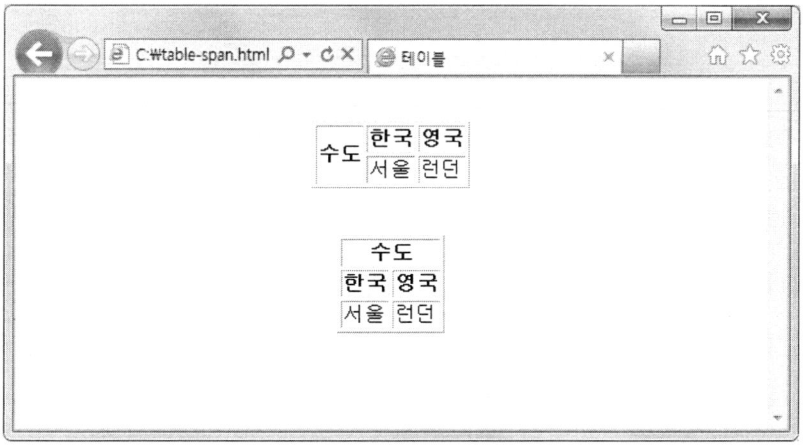

[그림 1.35] 테이블의 셀 합치기

1.4.2 테이블 서식

테이블을 보기 좋게 꾸미기 위한 스타일 지정 방법에 대하여 공부하여 보자.

테이블의 외곽선 지정

테이블에서도 테두리를 표시하고 그 굵기를 다음의 형식에 따라 지정할 수가 있다. 이때에는 픽셀 수 크기의 테두리 선을 만들게 되며, 픽셀 수의 값이 클수록 테두리 선은 굵게 된다. 이를 "0"으로 설정하면 테두리 선이 보이지 않는다.

형 식 : <table border = "픽셀 수"> ~ </table>

다음 예제는 테이블의 border 속성을 이용하여 테두리 굵기를 여러 가지로 변경한 것으로, 그 결과는 [그림 1.36]과 같다.

table-border.html

```
<html>
  <head> <title> 테이블 </title> </head>
  <body>
    <center> <br>
       <table border="5">
          <tr> <td>테두리 선의 두께 : 5</td> </tr>
       </table> <br><br>
       <table border="10">
          <tr> <td>테두리 선의 두께 : 10</td> </tr>
       </table> <br><br>
       <table border="15">
          <tr> <td>테두리 선의 두께 : 15</td> </tr>
       </table>
    </center>
  </body>
</html>
```

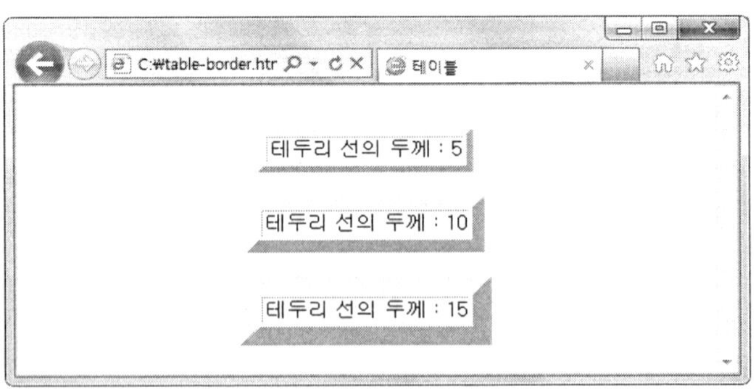

[그림 1.36] 테이블의 두께 조절

테이블의 크기 조절

테이블의 크기를 조절하기 위해서는 <table> 태그의 width(너비)와 height(높이) 속성을 이용한다. 이 경우에는 세밀한 제어를 위하여 픽셀 단위의 크기 또는 브라우저 크기에 대한 비율을 사용하게 된다.

테이블의 너비 조절

테이블의 너비를 조절하기 위하여, width 속성의 값을 픽셀 수로 설정한다. 이외에도 너비를 비율(%)로 지정하면 브라우저의 너비에 대한 상대적 비율로 설정된다.

```
형 식 : <table width = "픽셀 수 | 너비에 대한 비율(%)"> ~ </table>
```

테이블의 높이 조절

height 속성의 값을 픽셀 수로 지정하거나 브라우저의 높이에 대한 상대적 비율(%)로 지정할 수 있다.

```
형 식 : <table height = "픽셀 수 | 높이에 대한 비율(%)"> ~ </table>
```

다음 예제의 첫 번째 테이블은 너비를 100%로 설정하였고, 두 번째 테이블은 높이를 150픽셀로 지정하였다. [그림 1.37]의 결과를 살펴보도록 하자.

table-size.html

```
<html>
  <head> <title> 테이블 </title> </head>
  <body>
    <center><br>
      <table border="1" width="100%">
        <tr>
           <th width="33%">한국</th>
           <th width="33%">미국</th>
           <th width="33%">영국</th>
        </tr>
        <tr>
           <td>서울</td>
           <td>워싱턴 D.C.</td>
           <td>런던</td>
```

```
            </tr>
        </table>
        <br><br>
        <table border="1" height="150">
            <tr height="30%">
                <th width="33%">한국</th>
                <th width="33%">미국</th>
                <th width="33%">영국</th>
            </tr>
            <tr>
                <td>서울</td>
                <td>워싱턴 D.C.</td>
                <td>런던</td>
            </tr>
        </table>
    </center>
  </body>
</html>
```

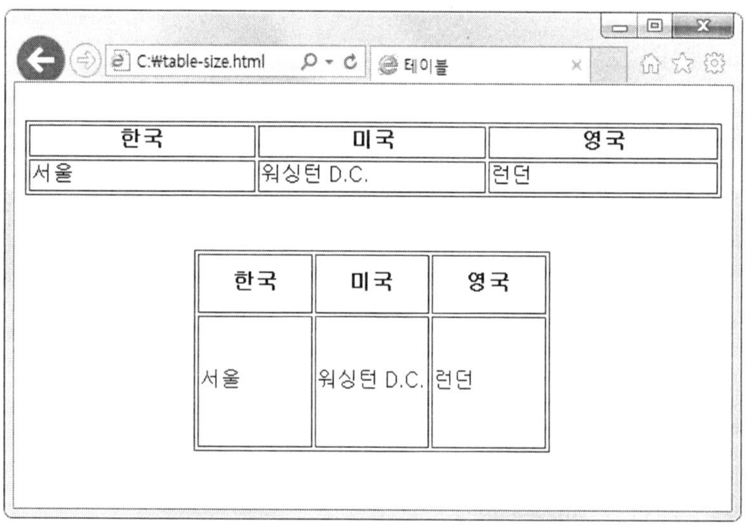

[그림 1.37] 테이블의 크기 조절

셀 간격과 여백 조절

테이블의 cellspacing 속성을 이용하여 셀과 셀 사이의 간격을 조절하고, cellpadding 속성을 이용하여 셀 경계와 셀 내부 텍스트 사이의 여백을 조절할 수 있다. 셀의 간격과 여백을 조절하기 위한 형식은 다음과 같다.

형 식 : <table cellspacing = "픽셀 수"> : 셀과 셀 사이의 간격
<table cellpadding = "픽셀 수"> : 셀 내부의 여백

다음 예제는 셀과 셀 사이의 간격과 셀 내부의 여백을 조절한 것으로, 그 결과는 [그림 1.38]에서 확인할 수가 있다.

table-space.html

```
<html>
  <head> <title> 테이블의 여백 </title> </head>
  <body>
     <center> <br>
       <table border="1" cellspacing="10">
           <tr>
              <td>첫 번째 셀</td>
              <td>두 번째 셀</td>
           </tr>
       </table>
       <br><br>
       <table border="1" cellpadding="10">
           <tr>
              <td>첫 번째 셀</td>
              <td>두 번째 셀</td>
           </tr>
       </table>
     </center>
  </body>
</html>
```

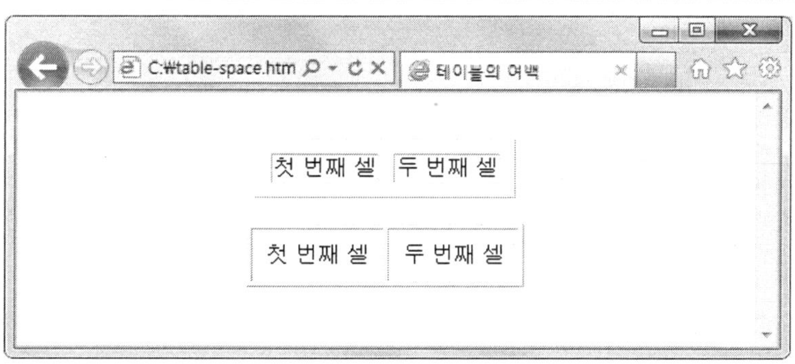

[그림 1.38] 테이블의 여백 조절

테이블의 색 지정

테이블에서도 색을 지정할 수 있다. 테이블에서의 색 지정은 <table>, <td>, <tr> 태

그에서 각각 bgcolor 속성을 이용해서 하며, 형식은 다음과 같다. 참고로 bgcolor 속성은 주요 브라우저에서는 지원하나 HTML4.01에서는 권장하지 않는다.

```
형 식 : <table bgcolor = "색상명 | rgb 값"> ~ </table>
        <tr bgcolor = "색상명 | rgb 값"> ~ </tr>
        <td bgcolor = "색상명 | rgb 값"> ~ </td>
```

1.4.3 테이블 정렬

테이블의 정렬을 위해서는 다른 태그에서의 정렬 방법과 마찬가지로 align 속성을 이용한다. align 속성은 HTML4.01에서는 권장하지 않으나 주요 브라우저들은 지원한다. 테이블 정렬을 위한 방법을 살펴보자.

테이블의 정렬

작성한 테이블을 원하는 곳에 배치하기 위해서 align 속성을 이용한 정렬 방법이 사용된다. 다음은 테이블을 정렬하기 위한 형식이다.

```
형 식 : <table align = "left | right | center"> ~ </table>
```

다음 예제는 테이블을 정렬한 것이며 그 결과는 [그림 1.39]에서 확인할 수 있다.

table-align.html

```
<html>
  <head> <title> 테이블 </title> </head>
  <body>
      <br>
      <table align="left" border="1">
        <tr> <td>첫 번째 테이블</td> </tr>
        <tr> <td>왼쪽 정렬</td> </tr>
      </table>
      <table align="right" border="1">
        <tr> <td>두 번째 테이블</td> </tr>
        <tr> <td>오른쪽 정렬</td> </tr>
      </table>
      <table align="center" border="1">
        <tr> <td>세 번째 테이블</td> </tr>
        <tr> <td>가운데 정렬</td> </tr>
      </table>
  </body>
</html>
```

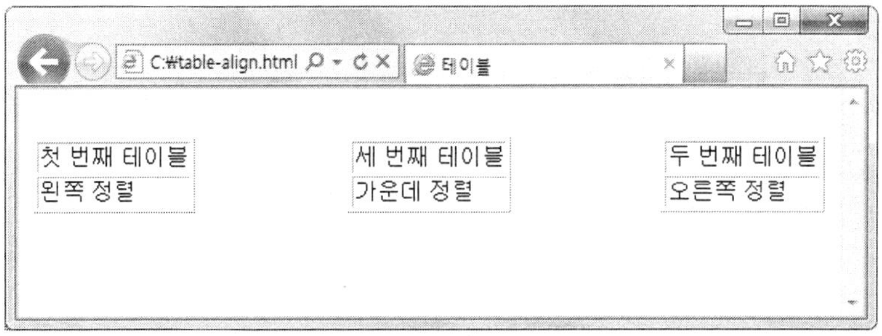

[그림 1.39] **테이블 정렬**

셀 내부의 텍스트 정렬

테이블의 셀 내부에 위치한 텍스트를 상하 또는 좌우로 정렬할 수 있다. 셀 내부의 텍스트를 정렬하는 방법은 다음과 같다.

```
형 식 (좌우 정렬) : <tr align = "left(기본) | right | center | justify | char"> ~ </tr>
                    <td align = "left(기본) | right | center | justify | char"> ~ </td>
                    <th align = "left | right | center(기본) | justify | char"> ~ </th>

형 식 (상하 정렬) : <tr valign = "top | middle | bottom | baseline"> ~ </tr>
                    <td valign = "top | middle | bottom | baseline"> ~ </td>
                    <th valign = "top | middle | bottom | baseline"> ~ </th>
```

1.5 프레임 작성

웹 사이트를 방문하다 보면 프레임을 이용하여 웹 페이지를 구성한 경우를 흔히 볼 수 있다. 프레임은 브라우저의 화면을 여러 개로 분할할 수 있는 기능을 제공한다. 이러한 기능을 이용하여 각 프레임마다 특정 역할을 수행하는 페이지를 작성함으로써 효과적인 웹 사이트의 제작이 가능해진다.

1.5.1 프레임 정의

프레임의 기본 구조는 다음과 같다. 먼저 <frameset> 태그는 프레임을 사용하기 위한 선언이며, <frame> 태그는 실제로 프레임을 정의하는 기능을 담당한다.

```
<html>
  <head> <title> 프레임의 기본 구조 </title> </head>
  <frameset>
      <frame>
      <frame>
  </frameset>
</html>
```

프레임을 정의하기 위한 태그들을 자세히 살펴보자. <frameset> 태그는 프레임을 선언하는 동시에 프레임의 수와 크기를 설정하는 기능을 갖고 있다. 또한 가로 분할(rows), 세로 분할(cols)의 기능을 제공하고 있으며, <frame> 태그의 src 속성을 통하여 프레임에 표시할 HTML 문서를 지정하게 된다. 프레임의 기본 형식은 다음과 같다.

```
형 식 : <frameset rows 또는 cols = "프레임 수와 크기">
             <frame src = "프레임에 표시할 파일의 url">
        </frameset>
```

프레임의 크기를 설정하는 방법은 다음과 같다.

- 픽셀 수로 설정
- 브라우저의 크기에 대한 비율(%)로 설정
- 나머지 전부를 *로 설정

가로 분할

프레임을 이용하여 화면을 가로로 분할하여 보자. 다음 예제는 rows 속성을 이용하여 화면을 가로로 세 개의 창으로 분할하며, 크기는 각각 전체의 30%, 50%, 20%의 비율로 설정하였다. 결과는 [그림 1.40]과 같다. 여기서 frame1.html과 frame2.html, 그리고 frame3.html은 각각 프레임 1, 프레임 2, 프레임 3이라는 간단한 텍스트를 출력하는 것이다.

frame-rows.html

```
<html>
   <head> <title> 가로 분할 </title> </head>
   <frameset rows="30%, 50%, 20%">
        <frame src="frame1.html">
        <frame src="frame2.html">
        <frame src="frame3.html">
   </frameset>
</html>
```

frame1.html

```
<html>
  <head> <title> 프레임 예제 </title> </head>
  <body>
     <center> <h2> 프레임 1 </h2> <center>
  </body>
</html>
```

frame2.html

```
<html>
  <head> <title> 프레임 예제 </title> </head>
  <body>
     <center> <h2> 프레임 2 </h2> <center>
  </body>
</html>
```

frame3.html

```
<html>
  <head> <title> 프레임 예제 </title> </head>
  <body>
     <center> <h2> 프레임 3 </h2> <center>
  </body>
</html>
```

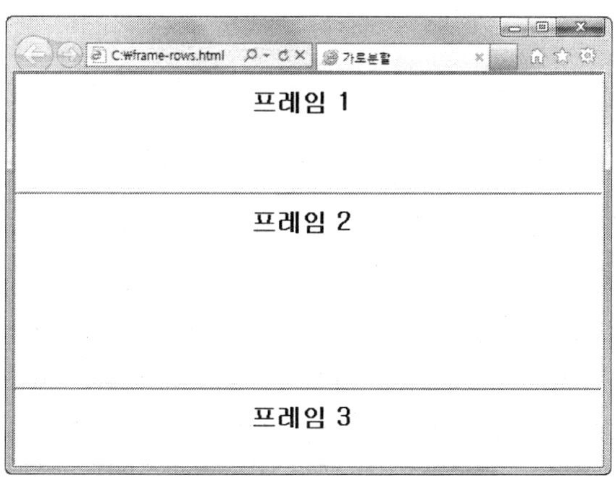

[그림 1.40] 가로 분할 프레임

세로 분할

<frameset> 태그의 속성 cols를 이용하여 화면을 세로로 분할할 수 있다. 다음 예제에서는 화면을 세로로 두 개로 분할하며 크기를 각각 300픽셀과 500픽셀로 설정하고 있다. 그리고 좌측에는 frame1.html을, 우측에는 frame2.html을 출력하고 있으며, 실행 결과는 [그림 1.41]과 같다.

frame-cols.html

```
<html>
  <head> <title> 세로 분할 </title> </head>
  <frameset cols="300, 500">
      <frame src="frame1.html">
      <frame src="frame2.html">
  </frameset>
</html>
```

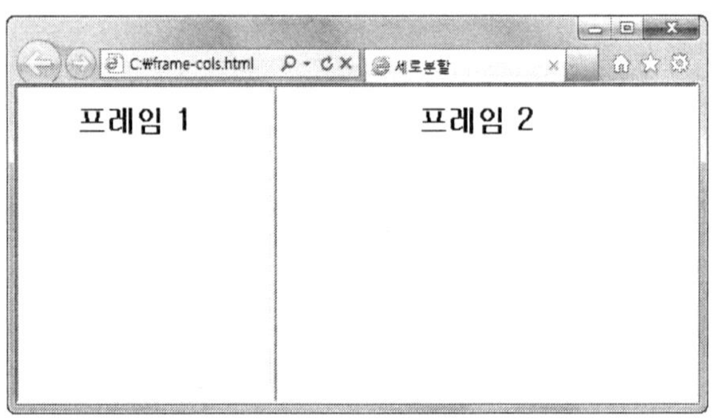

[그림 1.41] 세로 분할 프레임

가로와 세로 복합 분할

앞에서 살펴본 가로, 세로 분할 방법을 함께 이용하여 한 화면을 복합적으로 여러 프레임으로 분할할 수가 있다. 이 경우에는 frameset의 cols와 rows 속성을 함께 사용한다. 다음 예제에서는 먼저 cols 속성을 이용하여 세로 분할된 두 개의 프레임을 생성하고, 다음으로 rows 속성을 사용하여 오른쪽 프레임을 두 개로 가로 분할한 것이다. 처음 세로 분할할 때 프레임 두 개의 크기를 각각 150픽셀과 *(화면의 나머지 전부)로 설정하였으며, 다음 가로 분할할 때는 똑같은 크기로 설정하였다. 결과는 [그림 1.42]에서 보는 바와 같다.

frame-rows-cols.html

```
<html>
  <head> <title> 복합 분할 </title> </head>
  <frameset cols="150, *">
      <frame src="frame1.html">
      <frameset rows="50%, 50%">
         <frame src="frame2.html">
         <frame src="frame3.html">
      </frameset>
  </frameset>
</html>
```

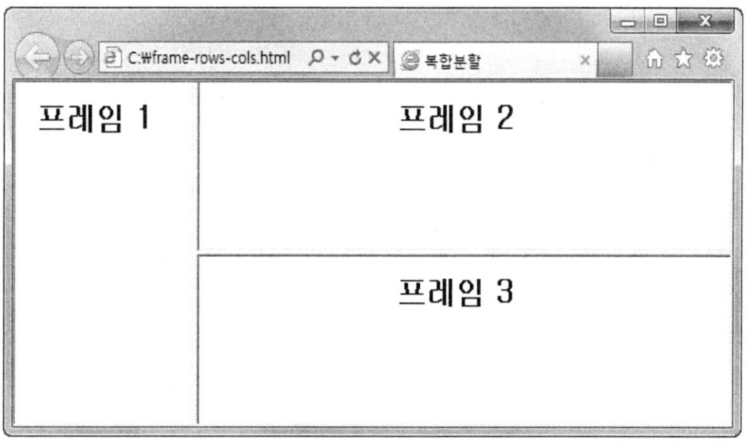

[그림 1.42] 가로와 세로 복합 분할한 프레임

1.5.2 프레임 서식

프레임의 모양 및 테두리 선, 여백 등을 조절할 수가 있다. 프레임의 서식을 설정하는 방법에 대하여 살펴보자.

프레임의 테두리 선 설정

프레임의 테두리 선을 없애거나, 두께를 조절할 수가 있다. 프레임의 테두리 선을 설정하기 위한 형식은 다음과 같다. 이를 "0"으로 지정하면 테두리 선이 보이지 않는다.

```
형 식 : <frameset border = "픽셀 수">
```

프레임의 여백 설정

프레임의 좌우 및 상하 여백을 <frame> 태그의 marginwidth와 marginheight 속성을 이용하여 조절할 수 있다. 프레임의 좌우와 상하 여백을 조절하기 위한 형식은 다음과 같다.

형 식 : <frame marginwidth = "픽셀 수" marginheight = "픽셀 수">

다음 예제는 오른쪽 프레임의 좌우 및 상하 여백을 설정한 것이며, 그 결과는 [그림 1.43]과 같다. frame-margin1.html과 frame-margin2.html은 그림에서 보는 바와 같은 텍스트를 출력하는 것으로 이들에 대한 설명은 생략한다.

frame-margin.html

```
<html>
  <head> <title> 프레임의 여백 조절 </title> </head>
  <frameset cols="300, 500">
     <frame src="frame-margin1.html">
     <frame src="frame-margin2.html" marginheight="50" marginwidth="50">
  </frameset>
</html>
```

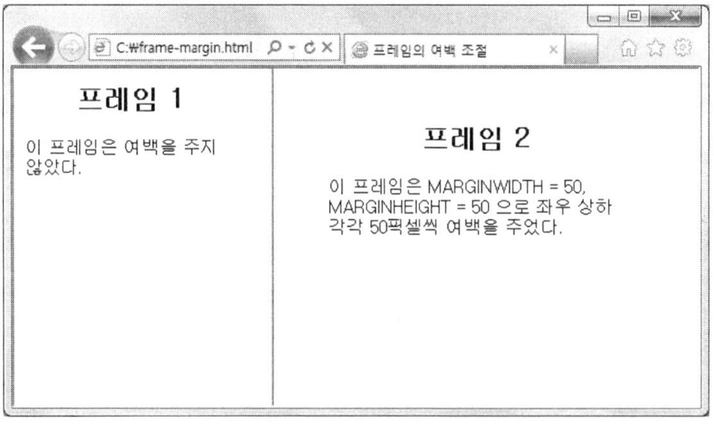

[그림 1.43] 프레임의 여백 조절

프레임의 크기 변경 금지

앞에서 살펴본 프레임은 브라우저에서 사용자가 마우스로 크기를 변경할 수 있다.

그러나 프레임을 변경할 경우 모양새가 좋지 않을 경우가 있는데, 이러한 것을 방지하기 위하여 <frame> 태그의 noresize 속성을 이용한다. noresize 속성을 이용하면 사용자가 브라우저에서 프레임의 크기를 변경할 수 없게 되며, 그 형식은 다음과 같다.

```
형 식 : <frame noresize>
```

프레임의 스크롤 바 설정

프레임으로 구성된 HTML 문서는 브라우저에서 문서의 크기에 따라 자동으로 스크롤 바가 나타나거나 또는 나타나지 않는다. 그러나 프레임마다 스크롤 바의 생성 여부를 설정할 수 있으며, <frame> 태그의 scrolling 속성을 이용한다. scrolling 속성을 yes로 지정하면 내용의 많고 적음에 관계없이 스크롤 바가 나타나며, no로 지정하면 아무리 내용이 많아도 스크롤 바가 생기지 않는다. 속성을 auto로 지정하면 프레임의 크기보다 내용이 많을 때만 스크롤 바가 생긴다. 프레임에서 스크롤 바의 표시 여부를 정하는 형식은 다음과 같다.

```
형 식 : <frame scrolling = "auto(기본) | yes | no">
```

1.5.3 타겟 프레임 설정

앞에서 살펴본 프레임 예제들은 브라우저 화면에서 창들을 분할하는 기능을 갖고 있다. 이러한 기능 외에 프레임에서 타겟을 지정하는 방법을 통하여 원하는 프레임으로 링크를 설정할 수가 있다. 타겟 설정 시 사용되는 속성에 대하여 살펴보자.

```
형 식 : <frame name = "프레임 이름">
        <a href = "파일의 url" target = "파일을 출력할 프레임의 이름">
           브라우저에 나타나는 텍스트 </a>
```

이제 타겟을 이용하는 실제 예제를 작성하여 보자. 본 예제에서는 target.html, target-left.html, target-right.html, target-content1.html, target-content2.html, 총 5개의 파일을 사용한다. 각 파일의 내용과 기능에 대하여 살펴보자. target-content1.html과 target-content2.html은 간단한 텍스트를 출력하는 것으로 이들에 대한 설명은 생략한다.

target.html

```
<html>
   <head> <title> 타겟 프레임 설정 </title> </head>
   <frameset cols="200, *">
            <frame src="target-left.html" name="left">
            <frame src="target-right.html" name="right">
   </frameset>
</html>
```

target-left.html

```
<html>
  <head> <title> 타겟 설정하기 </title> </head>
  <body>
     <center>
        <h2> 메뉴 </h2>
        <a href="target-content1.html" target="right"> content1 </a> <br><br>
        <a href="target-content2.html" target="right"> content2 </a>
     </center>
  </body>
</html>
```

target-right.html

```
<html>
 <head> <title> 타겟 설정하기 </title> </head>
 <body>
   <center>
     <h2> 왼쪽의 메뉴를 선택하세요. </h2>
   </center>
 </body>
</html>
```

target.html에서는 프레임을 좌우 두 개로 분할하고, name 속성을 이용하여 왼쪽 프레임의 이름을 left로 오른쪽 프레임의 이름을 right로 부여하였다. 사용자가 브라우저에서 target.html을 실행하게 되면, [그림 1.44]와 같은 결과를 볼 수가 있게 된다. 즉, target.html에서는 왼쪽 프레임에 target-left.html의 내용을 출력하고, 오른쪽 프레임에 target-right.html의 내용을 나타내게 된다.

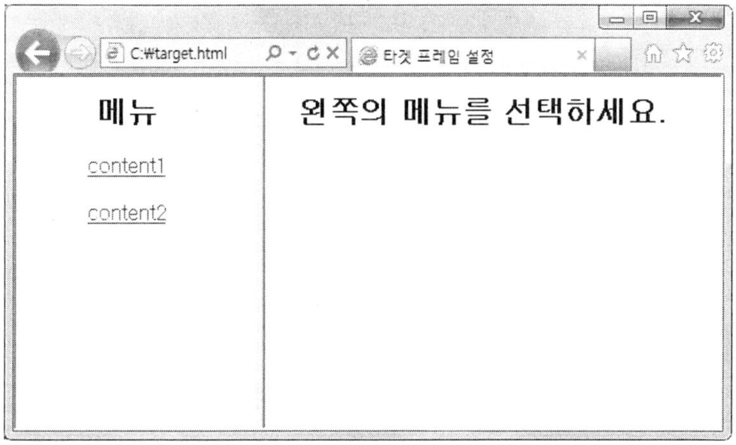

[그림 1.44] **타겟 프레임 지정**

target-left.html 파일은 왼쪽 프레임을 구성하는 파일이다. 즉, 왼쪽 프레임의 링크 텍스트인 content1과 content2를 사용자가 클릭할 경우 각각 target-content1.html과 target-content2.html 파일이 실행된다. 여기서 중요한 점은 target 속성에 right라고 설정하였기 때문에, content1이나 content2를 클릭하면, 항상 오른쪽 프레임에 target-content1.html이나 target-content2.html이 출력된다는 사실이다. 따라서 사용자들은 왼쪽 프레임의 메뉴를 통하여 오른쪽 프레임에서 그 내용을 살펴볼 수 있게 된다.

[그림 1.45]는 메뉴에서 content2 링크를 클릭한 경우 오른쪽 프레임에 target-content2.html 파일이 출력되는 것을 보여주고 있다.

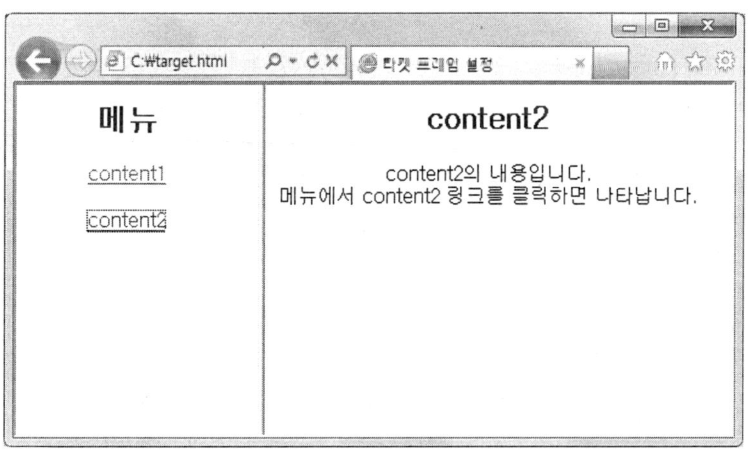

[그림 1.45] **왼쪽 프레임에서 content2를 클릭한 결과**

앞에서 살펴본 타겟 기능 외에도 다음과 같은 특수한 기능들을 사용할 수 있다.

- target = "_blank" : 새로운 윈도우를 생성한 후, 연결된 문서를 표시
- target = "_self" : 연결된 문서를 링크가 있는 현재 프레임에 표시 (기본)
- target = "_top" : 프레임이 없어지고 윈도우 전체에 연결된 문서를 표시
- target = "_parent" : 현재 프레임을 없애고 현재 프레임의 부모 프레임에 연결된 문서를 표시

여기서 부모 프레임(parent frame)은 자신의 프레임을 생성한 프레임을 의미한다.

1.5.4 내부 프레임 생성

앞에서 살펴본 프레임들은 한 화면을 분할하여 사용한다. 이와는 달리 내부 프레임은 화면의 원하는 곳에 프레임을 삽입할 수 있도록 한다. 이를 위해서 <iframe> 태그를 사용한다. <iframe> 태그의 형식은 다음과 같다.

형 식 : <iframe> ~ </iframe>

<iframe> 태그에는 다음과 같은 속성들이 있다.

- src = "파일의 url" : 내부 프레임에 출력되는 파일의 url
- name = "프레임 이름" : 내부 프레임의 이름
- width = "픽셀 수" : 내부 프레임의 너비
- height = "픽셀 수" : 내부 프레임의 높이
- align = "left | right | center" : 내부 프레임의 좌우 위치
- align = "top | middle | bottom" : 내부 프레임의 상하 위치
- frameborder = "픽셀 수" : 내부 프레임 테두리의 굵기
- scrolling = "auto(기본) | yes | no" : 내부 프레임에서 스크롤 바의 사용 여부
- marginwidth = "픽셀 수" : 내부 프레임의 좌우 여백
- marginheight = "픽셀 수" : 내부 프레임의 상하 여백

src 속성의 url에 대한 상세한 설명은 연결 태그 부분을 참고하기 바란다. 그리고 align 속성은 앞에서 설명한 대로 HTML4.01에서는 권장하지 않으나 주요 브라우저들은 지원한다.

다음은 <iframe> 태그를 사용한 예제이다. 예제와 같이 src 속성에 about:blank를 지

정하면 빈 화면이 나타난다. 내부 프레임의 name을 window라고 정하였으므로 target 속성에 window라고 설정한다. 이제 프레임 1, 프레임 2, 또는 프레임 3 링크를 클릭하면, 각각의 링크에 연결된 iframe1.html, iframe2.html, 또는 iframe3.html이 내부 프레임에 출력된다. 예제의 실행 결과는 [그림 1.46]과 [그림 1.47]에서 보는 바와 같다.

iframe.html

```
<html>
  <head> <title> 내부 프레임 예제 </title> </head>
  <body>
     <h2> <center> 내부 프레임 </center> </h2>
     <iframe src="about:blank" name="window" width="500" height="200" align="center"
            frameborder="1">
     </iframe> <br><br>
     <center>
        <a href="iframe1.html" target="window"> 프레임 1 </a>    
        <a href="iframe2.html" target="window"> 프레임 2 </a>    
        <a href="iframe3.html" target="window"> 프레임 3 </a>
     </center>
  </body>
</html>
```

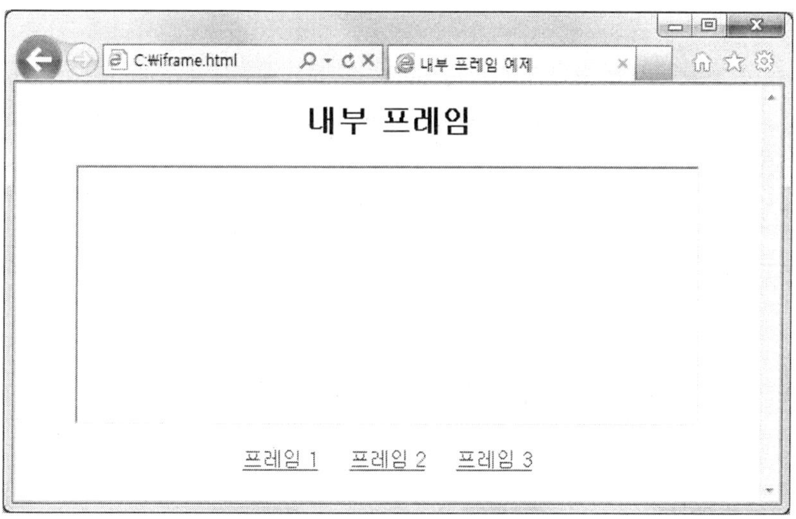

[그림 1.46] 내부 프레임 사용

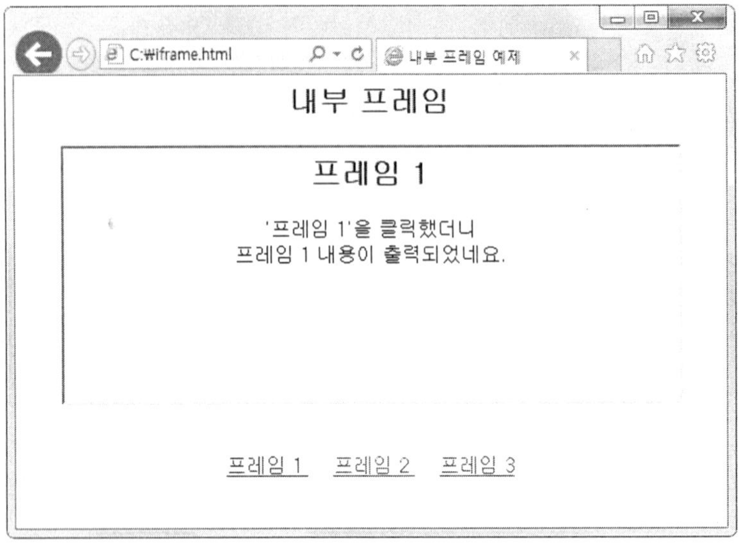

[그림 1.47] **프레임 1을 클릭한 결과**

1.6 폼 작성

웹에서는 사용자에 대한 웹 서버의 일방적인 정보 전달뿐만 아니라 사용자와 웹 서버 간에 정보를 주고받을 수도 있다. 이와 같은 양방향 정보 교환은 인터넷 게시판이나 방명록 그리고 사용자의 정보 입력에 따라 업무를 처리하는 수많은 웹 서비스에서 그 예를 찾아볼 수가 있다. 이러한 서비스를 위해서는 사용자로부터 정보를 입력받을 수 있는 폼(입력 양식)이 필요하며 이 경우 <form> 태그를 사용한다.

1.6.1 폼 정의

폼(form)을 정의하기 위한 태그와 속성들에 대하여 알아보자.

폼 태그

HTML 문서에서는 폼을 통하여 사용자의 입력 데이터를 웹 서버로 전송한다. <form> 태그 안에서 또 다른 <form> 태그를 포함하는 것은 불가능하며, 다음과 같은 속성들을 설정하여야 한다.

```
형 식 : <form action = "url" method = "get | post"> ~ </form>
▪ action                       : 데이터를 처리할 프로그램의 url
▪ method                       : 데이터를 서버에 전달하는 방법
    * get                      - 데이터를 질의 문자열(query string) 형태로 서버에게 전달 (기본)
                               - 데이터의 양이 제한되며, 데이터가 노출됨
    * post                     - 데이터를 메시지 바디(message body)에 포함시켜 서버에게 전달
                               - 데이터의 양에 제한이 없으며, 데이터가 노출되지 않음
▪ enctype = "application/x-www-form-urlencoded(기본) | multipart/form-data | text/plain"
                               : post 방식에서 데이터의 전송 인코딩 형식
▪ target = "_self(기본) | _blank | _parent | _top"
                               : 데이터 처리 결과를 표시할 장소
▪ accept-charset = "문자 셋" : 데이터의 문자 인코딩 방식
▪ name = "이름"                : 폼 이름
```

형식에서 action 속성에는 폼에 입력한 데이터를 처리할 프로그램의 url을 기술한다. 이 프로그램은 주로 JSP, ASP, PHP 등의 서버 사이드 스크립트 언어 또는 Perl 등의 CGI 언어로 작성된다. 데이터 전달 및 처리 방법에 대해서는 앞으로 JSP 부분에서 자세히 공부한다.

입력 태그

<form> 태그 내에서 사용자가 입력할 수 있는 입력 요소(input element)를 정의하기 위하여 <input> 태그가 사용된다. <input> 태그는 다양한 속성들을 갖고 있으며 각 속성마다 수행하는 기능 또한 다양하다. <input> 태그의 속성들에 대하여 살펴보자.

```
형 식 : <input  type = "형식"              : 입력 요소의 형식
                name = "이름"              : 입력 요소의 이름
                value = "값"               : 입력 요소의 값
                size = "문자 수"           : 입력 요소의 크기
                checked = "checked"        : 미리 선택 표시
                maxlength = "문자 수">     : 입력 요소의 최대 문자 수
```

<input> 태그의 속성들은 다음과 같다.

- type
  - text : 텍스트 입력 필드 (기본)
  - password : 패스워드 입력 필드 (• 으로 표시)
  - checkbox : 체크박스
  - radio : 여러 개 중 하나를 선택하는 라디오 버튼
  - hidden : 숨겨진 입력 필드
  - image : 이미지를 submit 버튼으로 정의
  - file : 파일 업로드
  - button : 클릭할 수 있는 버튼
  - submit : 데이터 전송 버튼
  - reset : 입력 내용 취소 버튼
- name
  - 입력 요소의 이름
  - submit과 reset을 제외한 모든 type의 필수 속성
- value
  - text, password : 입력 요소의 기본값
  - checkbox, radio : 버튼이 선택되었을 때 전송되는 값
  - submit, reset : 버튼에 표시될 내용
- checked
  - checkbox, radio의 기본값 (페이지가 로드될 때 기본으로 선택됨)
- size
  - text, password 입력 필드의 크기 (기본 영문자 20)
- maxlength
  - text, password에서 입력 받을 수 있는 최대 문자 수

선택 태그

드롭다운 리스트(drop-down list)를 생성하기 위해서는 <form> 태그 안에서 <select> 태그를 사용한다. 다음은 선택 태그의 형식이다. 만일 여러 개의 항목들을 동시에 선택할 경우는 multiple 속성을 추가한다.

```
형 식 : <select  name = "이름"  size = "목록 창에 보이는 항목의 수" [multiple]>
            <option> 항목 </option>
        </select>
```

텍스트 영역 태그

텍스트 영역은 여러 줄의 텍스트를 입력하여 전송할 경우 사용되며, <form> 요소 내에서 <textarea> 태그를 사용한다. 이 태그는 다음과 같은 속성들을 가지고 있다.

형 식 : <textarea [속성]> ~ </textarea>

- name = "이름"　　: 텍스트 영역의 이름
- rows = "행의 수"　: 브라우저에 표시되는 행의 수 (기본 2)
- cols = "열의 수"　: 브라우저에 표시되는 열의 수 (기본 영문자 20)

1.6.2 폼 작성 예제

앞에서 살펴본 속성들을 사용하여 다양한 형식의 폼을 작성하는 방법을 공부하도록 하자.

텍스트 입력 필드

한 줄의 문자열을 입력받는 경우 사용한다. 다음의 예제에서는 text 타입을 이용하여 한 줄의 문자열을 입력받을 수 있는 텍스트 입력 필드들을 생성한다. 마지막 입력 필드는 value 속성을 이용하여 "http://"라는 문자열을 초기값으로 보여준다. 예제에 대한 실행 결과는 [그림 1.48]과 같다

input-text.html

```
<html>
  <head> <title> 텍스트 입력 필드 </title> </head>
  <body>
     <form>
          name : <input type="text" name="text"> <br><br>
          age : <input type="text" name="age" size="5"> <br><br>
          address : <input type="text" name="address" size="40"> <br><br>
          url : <input type="text" name="url" value="http://">
     </form>
  </body>
</html>
```

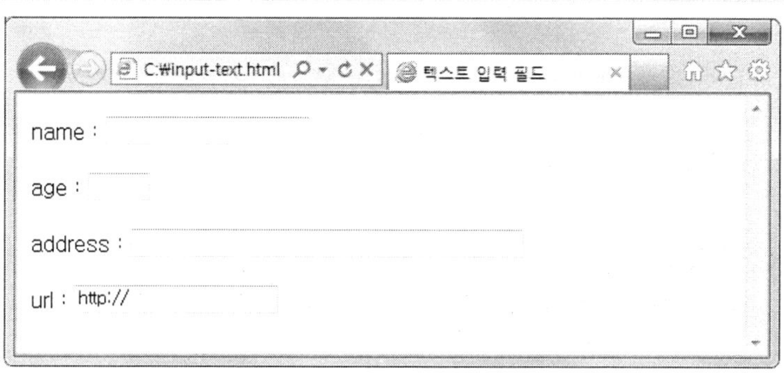

[그림 1.48] 텍스트 입력 필드

패스워드 입력 필드

비밀번호를 입력할 때 사용하는 패스워드 입력 필드를 생성하며, 입력되는 데이터가 '•'으로 표시된다. 다음 예제는 암호를 입력받기 위해 password 타입을 이용하며, 그 결과는 [그림 1.49]에서 확인할 수 있다.

input-password.html

```
<html>
  <head> <title> 패스워드 입력 필드 </title> </head>
  <body>
    <form>
       your password : <input type="password" name="pw">
    </form>
  </body>
</html>
```

[그림 1.49] 패스워드 입력 필드

체크박스

여러 가지 항목들 중에서 한 개 이상을 선택할 경우 사용하며, name의 값은 동일한 반면 value는 항목별로 고유한 값을 가져야 한다. 다음 예제는 checkbox 타입을 이용하여 사과, 귤, 바나나라는 항목을 작성하였으며, 그 중 귤을 checked라는 속성을 이용하여 기본 항목으로 설정하였다. 본 예제의 결과는 [그림 1.50]에서 확인할 수 있다.

input-checkbox.html

```
<html>
  <head> <title> 체크박스 </title> </head>
  <body>
    <form>
      <input type="checkbox" name="fruit1" value="a"> 사과
      <input type="checkbox" name="fruit2" value="o" checked> 귤
      <input type="checkbox" name="fruit3" value="b"> 바나나
    </form>
  </body>
</html>
```

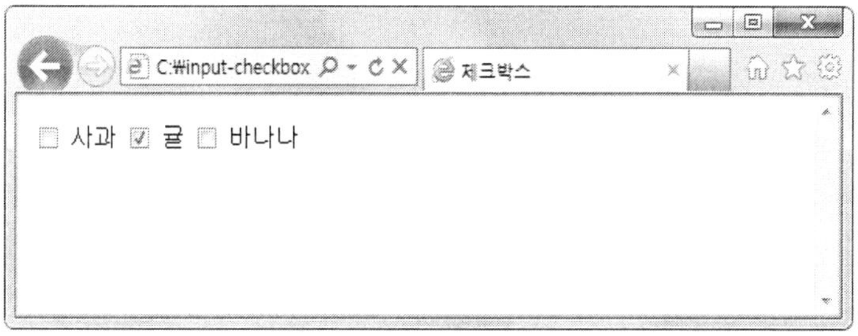

[그림 1.50] **체크박스**

라디오 버튼

작성 방법은 checkbox와 동일하며, 단지 여러 개의 항목들 중 하나만을 선택하는 것이 다른 점이다. 다음 예제는 radio 타입을 이용하여 한 개의 항목만을 선택할 수 있도록 하였으며, name의 값은 fruit로 동일하게 설정하였다. 그리고 checkbox와 마찬가지로 귤을 기본으로 설정하였다. 본 예제의 결과는 [그림 1.51]과 같다.

input-radio.html

```
<html>
  <head> <title> 라디오 버튼 </title> </head>
  <body>
     <form>
        <input type="radio" name="fruit" value="a"> 사과
        <input type="radio" name="fruit" value="o" checked> 귤
        <input type="radio" name="fruit" value="b"> 바나나
     </form>
  </body>
</html>
```

[그림 1.51] **라디오 버튼**

드롭다운 리스트

여러 개의 항목들 중에서 하나 이상을 선택할 수 있는 드롭다운 리스트(drop-down list)를 만들기 위해 <form> 요소 내에서 <select> 태그를 사용하며, 각각의 항목은 <option> 태그로 생성한다. 다음은 목록을 이용하여 과일 항목들을 보이고 그 중에서 선택하기 위한 예제이다. 예제의 실행 결과가 [그림 1.52]에 나타나 있다. 창의 크기를 3으로 정했으므로 선택 항목 5개 중 3개만이 선택 창에 보이며, 나머지 항목들을 선택하려면 스크롤 바를 사용하여야 한다.

select.html

```
<html>
  <head> <title> 드롭다운 리스트 </title> </head>
  <body>
     <form>
       <select name="fruit" size="3">
          <option> 바나나 </option>
          <option> 딸기 </option>
          <option> 복숭아 </option>
          <option> 포도 </option>
          <option> 사과 </option>
       </select>
     </form>
  </body>
</html>
```

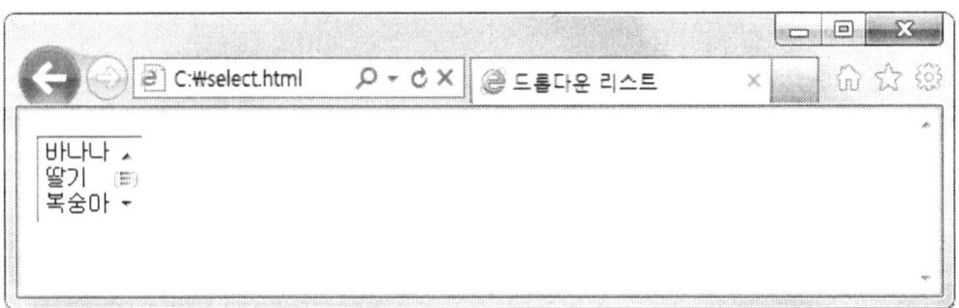

[그림 1.52] 드롭다운 리스트

텍스트 영역

텍스트 영역을 생성하기 위해서는 <form> 태그 안에서 <textarea> 태그를 사용한다. 다음은 5행 30열의 텍스트 영역을 생성하는 예제이다. type 속성의 submit 값은 입력한 텍스트를 전송하기 위한 버튼을 생성하며, reset 값은 입력한 내용을 모두 지우고 취소하기 위한 버튼을 생성한다. 그리고 value 속성을 이용하여 submit 버튼과 reset 버튼에 표시할 텍스트를 지정한다. 예제의 실행 결과는 [그림 1.53]에서 확인할 수 있다.

textarea.html

```
<html>
  <head> <title> 텍스트 영역 </title> </head>
  <body>
     <form>
        <textarea name="memo" rows="5" cols="30"></textarea> <br><br>
        <input type="submit" value="보내기">
        <input type="reset" value="취소">
     </form>
  </body>
</html>
```

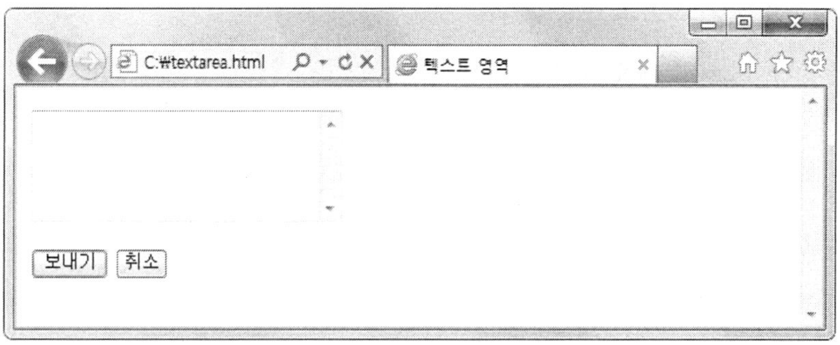

[그림 1.53] **텍스트 영역**

1.7 멀티미디어 활용

각종 사운드나 동영상을 이용하여 웹 페이지를 꾸밀 수 있다. 본 절에서는 HTML에서 사운드와 동영상을 지원하는 방법에 대해 소개하기로 한다.

1.7.1 사운드 삽입

인터넷에 존재하는 수많은 웹 페이지들을 방문하다 보면 웹 페이지의 첫 화면이 나타나면서 음악 소리가 들리거나, 링크를 눌렀을 때 벨 소리 또는 다른 음향 효과를 접할 기회가 종종 있을 것이다. 이와 같이 웹 페이지 안에는 그림뿐만 아니라 사운드를 포함시킬 수 있다.

인터넷에서 사용되는 사운드 파일

인터넷에서 사용되는 대부분의 사운드 파일은 압축된 형태의 것들이다. 사운드 파일은 주로 aif, mid, mp3, mpa, ra, wav, wma 형식을 사용하며 각각 .aif, .mid, .mp3, .mpa, .ra, .wav, .wma의 확장자를 가진다.

사운드 넣기

HTML 문서에 사운드 파일을 삽입하는 방법은 간단하다. 이를 위해 다음과 같은 형식을 이용한다.

```
형 식 :    <a href = "사운드 파일의 url"> 링크를 설정할 텍스트 </a>
           <a href = "사운드 파일의 url">
                  <img src = "이미지 파일의 url"> 링크를 설정할 텍스트 </a>
```

다음 예제에서 다른 부분들은 모두 일반적인 HTML 문서를 작성하는 것과 동일하다. 단지 링크의 대상을 웹 페이지의 주소가 아닌 재생될 사운드 파일이 존재하는 url이나 파일명을 지정해 주어야 한다는 것에 차이가 있을 뿐이다. 이 예제는 hello.wav라는 wav 형식의 사운드 파일을 삽입한 것이다. <img> 태그의 src 속성으로 지정한 speaker.jpg는 스피커 이미지 파일이다. 웹 브라우저에서 이 예제를 실행하면 [그림 1.54]와 같은 내용이 나타난다.

sound.html

```
<html>
 <head> <title> 사운드 넣기 </title> </head>
 <body>
   <center> <br>
      <h2> 웹 페이지에 사운드 넣기 </h2> <br><br>
      <a href="hello.wav"> <img src="speaker.jpg" border="0"> <br> 인사말 </a>
   </center>
 </body>
</html>
```

[그림 1.54] 사운드 넣기 실행

[그림 1.54]에서 인사말이라는 링크 부분 또는 스피커 이미지를 누르면, 다음의 [그림 1.55]와 같이 사운드를 재생시켜 주는 기본 플레이어가 나타나서 자동으로 사운드 파일을 불러와 재생하게 된다.

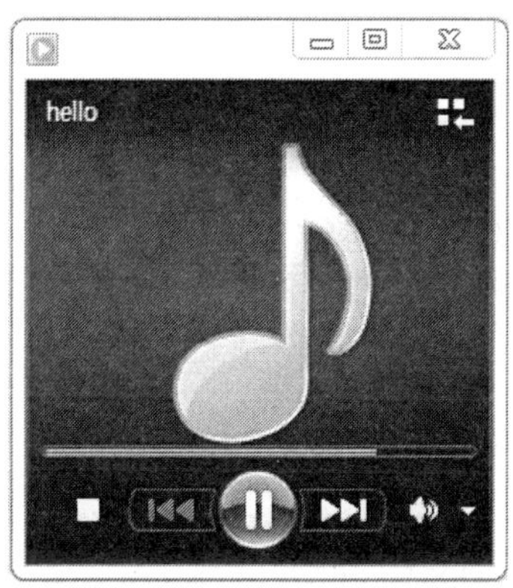

[그림 1.55] 사운드 재생 플레이어

배경 음악 넣기

배경 음악은 웹 페이지의 내용이 화면에 나타남과 동시에 재생을 시작한다. 배경 음악을 사용함으로써 웹 페이지의 방문자들에게 내용을 더 효과적으로 전달할 수 있다. 예를 들어 영화를 소개하는 웹 페이지에 배경 음악으로 그 영화의 주제가를 넣는다면, 아마도 단순히 글과 그림으로 소개하는 것보다 큰 효과가 있을 것이다.

배경 음악을 삽입하기 위해서는 <embed> 태그와 <bgsound> 태그를 이용하며 주요 브라우저들이 지원한다. <embed> 태그는 HTML5에 새롭게 추가되었고, <bgsound> 태그는 HTML4.01에서 권장하지 않는다. 다음은 각 태그의 사용 형식이다.

```
<embed> 태그

 형 식 : <embed src = "사운드 파일의 url"
                autostart = "true(기본) | false"  : 페이지 접속과 동시에 재생
                hidden = "true | false(기본)"     : 플레이어 숨김 여부
                loop = "true | false"            : 무한 반복 여부 (기본 1)
                volume = "수">                    : 볼륨 0(최소) ~ 100(최대, 기본)

<bgsound> 태그

 형 식 : <bgsound src = "사운드 파일의 url"
                  loop = "수 | infinite(-1)"     : 반복 횟수 또는 무한 반복 (기본 1)
                  volume = "수">                  : 볼륨 -6000(최소) ~ 0(최대, 기본)
```

앞에서 살펴본 바와 같이 웹 페이지에 사운드를 삽입하는 방법은 간단하며, 이러한 태그를 사용한 다음 예제를 살펴보자.

sound-embed.html

```
<html>
  <head> <title> 배경 음악 넣기 </title> </head>
  <body>
    <center> <br>
       <h2> 웹 페이지에 배경 음악 삽입 </h2> <br><br>
       <embed src="music.wav" autostart="true" hidden="true" loop="true"> <br>
       음악 소리가 들립니까?
    </center>
  </body>
</html>
```

<embed> 태그를 사용하여 사운드 파일을 재생시키는 이 예제를 브라우저에서 실행하면 예제의 내용이 브라우저에 표시됨과 동시에 사운드 파일이 재생된다. loop 속성을 true로 설정하였으므로 사운드 파일이 반복적으로 재생되며, 결과 화면은 [그림 1.56]과 같다.

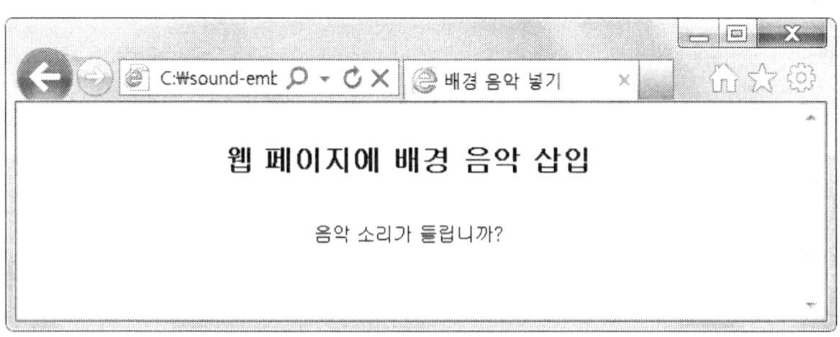

[그림 1.56] 배경 음악 삽입

<bgsound> 태그를 사용하여 사운드 파일을 재생시키는 다음 예제를 웹 브라우저에서 실행시키면 앞에서처럼 예제의 내용이 브라우저에 표시됨과 동시에 사운드 파일이 재생된다. 앞의 예제와 다르게 loop 속성을 “3”으로 설정하였으므로 사운드 파일이 세 번만 반복해서 재생되며, volume 속성을 “-500”으로 설정하였으므로 소리가 기본 크기보다 작게 재생된다. 이에 대한 결과 화면은 [그림 1.57]과 같다.

sound-bgsound.html

```
<html>
  <head> <title> 배경 음악 넣기 </title> </head>
  <body>
    <center> <br>
       <h2> 웹 페이지에 배경 음악 삽입 </h2> <br><br>
       <bgsound src="music.wav" loop="3" volume="-500"> <br>
       음악 소리가 들립니까?
    </center>
  </body>
</html>
```

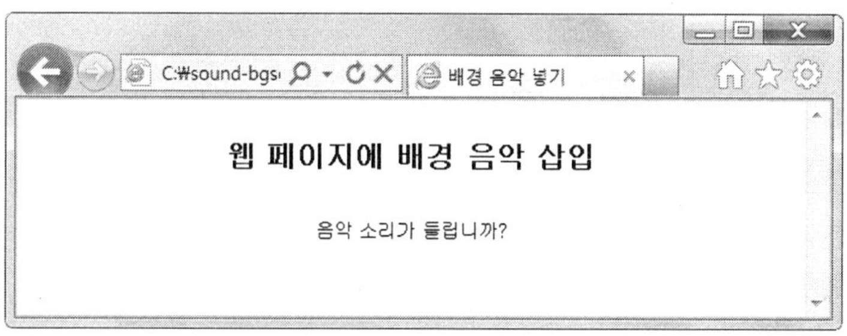

[그림 1.57] **배경 음악 삽입**

1.7.2 동영상 삽입

이미지나 사운드와 마찬가지로 웹 페이지에 동영상을 삽입할 수 있다. 일반적으로 영화를 홍보하기 위한 웹 페이지들을 방문해 보면 영화에 대한 간단한 예고편을 볼 수가 있다. 개인의 웹 페이지에서도 필요에 따라 동영상을 추가함으로써 방문자들의 관심을 높일 수 있을 것이다. HTML 문서에 동영상을 삽입하는 방법에 대해 소개하기로 한다.

인터넷에서 사용되는 동영상 파일

인터넷에서 사용되는 동영상 파일은 주로 quicktime, avi, mpeg, windows media video, advanced streaming format, realmedia, vdolive, vivoactive 형식을 사용하고 있으며 파일의 확장자로 각각 .mov, .avi, .mpeg(또는 .mpg), .wmv, .asf, .rm, .vdo, .viv를 사용한다.

동영상 넣기

HTML 문서에 동영상 파일을 삽입하는 방법은 파일 포맷에 상관없이 동일하다. <embed> 태그와 <img> 태그를 사용하여 동영상을 삽입할 수 있다. 다음은 <embed> 태그를 사용하여 동영상 파일을 재생시키는 형식이다.

```
<embed> 태그

형 식 : <embed src = "동영상 파일의 url"        : 재생할 동영상 파일
               autostart = "true(기본) | false"  : 자동 실행 여부
               width = "픽셀 수"                : 동영상의 너비
               height = "픽셀 수">              : 동영상의 높이
```

다음 예제에서 src 속성에는 재생할 동영상 파일을 지정한다. 또 웹 페이지가 실행될 때 자동으로 동영상을 재생하기 위해 autostart 속성을 true로 설정하고, 재생되는 동영상의 가로와 세로의 크기를 설정하기 위해 width와 height 속성을 사용한다. 따라서 다음의 HTML 문서를 브라우저에서 실행하면 test.wmv이라는 동영상 파일이 [그림 1.58]과 같이 가로 160픽셀, 세로 120픽셀의 크기로 재생된다.

movie-embed.html

```
<html>
  <head> <title> 동영상 넣기 </title> </head>
  <body>
     <center> <br>
        <h2> 웹 페이지에 동영상 넣기 </h2> <br><br>
        <embed src="test.wmv" autostart="true" width="160" height="120">
     </center>
  </body>
</html>
```

[그림 1.58] **동영상 넣기 실행**

다음은 <img> 태그를 사용하여 동영상 파일을 재생시키는 형식이다.

```
<img> 태그
형 식 : <img src = "이미지 파일의 url"      : dynsrc 속성을 지원하지 않는 브라우저에서
                                              보여줄 이미지
             dynsrc = "동영상 파일의 url"   : 재생할 동영상 파일
             width = "픽셀 수"              : 동영상의 너비
             height = "픽셀 수">            : 동영상의 높이
```

동영상을 삽입하기 위해서는 <img> 태그 안에서 dynsrc 속성을 사용해야 한다. 다음 예제에서 test.avi 파일은 재생할 동영상 파일이며, movie.gif 파일은 dynsrc 속성을 지원하지 않는 브라우저에서 동영상을 대신해서 보여줄 이미지이다. 브라우저에서 실행한 결과가 [그림 1.59]에 나타나 있다.

movie-img.html

```
<html>
  <head> <title> 동영상 넣기 </title> </head>
  <body>
    <center> <br>
      <h2> 웹 페이지에 동영상 넣기 </h2> <br><br>
      <img src="movie.gif" dynsrc="test.avi" width="160" height="120">
    </center>
  </body>
</html>
```

[그림 1.59] 동영상 넣기 실행 결과

기타 다른 확장자를 갖는 동영상 파일에 대해서도 동일한 방법으로 dynsrc 속성에 해당 동영상 파일을 지정하면 웹 브라우저에서 동영상을 재생할 수 있다.

연습문제

복습문제

01. 팀 버너스-리에 의해 1994년에 설립된 웹과 관련된 표준을 제정하는 국제기구는 (   )이다.

02. HTML은 (HyperText Markup Language)의 약자로 파일의 확장자는 (   ) 혹은 (   )이다.

03. (   )은 새로운 언어를 정의할 수 있는 메타언어로서 DTD에 의해 문서의 유형을 정의할 수 있다. 즉 DTD를 이용하면 문서에서 사용할 수 있는 태그의 집합을 지정할 수 있으며, 지정된 태그들을 이용하여 문서를 작성할 수 있다. HTML은 (   )의 이러한 기능을 활용하여 DTD로 정의되었다.

04. (   )은 사용법이 복잡한 SGML의 단점과 표현력이 부족한 HTML의 단점을 극복하고 SGML의 표현력과 HTML의 단순성 등 양자의 장점만을 취한 언어이다.

05. XML이 표준화됨에 따라 HTML을 XML에 의해 다시 정의하려는 노력이 진행되었으며, 2000년에 (   )1.0을 표준화하였다.

06. 인터넷 익스플로러(Internet Explorer), 파이어폭스(Firefox), 크롬(Chrome), 사파리(Safari), 오페라(Opera)와 같이 웹 문서를 볼 때 사용되는 프로그램을 통상 (   )라고 한다.

07. HTML 문서의 시작을 나타내는 태그는 (   )이며, HTML 문서의 끝을 나타내는 태그는 (   )이다.

08. 웹 문서의 제목을 나타낼 때 사용하는 태그는 (   )이며, 해당 태그의 시작과 끝 사이에 놓인 문구가 브라우저의 제목 표시줄에 표시된다.

09. (　　　　) 태그는 HTML 문서에 대하여 설명하는 메타데이터를 포함한다. 주로 사용하는 속성은 http-equiv, name, content이다.

10. 웹 문서의 주석(comment)을 나타내는 태그는 (　　　　　　) 기호로 시작하여 (　　　　) 기호로 끝나며, 그 사이에 포함된 내용이 주석으로 처리된다.

11. 웹 문서의 내용 중 제목 부분을 표시하는 〈h1〉~〈h6〉태그는, 숫자가 (　　　　) 수록 상위의 제목임을 표시하고, 브라우저에서 크게 나타나게 된다.

12. 〈font〉 태그의 속성 중 문자의 크기를 지정하는 size 속성은 1부터 7까지의 숫자를 지정할 수 있으며, 숫자가 (　　　　) 수록 문자의 크기가 브라우저에서 크게 나타나게 된다.

13. HTML 문서에서 〈, 〉, &, ", 공백과 같은 문자를 나타내기 위해서 별도의 지정어를 사용하기도 하는데 각각 <, >, &, ", (　　　　)를 지정어로 사용한다.

14. 문단을 나누기 위해서는 (　　　　) 태그를 사용하며, 줄바꿈 효과를 얻기 위해서는 (　　　　) 태그를 사용한다. (　　　　) 태그는 줄바꿈을 하고 한 줄을 더 띄운다. 즉, (　　　) 태그를 두 번 사용한 것과 같은 효과를 나타낸다.

15. 입력한 것을 그대로 브라우저에 표시하게 하는 (　　　　) 태그는 사용자가 연속으로 입력한 공백도 그대로 출력하는 효과를 얻을 수 있다.

16. 태그조차도 그대로 브라우저에 표시하게 하는 (　　　　) 태그는 HTML 강좌에서 태그 설명을 해야 하는 경우 사용하면 효과적이다.

17. HTML 문서에서 텍스트나 그림을 설정된 방향과 시간에 맞추어 움직이기 위해서 (　　　　) 태그를 사용한다.

18. 목록 태그 중 순서가 없는 리스트를 작성할 때 사용되는 태그는 (　　　　　)이며, 순서가 있는 리스트를 작성할 때 사용되는 태그는 (　　　　　)이다.

19. (　　　　　)은 인터넷 상에서 유일한 주소이므로 인터넷 상의 어느 웹 사이트의 어떤 페이지라도 링크로 연결하는데 사용할 수 있다. (　　　　　)은 기준 url에 대한 상대적인 주소이며, 웹 사이트 내의 파일을 링크로 연결하는데 사용한다. 그리고 (　　　　　)은 HTML 페이지 내의 앵커를 가리키므로 페이지 내에서의 링크 연결에 사용된다.

20. HTML에서 이미지를 삽입하기 위해서는 (　　　　　) 태그를 사용한다.

21. (　　　　　) 태그는 테이블을 생성하기 위하여 사용하는 태그로, 반드시 종료 태그 (　　　　　)를 함께 사용하여야 한다. 테이블 태그 중 테이블 제목을 나타내는 태그는 (　　　　　)이다.

22. 테이블 속성 중 셀을 합치는 효과를 주는 속성이 있는데, 가로로 셀을 합치는 경우 사용되는 속성은 (　　　　　)이며, 세로로 셀을 합치는데 사용되는 속성은 (　　　　　)이다.

23. 프레임을 선언하는 동시에 프레임의 수와 크기를 설정하는 기능을 가지고 있는 태그는 (　　　　　)이다.

24. 내부 프레임은 화면의 원하는 곳에 프레임을 삽입할 수 있다. 이를 위해서는 (　　　　　) 태그를 사용한다.

25. HTML에는 사용자와 웹 서버 간에 양방향 정보 교류를 위하여 사용자로부터 정보를 입력받아 처리할 수 있는 입력 양식이 필요한데, 이때 사용하는 태그가 (　　　　　)이다.

26. 웹 문서에 멀티미디어(동영상, 오디오)를 삽입할 때 해당 멀티미디어의 위치(url), 자동 재생, 반복 여부, 크기 등을 지정할 수 있도록 속성을 제공하는 태그는 (　　　　　)이다.

실습문제

01. 다음은 <body> 태그와 bgcolor 속성을 사용하여 바탕색을 하늘색으로 나타낸 것이다. HTML 문서를 작성하시오.

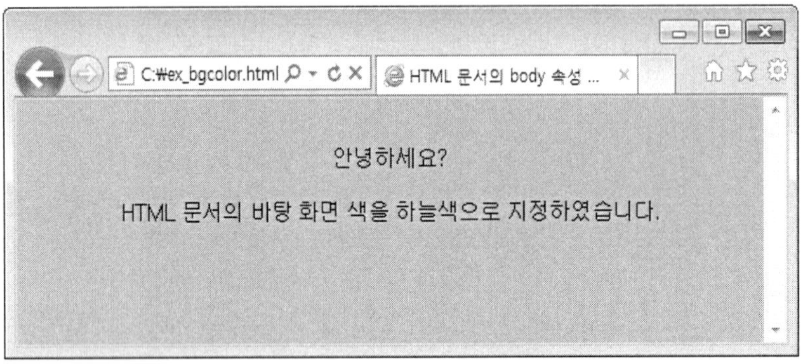

02. 다음 화면은 <h1> ~ <h6> 태그를 이용하여 나타낸 것이다. HTML 문서를 작성하시오.

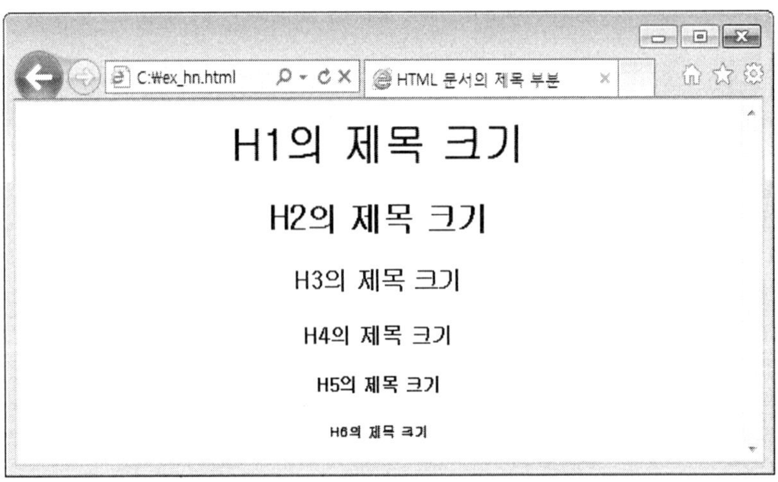

03. 실행 결과가 다음 화면과 같은 HTML 문서를 <font> 태그와 size 속성을 사용하여 작성하시오.

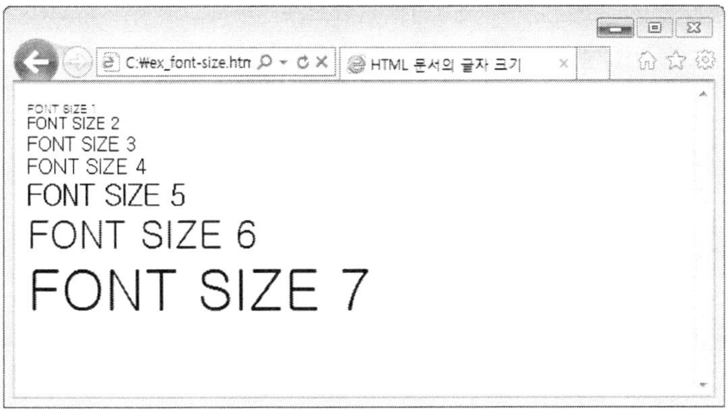

04. 다음은 〈font〉 태그와 color 속성을 사용하여 나타낸 것이다. HTML 문서를 작성하시오. 글자의 의미대로 색상을 표현한다. (예) 빨 ⇒ 빨간색으로 표시

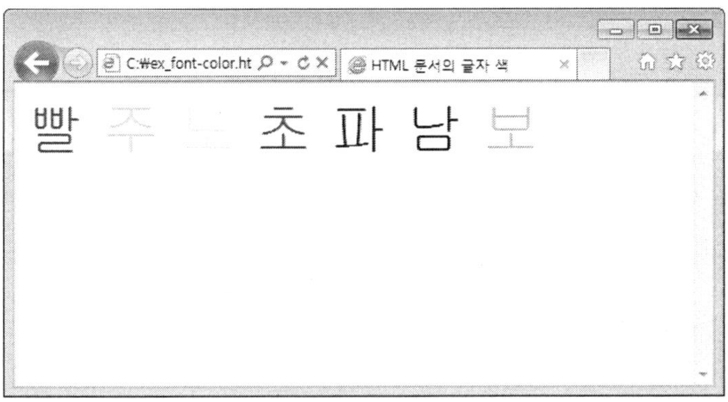

05. 나음 화면과 같이 출력되도록 HTML 문서를 〈hr〉 태그와 size, width, color 속성을 사용하여 작성하시오. 색상은 임의대로 설정하시오.

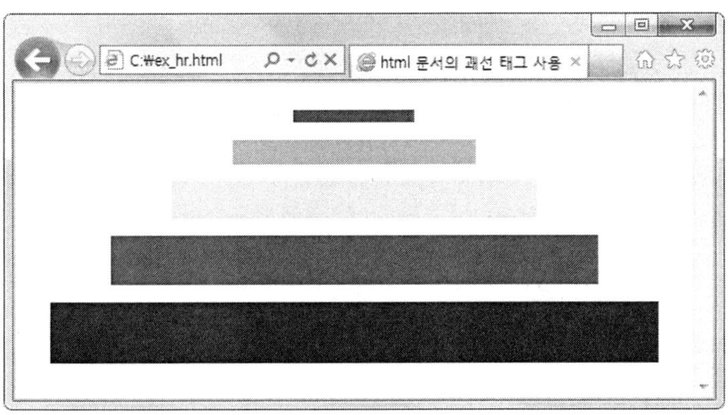

06. 다음은 〈a〉 태그와 href, title, target 속성을 사용하여 나타낸 것이다. W3C 사이트를 새 창으로 연결하는 HTML 문서를 작성하시오.

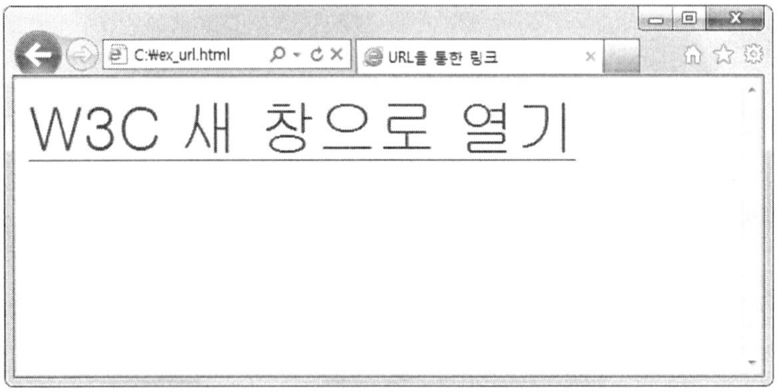

07. 다음과 같은 화면에서 "스킵 내비게이션(Skip Navigation)" 선택 시 "메인 콘텐츠 영역" 으로 연결되는 HTML 문서를 작성하시오. 〈a〉 태그와 href, name 속성을 사용한다.

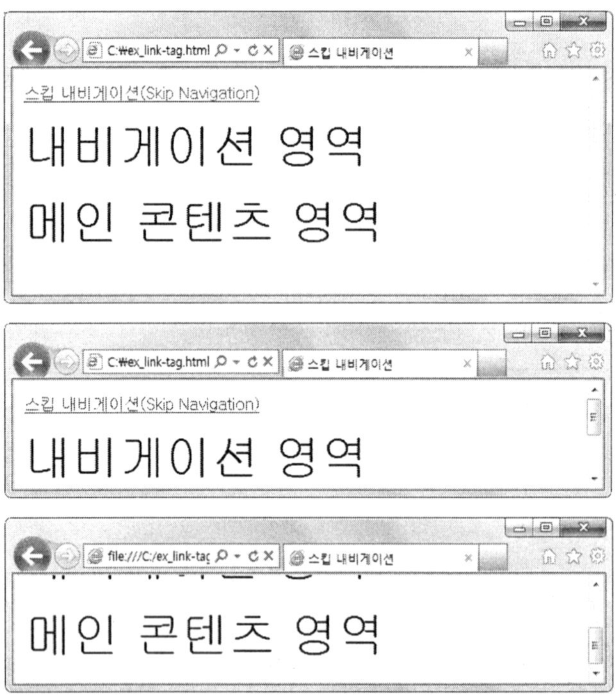

08. 다음은 〈img〉 태그와 src, alt 속성을 사용하여 나타낸 것이다. 각 그림을 클릭하면 해당 브라우저 홈페이지로 연결되도록 HTML 문서를 작성하시오.

09. 다음과 같이 나타나도록 HTML 문서를 〈table〉 태그와 width, rowspan 속성을 사용하여 작성하시오.

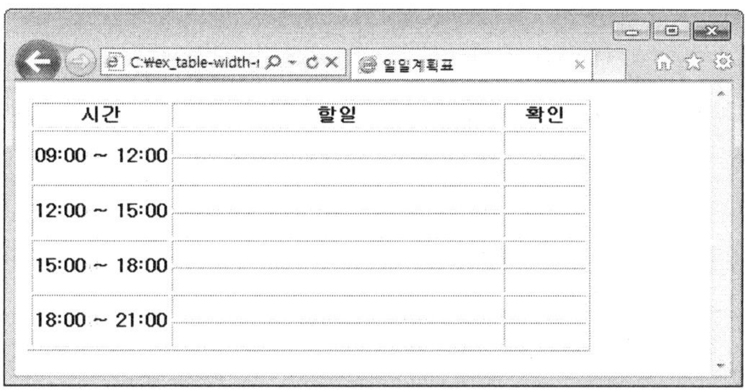

10. 다음은 〈frame〉 태그를 사용하여 나타낸 것이다. HTML 문서를 작성하시오.

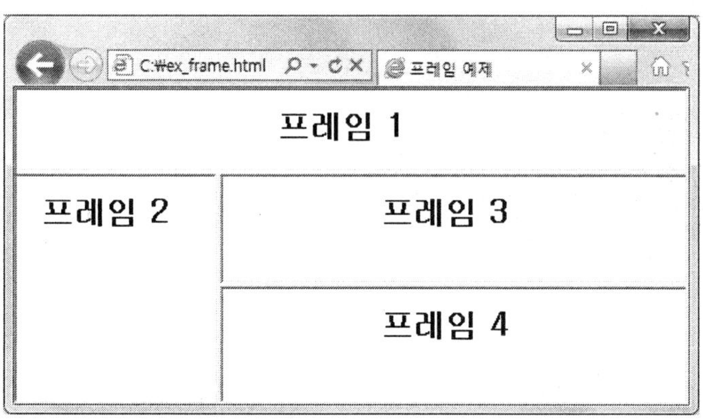

11. 다음은 <form>, <input> 태그 및 <table> 태그를 이용하여 나타낸 것이다. HTML 문서를 작성하시오. (<table> 태그는 화면 배치를 위해 사용)

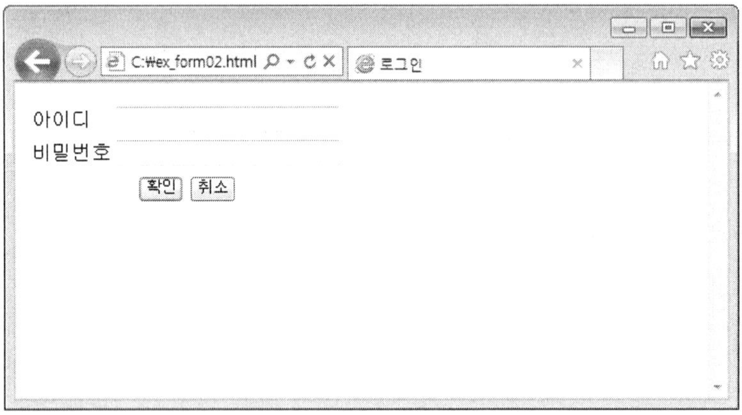

12. 다음과 같이 실행되는 HTML 문서를 작성하시오. <iframe> 태그를 사용하여 아래의 단어를 누르면 사진을 내부 프레임에서 볼 수 있도록 하고, <marquee> 태그를 사용하여 갤러리 글씨가 좌우로 움직이도록 한다.

13. 다음과 같이 출력되는 HTML 문서를 작성하시오. 〈h3〉, 〈hr〉, 〈blockquote〉 태그를 사용하며, 문서의 내용 중 태그의 이름인 〈html〉은 blue, 〈head〉는 red, 〈title〉은 green, 〈meta〉는 orange, 〈body〉는 black 색상으로 출력한다.

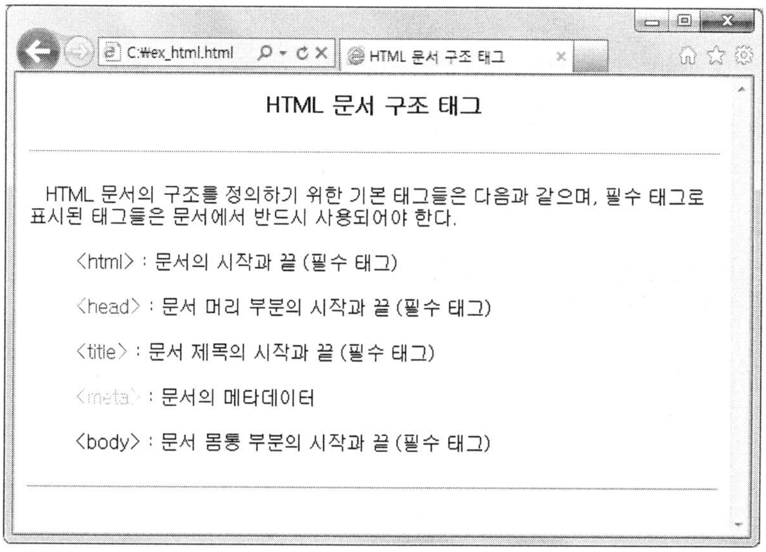

14. 순서 없는 리스트와 순서 있는 리스트를 사용하여 다음 화면을 출력하는 HTML 문서를 작성하시오.

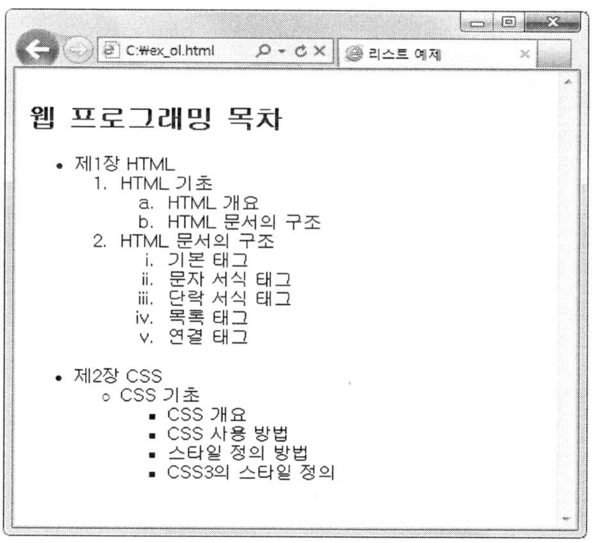

15. 이미지를 삽입하기 위한 <img> 태그와 링크 태그를 사용하여 다음과 같이 실행되는 HTML 문서를 작성하시오. 이미지는 본인이 선택하여 사용한다.

16. 다음은 홈페이지에서 자신을 소개하는 부분이다. 이와 같이 텍스트와 이미지의 링크를 이용하여 다른 문서로 이동할 수 있는 HTML 문서를 작성하시오. 내용은 자신을 소개하는 것으로 하며, 이미지는 본인이 선택하여 사용한다.

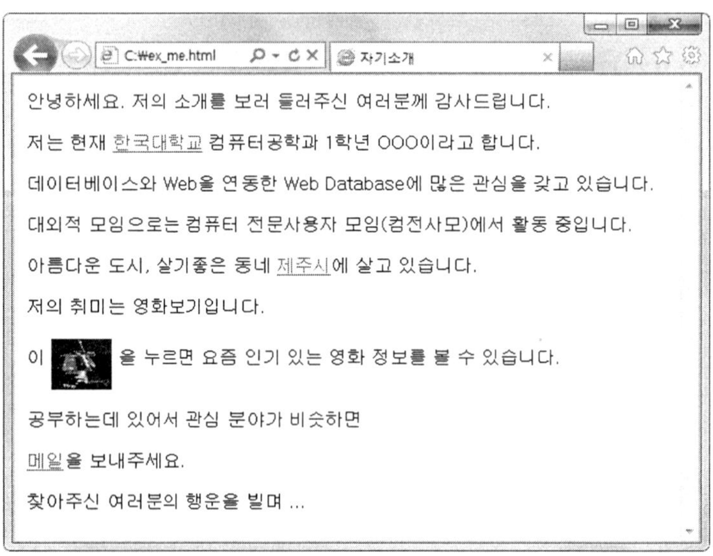

17. <table> 태그의 colspan과 rowspan을 이용하여 다음과 같이 자신의 시간표를 HTML 문서로 작성하시오. 단 셀의 색상은 자신이 원하는 것으로 지정한다.

18. <table> 태그의 colspan과 rowspan을 이용하여 다음과 같이 자신의 이력서를 HTML 문서로 작성하시오. 단 셀의 색상은 자신이 원하는 것으로 지정한다.

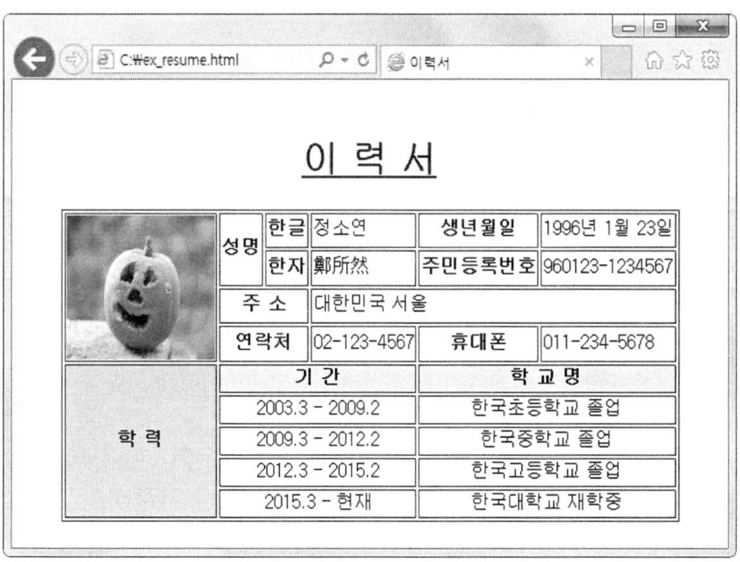

19. 프레임과 이미지를 사용하여 HTML 문서를 작성하시오. 화면의 왼쪽에 있는 프레임에서 링크를 누르면 관련 HTML 문서가 오른쪽 프레임에 나타나도록 한다. 각 프레임 내용과 아이콘, 그림들은 사용자가 선택하여 작성한다.

20. 폼과 입력 태그를 이용하여 다음과 같이 출력되는 HTML 문서를 작성하시오.

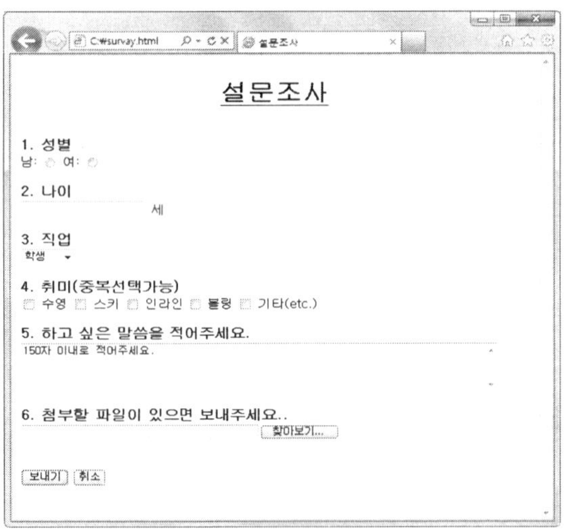

21. 문서가 브라우저에 로드됨과 동시에 배경 음악을 반복해서 재생하는 HTML 문서를 작성하시오. 플레이어가 보이지 않도록 속성값을 설정하고, 음악 파일은 자신이 가지고 있는 것을 이용한다.

❖ 참고 문헌

01. 오세만, 이용규, *인터넷 프로그래밍 입문*, 개정판, 생능출판사, 2005
02. developer.mozilla.org/en-US/docs/HTML
03. en.wikipedia.org/wiki/Html
04. en.wikipedia.org/wiki/SGML
05. en.wikipedia.org/wiki/Xml
06. en.wikipedia.org/wiki/XHTML
07. www.html.net/tutorials/html/
08. www.tutorialspoint.com/html/index.htm
09. www.w3.org/MarkUp/html-spec/
10. www.w3.org/MarkUp/SGML/
11. www.w3.org/TR/html401/
12. www.w3.org/TR/REC-xml/
13. www.w3.org/TR/REC-html32
14. www.w3.org/TR/xhtml-basic/
15. www.w3.org/TR/xhtml1/
16. www.w3.org/TR/xhtml11/
17. www.w3.org/TR/xhtml2/
18. www.w3.org/XML/
19. www.w3.org/wiki/HTML
20. www.w3schools.com/html/default.asp

Chapter 2

CSS

웹 · 프 · 로 · 그 · 래 · 밍

02 CSS
CHAPTER

CSS(Cascading Style Sheets)의 기초에 대해서 살펴보고, 스타일을 정의하는 방법에 대하여 설명한다. 특히, 최근에 사용되기 시작한 CSS3에 대해서 자세히 공부한다.

2.1 CSS 기초

스타일 시트(style sheet)란 무엇인지 알아보고 CSS의 개요와 CSS 표준의 특징에 대하여 설명한다.

2.1.1 CSS 개요

HTML에서는 문서가 브라우저에서 표현되는 스타일을 설정하기 위하여 태그와 속성들을 이용한다. 이들을 이용하여 스타일 설정이 필요한 요소마다 각각 정의해 주어야 하므로 매번 동일한 설정을 반복하여야 하는 불편이 따르고, 문서의 내용과 스타일이 혼합되어 HTML 소스를 이해하는데도 어려움이 많았다.

따라서 문서의 물리적 스타일 정보를 논리적인 내용으로부터 분리하여 별도로 정의하자는 것이 스타일 시트의 개념이다. 스타일 시트를 사용하게 되면 문서의 내용과 스타일 정보가 분리되어 문서의 내용을 알아보기 쉽고, 똑같은 내용의 스타일 정보를 반복해서 작성해야 하는 번거로운 작업을 피할 수 있다. 또한 스타일 시트를 별도의 파일로 저장하여 여러 문서에 반복 적용할 수 있으므로 일관성 있는 웹 문서의 제작이 용이해지며, 스타일 시트 부분만을 수정하여 문서 전체의 스타일을 변경할 수 있으므로 스타일의 변경이 보다 쉽게 이루어진다.

스타일 시트가 소개되기 전에는 웹 문서 제작자가 문서의 스타일을 제어하는데 한계가 있었으나, 스타일 시트의 도입으로 웹 문서의 표현 방식을 더욱 세밀하게 설정할 수 있게 되었다. 스타일 시트를 사용하면 폰트, 텍스트, 색상, 목록, 테이블 등의 스타일을 기존의 방법보다 훨씬 효과적으로 제어할 수 있다.

CSS는 마크업(markup)언어로 작성된 문서의 스타일을 정의하는 표준화된 언어이다. 따라서 CSS는 HTML 문서뿐만 아니라 XHTML, XML 등의 마크업 언어로 작성된 문서에도 사용할 수 있는 특징이 있다. CSS의 표준화 작업은 W3C(World Wide Web Consortium)에 의해 수행되고 있다. CSS 레벨 1(CSS1)이 1996년에 표준화되었으며, CSS 레벨 2(CSS2)는 1998년에 표준화되었다. 2011년에는 기존의 표준을 개선한 CSS 레벨 2.1(CSS2.1)을 표준화하였으며, 현재는 새로운 표준인 CSS 레벨 3(CSS3)을 개발 중이다. [표 2.1]은 CSS의 각 레벨에 따른 특징을 비교한 표이다.

[표 2.1] CSS 레벨에 따른 특징 비교

CSS1	- 1996년 표준화 - 기본적인 스타일 속성 정의 기능 • 텍스트의 글꼴, 색상, 간격 등 설정 • 텍스트, 이미지, 테이블의 정렬 • 요소(element)의 여백, 경계선, 위치 지정 등
CSS2	- 1998년 표준화 - 새로운 스타일 기능 추가 • 요소의 절대적, 상대적 위치 지정 • 미디어 타입 지원 • 음성(aural) 스타일 시트 지원 등
CSS2.1	- 2011년 표준화 - CSS2의 보완 • CSS2에 존재하는 오류 수정 • CSS2의 사용되지 않는 기능 제외 • 브라우저에서 구현된 CSS2 확장 부분 추가 등
CSS3	- 표준화 작업 중 - CSS를 스타일의 특성별로 모듈화(modularization) • 폰트, 색상, 선택자(selector), 이름공간(namespace), 미디어 질의(media query) 등 다수의 모듈 존재 • 각 모듈(module)별로 표준화 작업 • 색상 모듈, 선택자 모듈, 이름공간 모듈, 미디어 질의 모듈 등은 표준화됨

스타일 시트란 앞서 설명한 것처럼 문서의 외형을 표현하기 위해 생긴 개념이다. 따라서 스타일 시트를 이용하면 웹 문서 구성 요소들의 스타일을 세부적으로 제어할 수 있다.

[그림 2.1]은 텍스트로 구성한 웹 문서이지만, 스타일 시트를 이용하여 마치 이미지를 사용하여 구성한 것처럼 보이게 한다.

[그림 2.1] 스타일 시트의 사용 예 (W3C 스타일 시트 홈페이지)

이러한 스타일 시트의 장점으로는 스타일을 변경하고 웹 문서의 일관성을 유지하기가 쉽다는 것이다. 예를 들어 <h3> 요소에 이탤릭 효과와 글자색으로 녹색을 설정하기 위해서 HTML에서는 문서의 모든 <h3> 요소들에 대해 일일이 다음과 같이 설정해 주어야 한다.

```
<h3> <i> <font color="green"> 녹색 이탤릭 </font> </i> </h3>
```

그러나 스타일 시트를 사용하면 다음과 같이 <h3>의 스타일을 선언할 수 있다.

```
h3 {font-style:italic; color:green;}
```

이와 같이 한 번만 정의해 주면 웹 문서에 포함된 모든 <h3> 요소에 같은 스타일을 적용할 수 있다. 스타일 시트에서 스타일 선언은 속성(property)과 속성값 쌍의 모음으로, 앞의 예에서 font-style과 color가 속성이며, italic과 green은 해당 속성의 값이 된다.

2.1.2 스타일 유형

CSS의 스타일 유형에는 다음과 같은 세 가지가 있다.

· 인라인 스타일 (inline style)
· 임베디드 스타일 (embedded style)
· 외부 스타일 시트 (external style sheet)

첫 번째는 특정 태그에 스타일을 설정하여 태그 범위 내에서만 스타일을 적용하는 방식이고, 두 번째는 웹 문서 안에서 정의하여 문서 전체에 스타일을 적용하는 방식이다. 세 번째는 스타일 시트를 별도의 파일로 저장하고 이를 참조하여 사용하는 방식이다.

인라인 스타일

이 방식은 일반 태그에 스타일을 설정하여 해당 태그의 범위에 한정하여 스타일을 적용하기 위해 사용한다. 태그 안에서 스타일 속성의 값을 설정해 주면, 해당 태그의 종료 태그 전까지의 내용에 설정된 스타일이 적용된다.

```
형 식 : <태그 style = "스타일_선언_리스트"> ~ </태그>
       스타일_선언 :  속성 : 속성값;
```

형식에서 스타일_선언_리스트는 하나 이상의 스타일_선언을 나타내고, 스타일_선언은 속성과 속성값을 콜론(:)으로 구분하고 세미콜론(;)으로 마친다. 마지막 스타일 선언의 세미콜론은 생략할 수 있다.

인라인 스타일을 사용하는 예제를 소개한다. 이 예제는 <h1> 요소의 배경을 노란색으로, <p> 요소의 문자들을 파란색으로 나타내기 위한 스타일을 정의한다.

inline-style.html

```
<html>
 <head>
     <title> 인라인 스타일 </title>
 </head>
 <body>
     <h1 style="background:yellow;"> 내용이 표시되는 부분의 배경을 노란색으로... </h1>
     <p style="color:blue;"> 단락에서의 문자색은 파란색으로... </p>
 </body>
</html>
```

이 예제의 실행 결과는 [그림 2.2]와 같다.

[그림 2.2] **인라인 스타일의 활용 (익스플로러)**

임베디드 스타일

HTML 문서의 <head> 요소 내에서 <style> 태그를 이용하여 스타일을 정의하며, 이 스타일을 문서 전체에 적용한다. 다음 형식에서 기호 '{ }+'는 중괄호 안의 내용이 한 번 이상 반복될 수 있음을 표시하고, 스타일_선언_리스트는 스타일_선언이 한 번 이상 반복하여 나타남을 표시한다.

```
형 식 : <head>
            <style type = "text/css">
                    {CSS_규칙}+
            </style>
        </head>
      CSS_규칙    :    선택자 {스타일_선언_리스트}
      스타일_선언 :    속성 : 속성값;
```

<style> 태그의 type 속성에는 스타일의 타입을 속성값으로 설정해 주어야 하며, CSS는 "text/css"로 지정한다. 다음 예제는 앞의 예제를 임베디드 스타일을 이용하여 다시 작성한 것이다. 예제의 실행 결과는 [그림 2.3]과 같다.

embedded-style.html

```
<html>
  <head>
      <title> 임베디드 스타일 </title>
      <style type="text/css">
          h1 {background:yellow;}
          p {color:blue;}
      </style>
  </head>
  <body>
      <h1> 내용이 표시되는 부분의 배경을 노란색으로... </h1>
      <p> 단락에서의 문자색은 파란색으로... </p>
  </body>
</html>
```

[그림 2.3] 임베디드 스타일의 활용 (익스플로러)

외부 스타일 시트

이 방식은 스타일을 정의하는 스타일 시트 문서를 만들어 별도의 파일(확장자 .css)로 저장하고, 이를 HTML 문서에서 연결하여 사용한다. 스타일 시트가 별도의 파일로 존재하기 때문에 여러 개의 HTML 문서들이 스타일을 공유할 수 있으며, 두 가지의 연결 방법이 있다.

첫 번째 방법은 <link> 태그에서 연결하는 것으로 다음의 형식처럼 rel 속성과 type 속성을 설정하고, href 속성에 스타일 시트의 url을 지정한다.

```
형 식 :  <head>
             <link rel = "stylesheet"  type = "text/css"  href = "스타일 시트의 url">
         </head>
```

예를 들어, 스타일 시트 파일 sheet.css에 제목 태그인 <h1>과 단락 태그인 <p> 태그의 스타일이 정의되어 있다고 할 때, 다음의 예제처럼 스타일 시트 파일을 연결할 수 있다.

sheet.css

```
h1 {background:yellow;}
p  {color:blue;}
```

external-style.html

```
<html>
  <head>
      <title> 외부 스타일 시트 </title>
      <link rel="stylesheet" type="text/css" href="sheet.css">
  </head>
  <body>
      <h1> 내용이 표시되는 부분의 배경을 노란색으로... </h1>
      <p> 단락에서의 문자색은 파란색으로... </p>
  </body>
</html>
```

[그림 2.4] **외부 스타일 시트의 활용 (익스플로러)**

두 번째 방법은 @import 규칙(rule)을 사용해 스타일 시트 파일을 연결한다. <head> 태그 안의 <style> 태그 안에서 사용하며, 다른 스타일 정의보다 먼저 선언되어야 한다. 연결 방법은 다음의 형식처럼 type 속성을 “text/css”로 지정하고, @import 규칙으로 스타일 시트의 url을 지정한다.

```
형 식 : <head>
            <style type = "text/css">
                @import "스타일 시트의 url";
            </style>
        </head>
```

앞의 스타일 시트 파일 sheet.css를 다음 예제와 같이 연결하여 사용할 수 있다. 실행 결과는 [그림 2.5]와 같다.

import-style.html

```
<html>
   <head>
      <title> @import를 이용한 별도의 스타일 파일 사용 </title>
      <style type="text/css">
         @import "sheet.css";
      </style>
   </head>
   <body>
      <h1> 내용이 표시되는 부분의 배경을 노란색으로... </h1>
      <p> 단락에서의 문자색은 파란색으로... </p>
   </body>
</html>
```

[그림 2.5] 외부 스타일 시트의 활용 (익스플로러)

앞에서 CSS 스타일의 세 가지 유형을 살펴보았다. 여기에서 살펴본 예제들은 스타일을 정의하는 방식에 차이가 있을 뿐 동일한 스타일을 정의하고 있으므로 브라우저에서의 실행 결과는 동일하다.

2.2 스타일 정의 방법

스타일을 정의하는 CSS 규칙(rule)은 스타일을 적용할 대상의 선택자(selector)와 스타일 선언들로 구성된다. CSS 규칙은 다음과 같은 기본 형식을 갖는다.

```
형 식       :  선택자 { 스타일_선언_리스트 }
스타일_선언 :  속성 : 속성값;
```

형식에서 스타일_선언_리스트는 하나 이상의 스타일_선언이 반복될 수 있음을 나타낸다. 그리고 스타일_선언은 속성, 콜론(:), 속성값 및 세미콜론(;)으로 구성된다.

이와 같이 CSS 규칙에서는 스타일을 적용할 대상을 선택하기 위해 선택자를 사용한다. CSS 레벨 1과 2에서 정의한 선택자는 [표 2.2]에 정리되어 있으며, CSS3에서 새롭게 추가한 선택자는 [표 2.3]에서 확인할 수 있다. 본 절에서는 주로 사용하는 선택자를 중심으로 스타일 정의 방법에 대하여 자세히 공부한다.

[표 2.2] CSS 레벨 1, 2의 선택자

구분	패턴	사용 예	설명
전체 선택자	*	*	모든 요소
타입 선택자	요소 요소, 요소	h1 div, h1	모든 〈h1〉 요소 모든 〈div〉와 모든 〈h1〉 요소
클래스 선택자	.class	.abc	class="abc"를 가지는 모든 요소
아이디 선택자	#id	#def	id="def"를 가지는 요소
속성 선택자	[속성] [속성 = 값] [속성 ~= 값] [속성 |= 값]	[title] [title = tree] [title ~= tree] [title |= tree]	title 속성을 가지는 모든 요소 title 속성값이 tree인 모든 요소 title 속성값이 tree 단어를 포함하는 모든 요소 title 속성값이 tree인 또는 'tree-'로 시작하는 모든 요소
자손 결합자	요소 요소	p h3	〈p〉에 포함되어 있는 모든 〈h3〉 요소
자식 결합자	요소 〉 요소	p 〉 h3	〈p〉를 부모로 가지는 모든 〈h3〉 요소
인접 형제 결합자	요소 + 요소	p + h3	〈p〉 바로 다음에 나오는 형제 〈h3〉 요소
순서 의사 요소	요소 : first-letter 요소 : first-line 요소 : before 요소 : after	h2:first-letter h2:first-line h2:before h2:after	모든 〈h2〉 요소의 첫 글자 모든 〈h2〉 요소의 첫 라인 모든 〈h2〉 요소의 내용 전 모든 〈h2〉 요소의 내용 뒤
구조 의사 클래스	요소 : first-child	p:first-child	부모의 첫 자식인 〈p〉 요소 모두
링크 의사 클래스	요소 : link 요소 : visited	a:link a:visited	클릭하지 않은 모든 링크 클릭한 모든 링크
동적 의사 클래스	요소 : active 요소 : hover 요소 : focus	a:active a:hover input:focus	클릭할 때의 링크 마우스 포인터가 위에 있는 링크 포커스를 가진 〈input〉 요소
언어 의사 클래스	요소 : lang(language)	p:lang(en)	lang="en"을 가진 모든 〈p〉 요소

[표 2.3] CSS3에 추가된 선택자

구분	패턴	사용 예	설명
일반 형제 결합자	요소 ~ 요소	p ~ h3	〈p〉 다음에 나오는 형제 〈h3〉 요소
속성 선택자	[속성 ^= 값] [속성 $= 값] [속성 *= 값]	[title ^= tree] [title $= tree] [title *= tree]	title 속성값이 tree로 시작하는 모든 요소 title 속성값이 tree로 끝나는 모든 요소 title 속성값이 tree를 포함하는 모든 요소
구조 의사 클래스	: root 요소 : last-child 요소 : nth-child(n) 요소 : nth-last-child(n) 요소 : nth-of-type(n) 요소 : nth-last-of-type(n) 요소 : first-of-type 요소 : last-of-type 요소 : only-child 요소 : only-of-type 요소 : empty	:root p:last-child p:nth-child(n) p:nth-last-child(n) p:nth-of-type(n) p:nth-last-of-type(n) p:first-of-type p:last-of-type p:only-child p:only-of-type p:empty	문서의 루트 요소 마지막 자식인 〈p〉 요소 n번째 자식인 〈p〉 요소 끝에서 n번째 자식인 〈p〉 요소 n번째 〈p〉 요소 끝에서 n번째 〈p〉 요소 첫 번째 〈p〉 요소 마지막 〈p〉 요소 유일한 자식인 〈p〉 요소 형제들 중 유일한 〈p〉 요소 자식이 없는 〈p〉 요소
타겟 의사 클래스	요소 : target	*:target	활성화된 링크의 타겟 앵커
UI 요소 상태 의사 클래스	요소 : enabled 요소 : disabled 요소 : checked	input:enabled input:disabled input:checked	활성화된 〈input〉 요소 비활성화된 〈input〉 요소 선택된 〈input〉 요소
부정 의사 클래스	: not(요소)	:not(p)	〈p〉 요소 이외의 모든 요소

2.2.1 CSS 선택자

전체 선택자

전체 선택자(universal selector)는 모든 요소를 선택하여 스타일을 정의할 때 사용한다. 형식은 다음과 같으며, 속성과 속성값의 쌍을 한 번 이상 선언한다.

형 식 : * {속성1 : 속성값1; 속성2 : 속성값2; ... 속성n : 속성값n;}

다음의 예는 모든 요소의 글자색을 파란색으로 설정한다.

```
* {color:blue;}
```

타입 선택자

스타일을 적용할 대상으로 문서 요소의 타입(element type)을 선택하는 것을 타입 선택자(type selector)라고 한다. 이 경우 HTML 태그들을 선택자로 사용한다.

스타일을 정의하는 형식은 다음과 같다.

```
형 식 : 선택자 {속성1 : 속성값1; 속성2 : 속성값2; ... 속성n : 속성값n;}
```

다음의 예는 <p> 요소의 글자들을 빨간색으로 보이도록 스타일을 정의하는 것이다.

```
p {color:red;}
```

이 예에서는 p가 선택자로 사용되었고 color 속성의 속성값을 red로 설정하여, HTML 문서 내에서 <p> 요소가 나올 때마다 요소의 글자들의 색을 빨간색으로 표현하도록 한다.

다음 스타일 정의는 두 개의 스타일 선언을 포함하고 있다. 이것은 <p> 요소에 대해 배경은 파란색으로, 글자는 노란색으로 표시하도록 한다. 이처럼 여러 개의 스타일 선언을 동시에 할 수 있다.

```
p {background:blue; color:yellow;}
```

경우에 따라 여러 가지 요소에 동일한 스타일을 설정해야 할 필요가 있다. 이러한 때에는 같은 스타일을 적용할 선택자들을 쉼표(,)로 묶어 스타일을 정의한다.

```
형 식 : 선택자1, 선택자2, ... , 선택자m {속성1 : 속성값1; 속성2 : 속성값2; ... 속성n : 속성값n;}
```

다음의 예를 통해 동일한 스타일 선언을 갖는 선택자들에 대해 어떻게 스타일을 정의하는지 살펴보자.

```
h1 {background:yellow;}
p {background:yellow;}
```

앞의 예를 보면 <h1> 요소와 <p> 요소의 스타일 선언이 동일하다. 따라서 각 요소에 대한 스타일 선언을 다음과 같이 묶어도 동일한 결과를 얻을 수 있다.

```
h1, p {background:yellow;}
```

클래스 선택자

클래스 선택자(class selector)는 특정 요소들에 대한 스타일을 정의하기 위해 사용된다. 특정 요소에만 적용되는 클래스 스타일을 정의하려면 선택자로 스타일을 적용하고자 하는 요소의 이름을 쓰고, 점(.)과 클래스 이름을 쓴다.

```
형 식 : 선택자 . 클래스명 {속성1 : 속성값1; 속성2 : 속성값2; ... 속성n : 속성값n;}
```

예를 들어 <p> 요소 중 클래스명이 blue인 요소에만 스타일을 적용하기 위해 다음과 같이 스타일을 정의한다.

```
p.blue {background:blue;}
```

이렇게 클래스로 정의된 스타일을 적용하기 위해 HTML 문서의 <body> 요소 내에서 다음과 같은 형식으로 사용한다.

```
형 식 : <태그 class = "클래스명"> ~ </태그>
```

<p> 요소를 다음과 같은 방식으로 사용하면, 요소가 출력되는 범위의 배경색이 파란색을 갖게 된다.

```
<p class="blue"> 이 단락은 class 속성을 이용한 태그입니다. </p>
```

모든 종류의 요소에 적용 가능한 클래스 스타일을 정의하려면 다음과 같이 선택자에 요소 이름 없이 점(.)과 클래스명 만을 써주면 된다.

```
형 식 : . 클래스명 {속성1 : 속성값1; 속성2 : 속성값2; ... 속성n : 속성값n;}
```

이에 따라 <body> 요소 안에 위치하는 어떤 요소에서도 요소의 class 속성값으로 클래스명을 설정해주면 해당 스타일을 사용할 수 있다.

다음 예제에서 특정 요소에 적용되는 스타일과 모든 요소에 적용되는 스타일을 비교해 보자. 이 예제의 내용과 [그림 2.6]의 결과 화면을 비교해 보면 클래스를 이용한 스타일이 어떻게 적용되는지 쉽게 알 수 있을 것이다.

class.html

```
<html>
    <head>
      <title> 클래스 스타일 만들기 </title>
      <style type="text/css">
            p {background:yellow; color:blue;}
            p.italic {font-style:italic;}
            .redtxt {color:red;}
            .greentxt {color:green;}
      </style>
    </head>
    <body>
      <p> 이 텍스트는 스타일의 적용을 받아 노란 배경에 글자가 파란색으로 표시됩니다. </p>
      <p class="redtxt"> 같은 요소지만 글자가 빨간색으로 표시됩니다. </p>
      <p class="greentxt"> 녹색의 글자도 사용할 수 있습니다. </p>
      <h2 class="redtxt"> p 요소가 아니라도 빨간 글자가 적용됩니다. </h2>
      <h2 class="greentxt"> p 요소가 아니라도 녹색 글자가 적용됩니다. </h2>
      <p class="italic"> p 요소에만 이탤릭 글자를 사용할 수 있습니다. </p>
      <h2 class="italic"> p 요소에만 적용되는 클래스이므로 적용되지 않습니다. </h2>
    </body>
</html>
```

[그림 2.6]의 결과에서처럼 <p> 요소에 대해 class 속성값을 redtxt와 greentxt로 설정하여 글자색을 변경할 수 있고, <p> 요소가 아닌 <h2> 요소에 대해서도 요소의 class 속성값을 redtxt와 greentxt로 설정하여 글자색을 빨간색과 녹색으로 표현할 수 있다. 그러나 스타일 선언부에서 p.italic으로 선언된 스타일은 <p> 요소에 대해서만 적용되므로 <h2> 요소에는 이 클래스 속성이 적용되지 않고 무시된다.

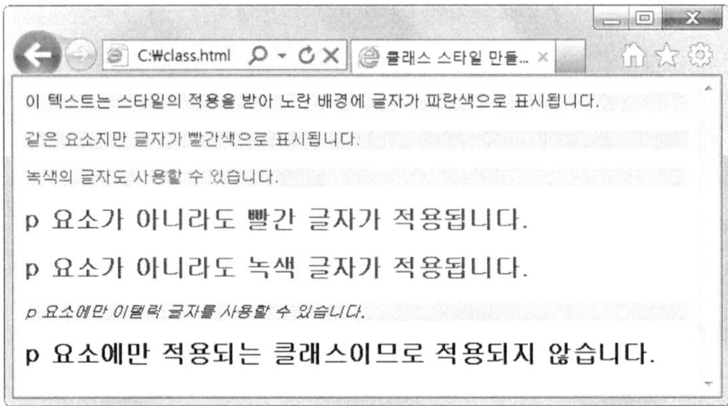

[그림 2.6] **클래스 선택자를 이용한 스타일 적용 결과 (익스플로러)**

아이디 선택자

고유한 이름을 붙여서 스타일을 정의할 때 아이디 선택자(id selector)를 사용한다. 다음의 형식과 같이 '#' 기호를 사용하여 id명과 스타일을 정의한다.

형 식 : #id명 {속성1 : 속성값1; 속성2 : 속성값2; ... 속성n : 속성값n;}

HTML 요소에 id명을 사용하여 해당 요소에 대한 스타일을 설정한다. id 속성은 고유한 값을 가져야 하므로 문서 내의 하나의 요소에 대해 한 번만 스타일을 지정할 수 있다.

형 식 : <태그명 id = "id명"> ~ </태그명>

다음 예제는 id 속성을 이용한 스타일의 정의 방법과 적용 방법에 대해 보여주고 있다.

id.html

```
<html>
  <head>
    <title> 아이디 스타일 만들기 </title>
    <style type="text/css">
        p {background:yellow; color:blue;}
        .boldtxt {font-weight:bold;}
        #once {font-style:italic;}
    </style>
  </head>
  <body>
    <h2 id="once"> 이 스타일은 ID 속성을 이용한 스타일입니다. </h2>
    <h2 class="boldtxt"> H2 요소에도 굵은 글자가 적용됩니다. </h2>
    <p class="boldtxt"> P 요소에 굵은 글자도 사용할 수 있습니다. </p>
  </body>
</html>
```

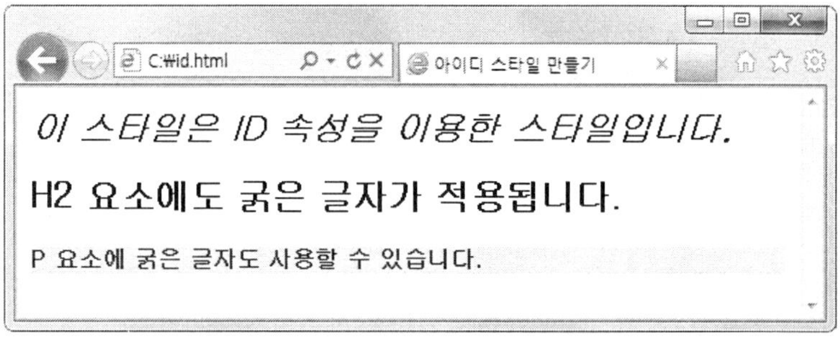

[그림 2.7] id 속성을 이용한 스타일 적용 결과 (익스플로러)

속성 선택자

속성 선택자(attribute selector)는 특정 속성을 갖는 요소들을 선택하기 위해 사용한다. 속성 선택자를 이용하여 스타일을 정의하는 형식은 다음과 같다.

```
형 식 : [속성] {속성1 : 속성값1;  속성2 : 속성값2; ... 속성n : 속성값n;}
        [속성 = 값] {속성1 : 속성값1;  속성2 : 속성값2; ... 속성n : 속성값n;}
        [속성 ~= 값] {속성1 : 속성값1;  속성2 : 속성값2; ... 속성n : 속성값n;}
        [속성 |= 값] {속성1 : 속성값1;  속성2 : 속성값2; ... 속성n : 속성값n;}
```

[속성]은 속성을 가진 모든 요소를 위해 스타일을 정의하고, [속성 = 값]은 속성값이 '값'인 모든 요소를 위해 스타일을 정의한다. [속성 ~= 값]은 속성값이 '값' 단어를 포함하는 모든 요소를 위해 스타일을 정의하고, [속성 |= 값]은 속성값이 '값'이거나 또는 '값-'으로 시작하는 모든 요소를 위해 스타일을 정의한다. 사용 예는 다음과 같다.

```
[height] {background:pink;}
[title = "tree"] {font-weight:bold; color:red;}
[title ~= "tree"] {color:blue;}
[title |= "tree"] {background:skyblue;}
```

결합자

결합자(combinator)를 이용하여 스타일 적용 대상을 선택할 수 있으며, 결합자에는 자손 결합자(descendant combinator), 자식 결합자(child combinator), 인접 형제 결합자(adjacent sibling combinator)가 있다. 다음의 형식과 같이 결합자를 사용하여 스타일을 정의한다.

형 식 : 요소1 요소2 {속성1 : 속성값1; 속성2 : 속성값2; ... 속성n : 속성값n;} 자손 결합자
요소1 〉 요소2 {속성1 : 속성값1; 속성2 : 속성값2; ... 속성n : 속성값n;} 자식 결합자
요소1 + 요소2 {속성1 : 속성값1; 속성2 : 속성값2; ... 속성n : 속성값n;} 인접 형제 결합자

자손 결합자는 요소1에 포함된 모든 요소2를 선택하고, 자식 결합자는 요소1을 부모로 가진 모든 요소2를 선택한다. 그리고 인접 형제 결합자는 요소1 바로 다음에 나오는 부모가 같은 형제인 요소2를 선택한다. 사용 예는 다음과 같다.

```
div   p {font-weight:bold; color:blue;}
div > p {font-weight:bold; color:red;}
div + p {background:yellow; font-style:italic;}
```

다음 예제는 자식 결합자와 인접 형제 결합자를 이용한 스타일의 정의 방법과 적용 방법을 보여주고 있다.

combinator.html

```
<html>
  <head>
     <title> 결합자 </title>
     <style type="text/css">
          div > p {font-weight:bold; color:red;}
          div + p {background:yellow; font-style:italic;}
     </style>
  </head>
  <body>
     <div>
          <p> div의 첫 번째 자식 p 요소 </p>
          <p> div의 두 번째 자식 p 요소 </p>
     </div>
     <h3> div의 첫 번째 형제 h3 요소 </h3>
     <p> div의 두 번째 형제 p 요소 </p>
     <div>
          <h3> div의 첫 번째 자식 h3 요소 </h3>
          <p> div의 두 번째 자식 p 요소 </p>
     </div>
     <p> div의 첫 번째 형제 p 요소 </p>
  </body>
</html>
```

예제의 5행에서는 <div> 요소를 부모로 가진 모든 <p> 요소에 대해서 굵은 글씨와 빨간색을 설정하고 6행에서는 <div> 요소 다음에 바로 나오는 <p> 요소에 대해서 노란색 바탕의 이탤릭 글씨체를 설정한다. 이에 따라 5행의 스타일은 11행, 12행, 18행에 적용되며, 6행의 스타일은 20행에 적용된다. 15행의 <p> 요소는 <div> 요소 바로 다음에 나오지 않았기 때문에 6행의 스타일이 적용되지 않는다. 실행 결과는 [그림 2.8]과 같다.

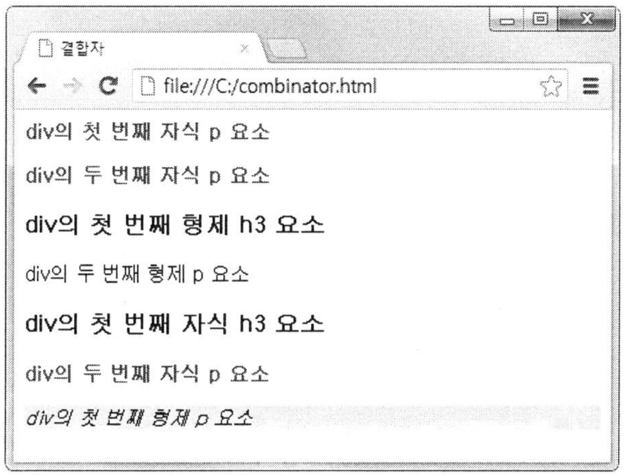

[그림 2.8] **결합자를 이용한 스타일 적용 결과 (크롬)**

순서 의사 요소

순서 의사 요소(pseudo-element)를 사용하여 특정 위치의 글자나 문장에 대해 스타일을 정의한다. 형식은 다음과 같다.

```
형 식 : 요소: first-letter {속성1 : 속성값1;  속성2 : 속성값2; ... 속성n : 속성값n;}
        요소: first-line {속성1 : 속성값1;  속성2 : 속성값2; ... 속성n : 속성값n;}
        요소: before {속성1 : 속성값1;  속성2 : 속성값2; ... 속성n : 속성값n;}
        요소: after {속성1 : 속성값1;  속성2 : 속성값2; ... 속성n : 속성값n;}
```

first-letter는 특정 요소의 첫 글자에 스타일을 정의하고, first-line은 특정 요소의 첫 줄의 스타일을 정의한다. before는 특정 요소의 내용 앞에 삽입되는 내용을 content 속성으로 정의하고, after는 특정 요소의 내용 뒤에 삽입되는 내용을 content 속성으로 정의한다. 사용 예는 다음과 같다.

```
p:first-letter {font-weight:bold; font-size:30pt; color:red;}
p:first-line {background:yellow; font-style:italic;}
p:before {content:"start-";}
p:after {content:"-end";}
```

다음은 순서 의사 요소를 이용한 스타일의 정의 방법과 적용 방법을 보여주는 예제이다.

pseudo-element.html

```
1: <html>
2:    <head>
3:        <title> 순서 의사 요소 </title>
4:        <style type="text/css">
5:            p:first-letter {font-weight:bold; font-size:30pt; color:red;}
6:            p:first-line {background:yellow;}
7:            h3:before {content:"START-"; color:red;}
8:            h3:after {content:"-END"; color:blue;}
9:        </style>
10:    </head>
11:    <body>
12:        <h3> 안녕하세요! </h3>
13:        <div>
14:            <p> 어서 오세요. <br>
15:                반갑습니다. </p>
16:        </div>
17:    </body>
18: </html>
```

예제의 5행은 <p> 요소의 첫 글자에 스타일을 정의하는 것으로 굵은 글씨, 30pt의 글자 크기, 그리고 빨간색을 설정한다. 6행은 <p> 요소의 첫 줄에 스타일을 정의하는 것으로 노란 배경색을 설정한다. 7행에서는 <h3> 요소에 대해 내용 시작 전에 content 속성을 이용하여 'START-'라는 내용을 삽입하고 빨간색을 설정한다. 8행에서는 <h3> 요소에 대해 내용이 끝난 뒤에 content 속성을 이용하여 '-END'라는 내용을 삽입하고 파란색을 설정한다. 5행과 6행의 스타일은 14행에 적용되며 7행과 8행의 스타일은 12행에 적용된다. 실행 결과는 [그림 2.9]와 같다.

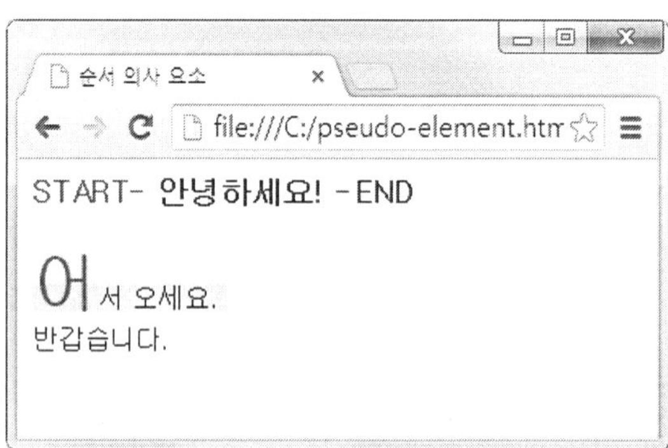

[그림 2.9] 순서 의사 요소를 이용한 스타일 적용 결과 (크롬)

구조 의사 클래스

구조 의사 클래스(structural pseudo-classes)는 특정 위치에 있는 요소들을 선택하기 위해 사용한다. 형식은 다음과 같다.

```
형 식 : 요소:first-child {속성1 : 속성값1;  속성2 : 속성값2; ... 속성n : 속성값n;}
```

다음의 예는 부모의 첫 자식인 <p> 요소의 배경색을 노란색으로, 글자 모양을 이탤릭체로 설정한다.

```
p:first-child {background:yellow; font-style:italic;}
```

다음 예제는 구조 의사 클래스를 이용한 스타일의 정의 방법과 적용 방법을 보여주고 있다.

structural-pseudo.html

```
1: <html>
2:    <head>
3:       <title> 구조 의사 클래스 </title>
4:       <style type="text/css">
5:           p:first-child {background:yellow; font-style:italic; color:red;}
6:       </style>
7:    </head>
8:    <body>
9:       <div>
10:           <p> div의 첫 번째 자식 p 요소 </p>
11:           <p> div의 두 번째 자식 p 요소 </p>
12:       </div>
13:       <p> body의 두 번째 자식 p 요소 </p>
14:       <h3> body의 세 번째 자식 h3 요소 </h3>
15:       <div>
16:           <p> div의 첫 번째 자식 p 요소 </p>
17:           <h3> div의 두 번째 자식 h3 요소 </h3>
18:       </div>
19:    </body>
20: </html>
```

예제의 5행에서는 부모의 첫 자식인 <p> 요소에 대해 노란 바탕색의 이탤릭 글씨로 스타일을 설정한다. 이 스타일은 10행과 16행에 적용된다. 실행 결과는 [그림 2.10]과 같다.

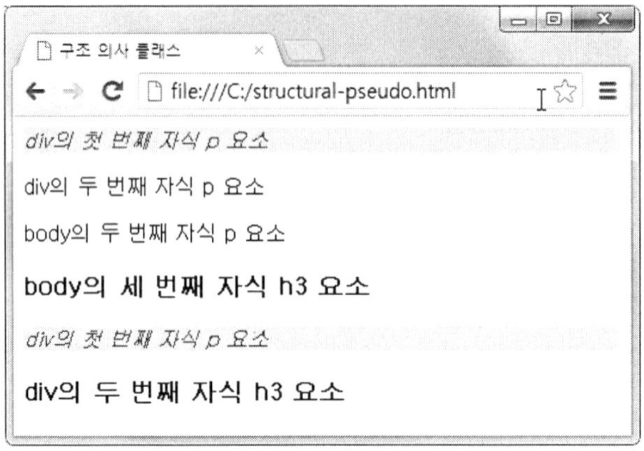

[그림 2.10] **구조 의사 클래스를 이용한 스타일 적용 결과 (크롬)**

마우스 관련 선택자

마우스 관련 선택자를 이용하여 스타일 적용 대상을 선택할 수 있으며, 링크 의사 클래스(link pseudo-class) 선택자와 동적 의사 클래스(dynamic pseudo-class) 선택자가 있다. 형식은 다음과 같다.

```
형 식 : 요소: link {속성1 : 속성값1;  속성2 : 속성값2; ... 속성n : 속성값n;}
        요소: visited {속성1 : 속성값1;  속성2 : 속성값2; ... 속성n : 속성값n;}
        요소: active {속성1 : 속성값1;  속성2 : 속성값2; ... 속성n : 속성값n;}
        요소: hover {속성1 : 속성값1;  속성2 : 속성값2; ... 속성n : 속성값n;}
        요소: focus {속성1 : 속성값1;  속성2 : 속성값2; ... 속성n : 속성값n;}
```

link는 클릭하지 않은 모든 링크에 스타일을 정의하고, visited는 클릭한 모든 링크에 스타일을 정의한다. active는 클릭할 때의 링크에 스타일을 정의하고, hover는 마우스 포인터가 위에 있는 링크에 스타일을 정의한다. focus는 포커스를 가지고 있는 <input> 요소를 위해 스타일을 정의한다. 사용 예는 다음과 같다.

```
a:link {color:red;}
a:visited {color:blue;}
a:active {color:yellow;}
a:hover {color:green;}
input:focus {color:orange;}
```

다음은 링크 의사 클래스를 이용하여 스타일을 정의하는 방법과 적용하는 방법을 보여주는 예제이다.

link.html

```
1: <html>
2:   <head>
3:     <title> 마우스 관련 선택자 </title>
4:     <style type="text/css">
5:         a:link {background-color:red;}
6:         a:visited {background-color:yellow;}
7:         a:hover {background-color:skyblue;}
8:         a:active {background-color:green;}
9:
10:        div {position:absolute; background-color:red;
11:             top:50px; left:50px; height:100px; width:100px;}
12:        div:hover {background-color:blue;}
13:        div:active {background-color:green;}
14:    </style>
15:  </head>
16:  <body>
17:    <b> 여기를 누르면
18:        <a href="http://www.wikipedia.org/" target="_blank">위키디피아</a>로 연결됩니다.
19:    </b>
20:    <div></div>
21:  </body>
22: </html>
```

예제의 5행~8행에서는 <a> 요소에 대하여 마우스를 클릭하기 전, 클릭한 후, 마우스가 링크 위에 있을 때와 클릭하는 순간 각각의 스타일에 변화를 준다. 5행에서 마우스 클릭 전의 배경색을 빨간색으로 설정하고 6행에서는 클릭하고 난 후의 배경색을 노란색으로 설정한다. 7행에서는 마우스가 링크 위에 있을 때 밑줄을 긋고 하늘색을 배경색으로 설정하고, 8행에서는 클릭하는 순간에 밑줄을 긋고 초록색을 배경색으로 변하도록 설정한다. 10행~13행에서는 <div> 요소를 이용하여 사각형 모양을 만들어서 마우스 클릭에 따라 스타일에 변화를 준다. 즉, 클릭 전에는 빨간색, 링크 위에 있을 때는 파란색, 클릭하는 순간에는 초록색으로 색상이 변경되도록 한다. 5행~8행의 스타일은 18행에, 10행~13행의 스타일은 20행에 적용된다. 실행 결과는 [그림 2.11]과 같다.

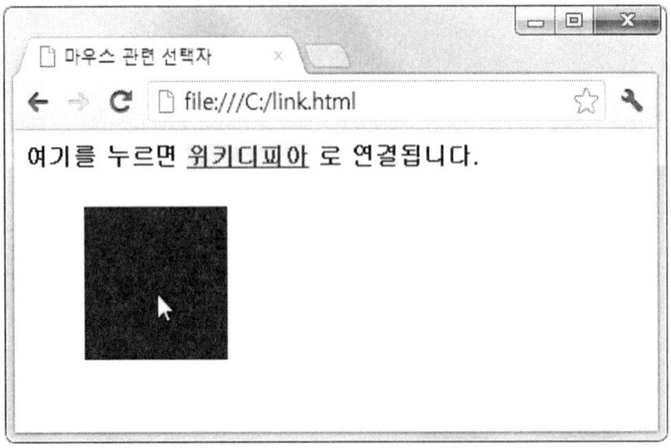

[그림 2.11] 마우스 관련 선택자를 이용한 스타일 적용 결과 (크롬)

언어 의사 클래스

언어 의사 클래스(language pseudo-class)는 특정 언어를 갖는 요소들을 선택하기 위해 사용한다. 언어 의사 클래스를 이용하여 스타일을 정의하는 형식은 다음과 같다. 주요 언어의 약어는 1장 HTML의 [표 1.2]에 정리되어 있으니 참고하기 바란다.

형 식 : 요소:lang(언어의 약어) {속성1 : 속성값1; 속성2 : 속성값2; ... 속성n : 속성값n;}

언어 의사 클래스의 사용 예는 다음과 같다.

```
p:lang(ko) {color:green;}
```

이렇게 정의된 스타일을 적용하기 위해 HTML 문서의 <body> 요소 내에서 다음과 같은 형식으로 사용한다.

형 식 : <태그명 lang = "언어의 약어"> ~ </태그명>

<p> 요소를 다음과 같은 방식으로 사용하면, 요소 내용의 글자색이 초록색을 갖게 된다.

```
<p lang="ko"> 이 단락은 언어 의사 클래스를 이용합니다. </p>
```

2.2.2 CSS3 선택자

CSS3의 형제 선택자

일반 형제 결합자(general sibling combinator)는 부모가 같은 형제 요소에 대한 스타일을 정의하기 위해 사용한다. 스타일을 정의하는 형식은 다음과 같다.

```
형 식 : 요소1 ~ 요소2 {속성1 : 속성값1;  속성2 : 속성값2; ... 속성n : 속성값n;}
```

다음의 예는 <div> 요소 다음의 부모가 같은 형제인 <p> 요소의 바탕색을 노란색으로, 글씨체를 이탤릭으로 설정한다.

```
div ~ p {background:yellow; font-style:italic;}
```

CSS3의 속성 선택자

CSS3에 새로운 속성 선택자(attribute selector)가 추가되었다. 이를 사용하여 스타일을 정의할 수 있다.

```
형 식 : [속성 ^= 값] {속성1 : 속성값1;  속성2 : 속성값2; ... 속성n : 속성값n;}
        [속성 $= 값] {속성1 : 속성값1;  속성2 : 속성값2; ... 속성n : 속성값n;}
        [속성 *= 값] {속성1 : 속성값1;  속성2 : 속성값2; ... 속성n : 속성값n;}
```

[속성 ^= 값]은 속성값이 '값'으로 시작하는 모든 요소를 위해 스타일을 정의하고, [속성 $= 값]은 속성값이 '값'으로 끝나는 모든 요소를 위해 스타일을 정의한다. [속성 *= 값]은 속성값이 '값'을 포함하는 모든 요소를 위해 스타일을 정의한다. 사용 예는 다음과 같다.

```
p[title ^= "tree"] {font-weight:bold; color:red;}
p[title $= "tree"] {font-style:italic;}
p[title *= "tree"] {background:pink;}
```

다음 예제는 속성 선택자를 이용한 스타일의 정의 방법과 적용 방법을 보여주고 있다.

attribute-selector.html

```
1: <html>
2:   <head>
3:       <title> 속성 선택자 </title>
4:       <style type="text/css">
5:           p[title^="tree"] {font-weight:bold; color:red;}
6:           p[title$="tree"] {font-style:italic;}
7:           p[title*="tree"] {background:pink;}
8:       </style>
9:   </head>
10:  <body>
11:      <div>
12:          <p title="tree_1"> div의 첫 번째 자식 p 요소 </p>
13:          <p title="tree_2"> div의 두 번째 자식 p 요소 </p>
14:          <p title="a_tree"> div의 세 번째 자식 p 요소 </p>
15:          <h3 title="b_tree"> div의 네 번째 자식 h3 요소 </h3>
16:      </div>
17:  </body>
18: </html>
```

예제의 5행은 <p> 요소의 title 속성의 값이 tree로 시작하는 모든 요소를 위해 스타일을 정의하는 것으로 굵은 글씨의 빨간색으로 스타일을 설정한다. 6행은 <p> 요소의 title 속성의 값이 tree로 끝나는 모든 요소를 위해 스타일을 정의하는 것으로 이탤릭체 글씨로 스타일을 설정한다. 7행은 <p> 요소의 title 속성의 값이 tree를 포함하는 모든 요소를 위해 스타일을 정의하는 것으로 바탕색을 분홍색으로 표현하도록 스타일을 설정한다. 5행의 스타일은 12행과 13행에 적용되며, 6행의 스타일은 14행에 적용된다. 7행의 스타일은 12행, 13행, 14행에 적용된다. 15행은 <h3> 요소이므로 이러한 스타일이 적용되지 않는다. 실행 결과는 [그림 2.12]와 같다.

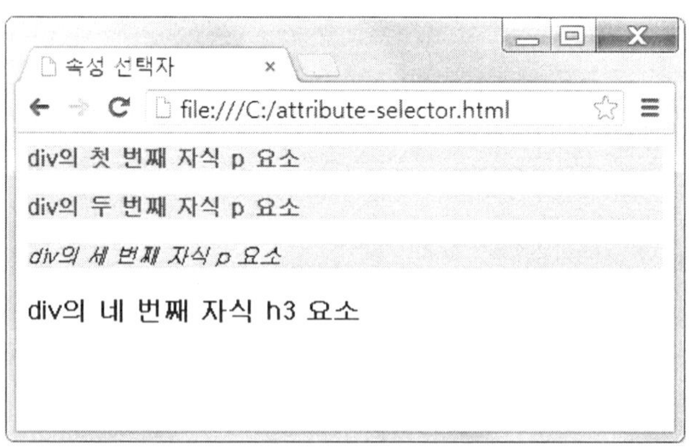

[그림 2.12] 속성 선택자를 이용한 스타일 적용 결과 (크롬)

CSS3의 구조 의사 클래스

CSS3에서 새로운 구조 의사 클래스(structural pseudo-classes)를 추가하였다. 이를 사용하여 스타일을 정의할 수 있다. 형식은 다음과 같다.

```
형 식 : :root {속성1 : 속성값1;  속성2 : 속성값2; ... 속성n : 속성값n;}
        요소:last-child {속성1 : 속성값1;  속성2 : 속성값2; ... 속성n : 속성값n;}
        요소:nth-child(n) {속성1 : 속성값1;  속성2 : 속성값2; ... 속성n : 속성값n;}
        요소:nth-last-child(n) {속성1 : 속성값1;  속성2 : 속성값2; ... 속성n : 속성값n;}
        요소:nth-of-type(n) {속성1 : 속성값1;  속성2 : 속성값2; ... 속성n : 속성값n;}
        요소:nth-last-of-type(n) {속성1 : 속성값1;  속성2 : 속성값2; ... 속성n : 속성값n;}
        요소:first-of-type {속성1 : 속성값1;  속성2 : 속성값2; ... 속성n : 속성값n;}
        요소:last-of-type {속성1 : 속성값1;  속성2 : 속성값2; ... 속성n : 속성값n;}
        요소:only-child {속성1 : 속성값1;  속성2 : 속성값2; ... 속성n : 속성값n;}
        요소:only-of-type {속성1 : 속성값1;  속성2 : 속성값2; ... 속성n : 속성값n;}
        요소:empty {속성1 : 속성값1;  속성2 : 속성값2; ... 속성n : 속성값n;}
```

구조 의사 클래스를 사용하는 예는 다음과 같다.

```
:root {background:red;}
p:last-child {background:orange;}
p:nth-child(2) {background:green;}
p:nth-last-child(2) {background:pink;}
p:nth-of-type(2) {background:skyblue;}
p:nth-last-of-type(2) {background:red;}
p:first-of-type {font-weight:bold; color:orange;}
p:last-of-type {font-weight:bold; color:green;}
p:only-child {background:red;}
p:only-of-type {font-style:italic; color:blue; background:yellow;}
p:empty {background:blue;}
```

다음은 구조 의사 클래스 이용한 스타일의 정의 방법과 적용 방법을 보여주는 예제이다.

structural-pseudo-classes.html

```
1: <html>
2:   <head>
3:     <title> 구조 의사 클래스 </title>
4:     <style type="text/css">
5:       p:first-of-type {font-weight:bold; color:orange;}
6:       p:last-of-type {font-weight:bold; color:green;}
7:       p:only-of-type {font-style:italic; color:blue; background:yellow;}
8:     </style>
9:   </head>
10:  <body>
11:    <p> body의 첫 번째 자식 p 요소 </p>
12:    <p> body의 두 번째 자식 p 요소 </p>
13:    <div>
14:        <p> div의 첫 번째 자식 p 요소 </p>
15:        <h3> div의 두 번째 자식 h3 요소 </h3>
16:    </div>
17:    <div>
18:        <p> div의 첫 번째 자식 p 요소 </p>
19:        <p> div의 두 번째 자식 p 요소 </p>
20:    </div>
21:    <p> body의 세 번째 자식 p 요소 </p>
22:  </body>
23: </html>
```

예제의 5행에서는 첫 번째 <p> 요소에 대해 굵은 글씨와 오렌지색을 설정한다. 6행에서는 마지막 <p> 요소에 대해 굵은 글씨와 초록색을 설정하고, 7행에서는 형제들 중 유일한 <p> 요소에 대해 이탤릭 글씨체와 파란색 글씨와 노란 바탕색을 설정한다. 5행의 스타일은 11행, 14행, 18행에 적용되며, 6행의 스타일은 19행과 21행에 적용된다. 7행의 스타일은 14행에 적용된다. 14행에는 5행의 스타일과 7행의 스타일이 적용되지만, 나중에 적용되는 7행의 스타일로 표현된다. 실행 결과는 [그림 2.13]과 같다.

[그림 2.13] **구조 의사 클래스를 이용한 스타일 적용 결과 (크롬)**

CSS3의 타겟 의사 클래스

타겟 의사 클래스(target pseudo-class)는 활성화된 링크의 타겟 앵커에 스타일을 설정하기 위해 사용한다. 형식은 다음과 같다.

```
형 식 : 요소:target {속성1 : 속성값1;  속성2 : 속성값2; ... 속성n : 속성값n;}
```

다음의 예는 링크로 설정된 부분을 클릭하면 활성화된 링크의 타겟 앵커에 해당하는 요소의 시작 부분에 content 속성을 사용하여 이미지 test.jpg를 삽입하도록 설정한다.

```
*:target:before {content:url(test.jpg);}
```

CSS3의 UI 요소 상태 의사 클래스

UI 요소 상태 의사 클래스(UI element states pseudo-classes)는 사용자 인터페이스 요소에 대한 스타일을 정의할 때 사용한다. 형식은 다음과 같다.

```
형 식 : 요소:enabled {속성1 : 속성값1;  속성2 : 속성값2; ... 속성n : 속성값n;}
        요소:disabled {속성1 : 속성값1;  속성2 : 속성값2; ... 속성n : 속성값n;}
        요소:checked {속성1 : 속성값1;  속성2 : 속성값2; ... 속성n : 속성값n;}
```

다음의 예는 <input> 요소를 위한 스타일을 설정한 것이다. 예에서 enabled를 이용하여 활성화된 텍스트 타입의 모든 <input> 요소들에 대한 스타일을 정의하며, disabled를 이용하여 비활성화된 텍스트 타입의 모든 <input> 요소들에 대한 스타일을 정의한다. 그리고 checked는 <input> 요소의 type이 checkbox이거나 radio인 경우에 사용하며, 선택된 <input> 요소에 대한 스타일을 정의한다.

```
input[type="text"]:enabled {background:yellow; color:red;}
input[type="text"]:disabled {background:green;}
input:checked {background:pink;}
```

CSS3의 부정 의사 클래스

부정 의사 클래스(negation pseudo-class)는 특정 요소 이외의 모든 요소들을 선택하기 위해 사용한다. 형식은 다음과 같다.

```
형 식 :  :not(요소) {속성1 : 속성값1;  속성2 : 속성값2; ... 속성n : 속성값n;}
```

다음의 예는 <p> 요소 이외의 모든 요소의 글자 스타일을 이탤릭체로 설정한다.

```
:not(p) {font-style:italic;}
```

2.3 CSS3 접두어

CSS3의 표준화 이전부터 각 브라우저에서 독립적으로 CSS3 기능을 지원하기 시작하였으므로 브라우저마다 지원하는 스타일 속성들이 서로 다르다. 따라서 CSS3 스타일을 사용하면 브라우저에 상관없이 지원되는 경우도 있지만, 그렇지 않을 수도 있다. 그러므로 특정 브라우저에서만 지원되는 속성을 지정하기 위해 브라우저별 접두어가 필요하다. [표 2.4]에서 브라우저를 나타내는 접두어를 보여주고 있으며, 접두어와 속성을 함께 사용하면 특정 브라우저의 스타일을 지정할 수 있게 된다.

[표 2.4] **브라우저별 접두어**

접두어	브라우저
-ms-	마이크로소프트 브라우저 (인터넷 익스플로러)
-webkit-	webkit 기반 브라우저 (사파리, 크롬 등)
-moz-	모질라 기반 브라우저 (모질라, 파이어폭스 등)
-o-	오페라 기반 브라우저 (오페라)

특정 브라우저에서만 지원되는 일부 속성에 대해서는 해당 브라우저의 접두어를 붙인 속성명을 사용해야 한다. 사용 예는 다음과 같다.

```
border-image:url('heart.jpg') 30 30 repeat;
-webkit-border-image:url('heart.jpg') 30 30 repeat;
-moz-border-image:url('heart.jpg') 30 30 repeat;
-o-border-image:url('heart.jpg') 30 30 repeat;
```

2.4 CSS3 미디어 질의

CSS3에서는 미디어 질의(media query)를 통해 조건에 맞는 미디어를 선택하여 스타일 시트를 적용할 수 있다.

2.4.1 미디어 스타일 정의

미디어 스타일을 정의하기 위해서 <link> 태그나 @import 규칙을 사용한다. @media를 사용하는 방법은 앞으로 설명한다.

〈link〉 태그 이용

HTML 문서에서 외부 스타일 시트를 사용할 때는 <link> 태그를 이용한다. 이때 <link> 태그의 media 속성을 활용하여 미디어 질의를 작성할 수 있다.

- **media 속성 이용 형식**

```
<link rel="stylesheet" href="스타일 시트의 url" media="미디어_질의_리스트">
```

미디어_질의_리스트의 작성 방법은 곧 설명한다.

@import 규칙 이용

다른 방법으로는 @import 규칙(rule)을 이용하여 외부 스타일 시트를 기술하고 미디어 질의를 작성할 수 있다.

- **@import 규칙 이용 형식**

```
@import url("스타일 시트의 url") 미디어_질의_리스트;
```

@media 규칙 이용

미디어 질의와 스타일 정의를 @media 규칙을 이용하여 작성할 수도 있다. 그러나 이 경우는 모든 장치에 동일하게 적용되는 미디어 질의만을 작성할 수 있으므로 장치별로 스타일 적용이 다른 때에는 사용할 수 없다.

- **@media 규칙 이용 형식**

```
@media 미디어_질의 { CSS_규칙 }
```

2.4.2 미디어 질의 작성

미디어 질의의 작성 방법에 대하여 설명한다. 앞의 형식에서 미디어_질의_리스트는 하나 이상의 미디어 질의를 나타내며 이의 형식은 다음과 같다.

```
미디어_질의_리스트 형식 :
        미디어_질의 {, 미디어_질의}*
```

여기서 별표(*)는 중괄호({ }) 안의 내용이 0번 이상 반복될 수 있음을 나타내는 기호이다.

미디어 질의는 다음의 형식을 따른다.

```
미디어_질의 형식 :
        [only | not] 미디어_타입 {and 조건식}*
        또는
        조건식 {and 조건식}*
```

형식에서 기호 '|'는 선택을 의미하고 대괄호([ ])는 생략이 가능함을 표시한다. 키워드 not은 부정을 나타내고, 키워드 only는 미디어 질의를 지원하지 않을 경우 스타일 시트를 무시하도록 한다. 그리고 미디어 질의에서는 영문자의 대문자와 소문자를 구별하지 않는다.

미디어 타입은 [표 2.5]에 정리되어 있으며, 이들 중에서 선택하여 사용할 수 있다.

[표 2.5] **미디어 타입**

미디어 타입	설명
all	모든 장치
print	종이
projection	프로젝터
screen	디스플레이 화면
tv	텔레비젼
aural	음성 신디사이저
braille	점자 리더기
handheld	휴대용 전화기, PDA
tty	텔레타이프, 컴퓨터 터미널
embossed	점자 프린터

미디어 질의의 조건식은 다음의 형식에 따라 작성한다.

```
조건식 형식 :
        미디어_속성 [:속성값]
```

미디어 속성(feature)을 정리하면 [표 2.6]과 같다.

[표 2.6] 미디어 속성

속성	설명	접두어 사용 (min-, max-)
width	디스플레이 영역의 너비	O
height	디스플레이 영역의 높이	O
device-width	출력 장치 화면의 너비	O
device-height	출력 장치 화면의 높이	O
resolution	출력 장치의 화면 해상도	O
aspect-ratio	디스플레이 영역의 너비의 높이에 대한 비율 (너비/높이)	O
device-aspect-ratio	출력 장치 화면의 너비의 높이에 대한 비율 (너비/높이)	O
color	색상 비트 수	O
color-index	색상 조회 테이블에 있는 항목의 개수	O
monochrome	모노크롬(monochrome) 프레임 버퍼의 픽셀 당 비트 수	O
orientation	화면 회전에 따른 가로 또는 세로 모드 (landscape 또는 portrait 중에서 선택)	X
scan	TV의 스캔 방법 (progressive 또는 interlace 중에서 선택)	X
grid	그리드 또는 비트맵 장치 여부 (그리드는 1 그 외에는 0)	X

[표 2.6]에서 속성의 접두어 사용에 O 표시가 되어 있으면 해당 속성명에 'min-' 또는 'max-' 접두어를 붙여서 사용할 수 있으며, X 표시가 되어 있으면 이들 접두어를 사용할 수 없다. 예를 들면, width 속성에 접두어를 붙인 min-width 속성과 max-width 속성을 사용할 수 있다.

지금까지 살펴본 미디어 질의 형식을 바탕으로 미디어 질의를 작성해 보자.

〈link〉 태그 이용

```
<link rel="stylesheet" href="test1.css" media="print">
<link rel="stylesheet" href="test2.css" media="screen and (min-width:600px)">
<link rel="stylesheet" href="test3.css" media="screen and (max-device-width:480px)
                                                    and (min-device-width:320px)">
```

첫 번째는 프린터로 출력할 때 test1.css 스타일을 적용한다. 두 번째는 화면의 너비가 600px 이상인 곳에 출력할 때 test2.css 스타일을 적용한다. 세 번째는 출력 장치의 너비가 320px 이상이고 480px 이하인 곳에 출력할 때 test3.css 스타일을 적용한다.

@import 규칙 이용

```
@import url("test1.css") print;
@import url("test2.css") screen and (min-width:600px);
@import url("test3.css") screen and (max-device-width:480px) and (min-device-width:320px);
```

앞과 동일한 내용을 @import 규칙을 이용하여 작성하였다.

@media 규칙 이용

@media 규칙을 이용할 때는 미디어 타입 중 all만을 사용할 수 있으며, 'all and'의 생략이 가능하다. 따라서 다음의 사용 예는 둘 다 같은 의미를 갖는다.

```
@media all and (min-width:400px) {color:blue;}
@media (min-width:400px) {color:blue;}
```

2.4.3 미디어 질의 예제

media 속성 이용 예제

다음 예제는 media 속성을 이용하는 미디어 질의의 정의 방법과 적용 방법을 보여주고 있다. 브라우저의 너비에 따라 다른 스타일 시트 파일로 연결하도록 한다.

sheet-max.css

```
h3.max {background:yellow;}
p.max {color:blue;}
```

sheet-min.css

```
h3.min {background:skyblue;}
p.min {color:red;}
```

media-query.html

```
1:  <html>
2:    <head>
3:        <title> 미디어 질의 </title>
4:        <link rel="stylesheet" type="text/css" href="sheet-max.css"
               media="screen and (max-width:299px)">
5:        <link rel="stylesheet" type="text/css" href="sheet-min.css"
               media="screen and (min-width:300px)">
6:    </head>
7:    <body>
8:        <h3 class="max"> 화면이 작아지면 노란색 배경 </h3>
9:        <h3 class="min"> 화면이 커지면 하늘색 배경 </h3>
10:         <p class="max"> 화면이 작아지면 파란색 글자 </p>
11:         <p class="min"> 화면이 커지면 빨간색 글자 </p>
12:   </body>
13: </html>
```

예제의 4행에서는 디스플레이 영역의 너비가 299px 이하인 곳에 출력할 때 sheet-max.css 파일의 스타일을 적용하고, 5행에서는 디스플레이 영역의 너비가 300px 이상인 곳에 출력할 때 sheet-min.css 파일의 스타일을 적용한다. 따라서 디스플레이 영역의 크기에 따라 sheet-max.css 파일의 스타일이 8행과 10행에 적용되거나, sheet-min.css 파일의 스타일이 9행과 11행에 적용된다. 실행 결과는 [그림 2.14]와 [그림 2.15]와 같다.

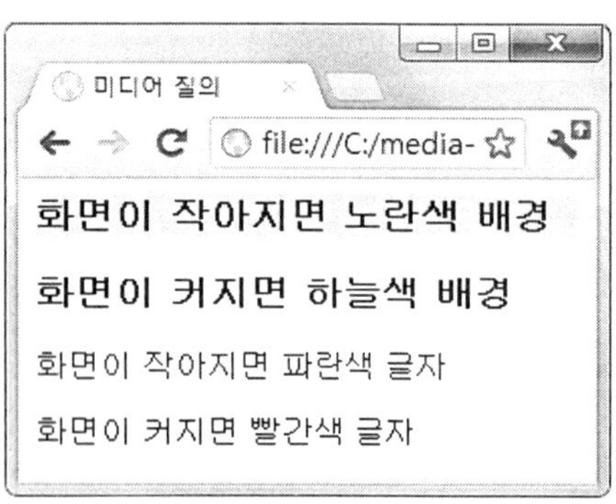

[그림 2.14] 너비 299px 이하 결과 (크롬)

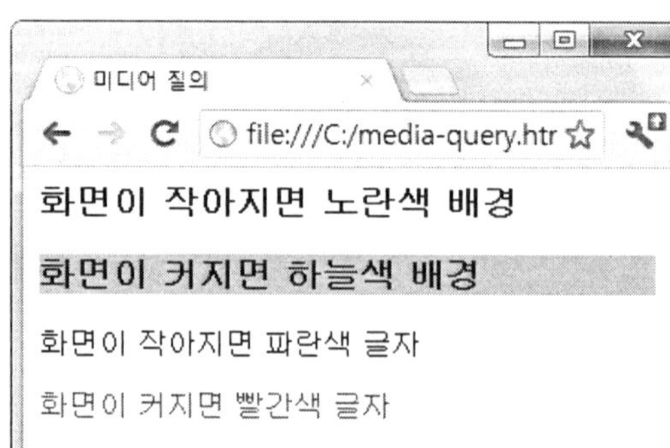

[그림 2.15] 너비 300px 이상 결과 (크롬)

디스플레이 영역의 너비가 299px 이하이면 sheet-max.css 파일의 스타일이 적용되어 노란색 배경과 파란색 글자가 화면에 나타남을 [그림 2.14]에서 확인할 수 있고, 디스플레이 영역의 너비가 300px 이상이면 sheet-min.css 파일의 스타일이 적용되어 하늘색 배경과 빨간색 글자가 화면에 나타남을 [그림 2.15]에서 확인할 수 있다.

@media 규칙 이용 예제

다음 예제는 앞의 예제를 @media 규칙을 이용하여 다시 작성한 것이다.

sheet-media.css

```
1: @media (max-width:299px) {
2:         h3.max {background:yellow;}
3:         p.max {color:blue;}
4:     }
5: @media (min-width:300px) {
6:         h3.min {background:skyblue;}
7:         p.min {color:red;}
8:     }
```

스타일 시트 파일 1행~4행에서는 디스플레이 영역의 너비가 299px 이하인 곳에 출력할 때 사용할 스타일을 설정하고, 5행~8행에서는 디스플레이 영역의 너비가 300px 이상인 곳에 출력할 때 사용할 스타일을 설정한다.

media-query-test.html

```
1:  <html>
2:    <head>
3:       <title> 미디어 질의 </title>
4:       <link rel="stylesheet" type="text/css" href="sheet-media.css">
5:    </head>
6:    <body>
7:       <h3 class="max"> 화면이 작아지면 노란색 배경 </h3>
8:       <h3 class="min"> 화면이 커지면 하늘색 배경 </h3>
9:       <p class="max"> 화면이 작아지면 파란색 글자 </p>
10:      <p class="min"> 화면이 커지면 빨간색 글자 </p>
11:   </body>
12: </html>
```

예제의 4행에서는 스타일 시트 파일 sheet-media.css를 연결한다. 디스플레이 영역의 크기에 따라 sheet-media.css의 1행~4행의 스타일이 7행과 9행에 적용되거나, sheet-media.css의 5행~8행의 스타일이 8행과 10행에 적용된다. 실행 결과는 [그림 2.16]과 [그림 2.17]과 같다.

[그림 2.16] 너비 299px 이하 결과 (크롬)

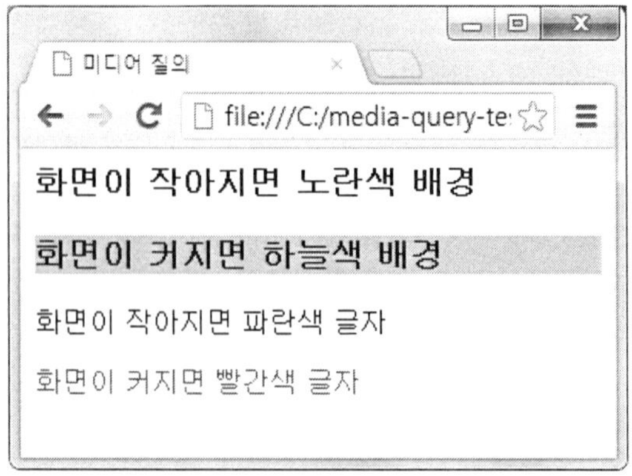

[그림 2.17] 너비 300px 이상 결과 (크롬)

안드로이드 에뮬레이터 예제

다음에 살펴볼 예제는 브라우저와 안드로이드 에뮬레이터에 대해 각기 다른 스타일 시트를 적용하도록 한다. 이를 위해서는 테스트 환경을 구축해야 한다.

미디어 질의 예제를 테스트하기 위한 환경 설정 방법에 대해서 설명한다.

- C:\Program Files\Apache Software Foundation\Tomcat 7.0\webapps\ROOT 폴더에 다음의 파일 default.css, phone.css, media.html를 저장한다. 이 경로는 부록에서 설명하는 Apache Tomcat을 설치하면 생성되는 홈 디렉토리(home directory)이다.

- 서버의 IP 주소를 확인한다. 명령 프롬프트 창을 실행시켜 ipconfig 명령어를 입력하면 IP 주소를 알 수 있다.

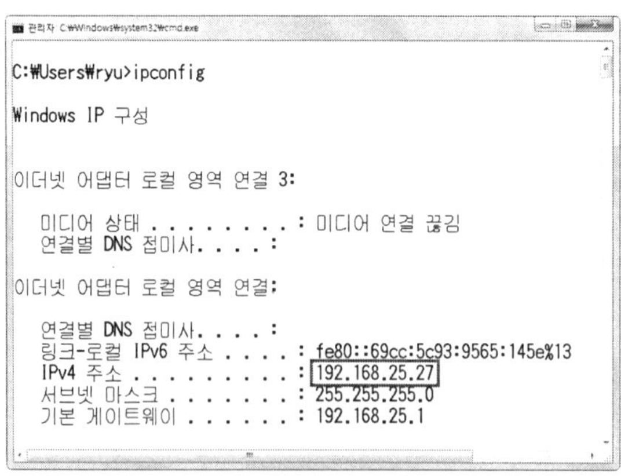

[그림 2.18] 서버의 IP 주소 확인

◎ 웹 브라우저의 주소 입력창에 'http://IP 주소:8080/media.html'을 입력한다. 여기서 IP 주소는 자신의 것을 사용한다.

◎ 안드로이드 에뮬레이터의 주소 입력창에 'http://IP 주소:8080/media.html'를 입력한다. 안드로이드 에뮬레이터는 부록에서 설명하는 Android Emulator 설치 방법에 따라 설치한다.

다음 예제에서 미디어 질의의 정의 방법과 적용 방법을 살펴보자.

default.css

```
h3 {background:skyblue;}
 p {color:red;}
```

phone.css

```
h3.phone {background:yellow;}
 p.phone {color:blue;}
```

예제 media.html

```
1:  <html>
2:   <head>
3:     <title> 미디어 질의 </title>
4:     <link rel="stylesheet" type="text/css" href="default.css" media="all" >
5:     <link rel="stylesheet" type="text/css" href="phone.css"
           media="only screen and (max-device-width:480px) and min-device-width:320px)">
6:   </head>
7:   <body>
8:     <h3 class="phone"> 휴대폰에서 노란색 배경 </h3>
9:     <h3> 하늘색 배경 </h3>
10:    <p class="phone"> 휴대폰에서 파란색 글자 </p>
11:    <p> 빨간색 글자 </p>
12:  </body>
13: </html>
```

예제의 4행에서는 모든 기기에 출력할 때 default.css 파일을 사용하고, 5행에서는 출력 장치의 너비가 320px이상이고 480px이하인 곳에 출력할 때 phone.css 파일을 사용한다. default.css 파일에서 정의된 스타일은 8행~11행에 적용되며, phone.css 파일에서 정의된 스타일은 출력 장치 화면의 너비에 따라서 8행과 10행에 적용될 수 있다. 실행 결과는 [그림 2.19]와 [그림 2.20]과 같다.

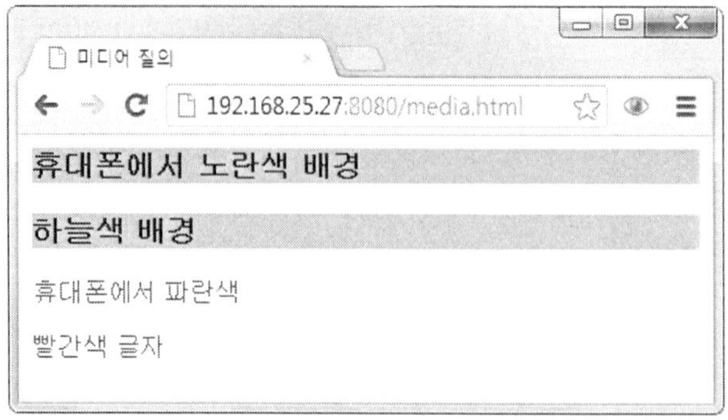

[그림 2.19] 미디어 질의 - 브라우저에서 실행 (크롬)

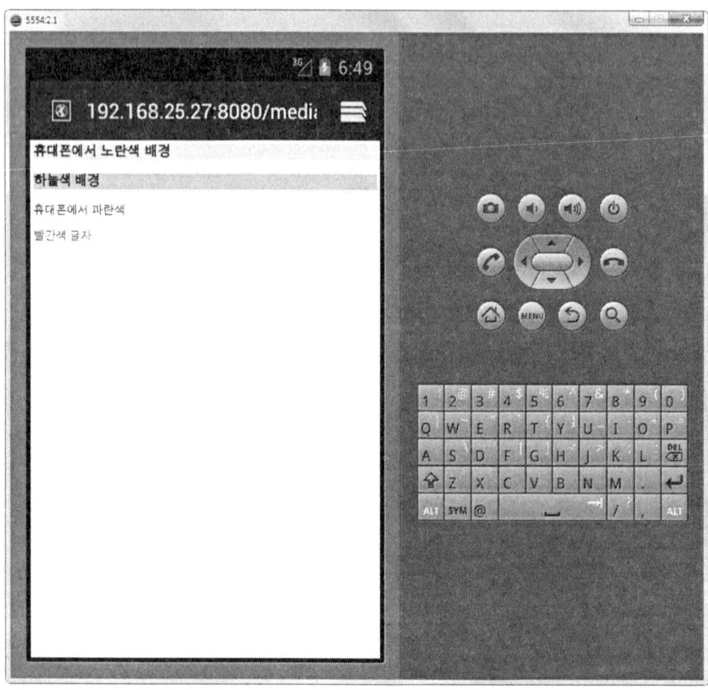

[그림 2.20] 미디어 질의 - 안드로이드 에뮬레이터에서 실행

브라우저에서 예제가 실행되면 default.css 파일에서 정의된 스타일이 적용되어 <h3> 요소에는 하늘색 배경이 적용되고 <p> 요소에는 빨간색 글자가 화면에 나타남을 [그림 2.19]에서 확인할 수 있다. 안드로이드 에뮬레이터에서 예제가 실행되면 모든 기기에 해당되는 default.css 파일의 스타일도 적용되고, 또한 phone.css 파일의 스타일이 함께 적용되어 8행은 노란색 배경으로 10행은 파란색 글자로 화면에 표현됨을 [그림 2.20]에서 확인할 수 있다.

2.5 CSS 속성

CSS 속성(property)에는 어떤 것들이 있는지, 그리고 속성값으로 무엇이 올 수 있는지에 대해 살펴보기로 한다. 앞에서 설명한 대로 CSS3의 일부 모듈들은 표준화되었으나 아직 나머지 모듈들의 표준화가 진행 중이다. CSS의 속성은 레벨 2.1까지 표준화된 부분을 앞에서 먼저 설명하고 CSS3에 추가된 부분은 뒤에서 설명하기로 한다. 현재 브라우저마다 CSS3의 지원 수준이 다르므로, 앞으로 CSS2.1의 기능은 인터넷 익스플로러에서 실행 결과를 확인하고, CSS3에 추가된 기능은 주로 구글 크롬에서 실행 결과를 확인하며, 상황에 따라 파이어폭스도 활용한다.

2.5.1 폰트 속성

[표 2.7]에 나타나 있는 CSS의 폰트와 관련된 속성들을 이용하여 글꼴, 모양, 크기, 굵기 등의 스타일을 설정할 수 있다.

[표 2.7] **폰트 관련 속성**

속성	속성값	설명과 사용 예
font-style	normal(기본), italic, oblique	글자 모양 font-style:italic;
font-variant	normal(기본), small-caps	작은 대문자 크기 font-variant:small-caps;
font-weight	normal(기본), bold, light, bolder, lighter, 100-900	글자 굵기 font-weight:bold;
font-size	medium(기본), large, x-large, xx-large, larger, small, x-small, xx-small, smaller, px(픽셀), pt(포인트), in(인치), cm(센티미터), mm(밀리미터), %(퍼센트)	글자 크기 font-size:16pt; font-size:20px;
font-family	글꼴 (굴림, 바탕, arial, ...)	글꼴 이름 font-family:Times New Roman;
font	font-style, font-variant, font-weight, font-size, line-height, font-family 속성값	폰트 속성 5가지와 텍스트 속성 line-height 중에서 필요한 속성만 선택해서 순서대로 지정 font:italic normal bold 9px /16px 굴림;

다음 예제는 폰트 속성을 활용한 것으로 이와 같이 폰트와 관련된 속성을 이용하여 다양한 색상, 크기, 모양을 갖는 문자를 브라우저에 표현할 수 있다.

font.html

```
1: <html>
2:     <head>
3:     <title> 폰트 속성 </title>
4:     <style type="text/css">
5:       h2 {color:blue; font-weight:bold; font-family:바탕체;}
6:       p {color:red; font-size:20pt; font-style:italic;}
7:     </style>
8:     </head>
9:     <body>
10:       <h2> 파란색 굵은 바탕체 글자 </h2>
11:       <p> 빨간색 크기가 20인 이탤릭 글자 </p>
12:     </body>
13: </html>
```

예제의 5행과 6행에서 <h2> 요소에 대해서는 color 속성을 파란색으로 font-weight 속성을 굵은 글자로 font-family 속성을 바탕체로 설정하고, <p> 요소에 대해서는 color 속성을 빨간색으로 font-size 속성을 20포인트로 font-style 속성을 italic으로 설정한다. 실행 결과는 [그림 2.21]과 같다.

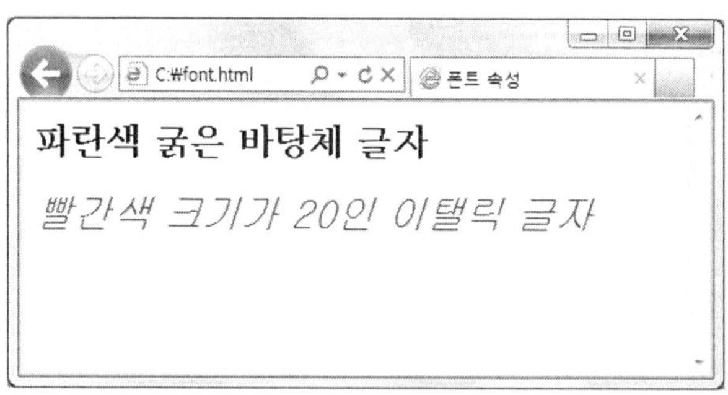

[그림 2.21] 폰트 속성 활용 (익스플로러)

다음은 클래스를 이용하여 속성을 설정하는 예제이다.

font-variant.html

```
1: <html>
2:     <head>
3:     <title> 폰트 속성 </title>
4:     <style type="text/css">
5:         .a {color:blue;}
6:         .b {color:red; font-variant:small-caps;}
7:         .c {font:italic small-caps bold x-large /10px 궁서체;}
8:     </style>
9:     </head>
10:    <body>
11:        <h1 class="a"> ABCDEF <= 대문자 크기 </h1>
12:        <h1 class="a"> abcdef <= 소문자 크기 </h1>
13:        <h1 class="b"> abcdef <= 소문자 크기랑 비슷한 대문자 </h1>
14:        <h1 class="c"> Hello! 폰트 속성을 한꺼번에 설정할 때 </h1>
15:        <h1 class="c"> 줄 간격을 설정하려면 '/'를 입력하고 수를 적음 </h1>
16:    </body>
17: </html>
```

예제에서 5행의 클래스 a는 color 속성을 파란색으로 설정하고, 6행의 클래스 b는 color 속성을 빨간색으로 font-variant 속성을 small-caps로 설정한다. small-caps는 소문자 글자를 대문자로 변경하여 출력하는데, 글자 크기는 소문자와 비슷하다. 7행의 클래스 c에서는 font 속성을 한꺼번에 설정한다. font-style 속성은 italic, font-variant 속성은 small-caps, font-weight 속성은 bold, font-size 속성은 x-large, line-height 속성은 10px, font-family 속성은 궁서체로 설정한다. 줄 간격을 나타내는 line-height 속성을 설정할 때, font-size 속성과 구별하기 위해서 속성값 앞에 '/' 기호를 붙인다. 실행 결과는 [그림 2.22]와 같다.

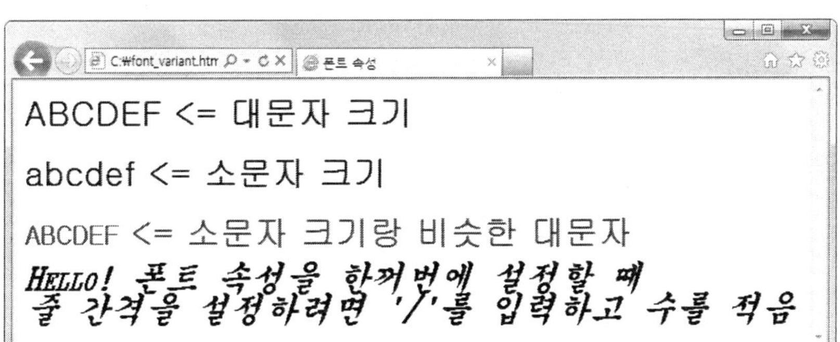

[그림 2.22] 폰트 속성 활용 (익스플로러)

CSS3 추가 속성

CSS3에 추가된 폰트 속성은 [표 2.8]과 같다. 글꼴(글자체 또는 폰트)을 정의할 수 있고, 폰트 크기도 조절할 수 있다.

[표 2.8] CSS3에 추가된 폰트 관련 규칙 및 속성

속성	사용값	설명과 사용 예
@font-face 규칙(rule)	{font-family : 글꼴 이름; src : url('글꼴 파일의 url'); font-style; font-stretch; font-weight; unicode-range;}	글꼴을 정의 font-family와 src는 필수 unicode-range는 글꼴이 지원하는 유니코드의 범위
font-stretch	normal(기본), wider, narrower, ultra-condensed, extra-condensed, condensed, semi-condensed, semi-expanded, expanded, extra-expanded, ultra-expanded, inherit	텍스트를 좁거나 넓게 만들 때 사용 font-stretch:wider;
font-size-adjust	none(기본), 실수	대문자에 대한 소문자의 크기 비율 font-size-adjust:0.58;

CSS3에서는 사용자가 글꼴을 직접 설정할 수 있다. 필요한 글꼴은 네이버의 나눔글꼴 사이트(http://hangeul.naver.com/font)에서 무료로 다운받을 수 있으며, 다른 인터넷 사이트에서도 무료 또는 유료로 다운로드가 가능하다.

글꼴을 설정하기 위해서는 다음과 같이 font-family와 src를 필수로 지정해야 한다.

```
@font-face {
          font-family : 새로 정의하는 글꼴 이름;
          src : url('글꼴 파일의 url');
}
```

다음과 같이 새로운 글꼴을 설정할 수 있다.

```
@font-face {
          font-family:NanumPen;
                  새로 정의하는 글꼴 이름
          src:url('NanumPen.ttf');
                글꼴 파일명
}
```

사용 가능한 글꼴 파일 형식은 [표 2.9]에서 보는 바와 같다.

[표 2.9] **글꼴 파일 형식**

글꼴 형식	설명
ttf	true type font
otf	open type font
eot	embedded open type

다음 예제는 CSS3에서 글꼴을 설정하고 이를 사용하는 방법을 보여준다. 이를 위해서 먼저 나눔글꼴 사이트에서 'NanumPen.ttf' 글꼴을 다운받는다.

font-face.html

```
1: <html>
2:     <head>
3:         <title> 글꼴 정의 </title>
4:         <style type="text/css">
5:           @font-face {
6:                       font-family:NanumPen;
7:                       src:url('NanumPen.ttf') format('truetype');
8:            }
9:            h2 {color:blue; font-family:NanumPen, 궁서체; font-size:30pt;}
10:           p {color:red; font-size:30pt;}
11:        </style>
12:    </head>
13:    <body>
14:        <h2> 안녕하세요 </h2>
15:        <p> 안녕하세요 </p>
16:    </body>
17: </html>
```

예제의 5행~8행에서 NanumPen 글꼴을 정의한다. 9행에서 <h2> 요소에 대해서 font-family 속성을 새로 정의한 글꼴인 NanumPen으로 설정한다. CSS3을 지원하지 않는 브라우저에서는 궁서체로 보이도록 함께 설정한다. [그림 2.23]은 CSS3을 지원하는 크롬에서의 실행 결과이다. <h2> 태그의 '안녕하세요' 글씨가 새로 설정한 NanumPen 글꼴로 보인다. 만일 브라우저에서 이를 지원하지 않을 경우에는 궁서체로 보이게 된다.

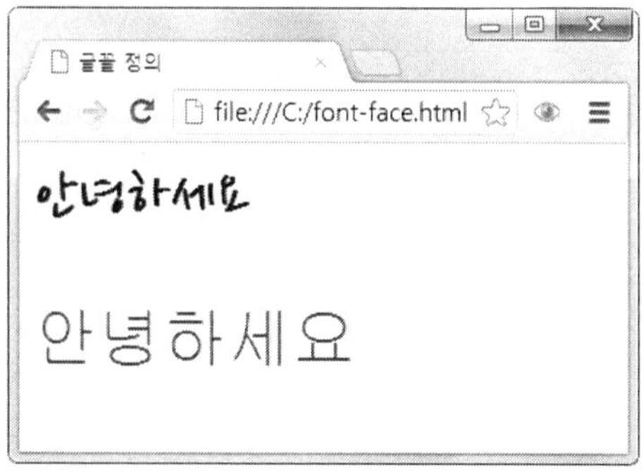

[그림 2.23] CSS3의 글꼴 설정 결과 (크롬)

영문자는 동일한 폰트 크기를 설정하더라도 글자의 크기가 폰트 종류에 따라 다르게 보이는 경우가 있다. font-size-adjust 속성은 소문자를 기준으로 폰트 크기를 설정할 수 있도록 하는 속성이다. 다음 예제에서는 CSS3의 font-size-adjust 속성을 이용하여 서로 다른 폰트라도 일관성 있게 소문자의 크기를 유지하는 것을 보여준다. 이 기능은 파이어폭스(Firefox) 브라우저에서 지원된다.

font-size-adjust.html

```
1: <html>
2:     <head>
3:         <title> 폰트 속성 </title>
4:         <style type="text/css">
5:             .a {color:blue; font-family:verdana;}
6:             .b {color:blue; font-family:Times New Roman;}
7:             .c {color:red; font-family:Times New Roman; font-size-adjust:0.52;}
8:         </style>
9:     </head>
10:    <body>
11:        <h1 class="a"> ABC abc <= verdana 글꼴 </h1>
12:        <h1 class="b"> ABC abc <= Times New Roman 글꼴 </h1>
13:        <h1 class="c"> ABC abc <= Times New Roman 글꼴 font-size-adjust 적용 </h1>
14:    </body>
15: </html>
```

예제에서 5행의 클래스 a에서는 verdana 글꼴을 설정하고, 6행의 클래스 b에서는 Times New Roman 글꼴을 설정한다. 화면에서 두 폰트의 글씨 크기 차이를 확인할 수 있다. 7행의 클래스 c에서는 Times New Roman 글꼴로 설정하고 font-size-adjust 속성을 0.52로 설정하여 클래스 a를 적용했을 때와 같은 크기의 글자를 출력하도록 한다. 실행 결과는 [그림 2.24]와 같다.

[그림 2.24] CSS3의 폰트 속성 활용 결과 (파이어폭스)

2.5.2 텍스트 속성

CSS의 텍스트 속성을 이용하여 텍스트의 배치, 모양, 간격 등을 조절할 수 있다. 이와 관련된 속성이 [표 2.10]에 나타나 있다.

[표 2.10] **텍스트 관련 속성**

속성	속성값	설명과 사용 예
text-align	left(ltr의 기본), center, right(rtl의 기본), justify	가로 정렬 text-align:center;
vertical-align	baseline(기본), bottom, middle, text-bottom, text-top, top, sub, super, pt, px, in, cm, em, %	세로 정렬 vertical-align:middle;
text-indent	pt, px, in, cm, em, % (기본 0)	들여 쓰기 text-indent:30px;
text-decoration	none(기본), underline, overline, line-through, blink	글자 꾸밈 text-decoration:underline;
word-spacing	normal(기본), pt, px, in, cm, em	단어 간격 word-spacing:30px;
letter-spacing	normal(기본), pt, px, in, cm, em	글자 간격 letter-spacing:0.5cm;
line-height	normal(기본), pt, px, in, cm, em, %, 수	줄 간격 line-height:10pt;
white-space	normal(기본), pre, pre-line, pre-wrap, nowrap(줄바꿈 불허)	공백 처리 white-space:pre;
text-transform	none(기본), uppercase, lowercase, capitalize	대소문자 변환 text-transform:uppercase;

다음은 텍스트 관련 속성을 이용한 예제이다.

text.html

```
1: <html>
2:   <head>
3:       <title> 텍스트 속성 </title>
4:       <style type="text/css">
5:           h2 {text-align:center; word-spacing:30px;}
6:           p  {text-decoration:line-through; letter-spacing:10pt;}
7:       </style>
8:   </head>
9:   <body>
10:      <h2> 단어 간격이 30px인 가운데 정렬 </h2>
11:      <p> 글자 간격을 10pt로 하고 취소선 적용 </p>
12:  </body>
13: </html>
```

예제의 5행에서는 text-align 속성의 값을 center로 지정하여 가운데 정렬을 수행하고, word-spacing 속성을 이용하여 단어 간격을 준다. 6행에서는 text-decoration 속성의 값을 line-through로 지정하여 문자열에 취소선을 적용하고, letter-spacing 속성을 이용하여 글자 간격을 준다. [그림 2.25]에서 실행 결과를 보여준다.

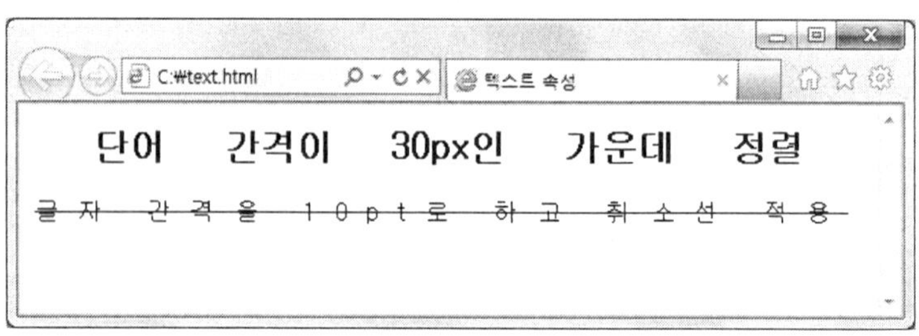

[그림 2.25] **텍스트 속성 활용 결과 (익스플로러)**

다음은 텍스트의 다른 속성들을 활용하는 예제이다.

text-indent.html

```
1: <html>
2:   <head>
3:     <title> 텍스트 속성 </title>
4:     <style type="text/css">
5:       .a {color:blue; text-transform:capitalize; text-indent:30pt;}
6:       .b {color:red; text-transform:uppercase; line-height:50pt;}
7:       .c {font-weight:bold; white-space:pre; vertical-align:super;}
8:     </style>
9:   </head>
10:  <body>
11:    <h1 class="a"> 들여쓰기: 30pt || 첫 글자는 대문자 표시: hello! </h1>
12:    <h1 class="b"> 줄 간격: 50pt || 전부 대문자 표시: hello! </h1>
13:    <table width="500" height="200" border="1">
14:         <tr class="c">
15:              <td width="250"> Good          Morning! </td>
16:              <td> Good          Morning! </td>
17:         </tr>
18:         <tr>
19:              <td> Good          Morning! </td>
20:              <td> Good          Morning! </td>
21:         </tr>
22:    </table>
23:  </body>
24: </html>
```

예제의 5행에서는 text-transform 속성의 값을 capitalize로 설정하여 각 단어의 첫 글자를 대문자로 표시하게 하고, text-indent 속성을 이용하여 들여쓰기를 한다. 6행에서는 text-transform 속성의 값을 uppercase로 설정하여 모든 글자를 대문자로 표시하게 하고, line-height 속성을 이용하여 줄 간격을 조절한다. 7행에서는 white-space 속성값을 pre로 하여 공백을 그대로 보여주게 하고, vertical-align 속성의 값을 super로 지정하여 위로 정렬한다. [그림 2.26]에서 그 결과를 보여주고 있다.

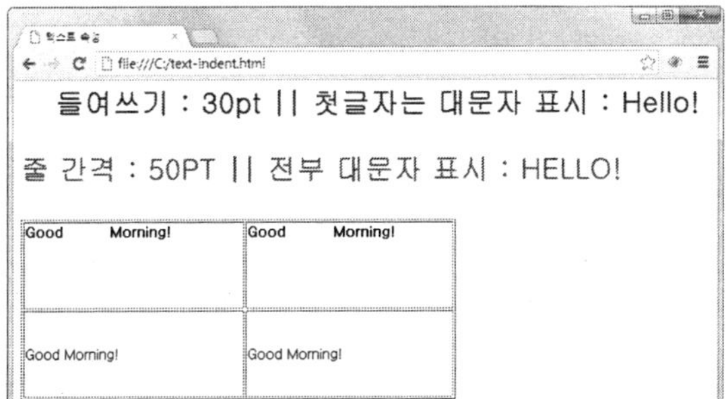

[그림 2.26] **텍스트 속성 활용 결과 (크롬)**

CSS3 추가 속성

CSS3에서 추가한 텍스트 속성은 [표 2.11]과 같다. 표의 속성 중에서 접두어가 표기된 속성은 접두어와 함께 사용하여야 한다. 이와 같은 속성들을 이용하면 텍스트에 그림자 효과를 주거나 단(column)으로 나누어서 화면에 표시할 수 있다.

[표 2.11] CSS3에 추가된 텍스트 관련 속성

속성	속성값	설명과 사용 예
text-shadow	none(기본), h-shadow, v-shadow, blur, color 속성값	글자의 그림자 효과 text-shadow:3px 3px 5px red;
text-justify	auto(기본), inter-word, inter-ideograph, inter-cluster, distribute, kashida, none	텍스트 맞춤 text-justify:inter-cluster;
text-overflow	clip(기본), ellipsis, string	영역을 벗어날 때의 글자 처리 text-overflow:ellipsis;
word-wrap	normal(기본), break-word	단어 줄바꿈 word-wrap:break-word;
word-break	normal(기본), break-all, hyphenate	단어 줄바꿈 (한자 외) word-break:break-all;
column-width -webkit-column-width -moz-column-width	auto(기본), pt, px, in, cm, em	단의 너비 column-width:100px;
column-count -webkit-column-count -moz-column-count	auto(기본), 정수	단의 개수 column-count:2;
columns -webkit-columns -moz-columns	column-width, column-count 속성값 (기본 auto auto)	단 설정 columns:100px 2;
column-gap -webkit-column-gap -moz-column-gap	normal(기본), pt, px, in, cm, em	단 사이의 간격 column-gap:20px;
column-rule-width -webkit-column-rule-width -moz-column-rule-width	medium(기본), thin, thick, pt, px, in, cm, em	단 구분선의 너비 column-rule-width:1px;
column-rule-style -webkit-column-rule-style -moz-column-rule-style	none(기본), hidden, dotted, dashed, solid, double, groove, ridge, inset, outset	단 구분선의 스타일 column-rule-style:solid;
column-rule-color -webkit-column-rule-color -moz-column-rule-color	색상명 또는 rgb 값 (기본 black)	단 구분선의 색상 column-rule-color:blue;
column-rule -webkit-column-rule -moz-column-rule	column-rule-width, column-rule-style, column-rule-color 속성값 (기본 medium none black)	단 구분선 column-rule:1px solid red;
column-span -webkit-column-span	1(기본), all(모든 단 사용)	요소의 단 사용 개수 column-span:all;

다음은 CSS3에 추가된 텍스트 관련 속성을 이용하는 예제이다.

text-column.html

```
1: <html>
2:   <head>
3:      <title> 텍스트 속성 </title>
4:      <style type="text/css">
5:         h2 {text-align:center; color:blue; text-shadow:3px 3px 5px skyblue;}
6:         .column {column-count:3; column-gap:20px;
7:                     column-width:100px; column-rule:2px solid pink;
8:                     -webkit-column-count:3; -webkit-column-gap:20px;
9:                     -webkit-column-width:100px; -webkit-column-rule:2px solid pink;
10:                    -moz-column-count:3; -moz-column-gap:20px;
11:                    -moz-column-width:100px; -moz-column-rule:2px solid pink;}
12:     </style>
13:  </head>
14:  <body>
15:     <div class="column">
16:        <h2> 심은 버들 </h2> <br>
17:                 - 한용운 <br> <br>
18:
19:        뜰 앞에 버들을 심어 <br>
20:        님의 말을 매렸더니 <br>
21:        님은 가실 때에 <br>
22:        버들을 꺾어 말채찍을 하였습니다. <br> <br>
23:
24:        버들마다 채찍이 되어서 <br>
25:        님을 따르는 나의 밀도 재칠까 하였더니 <br>
26:        남은 가지 천만사(千萬絲)는 <br>
27:        해마다 해마다 보낸 한(恨)을 잡아 맵니다.
28:     </div>
29:  </body>
30: </html>
```

예제의 5행은 text-shadow 속성을 이용하여 글자에 그림자를 설정하는 것으로, x축으로 3px, y축으로 3px만큼 떨어진 위치에, 번짐의 효과가 5px인 하늘색 그림자를 표현한다. 6행~11행은 단을 설정하는 속성들이다. 6행~7행에서 3개의 단을 만들며 단의 크기는 100px로 하고 단 사이의 간격은 20px로 정한다. 단 사이에 2px의 분홍색의 실선을 그어 단을 분명하게 구분하여 보여준다. 8행~9행은 사파리나 크롬 등 webkit 기반 브라우저를 위한 코드이고 10행~11행은 모질라나 파이어폭스 등 모질라 기반 브라우저를 위한 코드이다. 실행 결과는 [그림 2.27]과 같다.

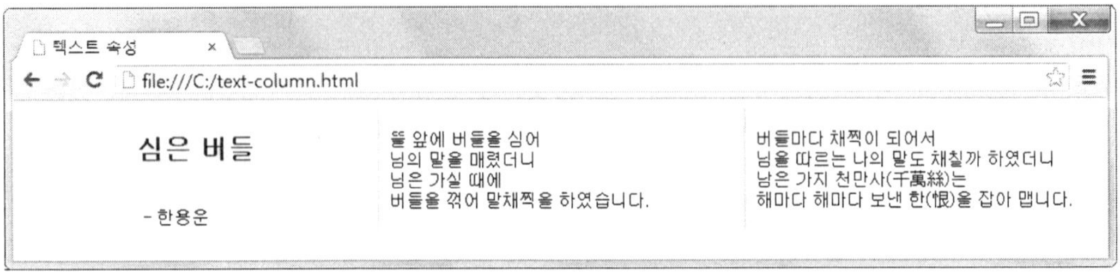

[그림 2.27] **CSS3의 그림자 효과와 단 구분 (크롬)**

다음 예제는 텍스트 속성 중 CSS3의 줄바꿈 속성의 활용 방법을 보여준다.

text-justify.html

```
1: <html>
2:    <head>
3:       <title> 텍스트 속성 </title>
4:       <style type="text/css">
5:          h1 {width:320px; border:1px solid navy;}
6:          .a {word-break:break-all; text-justify:inter-cluster;}
7:          .b {word-wrap:normal;}
8:          .c {white-space:nowrap; overflow:hidden; text-overflow:ellipsis;}
9:       </style>
10:    </head>
11:    <body>
12:       <h1 class="a"> Hello! Good Morning!!! </h1>
13:       <h1 class="b"> Hello! Good Morning!!! </h1>
14:       <h1 class="c"> Hello! Good Morning!!! </h1>
15:    </body>
16: </html>
```

예제의 5행은 1px 굵기의 실선인 박스 틀을 정의한다. 6행은 word-break 속성의 값으로 break-all을 설정하여 단어의 글자마다 줄바꿈을 할 수 있도록 하고, text-justify 속성의 값으로 inter-cluster을 설정하여 글자 사이의 간격을 좁게 해서 텍스트 맞춤을 한다. 7행은 word-wrap 속성의 값으로 normal을 설정하여 단어를 자르지 않고 줄바꿈을 하도록 한다. 8행은 white-space 속성의 값으로 nowrap을 설정하여 단어 내에서 줄바꿈을 못하게 하며 overflow 속성의 값으로 hidden을 설정하여 오버플로우가 발생하면 박스보다 넘친 내용은 화면에서 숨기도록 한다. text-overflow 속성의 값을 ellipsis를 설정하여 오버플로우가 발생하면 화면에 '...' 으로 표시하도록 한다. 실행 결과는 [그림 2.28]과 같다.

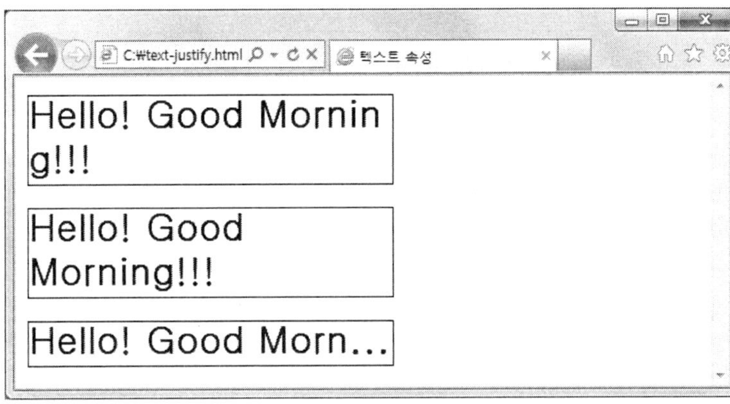

[그림 2.28] CSS3의 줄바꿈 속성 활용 결과 (익스플로러)

결과 화면에서 처음 박스는 6행의 스타일이 적용된 것으로 텍스트의 길이가 박스의 너비를 초과하므로 단어 내에서 줄바꿈이 된 것을 볼 수 있다. 두 번째 박스는 7행의 스타일이 적용된 것으로 단어를 나누지 않고 단어를 다음 줄에 출력하였다. 세 번째 박스는 8행의 스타일이 적용된 것으로 줄바꿈이 허용되지 않고 오버플로우 발생 시 화면에 '...'을 표시하였다.

2.5.3 색과 배경 속성

[표 2.12]는 CSS의 색과 배경에 관련된 속성들을 나타낸 것이다. 이 속성들을 이용하여 배경색을 설정하거나 이미지를 배경으로 설정할 수 있다.

[표 2.12] **색과 배경 관련 속성**

속성	속성값	설명과 사용 예
color	색상명 또는 rgb 값	색상 color:red;
background-color	transparent(기본), 색상명 또는 rgb 값	배경색 background-color:blue;
background-image	none(기본), 배경 이미지의 url	배경 이미지 background-image:url('sky.jpg');
background-repeat	repeat(기본), repeat-x, repeat-y, no-repeat	배경 이미지 반복 background-repeat:repeat-x;
background-attachment	scroll(기본), fixed	배경 이미지 고정 background-attachment:fixed;
background-position	top, bottom, left, right, center (조합해서 사용 가능) pt, px, in, cm, % (기본 0% 0%)	배경 이미지 위치 background-position:top right;
background	background-color, background-position, background-size, background-repeat, background-origin, background-clip, background-attachment, background-image 속성값	배경 속성 8가지 중에서 필요한 속성만 선택해서 지정 background: blue url(파일명) no-repeat fixed top left;

다음은 <h1> 태그 안에 포함된 내용이 표시되는 부분의 배경색이 노란색으로 보이도록 하는 예제이다. 이 예제를 웹 브라우저에서 실행하면 [그림 2.29]와 같다.

background-color.html

```
<html>
 <head>
     <title>배경 스타일 사용</title>
     <style type="text/css">
         h1 {background-color:yellow;}
     </style>
 </head>
 <body>
     <h1> 내용이 표시되는 부분의 배경을 노란색으로 </h1>
 </body>
</html>
```

[그림 2.29] **텍스트 배경색 (익스플로러)**

이 예제를 수정하여 배경색 대신 배경 이미지를 삽입하는 방법에 대해 살펴보자. 배경색 대신 배경 이미지를 삽입하기 위해 문서의 내용을 [그림 2.30]과 같이 수정한다.

```
h1 {background-color:yellow;}
```

```
h1 {background-image:url('balloon.jpg');}
```

[그림 2.30] **배경 이미지 설정**

이와 같이 배경색의 색상을 설정하는 대신 이미지가 포함된 파일의 url(현재 디렉토리 내의 balloon.jpg 파일)을 설정하면 [그림 2.31]에서 보는 것처럼 지정된 이미지가 배경 이미지로 보이게 된다.

[그림 2.31] **텍스트의 배경 이미지 (익스플로러)**

다음은 배경 이미지를 화면의 특정 위치에 고정시키는 예제이다.

background-attachment.html

```
1: <html>
2:    <head>
3:       <title>배경 속성</title>
4:       <style type="text/css">
5:          #bg1 {background-image:url('pumpkin_small.jpg');
6:                background-repeat:no-repeat;
7:                background-attachment:fixed;
8:                background-position:top right;}
9:       </style>
10:   </head>
11:   <body>
12:      <div id="bg1">
13:         <p> 할로윈 호박이 귀엽네요. </p>  <p> 할로윈 호박이 귀엽네요. </p>
14:         <p> 할로윈 호박이 귀엽네요. </p>  <p> 할로윈 호박이 귀엽네요. </p>
15:         <p> 할로윈 호박이 귀엽네요. </p>  <p> 할로윈 호박이 귀엽네요. </p>
16:         <p> 할로윈 호박이 귀엽네요. </p>  <p> 할로윈 호박이 귀엽네요. </p>
17:         <p> 할로윈 호박이 귀엽네요. </p>  <p> 할로윈 호박이 귀엽네요. </p>
18:         <p> 할로윈 호박이 귀엽네요. </p>  <p> 할로윈 호박이 귀엽네요. </p>
19:      </div>
20:   </body>
21: </html>
```

예제의 5행~8행에서 배경에 관한 스타일을 정의한다. 5행에서 배경 이미지를 설정하고, 6행에서 이미지 반복이 없음을 설정한다. 7행에서 위치를 고정시키고 8행에서 이미지 위치를 오른쪽 윗부분으로 설정한다. 이를 웹 브라우저에서 실행하면 [그림 2.32]와 같이 배경 화면에 이미지를 반복하지 않고 원하는 위치에 고정시킬 수 있다. 스크롤 바를 내리더라도 이미지는 사라지지 않고 화면의 오른쪽 윗부분에서 계속 보인다.

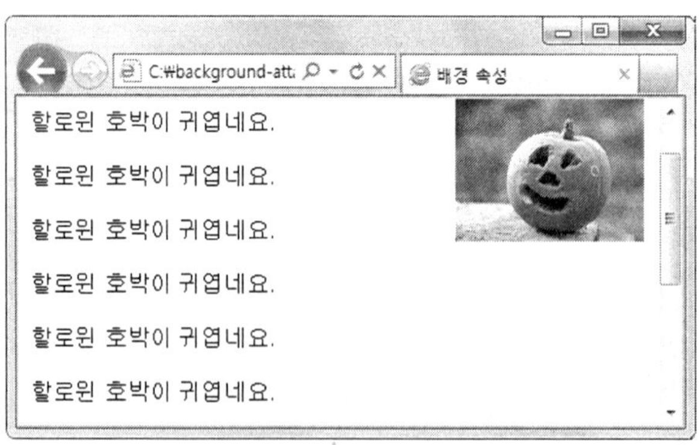

[그림 2.32] 배경 이미지의 위치 고정 결과 (익스플로러)

CSS3 추가 속성

CSS3에 추가된 색과 배경 관련 속성들을 정리하면 [표 2.13]과 같다. 이 속성들을 사용하면 배경 이미지의 크기를 조절하거나, 두 가지 이상의 색상을 사용하여 색의 변화를 자연스럽게 보여주는 그라디언트(gradient) 효과 등을 얻을 수 있다.

[표 2.13] CSS3에 추가된 색과 배경 관련 속성

속성	속성값	설명과 사용 예
background-size	auto(기본), pt, px, in, cm, %, cover, contain	배경 이미지 크기 조절 background-size:30% 30%;
background-origin	padding-box(기본), border-box, content-box	배경 이미지 위치 background-origin:border-box;
background-clip	border-box(기본), padding-box, content-box	배경 이미지 영향 범위 background-clip:padding-box;
opacity	0.0(투명) - 1.0(불투명, 기본)	투명도 opacity:0.5;
-webkit-gradient -moz-linear-gradient	-webkit-gradient(linear, start-position, end-position, from(rgba 값), to(rgba 값)) -moz-linear-gradient(position, rgba 값, rgba 값)	선형 형식 그라디언트 -webkit-gradient(linear, left top, left bottom, from(red), to(yellow)); -moz-linear-gradient(left top, red, yellow);
-webkit-gradient -moz-radial-gradient	-webkit-gradient(radial, position, radius, position, radius, from(rgba 값), to(rgba 값)) -moz-radial-gradient(position deg, shape gradient-side, rgba 값 %, rgba 값 %)	원형 형식 그라디언트 -webkit-gradient(radial, center center, 10, center center, 90, from(red), to(yellow)); -moz-radial-gradient(center center 45deg, circle cover, red 10%, yellow 60%);
-moz-repeating-linear-gradient -moz-repeating-radial-gradient	-moz-repeating-linear-gradient(position, rgba 값 위치, rgba 값 위치[, rgba 값 위치]) -moz-repeating-radial-gradient(position deg, shape gradient-side, rgba 값 %, rgba 값 %[, rgba 값 %])	반복 형식 그라디언트 -moz-repeating-linear-gradient(left top, red 20px, yellow 40px); -moz-repeating-radial-gradient(center center 45deg, circle cover, red 10%, yellow 20%, red 30%);

[표 2.13]의 -webkit-gradient 정의에서 radius는 반지름을 의미한다. -moz-radial-gradient 정의에서 shape의 값은 circle(원) 또는 ellipse(타원)를 사용하며, gradient-side의 값은 [표 2.14]에서 선택하여 사용한다.

[표 2.14] -moz-의 gradient-side의 값

값	설 명
closest-side	중심에서 가장 가까운 측면에 그라디언트 형성
closest-corner	중심에서 가장 가까운 모서리에 그라디언트 형성
farthest-side	중심에서 가장 먼 측면에 그라디언트 형성
farthest-corner	중심에서 가장 먼 모서리에 그라디언트 형성

CSS3의 색상 표기 방법

CSS3에서는 기존의 색상 표현 방법인 rgb 외에 hsl을 이용하거나 투명도를 활용하여 색상을 표현한다. [표 2.15]에 CSS3의 색상 표기법을 정리하였다.

[표 2.15] CSS3의 색상 표기 방법

표기 방법	설명	예
rgb (red green blue)	rgb(적 · 녹 · 청)에 의해 색을 정의	rgb(255, 255, 255)
rgba (red green blue alpha)	rgb에 투명도 alpha를 추가하여 색을 정의 투명도 : 0(투명) ~ 1(불투명) 사이의 값	rgb(255, 255, 255, 0.3)
hsl (hue saturation lightness)	색상, 채도, 명도에 의해 색을 정의 [색상] 색상환의 각도를 기준으로 색상 지정 0과 360 : 빨강, 60 : 노랑, 120 : 녹색, 180 : 청록색, 240 : 파랑 등 [채도] 0%(색상 없음) ~ 100%(완전한 색) 사이의 값 [명도] 0%(어두움) ~ 100%(밝음) 사이의 값	hsl(50, 100%, 50%)
hsla (hue saturation lightness alpha)	hsl에 투명도 alpha를 추가하여 색을 정의	hsla(50, 100%, 50%, 0.5)

다음은 CSS3에 추가된 배경 이미지 관련 속성을 이용한 예제이다.

background-size.html

```
1: <html>
2:  <head>
3:    <title> 배경 속성 </title>
4:    <style type="text/css">
5:        #bg1 {background-image:url('maple.jpg');
6:              background-position:top right;
7:              background-repeat:no-repeat;
8:              background-size:80px 60px;}
9:        #bg2 {background-image:url('maple.jpg');
10:             background-repeat:no-repeat;
11:             padding:25px;
12:             border:5px dotted green;
13:             background-clip:content-box;
14:             opacity : 0.5;}
15:    </style>
16:  </head>
17:  <body>
18:    <div id="bg1">
19:        <p> 단풍 사진 크기를 줄였어요. </p>  <p> 단풍 사진 크기를 줄였어요. </p>
20:        <p> 단풍 사진 크기를 줄였어요. </p>  <p> 단풍 사진 크기를 줄였어요. </p>
21:    </div>
22:    <div id="bg2">
23:        <p> 붉은 단풍이 아름답네요. </p>  <p> 붉은 단풍이 아름답네요. </p>
24:        <p> 붉은 단풍이 아름답네요. </p>  <p> 붉은 단풍이 아름답네요. </p>
25:        <p> 붉은 단풍이 아름답네요. </p>
26:    </div>
27:  </body>
28: </html>
```

예제의 5행~8행에서는 기존 이미지 크기를 줄여서 작게 보이도록 한다. 5행에서 배경 이미지를 설정하고, 6행에서 이미지 위치를 오른쪽 윗부분으로 설정한다. 7행에서 이미지 반복이 없음을 설정하고, 8행에서 이미지 크기를 정한다. 9행~14행에서는 박스 안의 내용이 들어가는 부분에 배경 이미지를 넣는다. 9행에서 배경 이미지를 설정하고, 10행에서 이미지의 반복이 없음을 설정한다. 11행에서 여백을 설정하고 12행에서 테두리 선과 모양을 설정한다. 13행에서 배경 이미지의 영향 범위를 내용을 넣는 부분으로 설정한다. 마지막으로 14행에서 투명도를 주어 반투명하게 표현하도록 한다. 실행 결과는 [그림 2.33]과 같다.

[그림 2.33] CSS3의 배경 속성 활용 결과 (크롬)

다음은 CSS3에 추가된 색과 배경 관련 속성들 중 background-origin 속성을 이용하는 예제를 살펴본다.

background-origin.html

```
<html>
  <head>
    <title> 배경 속성 </title>
    <style type="text/css">
        div   {background-image:url('pumpkin.jpg');
               background-position:bottom left;
               background-repeat:no-repeat;
               background-size:70px 50px;
               padding:30px;
               border:5px dashed orange;}
        #bg1  {background-origin:border-box;}
```

```
12:         #bg2 {background-origin:padding-box;}
13:         #bg3 {background-origin:content-box;}
14:     </style>
15: </head>
16: <body>
17:     <div id="bg1">
18:         <p> background-origin:border-box; </p>
19:         <p> background-origin:border-box; </p>
20:     </div>
21:     <div id="bg2">
22:         <p> background-origin:padding-box; </p>
23:         <p> background-origin:padding-box; </p>
24:     </div>
25:     <div id="bg3">
26:         <p> background-origin:content-box; </p>
27:         <p> background-origin:content-box; </p>
28:     </div>
29: </body>
30: </html>
```

예제의 5행~10행에서 박스 모양과 배경 이미지의 위치를 설정한다. 5행은 배경 이미지를 설정하고 6행에서 이미지의 위치를 왼쪽 아래로 정한다. 7행에서 배경 이미지의 반복이 없음을 설정하고, 8행에서 이미지의 크기는 가로와 세로를 70px와 50px로 설정한다. 9행에서 여백을 30px으로 설정하고 10행에서 테두리를 5px 굵기의 오렌지색의 점선 모양으로 설정한다. 배경 이미지 위치를 설정하는 background-origin 속성을 11행에서는 border-box로 12행에서는 padding-box로 13행에서는 content-box로 설정한다. 이에 따라서 배경 이미지의 영향 범위가 달라진다. 실행 결과는 [그림 2.34]와 같다.

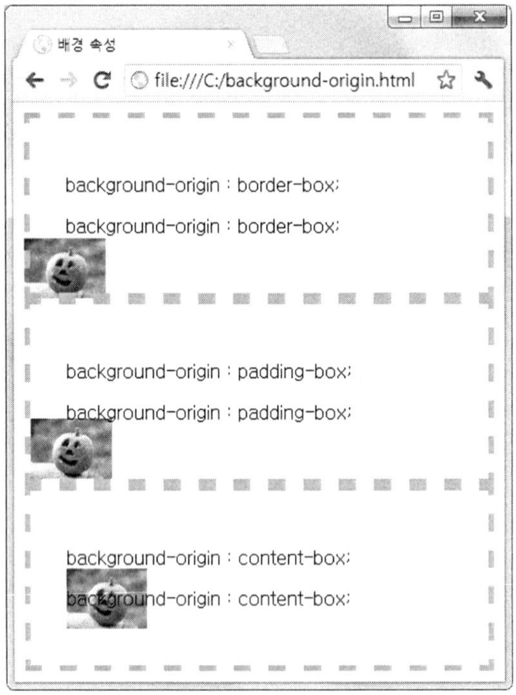

[그림 2.34] CSS3의 배경 속성 활용 결과 (크롬)

다음에는 CSS3에 추가된 그라디언트 관련 속성들을 이용하여 다양한 그라디언트를 생성하는 예제를 소개하도록 한다.

gradient.html

```
<html>
 <head>
   <title> 배경 속성 </title>
   <style type="text/css">
     div {position:absolute; width:200px; height:200px;
          font-weight:bold; text-align:center; background:red;}
     #bg1 {top:50px; left:50px;
            background:-webkit-gradient(linear, left bottom, right top, from(red), to(yellow));
            background:-moz-linear-gradient(left 45deg, red, yellow);}
     #bg2 {top:50px; left:300px;
            background:-webkit-gradient(radial, center center, 10, center center, 90,
                                                   from(red), to(yellow));
```

```
12:            background:-moz-radial-gradient(center center 0deg, circle cover, red 10%,
                                                yellow 60%);}
13:      #bg3 {top:300px; left:50px;
14:            background:-moz-repeating-linear-gradient(left 45deg, red 20px, yellow 40px);}
15:      #bg4 {top:300px; left:300px;
16:            background:-moz-repeating-radial-gradient(center center 0deg, circle cover,
                                                red 10%, yellow 20%, red 30%);}
17:    </style>
18:  </head>
19:  <body>
20:    <div id="bg1"> <p> 선형 형식 </p> </div>
21:    <div id="bg2"> <p> 원형 형식 </p> </div>
22:    <div id="bg3"> <p> 선형 반복 형식 </p> </div>
23:    <div id="bg4"> <p> 원형 반복 형식 </p> </div>
24:  </body>
25: </html>
```

이것은 네 개의 사각형에서 다양한 그라디언트를 보여주는 예제이다. 파이어폭스 브라우저를 사용하면 그라디언트를 선형, 원형, 반복의 모든 형식으로 볼 수 있다.

8행에서는 크롬 브라우저에서 지원되는 속성을 이용하여 정의한 것으로 왼쪽 아래에서 오른쪽 위 방향으로 빨간색에서 노란색으로 변화하도록 설정하고 9행에서는 파이어폭스 브라우저에서 지원되는 속성을 이용하여 정의한 것으로 왼쪽에서부터 45도 방향으로 빨간색에서 노란색으로 변화하도록 설정한다. 그러므로, 왼쪽 아래에서 오른쪽 위로 색이 변화하는 모양을 볼 수 있다. 11행에서는 반지름이 10인 빨간색 원에서 반지름이 90인 노란색 원으로 색이 변화하도록 설정한다. 12행에서는 중심에서 원 모양으로 상자 영역 안에 꽉 차도록 그린다. 원점에서부터 10% 지점에 빨간색을 설정하고 60% 지점에 노란색을 설정하여 색의 변화하는 모양을 확인할 수 있도록 한다.

14행에서는 사선으로 빨간색과 노란색이 반복적으로 교체되면서 변화하도록 한다. 왼쪽에서 사선으로, 20px 위치에 빨간색으로 시작하여 40px 위치에 노란색으로 끝나는 구간을 생성하여 전 영역에 반복하도록 설정한다. 16행에서는 중심에서부터 빨간색과 노란색이 반복적으로 원 모양으로 변화하도록 하며, 상자 영역 안에 꽉 차도록 그린다. 원점에서부터 10% 지점에 빨간색, 20% 지점에 노란색, 다시 30% 지점에 빨간색으로 설정하여 부드럽게 색상이 변화하도록 한다. 실행 결과는 [그림 2.35]와 같다.

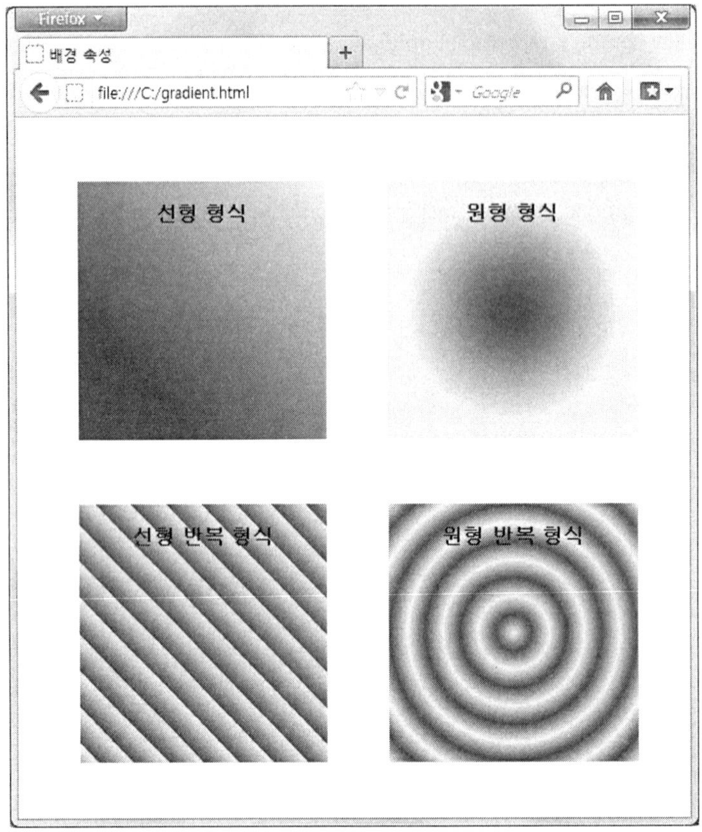

[그림 2.35] CSS3의 그라디언트 활용 결과 (파이어폭스)

2.5.4 위치 속성

CSS의 장점 중 하나가 요소의 위치를 세부적으로 정할 수 있다는 점이다. 기존 HTML에서 지원하지 않던 위치 관련 기능들을 CSS를 이용하면 지원받을 수 있다. CSS의 위치 관련 속성들을 [표 2.16]에 나타내었다.

[표 2.16] **위치 관련 속성**

속성	속성값	설명과 사용 예
position	static(기본), absolute, fixed, relative	요소 위치 position:absolute;
left	auto(기본), pt, px, in, cm, %	좌측 오프셋(offset) left:20pt;
right	auto(기본), pt, px, in, cm, %	우측 오프셋(offset) right:10px;
top	auto(기본), pt, px, in, cm, %	상단 오프셋(offset) top:10px;
bottom	auto(기본), pt, px, in, cm, %	하단 오프셋(offset) bottom:10cm;
width	auto(기본), pt, px, in, cm, %	요소 너비 width:150pt;
height	auto(기본), pt, px, in, cm, %	요소 높이 height:120px;
visibility	visible(기본), hidden, collapse	보이기, 감추기 visibility:visible;
clip	auto(기본), rect (top, right, bottom, left)	지정된 영역만 보여줌 clip:rect(0px,10px,20px,0px);
z-index	auto(기본), 정수 (값이 클수록 위에 있는 층)	겹치는 순서 z-index:1;

다음은 위치 속성을 이용하는 예제이다.

position.html

```
<html>
   <head>
      <title> 위치 속성 </title>
      <style type="text/css">
        h1 {position:absolute;
              background-image:url('balloon.jpg');
              top:0pt; left:0pt; height:60pt;
              z-index:1;}
```

```
9:            h2 {position:absolute;
10:               background-color:yellow;
11:               top:35pt; left:40pt; height:60pt;
12:               z-index:2;}
13:        </style>
14:     </head>
15:     <body>
16:        <h1> 내용이 표시되는 부분의 배경을 이미지로 </h1>
17:        <h2> 내용이 표시되는 부분의 배경을 노란색으로 </h2>
18:     </body>
19: </html>
```

이것은 위치 속성을 이용하여 브라우저에 나타나는 요소의 위치를 절대 위치로 설정하고, z-index, top, left 속성을 이용하여 내용이 표시되는 부분이 약간 겹치도록 스타일을 정의한 예제이다. z-index 속성을 사용하여 두 개의 객체가 겹쳤을 때 겹치는 순서를 정할 수 있으며, 수가 클수록 위에 올라온다. 예제에서 z-index 속성의 값을 비교해 보면, 8행의 1보다 12행의 2가 크기 때문에, <h2> 요소가 <h1> 요소보다 위에 나타남을 [그림 2.36]에서 확인할 수 있다.

[그림 2.36] 위치 속성 활용 결과 (익스플로러)

다음은 위치 속성 중 clip을 이용하는 예제이다.

clip.html

```
1: <html>
2:  <head>
3:     <title> 위치 속성 </title>
4:     <style type="text/css">
5:         h1 {position:absolute; background-image:url('balloon.jpg');
6:              top:0px; left:0px; height:60px;
7:              clip:rect(10px, 300px, 50px, 10px);
8:              z-index:1; visibility:visible;}
9:         h2 {position:absolute; background-color:yellow;
10:             top:35px; left:40px; height:60px;
11:             z-index:2; visibility:hidden;}
12:    </style>
13:  </head>
14:  <body>
15:    <h1> 내용이 표시되는 부분의 배경을 이미지로 </h1>
16:    <h2> 내용이 표시되는 부분의 배경을 노란색으로 </h2>
17:  </body>
18: </html>
```

예제의 7행에서 clip 속성을 이용하여 rect(top, right, bottom, left) 즉, rect(10px, 300px, 50px, 10px)의 사각형 영역을 설정하여 이 영역만 화면에 보이도록 한다.

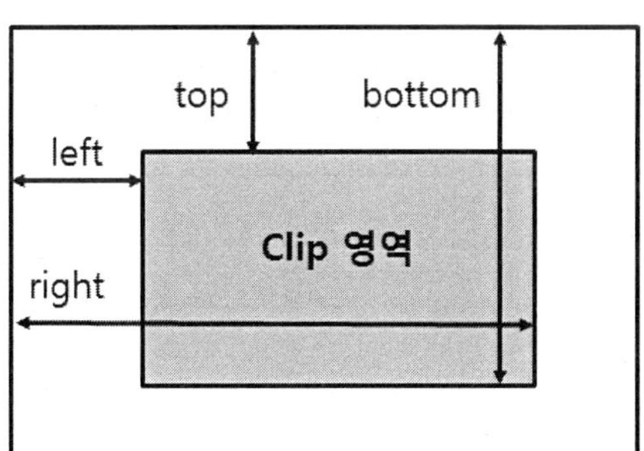

[clip 속성에서 설정하는 영역]

8행에서는 visibility 속성을 visible로 설정하여 해당 이미지를 볼 수 있도록 하며, 11행에서는 visibility 속성을 hidden으로 하여 해당 이미지를 볼 수 없도록 한다. 실행 결과는 [그림 2.37]과 같다.

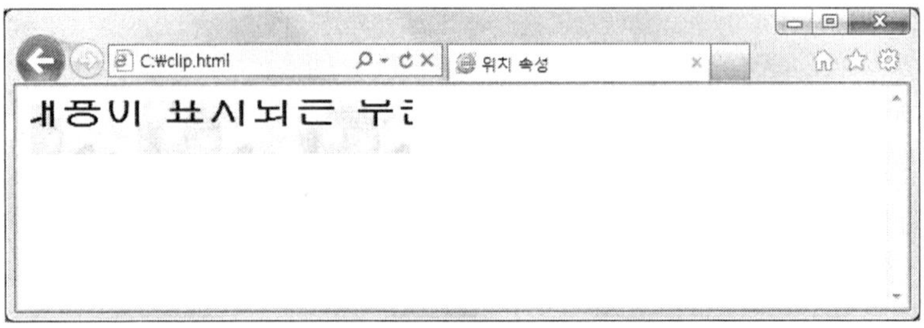

[그림 2.37] clip 속성 활용 결과 (익스플로러)

2.5.5 목록 속성

CSS에서는 HTML의 <ul> 또는 <li> 태그보다 불릿(bullet)을 다양하게 표현할 수 있다. CSS의 목록 속성을 이용하면 HTML에서 지원되는 불릿의 형태뿐만 아니라 이미지도 불릿으로 사용할 수 있다. [표 2.17]은 목록 속성들을 나타낸 것이다.

[표 2.17] 목록 관련 속성

속성	속성값	설명과 사용 예
list-style-type	none, armenian, circle, cjk-ideographic, decimal(〈ol〉의 기본), decimal-leading-zero, disc(〈ul〉의 기본), georgian, hebrew, hiragana, hiragana-iroha, inherit, katakana, katakana-iroha, lower-alpha, lower-greek, lower-latin, lower-roman, square, upper-alpha, upper-latin, upper-roman	불릿 모양 list-style-type:circle;
list-style-position	outside(기본), inside	불릿 위치 list-style-position:inside;
list-style-image	none(기본), 불릿 이미지의 url	불릿 이미지 list-style-image:url('arrow.gif');
list-style	list-style-type, list-style-position, list-style-image 속성값	불릿 설정 list-style:disc outside none;

다음은 불릿의 형태로 이미지를 사용하는 예제이다.

bullet.html

```
1: <html>
2:   <head>
3:     <title> 목록 속성 </title>
4:     <style type="text/css">
5:         ul li {list-style-image:url('bullet1.gif');}
6:         ul li ul li {list-style-image:url('bullet2.gif');}
7:     </style>
8:   </head>
9:   <body>
10:        <h2> 과일 </h2>
11:        <ul>
12:             <li> 여름 과일
13:                   <ul>
14:                          <li> 참외 </li>
15:                          <li> 수박 </li>
16:                          <li> 포도 </li>
17:                   </ul>
18:             </li>
19:             <li> 겨울 과일
20:                   <ul>
21:                          <li> 사과 </li>
22:                          <li> 배 </li>
23:                          <li> 귤 </li>
24:                   </ul>
25:             </li>
26:        </ul>
27:   </body>
28: </html>
```

이 예제를 실행하면 브라우저에서 [그림 2.38]과 같은 결과를 볼 수 있다. 이를 위해 그림에서 보는 것과 같이 두 개의 이미지 파일(bullet1.gif, bullet2.gif)이 필요하다. 5행~6행에서 목록 모양을 이미지로 정의한다. 5행에서는 <ul> 요소의 자식 요소인 <li> 요소에 이 스타일을 적용한다. 따라서 이 불릿은 12행과 19행의 목록에 적용된다. 한편, 6행에서는 부모 자식 관계인 <ul> 요소 - <li> 요소 - <ul> 요소 - <li> 요소에 대해 마지막의 <li> 요소에 이 스타일을 적용한다. 그러므로 이 불릿은 14행~16행과 21행~23행에 적용된다.

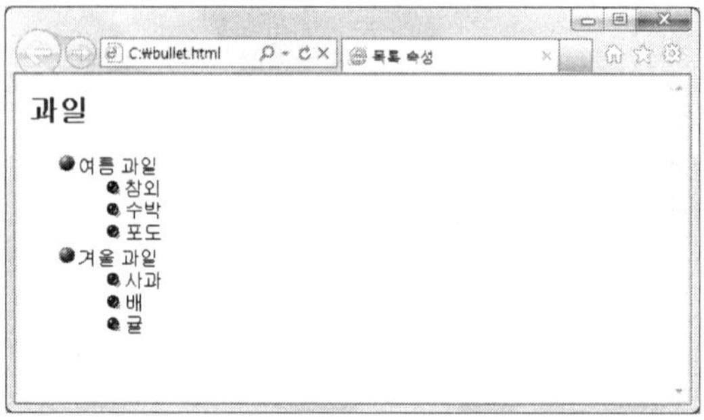

[그림 2.38] **목록 속성 활용 결과 (익스플로러)**

다음은 목록 관련 속성을 활용하여 불릿의 모양을 설정하는 예제이다.

list.html

```
<html>
  <head>
      <title> 목록 속성 </title>
      <style type="text/css">
          .a {list-style-type:circle;}
          .b {list-style:lower-roman inside none;}
          .c {list-style:upper-alpha outside none;}
      </style>
  </head>
  <body>
      <h2> 동물 </h2>
      <ol class="a">
          <li> 포유류
              <ol class="b">
                  <li> 사자 </li>
                  <li> 호랑이 </li>
                  <li> 곰 </li>
              </ol>
          </li>
          <li> 양서류
              <ol class="c">
                  <li> 개구리 </li>
                  <li> 두꺼비 </li>
                  <li> 맹꽁이 </li>
              </ol>
          </li>
      </ol>
  </body>
</html>
```

예제의 5행~7행에서 불릿 모양을 정한다. 5행에서 list-style을 원모양으로 설정하고, 12행의 <ol> 요소에 적용한다. 6행에서 list-style을 소문자 로마숫자와 들여쓰기를 설정하고 14행의 <ol> 요소에 적용한다. 7행에서 list-style을 알파벳 대문자 모양과 내어쓰기로 설정하고 21행의 <ol> 요소에 적용한다. 실행 결과는 [그림 2.39]와 같다.

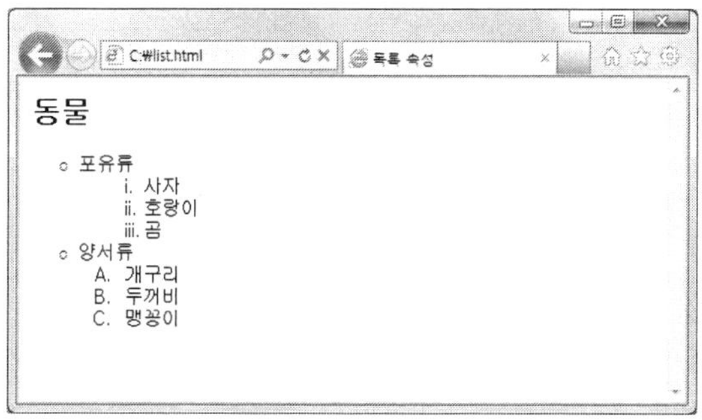

[그림 2.39] **목록 속성 활용 결과 (익스플로러)**

2.5.6 박스 속성

CSS에서는 블록(block) 요소가 상자로 둘러싸여 있는 것처럼 처리한다. 각 상자는 외부 여백(margin), 외곽선(outline), 테두리(border), 내부 여백(padding) 등의 속성을 가지며, 배경 이미지나 색상을 설정할 수도 있다.

- 외부 여백 (margin) : 블록 테두리의 외부 여백
- 외곽선 (outline) : 블록 테두리의 바깥 선
- 테두리 (border) : 블록 테두리의 외형 특성
- 내부 여백 (padding) : 테두리와 블록의 내용 사이의 간격
- 내용 (content) : 요소의 내용

이와 같은 구성 요소를 그림으로 표현하면 [그림 2.40]과 같이 나타낼 수 있다.

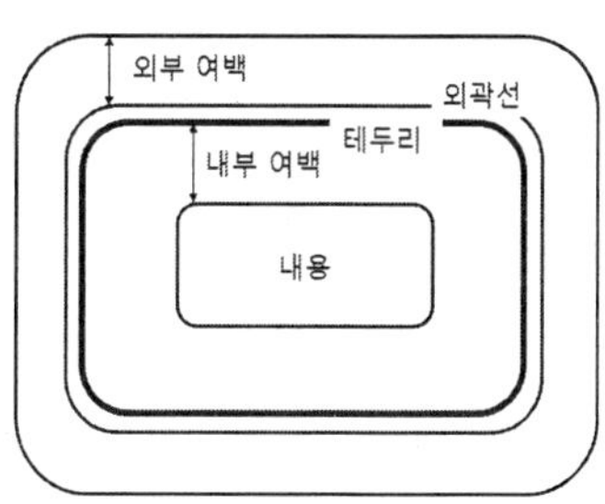

[그림 2.40] **박스의 속성**

박스의 속성과 속성값들이 [표 2.18]에 나타나 있다.

[표 2.18] 박스 관련 속성

속성	속성값	설명과 사용 예
width	auto(기본), pt, px, in, cm, %	영역의 너비 width:140pt;
height	auto(기본), pt, px, in, cm, %	영역의 높이 height:50px;
max-width, max-height	none(기본), pt, px, in, cm, %	영역 최대 너비, 최대 높이 max-width:10px;
min-width, min-height	pt, px, in, cm, % (기본 0)	영역 최소 너비, 최소 높이 min-height:50px;
float	none(기본), left, right	영역의 배치 float:right;
clear	none(기본), left, right, both	float 속성 설정 해제 clear:both;
border-top-width, border-right-width, border-bottom-width, border-left-width, border-width	medium(기본), thin, thick pt, px, in, cm	테두리 폭 border-width:20pt;
border-top-style, border-right-style, border-bottom-style, border-left-style, border-style	none, hidden, dotted, dashed, double, inset, groove, solid, ridge, outset	테두리 형태 border-style:solid;
border-top-color, border-right-color, border-bottom-color, border-left-color, border-color	transparent, 색상명 또는 rgb 값	테두리 색상 border-color:navy;
border-top, border-right, border-bottom, border-left, border	x-width, x-style, x-color 속성값	테두리 설정 border:5px solid red;
margin-top, margin-right, margin-bottom, margin-left, margin	pt, px, in, cm, % (기본 0)	외부 여백 margin-top:50pt; margin:50px 100px 75px 20px; (top right bottom left)
padding-top, padding-right, padding-bottom, padding-left, padding	pt, px, in, cm, % (기본 0)	내부 여백 padding-left:10px;
outline-color	invert(기본), 색상명 또는 rgb 값	외곽선 색상 outline-color:red;
outline-style	none(기본), dotted, dashed, double, inset, groove, solid, ridge, outset	외곽선 형태 outline-style:dotted;
outline-width	medium(기본), thin, thick pt, px, in, cm	외곽선 폭 outline-width:5px;
outline	outline-color, outline-style outline-width 속성값 (기본 invert none medium)	외곽선 설정 outline:2px solid red;
outline-offset	pt, px, in, cm (기본 0)	외곽선 오프셋 outline-offset:15px;
overflow	visible(기본), hidden, scroll, auto	오버플로우 처리 overflow:scroll;

테두리(border)와 관련된 속성과 속성값을 이용하여 스타일을 정의하는 것을 다음의 예제를 통해 살펴보기로 한다.

border.html

```
1: <html>
2:   <head>
3:     <title> border 속성 예제 문서 </title>
4:     <style>
5:        .style1 {border-style:double; border-width:10pt; border-color:skyblue;}
6:        .style2 {border-style:inset; border-width:10pt; border-color:navy;}
7:        .style3 {border-style:groove; border-width:10pt; border-color:skyblue;}
8:        .style4 {border-style:solid; border-width:10pt; border-color:navy;}
9:        .style5 {border-style:ridge; border-width:10pt; border-color:skyblue;}
10:       .style6 {border-style:outset; border-width:10pt; border-color:navy;}
11:    </style>
12:  </head>
13:  <body>
14:    <table>
15:       <tr>
16:            <td> <p class="style1"> double border </p> </td>
17:            <td> <p class="style2"> inset border </p> </td>
18:            <td> <p class="style3"> groove border </p> </td>
19:       </tr>
20:       <tr>
21:            <td> <p class="style4"> solid border </p> </td>
22:            <td> <p class="style5"> ridge border </p> </td>
23:            <td> <p class="style6"> outset border </p> </td>
24:       </tr>
25:     </table>
26:  </body>
27: </html>
```

박스의 border 속성을 이용하여 테두리의 폭과 색상 그리고 모양을 설정하여 다양한 형태의 테두리를 표현할 수 있다. 테두리의 너비는 모두 10pt로 동일하게 설정한다. 5행에서 border-style을 double로, border-color를 skyblue로 설정하여 16행에서 적용하고, 6행에서 border-style을 inset로, border-color를 navy로 설정하여 17행에서 적용한다. 7행~10행도 같은 방법으로 설정하고, 이를 18행~23행에서 적용한다. 실행 결과는 [그림 2.41]과 같다.

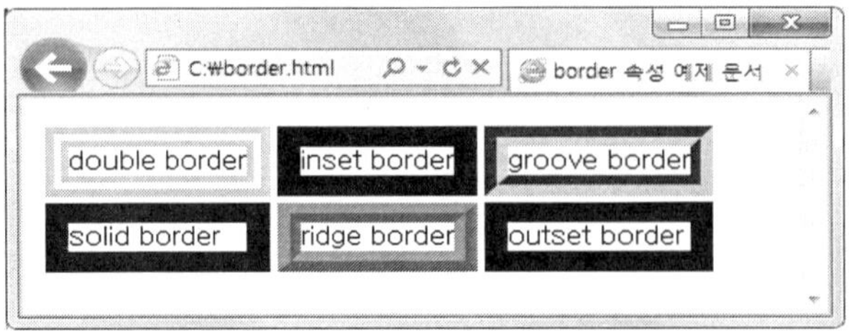

[그림 2.41] 테두리의 형태 출력 결과 (익스플로러)

다음은 박스 관련 속성 중에서 여백 관련 속성을 이용하는 예제이다.

margin-padding.html

```
1: <html>
2:    <head>
3:       <title> 여백 속성 </title>
4:       <style type="text/css">
5:          .b1 {border:5px solid red;
6:               margin:50px 100px 75px 20px;
7:               padding:10px 30px 50px 70px;}
8:          .b2 {border:5px dotted blue;
9:               padding:50px;}
10:         .b3 {font-weight:bold;
11:              background-color:pink;}
12:      </style>
13:   </head>
14:   <body>
15:      <div class="b1">
16:         <div class="b3"> 외부 여백(margin)과 내부 여백(padding)을 다르게 설정함 </div>
17:      </div>
18:      <div class="b2">
19:         <div class="b3"> 네 면의 내부 여백(padding)을 똑같이 설정함 </div>
20:      </div>
21:   </body>
22: </html>
```

예제의 5행~7행에서는 내부 여백과 외부 여백을 다르게 설정한다. 5행에서는 굵기가 5px인 빨간색 실선을 설정하고, 6행에서 외부 여백의 top, right, bottom, left를 각각 50px, 100px, 75px, 20px으로 설정한다. 또, 7행에서 내부 여백의 top, right, bottom, left를 각각 10px, 30px, 50px, 70px으로 설정한다. 화면에서 네 면에 각각 다른 크기의 여백이 설정되었음을 확인할 수 있다. 8행~9행에서는 내부 여백을 동일하게 설정한다. 8행에서 굵기가 5px인 파란색 점선을 설정하고, 9행에서 네 면의 내부 여백을 모두 50px로 설정한다. 화면에서 똑같은 여백을 가진 박스를 볼 수 있다. 실행 결과는 [그림 2.42]와 같다.

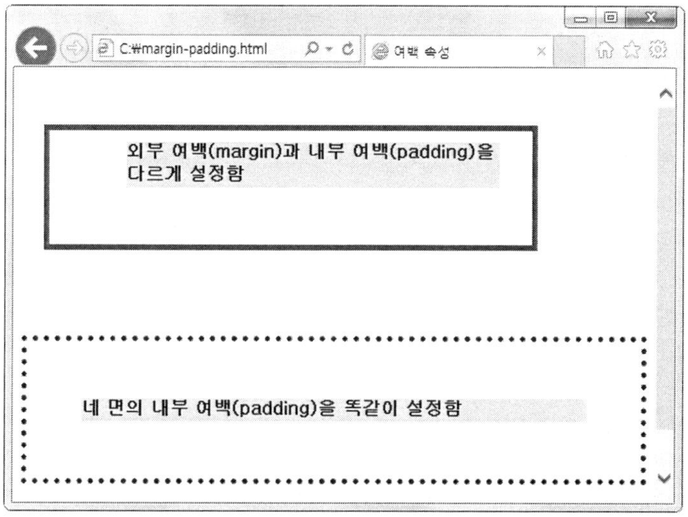

[그림 2.42] **박스의 여백 속성 활용 결과 (익스플로러)**

다음은 박스 관련 속성 중에서 float와 clear 속성을 이용하는 예제이다.

float-clear.html

```
<html>
  <head>
    <title> float 속성 </title>
    <style type="text/css">
       .float {float:right;}
       .clear {clear:both;}
    </style>
  </head>
  <body>
    <img class="float" src="beach.jpg" width="300px" height="200px">
    <div>
       <p> float 속성을 이용하여 그림을 오른쪽에 배치 </p>
       <p> 글들은 자동으로 왼쪽에 배치 </p>
       <p> 글들은 자동으로 왼쪽에 배치 </p>
       <p> 글들은 자동으로 왼쪽에 배치 </p>
    </div>
    <div class="clear">
       <p> clear 속성을 이용하여 앞에 설정된 float 속성 해지 </p>
       <p> clear 속성을 이용하여 앞에 설정된 float 속성 해지 </p>
       <p> clear 속성을 이용하여 앞에 설정된 float 속성 해지 </p>
       <p> clear 속성을 이용하여 앞에 설정된 float 속성 해지 </p>
       <p> clear 속성을 이용하여 앞에 설정된 float 속성 해지 </p>
    </div>
  </body>
</html>
```

예제의 5행에서 float를 오른쪽으로 설정하고, 10행에서 이미지를 설정할 때 5행의 스타일을 적용시킨다. 11행~16행은 내용을 출력하는 부분이다. 5행의 float 속성의 영향으로 이미지는 오른쪽으로 다른 텍스트는 왼쪽으로 배치되어 화면에 보인다.

6행에서 clear를 both로 설정한다. 이는 5행에서 설정된 float를 해제시킨다. 17행에서 6행의 스타일을 적용시킴으로써 앞의 float 속성의 영향에서 벗어나 18행~22행의 텍스트는 새로운 단락을 형성하여 화면에 출력된다. 실행 결과는 [그림 2.43]과 같다.

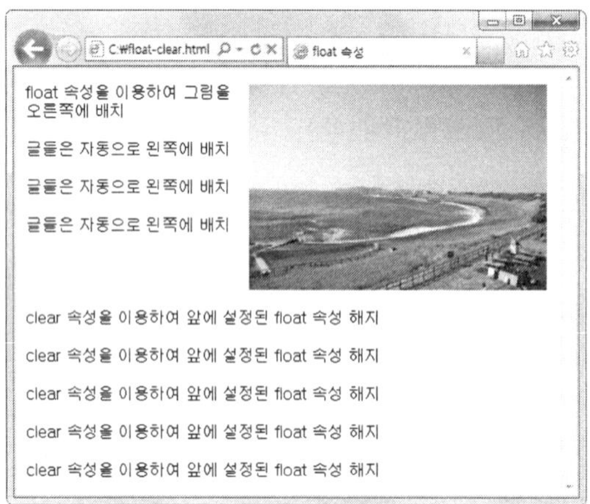

[그림 2.43] float와 clear 속성 활용 결과 (익스플로러)

다음은 박스 관련 속성 중 외곽선 속성을 이용하는 예제이다.

outline.html

```
<html>
  <head>
    <title> 외곽선 속성 </title>
    <style type="text/css">
      div {position:absolute; top:50px; width:150px; height:100px;
           border:5px solid red; margin:50px;}
      .b1 {left:50px; overflow:scroll;
           outline:blue dotted 5px;
           outline-offset:5px;}
      .b2 {left:300px; overflow:hidden;
           outline:orange dotted 5px;
           outline-offset:20px;}
      p {font-size:20px; font-weight:bold;}
    </style>
  </head>
```

```
16: <body>
17:    <div class="b1">
18:       <p> 외곽선을 표시 </p>
19:       <p> 오버플로우 되면 스크롤 바 생성 </p>
20:       <p> 테두리와 외곽선 간격:5px </p>
21:    </div>
22:    <div class="b2">
23:       <p> 외곽선을 표시 </p>
24:       <p> 오버플로우 되어도 스크롤 바 생성하지 않음 </p>
25:       <p> 테두리와 외곽선 간격:20px </p>
26:    </div>
27: </body>
28: </html>
```

예제의 7행~9행에서 첫 번째 박스를 설정한다. 7행에서 오버플로우 속성을 scroll로 하여 내용이 넘치게 되면 스크롤 바가 생기게 한다. 8행에서 굵기가 5px인 파란색 점선의 외곽선을 설정하고 9행에서 외곽선의 오프셋을 5px로 설정한다. 두 번째 박스는 10행에서 오버플로우 속성을 hidden으로 하여 내용이 넘치게 되어도 스크롤 바가 생기지 않도록 한다. 11행에서 굵기가 5px인 오렌지색 점선의 외곽선을 설정하고 12행에서 외곽선의 오프셋을 20px로 설정한다. 두 박스를 비교하면 외곽선과 외곽선의 오프셋의 위치가 어디인지를 알 수 있다. 또한, 오버플로우가 발생하게 되면 첫 번째 박스에는 스크롤 바가 생기지만, 두 번째 박스에는 스크롤 바가 생기지 않음을 알 수 있다. 실행 결과는 [그림 2.44]와 같다.

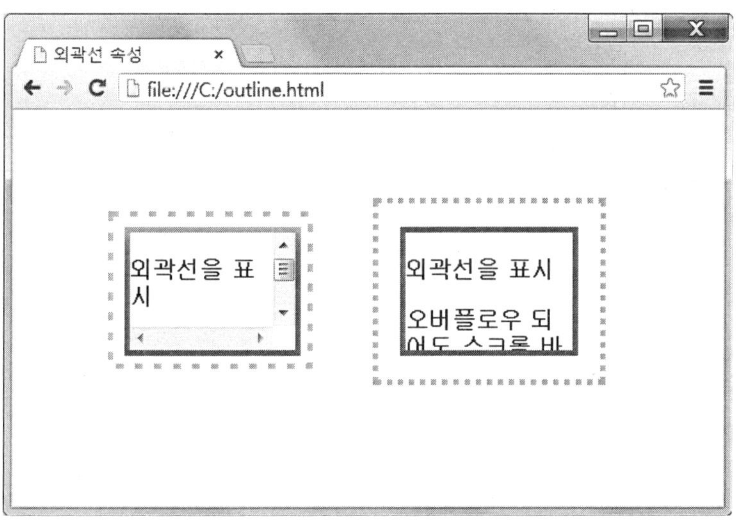

[그림 2.44] **외곽선 출력 결과 (크롬)**

CSS3 추가 속성

CSS3의 박스 관련 속성

CSS3에서 추가한 박스 관련 속성은 [표 2.19]와 같다. 박스 안에서의 내용 정렬과 박스의 그림자 처리가 가능하며, 동적으로 박스 크기를 조절할 수 있다.

[표 2.19] CSS3에 추가된 박스 관련 속성

속성	속성값	설명과 사용 예
box-align -webkit-box-align -moz-box-align	stretch(기본), start, end, center, baseline	세로 정렬 box-align:center;
box-pack -webkit-box-pack -moz-box-pack	start(기본), end, center, justify	가로 정렬 box-pack:center;
box-orient -webkit-box-orient -moz-box-orien	inline-axis(기본), horizontal, vertical, block-axis	내용의 수평 수직 나열 box-orient:horizontal;
box-direction -webkit-box-direction -moz-box-direction	normal(기본), reverse	내용 표시 방향 box-direction:reverse;
box-ordinal-group -webkit-box-ordinal-group -moz-box-ordinal-group	정수 (기본 1)	내용 디스플레이 순서 box-ordinal-group:2;
box-shadow	h-shadow, v-shadow, blur, spread, color, inset 속성값	박스 그림자 box-shadow:10px 10px 5px 5px pink inset;
box-sizing	content-box(기본), border-box	박스 크기 정하는 기준 box-sizing:border-box;
box-flex -webkit-box-flex -moz-box-flex	실수 (0.0 : 고정, 1이상의 값 : 유연) (기본 0.0)	박스 크기의 유연성 box-flex:1.0;
resize	none(기본), both, horizontal, vertical	박스 크기 재조정 resize:both;

표에서 box-flex 속성은 박스 크기의 유연성에 관한 것으로 값이 클수록 상대적으로 더 유연하며, 부모 박스의 크기 변화에 따라 자식 박스들의 크기를 조절할 수 있도록 한다. box-shadow 속성은 경우에 따라서 blur, spread, color, inset의 속성값을 뒤에서부터 순서대로 생략할 수 있다.

다음은 CSS3에 추가된 박스 관련 속성들 중 정렬에 관한 속성들을 이용하는 예제이다. 표의 box-align, box-direction, box-orient, box-pack 속성을 이용한다.

box-align.html

```
<html>
 <head>
   <title> 박스 속성 </title>
   <style type="text/css">
     div {position:absolute; top:50px; width:200px; height:200px;
          background:yellow; border:2px solid red;
          font-weight:bold; text-align:center;
          display:-moz-box; display:-webkit-box; display:box;}
     #b1 {left:50px;
          -moz-box-align:start; -moz-box-orient:horizontal; -moz-box-pack:end;
          -webkit-box-align:start; -webkit-box-orient:horizontal; -webkit-box-pack:end;
          box-align:start; box-orient:horizontal; box-pack:end;}
     #b2 {left:350px;
          -moz-box-align:center; -moz-box-pack:center;
          -moz-box-orient:vertical; -moz-box-direction:reverse;
          -webkit-box-align:center; -webkit-box-pack:center;
          -webkit-box-orient:vertical; -webkit-box-direction:reverse;
          box-align:center; box-pack:center;
          box-orient:vertical; box-direction:reverse;}
     #b3 {left:650px;
          -moz-box-align:end; -webkit-box-align:end; box-align:end;}
   </style>
 </head>
 <body>
   <div id="b1"> <p> 가나다 </p> <p> abc </p> <p> 123 </p> </div>
   <div id="b2"> <p> 가나다 </p> <p> abc </p> <p> 123 </p> </div>
   <div id="b3"> <p> 가나다 </p> <p> abc </p> <p> 123 </p> </div>
 </body>
</html>
```

예제의 5행~8행에서는 박스의 크기, 테두리와 색, 배경색, 글씨 모양 등을 설정한다. 특히 박스 관련 속성을 이용하기 위해서 8행과 같이 display 속성을 box로 설정한다. 물론 'display:-moz-box; display:-webkit-box;'처럼 각 브라우저별 접두어를 붙여야 한다. 9행~12행에서 첫 번째 박스의 스타일을 설정한다. 세로 정렬은 위쪽으로, 내용은 수평으로 나열하고, 가로 정렬은 오른쪽 끝으로 맞춘다. 13행~19행에서 두 번째 박스는 가로와 세로를 모두 가운데로 정렬하고 내용은 수직으로 나열하여 역순으로 출력한다. 20행~21행에서 세 번째 박스는 세로로 아래쪽에 정렬한다. 실행 결과는 [그림 2.45]와 같다.

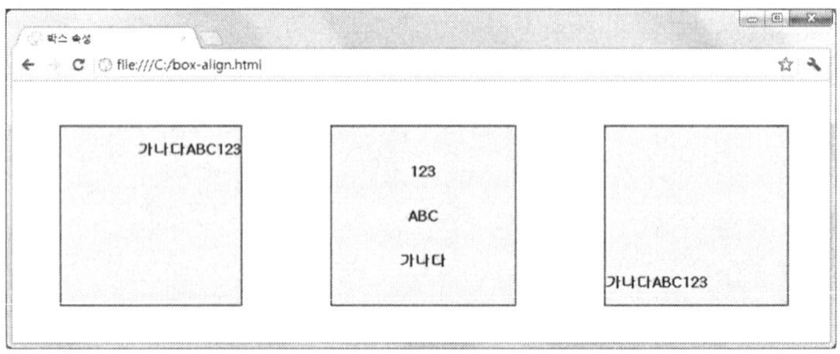

[그림 2.45] CSS3의 박스 정렬 속성 활용 결과 (크롬)

다음은 CSS3의 box-sizing 속성을 이용하는 예제이다.

box-sizing.html

```
<html>
 <head>
   <title> 박스 속성 </title>
   <style type="text/css">
     div {position:absolute; top:50px; width:200px; height:200px;
          border:20px solid blue;
          font-weight:bold; text-align:center;}
     #b1 {left:50px;
          box-sizing:border-box;
          -moz-box-sizing:border-box;
          -webkit-box-sizing:border-box;}
     #b2 {left:350px;
          box-sizing:content-box;
          -moz-box-sizing:content-box;
          -webkit-box-sizing:content-box;}
   </style>
 </head>
 <body>
```

```
19:    <div id="b1"> <p> border-box </p> <p> padding과 border를 포함한 크기 </p> </div>
20:    <div id="b2"> <p> content-box </p> <p> padding과 border를 포함하지 않은 크기 </p>
21:    </div>
22:  </body>
23: </html>
```

예제의 5행~7행에서는 박스에 대한 크기, 테두리와 색, 글씨 모양 등을 설정한다. 8행~11행에서 box-sizing 속성을 border-box로 설정하고 19행에서 이를 적용하여 박스를 만든다. 12행~15행에서는 content-box로 설정하고 20행에서 이를 적용하여 박스를 만든다. box-sizing 속성값에 따라 박스 크기가 padding과 border를 포함한 크기로 또는 포함하지 않은 크기로 생성되며, 두 박스의 크기를 비교할 수 있다. 실행 결과는 [그림 2.46]과 같다.

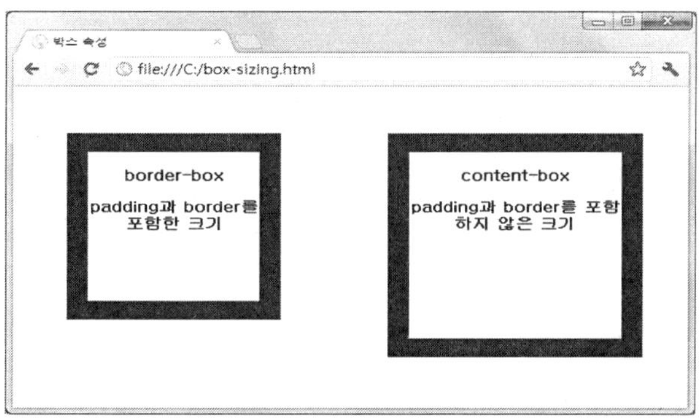

[그림 2.46] CSS3의 box-sizing 속성 활용 결과 (크롬)

다음은 CSS3의 box-shadow와 resize 속성을 이용하는 예제이다.

box-shadow.html

```
<html>
  <head>
    <title> 박스 속성 </title>
    <style type="text/css">
        div {position:absolute; top:50px; width:100px; height:100px;
             background:lightgreen; border:2px solid green;}
        #b1 {left:50px; box-shadow:10px 10px black;
              overflow:auto; resize:horizontal;}
        #b2 {left:250px; box-shadow:20px 20px 20px green;
              overflow:auto; resize:vertical;}
```

```
11:         #b3 {left:450px; box-shadow:20px 20px 20px 10px green;
12:              overflow:auto; resize:both;}
13:         #b4 {left:650px; box-shadow:10px 10px 10px 5px green inset;}
14:     </style>
15:   </head>
16:   <body>
17:     <div id="b1"> </div>
18:     <div id="b2"> </div>
19:     <div id="b3"> </div>
20:     <div id="b4"> </div>
21:   </body>
22: </html>
```

예제의 5행~6행에서는 박스에 대한 크기, 테두리와 색, 배경색 등을 설정한다. 7행~8행에서는 h-shadow와 v-shadow 값을 각각 10px로 설정하고, 검정색의 그림자를 설정한다. 또, 마우스를 이용하여 박스의 크기를 늘릴 수 있도록 resize 속성의 값을 수평 방향으로 정한다. resize 속성을 이용하여 박스의 크기가 늘어날 수 있기 때문에 'overflow : auto;'를 함께 설정해 주어야 한다. 9행~10행에서는 번짐의 크기인 blur 값을 20px로 설정하며, 녹색의 그림자를 설정한다. resize 속성의 값은 수직 방향으로 정한다. 11행~12행에서는 그림자의 크기인 spread 값을 10px로 설정한다. 그리고 resize 속성의 값은 수평과 수직 방향 모두로 정한다. 13행에서는 그림자를 외부가 아닌 내부로 나타나게 하는 inset 속성을 사용한다. 실행 결과는 [그림 2.47]과 같다. 마우스를 사용하여 박스의 크기를 조절하며 차이점을 확인해 보자.

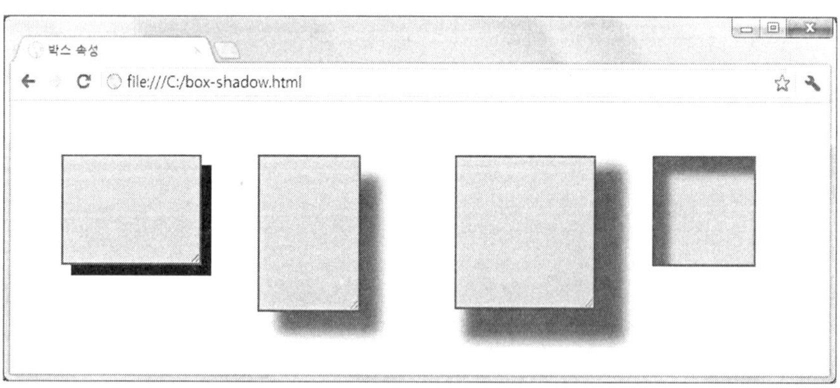

[그림 2.47] CSS3의 box-shadow와 resize 속성 활용 결과 (크롬)

CSS3의 테두리 관련 속성

CSS3에서 추가한 박스의 테두리에 관한 속성은 [표 2.20]과 같다. 테두리에 이미지를 넣을 수 있고, 테두리의 모서리 부분을 곡선으로 처리할 수 있다. 또한 오버플로우 발생 시 다양하게 처리할 수 있다.

[표 2.20] CSS3에 추가된 테두리 관련 속성

속성	속성값	설명과 사용 예
border-image-source	none(기본), url('url')	테두리에 사용할 이미지 경로 border-image-source:url('a.jpg');
border-image-slice	pt, px, in, cm, %, fill (기본 100%)	테두리 이미지의 안쪽 오프셋(offset) border-image-slice:10 10 10 10;
border-image-width	수, %, auto (기본 1)	테두리 이미지의 너비 border-image-width:10 10;
border-image-outset	pt, px, in, cm, 수 (기본 0)	테두리 이미지의 확장 범위 border-image-outset:30 30;
border-image-repeat	stretch(기본), repeat, round	테두리에 이미지 반복 여부 border-image-repeat:round;
border-image -webkit-border-image -moz-border-image -o-border-image	border-image-source, border-image-slice, border-image-width, border-image-outset, border-image-repeat 속성값 (기본 none 100% 1 0 stretch)	테두리에 이미지 넣기 border-image: url('파일명') 50% 10 10 round;
border-radius border-bottom-left-radius border-bottom-right-radius border-top-left-radius border-top-right-radius	pt, px, in, cm, % (기본 0)	테두리의 모서리 부분 곡선 처리 border-radius:20px; border-bottom-left-radius:1em; border-bottom-right-radius:1em; border-top-left-radius:1em; border-top-right-radius:1em;
overflow-x, overflow-y	visible(기본), hidden, scroll, auto, no-display, no-content	오버플로우 처리 overflow-x:hidden; overflow-y:scroll;

다음은 CSS3에 추가된 박스 관련 속성을 이용하여 테두리에 이미지를 넣는 예제이다.

border-image.html

```
<html>
 <head>
   <title> 테두리 이미지 넣기 </title>
   <style type="text/css">
     div {position:absolute; top:280px; width:200px;
          border-width:20px; padding:10px;}

     .bg1 {left:50px;
            -webkit-border-image:url('heart.jpg') 30 30 stretch;
            -moz-border-image:url('heart.jpg') 30 30 stretch;
            -o-border-image:url('heart.jpg') 30 30 stretch;
            border-image:url('heart.jpg') 30 30 stretch;}

     .bg2 {left:350px;
            -webkit-border-image:url('heart.jpg') 30 30 repeat;
            -moz-border-image:url('heart.jpg') 30 30 repeat;
            -o-border-image:url('heart.jpg') 30 30 repeat;
            border-image:url('heart.jpg') 30 30 repeat;}

     .bg3 {left:650px;
            -webkit-border-image:url('heart.jpg') 30 30 round;
            -moz-border-image:url('heart.jpg') 30 30 round;
            -o-border-image:url('heart.jpg') 30 30 round;
            border-image:url('heart.jpg') 30 30 round;}

      p {font-size:20px; font-weight:bold; text-align:center;}
   </style>
 </head>
 <body>
   <p> 사용된 이미지 <br><br> <img src="heart.jpg"> </p>
   <div class="bg1">
      <p> stretch </p>
   </div> <br>
   <div class="bg2">
      <p> repeat </p>
   </div> <br>
   <div class="bg3">
      <p> round </p>
   </div>
 </body>
</html>
```

예제의 5행~6행은 박스의 위치와 크기를 정한다. 테두리에 이미지를 넣기 위해서는 정사각형의 이미지가 있어야 한다. 여기서는 하트 모양의 이미지 heart.jpg를 사용한다. 테두리에 이미지가 들어가서 표현되는 방법은 stretch, repeat, round 3가지가 있다. 8행~12행에서는 각 브라우저별로 border-image 속성의 값으로 stretch를 설정한다. 14~18행에서는 border-image 속성의 값으로 repeat를 설정하고, 20행~24행에서는 border-image 속성의 값으로 round를 설정한다. stretch는 이미지를 길게 늘어뜨린 모양으로 보여주며, repeat와 round는 반복적인 모양으로 테두리를 표현한다. repeat와 round는 거의 차이가 없으나, 박스 크기에 따라 이미지의 일부가 잘리게 되는 경우가 발생하면, round는 이미지가 잘리지 않도록 이미지의 크기를 조절하여 가로세로 길이를 맞추어 준다. 실행 결과는 [그림 2.48]과 같다.

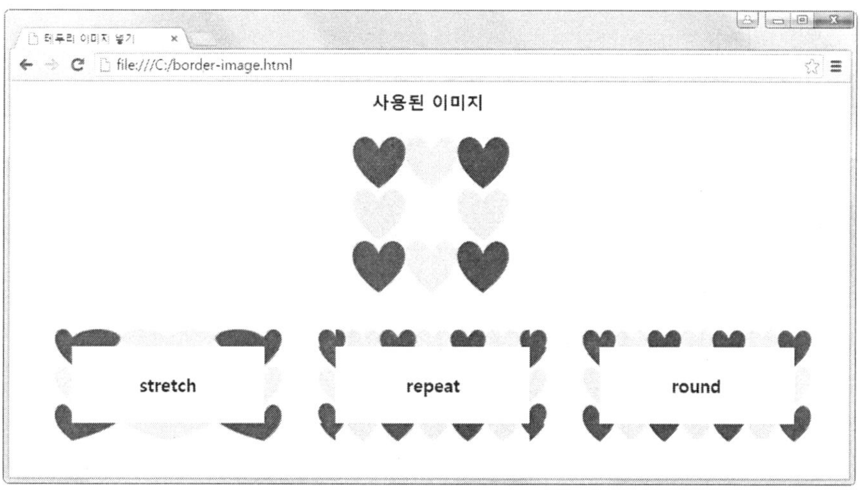

[그림 2.48] **CSS3의 테두리 형태 출력 결과 (크롬)**

다음은 CSS3의 테두리에 대한 모서리 처리 기능을 활용하는 예제이다.

border-radius.html

```
<html>
  <head>
    <title> 테두리 속성 </title>
    <style type="text/css">
      div {border:2px solid red; width:300px; background:lightpink;
           font-size:20px; font-weight:bold; text-align:center;}
      .b1 {border-bottom-left-radius:25px;}
      .b2 {border-bottom-right-radius:25px;}
      .b3 {border-top-left-radius:25px;}
```

```
10:          .b4 {border-top-right-radius:25px;}
11:          .b5 {border-radius:25px;}
12:      </style>
13:  </head>
14:  <body>
15:      <div class="b1"> <p> 왼쪽 아래 곡선 테두리 </p> </div> <br>
16:      <div class="b2"> <p> 오른쪽 아래 곡선 테두리 </p> </div> <br>
17:      <div class="b3"> <p> 왼쪽 위 곡선 테두리 </p> </div> <br>
18:      <div class="b4"> <p> 오른쪽 위 곡선 테두리 </p> </div> <br>
19:      <div class="b5"> <p> 전체 곡선 테두리 </p> </div>
20:  </body>
21: </html>
```

예제의 5행~6행에서는 박스의 모양, 크기, 색상, 글씨 크기 등을 설정한다. 7행~11행에서는 모서리 곡선 처리를 각각 다른 방법으로 설정한다. 7행에서 border-bottom-left-radius를 25px로, 8행에서 border-bottom-right-radius를 25px로, 9행에서 border-top-left-radius를 25px로, 10행에서 border-top-right-radius를 25px로, 11행에서 border-radius를 25px로 설정한다. 이처럼 5가지 속성을 각 박스마다 다르게 설정하여 차이를 비교한다. 실행 결과는 [그림 2.49]와 같다.

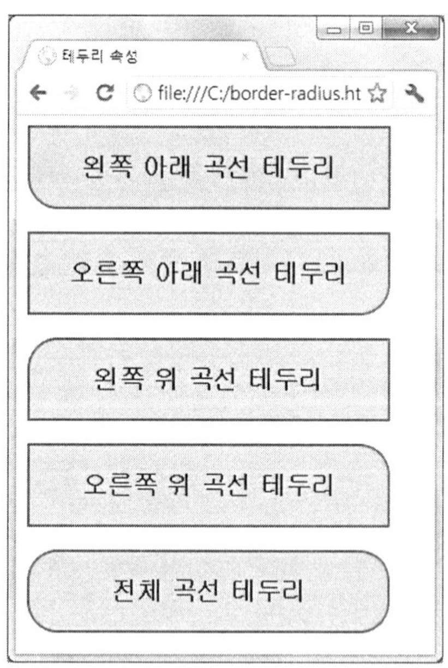

[그림 2.49] CSS3의 곡선 테두리 (크롬)

다음은 CSS3의 박스 오버플로우 처리에 관한 예제이다.

border-overflow.html

```
1: <html>
2:   <head>
3:     <title> 박스에서의 오버플로우 </title>
4:     <style type="text/css">
5:       div {border:thin solid red; width:100px; height:100px;
6:            position:absolute; top:50px;
7:            font-size:20px; font-weight:bold; text-align:center;}
8:       .b1 {left:50px; overflow-x:visible; overflow-y:visible;}
9:       .b2 {left:300px; overflow-x:hidden; overflow-y:hidden;}
10:      .b3 {left:550px; overflow-x:scroll; overflow-y:scroll;}
11:    </style>
12:  </head>
13:  <body>
14:    <div class="b1"> <p> visible <img src="heart.jpg"> </p> </div> <br>
15:    <div class="b2"> <p> hidden <img src="heart.jpg"> </p> </div> <br>
16:    <div class="b3"> <p> scroll <img src="heart.jpg"> </p> </div>
17:  </body>
18: </html>
```

예제의 5행~7행에서는 박스의 위치, 크기, 테두리 모양, 글씨 크기 등을 설정한다. 8행~10행에서는 오버플로우와 관계된 속성인 overflow-x와 overflow-y의 값을 visible, hidden, scroll로 각각 설정하고, 이를 14행~16행에서 각각 적용한다. 그 결과 오버플로우 발생 시, visible로 설정한 첫 번째 상자의 경우에는 내용을 다 보여주고, hidden으로 설정한 두 번째 상자는 테두리 안에서 내용을 보여주고 나머지 부분은 감춘다. 마지막으로 scroll로 설정한 상자는 스크롤 바를 생성하여 내용을 전부 볼 수 있도록 한다. 실행 결과는 [그림 2.50]과 같다.

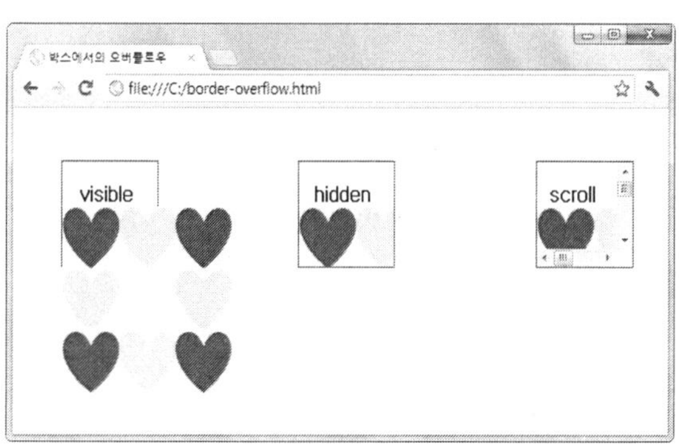

[그림 2.50] CSS3의 박스 오버플로우 처리 결과 (크롬)

2.5.7 테이블 속성

[표 2.21]의 CSS 속성들을 이용하여 테이블의 스타일을 정의할 수 있다. 셀 사이의 간격이나 경계선을 설정할 수 있고, 빈 셀을 표시하는 방법도 선택할 수 있다.

[표 2.21] **테이블 관련 속성**

속성	속성값	설명과 사용 예
caption-side	top(기본), bottom	테이블 제목 위치 caption-side:bottom;
border-collapse	separate(기본), collapse	셀 경계선 겹침 border-collapse:collapse;
border-spacing	pt, px, in, cm	셀 경계선 간 수평 수직 간격 border-spacing:10px; border-spacing:10px 30px;
display	inline(기본), none, block, inline-block, inline-table, list-item, table, able-caption, table-cell, table-column, table-column-group, table-footer-group, table-header-group, table-row, table-row-group	요소 출력 형식 display:inline;
table-layout	auto(기본), fixed	테이블 레이아웃 형식 table-layout:fixed;
empty-cells	show(기본), hide	빈 셀의 모양 empty-cells:hide;

다음은 테이블에 관련된 스타일 속성을 이용하는 예제이다.

border-spacing.html

```
<html>
  <head>
     <title> 테이블 속성 </title>
     <style type="text/css">
       table {position:absolute; border-color:red; top:50px;
                 font-size:20px; font-weight:bold; text-align:center;}
       #b1 {left:50px; caption-side:top; empty-cells:hide;
               border-collapse:collapse;}
       #b2 {left:300px; caption-side:bottom; empty-cells:show;
               border-collapse:separate; border-spacing:10px;}
       #b3 {left:600px; caption-side:bottom; empty-cells:hide;
               border-collapse:separate; border-spacing:10px 30px;}
     </style>
   </head>
   <body>
     <br>
     <table id="b1" border="1">
     <caption> 테이블 1 </caption>
```

```
19:         <tr> <td>첫 번째 셀</td> <td>두 번째 셀</td> </tr>
20:         <tr> <td></td> <td>네 번째 셀</td> </tr>
21:      </table>
22:      <table id="b2" border="1">
23:      <caption> 테이블 2 </caption>
24:         <tr> <td>첫 번째 셀</td> <td>두 번째 셀</td> </tr>
25:         <tr> <td></td> <td>네 번째 셀</td> </tr>
26:      </table>
27:      <table id="b3" border="1">
28:      <caption> 테이블 3 </caption>
29:         <tr> <td>첫 번째 셀</td> <td>두 번째 셀</td> </tr>
30:         <tr> <td></td> <td>네 번째 셀</td> </tr>
31:      </table>
32:   </body>
33: </html>
```

예제의 5행~6행에서는 테이블의 위치, 테두리의 색, 글씨 크기, 모양 등을 설정한다. 7행~8행에서는 테이블 제목의 위치를 나타내는 caption-side 속성을 top으로, 빈 셀일 경우 화면에 표시될 형태를 설정하는 empty-cells 속성을 hide로, 경계선의 겹침 여부를 결정하는 border-collapse 속성을 collapse로 설정한다. 이를 17행~21행에 있는 첫 번째 테이블에 적용한다. 9행~10행에서는 caption-side 속성을 bottom으로, empty-cells 속성을 show로, border-collapse 속성을 separate로, 경계선 간격을 나타내는 border-spacing 속성을 10px로 설정한다. 이를 22행~26행에 있는 두 번째 테이블에 적용한다. 빈 셀인 경우에 빈 칸으로 표시하고 셀 경계선 간 수평 수직 간격을 10px로 일정하게 한다. 11행~12행에서는 caption-side 속성을 bottom으로, empty-cells 속성을 hide로, border-collapse 속성을 separate로, border-spacing 속성을 10px 30px로 설정한다. 이를 27행~31행에 있는 마지막 테이블에 적용한다. 빈 셀인 경우에 빈 칸이 표시되지 않도록 하고 좌우는 10px, 상하는 30px로 경계선 간격을 다르게 설정한다. 실행 결과는 [그림 2.51]과 같다.

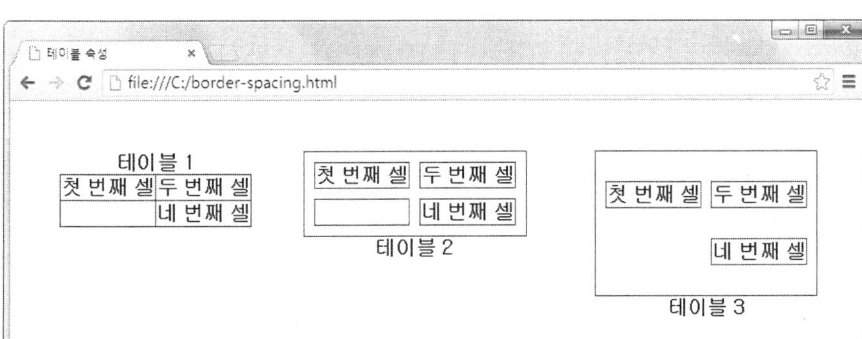

[그림 2.51] 테이블의 경계선 관련 속성 활용 결과 (크롬)

다음은 테이블의 table-layout 속성을 이용하는 예제이다.

table-layout.html

```
<html>
  <head>
      <title> 테이블 속성 </title>
      <style type="text/css">
        table {border-color:red; width:500px;
              font-size:20px; font-weight:bold; text-align:center;}
        #b1 {left:50px; table-layout:auto;}
        #b2 {left:400px; table-layout:fixed;}
        p {display : table;}
      </style>
  </head>
  <body>
      <br>
      <table id="b1" border="1">
        <caption> table-layout : 자동 </caption>
        <tr>
          <td width="10%"> abcdefghijklmnopqrstuvwxyz </td>
          <td width="90%"> abcdefghijklmn </td>
        </tr>
        <tr>
          <td>세 번째 셀</td>
          <td>네 번째 셀</td>
        </tr>
      </table><br>
      <table id="b2" border="1" width="250">
        <caption> table-layout : 고정 </caption>
        <tr>
          <td width="10%"> abcdefghijklmnopqrstuvwxyz </td>
          <td width="90%"> abcdefghijklmn </td>
        </tr>
        <tr>
          <td>세 번째 셀</td>
          <td>네 번째 셀</td>
        </tr>
      </table>
  </body>
</html>
```

예제의 5행~6행에서는 테이블의 크기, 테두리의 색, 글씨 크기, 모양 등을 설정한다. 7행~8행에서 table-layout 속성을 자동과 고정으로 각각 설정한다. 첫 번째 테이블은 7행의 스타일을 적용한 것으로, 17행~18행을 보면 셀 너비를 각각 10%, 90%로 설정하였으나 첫 셀의 내용이 많을 때는 자동으로 너비를 늘려서 화면에 내용이 다 나오도록 한다. 두 번째 테이블은 8행의 스타일을 적용한 것으로, 28행~29행에서 보는 바와 같이 셀 너비를 각각 10%, 90%로 설정하였으나 첫 셀의 내용이 많아도 고정으로 설정되어 있기 때문에 셀 너비는 그대로 유지된다. 이때 공백이 없이 긴 영자의 문자열은 한 줄에 출력하여 옆의 셀의 내용을 가리게 되며, 한글 문자열은 너비에 맞게 잘라 여러 줄에 출력한다. 실행 결과는 [그림 2.52]와 같다.

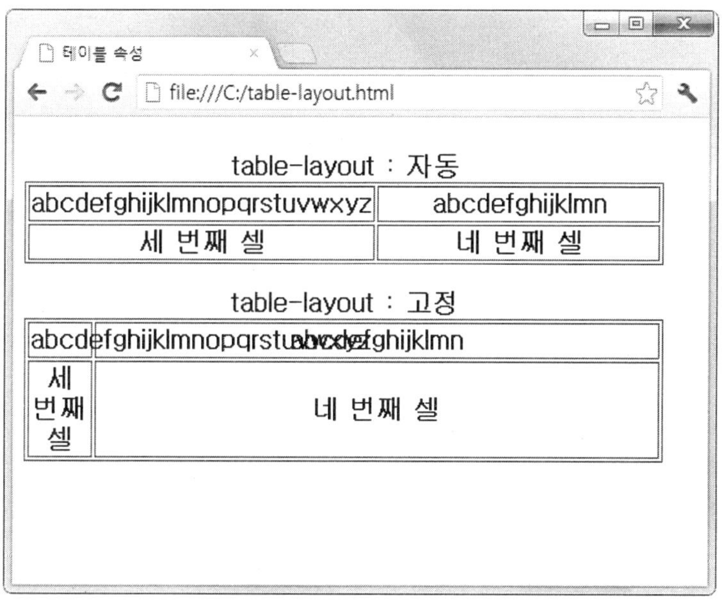

[그림 2.52] **테이블의 table-layout 속성 활용 결과 (크롬)**

다음은 테이블의 display 속성을 이용하는 예제이다.

display.html

```
<html>
  <head>
    <title> display </title>
    <style type="text/css">
        div {border:2px solid red; width:500px; background:yellow;
             font-weight:bold; text-align:center;}
        h1 {display:inline;}
        h2 {display:block;}
        h3 {display:list-item;}
        h4 {display:none;}
    </style>
  </head>
  <body>
    <div>
        <h1> display : inline; </h1>
        <h1> display : inline; </h1>
        <h1> display : inline; </h1>
    </div> <br>
    <div>
        <h2> display : block; </h2>
        <h2> display : block; </h2>
        <h2> display : block; </h2>
    </div> <br>
    <div>
        <ul>
        <h3> display : list-item; </h3>
        <h3> display : list-item; </h3>
        <h3> display : list-item; </h3>
        </ul>
    </div> <br>
    <div>
        <h4> display : none; </h4>
        <h4> display : none; </h4>
        <h4> display : none; </h4>
    </div>
  </body>
</html>
```

예제의 5행~6행에서는 박스의 크기, 테두리와 색, 배경색, 글씨 모양 등을 설정한다. 7행~10행에서는 display 속성을 inline, block, list-item, none으로 설정한다. 그리고 4개의 영역에 이를 적용한다. 여기서 display 속성을 inline으로 설정한 첫 번째 영역은 내용이 계속 연결되어 출력되며, display 속성을 block으로 설정한 두 번째 영역에서는 한 블록씩 내용이 출력된다. display 속성을 list-item으로 설정한 세 번째 영역은 목록 모양으로 출력되며, display 속성을 none으로 설정한 네 번째 영역은 화면에 내용이 표시되지 않는다. 실행 결과는 [그림 2.53]과 같다.

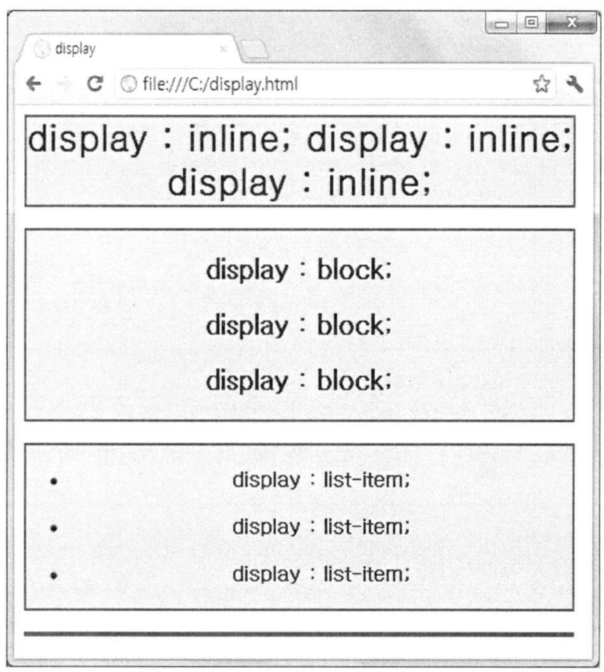

[그림 2.53] 테이블의 display 속성 활용 결과 (크롬)

2.6 CSS3 변형

CSS3에서는 2D, 3D 공간 상에서 요소의 이동, 확대, 회전 등을 할 수 있는 변형 속성을 사용할 수 있다.

[표 2.22] CSS3에 추가된 변형 관련 속성

속성	속성값	설명과 사용 예
transform -webkit-transform -moz-transform -o-transform -ms-transform	none(기본), transform 함수	변형 설정 transform:rotate(7deg);
transform-style -webkit-transform-style	flat(기본), preserve-3d	변형 스타일 transform-style:preserve-3d;
transform-origin -webkit-transform-origin -moz-transform-origin -o-transform-origin -ms-transform-origin	x-axis, y-axis, z-axis 속성값 (left, center, right, pt, px, in, cm, %) (top, center, bottom, pt, px, in, cm, %) (pt, px, in, cm) (기본 50% 50% 0)	변형 기준점 transform-origin:20% 40% 0%;
perspective -webkit-perspective	none(기본), 수	관찰자와 객체의 거리 perspective:100;
perspective-origin -webkit-perspective-origin	x-axis, y-axis 속성값 (left, center, right, pt, px, in, cm, %) (top, center, bottom, pt, px, in, cm, %) (기본 50% 50%)	관찰자 위치 perspective-origin:10% 10%;
backface-visibility -webkit-backface-visibility -moz-backface-visibility	visible(기본), hidden	회전 시 요소 뒷면 감춤 backface-visibility:hidden;

변형 기준점은 요소가 변형을 할 때 기준이 되는 점으로 이 점을 중심으로 변형을 한다. 변형 스타일은 2차원 변형인지 3차원 변형인지를 의미한다. backface-visibility 속성을 visible로 설정하면 변형을 통해 요소의 뒷면이 보이게 되는 경우에 화면에 표시한다. hidden으로 설정하면 해당 요소가 화면에서 사라진다. 투영점은 하나의 요소에서 다른 요소를 투영하는 기준이 되는 점으로 이 점을 사용하면 원근법을 적용한 것처럼 보인다.

요소를 변형하기 위해서는 transform 함수를 사용해야 한다. transform 함수를 정리하면 [표 2.23]과 같다.

[표 2.23] CSS3의 transform 함수

함수	설명	사용 예
translate(x,y)	2차원 이동	transform:translate(5px,5px);
translate3d(x,y,z)	3차원 이동	transform:tanslate3d(5px,5px,5px);
translatex(n)	x축 방향으로 n 만큼 이동	transform:translatex(5px);
translatey(n)	y축 방향으로 n 만큼 이동	transform:translatey(5px);
translatez(n)	z축 방향으로 n 만큼 이동	transform:translatez(5px);
scale(x,y)	2차원 확대	transform:scale(2,2);
scale3d(x,y,z)	3차원 확대	transform:scale3d(2,2,2);
scalex(n)	x축 방향으로 n 만큼 확대	transform:scalex(1.5);
scaley(n)	y축 방향으로 n 만큼 확대	transform:scaley(1.5);
scalez(n)	z축 방향으로 n 만큼 확대	transform:scalez(1.5);
rotate(angle)	2차원 회전 (angle이 양수면 시계 방향 회전)	transform:rotate(100deg);
rotate3d(x,y,z,angle)	3차원 회전	transform:rotate3d (1.2, 1.2, 1.2, 50deg);
rotatex(angle)	x축을 따라 3차원 회전	transform:rotatex(30deg);
rotatey(angle)	y축을 따라 3차원 회전	transform:rotatey(30deg);
rotatez(angle)	z축을 따라 3차원 회전	transform:rotatez(30deg);
matrix(a,b,c,d,e,f)	2차원 변형, 6개의 값 사용	transform:matrix (0.586,0.8,-0.8,0.586,0,0);
matrix3d (a,b,c,d,e,f,g,h,i,j,k,l,m,n,o,p)	3차원 변형, 16개 값의 4x4 행렬 사용	transform:matrix3d (0.586,0.8,-0.8,0.586,0,0,0,0,0,0,0 ,0,0,0,0,0);
skew(x-angle,y-angle)	x축과 y축을 따라 비스듬히 2차원 변형	transform:skew(90deg,90deg);
skewx(angle)	x축을 따라 비스듬히 2차원 변형	transform:skewx(70deg);
skewy(angle)	y축을 따라 비스듬히 2차원 변형	transform:skewy(150deg);
perspective(n)	3차원 변형된 요소의 투시도	transform:perspective(0.8);

다음은 CSS3의 변형 속성을 이용하는 예제이다.

transform-perpective.html

```
1: <html>
2:   <head>
3:     <title> 변형 속성 </title>
4:     <style type="text/css">
5:       div {position:absolute; width:300px; height:250px; margin:50px;
6:            background-color:lightblue;}
7:       h1 {position:absolute; width:200px; height:90px;}
8:       .a {perspective:120; perspective-origin:10% 30%;
9:           -webkit-perspective:120; -webkit-perspective-origin:10% 30%;}
10:      .b {top:30px; background-color:blue;
11:          transform:rotatey(45deg); -webkit-transform:rotatey(45deg);}
12:      .c {top:30px; left:100px; background-color:red;
13:          transform:rotatey(45deg); -webkit-transform:rotatey(45deg);}
14:      .x {left:400px;}
15:      .y {top:10px; left:50px; background-color:blue;
16:          transform:rotatey(180deg); -webkit-transform:rotatey(180deg);
17:          backface-visibility:visible; -webkit-backface-visibility:visible;}
18:      .z {top:110px; left:50px; background-color:red;
19:          transform:rotatey(180deg); -webkit-transform:rotatey(180deg);
20:          backface-visibility:hidden; -webkit-backface-visibility:hidden;}
21:    </style>
22:  </head>
23:  <body>
24:    <div class="a">
25:      <h1 class="b"> Hello! Good Morning!!! </h1>
26:      <h1 class="c"> Hello! Good Morning!!! </h1>
27:    </div>
28:    <div class="x">
29:      <h1 class="y"> Hello! Good Morning!!! </h1>
30:      <h1 class="z"> Hello! Good Morning!!! </h1>
31:    </div>
32:  </body>
33: </html>
```

예제의 24행~26행을 보면 부모인 <div> 요소 안에 자식인 두 개의 <h1> 요소가 있다. 24행의 부모 요소에 스타일 a를, 25행의 자식 요소에 스타일 b를, 26행의 자식 요소에 스타일 c를 설정한다. 8행~9행에서 <div> 요소에 대한 <h1> 요소의 투영점을 설정한다. 이것은 원근법을 적용한 것과 같은 그림을 볼 수 있게 한다. 11행과 13행에서

rotatey(45deg)에 의해 <h1> 요소의 내용이 y축을 따라 45도로 3차원 회전을 하도록 설정한다. 이에 따라 파란색의 영역이 원근법을 적용한 그림으로 나타나게 된다. 또한 left 속성의 값을 주어 투영점의 오른쪽에 위치하게 된 빨간색 영역은 파란색 영역의 대칭 모양으로 표시되도록 한다.

예제의 28행~30행을 보면 부모인 <div> 요소 안에 자식인 두 개의 <h1> 요소가 있다. 28행의 부모 요소에 스타일 x를, 29행의 자식 요소에 스타일 y를, 30행의 자식 요소에 스타일 z를 설정한다. 16행과 19행에서 rotatey(180deg)에 의해 <h1> 요소의 내용이 y축을 따라 180도로 3차원 회전을 하도록 설정하여 뒷면이 보이도록 한다. 이때 backface-visibility 속성을 이용하여 뒷면 공개 여부를 설정할 수 있는데, 17행에서는 visible로 설정하여 뒷면이 보이도록 하고 20행에서는 hidden으로 설정하여 뒷면이 안보이도록 한다. 실행 결과는 [그림 2.54]와 같다.

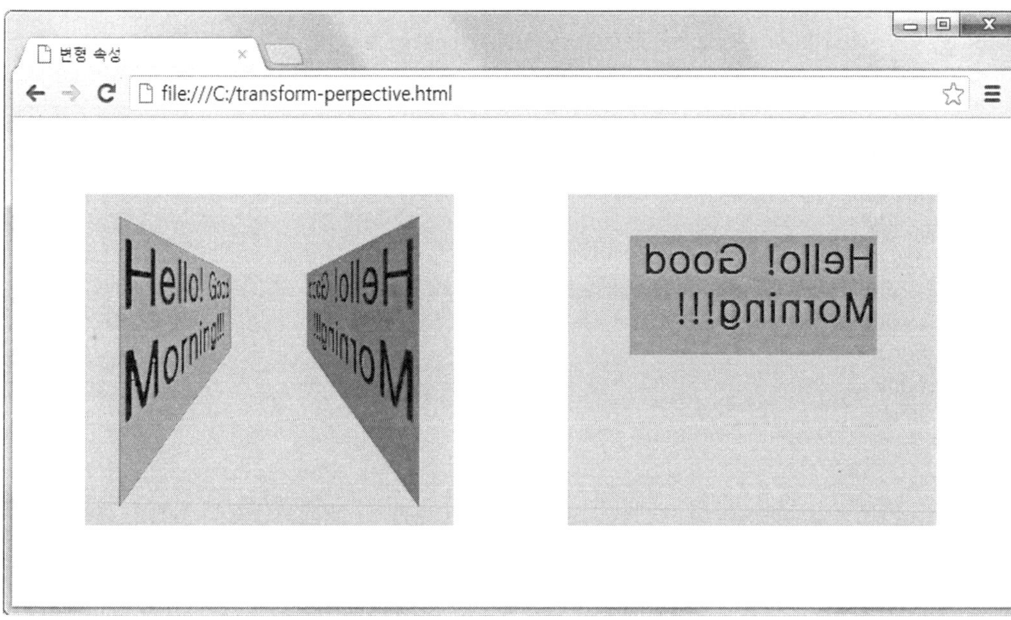

[그림 2.54] **CSS3의 변형 속성 활용 결과 (크롬)**

다음은 CSS3의 2차원 변형을 활용하는 예제이다.

transform-2D.html

```
1: <html>
2:  <head>
3:   <title> 변형 속성 </title>
4:   <style type="text/css">
5:      .a {position:absolute; background-color:lightblue;
6:          width:200px; height:150px; margin:50px;
7:          transform:translate(20px, 30px) scale(1.2, 1.2) skew(20deg, 20deg);
8:          transform-origin:50% 50% 0%;
9:          transform-style:flat;
10:         -webkit-transform:translate(20px, 30px) scale(1.2, 1.2) skew(20deg, 20deg);
11:         -webkit-transform-origin:50% 50% 0%;
12:         -webkit-transform-style:flat;}
13:     .b {position:absolute; background-color:blue;
14:         top:30px; width:200px; height:90px;
15:         transform:translate(20px, 30px) scale(1.2, 1.2) skew(20deg,20deg) rotate(20deg);
16:         transform-origin:50% 50% 0%;
17:         transform-style:flat;
18:         -webkit-transform:translate(20px, 30px) scale(1.2, 1.2) skew(20deg, 20deg)
                                rotate(20deg);
19:         -webkit-transform-origin:50% 50% 0%;
20:         -webkit-transform-style:flat;}
21:   </style>
22:  </head>
23:  <body>
24:   <div class="a">
25:     <h1> Hello! Good Morning!!! </h1>
26:     <h1 class="b"> Hello! Good Morning!!! </h1>
27:   </div>
28:  </body>
29: </html>
```

예제의 24행~26행을 보면 부모인 <div> 요소 안에 자식인 두 개의 <h1> 요소가 있다. 24행의 부모 요소에 스타일 a를, 26행의 자식 요소에 스타일 b를 설정한다. 7행과 10행에서는 'translate(20px, 30px) scale(1.2, 1.2) skew(20deg, 20deg)'으로 2차원에 대한 이동, 확대, 비스듬한 변형을 설정한다. 8행과 11행에서 변형 기준점을 설정하고, 9행과 12행에서 transform-style은 2차원을 의미하는 flat으로 설정한다. 15행과 18행에서는 rotate (20deg)으로 부모 요소보다 시계 방향으로 20도 회전하는 부분을 추가하였다. 따라서 <div> 요소 영역에서 먼저 변형이 이루어지고 자식 중 클래스 b 영향을 받은 <h1> 요소는 변형된 부모 <div> 요소 영역을 기준으로 다시 변형된다. 실행 결과는 [그림 2.55]와 같다.

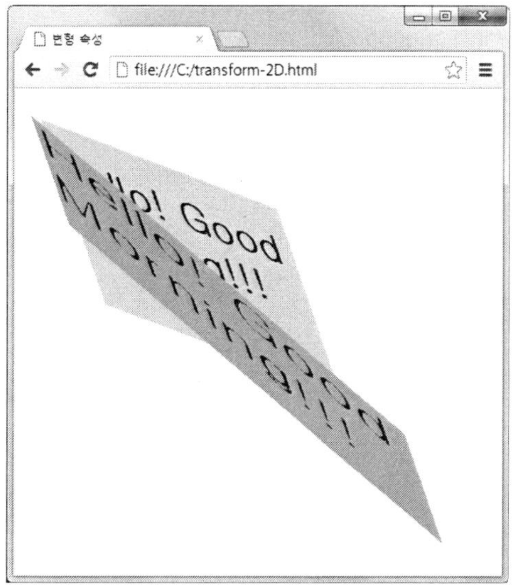

[그림 2.55] CSS3의 2D 변형 속성 활용 결과 (크롬)

다음은 CSS3의 3차원 변형을 활용하는 예제이다.

transform-3D.html

```
<html>
 <head>
 <title> 변형 속성 </title>
 <style type="text/css">
   .a {position:absolute; background-color:lightblue;
       width:200px; height:150px; margin:50px;
       transform:translate3d(20px, 30px, -10px) scale3d(1.2, 1.2, 1.2)
              rotate3d(20, 270, 20, 30deg) skew(20deg,20deg);
       transform-origin:50% 50% 50%;
       transform-style:preserve-3d;
       -webkit-transform:translate3d(20px, 30px, -10px)  scale3d(1.2, 1.2, 1.2)
                    rotate3d(20, 270, 20, 30deg) skew(20deg,20deg);
       -webkit-transform-origin:50% 50% 50%;
       -webkit-transform-style:preserve-3d;}
    .b {position:absolute; background-color:blue;
        width:200px; height:90px; left:150px;
        transform:perspective(150) translate3d(-20px, -30px, 10px) scale3d(1.2, 1.2, 1.2)
               rotate3d(20, 270, 12, 500deg);
        transform-origin:50% 50% 50%;
        transform-style:preserve-3d;
        -webkit-transform:perspective(150) translate3d(-20px, -30px, 10px)
                    scale3d(1.2, 1.2, 1.2) rotate3d(20, 270, 12, 500deg);
```

```
19:          -webkit-transform-origin:50% 50% 50%;
20:          -webkit-transform-style:preserve-3d;}
21:   </style>
22:   </head>
23:   <body>
24:   <div class="a">
25:      <h1> Hello! Good Morning!!! </h1>
26:      <h1 class="b"> Hello! Good Morning!!! </h1>
27:   </div>
28:   </body>
29: </html>
```

예제의 24행~26행을 보면 부모인 <div> 요소 안에 자식인 두 개의 <h1> 요소가 있다. 24행의 부모 요소에 스타일 a를, 26행의 자식 요소에 스타일 b를 설정한다. 7행과 10행에서는 'translate3d(20px, 30px, -10px) scale3d(1.2, 1.2, 1.2) rotate3d(20, 270, 20, 30deg) skew(20deg,20deg)'로 3차원에 대한 이동, 확대, 회전, 비스듬한 변형을 설정한다. 8행과 11행에서 변형 기준점을 설정하고, 9행과 12행에서 transform-style은 3차원을 의미하는 preserve-3d로 정한다. 15행과 18행에서는 3차원 변형된 요소를 위한 투시도 perspective를 정한다. 따라서 <div> 요소 영역에서 먼저 변형이 이루어지고 자식 중 클래스 b 영향을 받은 <h1> 요소는 변형된 부모 <div> 요소 영역을 기준으로 다시 변형된다. 실행 결과는 [그림 2.56]과 같다.

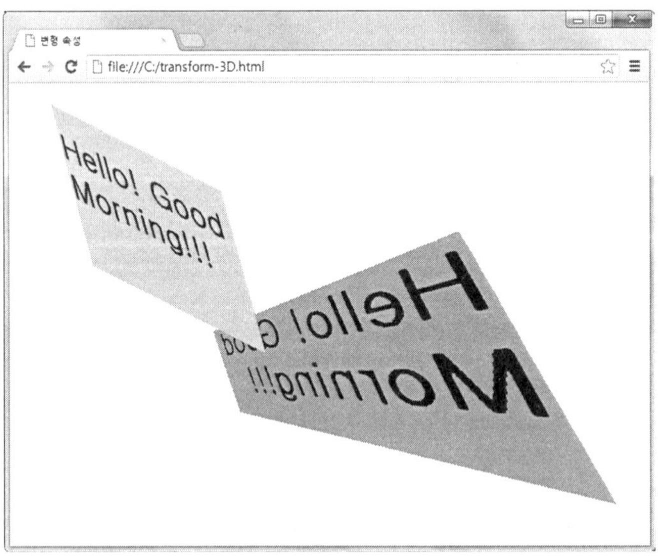

[그림 2.56] CSS3의 3D 변형 속성 활용 결과 (크롬)

2.7 CSS3 전환

CSS3에서는 전환(transition)과 같은 동적 스타일을 설정할 수 있다. 전환은 하나의 스타일에서 다른 스타일로 변화하는 것을 말하는데, 시간과 속도를 조절하여 이 과정이 자연스럽게 보이도록 할 수 있다. 전환 관련 속성은 [표 2.24]와 같다.

[표 2.24] CSS3에 추가된 전환 관련 속성

속성	속성값	설명과 사용 예
transition-property -webkit-transition-property -moz-transition-property -o-transition-property	all(기본), none, CSS 속성	요소의 전환 속성 transition-property:width;
transition-duration -webkit-transition-duration -moz-transition-duration -o-transition-duration	시간 (s 또는 ms) (기본 0)	전환 작동 시간 transition-duration:5s;
transition-timing-function -webkit-transition-timing-function -moz-transition-timing-function -o-transition-timing-function	ease(기본), ease-in, ease-out, ease-in-out, linear, cubic-bezier(a,b,c,d)	전환 형태 transition-timing-function:linear; transition-timing-function: cubic-bezier(0,0,1,1);
transition-delay -webkit-transition-delay -moz-transition-delay -o-transition-delay	시간 (s 또는 ms) (기본 0)	전환 지연 시간 transition-delay:2s;
transition -webkit-transition -moz-transition -o-transition	transition-property, transition-duration, transition-timing-function, transition-delay 속성값 (기본 all 0 ease 0)	전환 설정 transition:width 2s linear 1s;

[표 2.24]에서 transition-timing-function 속성의 값으로 사용되는 전환 형태를 정리하면 [표 2.25]와 같다. 움직이는 속도에 따라 다양한 전환을 표현할 수 있다.

[표 2.25] CSS3의 전환 형태

형태	동일한 cubic-bezier(a, b, c, d)	설명
linear	cubic-bezier(0, 0, 1, 1)	처음과 끝이 같은 속도
ease	cubic-bezier(0.25, 0.1, 0.25, 1)	처음 느리고, 중간 빠르고, 끝 느린 속도
ease-in	cubic-bezier(0.42, 0, 1, 1)	처음 느린 속도
ease-out	cubic-bezier(0, 0, 0.58, 1)	끝 느린 속도
ease-in-out	cubic-bezier(0.42, 0, 0.58, 1)	처음과 끝이 느린 속도

다음은 CSS3의 전환 속성들을 이용하는 예제이다.

transition.html

```
<html>
 <head>
  <title> 변형 속성 </title>
  <style type="text/css">
     h1 {position:absolute; top:30px; width:50px; height:50px; text-align:center;}
    .red {background-color:red; left:50px;
          transition:height 1s linear 1s;
          -webkit-transition:height 1s linear 1s;
          -moz-transition:height 1s linear 1s;
          -o-transition:height 1s linear 1s;}
     .orange {background:orange; left:100px;
               transition:height 1s ease 1s;
               -webkit-transition:height 1s ease 1s;
               -moz-transition:height 1s ease 1s;
               -o-transition:height 1s ease 1s;}
     .yellow {background:yellow; left:150px;
               transitionheight 1s ease-in 1s;
               -webkit-transition:height 1s ease-in 1s;
               -moz-transition:height 1s ease-in 1s;
               -o-transition:height 1s ease-in 1s;}
     .green {background-color:green; color:white; left:200px;
              transition:height 1s ease-out 1s;
              -webkit-transition:height 1s ease-out 1s;
              -moz-transition:height 1s ease-out 1s;
              -o-transition:height 1s ease-out 1s;}
```

```
26:       .blue {background:blue; color:white; left:250px;
27:             transition:height 1s ease-in-out 1s;
28:             -webkit-transition:height 1s ease-in-out 1s;
29:             -moz-transition:height 1s ease-in-out 1s;
30:             -o-transition:height 1s ease-in-out 1s;}
31:       .navy {background:navy; color:white; left:300px;
32:             transition:height 1s cubic-bezier(0, 0, 1, 1) 1s;
33:             -webkit-transition:height 1s cubic-bezier(0, 0, 1, 1) 1s;
34:             -moz-transition:height 1s cubic-bezier(0, 0, 1, 1) 1s;
35:             -o-transition:height 1s cubic-bezier(0, 0, 1, 1) 1s;}
36:       .purple {background:purple; color:white; left:350px;
37:               transition:height 1s cubic-bezier(0.42, 0, 0.58, 1) 1s;
38:               -webkit-transition:height 1s cubic-bezier(0.42, 0, 0.58, 1) 1s;
39:               -moz-transition:height 1s cubic-bezier(0.42, 0, 0.58, 1) 1s;
40:               -o-transition:height 1s cubic-bezier(0.42, 0, 0.58, 1) 1s;}
41:       h1:hover {background:pink; color:blue; height:200px;}
42:    </style>
43:  </head>
44:  <body>
45:    <h1 class="red"> 빨 </h1> <h1 class="orange"> 주 </h1>
46:    <h1 class="yellow"> 노 </h1> <h1 class="green"> 초 </h1>
47:    <h1 class="blue"> 파 </h1> <h1 class="navy"> 남 </h1>
48:    <h1 class="purple"> 보 </h1>
49:  </body>
50: </html>
```

예제는 7개의 무지개 영역을 만든다. 각 영역에 대해 linear, ease, ease-in, ease-out, ease-in-out, cubic-bezier(0, 0, 1, 1), cubic-bezier(0.42, 0, 0.58, 1) 형태의 전환을 설정한다. 우선, 6행~10행은 빨간색 영역을 나타낸다. 6행에서 배경색을 빨간색으로 설정하고, 7행에서 'transition:height 1s ease 1s'로 전환을 정의하는데, 전환의 기준은 height로, 작동 시간과 지연 시간은 각각 1초로, 전환의 형태는 ease로 설정한다. 8행~10행은 7행과 같은 내용을 각 브라우저별로 설정한 것이다. 빨간색 이외의 주황, 노랑, 초록, 파랑, 남색, 보라색의 영역도 전환 형태만 다르게 하고 나머지는 같은 방법으로 설정한다. 41행에서는 마우스 포인터가 링크 영역 위에 올라가면 배경색은 분홍색으로, 글씨는 파란색으로, 세로 길이는 200px로 변하도록 설정한다. 이에 따라 마우스 포인터를 해당 영역에 놓으면 그 영역 부분이 아래로 길이가 늘어나게 된다. 이때 앞에서 설명한 대로 마우스 포인터가 링크 위에 위치하게 되면 분홍색으로 변하게 됨을 확인할 수 있다. 실행 결과는 [그림 2.57]과 같다.

[그림 2.57] CSS3의 전환 속성 활용 결과 (크롬)

2.8 CSS3 애니메이션

CSS3에서는 동적인 효과를 얻기 위한 애니메이션을 지원한다. 전환은 시간의 흐름에 따라 요소가 변화하는데, 변화의 중간 과정을 사용자가 정교하게 처리하기가 어렵다. 애니메이션은 키프레임(keyframe)을 통해서 중간에 여러 단계를 삽입하여 좀 더 세밀하게 표현할 수가 있다. 애니메이션은 모바일 기기에서 자원을 많이 사용하는 자바스크립트를 대신하여 동적인 스타일을 지원하는데 활용할 수 있다. 애니메이션 관련 속성은 [표 2.26]과 같다.

[표 2.26] CSS3에 추가된 애니메이션 관련 규칙 및 속성

속성	속성값	설명과 사용 예
@keyframes @-webkit-keyframes @-moz-keyframes 규칙(rule)	animationname {keyframes-selector {CSS-styles;}} keyframes-selector:0%(from)-100%(to)	애니메이션 설정 @keyframes myani {0% {top:0px; background:red; width:10px;} 100% {top:20px; background:green; width:30px;}}
animation-name -webkit-animation-name -moz-animation-name	none(기본), keyframename	애니메이션 이름 animation-name:myani;
animation-duration -webkit-animation-duration -moz-animation-duration	시간 (s 또는 ms) (기본 0)	애니메이션 실행 시간 animation-duration:1s;
animation-timing-function -webkit-animation-timing-function -moz-animation-timing-function	ease(기본), ease-in, ease-out, ease-in-out, linear, ubic-bezier(a,b,c,d)	애니메이션 실행 방법 animation-timing-function:linear;

속성	속성값	설명과 사용 예
animation-delay -webkit-animation-delay -moz-animation-delay	시간 (s 또는 ms) (기본 0)	애니메이션 지연 시간 animation-delay:2s;
animation-iteration-count -webkit-animation-iteration-count -moz-animation-iteration-count	정수, infinite (기본 1)	애니메이션 반복 횟수 animation-iteration-count:5;
animation-direction -webkit-animation-direction -moz-animation-direction	normal(기본), alternate	애니메이션 진행 방향 animation-direction:alternate;
animation -webkit-animation -moz-animation	animation-name, animation-duration, animation-timing-function, animation-delay, animation-iteration-count, animation-direction 속성값 (기본 none 0 ease 0 1 normal)	애니메이션 설정 animation:myani 5s infinite;
animation-play-state -webkit-animation-state -moz-animation-state	running(기본), paused	애니메이션 실행 일시 정지 animation-play-state:pause;

다음은 CSS3의 애니메이션 속성들을 활용하는 예제이다.

animation.html

```
<html>
 <head>
   <title> 애니메이션 속성 </title>
   <style type="text/css">
      .rainbow {position:absolute; top:30px; width:50px;
               background-color:red; text-align:center;
               animation:myani 5s linear infinite alternate;
               animation-play-state:running;
               -webkit-animation:myani 5s linear infinite alternate;
               -webkit-animation-play-state:running;
               -moz-animation:myani 5s linear infinite alternate;
               -moz-animation-play-state:running;}
      @keyframes myani
      { 0% {left:0px; background:red; height:10px;}
        15% {left:50px; background:orange; height:30px;}
        30% {left:100px; background:yellow; height:50px;}
        45% {left:150px; background:green; color:white; height:70px;}
        60% {left:200px; background:blue; color:white; height:100px;}
        75% {left:250px; background:navy; color:white; height:130px;}
        100% {left:300px; background:purple; color:white; height:150px;}}
      @-webkit-keyframes myani
```

```
22:         { 0% {left:0px; background:red; height:10px;}
23:           15% {left:50px; background:orange; height:30px;}
24:           30% {left:100px; background:yellow; height:50px;}
25:           45% {left:150px; background:green; color:white; height:70px;}
26:           60% {left:200px; background:blue; color:white; height:100px;}
27:           75% {left:250px; background:navy; color:white; height:130px;}
28:           100% {left:300px; background:purple; color:white; height:150px;}}
29:         @-moz-keyframes myani
30:         { 0% {left:0px; background:red; height:10px;}
31:           15% {left:50px; background:orange; height:30px;}
32:           30% {left:100px; background:yellow; height:50px;}
33:           45% {left:150px; background:green; color:white; height:70px;}
34:           60% {left:200px; background:blue; color:white; height:100px;}
35:           75% {left:250px; background:navy; color:white; height:130px;}
36:           100% {left:300px; background:purple; color:white; height:150px;}}
37:     </style>
38:   </head>
39:   <body>
40:     <h1 class="rainbow"> 무지개 색 </h1>
41:   </body>
42: </html>
```

예제는 '무지개 색'이라고 쓰인 영역의 배경색이 빨강, 주황, 노랑, 초록, 파랑, 남색, 보라로 색이 변하면서 화면의 좌우를 왕복으로 이동하도록 한다.

5행~12행은 기본적인 애니메이션을 설정한다. 5행~6행은 시작 위치와 배경색 등을 설정하고 7행에서 'animation:myani 5s linear infinite alternate;'로 애니메이션을 설정한다. 이것은 애니메이션의 이름은 myani로, 애니메이션 실행 시간은 5초로, 실행 방법은 linear로, 재생 횟수는 무한정으로, 진행 방향은 교대로 왕복으로 설정한다. 8행에서는 애니메이션을 계속 실행하도록 설정한다. 9행~12행은 7행~8행과 같은 내용으로 각 브라우저별로 설정한 것이다.

13행~20행에서는 각 키프레임 단계별로 수행할 일을 작성한다. 총 7개의 키프레임을 설정하며 각 단계마다 위치, 배경색, 세로 길이에 대한 정보를 다르게 설정한다. 즉, 각 행에서의 비율(0%-100%)은 시간의 흐름에 따라 변하도록 애니메이션을 설정한 것이다. 21행~36행은 13행~20행과 같은 내용을 각 브라우저별로 설정한 것이다.

예제를 실행하면 '무지개 색'이라고 쓰인 영역의 배경색이 무지개의 색으로 변하며 길이가 늘었다 줄었다 하면서 좌우 교대로 왕복하는 것을 확인할 수 있다. 실행 결과는 [그림 2.58]과 같다.

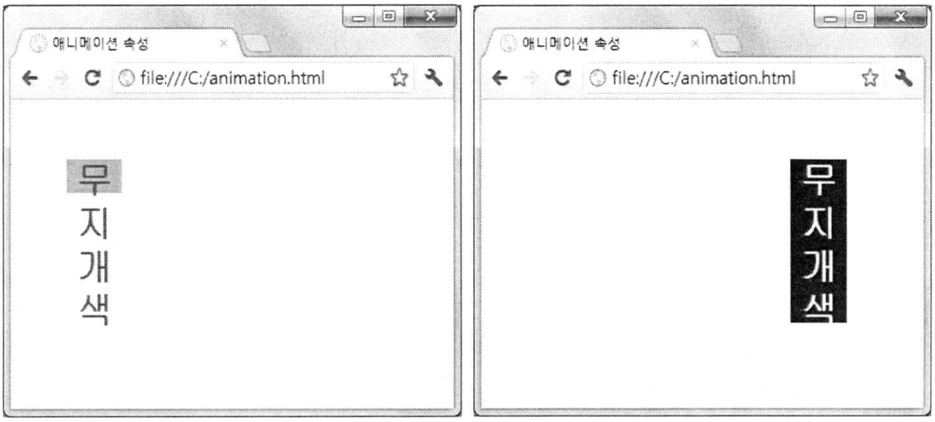

[그림 2.58] CSS3의 애니메이션 속성 활용 결과 (크롬)

부 록

본 부록에서는 미디어 질의를 활용하기 위하여 필요한 프로그램의 설치 방법에 대해서 설명한다. 스마트폰 환경에서 예제를 실행하기 위해서 Android Emulator를 설치하고, 서버를 이용하여 예제를 실행하기 위해서 Apache Tomcat을 설치한다.

Android Emulator 설치 방법

스마트폰 환경에서 예제를 실행하는데 필요한 안드로이드 에뮬레이터(Android Emulator)를 설치하기 위해서는 Android SDK를 설치해야 한다. Android SDK는 Java EE-Eclipse를 통해서 설치할 수 있다. 다음과 같은 순서에 따라 안드로이드 에뮬레이터를 설치한다.

01. 웹 브라우저의 주소 창에 'http://www.eclipse.org'이라는 url을 입력하면 다음과 같은 웹 페이지가 나타나며, 'Download Eclipse'를 클릭한다.

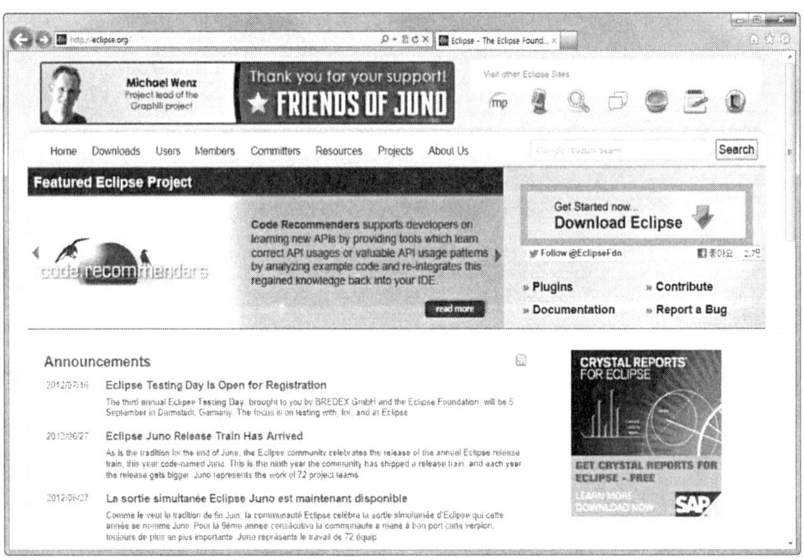

02. 다운로드 목록 중에서 'Eclipse IDE for Java EE Developers'를 자신의 윈도우 운영체제의 비트에 맞게 선택한다.

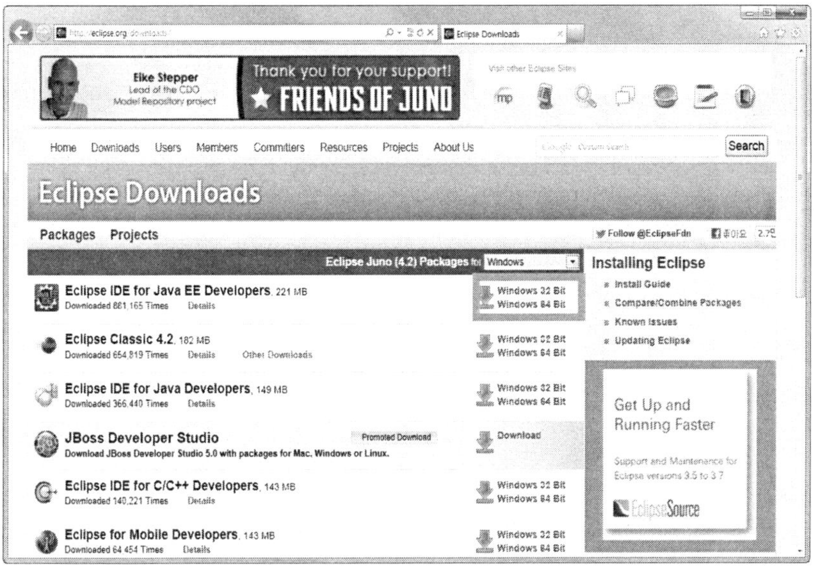

03. 화면에 표시된 이미지를 클릭하여 'eclipse-jee-juno-win32-x86_64.zip'를 다운로드 받아서 압축을 해제한다.

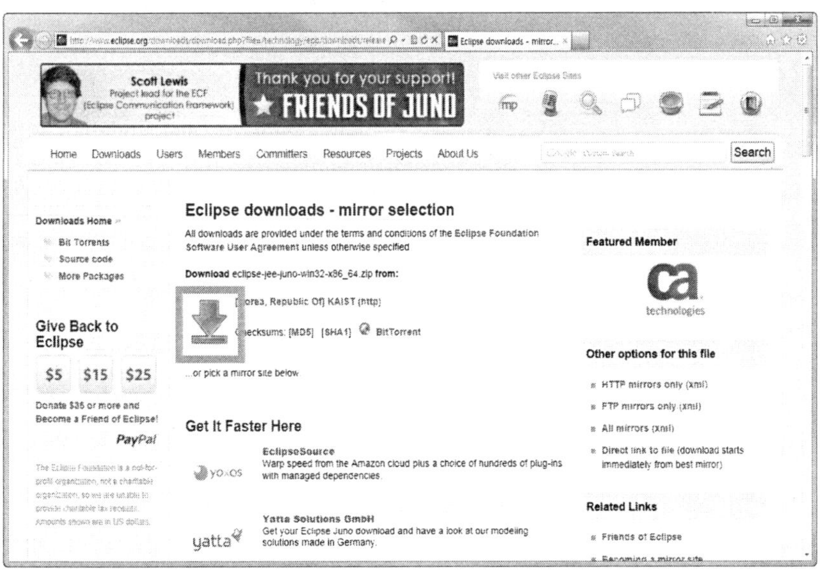

04. 다음과 같은 절차에 따라 설치 파일을 실행한다.

① 먼저 압축을 푼 폴더에서 'eclipse.exe'를 실행한 다음 설치할 경로를 확인한 후 OK 버튼을 클릭한다.

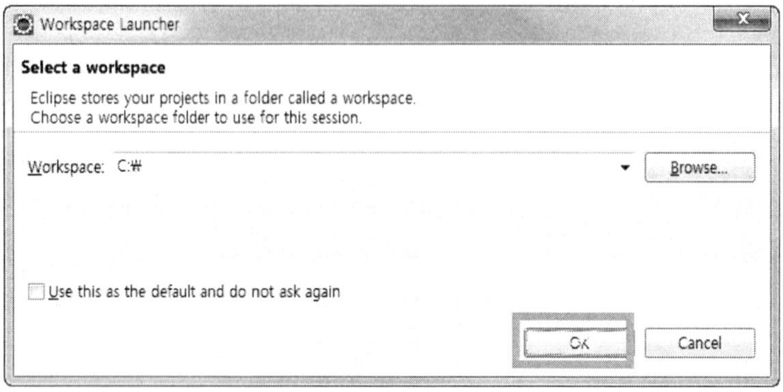

② Java EE-Eclipse 화면이 보이고 메뉴에서 Help → Install New Software를 클릭한다.

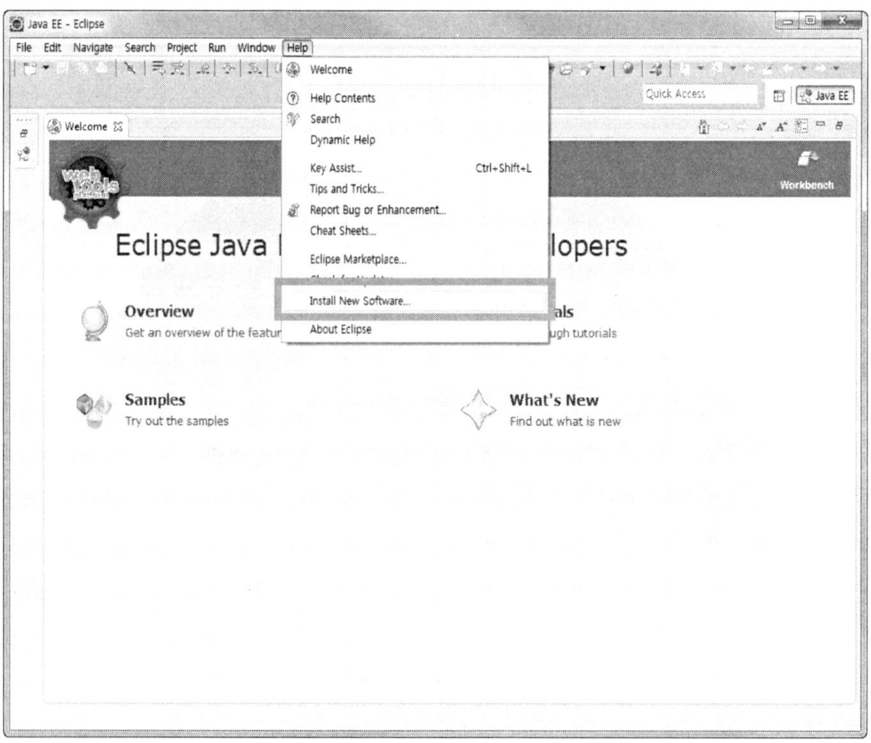

③ 화면 오른쪽에 있는 Add 버튼을 클릭한 후, 아래 그림과 같이 입력하고 OK 버튼을 클릭한다.

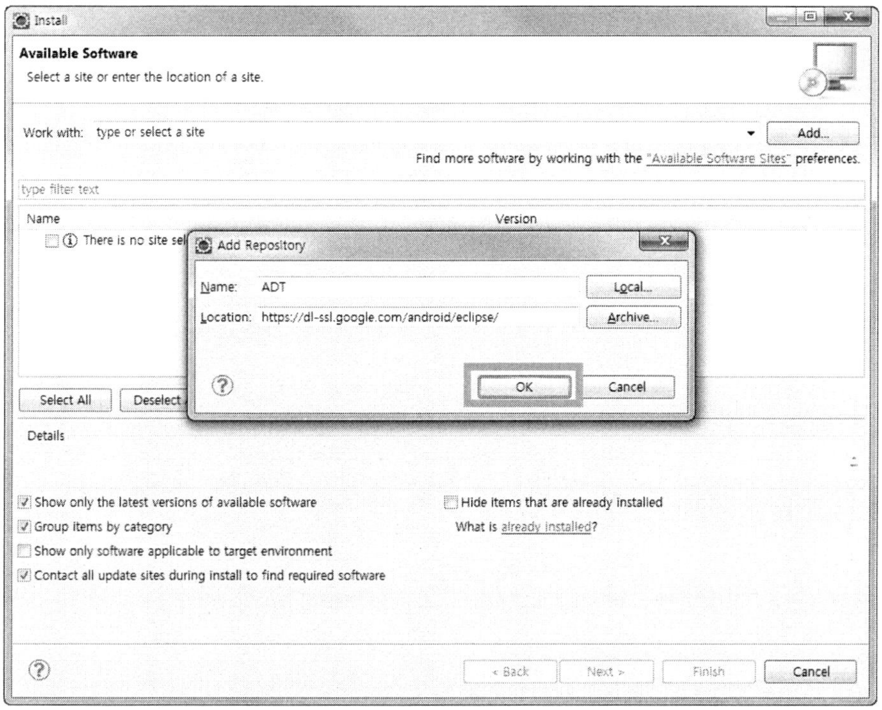

④ 다음과 같은 설치 과정을 확인한 후, Next 버튼을 클릭한다.

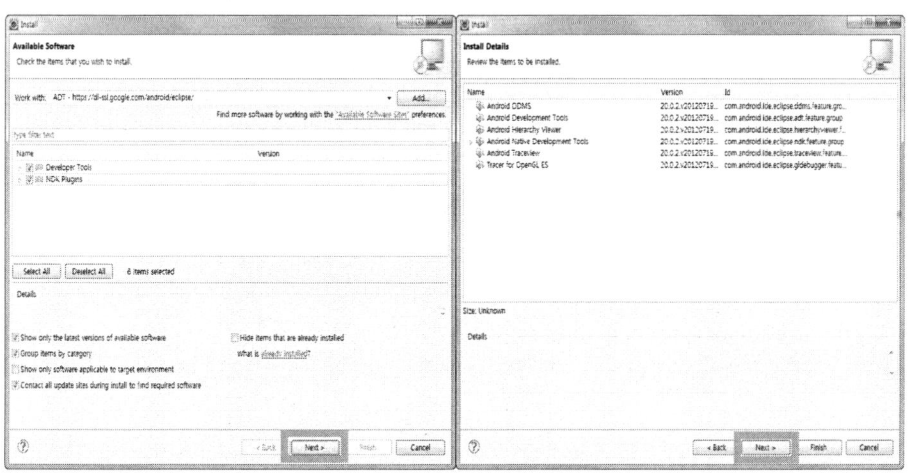

⑤ 다음 화면과 같이 Accept를 클릭한 후 Finish 버튼을 클릭한다.

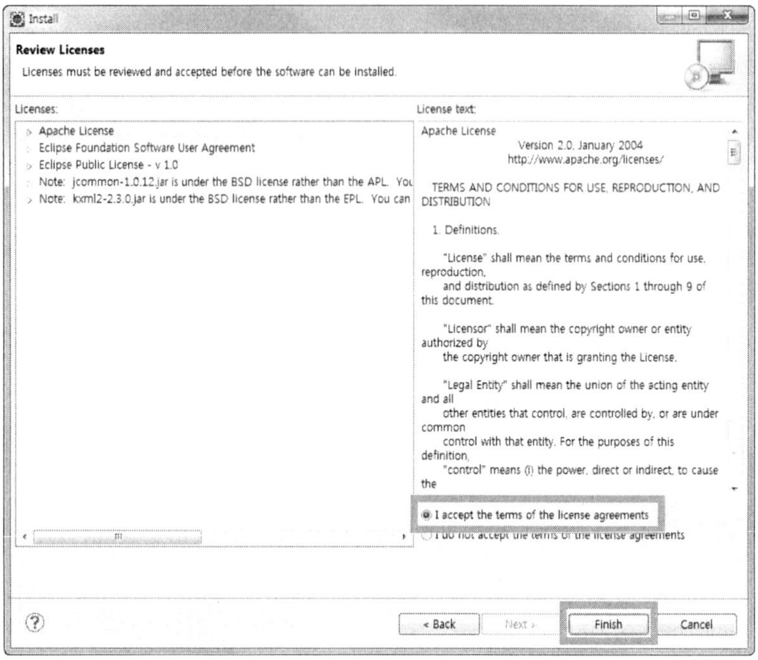

⑥ 다음과 같은 화면이 나타나면 OK 버튼을 클릭한다.

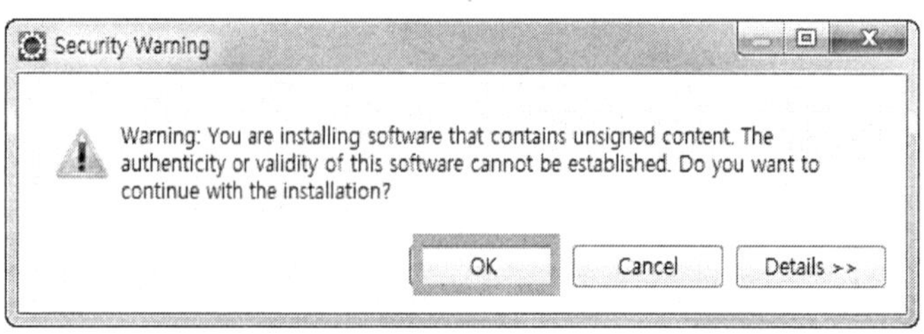

⑦ 다음과 같은 화면이 나타나면 Yes 버튼을 클릭한다.

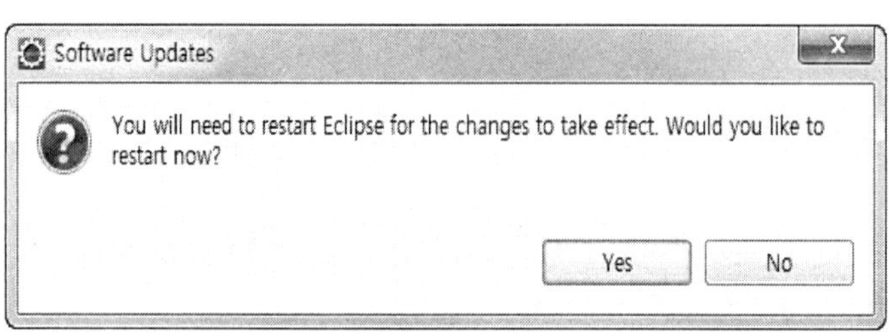

⑧ 다음과 같은 설치 과정을 확인한 후, Next 버튼을 클릭하고, Finish 버튼을 클릭한다.

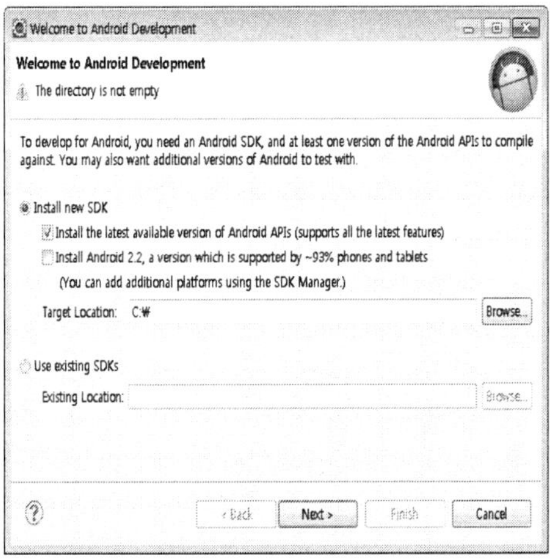

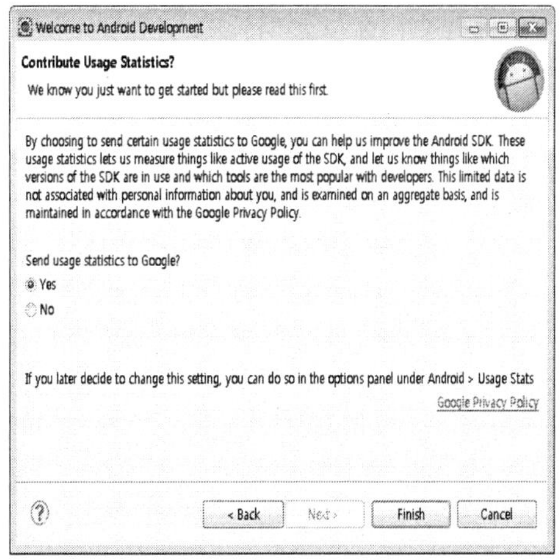

⑨ Android SDK Manager가 설치되고 있다.

⑩ 다음과 같은 설치 과정을 확인한 후, Accept All을 클릭하고 Install 버튼을 클릭한다.

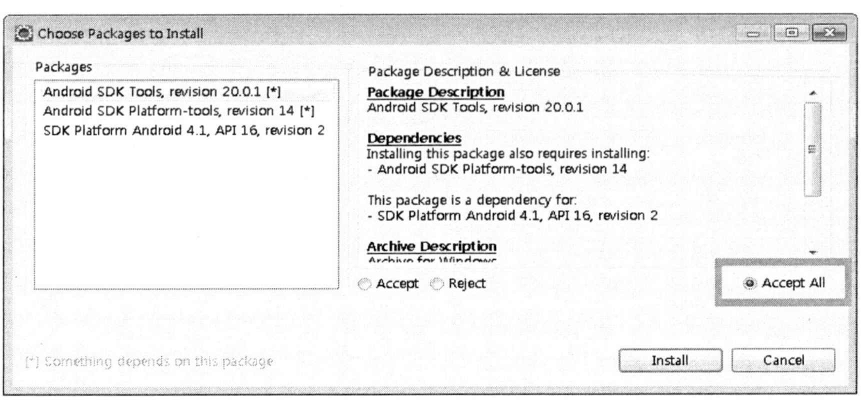

⑪ Java EE-Eclipse의 메뉴에서 Window → Android SDK Manager를 클릭한다.

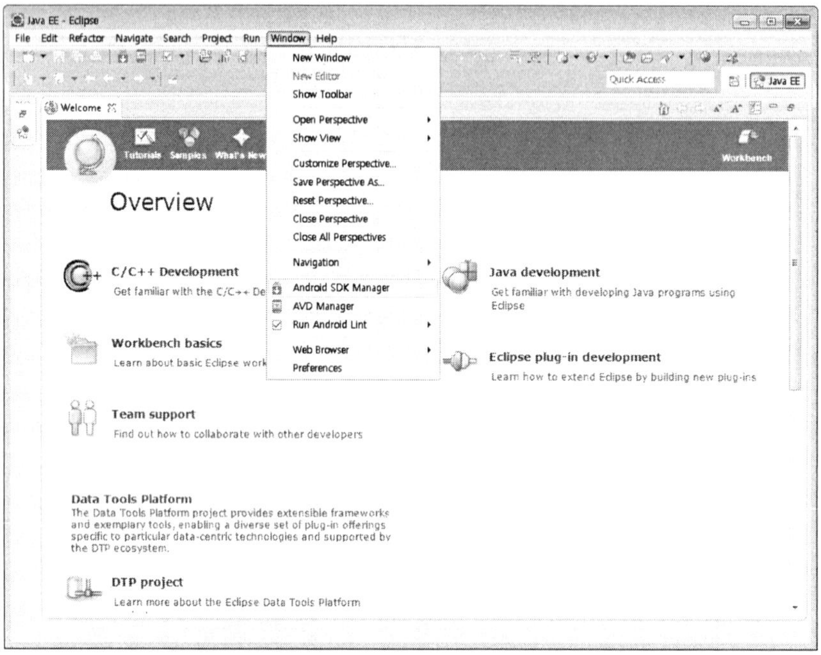

⑫ 다음 그림과 같이 선택한 후 Install 버튼을 클릭한다.

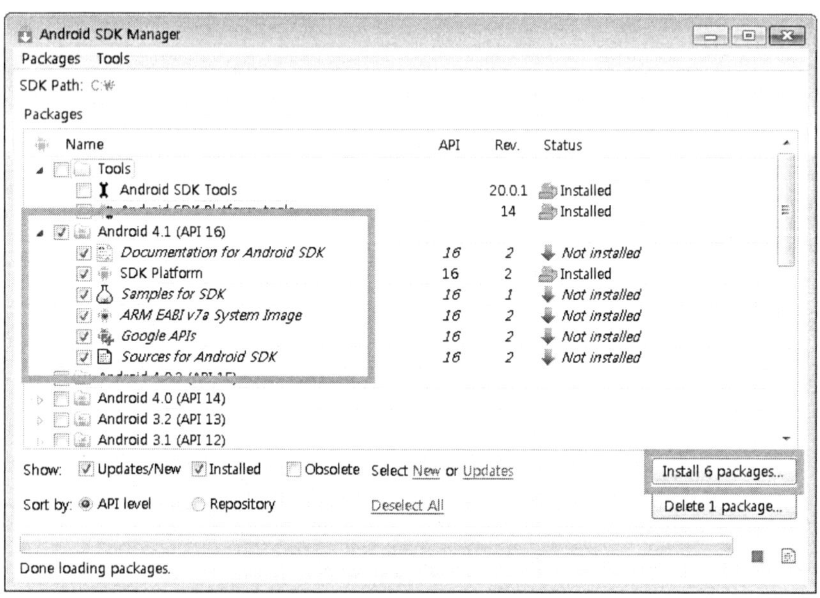

⑬ 다음과 같은 설치 과정을 확인한 후, Accept All을 클릭하고 Install 버튼을 클릭한다.

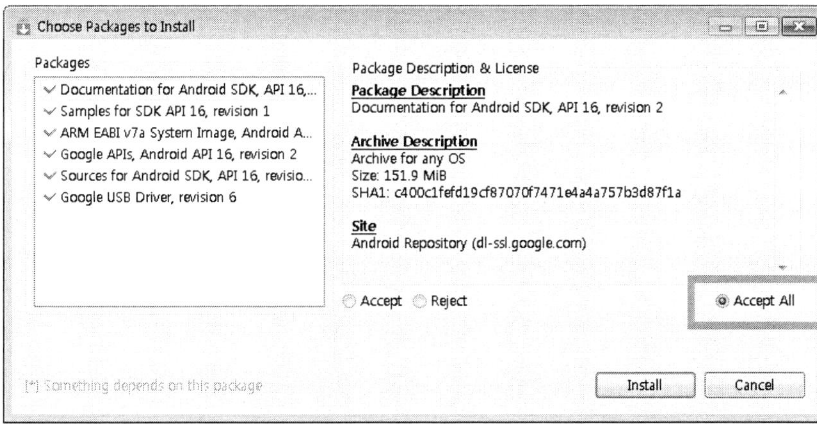

⑭ 다음과 같이 설치가 완료된다.

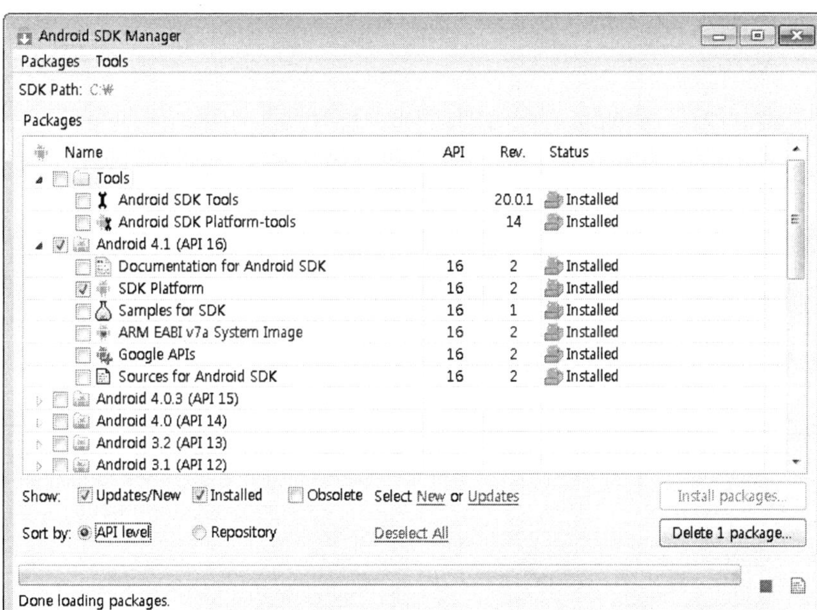

O5. 설치가 완료되면 Java EE-Eclipse의 메뉴에서 Window → AVD Manager를 클릭한다.

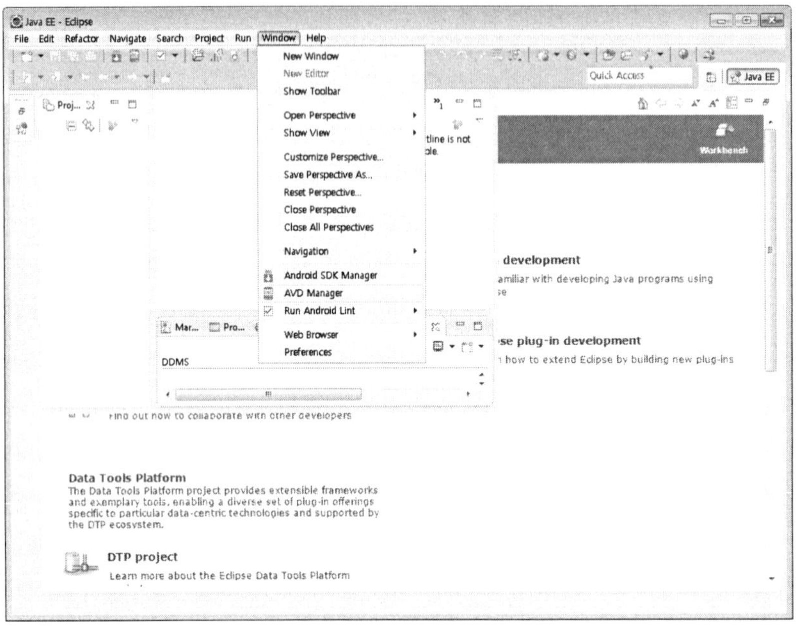

O6. 다음 화면에서 오른쪽의 New 버튼을 클릭한다.

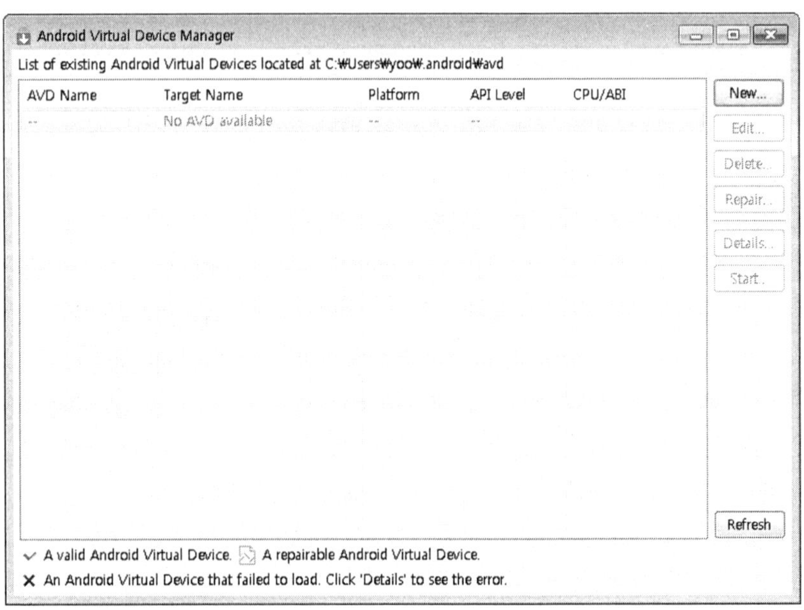

O7. 다음과 같이 설정한 후 Create AVD 버튼을 클릭한다.

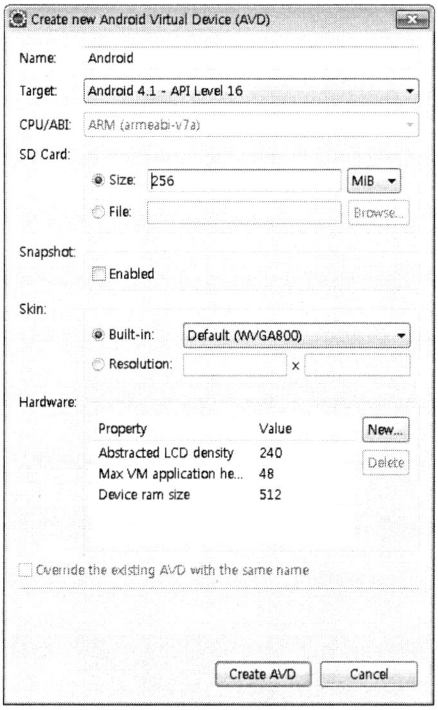

O8. 생성된 AVD를 선택하고 Start 버튼을 클릭한다.

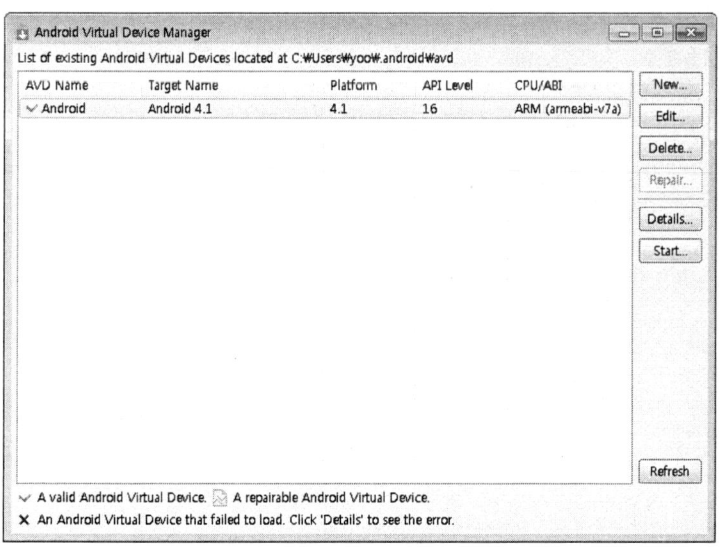

09. 다음의 화면에서 Launch 버튼을 클릭한다.

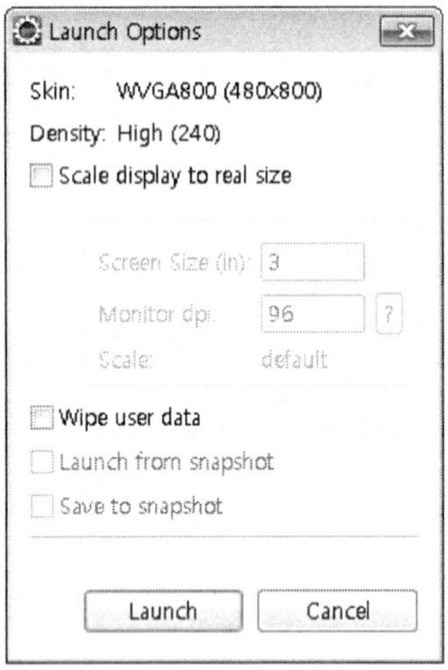

10. Android 에뮬레이터가 실행된다.

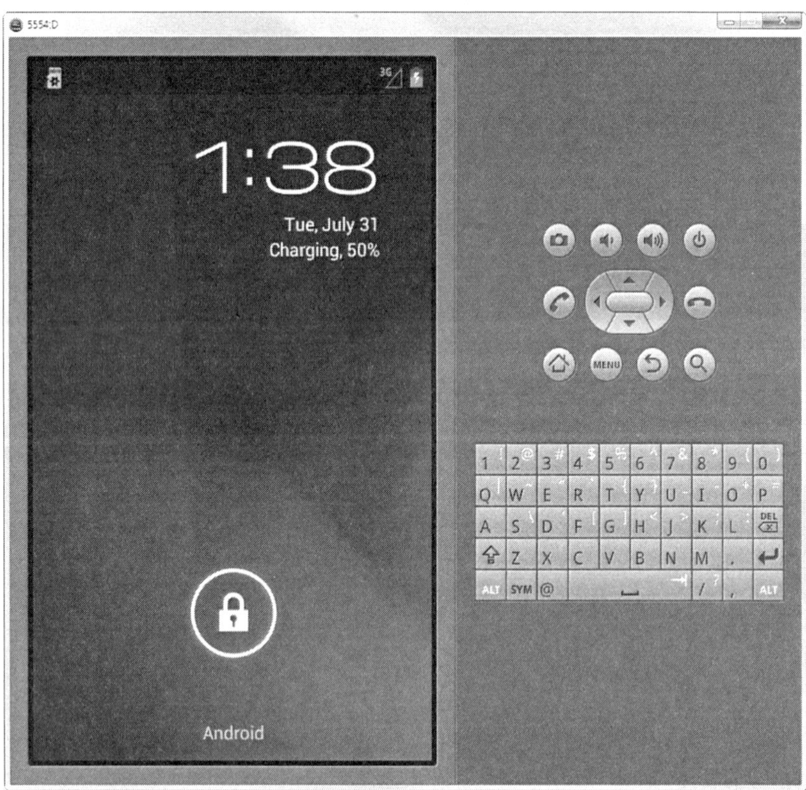

Apache Tomcat 설치 방법

서버를 이용하여 예제를 실행시키기 위해서는 서버를 운영하는 프로그램을 설치해야 한다. 아파치(apache)라는 비영리 단체가 개발하여 무상으로 배포하고 있는 오픈 소스 소프트웨어인 톰캣(tomcat)이라는 프로그램을 설치한다. 설치 방법은 6장의 부록 Apache Tomcat 설치 방법에서 구체적으로 설명한다.

연습문제

01. CSS의 스타일 유형에는 다음과 같은 세 가지가 있다. (   )은 특정 태그에 스타일을 설정하여 태그 범위 내에서만 스타일을 적용하는 방식이고, (   )은 웹 문서 안에서 정의하여 문서 전체에 스타일을 적용하는 방식이다. (   )는 스타일 시트를 별도의 파일로 저장하고 이를 참조하여 사용하는 방식이다.

02. 다음은 스타일의 정의 방법과 적용 방법에 대해 보여주고 있다. 괄호를 채우시오.

```
<html>
  <head>
     <title> 클래스 스타일 만들기 </title>
     <style type="text/css">
          p {background:yellow; color:blue;}
          .boldtxt {font-weight:bold;}
          #once {font-style:italic;}
     </style>
  </head>
  <body>
     <h2 (          )="once"> 이 스타일은 ID 속성을 이용한 스타일입니다. </h2>
     <h2 (          )="boldtxt"> H2 요소에도 굵은 글자가 적용됩니다. </h2>
     <p class=(          )> P 요소에 굵은 글자도 사용할 수 있습니다. </p>
  </body>
</html>
```

03. CSS3 스타일을 사용하면 브라우저에 상관없이 동작하는 경우도 있지만, 그렇지 않을 수도 있다. 그러므로 각 브라우저별 속성을 지정하기 위한 접두어가 필요하다.

접두어	브라우저
-ms-	마이크로소프트 브라우저 (인터넷 익스플로러)
( )	webkit 기반 브라우저 (사파리, 크롬 등)
( )	모질라 기반 브라우저 (모질라, 파이어폭스 등)
( )	오페라 기반 브라우저 (오페라)

04. 다음의 미디어 질의 정의 방법을 @import 규칙을 사용하여 똑같은 의미의 미디어 질의로 변경하시오.

```
<link rel="stylesheet" href="test1.css" media="print">
<link rel="stylesheet" href="test2.css" media="screen and (min-width:600px)">
<link rel="stylesheet" href="test3.css" media="screen and (max-device-width:480px)
                                               and (min-device-width:320px)">
```

(　　　　　　　　　　　　　　　　　　　　　　　　　　　　　　　)
(　　　　　　　　　　　　　　　　　　　　　　　　　　　　　　　)
(　　　　　　　　　　　　　　　　　　　　　　　　　　　　　　　)

05. 다음은 스타일 정의 부분이다. 괄호를 채우시오.

〈h2〉 태그에 대해서는 color 속성을 파란색으로 font-weight 속성을 굵은 글자로 font-family 속성을 바탕체로 설정한다.
〈p〉 태그에 대해서는 color 속성을 빨간색으로 font-size 속성을 20 포인트로 font-style 속성을 italic으로 설정한다.

```
<style type="text/css">
    h2 (                                                    )
    p (                                                     )
</style>
```

06. 다음 스타일 정의 부분의 괄호를 채우시오.

새로운 글꼴 'NanumPen' 을 정의한다.
〈h2〉 태그에 대해서는 font-family 속성을 설정할 때, 새로 설정한 NanumPen 글꼴로 보이도록 한다. 만일 브라우저에서 이를 지원하지 않을 경우에는 굴림체로 보이게 된다.

```
<style type="text/css">
    (            ) {
                  font-family:NanumPen;
                  src:url('NanumPen.ttf') format('truetype');
    }
    h2 {color:blue; (                                   ) font-size:30pt;}
    p {color:red; font-size:30pt;}
</style>
```

07. 다음 스타일 정의 부분을 완성하시오.

> <h2> 태그에 대해서는 text-align 속성의 값을 center로 지정하여 가운데 정렬을 수행하고, word-spacing 속성을 이용하여 단어 간격을 준다.
> <p> 태그에 대해서는 text-decoration 속성의 값을 line-through로 지정하여 문자열에 취소선을 적용하고, letter-spacing 속성을 이용하여 글자 간격 5pt를 준다.

h2 (   )
p (   )

08. CSS3에 추가된 텍스트 관련 속성에는 단과 관련된 속성이 있다. 단의 개수를 정할 때는 (   ) 속성을 이용하고 단 사이의 간격을 정할 때는 (   ) 속성을 이용한다. 단 구분선의 너비는 (   ) 속성, 단 구분선의 스타일은 (   ) 속성, 단 구분선의 색상은 (   ) 속성을 이용한다.

09. CSS에는 색과 배경에 관련된 속성이 있다. 배경색을 설정하기 위해서는 (   ) 속성을 이용하고, 배경 이미지를 설정하기 위해서는 (   ) 속성을 이용한다. 배경 이미지의 반복 여부를 결정하기 위해서는 (   ) 속성을 이용하고, 배경 이미지의 고정 여부를 결정하기 위해서는 (   ) 속성을 이용하고, 배경 이미지의 위치를 정하기 위해서는 (   ) 속성을 이용한다. (   ) 속성은 이러한 속성들을 한꺼번에 설정할 수 있다.

10. CSS3에서는 색상을 표기하는 방법이 다양하다. (   )는 적 · 녹 · 청에 의해 색을 정의하고, (   )는 투명도 alpha를 추가하여 색을 정의한다. (   )는 색상, 채도, 명도에 의해 색을 정의하고, (   )는 투명도 alpha를 추가하여 색을 정의한다.

11. 목록 관련 속성을 이용하여 스타일을 정의하시오.

(1) 불릿을 네모모양으로 설정한다. (   )
(2) 불릿의 위치를 바깥쪽으로 설정한다. (   )
(3) 불릿을 test.jpg 이미지로 설정한다. (   )

12. 박스 관련 속성에 대한 설명이다. 괄호를 채우시오.

· 외부 여백 (margin) : 블록 테두리의 외부 여백
· (   ) : 블록 테두리의 바깥 선
· 테두리 (border) : 블록 테두리의 외형 특성
· (   ) : 테두리와 블록의 내용 사이의 간격
· 내용 (content) : 요소의 내용

13. 박스 관련 속성을 사용하여 스타일을 정의하시오.

(1) 테두리의 폭을 30pt로 설정한다. (   )
(2) 테두리의 형태를 점선으로 설정한다. (   )
(3) 테두리 색상을 빨간색으로 설정한다. (   )
(4) 외곽선의 오프셋을 10px로 설정한다. (   )
(5) 외곽선 색상을 파란색으로 설정한다. (   )

14. 박스 관련 테두리 속성을 활용하여 스타일을 작성하시오.

(1) 왼쪽 아래 곡선 테두리를 20px로 설정한다.(   )
(2) 오른쪽 위 곡선 테두리를 20px로 설정한다.(   )
(3) 전체 곡선 테두리를 20px로 설정한다. (   )
(4) 오버플로우 발생 시 내용을 화면에서 사라지게 한다.
(   )
(5) 오버플로우 발생 시 스크롤이 생기게 한다. (   )

15. -moz-의 gradient-side의 값에 관한 설명이다. 괄호를 채우시오.

(1) 중심에서부터 가장 가까운 측면에 그라디언트를 형성한다.
(   )
(2) 중심에서부터 가장 가까운 모서리에 그라디언트를 형성한다.
(   )
(3) 중심에서부터 가장 먼 측면에 그라디언트를 형성한다.
(   )
(4) 중심에서부터 가장 먼 모서리에 그라디언트를 형성한다.
(   )

16. 테이블 관련 속성을 이용하여 스타일을 정의하시오.
(1) 빈 셀의 모양을 보이게 설정한다. (   )
(2) 테이블 제목 위치를 위로 설정한다. (   )
(3) 테이블 안의 내용을 세로 정렬을 앞쪽으로 설정한다.
(   )
(4) 테이블 안의 내용을 가로 정렬을 뒤쪽으로 설정한다.
(   )

17. 변형 관련 속성을 이용하여 스타일을 작성하시오.
(1) 3차원 회전시 요소 뒷면 공개하도록 설정한다.
(   )
(2) 5px만큼 x축 방향으로 이동하도록 설정한다.
(   )
(3) 2배만큼 x축 방향으로 확대하도록 설정한다.
(   )
(4) x축을 따라 3차원 30도 회전 (   )

18. 전환 관련 속성을 활용하여 스타일을 정의하시오.
(1) 요소의 전환 속성을 height로 설정한다. (   )
(2) 전환 작동 시간을 5초로 설정한다. (   )
(3) 전환 지연 시간을 1초로 설정한다. (   )
(4) 전환 형태를 처음과 끝이 같은 속도로 설정한다.
(   )

19. (   )은 시간의 흐름에 따라 요소가 변화하는데, 변화의 중간 과정을 사용자가 정교하게 처리하기가 어렵다. (   )은 키프레임(keyframe)을 통해서 중간에 여러 단계를 삽입하여 좀 더 세밀하게 표현할 수가 있다. (   )은 모바일 기기에서 자원을 많이 사용하는 자바스크립트를 대신하여 동적인 스타일을 지원하는데 활용할 수 있다.

20. 전환 관련 속성을 이용하여 스타일을 작성하시오.

(1) 애니메이션 재생 횟수를 5회로 설정한다. (　　　　　　　　　　　　　　　　)

(2) 애니메이션 실행 시간을 2초로 설정한다. (　　　　　　　　　　　　　　　　)

(3) 애니메이션 진행 방향을 교대로 왔다갔다하는 것으로 설정한다.
(　　　　　　　　　　　　　　　　)

(4) 애니메이션 실행 방법을 처음과 끝이 느린 속도로 설정한다.
(　　　　　　　　　　　　　　　　)

01. 실행 결과가 다음 화면과 같은 HTML 문서를 작성하시오. 외부 스타일 시트를 사용한다.

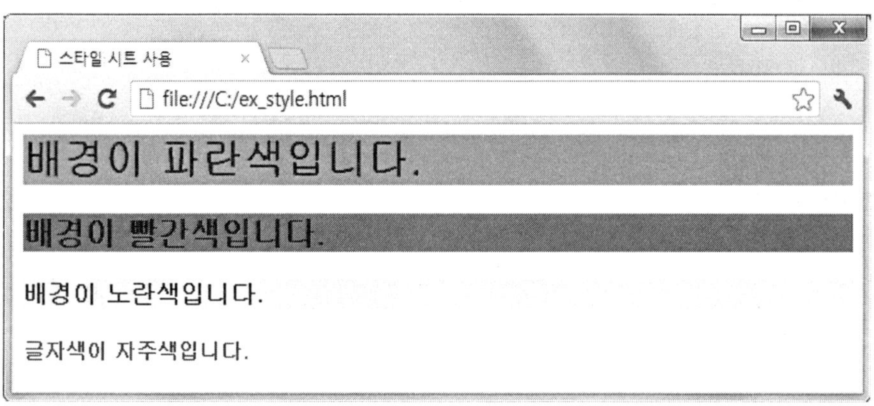

02. 스타일 시트를 이용하여 HTML 문서를 작성하시오. 〈h3〉, 〈hr〉, 〈blockquote〉 태그를 사용하며, 색상은 태그의 이름인 〈html〉은 blue, 〈head〉는 red, 〈title〉은 green, 〈meta〉는 orange, 〈body〉는 black으로 출력한다.

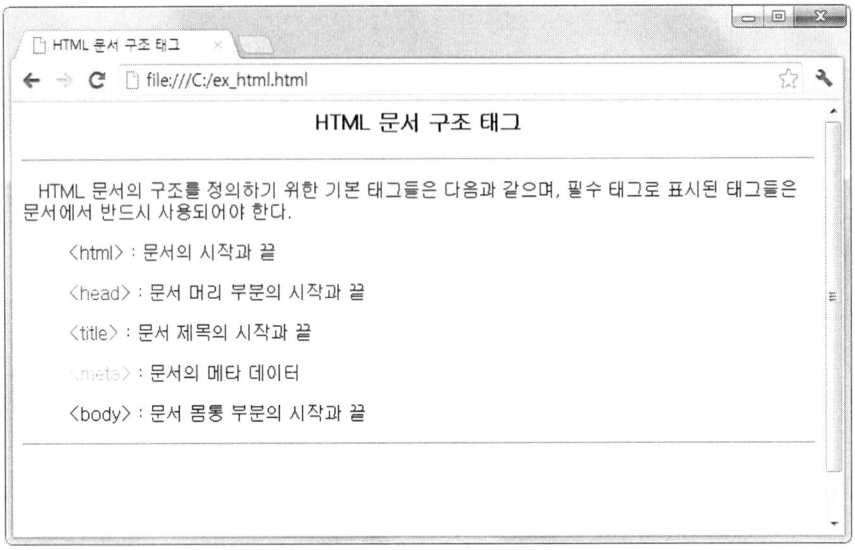

03. 다음과 같은 화면이 나타나도록 스타일 시트를 이용하여 HTML 문서를 작성하시오.

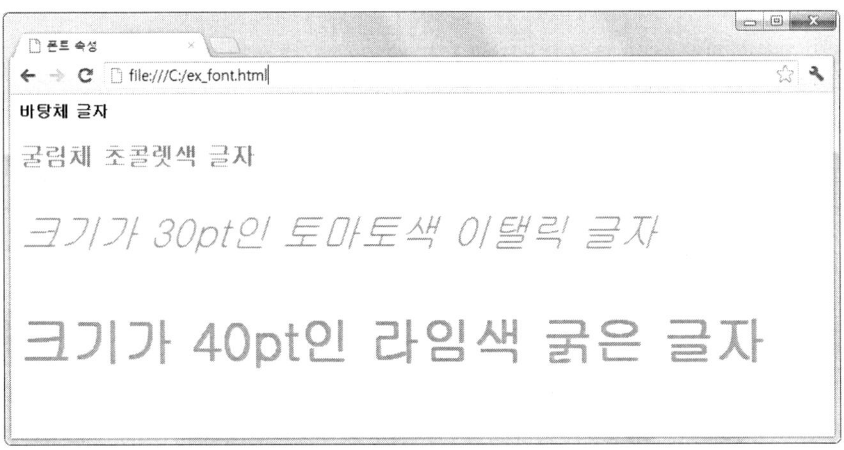

04. 다음 화면과 같이 출력되는 HTML 문서를 작성하시오. 클래스 선택자를 이용하여 스타일을 정의한다. 제목은 빨간색, 저자명은 남색, 배경색은 하늘색, 글자색은 파란색의 이탤릭체로 한다.

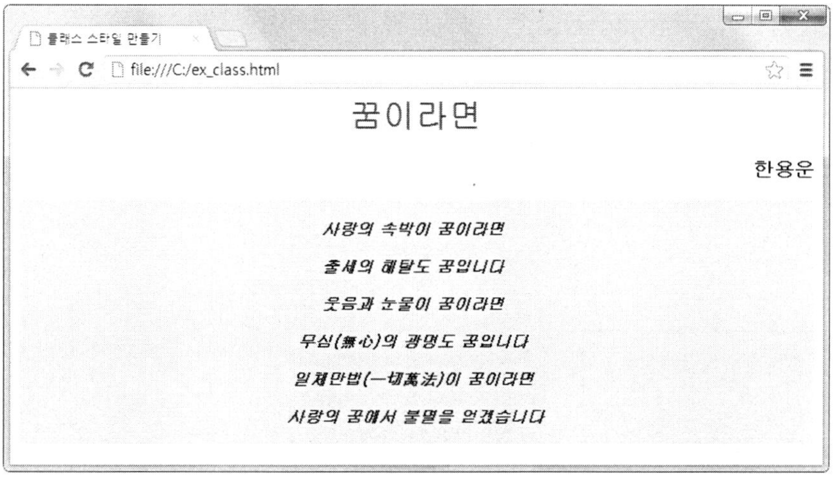

05. 앞의 4번 문제를 미디어 질의를 이용하여 다시 작성하시오. 브라우저의 가로 크기가 일정 크기보다 작아지면 제목은 오렌지색, 저자명은 초록색, 배경색은 노란색, 글자색은 남색으로 한다. 브라우저의 가로 크기가 일정 크기보다 커지면 위와 같은 스타일로 한다. 크기의 기준은 본인이 정한다.

06. 다음 화면과 같이 출력되도록 스타일 시트를 이용하여 HTML 문서를 작성하시오. 제목에 그림자 효과를 주고, 단의 개수는 3으로 한다. 색상은 본인이 원하는 것으로 정한다.

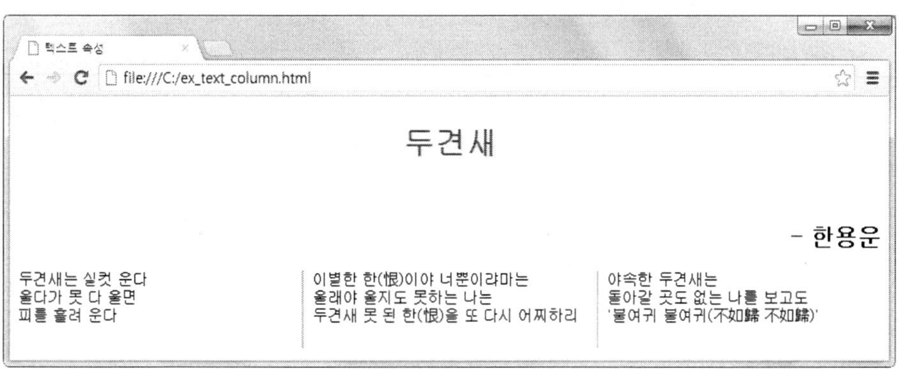

07. 다음 화면이 나타나도록 스타일 시트를 이용하여 HTML 문서를 작성하시오. margin 속성과 padding 속성을 이용한다. border 속성을 이용하여 테두리 모양을 정한다. 테두리 모양은 각기 다르게 설정한다. 색상은 본인이 원하는 것으로 정한다.

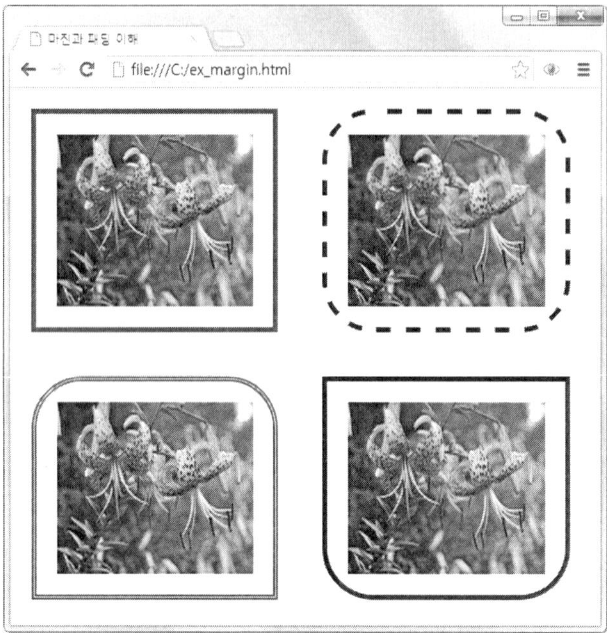

08. 실행 결과가 다음 화면과 같도록 스타일 시트를 이용하여 HTML 문서를 작성하시오. border 속성을 이용하여 버튼 모양을 만들고 그라디언트를 사용하여 색을 입힌다. 마우스 관련 선택자를 이용하여 마우스 포인터를 버튼 위에 올렸을 때, 클릭했을 때 등에 따라 각각 다른 스타일이 나타나도록 설정한다. 색상은 본인이 원하는 것으로 정한다.

09. 다음 화면이 나타나도록 스타일 시트를 이용하여 HTML 문서를 작성하시오. 마우스 관련 선택자를 이용하여 마우스 포인터를 버튼 위에 올렸을 때, 클릭했을 때 등에 따라 각각 다른 스타일이 나타나도록 설정한다. 노란 배경색의 글씨를 누르면 해당 사이트로 연결되도록 설정한다.

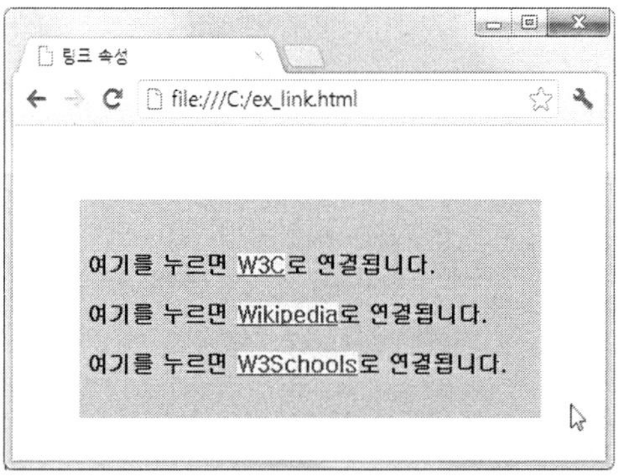

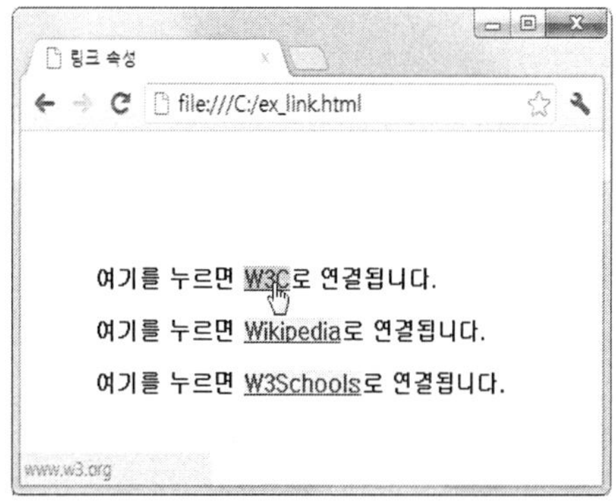

10. 다음 화면과 같은 실행 결과를 갖도록 스타일 시트를 이용하여 HTML 문서를 작성하시오. 목록 관련 속성들을 이용하여 배경에 이미지를 삽입하고 그 위에 목록을 작성하도록 스타일을 설정한다. 이미지는 본인이 원하는 것으로 정한다.

11. 다음 화면과 같이 출력되도록 스타일 시트를 이용하여 HTML 문서를 작성하시오. 목록 관련 list-style 속성을 이용하여 스타일을 설정한다. 색상은 본인이 원하는 것으로 정한다.

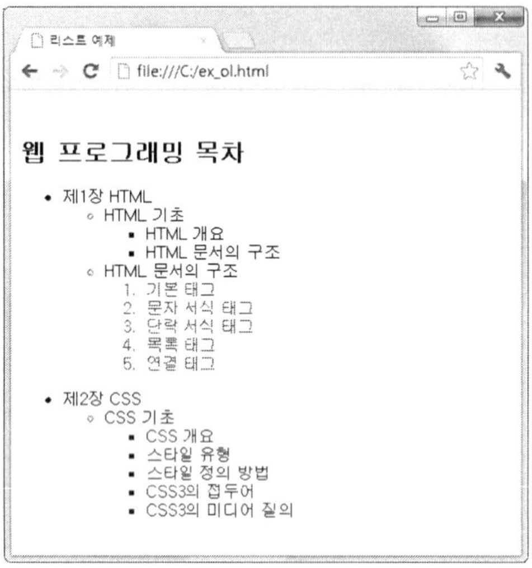

12. 실행 결과가 다음 화면과 같도록 스타일 시트를 이용하여 HTML 문서를 작성하시오. id 선택자를 이용하고 border-style 속성과 box 속성을 사용하여 스타일을 설정한다. 색상은 본인이 원하는 것으로 정하고 그라디언트를 활용한다.

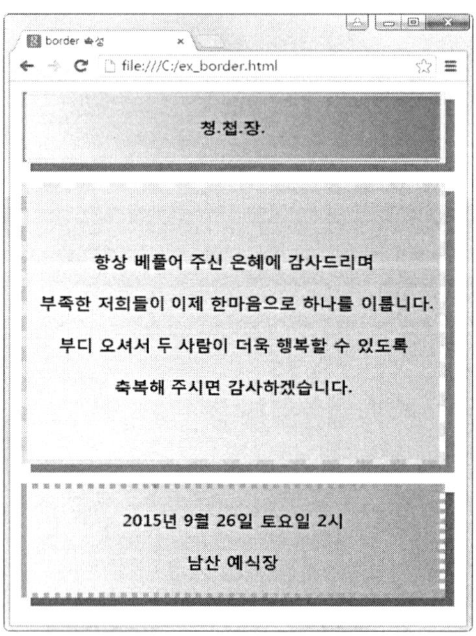

13. 다음 화면과 같이 실행되도록 스타일 시트를 이용하여 HTML 문서를 작성하시오. border-radius 속성과 border-style 속성을 사용하여 스타일을 설정한다. 색상은 본인이 원하는 것으로 정한다.

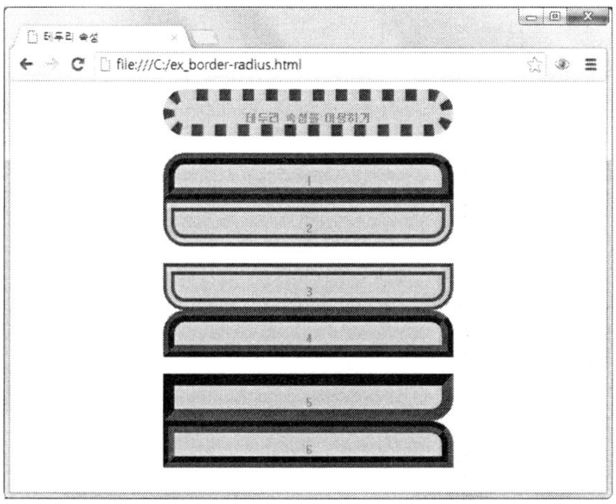

14. 다음 화면과 같이 자신의 시간표가 나타나도록 스타일 시트를 이용하여 HTML 문서를 작성하시오. 테이블의 tr 속성과 td 속성에 마우스 관련 선택자를 사용하여 스타일을 설정한다. 마우스로 한 셀을 선택하면 그 셀을 포함하는 행의 배경색이 변경된다. 색상은 본인이 원하는 것으로 정한다.

15. 다음과 같은 결과가 나타나도록 스타일 시트를 이용하여 HTML 문서를 작성하시오. 박스 관련 outline 속성을 사용하여 스타일을 설정한다. overflow 발생 시 표현 방법도 함께 설정한다. 색상은 본인이 원하는 것으로 정한다.

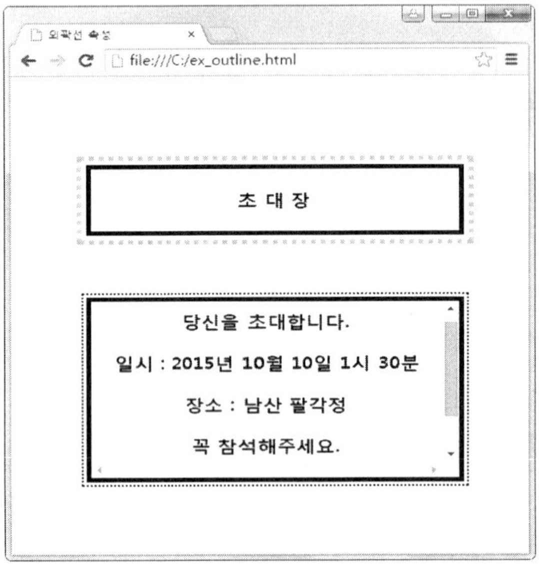

16. 다음 화면과 같은 결과를 갖도록 스타일 시트를 이용하여 HTML 문서를 작성하시오. border, padding, margin, box 속성을 사용하여 스타일을 설정한다. 마우스를 사용하여 박스 크기를 조절할 수 있게 한다. 색상은 본인이 원하는 것으로 정한다.

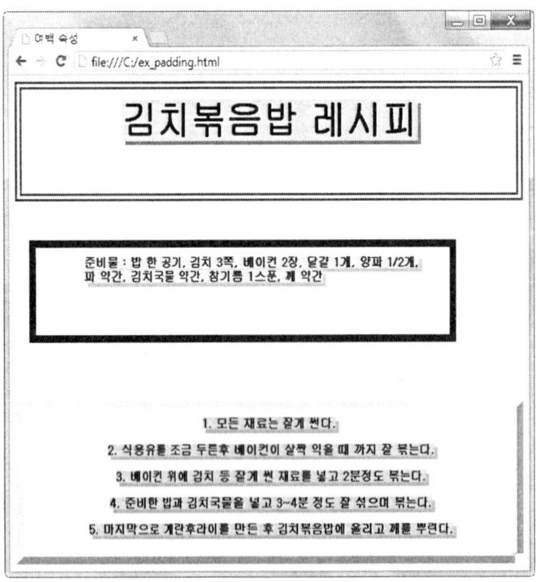

17. 실행 결과가 다음 화면과 같도록 스타일 시트를 이용하여 HTML 문서를 작성하시오. transform 관련 속성을 사용하여 스타일을 설정한다. 변형 관련 translate() 메소드와 skew() 메소드를 사용한다. 이미지는 본인이 원하는 것으로 정한다.

18. 다음 화면이 나타나도록 스타일 시트를 이용하여 HTML 문서를 작성하시오. transition 관련 속성을 사용하여 스타일을 설정한다. 작은 사진을 마우스로 가리키면 큰 사진이 보인다. 색상은 본인이 원하는 것으로 정한다.

19. 실행 결과가 다음 화면과 같도록 스타일 시트를 이용하여 HTML 문서를 작성하시오. transition 관련 속성과 transform 관련 속성을 사용하여 스타일을 설정한다. rotate() 메소드를 사용한다. 마우스 포인터를 사진 위에 올리면 사진이 회전한다. 사진은 본인이 원하는 것으로 정한다.

20. 다음 화면이 나타나도록 스타일 시트를 이용하여 HTML 문서로 작성하시오. animation 관련 속성을 사용하여 스타일을 설정한다. '무지개색'이라는 글씨가 무지개 색인 빨강, 주황, 노랑, 초록, 파랑, 남색, 보라로 색이 변하면서 화면의 상하를 왕복으로 이동하도록 한다.

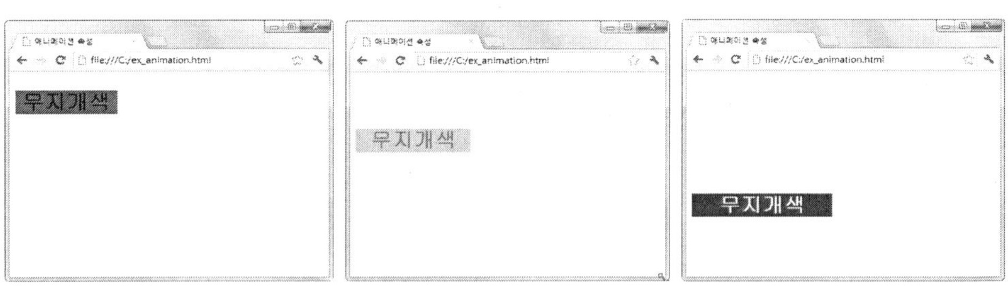

❖ 참고 문헌

01. developer.mozilla.org/en-US/docs/CSS
02. en.wikipedia.org/wiki/CSS
03. jakarta.apache.org
04. www.eclipse.org
05. www.tutorialspoint.com/css/index.htm
06. www.w3.org/Style/CSS/
07. www.w3.org/TR/CSS/
08. www.w3.org/TR/CSS1/
09. www.w3.org/TR/CSS2/
10. www.w3.org/TR/css3-animations/
11. www.w3.org/TR/css3-background/
12. www.w3.org/TR/css3-color/
13. www.w3.org/TR/css3-fonts/
14. www.w3.org/TR/css3-images/
15. www.w3.org/TR/css3-mediaqueries/
16. www.w3.org/TR/css3-selectors/
17. www.w3.org/TR/css3-transforms/
18. www.w3.org/TR/css3-transitions/
19. www.w3.org/TR/css3-ui/
20. www.w3.org/wiki/CSS
21. www.w3schools.com/css/css3_intro.asp
22. www.w3schools.com/css/default.asp

Chapter 03

JavaScript

웹 · 프 · 로 · 그 · 래 · 밍

03 JavaScript

CHAPTER

이 장에서는 대표적인 클라이언트 사이드 언어인 JavaScript에 대하여 공부한다. HTML은 현재의 웹이 가능하도록 하는데 큰 역할을 하였지만, HTML만으로는 동적인 웹 페이지를 만드는데 한계가 있기 때문에 JavaScript가 개발되었다. JavaScript는 비교적 배우기 쉬운 언어이므로 동적인 웹 페이지 작성에 많이 활용된다.

3.1 JavaScript 기초

JavaScript는 클라이언트 사이드 언어로 사용되므로 주로 HTML 페이지와 함께 작성되어 웹 브라우저에 의해 실행된다. 이처럼 컴파일 과정 없이 바로 인터프리트(interpret) 방식으로 실행되는 언어를 스크립트 언어(script language) 또는 스크립팅 언어(scripting language)라고 하며, 브라우저는 JavaScript를 실행하는 인터프리터(interpreter)를 포함하고 있다. JavaScript의 특징과 이를 이용한 웹 페이지 작성 방법에 대해 살펴보자.

3.1.1 JavaScript 개요

JavaScript는 Netscape 사에 의해 1995년 개발되어 자사의 웹 브라우저인 Netscape Navigator에서 사용되기 시작하였다. 1996년 마이크로소프트 사의 인터넷 익스플로러에서 이 언어를 지원하면서부터 광범위하게 사용하게 되었으며, 1997년부터 표준기구인 ECMA International에 의해 ECMAScript라는 이름으로 표준 버전이 발표되고 있다.

JavaScript는 스크립트 언어로 클라이언트 측의 브라우저에 의해서 인터프리트되기 때문에, 네트워크를 통한 데이터의 전송 없이 작업을 처리할 수 있으므로 서버의 부담이 줄어든다. JavaScript의 특징을 요약하면 다음과 같다.

· HTML 페이지에 포함되어 인터프리트 방식으로 브라우저에 의해 실행되는 클라이언트 사이드 스크립트 언어이다.
· 명령어를 사용하는(imperative) 절차적(procedural) 언어로 조건문, 반복문, 함수 등을 이용하여 구조적 프로그래밍(structured programming)이 가능하다.

- 객체(object)의 정의와 사용을 지원하는 객체 기반(object-based) 언어로 내장 객체, 브라우저 객체, DOM 객체 등을 제공한다.
- 실행 시간에 자료형을 검사하는 동적 타이핑(dynamic typing) 언어로, 변수를 선언할 때 자료형을 지정하지 않고 실행 시간에 값이 배정될 때 변수의 자료형이 결정되며, 다른 자료형의 값을 다시 배정할 수도 있다.
- 사용자의 요청에 대해 반응하는 동적인 웹 페이지와 향상된 사용자 인터페이스를 쉽게 구현할 수 있다.

JavaScript를 이용하여 사용자가 마우스를 클릭하거나 키보드를 통해 데이터를 입력하는 작업을 처리할 수 있으며, 사용자가 페이지를 열거나 이동할 때를 감지하여 미리 정해진 작업을 수행할 수도 있다. 그리고 브라우저에 대한 정보를 알아낼 수 있으며, 프레임을 제어하거나 새로운 윈도우를 생성하여 정보를 전달할 수 있다. 또한 방문했던 웹 페이지를 기록해 놓은 히스토리(history)를 다룰 수 있으며, 여러 가지 이벤트(event)에 대한 처리를 쉽게 구현할 수 있다.

3.1.2 JavaScript 기본 구조

JavaScript는 <script> 태그를 써서 HTML 페이지 내에 삽입하며, 그 형식은 다음과 같다.

```
형식1  :  <script type = "text/javascript">
               JavaScript_코드
          </script>

형식2  :  <script language = "JavaScript">
               JavaScript_코드
          </script>
```

형식1과 같이 JavaScript는 type을 MIME 형식의 "text/javascript"로 지정하고, 시작 태그 <script>와 종료 태그인 </script> 사이에 JavaScript의 소스 코드를 끼워 넣는다. 또는 형식2처럼 <script> 태그의 language 속성을 "JavaScript"로 설정한다. 형식1은 HTML 4.01에 정의된 방법이지만, 형식2는 그렇지 않다. 다만 주요 브라우저들은 형식1과 형식2를 모두 지원한다.

JavaScript 코드를 편리하게 개발하고 관리할 수 있도록 하기 위해, 다음의 형식처럼 스크립트 태그의 src 속성을 이용하여 외부의 스크립트가 존재하는 경로(url)를 지정함으로써 JavaScript 코드를 HTML 파일과 별도의 파일로 유지할 수 있다.

```
형식3  :  <script type = "text/javascript" src = "JavaScript 파일의 url">
              JavaScript_코드
          </script>

형식4  :  <script language = "JavaScript" src = "JavaScript 파일의 url">
              JavaScript_코드
          </script>
```

다음 예제의 HTML 페이지에는 간단한 JavaScript 코드가 포함되어 있다.

first-example.html

```
1 :  <html>
2 :     <head><title> JavaScript 예제 </title></head>
3 :     <body>
4 :           HTML 페이지의 출력 내용입니다.
5 :         <br>
6 :         <script type="text/javascript">
7 :           document.write("<font color='red'> JavaScript의 출력 내용입니다. </font>");
8 :         </script>
9 :         <br>
10 :          HTML 페이지의 출력 부분으로 돌아왔습니다.
11 :    </body>
12 : </html>
```

앞의 예제는 일반 HTML 페이지처럼 보이지만 6행~8행에 다음과 같은 부분이 삽입되었음을 알 수 있다.

```
<script type="text/javascript">
   document.write("<font color='red'> JavaScript의 출력 내용입니다! </font>");
</script>
```

이 부분이 JavaScript 코드이며, JavaScript를 지원하는 브라우저를 사용하여 JavaScript 코드가 포함된 HTML 페이지를 읽기만 하면 실행 결과를 확인할 수가 있다. 예제의

document 객체는 텍스트를 출력하기 위한 write, writeln 메소드를 제공한다. 메소드는 객체의 이름과 메소드의 이름을 점(.)으로 결합하여 다음과 같은 형식으로 사용한다.

형 식 : document.write("문자열" 또는 변수);
document.writeln("문자열" 또는 변수);

document.write 메소드는 매개변수로 주어진 문자열 또는 변수의 값을 출력한다. document.writeln 메소드는 document.write 메소드와 동일한 기능을 가지며 출력 후에 자동으로 줄바꿈을 하는 점이 다르다. HTML 페이지를 브라우저에 로드(load)하면, 페이지에 포함된 JavaScript 코드가 브라우저에 내장된 인터프리터에 의해 실행되며, 만일 JavaScript 코드에서 HTML 태그를 출력하면 이는 브라우저에 의해 처리된다. [그림 3.1]은 앞에서 설명한 JavaScript 예제를 수행한 결과 화면이다.

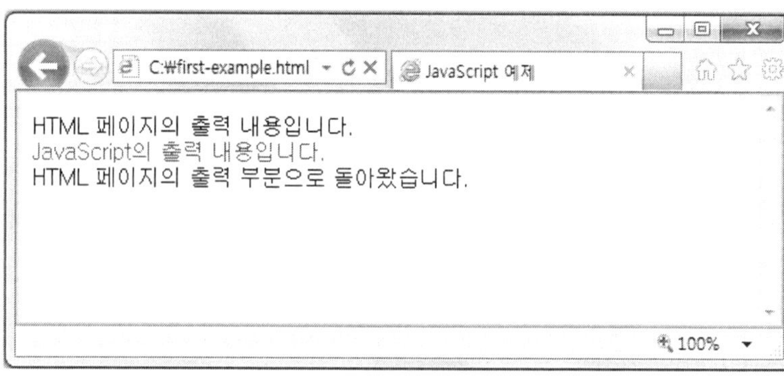

[그림 3.1] 문자열 출력 결과

예제의 실행 결과에서 보는 바와 같이, JavaScript가 포함된 HTML 페이지를 브라우저가 읽기만 하면 별도의 컴파일 과정 없이 바로 실행된다.

3.2 JavaScript 기본 문법

JavaScript 프로그램을 작성하기 위해서는 먼저 기본 문법을 익혀야 한다. 본 절에서는 JavaScript의 자료형 및 변수, 연산자, 문장, 함수에 대하여 공부한다.

3.2.1 자료형 및 변수

변수(variable)는 값(value)을 저장하는 이름이 부여된 기억 장소이며, 키워드(keyword) var을 사용하여 선언한다. JavaScript는 변수를 선언할 때 자료형(data type)을 지정하지 않으며, 각 변수의 자료형은 값이 배정될 때 결정된다. JavaScript에서 지원하는 자료형은 [표 3.1]과 같다.

[표 3.1] JavaScript의 자료형

자료형	설명	사용 예
정수(integer)	10진수, 8진수(0), 16진수(0x) 형태의 양수나 음수	54, -1, 02, 0x5A
실수(float)	부동소수점 표현 방식의 실수	3.14, -12.3, 45e3
불리언(boolean)	논리값 true와 false를 가짐	true, false
문자열(string)	따옴표(“ ” 또는 ‘ ’) 사이에 들어가는 텍스트	“Good”, ‘morning’

JavaScript에서 변수의 이름으로 사용하는 식별자(identifier)는 다음과 같은 규칙에 따라 정해야 한다.

- 영문자, 숫자, 밑줄(_), 달러문자($)로 구성된다.
- 첫 글자는 반드시 영문자, 밑줄(_), 또는 달러문자($)로 시작해야 한다.
- 영문자의 대문자와 소문자를 구별한다.
- JavaScript의 키워드는 사용할 수 없다.

여기서 키워드(keyword)는 JavaScript에서 미리 정의된 특별한 의미를 갖는 식별자로 예약어(reserved identifier 또는 reserved word)라고도 한다. JavaScript의 키워드는 [표 3.2]와 같다.

[표 3.2] JavaScript의 키워드

abstract	else	int	super
boolean	extends	interface	switch
break	false	labeled	synchronized
byte	final	long	this
case	finally	native	throw
catch	float	new	throws
char	for	null	transient
class	function	package	true
const	goto	private	try
continue	if	protected	typeof
default	implements	public	var
delete	import	return	void
do	in	short	while
double	instanceof	static	with

변수 선언

변수를 선언하는 형식은 다음과 같다. 형식에서 대괄호([ ])는 생략 가능함을 표시한다.

```
형 식 :
    var 변수_선언_리스트;         // 변수_선언_리스트는 하나의 변수_선언 또는
                                  // 쉼표(,)로 연결된 두 개 이상의 변수_선언들임
    변수_선언 : 변수_이름[= 값]   // 변수 선언 시 초기화 가능
```

키워드 var을 사용하여 변수를 하나 이상 선언하며, 변수 이름은 앞에서 설명한 식별자 명명 규칙에 따라서 정해야 한다. 변수 선언의 예는 다음과 같다.

```
선언 예 :
    var a;          // 변수 a를 선언
    var b, c;       // 변수 b, c를 동시에 선언
    var d = 1;      // 변수 d의 선언과 함께 1을 저장 (초기화)
```

이 예에서처럼 변수는 쉼표를 이용하여 하나 이상 여러 개를 선언할 수 있으며, 변수 선언과 동시에 초기값을 배정할 수 있다. 한편 var 키워드를 사용하지 않고도 변수를 선언할 수 있으며, 이에 대해서는 변수 사용 범위의 설명에서 다루기로 한다. 변수를 선언하고 활용하는 다음 예제를 살펴보자.

variable.html

```
1 : <html>
2 :     <head><title> 변수 선언 및 값 출력 </title></head>
3 :     <body>
4 :         <script type="text/javascript">
5 :             var a, b;                    // 변수 동시 선언
6 :             var c = 10;                  // 변수 선언과 초기화
7 :                 a = 5;
8 :                 b = c;                   // 변수 c의 값을 b에 복사
9 :
10 :            document.write("변수 a의 값은 : " + a + "이다." + "<br>");
11 :            document.write("변수 b의 값은 : " + b + "이다." + "<br>");
12 :            document.write("변수 c의 값은 : " + c + "이다." + "<br>");
13 :        </script>
14 :    </body>
15 : </html>
```

예제의 5행~8행은 변수 a, b, c를 선언하고, 변수 c에는 10을, 변수 a에는 5를, 변수 b에는 변수 c의 값을 각각 배정한다. 6행~8행은 변수의 선언에서 초기 값을 지정하고 있다. 10행~12행은 변수 a, b, c의 값을 각각 출력하는 문장이며, 실행 결과는 [그림 3.2]와 같다.

여기서 5행~8행의 주석(comment)에 대해 설명하면, JavaScript에서는 '/*'와 '*/' 사이와 '//' 뒤에 나오는 텍스트를 주석으로 처리한다. 여러 줄의 주석은 '/* 주석 내용 */'를 사용하고, 한 줄 내의 주석은 '//'로 표기한다. 이러한 주석은 프로그램 내용에 대한 설명을 나타내는 것이므로 실행되지는 않는다.

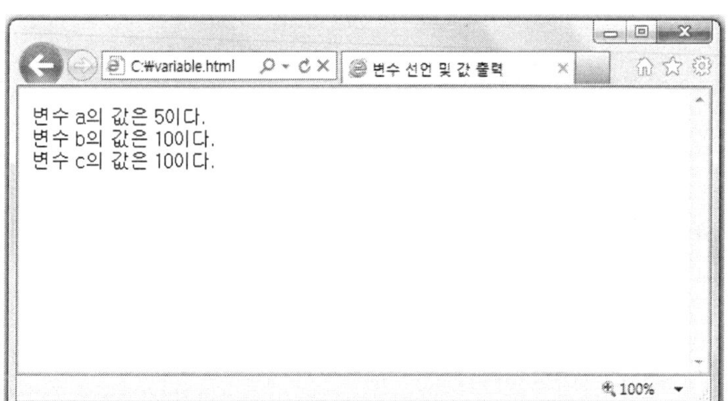

[그림 3.2] 변수 선언 예제 실행 결과

변수 사용 범위

JavaScript의 변수는 사용 범위(scope)에 따라 지역 변수(local variable)와 전역 변수(global variable)로 구분할 수 있으며, 각각의 의미는 [표 3.3]과 같다.

[표 3.3] 지역 변수와 전역 변수

구분	설명
지역 변수	함수 내부에서 var로 선언한 변수, 변수를 선언한 함수 내부에서만 사용 가능
전역 변수	함수 내부에서 선언되지 않은 변수, 또는 함수 내부에서 var로 선언하지 않은 변수, 페이지의 어디에서나 사용 가능

JavaScript에서는 다른 함수에서 선언한 지역 변수의 이름을 사용하여 함수에서 새로 지역 변수를 선언할 수 있다. 이 경우에 지역 변수는 함수의 실행이 종료되면 삭제되므로 두 변수의 사용 범위가 겹치는 문제가 발생하지 않는다. 이와는 달리 전역 변수의 이름을 사용하여 지역 변수를 새로 선언할 수도 있다. 이때는 이름이 같은 두 변수의 사용 범위가 겹치는 문제가 발생하지만, JavaScript는 지역 변수를 우선적으로 사용함으로써 이 문제를 해결한다. 다음은 지역 변수와 전역 변수의 차이를 확인하기 위한 예제이다.

variable-scope.html

```
<html>
  <head><title> 지역 변수 및 전역 변수 </title></head>
  <body>
    <script type="text/javascript">

      var a = 2;                    // 전역 변수 선언과 초기화
          b = 7;                    // 전역 변수 선언과 초기화

      function add() {
          var a = 4;                // 지역 변수 선언과 초기화
              c = 6;                // 전역 변수 선언과 초기화

          document.write("a+b+c의 값은 : " + (a + b + c) + " 이다." + "<br>");
      }
```

```
15 :
16 :        add();
17 :        document.write("a+b+c의 값은 : " + (a + b + c) + " 이다." + "<br>");
18 :
19 :     </script>
20 :  </body>
21 : </html>
```

예제의 6행은 전역 변수 a와 b에 각각 2와 7을 배정하고, add 함수 내의 10행~11행에서 지역 변수 a와 전역 변수 c에 각각 4와 6을 배정한다. 6행의 a와 10행의 a는 이름은 같지만 서로 다른 변수이다. 6행에서 선언한 a는 전역 변수이므로 프로그램 내의 어디서나 사용할 수 있으나 10행에서 선언한 a는 지역 변수이므로 add 함수 내에서만 사용할 수 있다. 이에 따라 두 변수의 사용 범위가 겹치는 문제가 발생하나, 이름이 같을 경우에 지역 변수가 우선적으로 사용되므로 6행 a는 10행 a의 사용 범위에서는 사용할 수 없다. 함수에 대해서는 다음에서 자세히 살펴보기로 하고, 이 예제에서는 지역 변수 a와 전역 변수 a의 값에 따라 변수 b, c와의 합계 결과도 다른 것을 [그림 3.3]에서 확인할 수 있다.

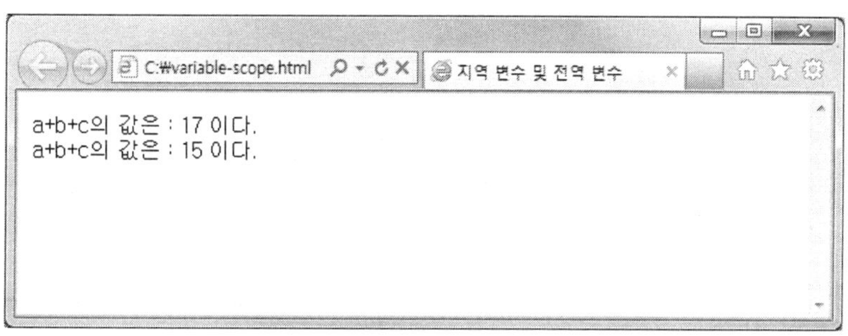

[그림 3.3] **지역 변수 및 전역 변수 예제 실행 결과**

3.2.2 연산자

연산자(operator)는 연산을 나타내는 기호로 JavaScript에서는 산술 연산자, 증감 연산자, 관계 연산자, 논리 연산자, 문자열 연산자, 배정 연산자, 조건 연산자 등을 제공한다.

3.2.2.1 산술 연산자

산술 연산자는 사칙연산 등 산술 연산을 하는 데 사용한다. 산술 연산자의 종류는 다음과 같다.

```
종 류 :
        +, -, *, /, %
```

산술 연산자는 앞의 연산 기호 중에서 선택하여 사용할 수 있으며, 연산 대상(operand)은 수식, 변수 또는 상수(값)이다. 사용 예는 다음과 같다.

```
사용 예 :  a + b    // 덧셈
          a - b    // 뺄셈
          a * b    // 곱셈
          a / b    // 나눗셈
          a % b    // 나머지
```

앞의 예에서 나머지(modulo) 연산은 나눗셈의 나머지를 계산해준다. 그리고 나눗셈 a / b는 결과값이 실수형으로 산출되므로, 정수로 결과를 산출하기 위해서는 문자열(string)을 정수로 변환해 주는 parseInt 메소드를 사용하여야 한다.

3.2.2.2 증감 연산자

산술 연산자의 일종인 증감 연산자는 ++, -- 기호를 변수 앞이나 뒤에 붙여 변수의 값을 1씩 증가 또는 감소시키는 데 사용한다. 증감 연산자의 종류는 다음과 같다.

```
종 류 :
       ++, --
```

증감 연산자는 변수의 앞 또는 뒤에 ++, -- 기호 중 선택하여 사용하며, 사용 예는 다음과 같다.

```
사용 예 :  ++a    //  a의 값을 1 증가시킨 후 사용 (전위 증가)
          a++    //  a의 값을 사용 후 1 증가시킴 (후위 증가)
          --a    //  a의 값을 1 감소시킨 후 사용 (전위 감소)
          a--    //  a의 값을 사용 후 1 감소시킴 (후위 감소)
```

예를 들어 a의 값이 5일 때, 'b = ++a;'를 실행하면 변수 a와 변수 b의 값 모두 6이 된다. 다른 예로 변수 a의 값이 5일 때, 'b = a++;'를 실행하면 변수 a의 값은 6이 되고, 변수 b의 값은 5가 된다. -- 연산자도 ++와 마찬가지이며 다른 점은 덧셈 대신 뺄셈을 한다는 점이다. 설명에서 배정 연산자를 사용하였지만 곧 배우게 된다.

3.2.2.3 관계 연산자

관계 연산자는 값의 대소 관계를 판단하여 참(true) 또는 거짓(false)을 구하는 데 사용한다. 관계 연산자의 종류는 다음과 같다.

```
종 류 :
        >, >=, <, <=, ==, ===, !==, !=
```

관계 연산자는 앞의 연산 기호 중에서 선택하여 사용하며 연산 대상은 수식, 변수 또는 값이다. 사용 예는 다음과 같다.

```
사용 예 :  a > b      //   a가 b보다 클 때 참
           a >= b     //   a가 b보다 크거나 같을 때 참
           a < b      //   a가 b보다 작을 때 참
           a <= b     //   a가 b보다 작거나 같을 때 참
           a == b     //   a와 b의 값이 같을 때 참
           a === b    //   a와 b의 값과 자료형이 모두 동일할 때 참
           a !== b    //   a와 b의 값과 자료형이 모두 다를 때 참
           a != b     //   a와 b와 값이 같지 않을 때 참
```

예를 들어, a > b에서 변수 a의 값이 b의 값보다 크면 연산의 결과가 참(true)이고 그렇지 않으면 거짓(false)이다. 이와 같이 관계 연산자를 사용하여 참 또는 거짓을 판단할 수 있는 식을 관계식(relational expression)이라고 한다. 나머지 비교 연산자도 마찬가지 방법으로 평가된다.

3.2.2.4 논리 연산자

논리 연산자는 논리 연산을 수행하여 참(true) 또는 거짓(false)을 구한다. 논리 연산자의 종류는 다음과 같다.

종 류 :

&&, ||, !

논리 연산자는 앞의 기호 중에서 선택하여 사용하며, 논리 연산자를 사용하여 참 또는 거짓을 판단할 수 있는 식을 논리식(logical expression)이라고 한다. 논리 연산의 대상은 참이나 거짓을 판단할 수 있는 논리식, 관계식, 불리언 변수 또는 불리언 값(true, false)이다. 사용 예는 다음과 같다.

```
사용 예 :  a && b  //  AND
           a || b  //  OR
           !a      //  NOT

           a > b && c == d
           a > 7 || b <= 100
```

예를 들어 a와 b가 불리언 변수일 때, a && b는 a와 b가 모두 참일 때 참이고 그렇지 않으면 거짓이며, a || b는 a와 b가 모두 거짓일 때 거짓이고 그렇지 않으면 참이다. !a는 a의 반대 값을 갖는다. 마지막의 두 예처럼 변수들 간의 관계 연산 결과를 논리 연산자와 함께 사용할 수 있다.

3.2.2.5 문자열 연산자

문자열 연산자는 두 개의 문자열들을 연결하여 하나의 문자열을 생성하며, 연산자로 '+' 기호를 사용한다. 연산 대상은 문자열 또는 문자열을 갖는 변수이다.

종 류 :

+

사용 예는 다음과 같다.

```
사용 예 :  a + b
```

예를 들어, a가 문자열 "hybrid"이고 b는 문자열 "car"라고 한다면, a + b는 문자열 a와 문자열 b를 연결한 "hybridcar"가 된다.

3.2.2.6 배정 연산자

배정 연산자는 변수에 값을 저장하는 데 사용하며, 할당 연산자 또는 대입 연산자라고도 한다. 종류는 다음과 같으며, 배정 연산자의 왼쪽에는 변수를 사용하고 오른쪽에는 수식, 변수 또는 값을 사용한다.

```
종 류 :
        =, +=, -=, *=, /=, %=
```

배정 연산자의 사용 예는 다음과 같다.

```
사용 예 :
  a = 1;    //  a에 1을 저장
  a = b;    //  a에 b의 값을 저장
  a += b;  //  a의 값과 b의 값을 더한 결과를 a에 저장 (a = a + b;)
  a -= b;  //  a의 값에서 b의 값을 뺀 결과를 a에 저장 (a = a - b;)
  a *= b;  //  a의 값과 b의 값을 곱한 결과를 a에 저장 (a = a * b;)
  a /= b;  //  a의 값을 b의 값으로 나눈 결과를 a에 저장 (a = a / b;)
  a %= b; //  a의 값을 b의 값으로 나눈 나머지를 a에 저장 (a = a % b;)
```

사용 예에서 'a += b;'는 'a = a + b;'와 동일한 연산이며, 다른 연산들도 동일한 연산을 괄호 안에 표시하였다.

3.2.2.7 조건 연산자

조건 연산자는 논리식의 결과에 따라 참이면 식1을, 거짓이면 식2를 변수에 배정하는 연산자로서 그 형식은 다음과 같다.

```
형 식 :   변수 = 논리식 ? 식1 : 식2;
```

형식에서 논리식은 참 또는 거짓으로 평가되는 식 또는 값을 의미하고 식1과 식2는 식, 변수 또는 값을 의미한다. 사용 예는 다음과 같다.

```
사용 예 :   x = a > b ? b : c;
```

사용 예에서는 a가 b보다 크면 b를 그렇지 않으면 c를 x에 배정한다.

3.2.2.8 연산자 우선순위

JavaScript의 식(expression)에서 여러 가지 연산자들을 함께 사용할 때 식을 평가(계산)하기 위해서는 연산자 우선순위(operator precedence)가 필요하다. [표 3.4]는 주요 연산자들을 우선순위가 높은 것부터 순서대로 표시한 것이다. 이에 따라 여러 가지 연산자가 함께 사용된 식을 평가할 때는 우선순위가 높은 연산을 먼저 수행한다. 그러나 식에서 우선순위가 낮은 연산을 먼저 수행하고자 할 때 이 연산을 둥근 괄호 안에 포함시키면 연산의 우선순위가 가장 높게 된다.

[표 3.4] 주요 연산자 우선순위

<table>
<tr><th>연산자</th><th>설명</th></tr>
<tr><td>. [ ] ( )</td><td>객체의 필드 접근, 배열 인덱스, 함수 호출, 괄호로 묶은 식</td></tr>
<tr><td>++ -- - ~ !</td><td>증감 연산자, 단일(unary) 연산자, 비트단위 NOT, NOT</td></tr>
<tr><td>* / %</td><td>곱셈, 나눗셈, 나머지</td></tr>
<tr><td>+ - +</td><td>덧셈, 뺄셈, 문자열 연결</td></tr>
<tr><td><< >> >>></td><td>비트 이동</td></tr>
<tr><td>< <= > >=</td><td>관계 연산자</td></tr>
<tr><td>== != === !==</td><td>관계 연산자</td></tr>
<tr><td>&</td><td>비트 단위 AND</td></tr>
<tr><td>·</td><td>비트 단위 XOR</td></tr>
<tr><td>|</td><td>비트 단위 OR</td></tr>
<tr><td>&&</td><td>AND</td></tr>
<tr><td>||</td><td>OR</td></tr>
<tr><td>? :</td><td>조건 연산자</td></tr>
<tr><td>= += -= *= /= %=</td><td>배정 연산자</td></tr>
</table>

3.2.2.9 연산자 사용 예제

다음은 앞에서 설명한 연산자들 중 산술 연산자, 관계 연산자, 논리 연산자, 문자열 연산자를 이용하는 예제이다.

operator.html

```
1 : <html>
2 :     <head><title> 연산자 </title></head>
3 :     <body>
4 :         <script type="text/javascript">
5 :             var a, b, x, y;
6 :                 a = 7;
7 :                 b = 3;
8 :                 c = true;
9 :                 d = false;
10 :                e = "hybrid";
11 :                f = "car";
12 :
13 :            document.write("<b> 산술 연산 </b> <br><br>");
14 :            document.write(a + " + " + b + " = " + (a + b) + "<br>");
15 :            document.write(a + " * " + b + " = " + (a * b) + "<br>");
16 :            document.write(a + " / " + b + " = " + (a / b) + "<br>");
17 :            document.write(a + " % " + b + " = " + (a % b) + "<br>");
18 :
19 :            document.write("<br> <b> 관계 연산 </b> <br><br>");
20 :            document.write(a + " > " + b + " => " + (a > b) + "<br>");
21 :            document.write(a + " < " + b + " => " + (a < b) + "<br>");
22 :            document.write(a + " == " + b + " => " + (a == b) + "<br>");
23 :
24 :            document.write("<br> <b> 논리 연산 </b> <br><br>");
25 :            document.write(c + " && " + d + " => " + (c && d) + "<br>");
26 :            document.write(c + " || " + d + " => " + (c || d) + "<br>");
27 :            document.write(" !" + c + " => " + (!c) + "<br>");
28 :
29 :            document.write("<br> <b> 문자열 연산 </b> <br><br>");
30 :            document.write(e + "+" + f + " => " + (e + f) + "<br>");
31 :        </script>
32 :    </body>
33 : </html>
```

예제의 5행~11행은 변수를 선언하고 값을 초기화하는 부분이고, 13행~17행은 산술 연산 결과를 출력하는 부분이다. 19행~22행은 관계 연산 결과를 출력하는 부분이며, 24행~27행은 논리 연산 결과를 출력하는 부분이다. 29행~30행은 문자열 연산 결과를 출력한다. [그림 3.4]는 이 예제를 실행한 결과이다.

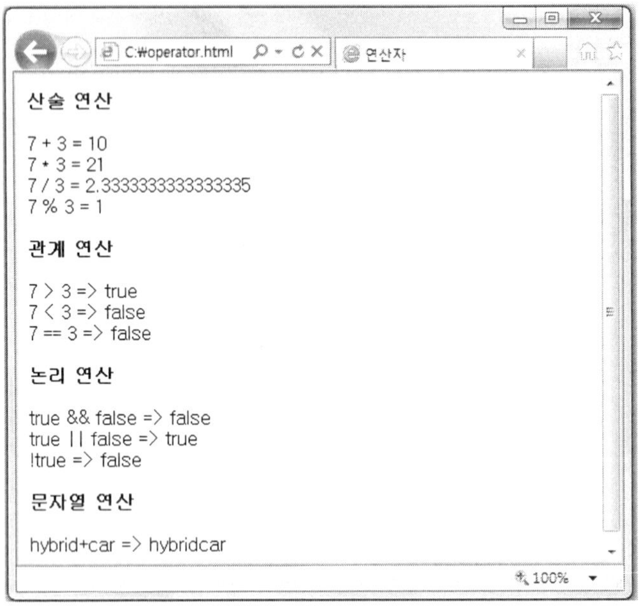

[그림 3.4] 연산자 예제 실행 결과

3.2.3 문장

JavaScript의 조건문과 반복문에 대해서 설명한다.

3.2.3.1 조건문

조건문은 조건에 따라 실행문을 선택하는 것으로 그에 따라 실행 결과도 달라진다. JavaScript의 조건문으로는 if 문과 switch 문이 있으며 이들에 대해서 살펴본다.

if 문

if 문은 조건식의 평가 결과(true, false)에 따라 두 가지 중에서 하나를 선택하는 문장으로 형식은 다음과 같다.

```
형 식 :
  if(조건식1) {
            문장_리스트1        // 조건식1이 '참' 일 경우 실행
  }
  [ [ else if(조건식2) {
            문장_리스트2        // 조건식1이 '거짓'이고, 조건식2가 '참' 일 경우 실행
     } ]
    else {
            문장_리스트3        // 조건식1, 조건식2 모두 '거짓' 일 경우 실행
    }
  ]
```

앞의 형식에서 조건식1과 조건식2는 참 또는 거짓으로 평가되는 식이며, 문장_리스트1, 문장_리스트2, 문장_리스트3은 각각 한 개 이상의 JavaScript 문장을 의미한다. 그리고 대괄호([ ])는 생략이 가능함을 표시한다. 따라서 if 절은 필수이며 else if 절과 else 절이 함께 생략되거나 else if 절만 생략될 수 있다. 이에 따라 앞의 형식에 대한 사용 예를 다음과 같은 세 가지로 나타낼 수 있다.

사용 예 :

(a) if 문	(b) if-else 문	(c) if-else if-else 문

if(조건식1)
{
    문장_리스트1
}
	if(조건식1)
	{
	    문장_리스트1
	}
	else
	{
	    문장_리스트2
	}
		if(조건식1)
		{
		    문장_리스트1
		}
		else if(조건식2)
		{
		    문장_리스트2
		}
		else
		{
		    문장_리스트3
		}

첫 번째는 조건식1이 만족하는 경우에만 문장_리스트1을 실행하는 경우이고, 두 번째는 조건식1이 참인 경우 문장_리스트1을 거짓인 경우 문장_리스트2를 실행한다. 세 번째는 조건식1이 참이면 문장_리스트1을 실행하며, 조건식1이 거짓이면서 조건식2가

참이면 문장_리스트2를 실행하고, 조건식1과 조건식2가 모두 거짓이면 문장_리스트3을 실행한다.

if 문의 실행 과정을 순서도(flow chart)로 나타내면 [그림 3.5]와 같다.

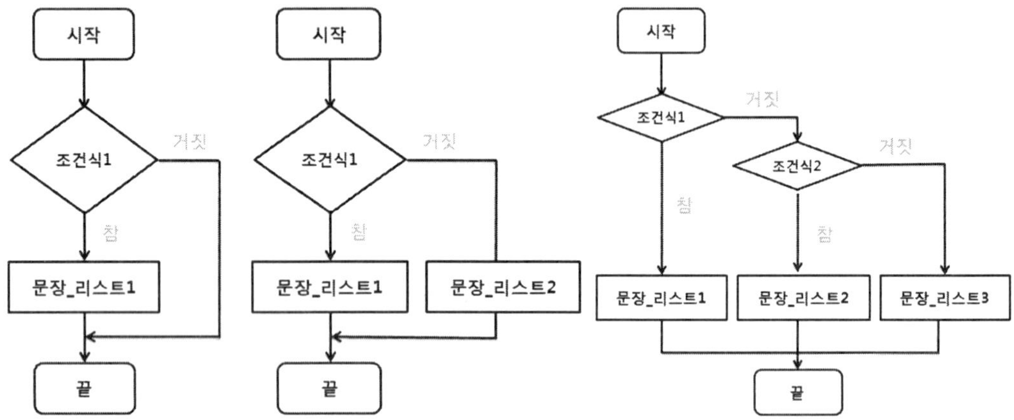

(a) if 문 (b) if-else 문 (c) if-else if-else 문

[그림 3.5] if 문의 순서도

앞의 if 문 형식에서 문장_리스트1, 문장_리스트2, 문장_리스트3은 각각 하나 이상의 JavaScript 문장을 의미하므로 어느 JavaScript 문장도 가능하다. 따라서 if 문도 포함하므로 순서도에서 살펴본 세 가지 유형보다 분기가 더 많은 복잡한 if 문의 작성도 가능하다.

다음은 if 문을 이용하여 두 수의 큰 수에서 작은 수를 빼는 예제이다.

if.html

```
<html>
    <head><title> if 문 </title></head>
    <body>
        <script type="text/javascript">
          var a, b, c;
             a = 10;
             b = 20;

```

```
 9 :            document.write("<b>두 수: " + a + ", " + b + "</b> <br><br>");
10 :            document.write("<b>큰 수에서 작은 수 빼기</b> <br><br>");
11 :
12 :            if(a >= b)
13 :            {
14 :                c = a - b;
15 :                document.write(a + " - " + b + " = " + c + "<br>");
16 :            }
17 :            else
18 :            {
19 :                c = b - a;
20 :                document.write(b + " - " + a + " = " + c + "<br>");
21 :            }
22 :        </script>
23 :    </body>
24 : </html>
```

예제 12행의 if 문에서 a와 b를 비교하여 a가 b보다 크거나 같으면 13행~16행을 실행하고, 그렇지 않으면(a가 b보다 작으면) 18행~21행을 실행한다. 실행 결과는 [그림 3.6]과 같다.

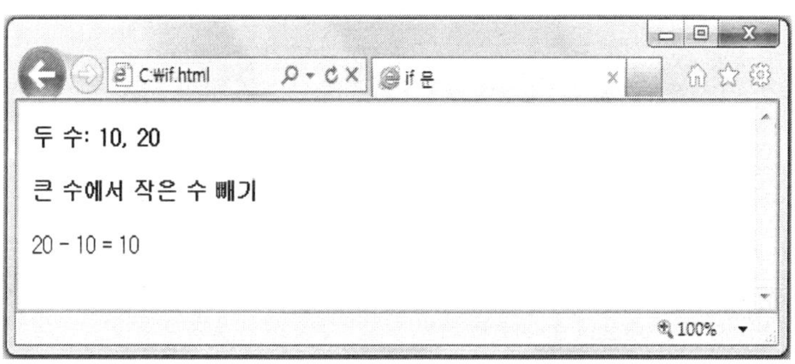

[그림 3.6] if 문 예제 실행 결과

switch 문

switch 문은 다중 선택문으로 식(expression)의 평가 결과에 따라 여러 가지 중의 하나를 선택하여 실행하는 경우에 이용하며 형식은 다음과 같다.

```
형 식 :
switch (식)
      {
         case 값1  :  문장_리스트1
                      [break;]
         case 값2  :  문장_리스트2
                      [break;]
         ...
         case 값n  :  문장_리스트n
                      [break;]
         default   :  문장_리스트n+1
                      [break;]
      }
```

앞의 형식에서 문장_리스트1, 문장_리스트2, 문장_리스트n, 문장_리스트n+1은 각각 한 개 이상의 JavaScript 문장을 의미하며, 식은 변수일 수도 있다. switch 문은 식을 각각의 값들과 비교하여 값이 일치하는 case의 문장을 실행한다. 만일 식과 일치하는 값이 없으면 default의 문장을 실행한다.

switch 문의 실행 과정을 순서도로 나타내면 [그림 3.7]과 같다.

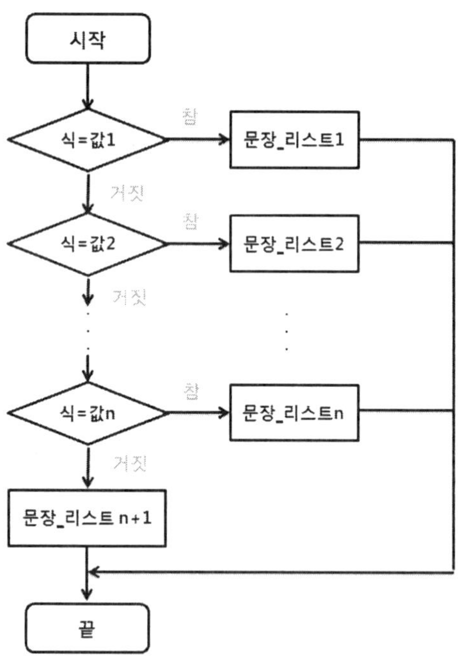

[그림 3.7] switch 문의 순서도

```
사용 예 :
        switch(정수형 변수) {
            case 값1 :
                        문장1;    break;
            case 값2 :
                        문장2;    break;
                        ......
            case 값n :
                        문장n;    break;
            default   :
                        문장n+1;
        }
```

앞의 예에서 switch 문의 정수형 변수의 값과 case의 값들을 비교하여 값이 일치하는 case의 문장을 수행하고, 값이 일치하는 case가 없는 경우에는 default의 문장을 수행한다.

다음은 switch 문을 이용하여 무지개 색깔 중 하나를 출력하는 예제이다.

switch.html

```
<html>
  <head><title> switch 문 </title></head>
  <body>
    <script type="text/javascript">

      var rainbow = 3;

      switch(rainbow){
          case 1 :
                      document.write("무지개 색깔 중, Red 입니다.");  break;
          case 2 :
                      document.write("무지개 색깔 중, Orange 입니다.");  break;
          case 3 :
                      document.write("무지개 색깔 중, Yellow 입니다.");  break;
          case 4 :
                      document.write("무지개 색깔 중, Green 입니다.");  break;
          case 5 :
                      document.write("무지개 색깔 중, Blue 입니다.");  break;
          case 6 :
                      document.write("무지개 색깔 중, Dark Blue 입니다.");  break;
          default :
                      document.write("무지개 색깔 중, Violet 입니다.");
      }
    </script>
  </body>
</html>
```

예제의 6행에서 변수 rainbow를 선언하고 3으로 초기화한다. 8행에서 rainbow가 3이므로 case 3에 해당되는 문장을 실행하며, 이 결과는 [그림 3.8]에서 보는 것과 같다.

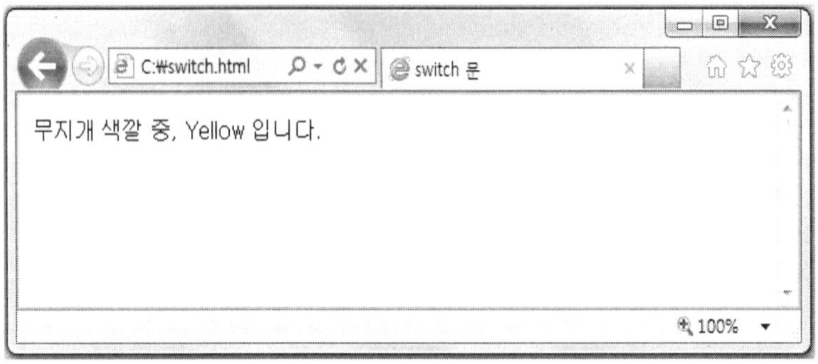

[그림 3.8] switch 문 예제 실행 결과

3.2.3.2 반복문

반복문은 루프(loop)라고도 하며 주어진 조건이 만족하는 동안 반복하여 루프 본체(loop body)의 문장들을 실행한다. 반복문에는 for 문, for-in 문, while 문, do while 문이 있다.

for 문

for 문은 루프 본체의 하나 이상의 문장을 정해진 횟수만큼 반복적으로 실행하는 문장으로 형식은 다음과 같다.

```
형 식 :
        for(초기화식; 조건식; 증감식) {
                문장_리스트
        }
```

앞의 형식에서 문장_리스트는 한 개 이상의 JavaScript 문장을 의미한다. 초기화식은 루프의 반복 횟수를 제어하는 데 사용되는 변수를 초기화하며, for 문이 시작될 때 맨 처음에 단 한 번 실행된다. 조건식은 루프의 종료 여부를 판단하는 식으로, 루프 본체의 실행 전에 매번 평가한다. 증감식은 제어 변수의 값을 증가시키거나 감소시키는 데 사용하며, 수정된 제어 변수의 값에 의해 조건식이 거짓으로 판단될 때 루프를 벗어난다.

for 문의 실행 과정을 순서도로 표시하면 [그림 3.9]와 같다.

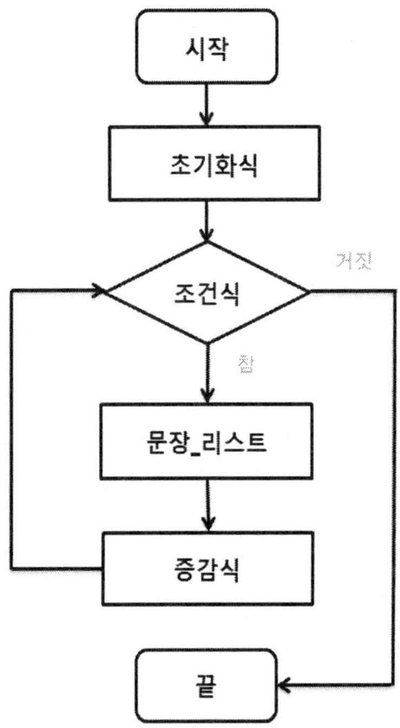

[그림 3.9] for 문의 순서도

```
사용 예 :
        for(i = 1; i < 10; i++) {
                문장_리스트
        }
```

사용 예의 초기화식에서 제어 변수 i의 초기값으로 1을 배정한다. 조건식에서 i의 값이 10 미만이면 루프 본체의 문장_리스트를 실행하고 나서, 증감식에서 제어 변수 i의 값을 1 증가시킨다. 그리고 다시 조건식을 평가하여 루프의 반복 여부를 결정한다.

다음은 for 문을 이용하여 구구단 중 5단을 출력하는 예제이다.

for.html

```
 1 :  <html>
 2 :      <head><title> for 문 </title></head>
 3 :      <body>
 4 :          <script type="text/javascript">
 5 :              var i, dan;
 6 :              dan = 5;
 7 :
 8 :              document.write("<b> 구구단 </b> <br>");
 9 :              document.write("<b> [" + dan + "단] </b> <br><br>");
10 :
11 :              for(i = 1; i <= 9; i++)
12 :                  document.write(dan + " * " + i + " = " + dan * i + "<br>");
13 :
14 :              document.write("<br><br>");
15 :          </script>
16 :      </body>
17 :  </html>
```

예제 11행의 초기화식에서 i를 1로 초기화하고, 조건식에서 i가 9보다 작거나 같은지를 검사하여 참이면 12행에서 i의 값을 이용해 5단을 계산하여 출력한다. 마지막으로 증감식에서 i의 값을 하나 증가시킨다. 이것을 조건식이 거짓이 될 때까지 반복하면 5단 전체를 출력할 수 있다.

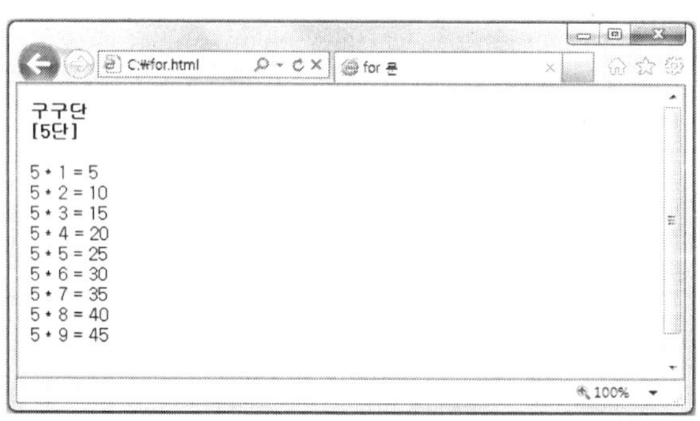

[그림 3.10] for 문 예제 실행 결과

for-in 문

for-in 문은 객체의 각 속성(property)이나 배열의 각 원소를 순서대로 한 번씩 접근하면서 하나 이상의 문장을 실행하는 것으로 형식은 다음과 같다.

형 식 :

```
for ( [var] 변수 in { 객체 | 배열 }) {
      문장_리스트
}
```

앞의 형식에서 변수는 필수 요소이며 객체의 속성 이름이나 배열의 인덱스가 될 수 있다. 다음은 for-in 문의 사용 예이다.

사용 예 :

```
var a = new Array("사과", "바나나", "파인애플");

for (var key in a)  {
      b += "인덱스 " + key + " 의 값은 :  " + a[key];
      b += "<br>";
}
```

우선 배열 객체 a를 선언한 후, 초기값으로 “사과”, “바나나”, “파인애플”을 배정한다. for-in 문에서 배열 a의 원소에 대한 인덱스를 변수 key에 배정하여 인덱스 순으로 배열의 원소들을 출력한다.

다음은 for-in 문을 이용하는 예제이다.

for-in.html

```
<html>
   <head><title> for-in 문 </title></head>
   <body>
      <script type="text/javascript">

         var a = new Array("사과", "바나나", "파인애플");
         var b = " ";

         for (var key in a)  {
               b += "인덱스 " + key + " 의 값은 :  " + a[key];
               b += "<br>";
         }

         document.write(b);

      </script>
   </body>
</html>
```

예제의 6행은 배열 객체를 생성하여 초기값으로 "사과", "바나나", "파인애플"을 배정하였고, 7행은 변수 b의 값을 초기화한 부분이다. 9행~12행은 for-in 문을 사용하여 배열의 모든 원소의 값을 인덱스 순으로 하나씩 변수 b에 덧붙인 후 14행에서 출력한다. 이 예제를 실행한 결과는 [그림 3.11]과 같다.

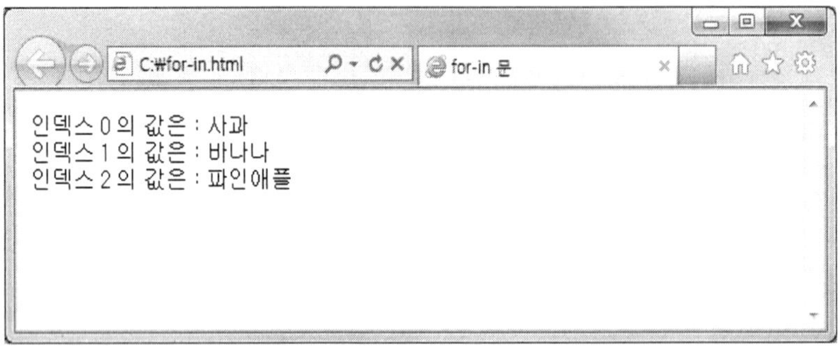

[그림 3.11] for-in 문 예제 실행 결과

while 문

while 문은 조건식이 참인 동안 루프 내의 하나 이상의 문장을 반복적으로 실행하는 문장으로 형식은 다음과 같다.

```
형 식 :
    while (조건식) {
            문장_리스트
            증감식;
    }
```

형식에서 문장_리스트 하나 이상의 JavaScript 문장을 의미한다. while 문의 실행 과정을 순서도로 표시하면 [그림 3.12]와 같다.

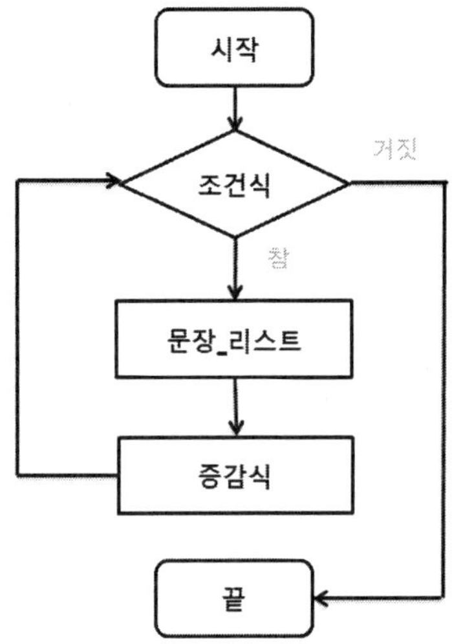

[그림 3.12] while 문의 순서도

while 문은 조건식을 판단하여 참인 동안 루프 본체의 문장_리스트를 실행하며, 조건식이 거짓이면 루프를 종료한다. 증감식은 루프 제어 변수의 값을 증가 또는 감소시키며, 필요에 따라 문장_리스트의 앞에 위치할 수도 있다. 루프의 본체를 실행한 후에는 다시 조건식을 평가하여 루프의 반복 여부를 결정한다.

```
사용 예 :
        while (i < 10) {
                문장_리스트
                i++;
        }
```

앞의 예에서는 변수 i의 값이 10 미만인 조건이 만족하는 동안 문장_리스트를 수행한다. 여기서 한 가지 유의할 점은 while 문의 실행 전에 제어 변수 i의 값을 초기화하여야 한다는 것이다.

다음의 while 문을 이용하는 예제를 살펴보자.

while.html

```
1 : <html>
2 :     <head><title> while 문 </title></head>
3 :     <body>
4 :         <script type="text/javascript">
5 :             var i;
6 :             i = 1;
7 :
8 :             while(i <= 7)
9 :             {
10 :                 document.write("<font size=" + i + "> 안녕하세요! </font><br>");
11 :                 i++;
12 :             }
13 :         </script>
14 :     </body>
15 : </html>
```

이 예제는 while 문을 이용하여 <font> 태그의 size 속성의 값을 변경하여 텍스트를 점차 크게 보이도록 한다. while 문의 시작 전에 6행에서 변수 i를 1로 초기화하고 8행에서 i의 값이 7보다 작거나 같으면 10행에서 폰트 크기를 i의 값으로 하여 텍스트를 출력한다. 그리고 11행에서 i의 값을 하나 증가시킨다. 이것을 조건식이 참인 동안 반복한다. 결과는 [그림 3.13]과 같다.

[그림 3.13] while 문 예제 실행 결과

do while 문

do while 문은 조건식이 참인 동안 루트 본체의 하나 이상 문장을 반복적으로 실행하는 문장으로 형식은 다음과 같다. 형식에서 문장_리스트는 하나 이상의 JavaScript 문장을 의미한다.

```
형 식 :
        do {    문장_리스트
                증감식;
        } while (조건식);
```

for 문이나 while 문과는 달리 do while 문의 조건식은 루프의 마지막에 위치한다. 따라서 do while 문은 조건식의 참과 거짓에 상관없이 문장_리스트가 최소한 한 번은 실행된다.

do while 문의 실행 과정을 순서도로 표시하면 [그림 3.14]와 같다.

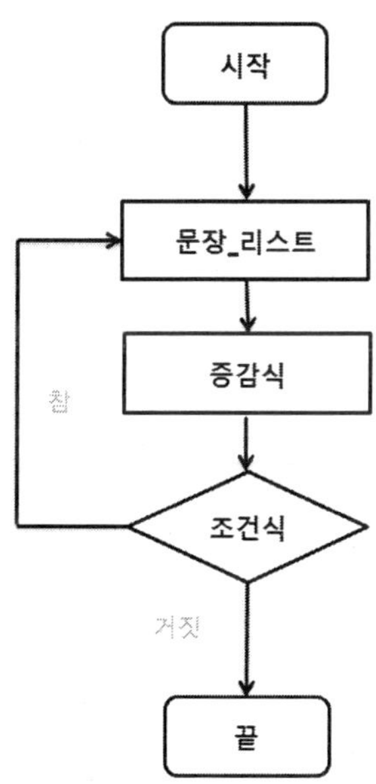

[그림 3.14] do while 문의 순서도

```
사용 예 :
        do {    문장_리스트
                i++;
        } while (i < 10);
```

앞의 예에서 문장_리스트를 먼저 처리하고 나서 변수 i의 값을 하나 증가시킨 후, 조건식에서 변수 i의 값이 10 미만이면 루프 본체를 반복한다. 따라서 문장_리스트는 적어도 한 번은 실행된다.

다음은 do while 문을 이용하는 예제이다.

do-while.html

```
1 : <html>
2 :     <head><title> do while 문 </title></head>
3 :     <body>
4 :         <script type="text/javascript">
5 :
6 :             var i = 1;
7 :             document.write("1~20까지의 짝수만 출력한 결과는?" + "<br>" + "<br>");
8 :
9 :             do{
10 :                if(i % 2 == 0)
11 :                    document.write(i + "<br>");
12 :
13 :                i = i + 1;
14 :
15 :            } while (i <= 20);
16 :
17 :            document.write("<hr>");
18 :
19 :        </script>
20 :    </body>
21 : </html>
```

이 예제는 1부터 20까지의 정수 중 짝수만 출력하는 것으로, 10행에서 변수 i를 2로 나눈 나머지가 0이면 해당 값을 출력한다. 13행에서 i의 값을 하나 증가시키고, 15행에서 i의 값이 20보다 작거나 같으면 루프를 반복한다. 예제의 결과는 [그림 3.15]와 같다.

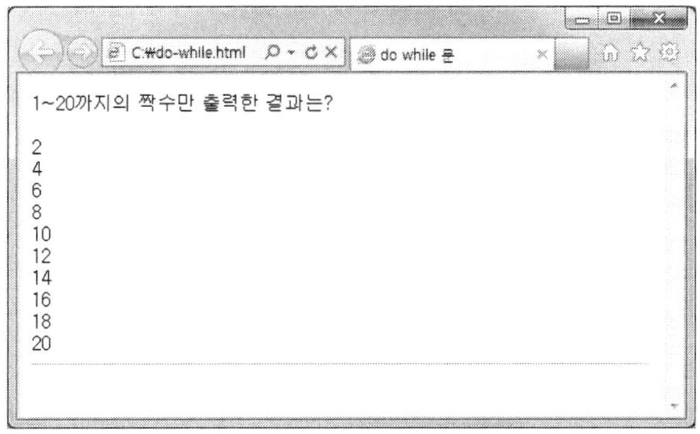

[그림 3.15] do while 문 예제 실행 결과

3.2.4 함수

함수(function)는 서브루틴(subroutine), 서브프로그램(subprogram), 또는 메소드(method)라고도 하며, 특정 기능을 수행하는 코드의 블록(block)이다. JavaScript에서 제공하는 내장 함수를 사용할 수도 있고, 사용자가 함수를 직접 정의하여 사용할 수도 있다. 함수와 메소드란 용어는 혼용되기도 하지만, 일반적으로 메소드는 객체의 이름과 점(.)으로 연결하여 사용하고 함수는 독립적으로 사용한다. 메소드는 앞으로 객체 부분에서 자세히 배운다.

3.2.4.1 내장 함수

내장 함수(built-in function 또는 predefined function)는 JavaScript에서 제공해주는 함수로 주요 내장 함수는 [표 3.5]와 같다.

[표 3.5] 주요 내장 함수

함수	설명
alert()	경고 대화상자 생성
confirm()	확인 대화상자 생성
prompt()	프롬프트 대화상자 생성
eval()	문자열을 수식으로 변환하여 계산
parseInt()	문자열을 정수로 변환
parseFloat()	문자열을 실수로 변환
String()	객체를 문자열로 변환
Number()	객체를 수로 변환
isNaN()	객체가 수인지 여부 판단

JavaScript에서는 경고(alert), 확인(confirm), 프롬프트(prompt) 대화상자(dialog box 또는 popup box)를 이용하여 사용자에게 메시지를 전달하거나, 사용자로부터 데이터를 입력받을 수 있다. 이때 내장 함수를 활용한다. 한편 문자열을 수식으로 변환하는 함수(eval)를 이용하여 수식을 계산할 수도 있다. 앞으로 이들에 대하여 공부해 보자.

경고 대화상자

경고 대화상자는 경고창과 메시지를 출력하고 사용자가 확인 버튼을 누르면 사라진다. 경고 대화상자를 나타내기 위해서는 다음 형식과 같이 alert 함수를 이용한다.

형 식 :

```
alert("문자열")   // 문자열 출력
alert(변수)       // 변수의 값 출력
```

alert 함수는 쌍따옴표(" ") 안의 문자열을 그대로 출력하거나 변수를 사용하여 변수가 저장하고 있는 문자열을 출력한다. 대화상자에 출력되는 문자열 중간에서 줄바꿈이 필요할 때는 문자열의 줄바꿈을 원하는 곳에 '\n'을 삽입한다.

다음은 간단한 경고 대화상자를 보여주는 예제이며, 실행 결과는 [그림 3.16]에 나타나 있다.

alert.html

```
<html>
  <head><title> 경고 메시지 나타내기 </title></head>
  <body>
   <script type="text/javascript">
      alert("반갑습니다.\n 저의 홈페이지 방문을 환영합니다!");
   </script>
  </body>
</html>
```

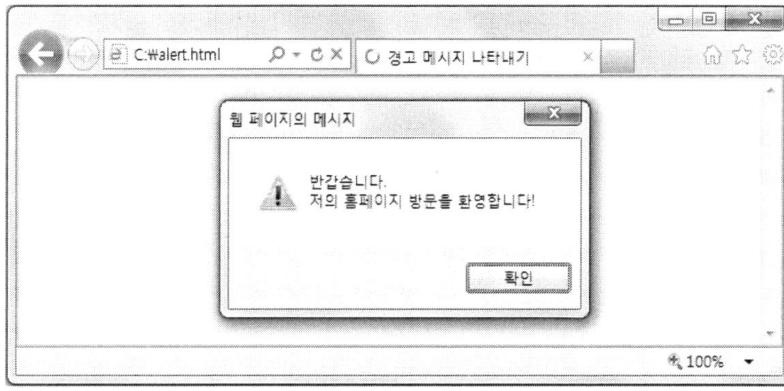

[그림 3.16] **경고 대화상자**

확인 대화상자

확인 대화상자는 앞에서 살펴본 경고 대화상자와 유사하지만, 다른 점은 확인과 취소 두 개의 버튼을 생성하고, 사용자가 선택한 버튼에 따라 JavaScript의 논리 값인 true 또는 false를 반환한다. 형식은 다음과 같다.

```
형 식 :
        confirm("문자열")  // 문자열 출력
        confirm(변수)      // 변수의 값 출력
```

confirm 함수는 쌍따옴표(“ ”) 안의 문자열을 그대로 출력하거나 변수가 저장하고 있는 문자열을 출력한다.

다음의 예제에서는 사용자가 확인 버튼을 누르면 true가, 취소 버튼을 누르면 false가 반환되므로 사용자가 어떤 버튼을 눌렀는지 확인할 수 있다.

confirm.html

```
<html>
  <head><title> 확인 대화상자 나타내기 </title></head>
  <body>
    <script type="text/javascript">
        var result = confirm("어떤 값이 출력될까요???");
        document.write("당신이 선택한 버튼의 값은 ");
        document.write("<b>" + result + "</b> 입니다.");
    </script>
  </body>
</html>
```

앞의 예제를 실행하면 [그림 3.17]과 같은 확인 대화상자가 나타난다.

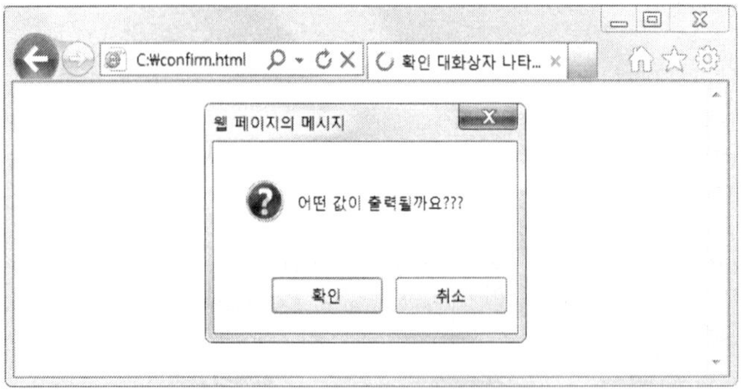

[그림 3.17] **확인 대화상자**

[그림 3.17]에서 확인 버튼을 누르면 [그림 3.18]과 같은 결과를 브라우저에 보여준다.

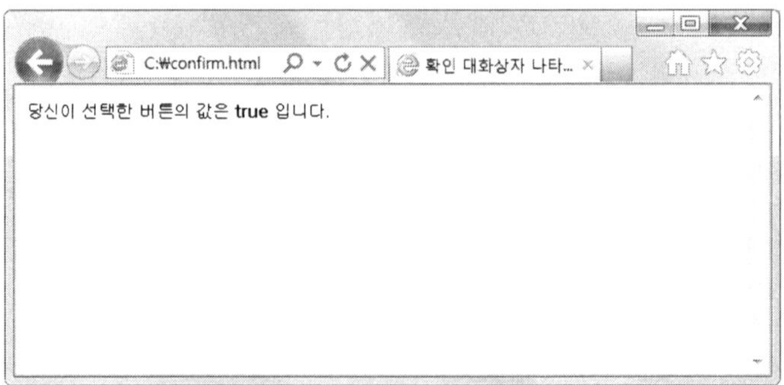

[그림 3.18] **확인 버튼 선택 결과**

[그림 3.17]에서 취소 버튼을 선택하면 [그림 3.19]와 같은 결과를 확인할 수 있다.

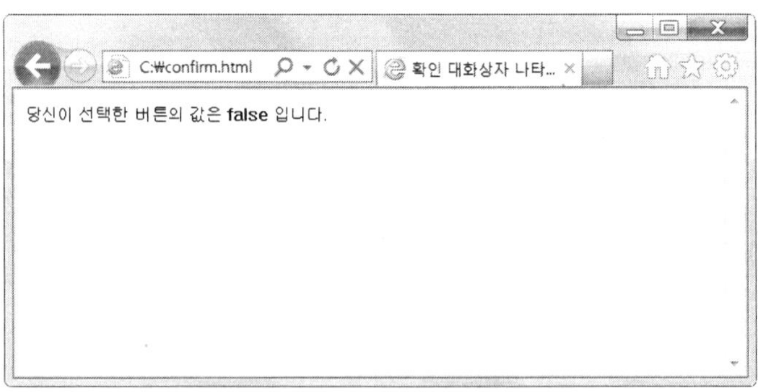

[그림 3.19] **취소 버튼 선택 결과**

프롬프트 대화상자

프롬프트 대화상자는 사용자로부터 한 줄의 입력을 받는다. 프롬프트 대화상자에서도 확인과 취소 두 개의 버튼이 나타나는데, 확인 버튼을 누르면 사용자가 입력한 값이 반환되고, 취소 버튼을 누르면 null이 반환된다. 프롬프트 대화상자를 생성하는 prompt 함수의 형식은 다음과 같다.

```
형 식 :
        prompt(변수1 또는 "문자열1", 변수2 또는 "문자열2")
```

형식에서 변수1 또는 "문자열1"은 프롬프트 대화상자에 표현될 메시지를 설정하는 부분이고, 변수2 또는 "문자열2"는 입력 필드 부분에 초기값으로 보여주는 값을 설정하는 부분이다.

prompt 함수는 사용자가 확인 버튼을 누르면 사용자가 입력한 값을 반환하고, 취소 버튼을 누르면 null을 반환한다.

다음의 예제는 웹 페이지 방문자에게 이름을 입력받고 이를 이용하여 환영 메시지를 출력한다.

prompt.html

```
<html>
  <head><title> 프롬프트 대화상자 나타내기 </title></head>
  <body>
    <script type="text/javascript">
      var input = prompt("당신은 누구십니까?", "이름을 입력해 주세요.");
      document.write("<br>");
      document.write("<b>" + input + "</b>");
      document.write("님의 방문을 진심으로 환영합니다.");
    </script>
  </body>
</html>
```

프롬프트 대화상자 예제를 실행하면 [그림 3.20]처럼 사용자가 문자열을 입력할 수 있는 대화상자가 나타난다.

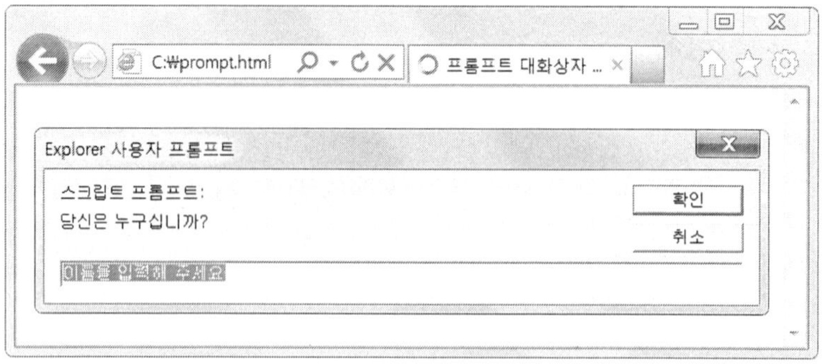

[그림 3.20] **프롬프트 대화상자**

[그림 3.20]에서 대화상자에 이름을 입력한 후 확인 버튼을 누르면 [그림 3.21]과 같이 사용자가 입력한 이름과 환영 메시지가 브라우저에 출력된다.

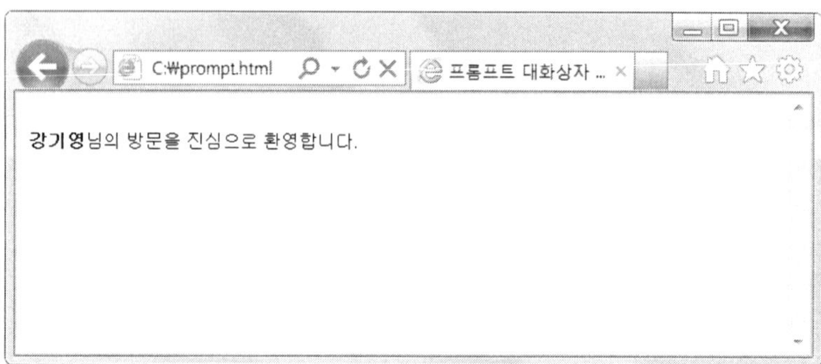

[그림 3.21] **확인 버튼 선택 결과**

[그림 3.20]의 대화상자에서 취소 버튼을 누르면 사용자가 입력한 문자열 대신 [그림 3.22]에서와 같이 null이 출력되는 것을 확인할 수 있다.

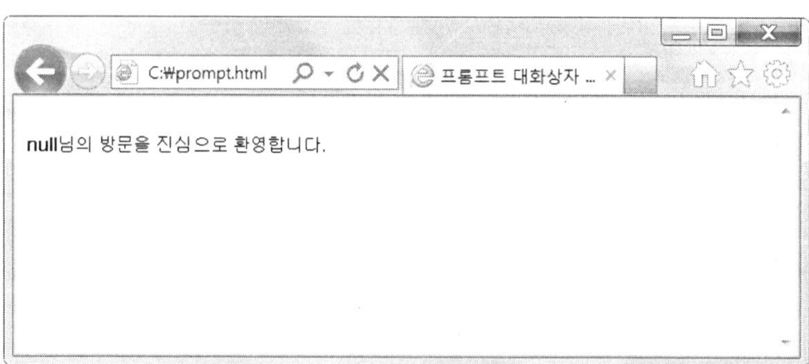

[그림 3.22] **취소 버튼 선택 결과**

수식 계산

eval 함수를 이용하여 수식을 계산할 수 있다. 결과값이 문자형이므로 이 결과값을 사용하여 다시 연산하려면, parseInt 함수 또는 parseFloat 함수를 이용하여야 한다.

형 식 :

```
eval("문자열" 또는 변수)             // 문자열을 수식으로 바꾸어 계산
parseInt("문자열" 또는 변수)         // 문자열의 시작에 의해 진법을 판단하여 정수로 변환
                                     1~9 - 10진수, 0 - 8진수, 0x 또는 0X - 16진수
parseInt("문자열" 또는 변수, 진법)   // 문자열을 주어진 진법(2~36)의 정수로 변환
parseFloat("문자열" 또는 변수)       // 문자열을 실수로 변환
```

수식을 계산하는 eval 함수는 문자열을 수식으로 바꾸어 계산한다. parseInt 함수는 문자열을 정수로 변환하며, parseFloat 함수는 문자열을 실수로 변환한다. parseInt에서의 진법은 입력받은 문자열을 어느 진법의 수로 변환할지를 설정하는 부분으로 범위는 2부터 36까지이다. 다음은 eval 함수와 parseInt 함수를 사용하여 수식을 계산하는 예제이다.

eval.html

```
<html>
  <head><title> 수식 계산하기 </title></head>
  <body>
      <h2> 간단한 계산 </h2>
      <script type="text/javascript">
          var input = prompt("수식을 입력하세요!");
          document.write("수식 : " + input + " =<font color='red'>" + eval(input) + "</font><br>");

          var a = prompt("첫 번째 수를 입력하세요!");
          var b = prompt("두 번째 수를 입력하세요!");
          var c = a + b;
          var d = parseInt(a) + parseInt(b);

          document.write("수식 : " + a + "+" + b + " =<font color='red'>" + c + "</font><br>");
          document.write("수식 : " + a + "+" + b + " =<font color='red'>" + d + "</font>");
      </script>
  </body>
</html>
```

이 예제는 사용자로부터 수식을 입력받아 계산하는 경우와 두 수를 입력받아 계산하는 경우를 보여준다. 먼저 [그림 3.23]에서 수식을 입력받아 eval 함수를 사용하여 계산된 결과를 얻는다. 그 다음은 [그림 3.24]에서 두 수를 입력받아서 덧셈을 한다. 입력받은 두 수를 변환 없이 바로 더한 경우와 parseInt 함수를 사용하여 정수형으로 변환하여 더한 경우를 보여준다.

[그림 3.25]의 결과를 보면 정수형으로 변환하지 않은 경우는 두 수 각각을 문자열로 인식하기 때문에 연결된 문자열을 얻게 되고, 정수형으로 변환한 경우는 정수의 덧셈 결과를 얻게 된다.

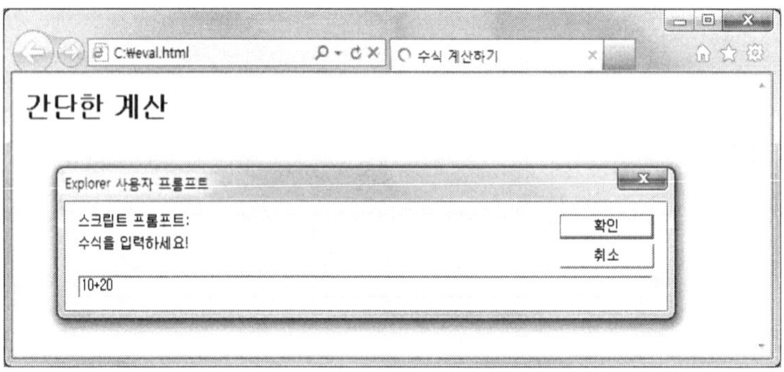

[그림 3.23] 수식으로 입력

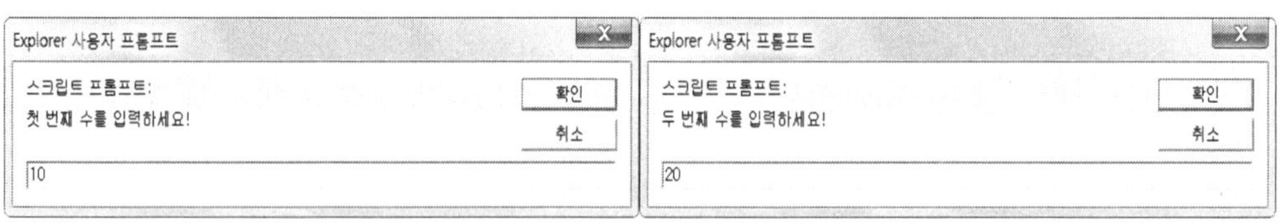

[그림 3.24] 두 수를 각각 입력

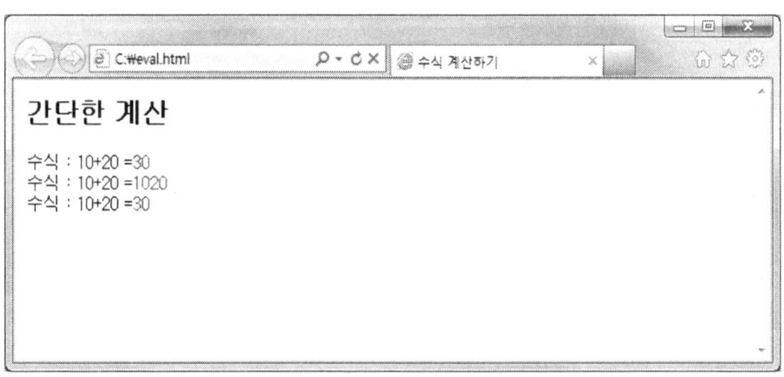

[그림 3.25] 수식 계산 결과

3.2.4.2 사용자 정의 함수

사용자가 특정 기능을 수행하는 부분을 함수로 정의하여 사용할 수 있다. 사용자 정의 함수의 형식은 다음과 같다.

```
형 식 :
        function 함수명( [매개변수_리스트] ) {
                문장_리스트
                [ return 식 또는 변수 또는 값 ]
        }
```

형식에서 매개변수_리스트는 쉼표(,)로 구분된 1개 이상의 매개변수(parameter 또는 argument)들을 나열한 것이다. 매개변수_리스트는 생략 가능하므로 매개변수가 없어도 된다. 문장_리스트는 하나 이상의 문장을 의미한다. 그리고 return 문은 함수의 결과값을 반환하는 데 사용하며, 결과값이 없을 경우 return 문의 생략이 가능하다.

```
사용 예 : 매개변수가 없는 함수

        function alarm( ) {
                alert("매개변수가 없는 함수");
        }
```

앞의 예는 JavaScript의 내장 함수인 alert 함수를 이용하여 간단한 문자열을 출력하는 함수 alarm을 정의한 것으로 매개변수를 사용하지 않는다.

```
사용 예 : 매개변수가 있는 함수

        function alarm(number) {
                alert("매개변수가" + number + "인 함수");
        }
```

앞의 예는 매개변수 number의 값을 받아서 alert 함수를 이용하여 출력하는 alarm 함수를 정의한 것이다.

다음에서는 함수의 결과값을 반환하는 경우와 그렇지 않은 경우에 대한 예를 다룬다.

function-return.html : 결과값을 반환하는 경우

```
1 : <html>
2 :     <head>
3 :         <title> 사용자 정의 함수 </title>
4 :         <script type="text/javascript">
5 :             function sum(x, y)          // 함수 선언부
6 :             {
7 :                 var z = x + y;
8 :                 return(z);
9 :             }
10 :        </script>
11 :    </head>
12 :    <body>
13 :        <h2> 두 수의 덧셈 </h2>
14 :        <script type="text/javascript">
15 :            var a = 10;
16 :            var b = 20;
17 :            var result = sum(a, b);    // 함수 호출부
18 :            document.writeln(a + " + " + b + " = " + result);
19 :        </script>
20 :    </body>
21 : </html>
```

이 예제는 두 수의 덧셈을 사용자 정의 함수를 이용하여 계산하는 것을 보여준다. 먼저 5행에서 sum 함수를 정의한다. sum 함수는 매개변수 x, y로 두 수를 받아서 덧셈을 한 후 z에 저장하고, sum 함수를 호출한 곳으로 z의 값을 반환한다.

예제의 17행에서는 함수를 호출하는 방법을 보여주고 있다. 18행에서는 sum 함수가 반환한 result 값을 출력하며, 그 결과는 [그림 3.26]과 같다.

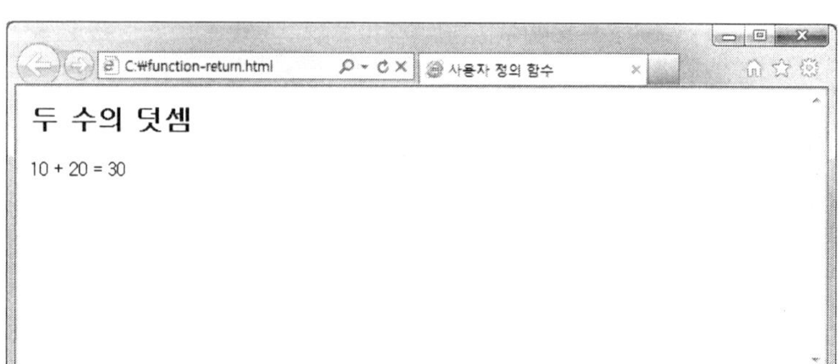

[그림 3.26] 결과값을 반환하는 함수 예제 실행 결과

function-alert.html : 결과값을 반환하지 않는 경우

```
1 : <html>
2 :       <head>
3 :           <title> 함수 </title>
4 :           <script type="text/javascript">
5 :               function who(name) {
6 :                   alert("안녕하세요. 저는 " + name + "입니다.");
7 :               }
8 :           </script>
9 :       </head>
10 :      <body>
11 :          <h3> 당신은 누구십니까? </h3>
12 :          <script type="text/javascript">
13 :              var input = prompt("이름을 입력하세요!");
14 :              who(input);
15 :          </script>
16 :      </body>
17 : </html>
```

이 예제는 함수를 이용하여 입력받은 사용자의 이름을 그대로 출력하는 것을 보여준다. 먼저 5행에서 who 함수를 정의한다. who 함수는 매개변수 name으로 사용자의 이름을 받아서, 경고 대화상자를 사용하여 이름을 포함한 메시지를 출력하지만, return 문으로 결과값을 반환하지는 않는다.

예제의 14행에서 who 함수를 호출하는 것을 보여주며, 실행 결과는 [그림 3.27]과 [그림 3.28]과 같다.

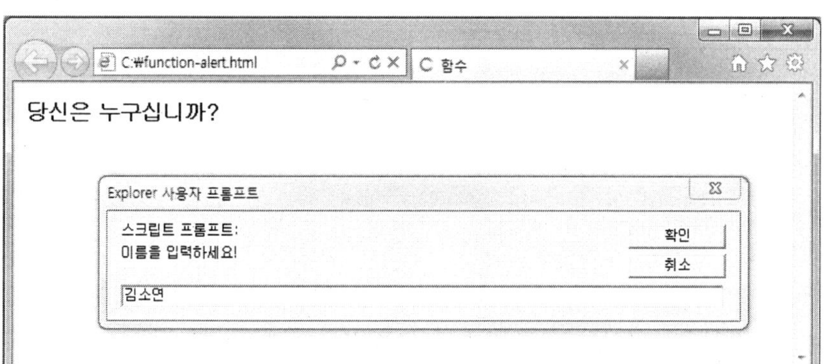

[그림 3.27] 이름 입력 대화상자

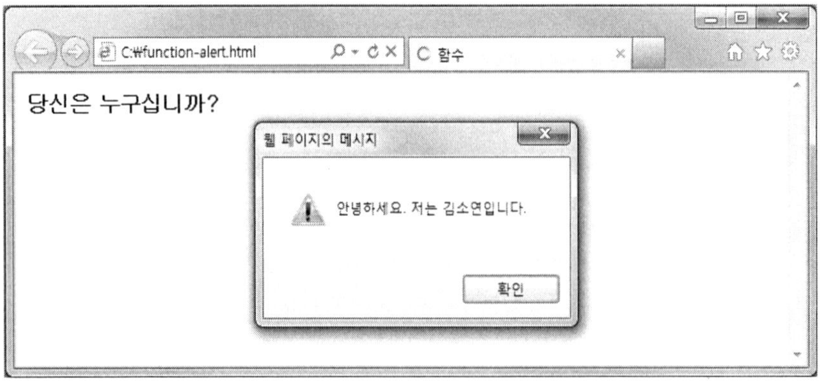

[그림 3.28] **함수와 대화상자 활용**

3.2.4.3 재귀 함수

재귀 함수(recursive function)는 함수 내에서 자기 자신을 호출하는 재귀 호출(recursive call) 문장을 포함하고 있는 함수이다. 이 함수는 재귀 호출을 무한정 반복하여 함수의 실행이 종료되지 않는 문제가 발생할 수 있으므로, 재귀 호출이 종료되는 조건이 반드시 있어야 한다. 재귀 함수의 형식은 사용자 정의 함수의 형식과 같으나 함수 내에 재귀 호출 문장이 포함된다. 재귀 함수의 사용 예는 다음과 같다.

사용 예 :

```
function factorial(n) {
    if(n <= 1)
        return 1;
    else return (n * factorial(n - 1));
}
```

앞의 예는 재귀 함수의 가장 대표적인 사례인 계승(factorial)을 구하는 함수로, 함수 내의 factorial(n - 1)이 재귀 호출이다. 이 함수는 if 문을 이용하여 n이 1보다 작거나 같을 때는 1을 반환하며, n이 1보다 클 때는 재귀 호출 factorial(n - 1)의 반환값에 n을 곱하여 반환한다. 만일 매개변수 n이 3이라면 '3! = 3 * 2 * 1'로 계산한다. 즉, 'factorial(3) = 3 * factorial(2)', 'factorial(2) = 2 * factorial(1)', 'factorial(1) = 1'로, 제일 마지막 factorial(1)부터 계산이 완료되어 factorial(1) → factorial(2) → factorial(3) 순으로 계산된다. 다음은 재귀 함수를 활용하는 예제이다.

function-recursion.html

```
<html>
    <head><title> 재귀 함수 </title>
    <script type="text/javascript">
        function sum(n) {
            if(n <= 1)
                return 1;
            else return (n + sum(n - 1));
        }
    </script>
    </head>
    <body>
        <h3> 입력받은 수까지의 합 </h3>
        <script type="text/javascript">
            var number = parseInt(prompt("1부터 몇 까지의 합을 구할까요?"));
            document.write("1부터 " + number + "까지의 합은 : " + sum(number)
            + "입니다.");
        </script>
    </body>
</html>
```

앞의 예제를 실행하면 프롬프트 대화상자가 뜨는데, [그림 3.29]와 같이 사용자로부터 100을 입력받으면 [그림 3.30]과 같은 실행 결과가 나타난다.

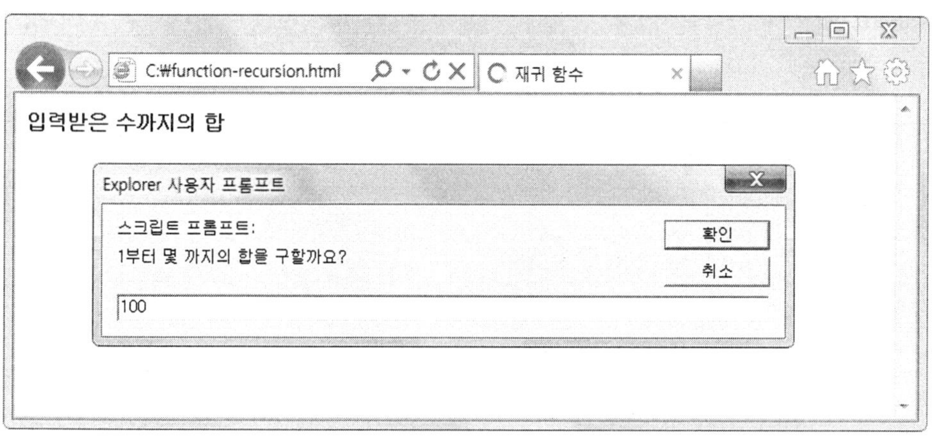

[그림 3.29] **수 입력 대화상자**

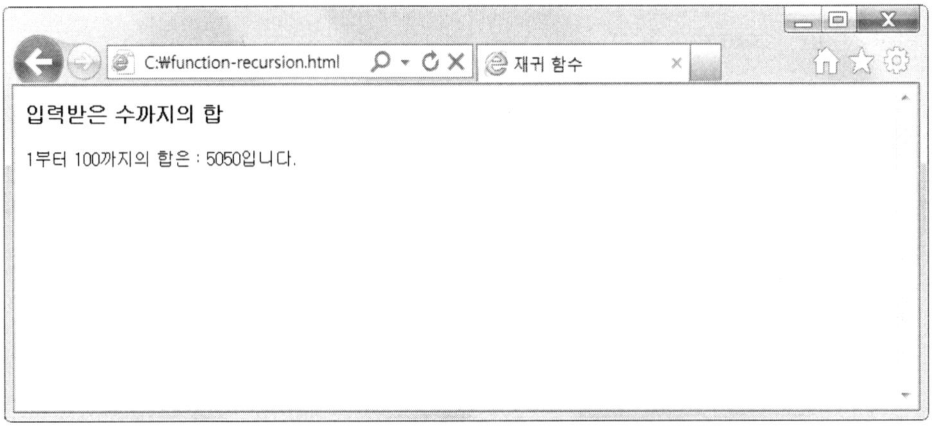

[그림 3.30] 재귀 함수 예제 실행 결과

3.3 객체

JavaScript에서는 미리 정의된 내장 객체(built-in object 또는 predefined object)뿐만 아니라 브라우저 객체와 DOM(Document Object Model) 객체를 활용할 수 있다. 이들의 사용 방법에 대하여 공부한다.

3.3.1 내장 객체

JavaScript에서 제공하는 내장 객체를 이용하여 웹 페이지를 작성할 수 있으며, 주요 내장 객체는 [표 3.6]과 같다.

[표 3.6] 주요 내장 객체

내장 객체	설명
Array	배열 생성 및 처리
Boolean	불리언 값(true, false) 표현 및 처리
Date	날짜와 시각 정보 제공
Math	수학 연산 수행
Number	수 표현 및 처리
String	문자열 표현 및 처리

3.3.1.1 Array 객체

Array 객체를 이용하여 배열을 생성할 수 있다. 배열이란 공통의 이름으로 특정 자료형의 원소(요소)들을 순서적으로 저장하기 위하여 사용한다. JavaScript에서는 new 연산자를 사용하여 새로운 객체를 생성하며, Array 객체의 주요 속성(property) 및 메소드(method)는 [표 3.7]과 같다. 객체의 속성이나 메소드는 객체의 이름과 속성 또는 메소드의 이름을 점(.)으로 연결하여 사용한다.

[표 3.7] Array 객체의 주요 속성과 메소드

구분	이름	설명
속성	length	배열의 길이
메소드	valueOf()	객체의 원시값(primitive value) 반환
	indexOf(원소[,시작위치])	배열의 앞 또는 시작위치부터 검색하여 처음 검색 인덱스 반환, 없으면 -1 반환
	shift()	배열의 첫 번째 원소 삭제
	lastIndexOf(원소[,시작위치])	배열의 뒤 또는 시작위치부터 역순으로 검색하여 처음 검색 인덱스 반환, 없으면 -1 반환
	push(원소1,원소2,...,원소n)	배열의 끝에 원소를 삽입하고, 증가된 배열의 길이를 반환 (스택의 push 연산)
	pop()	배열의 마지막 원소를 삭제하여 반환 (스택의 pop 연산)
	join(분리자)	배열의 원소들 사이에 분리자 삽입하여 하나의 문자열로 합침 (분리자 지정 가능하며 기본은 쉼표(,))
	toString()	배열의 원소들을 쉼표(,)로 연결하여 문자열로 변환한 결과 반환
	sort()	정렬
	reverse()	배열 원소들의 순서를 역순으로 바꿈
	concat(배열1,배열2,...,배열n)	다수의 배열들을 순서대로 합하여 하나의 배열 생성

표에서 대괄호([ ])는 선택사항(optional)을 표시한다. 배열처럼 원소들의 순서가 있는 선형 리스트(linear list)에서 top이라고 하는 한쪽 끝에서만 삽입과 삭제를 허용하는 자료 구조(data structure)를 스택(stack)이라 하며, pop은 스택의 삭제 연산이고 push는 삽입 연산이다. 참고로 선형리스트의 한쪽 끝에서는 삽입만을 다른쪽 끝에서는 삭제만을 허용하는 자료 구조를 큐(queue)라고 한다. 다음은 Array 객체를 활용하는 예제이다.

array.html

```
1 : <html>
2 :    <head><title> Array 객체 </title></head>
3 :    <body>
4 :       <script type="text/javascript">
5 :          var title = new Array(3);
6 :              title[0] = "W";
7 :              title[1] = "e";
8 :              title[2] = "b";
9 :
10 :         var title2 = title.join(".");
11 :         var title3 = new Array(" Programming");
12 :         var title4 = title2.concat(title3);
13 :
14 :         document.write("첫 번째 책 제목은 ");
15 :
16 :         for(i = 0; i < title.length; i++) {
17 :            document.write(title[i]);
18 :         }
19 :
20 :         document.write("입니다." + "<br>" + "두 번째 책 제목은 ");
21 :         document.write(title4 + "입니다.");
22 :      </script>
23 :   </body>
24 : </html>
```

예제의 5행에서 크기 3의 Array 객체를 new 키워드를 이용하여 생성한 후, 6행~8행에서 배열의 각 원소에 "W", "e", "b"라는 문자를 배정하며, 10행은 title 객체의 원소들을 마침표(.)로 분리하여 하나의 문자열로 합친다. 이때 분리자를 지정하지 않으면 자동으로 쉼표(,)가 분리자로 삽입된다.

11행은 "Programming"이라는 문자열로 Array 객체 title3을 초기화하고, 12행에서 Array 객체 title2와 title3을 하나로 합한 Array 객체 title4를 생성한다.

16행~18행은 Array 객체 title의 원소들을 for 문을 사용하여 반복 출력하고, 21행에서는 Array 객체 title4의 값을 출력한다. 실행 결과는 [그림 3.31]과 같다.

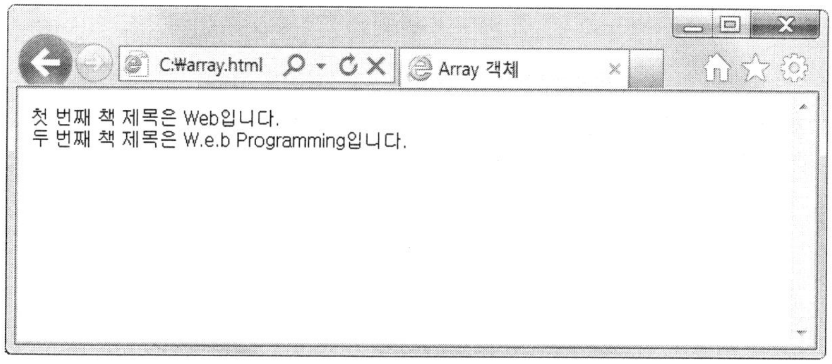

[그림 3.31] Array 객체 예제 실행 결과

3.3.1.2 Boolean 객체

Boolean 객체를 이용하여 논리값(불리언 값)을 저장하고, 논리값을 문자열로 변환할 수 있다. Boolean 객체의 주요 메소드는 [표 3.8]과 같다.

[표 3.8] Boolean 객체의 주요 메소드

구분	이름	설명
메소드	valueOf()	객체의 원시값 반환
	toString()	불리언 값을 문자열로 변환하고 그 결과값을 반환

다음은 Boolean 객체를 활용한 예제이다.

boolean.html

```
<html>
  <head><title> Boolen 객체 사용 예 </title></head>
  <body>
    <script type="text/javascript">
      var bool1 = new Boolean(true);
      document.write("(1) true 값 입력 시, " + bool1.toString() + " 출력"+ "<br>");

      var bool2 = new Boolean(false);
      document.write("(2) false 값 입력 시, " + bool2.toString() + " 출력" + "<br>");

      var bool3 = new Boolean(1);
      document.write("(3) 값 1을 입력 시, " + bool3.toString() + " 출력" + "<br>");

      var bool4 = new Boolean(0);
      document.write("(4) 값 0을 입력 시, " + bool4.toString() + " 출력" + "<br>");
    </script>
  </body>
</html>
```

예제의 5행은 new 키워드를 이용하여 Boolean 객체를 생성하고, Boolean 객체의 값으로 true를 배정하며, 6행에서 이를 문자열로 변환하여 출력한다. 8행은 Boolean 객체에 false를 배정하고 9행에서 출력한다. 11행~12행은 Boolean 객체의 값으로 1을 배정하고 이를 문자열로 변환하여 출력하며, 14행~15행은 Boolean 객체에 0을 배정하고 이를 문자열로 변환하여 출력한다. 결과 화면은 [그림 3.32]와 같다.

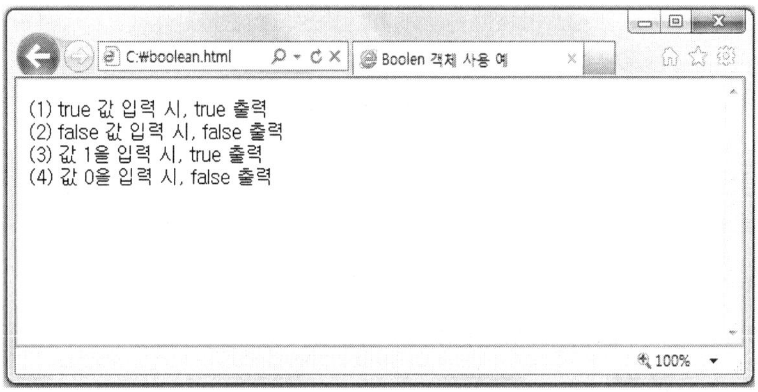

[그림 3.32] Boolean 객체 예제 실행 결과

3.3.1.3 Date 객체

Date 객체를 이용하여 현재의 날짜와 시각을 알아낼 수 있다. 먼저 new 연산자를 사용하여 Date 객체를 생성하고, Date 객체의 메소드를 이용하여 현재의 날짜와 시각에 관련된 정보를 얻을 수 있다. Date 객체의 주요 메소드를 [표 3.9]에서 보여주고 있다.

[표 3.9] Date 객체의 주요 메소드

메소드	설명
valueOf()	객체의 원시값 반환
getFullYear()	연도
getMonth()	월 (0=1월, 1=2월, … , 11=12월)
getDate()	일 (1~31까지의 날짜)
getDay()	요일 (0=일요일, 1=월요일, … , 6=토요일)
getHours()	시 (0~23까지의 시)
getMinutes()	분 (0~59까지의 분)
getSeconds()	초 (0~59까지의 초)

메소드	설명
toString()	날짜와 시각을 문자열로 변환
toLocaleString()	현재 지역의 날짜와 시각을 문자열로 변환
toDateString()	날짜를 문자열로 변환
toLocalDateString()	현재 지역의 날짜를 문자열로 반환
toTimeString()	시각을 문자열로 변환
toLocalTimeString()	현재 지역의 시각을 문자열로 반환
toUTCString()	UTC(Universal Time Coordinated)의 문자열로 변환

다음은 Date 객체를 활용하는 예제이다.

date.html

```
1: <html>
2:  <head><title> 현재 날짜와 시각 나타내기 </title></head>
3:  <body>
4:    <script type="text/javascript">
5:      var day = new Date();
6:      document.write("오늘은 <b>" + day.getFullYear() + "</b>년<b>" +
        (day.getMonth() + 1) + "</b>월<b>" + day.getDate() + "</b>일 입니다.<br>");
7:      document.write("현재 시각은<b>" + day.getHours() + "</b>시<b>" +
        day.getMinutes() + "</b>분<b> " + day.getSeconds() + "</b>초 입니다.<br>");
8:    </script>
9:  </body>
10: </html>
```

이 예제에서는 5행에서 new 키워드를 이용하여 Date 객체를 생성한 후, Date 객체의 메소드들을 이용하여 현재의 연, 월, 일, 시, 분, 초를 출력한다. 주의해야 할 점은 getMonth() 메소드에서 월을 얻기 위해 day.getMonth()+1로 표기했다는 점이다. 그 이유는 월을 나타내는 getMonth()는 1월부터 12월까지를 0부터 11까지의 수로 표현하기 때문이다. 브라우저에서 실행한 결과는 [그림 3.33]과 같고, 이 페이지를 실행시킨 시점의 날짜와 시각을 출력한다.

[그림 3.33] Date 객체 예제 실행 결과

다음은 버튼을 누르면 현재 시각을 알려주는 예제이다.

time.html

```
<html>
    <head><title> 현재 시각 </title></head>
    <body>
        <script type="text/javascript">
            function time()
            {
                var now = new Date();
                alert(now.toLocaleString());
            }
        </script>
        <form>
            <input type="button" value="현재 시각은?" onClick="time()">
        </form>
    </body>
</html>
```

이 예제는 폼 태그 내에서 <input> 태그를 이용하여 버튼을 만든다. <input> 태그의 type 속성을 button으로 하여 버튼을 만들고, 다음에 공부할 onClick 이벤트를 이용하여 버튼을 누르면 사용자가 정의한 time 함수를 호출하도록 한다.

time 함수는 now라는 Date 객체를 생성하고, toLocaleString() 메소드를 이용하여 현재의 날짜와 시각을 알아내어 경고 대화상자를 통해 메시지로 출력한다. 실행한 결과는 [그림 3.34]와 같다.

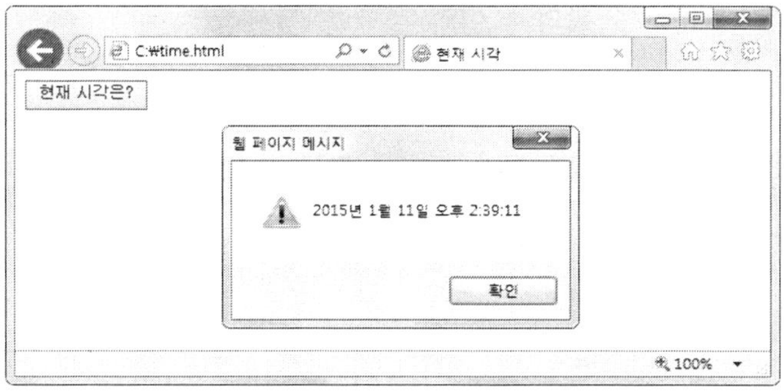

[그림 3.34] Date 객체와 대화상자 활용

3.3.1.4 Math 객체

Math 객체를 이용하여 수학 계산을 할 수 있다. Math 객체에서는 new 연산자를 사용하여 객체를 생성하지 않고도 Math 객체의 메소드를 바로 활용할 수 있다. Math 객체의 주요 속성과 메소드는 [표 3.10]과 같다.

[표 3.10] Math 객체의 주요 속성과 메소드

구분	이름	설명
속성	PI	π (약 3.14159)
	E	오일러 상수 (약 2.71828)
	LN2	2의 자연 로그 (약 0.693147)
	LN10	10의 자연 로그 (약 2.302585)
	LOG2E	$\log_2 e$ (약 1.442695)
	LOG10E	$\log_{10} e$ (약 0.43429)
	SQRT 2	$\sqrt{2}$ (약 1.41421)
메소드	max(n1, n2, … , nk)	가장 큰 값
	min(n1, n2, … , nk)	가장 작은 값
	abs(n)	n의 절대값
	round(n)	n에서 가장 가까운 정수 (반올림)
	ceil(n)	n보다 작지 않은 정수들 중 가장 작은 정수
	floor(n)	n보다 크지 않은 정수들 중 가장 큰 정수
	random()	0에서 1사이의 난수(random number)
	pow(a, b)	a^b
	exp(n)	e^n
	sqrt(n)	n의 제곱근
	log(n)	n의 자연 로그값
	sin(n)	n의 싸인값
	cos(n)	n의 코사인 값
	tan(n)	n의 탄젠트 값

다음은 반지름을 입력하면 원의 넓이와 둘레를 계산하는 예제이다.

math.html

```
1 : <html>
2 :     <head><title> 원의 넓이와 둘레 </title></head>
3 :     <body>
4 :         <script type="text/javascript">
5 :             function calculate(r) {
6 :                 oval.result1.value = r * r * Math.PI;      // 원의 넓이
7 :                 oval.result2.value = 2 * r * Math.PI;      // 원의 둘레
8 :             }
9 :         </script>
10 :
11 :         <h1> 원의 넓이와 둘레 계산 </h1><br><br>
12 :         <form name="oval">
13 :             반지름 <input type="text" name="radius" size="10">
14 :             <input type="button" value="확인" onClick="calculate(radius.value)"><br><br>
15 :             원의 넓이 <input type="text" name="result1" size="10"><br><br>
16 :             원의 둘레 <input type="text" name="result2" size="10">
17 :         </form>
18 :     </body>
19 : </html>
```

이 예제에서는 13행에서 <input> 태그의 type 속성을 text로 하여 그 필드를 통해서 사용자로부터 반지름을 입력받고, 14행에서 onClick 이벤트를 이용하여 버튼을 누르면 원의 넓이와 둘레를 알려주는 calculate 함수를 호출한다. 5행의 calculate 함수는 전달받은 반지름으로 원의 넓이와 둘레를 계산하여, 15행과 16행의 두 text 필드에 결과값을 보여준다. 실행한 결과는 [그림 3.35]와 같다.

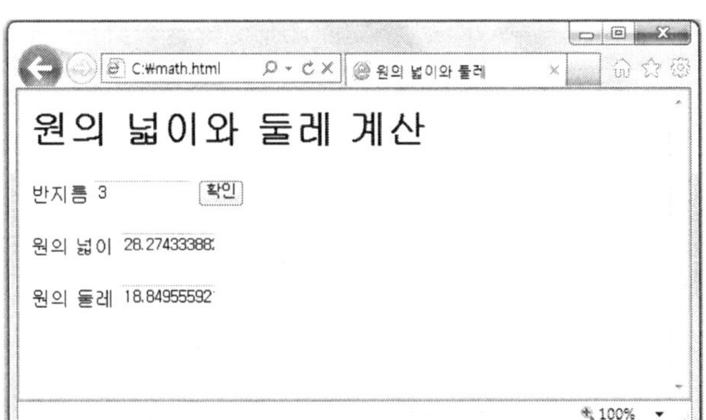

[그림 3.35] Math 객체 예제 실행 결과

3.3.1.5 Number 객체

Number 객체는 문자열로 표현된 수를 실제 수로 변환시켜 주는 객체로 주요 속성 및 메소드는 [표 3.11]과 같다. 표에서 대괄호([ ])는 선택사항을 표시한다.

[표 3.11] Number 객체의 주요 속성과 메소드

구분	이름	설명
속성	MAX_value	표현할 수 있는 최대값
	MIN_value	표현할 수 있는 최소값
	POSITIVE_INFINITY	양의 무한대
	NEGATIVE_INFINITY	음의 무한대
메소드	valueOf()	객체의 원시값 반환
	toFixed([n])	소수점 이하 n자리까지 문자열로 변환, n을 생략하면 0
	toPrecision([n])	유효숫자를 n자리로 표현, n이 생략되면 수 전체를 표현
	toExponential([n])	지수 표현으로 변환 (n은 소수점 이하 자리수)
	toString([진법])	진법의 문자열로 변환, 진법은 2~36 사이의 값이며 생략하면 10

Number 객체는 매개변수를 수로 변환하며, 만일 매개변수가 수로 된 문자열이 아니어서 수로 변환할 수 없는 경우에는 NaN(Not-a-Number)을 반환한다. 다음은 Number 객체를 이용하여 변수의 값을 출력하는 예제이다.

number.html

```
<html>
   <head><title> Number 객체 </title></head>
   <body>
    <script type="text/javascript">
       var a = "10", b = "20";
       var c = "JavaScript";

       document.write("a + b = " + (a + b) + "<br>");
       document.write("Number(a) + Number(b) = " + (Number(a) + Number(b)) + <br>");
       document.write("Number(c) = " + Number(c) + "<br>");
    </script>
   </body>
</html>
```

이 예제의 5행~6행에서 세 변수에 문자열을 각각 배정하고, 8행~10행에서는 변수의 값을 출력한다. 8행은 두 변수의 문자열 값들을 연결한 값을 출력하고, 9행은 Number 객체를 이용하여 문자열을 수로 변환한 후, 두 변수의 값들을 합한 결과를 출력한다.

10행은 Number 객체를 사용하여 문자열을 수로 변환하고자 했으나, 변수의 값이 수로 된 문자열이 아니므로 NaN을 출력한다. 이 예제의 실행 결과는 [그림 3.36]에서 확인할 수 있다.

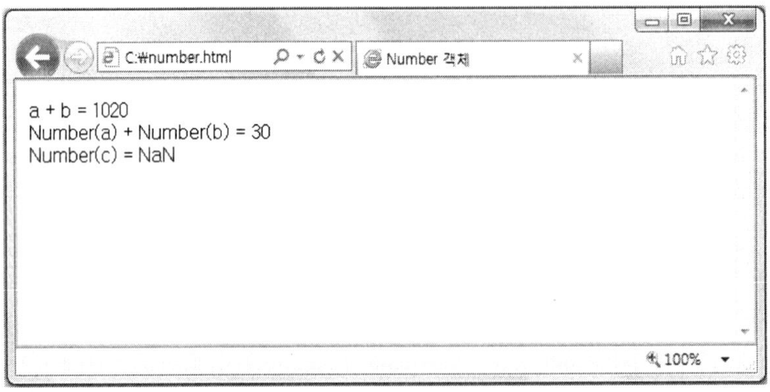

[그림 3.36] Number 객체 예제 실행 결과

3.3.1.6 String 객체

String 객체를 이용하여 문자열을 다양하게 처리할 수 있다. String 객체는 new 연산자를 사용하여 객체를 생성하지 않고, 문자열에 바로 String 객체의 메소드를 활용할 수 있다. String 객체의 주요 속성 및 메소드는 [표 3.12]와 같다.

[표 3.12] String 객체의 주요 속성과 메소드

구분	이름	설명
속성	length	문자열 길이
메소드	valueOf()	객체의 원시값 반환
	concat("문자열1", "문자열2", … , "문자열n")	두 개 이상의 문자열을 연결 (매개변수는 문자열 또는 문자열 변수)
	charAt(인덱스)	특정 위치(인덱스)의 문자를 반환
	indexOf("스트링"[, 시작위치])	문자열의 처음 또는 시작위치부터 스트링을 검색하여 처음 검색 인덱스 반환, 없으면 -1 반환

구분	이름	설명
메소드	lastIndexOf("스트링"[, 시작위치])	문자열의 뒤 또는 시작위치부터 역순으로 스트링을 검색하여 처음 검색 인덱스 반환, 없으면 -1 반환
	search("스트링")	스트링을 검색하여 인덱스 반환, 없으면 -1 반환
	match(정규식)	정규식(regular expression)과 일치하는 문자열 검색하여 배열로 반환, 없으면 null 반환
	replace("문자열1", "문자열2")	문자열1을 문자열2로 대체
	substr(시작위치[, n])	시작위치부터 n개의 문자들을 추출, n이 생략되면 끝까지 추출
	substring(시작위치[, 끝위치])	시작위치부터 끝위치 사이의 문자들을 추출, 끝위치가 생략되면 끝까지 추출
	toLowerCase()	소문자로 변환
	toUpperCase()	대문자로 변환

경우에 따라 문자열과 함께 HTML 태그를 출력할 필요가 있다. 이때 적절한 HTML 태그와 함께 문자열을 반환하는 String 객체의 HTML 래퍼(wrapper) 메소드를 사용하며, 주요 메소드를 정리하면 [표 3.13]과 같다.

[표 3.13] HTML 래퍼 메소드

메소드	설명
fontcolor(색상)	글자색
fontsize(크기)	글자 크기
big()	글자를 좀 더 크게
small()	글자를 좀 더 작게
bold()	글자를 굵게
italics()	이탤릭체
fixed()	타자기체
strike()	취소선
sup()	윗첨자
sub()	아래첨자
link("url")	하이퍼링크 생성
anchor(앵커명)	앵커 생성

표에서 보는 것처럼 하이퍼링크와 앵커도 생성할 수 있다. 이에 대한 자세한 설명은 HTML 부분을 참고하기 바란다.

String 객체의 속성이나 메소드를 사용하기 위해서는 '문자열(또는 변수).메소드'와 같이 표현한다. 다음과 같이 String 객체를 이용하여 문자열을 다양하게 표현하는 스크립트를 작성해 보자.

예제 string.html

```
<html>
  <head><title> 문자 꾸미기 </title></head>
  <body>
    <script type="text/javascript">
      document.write("굵은체".bold());
      document.write("이탤릭체".italics());
      document.write("타자기체".fixed() + "<br><br>");

      document.write("현재에" + "위첨자".fontcolor("red").sup() + "<br><br>");
      document.write("현재에" + "아래첨자".sub() + "<br><br>");

      document.write("font SIZE 7 ".fontsize(7) + "<br>");
      document.write("취소선".strike() + "<br><br>");

      document.write("파랗고 크게".big().fontcolor("blue") + "<br><br>");
      document.write("이탤릭체&취소선&빨간색".italics().strike().fontcolor("red") + "<br><br>");
      document.write("크기는 5이면서 굵은체".fontsize(5).bold() + "<br>");
    </script>
  </body>
</html>
```

이 예제에서는 String 객체의 메소드들을 이용하여 문자열을 다양한 방식으로 출력하고 있으며, 그 결과는 [그림 3.37]과 같다.

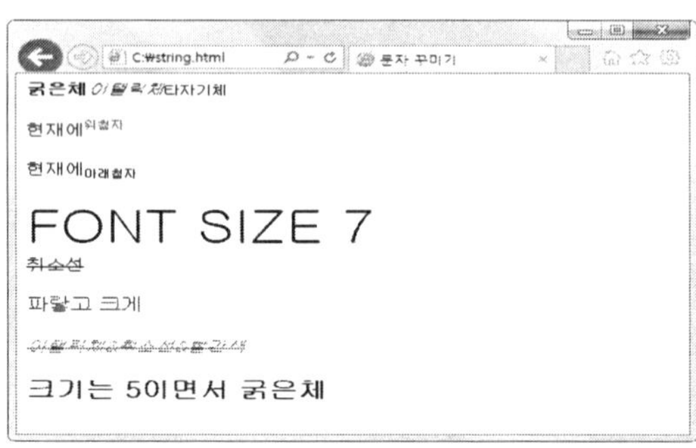

[그림 3.37] String 객체 예제 실행 결과

3.3.2 브라우저 객체

JavaScript에 의해 정의된 내장 객체 이외에 웹 브라우저와 관련된 브라우저 객체가 존재한다. 브라우저 객체가 수행하는 기능을 간단히 요약하면 다음과 같다.

· window 객체 : 윈도우를 다루기 위한 기능 제공
· history 객체 : 방문했던 페이지들에 대한 정보 제공
· location 객체 : 현재 브라우저에서 보여주는 페이지들의 위치 정보 제공
· navigator 객체 : 브라우저에 대한 정보 제공
· screen 객체 : 방문자의 스크린에 대한 정보 제공

각각의 브라우저 객체는 속성과 메소드를 갖고 있으며, 앞으로 이들에 대해서 설명한다.

3.3.2.1 window 객체

window 객체는 브라우저에 오픈된 윈도우를 다루는 객체이다. 먼저 브라우저의 윈도우에 대해 하나의 window 객체를 생성하고, 윈도우에 프레임이 정의되어 있는 경우에는 각 프레임에 대해서도 하나씩의 window 객체를 생성한다. window 객체의 주요 속성과 메소드는 [표 3.14]와 같다.

[표 3.14] window 객체의 주요 속성과 메소드

구분	이름	설명
속성	document	document 객체
	history	history 객체
	location	location 객체
	navigator	navigator 객체
	screen	screen 객체
	name	윈도우 이름
	self	현재 윈도우
	parent	부모 윈도우
	top	최상위의 윈도우
	closed	윈도우가 닫혔는지 여부 (true, false)
	defaultStatus	상태 표시줄에 출력할 기본 문자열 설정
	status	상태 표시줄에 출력할 문자열
	frames	자식 프레임 이름들의 배열
	length	자식 프레임의 개수
	innerHeight	콘텐츠 영역 내부의 높이 (픽셀 수)
	innerWidth	콘텐츠 영역 내부의 너비 (픽셀 수)
	outerHeight	윈도우의 바깥 높이 (픽셀 수)
	outerWidth	윈도우의 바깥 너비 (픽셀 수)
	pageXOffset	윈도우의 좌측 상단을 기준으로 한 페이지의 x좌표
	pageYOffset	윈도우의 좌측 상단을 기준으로 한 페이지의 y좌표

구분	이름	설명
메소드	alert("메시지")	경고 대화상자에 메시지 생성
	confirm("메시지")	확인 대화상자에 메시지 생성
	prompt("메시지"[, "기본값"])	프롬프트 대화상자에 메시지 생성, 기본값은 초기 입력값
	createPopup(["url"])	url 페이지의 팝업 윈도우 생성, url 생략하면 빈 윈도우 생성
	open(["url"])	url 페이지 열기, url 생략하면 빈 윈도우 생성
	close()	윈도우 닫기
	focus()	윈도우에 포커스 설정
	blur()	윈도우의 포커스 제거
	moveTo(x, y)	지정된 위치로 윈도우 이동 (x, y는 좌표값)
	moveBy(x, y)	현재 좌표로부터 상대적으로 윈도우 이동 (x, y는 좌표값)
	scrollBy(x, y)	지정된 픽셀 수만큼 콘텐츠 이동 (x, y는 픽셀 값)
	scrollTo(x, y)	지정된 좌표로 콘텐츠 이동 (x, y는 좌표 값)
	resizeBy(너비, 높이)	지정된 픽셀 수만큼 윈도우 크기 조정(너비, 높이는 픽셀 값)
	resizeTo(너비, 높이)	지정된 높이(픽셀 수)와 너비(픽셀 수)로 윈도우 크기 조정
	setInterval(코드, 밀리초[, 언어])	인터벌 설정 (밀리초) (언어는 JavaScript, JScript, VBScript 중 선택)
	setTimeout(코드, 밀리초[, 언어])	타임아웃 시각 설정 (밀리초) (언어는 JavaScript, JScript, VBScript 중 선택)
	clearInterval(인터벌 아이디)	인터벌 실행 중지
	clearTimeout(타임아웃 아이디)	타임아웃 실행 중지
	print()	윈도우의 콘텐츠 출력

다음은 window 객체를 활용한 예제이다.

window.html

```
<html>
  <head><title> window 객체 사용 예 </title>
     <script type="text/javascript">
       function browser_status()
       {
          window.status = "상태 표시줄의 문자열이 변경되었네요.";
       }
     </script>
  </head>
  <body onLoad="window.defaultStatus=‘홈페이지 방문을 환영합니다.’">
     <form>
       <h3> 확인 버튼을 누르면 상태 표시줄의 문자열이 변경됩니다.</h3>
       <input type="button" value="확인" onClick="browser_status()"> <br>
     </form>
  </body>
</html>
```

예제 4행~7행의 browser_status 함수에서 윈도우의 상태 표시줄에 출력할 문자열을 설정한다. 10행에서 브라우저가 페이지를 로드하면서 상태 표시줄(status bar)에 출력할 기본 문자열을 설정한다. 13행에서 확인 버튼을 클릭하면 onClick 이벤트에 의해 browser_status 함수가 실행되면서 상태 표시줄의 메시지를 변경하도록 한다. [그림 3.38]의 (a)에서 최초 상태 표시줄의 메시지를 확인하면 (b)에서 상태 표시줄의 메시지가 변경된 것을 알 수 있다.

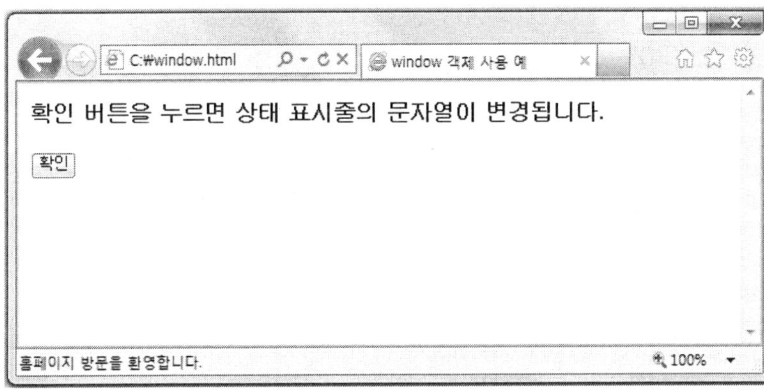

(a) 초기 화면

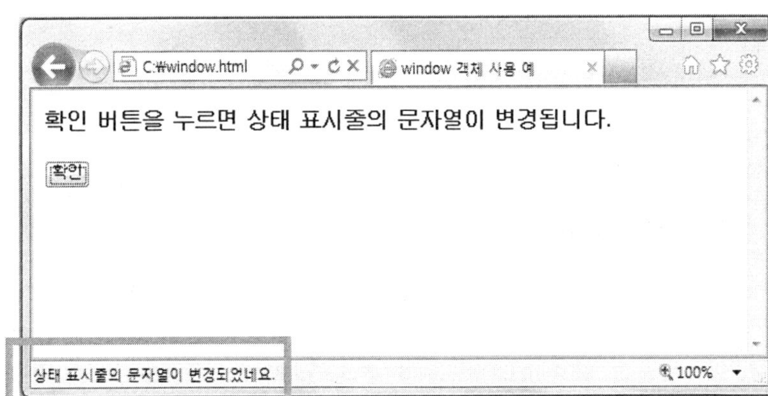

(b) 상태 표시줄의 메시지 변경

[그림 3.38] window 객체 예제 실행 결과

3.3.2.2 history 객체

사용자가 방문한 페이지의 url들은 히스토리 목록(history list)에 저장되며, history 객체를 이용하여 목록의 특정 페이지로 이동할 수 있다. history 객체의 주요 속성과 메소드는 [표 3.15]와 같다.

[표 3.15] history 객체의 주요 속성과 메소드

구분	이름	설명
속성	length	방문한 페이지 목록의 url 개수
메소드	go(수 | "url")	방문한 페이지 목록에서 임의의 페이지로 이동
	back()	방문한 페이지 목록에서 이전 페이지로 이동
	forward()	방문한 페이지 목록에서 다음 페이지로 이동

go 메소드의 매개변수 수가 양수이면 수만큼 다음 페이지로 이동하고, 음수이면 수의 절대값만큼 이전 페이지로 이동한다. 예를 들어 go(2)는 다음 두 번째 페이지로 이동하고, go(-2)는 이전 두 번째 페이지로 이동한다. 따라서 go(1)은 forward() 메소드와 go(-1)은 back() 메소드와 동일한 효과를 얻는다. 다음은 history 객체를 활용하는 예제이다.

history.html

```
1 : <html>
2 :   <head><title> history 객체 사용 예 </title>
3 :     <script type="text/javascript">
4 :       function history_back()
5 :       {
6 :          history.back();
7 :       }
8 :
9 :       function history_forward()
10 :       {
11 :          history.forward();
12 :       }
13 :     </script>
14 :   </head>
15 :   <body>
16 :     <form>
17 :       <h3> 이전 페이지로 이동하기 </h3>
18 :       <input type="button" value="이전으로 이동" onClick="history_back()"> <br>
19 :       <h3> 다음 페이지로 이동하기 </h3>
20 :       <input type="button" value="다음으로 이동" onClick="history_forward()"> <br>
21 :     </form>
22 :   </body>
23 : </html>
```

예제의 4행~7행에서 이전 페이지로 이동시키는 함수를 정의하고, 9행~12행에서 다음 페이지로 이동시키는 함수를 정의한다. 18행과 20행에서 두 개의 버튼을 생성하고 버

튼을 누르면 onClick 이벤트에 의해 함수를 호출하여 페이지를 이동하도록 한다. 실행 결과는 [그림 3.39]와 같다.

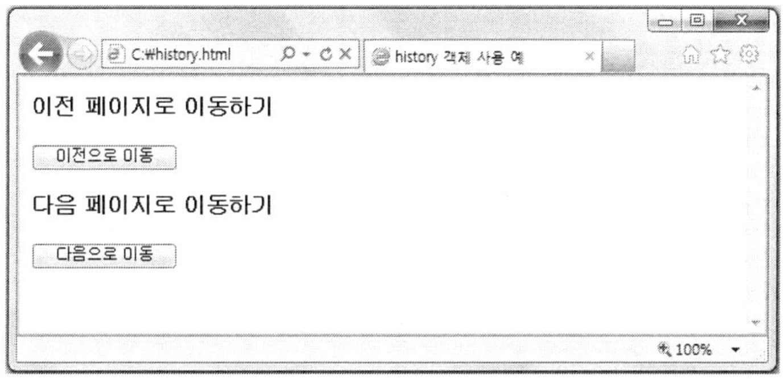

[그림 3.39] history 객체 예제 실행 결과

3.3.2.3 location 객체

location 객체를 이용하면 현재 페이지의 url에 대한 정보를 얻을 수 있다. 현재 페이지의 url을 처리하기 위한 location 객체의 주요 속성과 메소드는 [표 3.16]과 같다.

[표 3.16] location 객체의 주요 속성과 메소드

구분	이름	설명
속성	href	전체 url
	pathname	경로명
	host	호스트 이름과 포트 번호
	hostname	호스트 이름
	port	포트 번호
	protocol	프로토콜
	hash	앵커 부분(#로 시작하는 앵커명)
	search	쿼리 부분
메소드	reload()	현재 페이지를 다시 로드
	replace("url")	현재 페이지를 특정 url의 페이지로 대체
	assign("url")	특정 url의 새로운 페이지 로드

다음은 location 객체를 활용하는 예제이다.

location.html

```
1 : <html>
2 :   <head><title> location 객체 사용 예 </title></head>
3 :   <body>
4 :     <h3> World Wide Web Consortium 페이지로 이동해 봅시다.</h3>
5 :     <form>
6 :       <input type="button" value="이동" onClick="location.replace('http://www.w3.org')"><br>
7 :     </form>
8 :   </body>
9 : </html>
```

6행에서 location 객체의 replace 메소드를 사용하여 이동할 url을 설정한 후, 버튼을 클릭하면 해당 페이지로 이동하도록 한다. 결과는 [그림 3.40]과 같다.

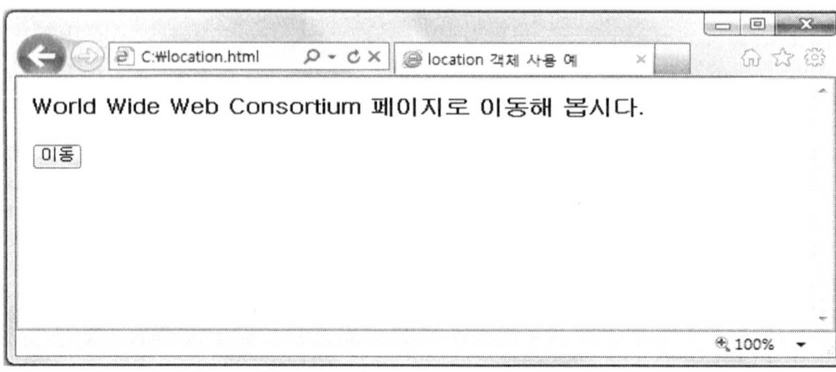

(a) 초기 화면

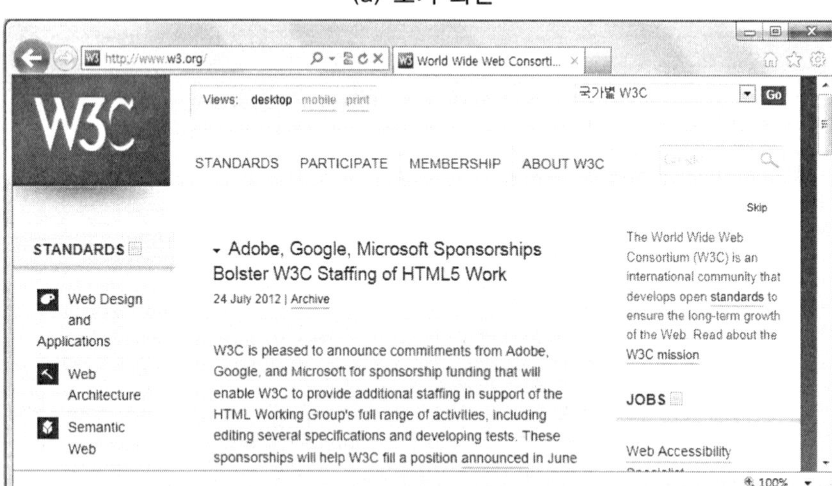

(b) W3C 웹 페이지로 이동한 화면

[그림 3.40] location 객체 예제 실행 결과

3.3.2.4 navigator 객체

navigator 객체를 이용하면, 브라우저에 대한 정보를 얻을 수 있다. navigator 객체의 주요 속성과 메소드는 [표 3.17]과 같다.

[표 3.17] navigator 객체의 주요 속성과 메소드

구분	이름	설명
속성	appName	브라우저 이름
	appVersion	브라우저 버전
	cookieEnabled	쿠키의 활성화 여부 (true, false)
	plugins	설치된 플러그인의 배열
메소드	javaEnabled()	브라우저의 Java 지원 여부 (true, false)
	taintEnabled()	브라우저의 data tainting 활성화 여부 (true, false)

다음은 navigator 객체를 활용하는 예제이다.

navigator.html

```
1 : <html>
2 :   <head><title> navigator 객체 사용 예 </title></head>
3 :   <body>
4 :   <h3> 사용하는 브라우저의 이름과 버전은 다음과 같습니다. </h3><br>
5 :   <script type="text/javascript">
6 :    document.write("사용하는 브라우저의 이름은 " + navigator.appName + " 입니다."
        + "<br>" + "<br>");
7 :    document.write("사용하는 브라우저의 버전은 " + navigator.appVersion + " 입니다."
        + "<br>");
8 :   </script>
9 :   </body>
10 : </html>
```

예제의 6행~7행은 navigator 객체의 appName 속성을 이용하여 브라우저의 이름을 출력하고, appVersion 속성을 활용하여 브라우저 버전을 출력한다. 결과는 [그림 3.41]과 같다.

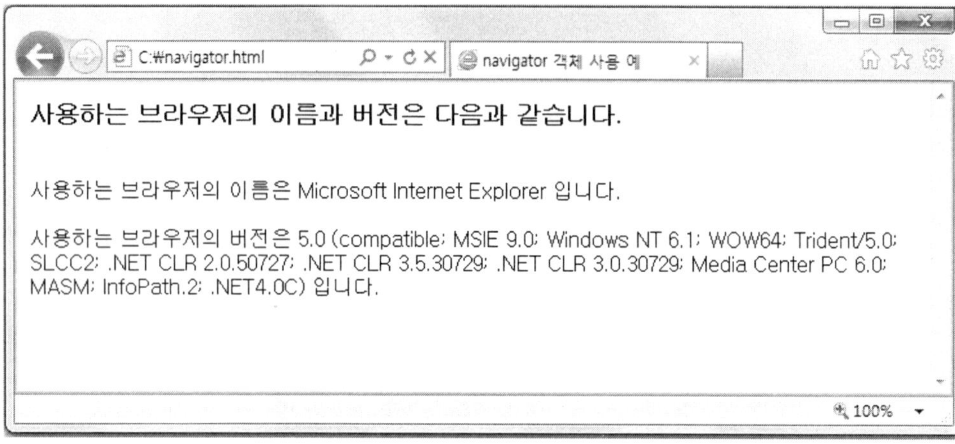

[그림 3.41] navigator 객체 예제 실행 결과

3.3.2.5 screen 객체

screen 객체는 사용자의 스크린에 대한 정보를 저장하고 있다. screen 객체의 주요 속성은 [표 3.18]과 같다.

[표 3.18] screen 객체의 주요 속성

구분	이름	설명
속성	height	스크린의 전체 높이
	width	스크린의 전체 너비
	availHeight	작업 표시줄을 제외한 스크린의 높이
	availWidth	작업 표시줄을 제외한 스크린의 너비
	pixelDepth	스크린의 컬러 해상도
	colorDepth	색상 심도(color depth)의 비트 수

다음은 screen 객체를 활용하는 예제이다.

screen.html

```
1 : <html>
2 :   <head><title> screen 객체 사용 예 </title></head>
3 :   <body>
4 :     <script type="text/javascript">
5 :       document.write("스크린의 너비는 " + screen.width + " 픽셀입니다." + "<br>")
6 :       document.write("스크린의 높이는 " + screen.height + " 픽셀입니다." + "<br>")
7 :      document.write("스크린의 컬러 해상도는 " + screen.colorDepth + " 비트입니다." + "<br>")
8 :     </script>
9 :   </body>
10 : </html>
```

5행~7행은 screen 객체의 속성 width를 이용하여 스크린의 너비를, 속성 height를 이용하여 스크린의 높이를, 속성 colorDepth를 이용하여 색상 심도의 비트 수를 출력하며, 그 결과는 [그림 3.42]와 같다.

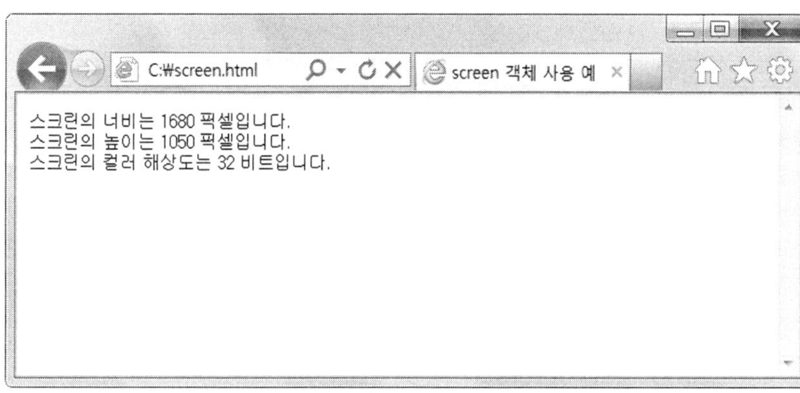

[그림 3.42] screen 객체 예제 실행 결과

3.3.3 HTML DOM 객체

HTML DOM(Document Object Model)은 HTML 문서의 요소(element)에 접근하거나 조작하기 위해 정의된 객체이다.

HTML DOM 객체는 문서의 모든 구성 요소에 접근할 수 있도록 정의되어 있으며, 메소드를 이용하여 해당 객체의 속성과 요소를 다룰 수 있다. 먼저 HTML DOM 객체에 대해서 살펴보고, Document 객체에 대해서 공부하기로 한다.

3.3.3.1 HTML DOM 객체의 종류

HTML DOM 객체는 HTML 문서를 구성하는 요소(element)들을 처리하기 위한 것으로 주요 객체들은 [표 3.19]와 같다.

[표 3.19] 주요 HTML DOM 객체

이름	설명
Document	문서 객체 처리
Elements	문서의 요소 처리
Events	문서의 요소에 이벤트 처리기 등록
Body	body 요소 처리
Image	이미지 요소 처리
Table	테이블 요소 처리
Form	폼 요소 처리
Frame/IFrame	프레임 요소 처리
Frameset	프레임 셋 요소 처리
Input Text	텍스트 입력 필드 처리
Input Button	입력 버튼 처리
Input Checkbox	체크박스 처리
Input Password	패스워드 필드 처리
Input Radio	라디오 버튼 처리
Button	버튼 요소 처리
Textarea	텍스트 영역 요소 처리
Anchor	앵커 객체 처리
Link	링크 요소 처리

이러한 HTML DOM 객체 중 브라우저에 로드된 HTML 문서를 처리하는 document 객체에 대해서 다음에서 자세히 살펴보자.

3.3.3.2 document 객체

document 객체를 이용하여 브라우저에 로드된 HTML 문서를 다룰 수 있다. 이 객체의 주요 속성과 메소드는 [표 3.20]과 같다.

[표 3.20] document 객체의 주요 속성과 메소드

구분	이름	설명
속성	title	문서의 제목
	URL	문서의 url 반환
	location	문서의 url 저장
	domain	서버의 도메인 이름
	body	body 요소
	forms	모든 폼들의 배열
	images	모든 이미지들의 배열
	anchors	모든 앵커들의 배열
	cookie	모든 쿠키의 이름과 값
	links	모든 링크들의 배열
	referrer	현재 문서를 로드한 문서의 url
	lastModified	문서를 마지막으로 수정한 날짜와 시각
메소드	getElementsByName("이름")	지정된 이름의 모든 요소들 접근
	getElementsById("ID")	지정된 ID의 처음 요소에 접근
	open()	write/writeln을 위한 출력 스트림(stream) 오픈
	close()	출력 스트림 닫음
	write("문자열")	문자열 출력
	writeln("문자열")	문자열 출력과 줄바꿈

다음은 document 객체의 속성 및 메소드를 이용하는 예제이다.

document.html

```
<html>
  <head><title> document 객체 사용 예 </title>
    <script type="text/javascript">
      document.write("현재 문서의 제목은 " + document.title + "입니다." + "<br><br>");
      document.write("현재 문서를 마지막으로 수정한 시각은 " + document.lastModified + "입니다." + "<br><br>");

      document.write("현재 문서의 위치는" + document.URL + "<br><br>");

```

```
9 :         function url(){
10 :            document.location = "http://www.w3.org";
11 :        }
12 :      </script>
13 :   </head>
14 :   <body>
15 :      <h3> W3C 웹 페이지로 이동하려면 다음의 확인 버튼을 누르세요. </h3>
16 :      <input type="button" value="확인" onClick="url()"> <br>
17 :   </body>
18 : </html>
```

예제의 4행에서 document 객체의 title 속성을 이용하여 제목을 출력하고, 5행에서 lastModified 속성을 이용하여 현재 문서가 마지막으로 수정된 시각을 출력하고, 7행에서 URL 속성을 이용하여 문서의 위치를 출력한다. 9행~11행은 document 객체의 location 속성에 W3C의 url 값을 배정하는 url 함수를 정의하고, 16행에서 호출하여 실행한다. 실행 결과는 [그림 3.43]과 같다.

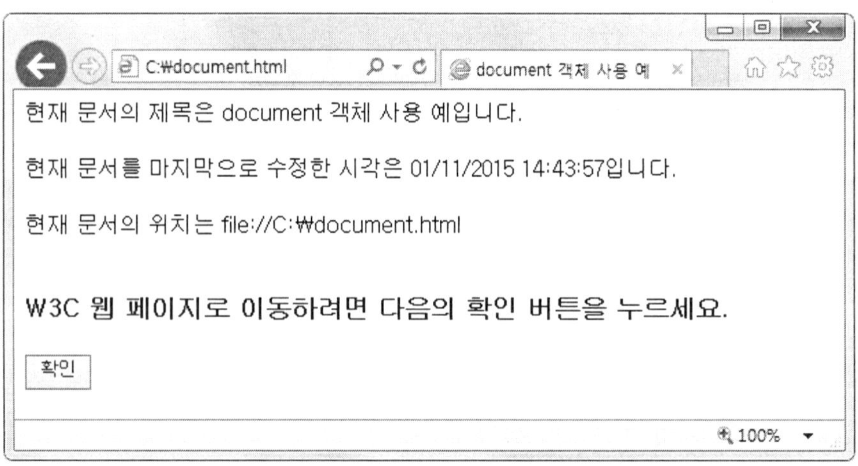

[그림 3.43] document 객체 예제 초기 화면

앞의 그림에서 확인 버튼을 클릭하면 [그림 3.44]와 같이 해당 웹 페이지로 이동한다.

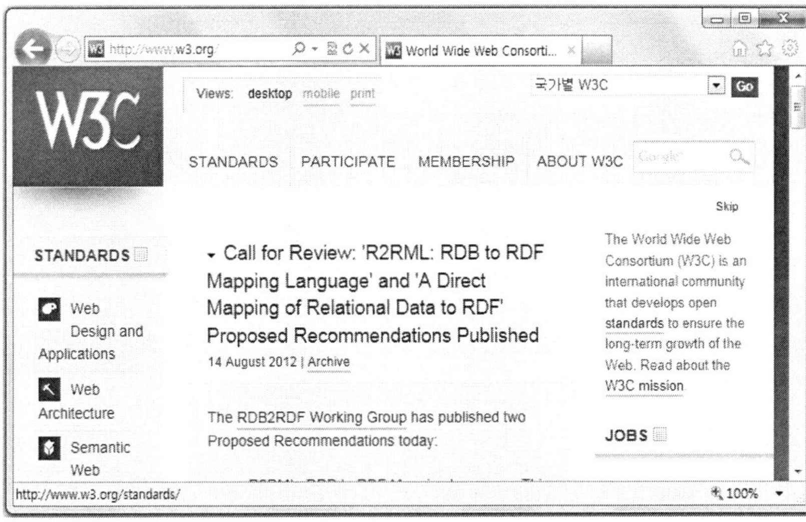

[그림 3.44] W3C 웹 페이지로 이동한 화면

3.3.4 사용자 정의 객체

JavaScript에서는 사용자가 객체(object)를 정의하여 사용할 수 있다. 객체는 데이터를 저장하는 데 사용하는 속성(property)과 데이터에 대한 처리를 담당하는 메소드(method)로 구성된다. 객체는 객체 생성 메소드를 이용하거나 함수 정의 방법을 활용하여 생성할 수 있다.

객체 생성 메소드 이용

객체 생성(constructor) 메소드인 Object()를 이용하여 객체를 생성할 수 있다. 다음 형식과 같이 new 키워드를 사용한다.

```
형 식 :
        var 객체_이름 = new Object();
        객체_이름.속성_이름 = 속성값;
```

다음은 객체 생성 예이다.

객체 생성 예

사용 예 :

```
var student = new Object();
    student.id = "2015001";
    student.name = "김소연";
    student.dept = "컴퓨터공학";
```

객체 student를 생성하여, 속성 id, name, dept의 값으로 "2015001", "김소연", "컴퓨터공학"을 각각 배정한 예이다.

함수 정의 방법 이용

앞에서 공부한 함수 정의 방법을 이용하여 객체를 정의할 수 있다. 매개변수가 있는 함수와 매개변수가 없는 함수 모두 활용할 수 있다. 다음은 이들을 활용한 객체 정의의 예이다.

객체 정의 및 생성 예1 매개변수가 없는 함수

사용 예 :

```
function student() {
        this.id;             // 속성 정의
        this.name;           // 속성 정의
        this.dept;           // 속성 정의
}

st = new student();          // 객체 정의
```

객체 정의 및 생성 예2 매개변수가 있는 함수

사용 예 :

```
function student(identity, name, department) {
        this.id = identity;                        // 속성 정의
        this.name = name;                          // 속성 정의
        this.dept = department;                    // 속성 정의
}

st = new student("2015001", "김소연", "컴퓨터공학");  // 객체 정의
```

여기서 this는 객체 자신을 지칭하는 키워드이며, 이를 사용하여 객체의 속성들을 정의한다. 객체를 정의한 후에는 new 키워드를 사용하여 객체를 생성할 수 있다.

메소드 정의

메소드는 함수 내부에서 정의할 수도 있고 함수 외부에서 정의할 수도 있다. 다음은 앞의 객체 정의 예에 메소드 정의를 추가한 예이다.

메소드 정의 예1 **함수 내부의 메소드**

사용 예 :

```
function student(identity, name, department) {          // 함수 정의
        this.id = identity;                              // 속성 정의
        this.name = name;                                // 속성 정의
        this.dept = department;                          // 속성 정의

        this.stInfo = function() { return "이름은 " + this.name + "이고, 학과는 " +
                                  this.dept + "입니다."; }; // 메소드 정의
}

st = new student("2015001", "김소연", "컴퓨터공학");      // 객체 정의
```

메소드 정의 예2 **함수 외부의 메소드**

사용 예 :

```
function info() { document.writeln("학생 정보 : 이름은 " + this.name + "이고, 학과는"
              + this.dept + "입니다."); }                // 함수 정의

function student(identity, name, department) {          // 함수 정의
        this.id = identity;                              // 속성 정의
        this.name = name;                                // 속성 정의
        this.dept = department;                          // 속성 정의

        this.stInfo = info;                              // 메소드 정의
}

st = new student("2015001", "김소연", "컴퓨터공학");      // 객체 정의
```

다음은 메소드를 함수 내부에서 정의하는 예제이다.

user-object-method1.html

```
1 : <html>
2 :    <head>
3 :       <title> 사용자 정의 객체 </title>
4 :       <script type="text/javascript">
5 :          function student(identity, name, department) {
6 :             this.id = identity;
7 :             this.name = name;
8 :             this.dept = department;
9 :
10 :            this.stInfo = function() { return "학생 정보 : 이름은 " + this.name +
                                        "이고, 학과는 " + this.dept + "입니다."; };
11 :         }
12 :
13 :         st = new student("2015001", "김소연", "컴퓨터공학");
14 :      </script>
15 :   </head>
16 :   <body>
17 :      <h2> 학생 정보 출력 </h2>
18 :      <script type="text/javascript">
19 :         document.writeln("학번 : " + st.id + "<br>");
20 :         document.writeln(st.stInfo() + "<br>");
21 :      </script>
22 :   </body>
23 : </html>
```

예제의 6행~8행은 student 함수의 속성 id, name, dept를 정의하며, 각각 매개변수 identity, name, department의 값을 배정한다. 10행에서 학생 정보(이름, 학과)를 출력하는 메소드 stInfo를 정의한다. 13행은 new 키워드를 이용하여 student 객체 st를 생성하며, 매개변수에 각각 “2015001”, “김소연”, “컴퓨터공학”을 배정한다. 19행~20행에서 메소드를 이용하여 학생 정보를 출력하며, 이 예제의 결과는 [그림 3.45]와 같다.

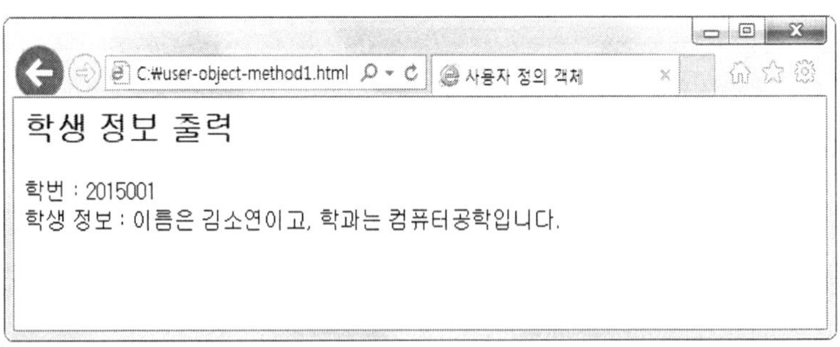

[그림 3.45] 메소드를 포함하는 사용자 정의 객체 활용 결과

다음은 메소드를 함수 외부에서 정의하는 예제이다.

user-object-method2.html

```
1 : <html>
2 :    <head>
3 :       <title> 사용자 정의 객체 </title>
4 :       <script type="text/javascript">
5 :          function info() {
6 :             document.writeln("학생 정보 : 이름은 " + this.name + "이고, 학과는 " +
                              this.dept + "입니다.");
7 :          }
8 :
9 :          function student(identity, name, department) {
10 :             this.id = identity;
11 :             this.name = name;
12 :             this.dept = department;
13 :
14 :             this.stInfo = info;
15 :          }
16 :
17 :          st = new student("2015001", "김소연", "컴퓨터공학");
18 :       </script>
19 :    </head>
20 :    <body>
21 :       <h2> 학생 정보 출력 </h2>
22 :       <script type="text/javascript">
23 :          document.writeln("학번 : " + st.id + "<br>");
24 :          document.writeln(st.stInfo() + "<br>");
25 :       </script>
26 :    </body>
27 : </html>
```

예제의 6행은 학생 정보(이름, 학과)를 출력하는 함수 info를 정의한다. 10행~12행은 student 함수의 속성 id, name, dept를 정의하며, 각각 매개변수 identity, name, department의 값을 배정한다. 14행은 외부의 info 함수를 메소드로 정의한다. 17행은 new 키워드를 이용하여 student 객체 st를 생성하며, 매개변수에 각각 "2015001", "김소연", "컴퓨터공학"을 배정한다. 23행~24행에서 학생 정보를 출력하며, 이 예제의 결과는 [그림 3.46]과 같다.

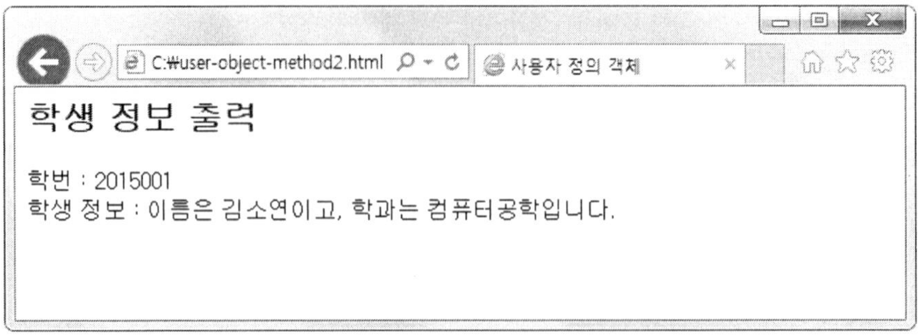

[그림 3.46] **함수를 이용하는 사용자 정의 객체 활용 결과**

3.4 이벤트

JavaScript는 이벤트(event)의 발생을 감지하여 이를 적절하게 처리할 수 있다. 이벤트는 사용자가 발생시킬 수 있으며, [표 3.21]에서 이벤트와 이의 발생 조건을 보여주고 있다. 이벤트를 활용하면 사용자와 웹 페이지 간의 상호 작용이 가능하다.

예를 들어 웹 페이지 내에서 어떤 버튼을 누르면 다른 페이지로 이동하도록 스크립트를 작성했다면, 실제로 사용자가 버튼을 누를 때 이벤트가 발생하고 이를 처리하여 페이지를 이동시킨다. JavaScript의 이벤트 이름에는 접두어 on을 붙이며, 이벤트 이름을 사용하여 이벤트 처리를 담당하는 이벤트 처리기(event handler)를 실행시킨다. 주요 이벤트와 발생 조건은 [표 3.21]과 같다.

[표 3.21] 주요 이벤트와 발생 조건

이벤트	발생 조건
onFocus	요소에 입력 포커스를 줄 때
onBlur	요소로부터 입력 포커스를 옮길 때
onChange	요소의 값을 바꿀 때
onClick	요소를 클릭할 때
onKeyDown	키를 누를 때
onKeyPress	키를 누르고 있을 때
onKeyUp	키를 눌렀다가 놓을 때
onLoad	페이지가 브라우저에 로드될 때
onUnload	페이지를 닫을 때
onAbort	이미지 다운로드 중에 취소할 때
onError	페이지나 이미지 로딩 시 에러가 발생할 때
onMouseDown	마우스 버튼을 누를 때
onMouseMove	마우스 포인터를 이동시킬 때
onMouseOut	요소에서 마우스 포인터가 벗어날 때
onMouseOver	요소 위에 마우스 포인터가 위치할 때
onMouseUp	눌렀던 마우스 버튼을 놓을 때
onReset	폼을 초기화할 때
onSelect	입력 필드가 선택될 때
onSubmit	폼을 제출할 때
onResize	윈도우의 크기가 변경될 때

다음에 살펴볼 예제에서는 이벤트를 이용하여 웹 페이지가 브라우저에 로드될 때 메시지를 띄우고, 마우스 포인터의 위치에 따라 이미지를 교체하여 마치 버튼이 눌린 것처럼 보이는 기능을 구현한다. 이를 위해 다음의 세 가지 이벤트가 활용된다.

onLoad
: 페이지가 브라우저에 로드될 때

사용 예 : <body onLoad = "페이지가 로드될 때 실행되는 함수"> ... </body>

onMouseOver
: 특정한 요소에 마우스 포인터가 위치할 때

사용 예 : <a href = "url" onMouseOver = "마우스 포인터가 링크 영역에 위치할 때 실행되는 함수"> 링크 텍스트 또는 링크 이미지 </a>

onMouseOut
: 특정한 요소로부터 마우스 포인터가 벗어날 때

사용 예 : <a href = "url" onMouseOut = "마우스 포인터가 링크 영역에서 벗어날 때 실행되는 함수"> 링크 텍스트 또는 링크 이미지 </a>

우선 이러한 효과를 만들기 위해 [그림 3.47]과 [그림 3.48]처럼 처음에 보여줄 버튼 이미지(up.jpg)와 버튼을 눌렀을 때의 모습을 보여줄 이미지(down.jpg)가 필요하다.

[그림 3.47] up.jpg

[그림 3.48] down.jpg

event.html

```
<html>
 <head><title> 이미지 변환 예제 </title></head>
  <body onLoad="alert('버튼을 누르세요.')">
      <center>
      <h2> 변하는 버튼 이미지 </h2>
      <a href="#" onMouseOver="document.images[0].src='down.jpg'"
                  onMouseOut="document.images[0].src='up.jpg'">
          <img src="up.jpg" border="0">
      </a><br><br>
      <b> 버튼이 눌린 것처럼 보이나요? </b>
      </center>
  </body>
</html>
```

예제의 3행에서 onLoad 이벤트를 이용하여 브라우저에 웹 페이지가 로드될 때 alert 대화상자의 메시지를 보여준다. 그리고 6행에서는 이미지 up.jpg 위에 마우스 포인터가 위치할 때 onMouseOver 이벤트를 발생시켜 이미지 up.jpg를 버튼이 눌린 것처럼 보이도록 down.jpg로 바꾸게 되며, 반대로 마우스 포인터가 이미지 영역을 벗어나면 onMouseOut 이벤트를 발생시켜 이미지 down.jpg를 up.jpg로 바꾼다. 이때 document 객체의 images 속성을 사용하여 처리한다.

[그림 3.49]는 웹 페이지가 브라우저에 로드되었을 때의 화면이고, [그림 3.50]은 마우스 포인터가 이미지 영역 밖에 있을 때의 화면이며, [그림 3.51]은 마우스 포인터가 이미지 영역 위에 위치할 때의 화면이다.

[그림 3.49] 웹 페이지가 브라우저에 로드될 때의 결과

[그림 3.50] 이미지 밖에 마우스 포인터가 위치할 때의 결과

[그림 3.51] 이미지 위에 마우스 포인터가 위치할 때의 결과

3.5 레이어 활용

레이어란 무엇인지 살펴보고 레이어를 이용한 웹 페이지 작성 방법에 대하여 설명한다.

3.5.1 레이어 소개

레이어(layer)는 층을 의미하는 것으로 하나의 웹 페이지에 여러 개의 레이어를 만들어 한 레이어 위에 다른 레이어를 겹쳐 쌓을 수 있고, 레이어를 보이거나 감출 수 있다. 레이어가 투명하다면 아래에 놓여 있는 레이어의 내용이 보이게 된다. 또한 HTML 페이지의 배경색과 배경 이미지를 설정하는 것처럼 각 레이어의 배경색과 배경 이미지도 설정할 수 있다.

JavaScript를 사용하면 레이어를 옮기거나 감추거나 확대 또는 축소할 수 있고, 중첩된 순서를 다시 정렬할 수 있으며, 배경색이나 배경 이미지 같은 특성들을 수정할 수 있다. 이와 같은 레이어를 활용하면 웹 페이지 상에 동적인 애니메이션을 구현할 수 있고, 다양하게 동작하는 웹 페이지를 만들 수 있다.

레이어 정의

하나의 레이어는 다른 레이어와 구별되어야 하므로 고유한 ID 이름을 가져야 하며, 여기에 레이어 위치와 크기를 속성값으로 지정한다. 형식은 다음과 같다.

```
형 식 : <style>
          #ID이름 {position : 속성값(absolute, relative);
                   위치 속성(left, top) : 수(pt, px, in, cm);
                   크기 속성(width, height) : 수(pt, px, in, cm);}
        </style>
```

position 속성은 레이어가 존재하는 웹 페이지에서의 절대적 위치를 지정하는 absolute와 레이어가 사용된 곳을 기준으로 상대적 위치를 지정하는 relative의 두 가지 형태가 있다. 상대 위치 지정은 사용자가 브라우저 크기를 조절하면 기준점이 달라지므로 레이어가 다시 배치된다. 그러나, 절대 위치로 지정하면 사용자가 브라우저 크기를 조절하더라도 레이어가 정해진 위치에 정확하게 배치된다. position 속성은 앞으로 살펴볼 예제들을 통해 익히기로 한다.

❑ 레이어 생성에 필요한 태그

레이어를 생성하기 위해 <div>와 <span> 태그를 사용하게 된다. 이러한 태그들은 웹 페이지의 일부분을 구분해 주는 역할을 하며, 여기에 class와 id 속성을 추가하면 이 부분의 스타일을 지정할 수 있다.

```
형 식 : <div id="id 이름">
        <span class="클래스 이름"> 표현할 내용1 </span>
         표현할 내용2
        </div>
```

다음의 HTML 페이지는 레이어를 생성하는 예제이다.

layer.html

```
1 :  <html>
2 :    <head><title> 레이어 생성 예제 문서 </title>
3 :       <style>
4 :          #layer1 { position:absolute;
5 :                   left:50; top:20; width:150; height:100;
6 :                   background:green; z-index:1; }
7 :          #layer2 { position:absolute;
8 :                   left:100; top:90; width:150; height:100;
9 :                   background:yellow; z-index:2; }
10 :          .white { background:white; }
11 :       </style>
12 :    </head>
13 :    <body>
14 :       <div id="layer1">
15 :          <center><br><span class="white"> 초록 색종이 </span></center>
16 :       </div>
17 :       <div id="layer2">
18 :          <center><br> 노랑 색종이 </center>
19 :       </div>
20 :    </body>
21 : </html>
```

앞의 예제를 살펴보면 4행~9행에서의 layer1과 layer2 레이어의 위치는 절대적으로 지정되어, layer1은 브라우저의 왼쪽으로부터 50포인트, 위로부터 20포인트만큼 떨어진 곳에서, layer2는 브라우저의 왼쪽으로부터 100포인트, 위로부터 90포인트만큼 떨어진 곳에서 시작하며, 두 레이어의 폭은 150포인트, 높이는 100포인트로 동일하게 지정하였다.

14행과 17행의 <div> 태그는 앞에서 정의한 레이어를 사용하며, <div id="layer1"> 태그 내부에서 <span> 태그를 이용하여 글자의 배경색을 적용함으로써 [그림 3.52]와 같은 결과를 보이게 한다.

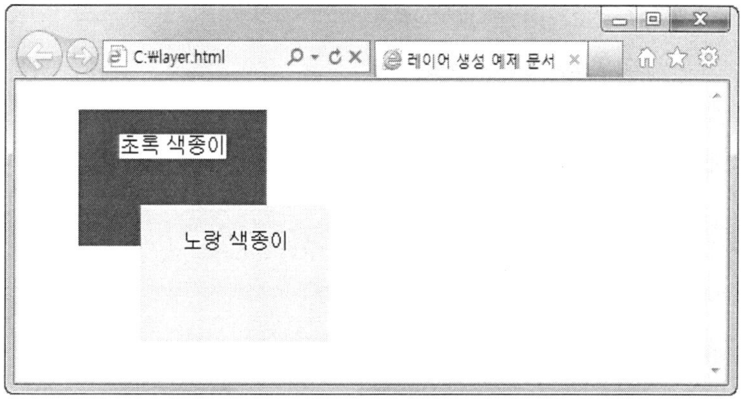

[그림 3.52] **레이어 활용**

레이어의 position 속성을 relative로 지정하면 레이어가 사용된 곳의 위치를 기준으로 레이어의 left, top 위치가 결정되므로 웹 페이지 내의 다른 구성 요소의 내용이나 위치가 변경되면 레이어의 위치도 따라서 변경된다. 다음 예제의 출력 결과를 살펴보면 레이어의 position 속성이 absolute인 경우와 relative인 경우의 차이점을 확인할 수 있다.

layer-position.html

```
<html>
  <head><title> 절대적 위치와 상대적 위치 </title>
    <style>
      #layer0 { position:absolute; left:40px; top:40px;
                color:yellow; font-weight:bold; }
      #layer1 { position:absolute; left:400px; top:160px;
                color:yellow; font-weight:bold; }
      #layer2 { position:relative; left:215px; top:-120px;
                color:yellow; font-weight:bold; }
    </style>
  </head>
  <body>
    <!-- 절대적 위치 지정 : 문서의 좌측상단을 기준점(0, 0)으로 -->
    <div id="layer0"><p> 압구정역 </p></div>
    <div id="layer1"><p> 압구정로 </p></div>

    <p> <img src="map.jpg" border="3"> </p>

    <!-- 상대적 위치 지정 : 지도의 왼쪽 아래 점을 기준점(0, 0)으로 -->
    <div id="layer2"><p> 선릉로 </p></div>
  </body>
</html>
```

이 예제는 지도에 지하철역과 도로의 이름을 텍스트로 표시하는 것으로, 레이어를 이용하여 텍스트의 위치를 지정하였다. 여기에는 세 개의 레이어가 정의되어 있는데, 처음 두 개는 position 속성이 absolute인 layer0, layer1이고, 세 번째 것은 position 속성이 relative인 layer2이다. 주의 깊게 살펴보아야 할 것은 layer2이다.

layer2는 지도의 좌측 하단을 기준점인 좌표 (0, 0)으로 하며, top 속성의 값이 음수이므로 기준점에서 위쪽으로 120픽셀 올라간 곳에서부터 레이어가 출력된다. 실행 결과는 [그림 3.53]과 같다.

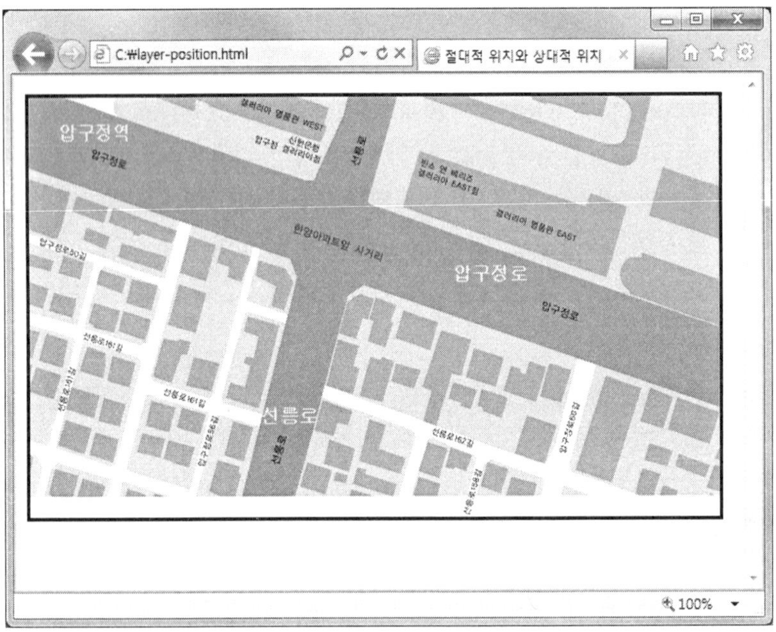

[그림 3.53] 레이어의 위치 속성 활용

이와 같이 레이어를 사용하여 레이어마다 자유롭게 위치, 크기, 색상 등의 스타일을 지정할 수 있으므로, 웹 페이지 구성 요소의 세밀한 제어가 가능하며, 효과적인 웹 페이지를 작성할 수 있다.

3.5.2 레이어 활용 예제

JavaScript를 이용하여 레이어의 속성값을 변경함으로써 레이어를 동적으로 제어할 수 있다. 예를 들면, 사용자의 마우스 동작과 같은 특정한 이벤트가 발생했을 때 이를 처리하는 JavaScript 함수를 실행시켜 레이어의 속성값을 변경하도록 하는 것이다.

3.5.2.1 레이어의 보이기와 감추기

레이어를 웹 브라우저에서 보여주거나 감추는 기능을 수행하는 JavaScript 코드를 작성해 보기로 한다. 먼저 각 레이어의 속성값 변경 방법에 대해 살펴보자.

```
보이기 : (레이어 이름).style.visibility = "visible";
감추기 : (레이어 이름).style.visibility = "hidden";
```

이처럼 속성값을 변경하여 레이어를 보이거나 숨길 수 있다. 다음의 HTML 페이지와 이의 실행 결과인 [그림 3.54]와 [그림 3.55]를 살펴보도록 하자.

layer-map.html

```
<html>
  <head><title> 클릭하면 나타나는 지도 </title>
    <style>
      #title { position:absolute; left:15; top:30; }
      #map { position:absolute; left:15; top:180; visibility:hidden; }
    </style>
    <script type="text/javascript">
      function changeMap() {
        if (map.style.visibility == "visible")
          map.style.visibility = "hidden";
        else
          map.style.visibility = "visible";
      }
    </script>
  </head>
  <body>
    <div id="title">
      <a href="JavaScript:changeMap()">
      <img src="title.jpg" border="0"></a>
    </div>
    <div id="map">
      <img src="map.jpg">
    </div>
  </body>
</html>
```

웹 페이지가 로드될 때는 [그림 3.54]와 같이 지도가 숨겨진 상태이고, "지도 보이기와 감추기"라고 표시된 이미지를 누르면 [그림 3.55]와 같이 지도를 보여준다. 다시 같은 이미지를 누르면 처음의 지도를 숨긴 상태로 되돌아간다.

예제를 살펴보면, 9행에서 map 레이어의 visibility 속성의 값을 hidden으로 초기화한다. 19행의 title.jpg 이미지를 누르면 8행의 changeMap 함수가 실행되어 visibility 속성의 값을 visible로 변경함으로써 22행의 map.jpg 이미지를 보여주게 된다. 또한 title.jpg 이미지를 다시 누르면, 8행의 changeMap 함수에 의해 visibility 속성의 값이 hidden으로 변경됨으로써 map.jpg 이미지가 숨겨지게 된다.

[그림 3.54] **타이틀 출력 화면**

[그림 3.55] **타이틀 클릭 시 결과**

3.5.2.2 레이어 위치 이동

JavaScript를 이용하여 레이어의 위치를 어떻게 변경하는지 살펴보도록 하자. 다음은 지도 아래의 세 개의 버튼 중 임의의 버튼을 눌렀을 때 지도 상의 해당 장소로 버스를 이동시키는 예제이다.

layer-map-bus.html

```
<html>
 <head><title>레이어의 위치 바꾸기 </title>
  <script type="text/javascript">
     function layer1() { document.getElementById("bus").style.left = 40;
                         document.getElementById("bus").style.top = 40; }  // 압구정역
     function layer2() { document.getElementById("bus").style.left = 400;
                         document.getElementById("bus").style.top = 160; } // 압구정로
     function layer3() { document.getElementById("bus").style.left = 215;
                         document.getElementById("bus").style.top = 300; } // 선릉로
  </script>
 </head>
 <body>
  <center>
     <p><img src="map.jpg" width="307" height="247"></p>
     <div id="bus" style="position:absolute; top:110; left:260; width:50; height:50;">
        <p><img src="bus.jpg"></p>
     </div>
     <form>
        <p>
           <input type="button" value="압구정역" onClick="layer1()">
           <input type="button" value="압구정로" onClick="layer2()">
           <input type="button" value="선릉로" onClick="layer3()">
        </p>
     </form>
  </center>
 </body>
</html>
```

레이어를 이동하기 위해서 JavaScript를 이용하여 레이어의 위치를 지정하는 속성 left와 top의 속성값을 변경한다. [그림 3.56]과 [그림 3.57]의 실행 결과에서처럼 세 개의 버튼을 만들고, 각각의 버튼에 이벤트를 설정해 JavaScript 함수를 호출하고, 함수 내에서 left와 top의 속성값을 바꾸어 레이어의 위치를 변경한다. 여기서 document 객체의 getElementById 메소드를 사용하여 명시된 ID를 갖는 요소를 반환한다.

[그림 3.56]은 압구정로 버튼을 눌렀을 때의 결과를 보여주고, [그림 3.57]은 선릉로 버튼을 눌렀을 때의 결과를 보여주고 있다. 두 결과 화면을 비교해 보면 버스의 위치가 다르다는 점을 발견할 수가 있을 것이다. 이처럼 선택된 버튼에 따라 서로 다른 레이어를 보여줄 수 있다.

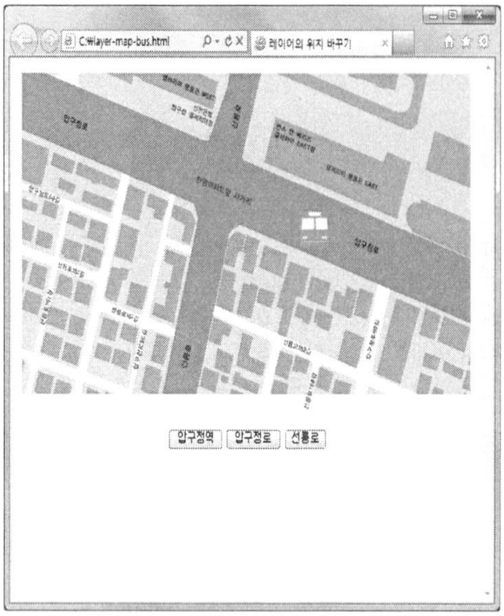

[그림 3.56] 압구정로 버튼 클릭 결과

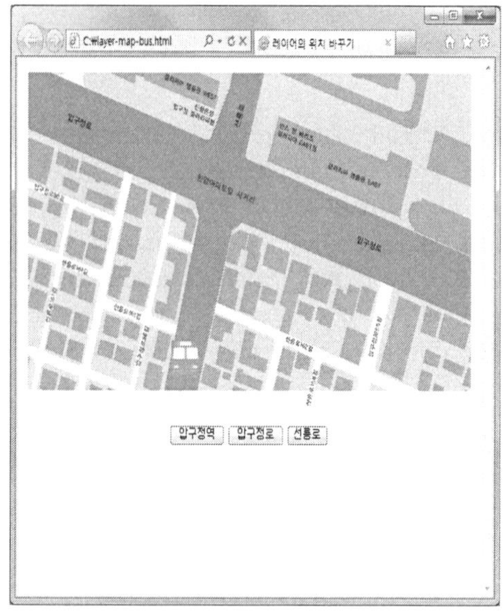

[그림 3.57] 선릉로 버튼 클릭 결과

연습문제

복습문제

01. 컴파일 과정 없이 바로 ( ) 방식으로 실행되는 언어를 스크립트 언어(script language) 또는 스크립팅 언어(scripting language)라고 하며, 브라우저는 JavaScript를 실행하는 ( )를 포함하고 있다.

02. ( )는 값(value)을 저장하는 이름이 부여된 기억 장소로, JavaScript에서는 키워드( )을 사용하여 선언한다.

03. 변수는 사용 범위(scope)에 따라 ( ) 변수와 ( ) 변수로 구분할 수 있다.

04. 산술 연산자의 일종인 증감 연산자는 ( ), ( ) 기호를 변수 앞이나 뒤에 붙여 변수의 값을 1씩 증가 또는 감소시키는 데 사용한다.

05. 관계 연산자 중, a와 b의 값과 자료형이 모두 동일할 때 참인 연산을 위한 연산자의 기호는 ( )이고, a와 b의 값과 이들의 자료형이 모두 다를 때 참인 연산을 위한 연산자의 기호는 ( )이다.

06. 문자열을 연결하기 위해서는 ( ) 기호를 사용한다.

07. 조건에 따라 실행문을 선택하는 조건문의 종류로는 ( ), ( )이 있고, 조건을 만족하는 동안 반복해서 문장을 수행하는 반복문의 종류로는 ( ), ( ), ( ), ( )이 있다.

08. 내장 함수 중, 사용자에게 경고 메시지를 전하기 위한 대화상자를 생성하는 함수는 ( )이고, 메시지에 대해 사용자가 확인과 취소 버튼을 선택하도록 하는 대화상자를 생성하는 함수는 ( )이다.

09. 내장 함수 중, 문자열을 정수로 변환하는 함수는 ( )이고, 문자열을 실수로 변환 함수는 ( )이다.

10. 함수 내에서 자기 자신을 호출하는 함수를 ( )라고 한다.

11. ( ) 객체를 이용하여 배열을 표현할 수 있는데, JavaScript에서는 ( ) 연산자를 사용하여 생성한다.

12. 현재의 날짜와 시각을 알아내기 위해 ( ) 객체를 이용하는데, 연, 월, 일을 나타내기 위해서는 각각 ( ), ( ), ( ) 메소드를 사용한다.

13. ( ) 객체를 이용하여 수학 계산을 할 수 있는데, 절대값, 자연 로그값, 제곱근을 나타내기 위해서는 각각 ( ), ( ), ( ) 메소드를 사용한다.

14. ( ) 객체는 문자열로 표현된 수를 실제 수로 변환시켜 주는 객체로, 지수 표현으로 변환하기 위한 메소드는 ( )이고, 유효숫자를 n 자리로 표현하는 메소드는 ( )이다.

15. ( ) 객체를 이용하여 문자열을 처리할 수 있는데, HTML 래퍼 메소드들 중, 글자를 굵게 나타낼 때는 ( ), 이탤릭체로 나타낼 때는 ( ), 취소선을 나타낼 때는 ( ) 메소드를 사용한다.

16. 웹 브라우저와 관련된 객체들이 존재하는데 이를 ( ) 객체라고 하며, 이들 중 윈도우를 다루기 위한 기능은 ( ) 객체에서 제공하고, 방문했던 페이지들에 대한 정보는 ( ) 객체에서 제공한다.

17. window 객체의 메소드 중에 특정 페이지의 팝업 윈도우를 생성하는 메소드는 ( )이고, 특정 페이지를 여는 메소드는 ( ) 이다.

18. (   ) 객체는 HTML 문서에 접근하거나, HTML 문서를 조작하기 위해 정의된 것으로, 이 중 (   ) 객체는 브라우저에 로드된 HTML 문서를 처리하는 데 사용한다.

19. JavaScript에서는 이벤트가 발생했을 때 이를 감지하여 처리할 수 있으며, 이벤트 이름에는 접두어 (   )을 붙이며, 이벤트 이름을 사용하여 이벤트 처리를 담당하는 (   )를 실행시킨다.

20. (   )는 층을 의미하는 것으로 한 웹 페이지에 여러 개의 (   )를 만들어 겹쳐 쌓을 수 있고, 보이거나 감출 수 있다.

실습문제

01. 다음 그림과 같은 결과가 나오도록 prompt 함수와 if-else 문을 이용하여 JavaScript 프로그램을 작성하시오.

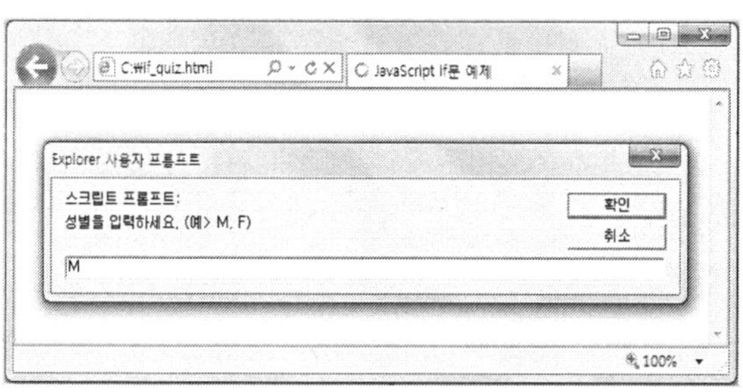

02. 다음 그림과 같은 결과가 나오도록 prompt 함수와 switch 문을 이용하여 JavaScript 프로그램을 작성하시오.

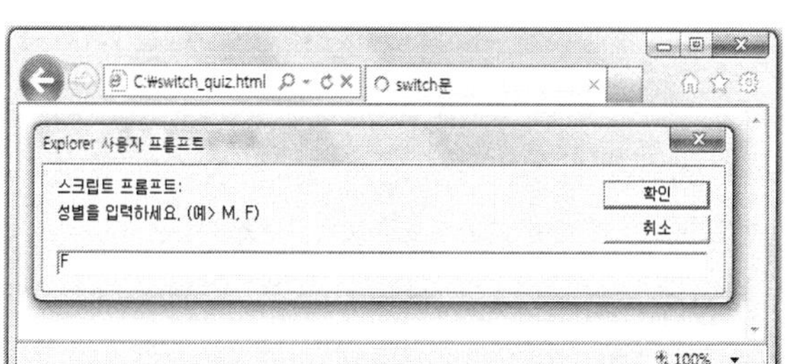

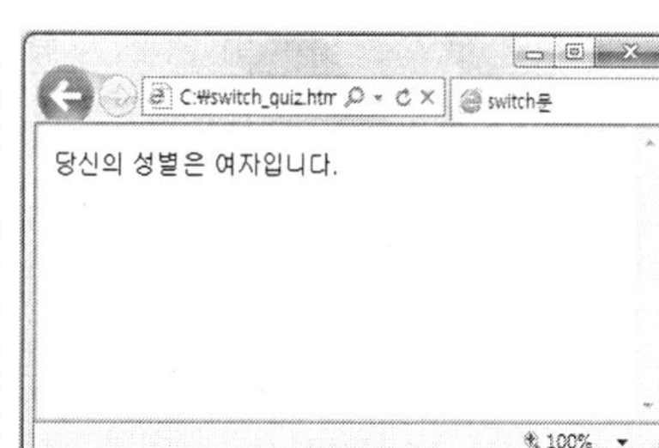

03. 1부터 1,000까지의 합을 구하는 JavaScript 프로그램을 for 문, while 문을 이용하여 각각 작성하시오.

04. 다음 그림과 같은 결과가 나오도록 alert 함수를 이용하여 JavaScript 프로그램을 작성하시오.

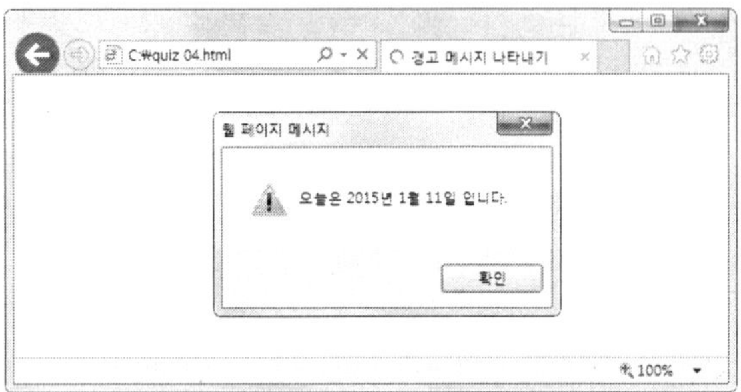

05. 다음 그림과 같은 결과가 나오도록 confirm 함수와 if–else 문을 이용하여 JavaScript 프로그램을 작성하시오.

[확인 버튼을 누른 경우]

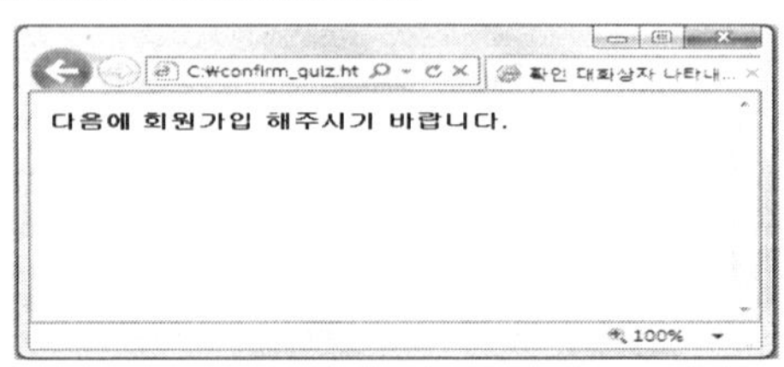

[취소 버튼을 누른 경우]

06. 다음 그림과 같이 사용자로부터 퀴즈에 대한 답을 입력받아 정답과 같을 때 "정답입니다!!!" 라는 메시지를 브라우저에 표시하고, 그렇지 않은 경우 "답이 틀렸습니다!!!" 라는 경고 메시지를 출력하는 JavaScript 프로그램을 작성하시오. (참고 : if 문, prompt 함수, alert 함수를 이용함)

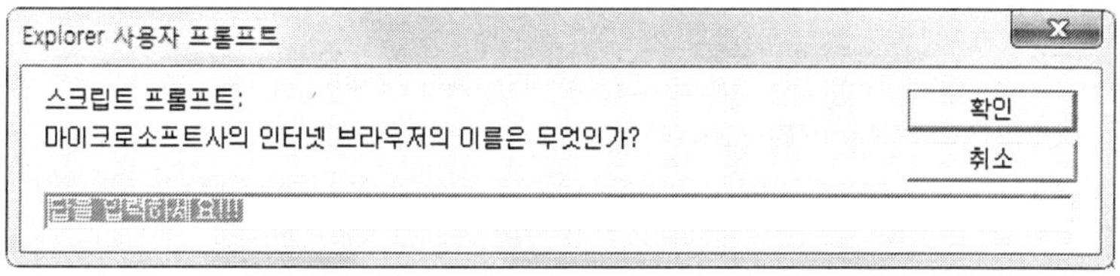

[프롬프트 대화상자]

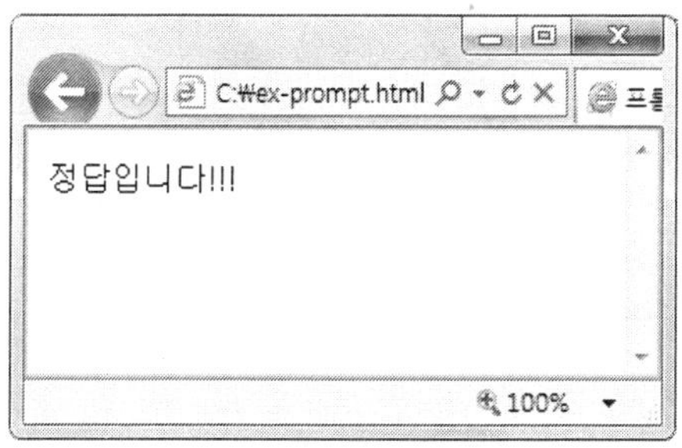

[정답 입력 시 결과]

[경고 대화상자]

07. 다음 그림과 같은 결과가 나오도록 prompt 함수와 parseInt 함수를 이용하여 JavaScript 프로그램을 작성하시오.

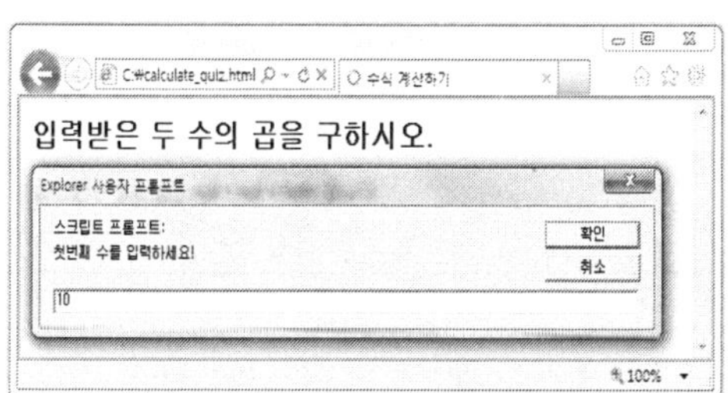

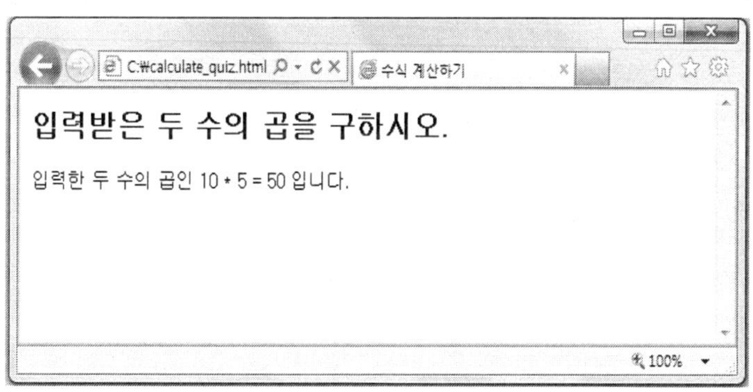

08. 다음 그림과 같은 결과가 나오도록 parseInt 함수, parseFloat 함수를 이용하여 JavaScript 프로그램을 작성하시오.

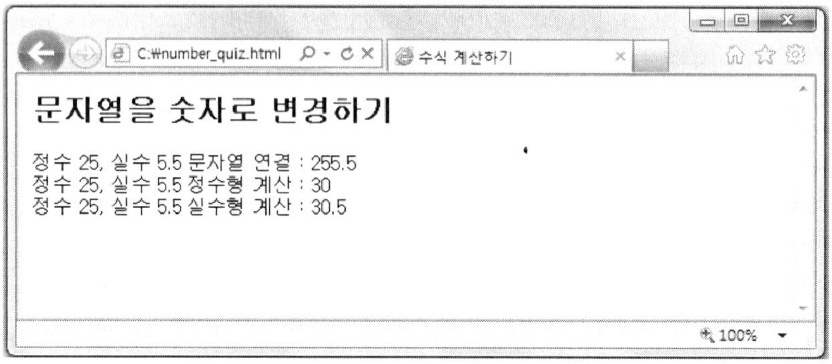

09. Array 객체의 메소드를 이용하여 다음과 같은 결과가 나오도록 JavaScript 프로그램을 작성하시오.

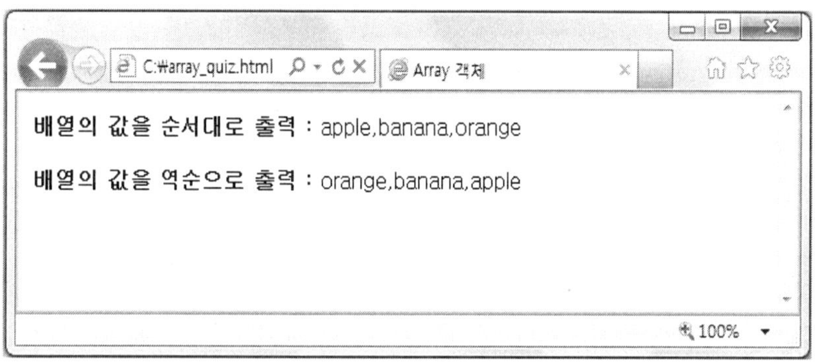

10. Date 객체의 메소드를 이용하여 다음과 같은 결과가 나오도록 JavaScript 프로그램을 작성하시오.

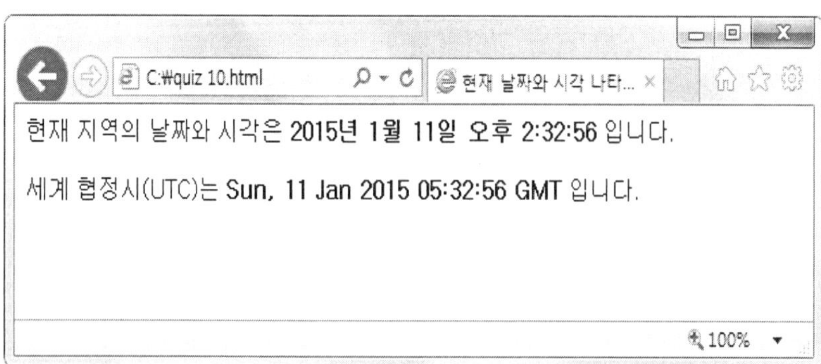

11. Math 객체의 메소드를 이용하여 다음과 같은 결과가 나오도록 JavaScript 프로그램을 작성하시오.

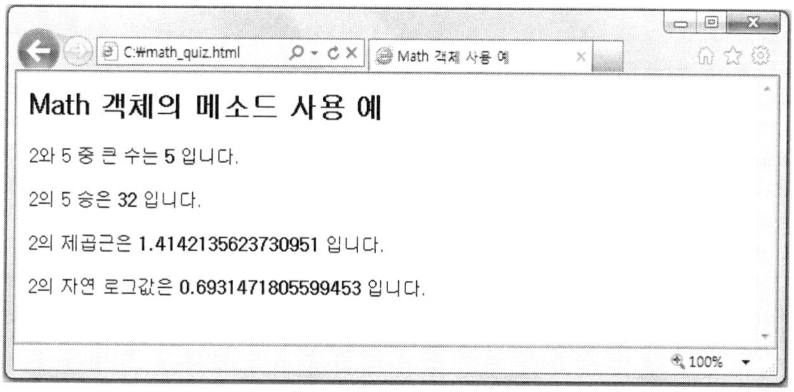

12. Number 객체의 메소드를 이용하여 다음과 같은 결과가 나오도록 JavaScript 프로그램을 작성하시오.

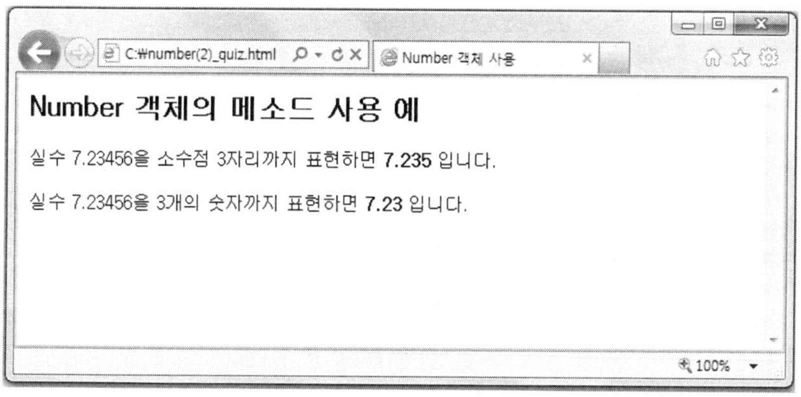

13. String 객체의 메소드를 이용하여 다음 예와 같이 영문자의 대문자는 소문자로 그리고 소문자는 대문자로 변환하는 JavaScript 프로그램을 작성하시오.

Hello! Active Server Pages!!　　　　hELLO! aCTIVE sERVER pAGES!!

14. String 객체의 메소드를 이용하여 다음과 같은 결과가 나오도록 JavaScript 프로그램을 작성하시오.

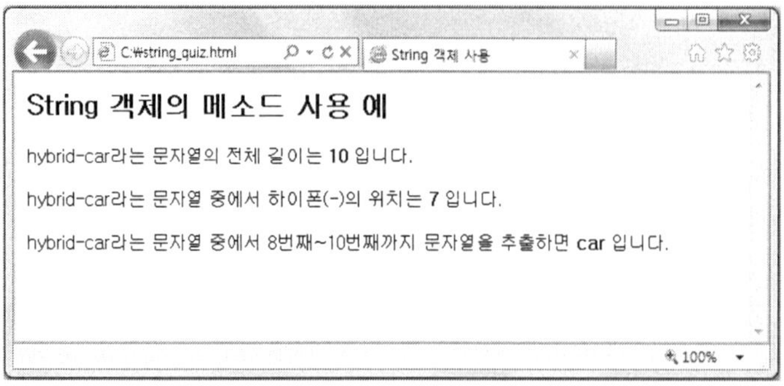

15. 왼쪽 화면의 확인 버튼을 클릭하면 오른쪽과 같은 화면이 나오도록 window 객체의 메소드를 이용하여 JavaScript 프로그램을 작성하시오.

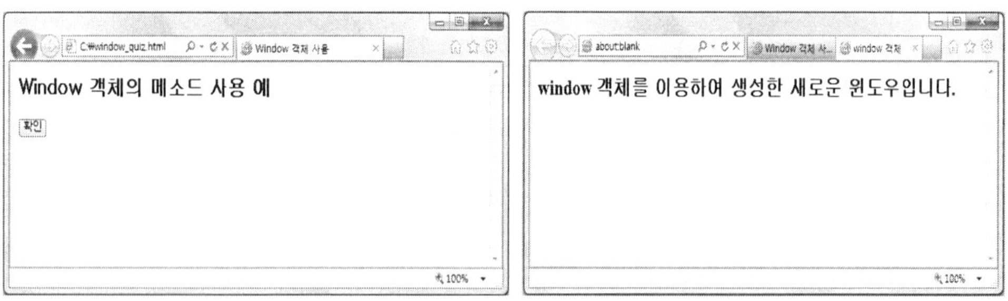

16. 다음과 같은 결과가 나오도록 location 객체의 메소드를 이용하여 JavaScript 프로그램을 작성하시오.

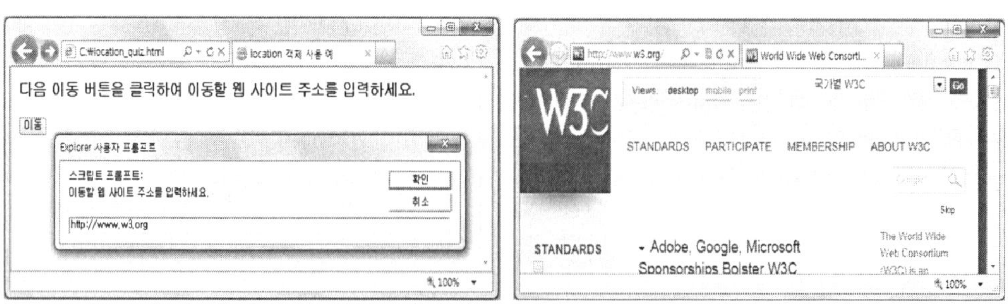

17. 다음과 같은 결과가 나오도록 screen 객체의 메소드를 이용하여 JavaScript 프로그램을 작성하시오.

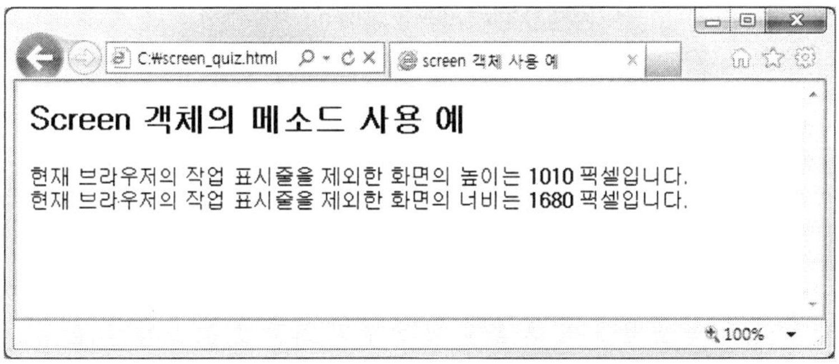

18. 다음과 같은 결과가 나오도록 document 객체의 메소드를 이용하여 JavaScript 프로그램을 작성하시오.

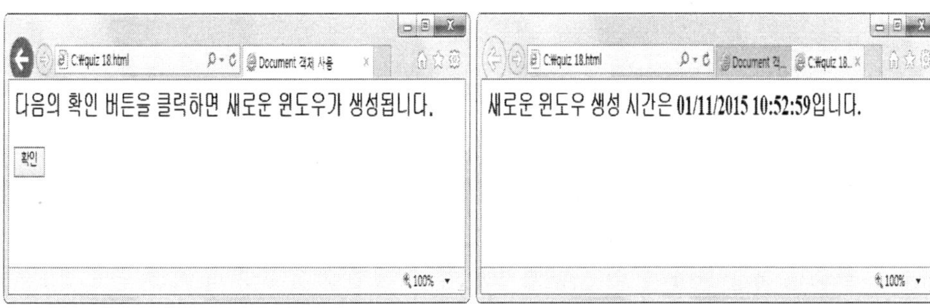

19. 다음 그림과 같이 문서가 로드될 때 브라우저의 상태 표시줄에 "홈페이지 방문을 환영합니다!!!"라는 문자열을 출력하는 JavaScript 프로그램을 onLoad 이벤트를 이용하여 작성하시오.

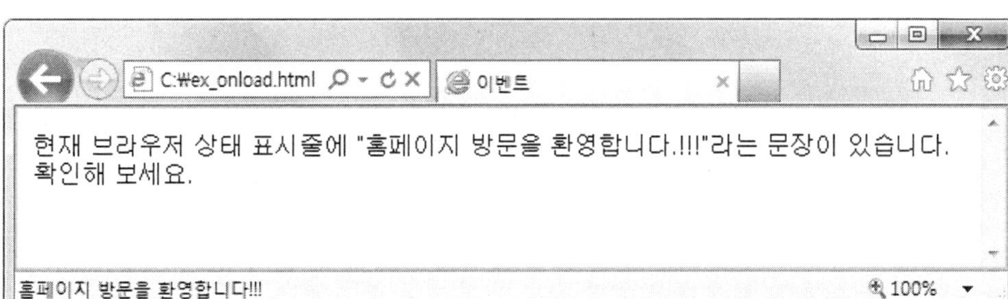

20. 초기 화면에는 글자가 보이지 않도록 하고, 버튼 이미지를 누르면 레이어를 점차 오른쪽으로 이동시켜 마치 글자가 움직이는 것과 같은 효과를 보여주는 JavaScript 프로그램을 작성하시오. <H1> 태그 안에서 "Welcome to My Homepage!!!" 라는 문자열을 포함하는 레이어를 만든다.

❖ 참고 문헌

01. 오세만, 이용규, *인터넷 프로그래밍 입문*, 개정판, 생능출판사, 2005
02. D. Flanagan, *Javascript: The Definitive Guide: Activate Your Web Pages Paperback*, 6th Edition, Oreilly & Associates, 2011
03. E. Hamilton, *Programming JavaScript Applications*, O'Reilly, 2012
04. A. Osmani, *Learning Javascript Design Patterns*, O'Reilly, 2012
05. T. Valentine, *Javascript Programmer's Reference*, Springer-Verlag New York, 2012
06. T. Wright, *Learning Javascript : A Hands-on Guide to the Fundamentals of Modern Javascript*, Pearson PTR, 2012
07. N. C. Zakas, *The Professional Javascript for Web Developers*, 3rd Edition, WROX Press, 2012
08. developer.mozilla.org/en/JavaScript
09. en.wikipedia.org/wiki/JavaScript
10. www.comptechdoc.org
11. www.devguru.com
12. www.ecma-international.org
13. www.javascriptkit.com
14. www.javascriptsource.com
15. www.learn-javascript-tutorial.com
16. www.tutorialspoint.com/javascript/index.htm
17. www.webopedia.com/TERM/J/JavaScript.html
18. www.webteacher.com/javascript/
19. www.w3.org
20. www.w3schools.com/js/default.asp

Chapter 04

HTML5

웹 · 프 · 로 · 그 · 래 · 밍

CHAPTER 04 HTML5

본 장에서는 HTML5의 기초에 대해서 살펴보고, HTML5를 이용하여 웹 문서를 작성하는 방법에 대하여 자세히 공부하도록 한다. 기존의 HTML과 비교하여 새로 추가된 태그와 속성을 비롯하여 제외된 속성도 다루고, 다양한 API를 이용하여 웹 문서를 작성해 본다.

4.1 HTML5 기초

HTML5의 개요에 대해 알아보고, 간단한 HTML5 문서를 작성하여 본다.

4.1.1 HTML5 개요

HTML5는 플러그인 프로그램의 설치 없이 동영상, 사운드, 그래픽 등 다양한 멀티미디어 콘텐츠를 구현할 수 있는 태그들과 웹 애플리케이션 개발에 도움을 줄 다양한 API를 제공한다. HTML5도 기존의 HTML과 같이 일반 텍스트 문서와 같은 아스키(ASCII) 형식의 파일이며, 확장자도 .html 혹은 .htm을 사용한다.

HTML5

최근 웹의 진화로 인해 웹은 단순히 정보를 얻는 것에서 다양한 웹 애플리케이션을 실행하는 것으로 변화하고 있다. 기존의 HTML4.01은 이러한 기능을 구현하기 위해서 ActiveX나 플래시 같은 플러그인 형태의 프로그램을 따로 설치해야만 했다. 이를 극복하기 위해서 웹 브라우저 제작자들이 WHATWG(Web Hypertext Application Technology Working Group)라는 모임을 만들어 웹 애플리케이션을 쉽게 구현할 수 있는 새로운 HTML의 표준안을 만들기 시작했다. 이후, W3C에서 이 모임을 흡수하여 본격적으로 HTML5 표준화 작업을 진행하여 2014년에 표준안이 확정되었다.

HTML5는 플러그인 프로그램의 설치 없이 동영상, 사운드, 그래픽 등의 멀티미디어 콘텐츠를 구현할 수 있도록 기능이 강화되었고, 웹 애플리케이션 개발에 도움을 줄 다양한 API를 제공하고 있다.

HTML5 특징

HTML5의 특징을 정리하면 다음과 같다.

시맨틱 태그의 추가

HTML5에서는 시맨틱 웹(semantic web)을 구현할 수 있도록 <article>, <header>, <footer> 등의 문서의 의미를 부여하는 태그들을 제공한다. 이는 정보의 의미 전달을 정확히 하고 검색 시 정확도를 향상시키는 장점이 있다.

그래픽 및 멀티미디어 기능 강화

HTML5에서는 그래픽 및 멀티미디어 기능이 강화되었다. <canvas> 태그를 사용해서 선, 곡선, 원, 다각형 등 다양한 도형의 그림을 그릴 수 있으며, <video>와 <audio> 태그를 사용해서 동영상과 음악의 재생을 할 수 있다.

새로운 폼 컨트롤 추가

폼을 효과적으로 제작할 수 있도록 calender, date, time, email, url, search와 같은 폼 컨트롤(form control)을 추가하였다.

애플리케이션 개발을 위한 API 제공

HTML5에서는 웹 애플리케이션을 쉽게 개발할 수 있도록 다양한 종류의 API를 제공하고 있다.

4.1.2 HTML5 문서의 구조

HTML5 문서의 기본 구조와 태그에 대하여 알아보고, 이것을 바탕으로 간단한 HTML5 문서를 작성해 보자.

4.1.2.1 HTML5 문서의 기본 구조

HTML5 문서의 기본 구조에 대하여 설명하고 문서의 구조를 정의하는 태그에 대하여 소개한다.

HTML5 문서의 구조

HTML5 문서의 기본 구조는 다음 [그림 4.1]과 같다.

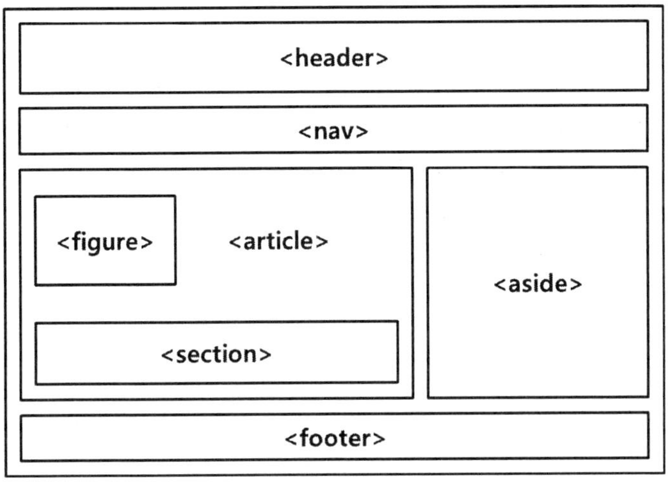

[그림 4.1] HTML5 문서의 기본 구조

HTML5 문서의 구조를 정의하는 태그들은 다음과 같다.

• **HTML5 문서 구조 태그**

```
<!DOCTYPE html> ........................................ HTML5 DOCTYPE 선언
 <html> ................................................ HTML5 문서의 시작
   <head> .............................................. HTML5 문서의 머리 부분
      <title> 문서의 제목 </title>......................... HTML5 문서의 제목
   </head>
   <body> .............................................. HTML5 문서의 몸통 부분
      <header> </header>
      <nav> </nav>
      <article>
          <section> </section>
      </article>
      <aside> </aside>
      <footer> </footer>
   </body>
 </html> ............................................... HTML5 문서의 종료
```

HTML5 문서는 맨 처음에 문서의 유형을 정의하는 DOCTYPE을 html로 선언한다. 다음에 <html> 시작 태그로 시작하여 마지막에 </html> 종료 태그로 마친다. <head> 요소는 문서에 관한 여러 가지 정보를 요약한 부분이고, 그 안의 <title> 요소는 문서의 제목을 나타낸다. <body> 요소는 <header> 요소부터 <footer> 요소까지 문서의 내용을 포함한다.

문서 구조 태그

HTML5 태그들 중에서 가장 기본적인 태그는 기존의 HTML 문서와 같이 문서 구조를 정의하는 <html>, <head>, <title>, <body>라 할 수 있다. HTML5에서는 이러한 기본 태그 외에 새롭게 시맨틱 태그인 <header>, <nav>, <article>, <section>, <article>, <aside>, <footer>를 추가하였다. HTML5의 태그 이름도 HTML처럼 대소문자를 구별하지 않는다.

HTML5 문서의 구조를 정의하기 위한 선언과 기본 태그들은 다음과 같다.

- <!DOCTYPE html> : HTML5 문서 유형 선언
- <html> : HTML5 문서의 시작
- <head> : HTML5 문서의 머리 부분
- <title> : HTML5 문서의 제목
- <body> : HTML5 문서의 몸통 부분

HTML5에서는 다음과 같은 시맨틱 태그를 추가하였다.

- <header> : 문서의 머리말
- <nav> : 내비게이션 링크 설정
- <article> : 문서의 내용
- <section> : 문서의 섹션 내용
- <aside> : 부가적인 내용
- <footer> : 문서의 꼬리말

〈!DOCTYPE〉 선언

<!DOCTYPE> 선언은 HTML 태그가 아닌 선언(declaration)으로 브라우저에게 문서 유형(document type)을 알려주는 역할을 하며, HTML5는 문서 유형을 html로 선언한다. <!DOCTYPE> 선언은 HTML5 문서에서 <html> 태그보다 앞서서 첫 번째 줄에 위치해야 한다.

형 식 : <!DOCTYPE html>

〈header〉 태그

<header> 태그는 문서의 머리말을 정의한다. <h1> 태그를 사용하여 제목을 표시할

수도 있고, <img> 태그를 사용하여 로고를 삽입할 수도 있다. 또한 <form> 태그를 사용하여 검색 창을 표시하거나, 메뉴를 작성할 수도 있다.

형 식 : <header> 머리말 </header>

〈hgroup〉 태그

<hgroup> 태그는 <h1>부터 <h6>까지의 제목 태그들을 그룹으로 묶어주는 역할을 한다.

형 식 : <hgroup> 제목 태그 그룹 </hgroup>

〈nav〉 태그

<nav> 태그는 내비게이션 링크(navigation link)의 블록(block)을 설정한다. 이를 이용하여 메뉴를 만들 수도 있으며, 주로 <a> 태그의 링크 기능을 이용한다. <nav> 태그는 <header> 태그나 <aside> 태그 안에 위치할 수도 있고, 독립적으로 사용될 수도 있다.

형 식 : <nav> 링크 블록 </nav>

〈article〉 태그

<article> 태그는 문서의 실제 내용을 나타낸다. 신문 기사나 블로그의 글과 같은 문서의 내용을 기술한다.

형 식 : <article> 문서 내용 </article>

〈section〉 태그

책이나 논문에서 장 또는 절을 이용하여 내용을 구분하는데, 문서에서 이와 같은 기능을 하는 것이 <section> 태그이다. <section> 요소는 또 다른 <section> 요소나 <article> 요소를 포함할 수 있다.

형 식 : <section> 섹션 내용 </section>

◉ 〈aside〉 태그

문서의 부가적인 내용을 기술하는데 사용된다. 웹 문서나 블로그의 사이드 바(side bar)에 표시할 내용을 작성할 수 있다.

형 식 : <aside> 부가적인 내용 </aside>

◉ 〈footer〉 태그

문서의 꼬리말을 기술한다. 문서의 저자나 작성된 날짜 등 문서 제작자나 저작권 정보 등을 표시할 수 있다.

형 식 : <footer> 꼬리말 </footer>

4.1.2.2 간단한 HTML5 문서 작성

앞에서 살펴본 HTML5 문서의 기본 구조를 바탕으로 간단한 예제를 작성하여 보자. HTML5 문서는 보통 메모장과 같은 텍스트 에디터를 사용하는 방법과 EditPlus 등 HTML 에디터를 활용하는 방법으로 작성할 수 있다. 여기서는 윈도우에서 기본으로 제공하고 있는 텍스트 에디터인 메모장을 이용하여 간단한 HTML5 문서를 작성하고, 그 결과를 브라우저에서 확인하도록 한다.

간단한 HTML5 문서 예제

앞에서 배운 HTML5 태그들을 이용하여 간단한 문서를 작성해 보자. 먼저 메모장을 사용하여 다음 예제의 처음부터 끝까지 보이는 대로 입력하고, 저장할 때에 파일의 이름을 first-example.html이라고 지정한다. 각 줄 번호와 콜론(:)은 설명을 위한 것이므로 입력하지 않도록 한다. HTML5 문서의 확장자는 보통 .html 혹은 .htm을 사용하며 이 책에서는 .html을 기본으로 한다.

first-example.html

```
<!DOCTYPE html>
<html>
    <head>
        <title> 여행 </title>
    </head>
    <body>
        <header>
            <hgroup>
                <h1> 여행을 떠나자 </h1>
                <h3> 여행 목적지에 따른 준비 사항 </h3>
            </hgroup>
        </header>
        <nav>
            <ul>
                <li> <a href="#"> 국내 </a> </li>
                <li> <a href="#"> 동남아 </a> </li>
                <li> <a href="#"> 유럽 </a> </li>
                <li> <a href="#"> 미주 </a> </li>
            </ul>
        </nav>
        <article>
            여행을 하기 전에 준비물을 점검합시다.
            <section>
                <header>
                    <h4> 비상약 챙기기 </h4>
                </header>
                <p> <br> <br> 감기약, 진통제, 소화제, 밴드, 간단한 소독약 등 </p>
            </section>
        </article>
        <aside>
            여권 발급 방법
        </aside>
        <footer> 2015.1.10 작성 </footer>
    </body>
</html>
```

문서 구조 태그를 적절히 사용하여 예제를 작성하였다. 이를 웹 브라우저에서 실행하면 [그림 4.2]와 같은 결과를 확인할 수 있다.

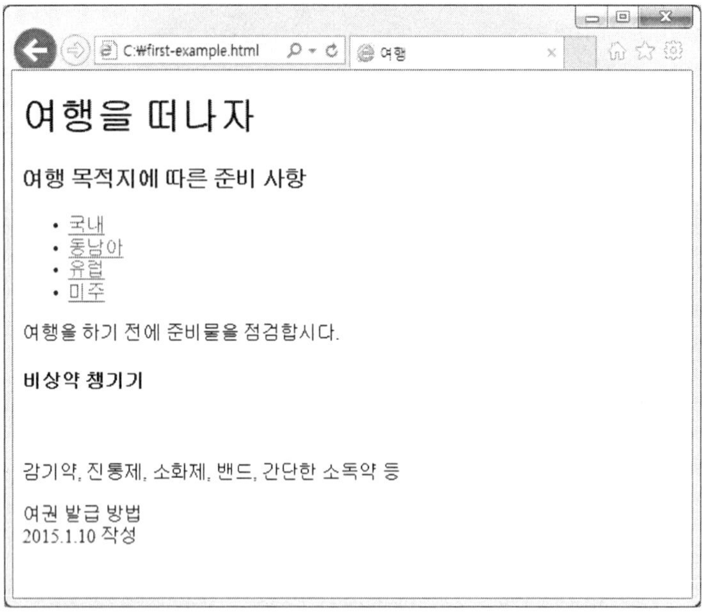

[그림 4.2] first-example.html의 실행 결과 (익스플로러)

이 예제는 문서 구조 태그를 이용하여 작성하였으며, 각 태그별로 스타일을 작성하면 웹 브라우저에서 다양하게 꾸민 모습을 볼 수 있다. 이 문서에 CSS(스타일 시트)를 적용해 보자. 적용할 CSS 파일의 내용은 다음과 같다.

first-example.css

```
1:  header, section, nav, article, aside, footer
2:          {position:absolute; padding:10px; border:1px solid black; display:block;}
3:  header {top:0%; width:100%; height:15%; background-color:yellow;}
4:  nav {top:20%; width:100%;}
5:  nav ul li {top:20%; left:10%; margin:0 20px; list-style:none; display:inline;}
6:  article {top:32%; width:70%; height:53%;}
7:  section {top:60%; width:93%; height:30%; padding:2%; background-color:orange;}
8:  section header {top:10%; width:92%; height:30%; padding:0px;}
9:  aside {top:32%; left:75%; width:25%; height:53%; background-color:pink;}
10: footer {top:90%; width:100%; background-color:lightgreen;}
```

이는 브라우저에서 요소의 위치와 색상을 비롯하여 테두리 및 여백 등을 설정한다. 예제의 2행에서 내부 여백을 10px로 설정하고 테두리를 검은색 실선으로 나타낸다. 5행에서는 외부 여백을 상하는 각각 0으로 좌우는 각각 20px로 설정하고 목록의 불릿 모양을 따로 설정하지 않는다.

CSS를 적용하기 위해서 first-example.html의 3행~5행의 <head> 요소를 다음과 같이 수정한다.

first-example.html의 〈head〉 요소 수정

```
<head>
  <title> 여행 </title>
  <link href="first-example.css" rel="stylesheet" type="text/css">
</head>
```

CSS를 적용하기 위해 <link> 태그를 이용하여 first-example.css 파일을 연결하도록 수정하였다. 실행 결과는 [그림 4.3]에서 확인할 수 있다.

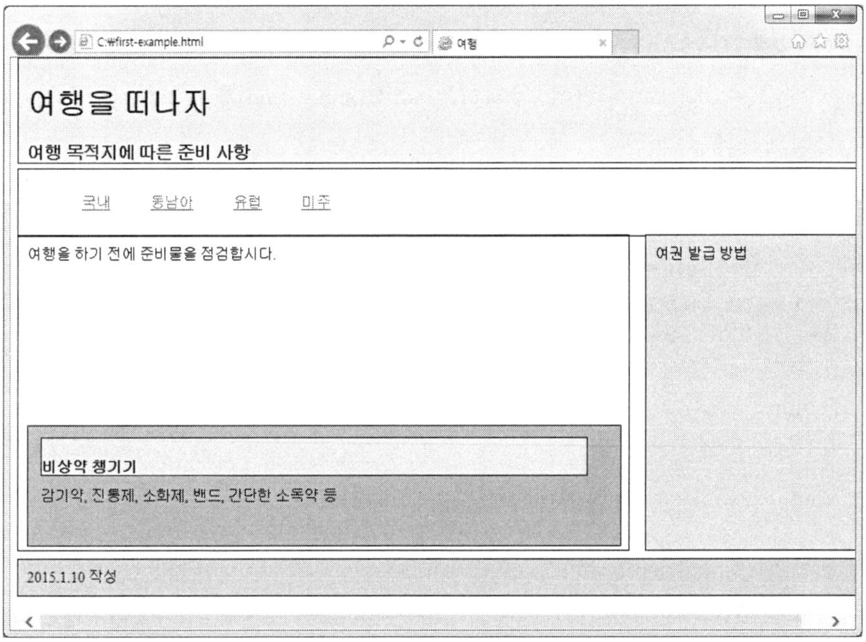

[그림 4.3] CSS를 적용한 first-example.html의 실행 결과 (익스플로러)

4.2 HTML5 문서 작성

HTML5 문서를 작성하기 위해서는 기존의 HTML 태그들을 모두 사용하지만, HTML5에서 추가하거나 변경한 것들이 있다. 이 절에서는 HTML5에서 새롭게 추가한 태그들에 대하여 알아본다. 문서 작성에 도움이 되는 태그, 다양한 입력 양식의 폼 태그, 사운드와 비디오를 지원하는 태그, 그리고 웹 문서에서 그림을 그릴 수 있는 그래픽 태그 등에 관해 공부한다.

4.2.1 기본 태그

먼저 HTML5에서 새롭게 추가한 기본적인 태그들에 대하여 알아보자. 텍스트 주변에 주석을 넣고, 중요한 구절을 형광색으로 표시하며, 막대를 사용하여 비율을 표시하는 방법 등에 대해서 살펴보자.

〈ruby〉 태그

<ruby> 태그는 텍스트 주변에 나타나는 주석(annotation)을 표시하며 주로 발음이나 설명을 나타내는데 이용된다.

- <ruby> : 하나 이상의 <rt> 나 <rp> 요소를 포함
- <rt> : 작은 글씨로 주석을 나타냄
- <rp> : <rt> 태그를 지원하지 않은 브라우저에서 괄호 안에 주석을 표현

형 식 : <ruby> <rt> ~ </rt> </ruby>

앞의 <ruby> 태그를 이용하여 예제를 작성하여 보자.

ruby.html

```
<!DOCTYPE html>
<html>
    <head>
        <title> ruby 태그 </title>
    </head>
    <body>
```

```
7:          <h1>
8:             <ruby>
9:                大<rt>대</rt>   韓<rt>한</rt>
10:            </ruby>
11:         </h1>
12:         <h1>
13:            <ruby>
14:               民<rt>민</rt>
15:               國<rt>국</rt>
16:            </ruby>
17:         </h1>
18:      </body>
19:  </html>
```

예제의 8행~10행과 13행~16행은 <ruby> 태그를 활용한 것이다. 이 예제는 브라우저에서 <ruby> 태그를 지원하는지 확인해 본 것으로 결과는 [그림 4.4]와 같다. 익스플로러와 파이어폭스 모두에서 <rt> 태그가 지원됨을 보여주고 있다.

(익스플로러) (파이어폭스)

[그림 4.4] 〈ruby〉 태그 예제 실행 결과

〈bdi〉 태그

<bdi> 태그는 텍스트 방향이 다른 부분을 분리할 때 사용한다. 예를 들면, 보통 문장의 진행 방향은 왼쪽에서 오른쪽인 좌횡서이지만, 아랍어 같은 경우는 그 반대인 오른쪽에서 왼쪽으로 진행하는 우횡서이다. 이처럼 어떤 문장 중간에 진행 방향이 다른 문구를 삽입할 경우, 그것을 <bdi> 태그로 표시함으로써 본래의 문장과 구분할 수 있다.

형 식 : 〈bdi〉 ~ 〈/bdi〉

〈mark〉 태그

<mark> 태그는 사용자가 중요하다고 생각되는 부분을 표시하며, 노란 형광색으로 칠해 놓은 효과를 나타낼 때 사용한다.

형 식 : 〈mark〉 ~ 〈/mark〉

<mark> 태그를 이용하는 예제를 살펴보자.

mark.html

```
<!DOCTYPE html>
<html>
    <head>
        <title> mark 태그 </title>
    </head>
    <body>
        <h2> 우유를 살 때는 반드시 <mark>유통 기한</mark>을 확인하세요. </h2>
    </body>
</html>
```

이 예제의 7행에서 <mark> 태그의 사용을 볼 수 있으며, 실행 결과 노란 형광색으로 강조됨을 확인할 수 있다. 결과는 [그림 4.5]와 같다.

[그림 4.5] 〈mark〉 태그 예제 실행 결과 (익스플로러)

〈meter〉 태그

<meter> 태그는 막대 그래프로 분포 비율을 나타낸다. 선거에서의 투표율이나 득표율 등을 표시할 때 사용할 수 있다.

형 식 : 〈meter [속 성]〉 ~ 〈/meter〉

<meter> 태그의 속성들을 정리하면 다음과 같다. 속성의 값으로 지정되는 수는 실수이며 정수를 사용하여도 된다. 범위를 세 부분으로 나눌 수 있다.

- form = "폼 이름" : <meter> 요소가 속하는 폼
- value = "수" : 측정값
- min = "수" : 범위에서 최소값
- low = "수" : 범위에서 낮은값
- high = "수" : 범위에서 높은값
- max = "수" : 범위에서 최대값
- optimum = "수" : 범위에서 최적의 값

<meter> 태그를 이용하여 예제를 작성하여 보자.

meter.html

```
1: <!DOCTYPE html>
2: <html>
3:     <head>
4:         <title> meter 태그 </title>
5:     </head>
6:     <body>
7:         <meter value="0.3"> </meter> 30%를 표현 <br> <br>
8:         <meter min="0" max="10" value="7"> </meter> 10에서 7을 표현 <br> <br>
9:         <meter min="0" max="10" low="2" high="8" value="9" optimum="5"> </meter>
           high가 8일때 9를 표현
10:    </body>
11: </html>
```

예제 중 7행~9행에서 <meter> 태그를 사용하고 있다. 막대 그래프에 비율이 표시되는데 보통 초록색으로 표시되며, 9행처럼 측정값이 최적의 범위인 2에서 8사이에 위치하지 않으면 노란색으로 표시된다. 예제의 실행 결과는 [그림 4.6]과 같다.

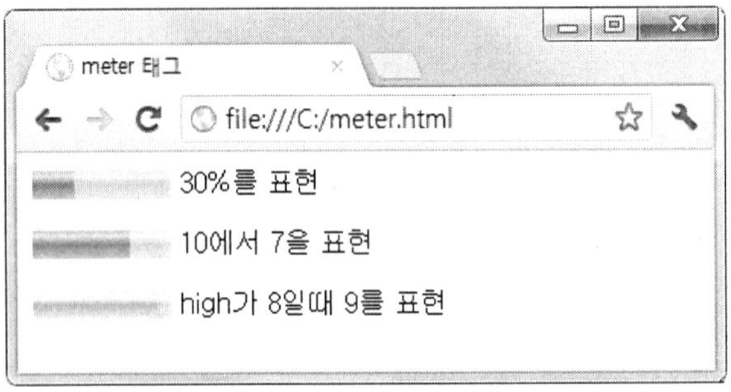

[그림 4.6] 〈meter〉 태그 예제 실행 결과 (크롬)

〈progress〉 태그

<progress> 태그는 작업의 진행 상황을 나타낼 때 사용한다.

형 식 : 〈progress [속 성]〉 ~ 〈/progress〉

<progress> 태그에는 다음과 같은 속성들이 있다.

- value = "수" : 측정값
- max = "수" : 범위에서 최대값

<progress> 태그를 이용하는 다음의 예제를 살펴보자.

progress.html

```
1: <!DOCTYPE html>
2: <html>
3:     <head>
4:         <title> progress 태그 </title>
5:     </head>
6:     <body>
7:         <progress value="0.3"> </progress> 30%를 표현 <br> <br>
8:         <progress max="10" value="7"> </progress> 10에서 7을 표현 <br> <br>
9:     </body>
10: </html>
```

예제 중 7행~8행에서 <progress> 태그를 사용하였다. 브라우저에서는 보통 초록색으로 진행 상황이 표시되며, 마치 진행하는 것처럼 보이기 위해 빛이 왼쪽에서 오른쪽으로 움직이는 것처럼 보여준다. 실행 결과는 [그림 4.7]과 같다.

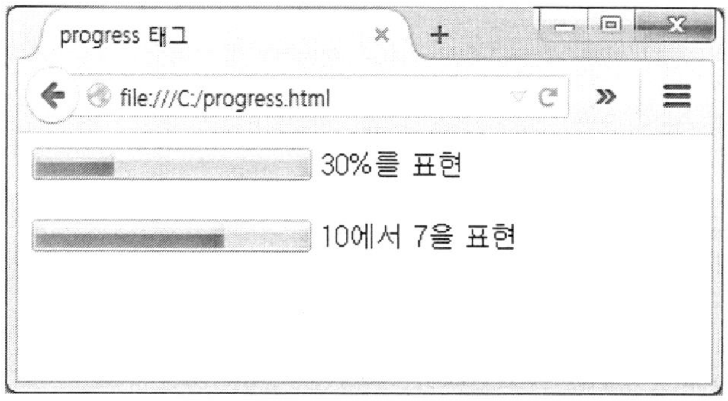

[그림 4.7] 〈progress〉 태그 예제 실행 결과 (파이어폭스)

〈details〉 태그

<details> 태그는 추가적인 세부 사항(details)을 기술하기 위해서 사용하며, 주로 세부 사항의 요약을 표시하는 <summary> 태그와 함께 사용한다.

형 식 : 〈details [속 성]〉 ~ 〈/details〉

<details> 태그는 다음과 같은 속성을 사용한다.

• open 또는 open = "open" : 세부 사항을 보이는 상태로 설정

이 속성은 세부 사항을 사용자에게 표시하는데 사용된다. 이 속성을 설정하지 않으면 세부 사항은 사용자에게 보이지 않게 되며, 다음에 설명하는 <summary> 태그에서 설정한 요약을 클릭하면 보이게 된다.

〈summary〉 태그

<summary> 태그는 <details> 태그 내에 포함되어 내용의 요약(또는 제목)을 나타내는데 사용한다.

형 식 : 〈summary〉 ~ 〈/summary〉

<details> 태그와 <summary> 태그를 이용하여 예제를 작성하여 보자.

details.html

```
1: <!DOCTYPE html>
2: <html>
3:     <head>
4:         <title> details 태그 </title>
5:     </head>
6:     <body>
7:         <details>
8:             <summary> 웹 프로그래밍에 사용되는 언어 </summary>
9:             <p> 웹 문서와 웹에서 실행되는 프로그램을 작성하기 위해서는 HTML,
10:                  HTML5, CSS, JavaScript, JSP, SQL 등의 언어를 사용한다. </p>
11:         </details>
12:     </body>
13: </html>
```

예제 중 7행~11행에서 <details> 태그와 <summary> 태그를 사용하고 있다. 처음 실행시키면 <summary> 요소의 내용만 ▶ 기호와 함께 보인다. ▶ 기호를 마우스로 클릭하면 세부 사항이 화면에 나타난다. 예제의 결과는 [그림 4.8]과 [그림 4.9]와 같다.

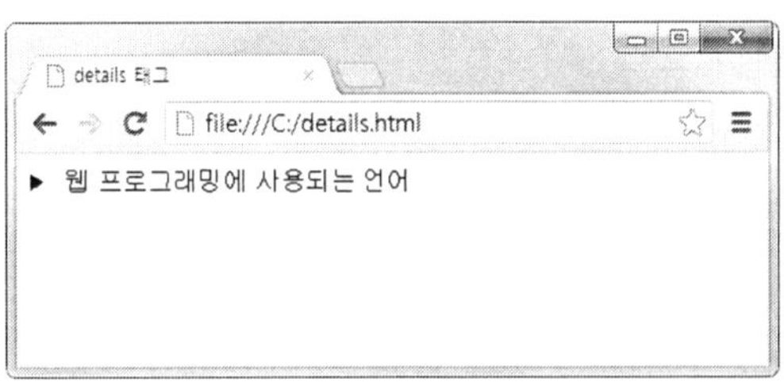

[그림 4.8] 〈details〉 태그 (크롬)

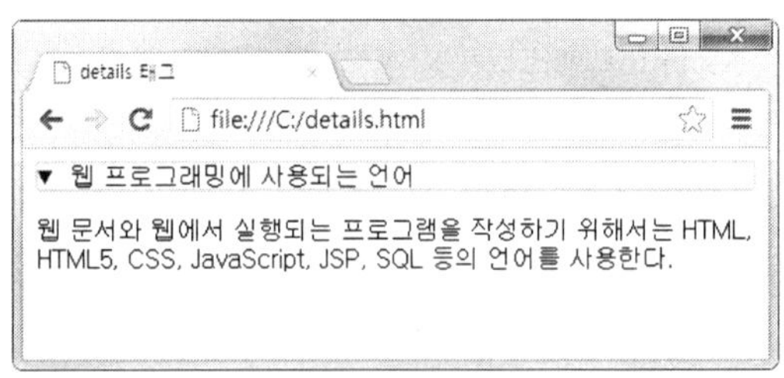

[그림 4.9] ▶를 마우스로 클릭 (크롬)

〈wbr〉 태그

<wbr> 태그는 화면의 너비 때문에 줄바꿈이 필요할 경우 지정된 곳에서 줄바꿈을 허용하는 태그이다. 따라서 이를 이용하여 줄바꿈 가능 위치를 정할 수 있다. 반면에 HTML의 <nobr> 태그는 줄바꿈을 허용하지 않는 태그이다. 그러나 요소 내에서 줄바꿈이 필요할 때는 <wbr> 태그를 사용하면 된다.

형 식 : 〈wbr〉

다음은 <wbr> 태그를 이용하는 예제이다.

wbr.html

```
1: <!DOCTYPE html>
2: <html>
3:     <head>
4:         <title> wbr 태그 </title>
5:     </head>
6:     <body>
7:         <h1> Hello!! GoodMorning!! </h1>
8:         <h1> Hello!! Good<wbr>Morning!! </h1>
9:         <nobr> <h1> Hello!!  GoodMorning!! </h1> </nobr>
10:        <nobr> <h1> Hello!! <wbr> GoodMorning!! </h1> </nobr>
11:    </body>
12: </html>
```

예제에서 7행~10행까지 모두 같은 문장을 출력한다. 7행에서는 단순히 문장을 출력하고, 8행에서는 <wbr> 태그를 사용한다. 9행에서는 <nobr> 태그를 사용하고, 10행에서는 <nobr> 태그와 <wbr> 태그를 함께 사용한다. 예제를 실행한 결과를 살펴보자. [그림 4.10]과 같이 브라우저 화면의 너비가 클 경우에는 모두 똑같이 나타난다. 그러나 [그림 4.11]과 같이 화면 너비가 줄어들었을 때는 차이를 보인다. 7행은 <wbr> 태그를 사용하지 않았으므로 긴 단어를 분리하지 못해 한꺼번에 다음 줄에 출력되는 반면, 8행은 <wbr> 태그를 사용하였으므로 지정 위치에서 줄바꿈한 출력 결과를 보여준다. 또한 9행은 <nobr> 태그를 사용하였으므로 줄바꿈이 발생하지 않아 문장 전체를 한 줄에 보여주고, 10행은 <nobr> 태그를 사용하였으나 <wbr> 태그의 사용에 따라 줄바꿈이 일어난 모습을 보여준다.

[그림 4.10] 〈wbr〉 넓은 화면 (크롬)

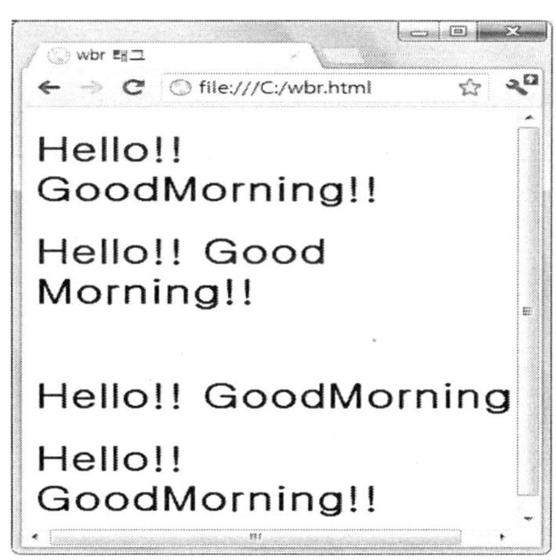

[그림 4.11] 〈wbr〉 좁은 화면 (크롬)

〈menuitem〉 태그

<menuitem> 태그는 사용자가 팝업 메뉴를 호출할 수 있는 명령이나 메뉴 항목을 정의하는데 사용한다.

형 식 : 〈menuitem [속 성]〉 ~ 〈/menuitem〉

다음은 <menuitem> 태그에서 사용하는 속성들이며, '|' 기호는 선택을 표시한다.

- disabled : 비활성화
- type = "command(기본) | checkbox | radio" : 명령어 종류
- checked 또는 checked = "checked" : 선택된 상태
- icon = "url" : 아이콘 파일의 url
- label = "이름" : 명령 또는 메뉴 항목 이름 (필수)
- radiogroup = "이름" : radio type일 때 명령 그룹의 이름

checked 속성은 단독으로 사용하거나, checked = "checked"로 사용한다. 이제 <menuitem> 태그의 속성들을 이용하여 예제를 작성하여 보자.

menuitem.html

```
<!DOCTYPE html>
<html>
   <head>
        <title> menuitem 태그 </title>
    </head>
    <body>
        <p contextmenu="fruit"> 과일 </p>
        <menu type="context" id="fruit">
            <menuitem type="command" label="사과" onclick="alert('사과')">
                      사과 </menuitem>
            <menuitem type="command" label="배" disabled onclick="alert('배')">
                      배 </menuitem>
            <menuitem type="command" label="귤" onclick="alert('귤')">
                      귤 </menuitem>
         </menu>
     </body>
</html>
```

예제의 9행~11행에서 <menuitem> 태그의 사용을 확인할 수 있다. '과일' 단어 위를 마우스 오른쪽으로 클릭하면 메뉴들이 보이고 이 중 하나를 클릭하면 onclick 이벤트에 의해 경고 대화상자가 나타난다. 10행에서는 disabled로 설정하였으므로 화면에 단어가 흐린 회색으로 보이며 마우스를 클릭하여도 경고 대화상자가 나타나지 않는다. 실행 결과는 [그림 4.12]와 같다.

[그림 4.12] 〈menuitem〉 태그 예제 실행 결과 (파이어폭스)

〈figure〉 태그

<figure> 태그는 그림, 사진, 다이어그램 등을 포함시킬 때 사용하며, 그림의 제목을 나타내기 위해서 <figcaption> 태그를 함께 사용할 수 있다.

형 식 : 〈figure〉 ~ 〈/figure〉

〈figcaption〉 태그

<figure> 요소 내에서 그림에 제목을 붙이는데 사용한다.

형 식 : 〈figcaption〉 ~ 〈/figcaption〉

다음은 <figure> 태그와 <figcaption> 태그를 이용하여 작성한 예제이다.

figure.html

```
1: <!DOCTYPE html>
2: <html>
3:     <head>
4:         <title> figure 태그 </title>
5:     </head>
6:     <body>
7:         <center>
8:           <h2> 캡션과 함께 그림 삽입 </h2>
9:           <figure>
10:              <img src="flower.jpg" alt="참나리">
11:              <figcaption> [그림 1] 참나리 </figcaption>
12:          </figure>
13:        </center>
14:    </body>
15: </html>
```

예제의 9행~12행에서 <figure> 태그를 사용하였다. <img> 태그를 사용하여 이미지를 보여주고 11행에서 <figcaption> 태그를 사용하여 그림에 제목을 붙였다. 예제의 결과는 [그림 4.13]과 같다.

[그림 4.13] 〈figcaption〉 태그 사용 결과 (익스플로러)

〈time〉 태그

<time> 태그는 날짜와 시각을 표시하는데 사용한다.

형 식 : 〈time [속 성]〉 ~ 〈/time〉

<time> 태그에는 다음과 같은 속성들이 있다.

```
• datetime = "YYYY-MM-DDThh:mm:ssTZD"   : 날짜와 시각
  - YYYY                                : 연도
  - MM                                  : 월
  - DD                                  : 일
  - T                                   : 분리자
  - hh                                  : 시
  - mm                                  : 분
  - ss                                  : 초
  - TZD                                 : 시각대 (UTC, GMT 등)
• pubdate = "pubdate"                   : 문서의 작성 날짜
```

<time> 태그를 이용하여 예제를 작성하여 보자.

time.html

```
1: <!DOCTYPE html>
2: <html>
3:     <head>
4:         <title> time 태그 </title>
5:     </head>
6:     <body>
7:         <h2> 은행 업무는 <time> 9:00 </time>에 시작한다. </h2>
8:         <h2> 평창 동계 올림픽은 <time datetime="2018-02-09"> </time> 개막한다. </h2>
9:         <time datetime="2015-01-20" pubdate="pubdate"> </time>
10:    </body>
11: </html>
```

예제의 7행~9행에서 <time> 태그를 사용하였다. 자세히 살펴보면, <time> 태그를 사용하여 시각 정보를 표현하고, datetime 속성을 사용하여 날짜를 설정하였다. 예제의 실행 결과는 [그림 4.14]와 같으며, 주요 브라우저들이 아직 <time> 태그를 지원하지 않는다.

[그림 4.14] 〈time〉 태그 예제 실행 결과 (익스플로러)

4.2.2 폼 작성 태그

사용자로부터 정보를 입력받기 위하여 HTML에서는 <form> 태그를 사용한다. HTML5에서도 <form> 태그를 사용하며 다양한 기능들이 추가되었다. 새롭게 추가된 기능들에 대해서 알아본다.

4.2.2.1 폼 태그

HTML5 문서에서는 폼을 통하여 사용자의 입력 데이터를 서버로 전송한다. <form> 태그 안에서 또 다른 <form> 태그를 포함하는 것은 불가능하며, HTML 부분에서 공부한 대로 다음과 같은 속성들을 설정하여야 한다.

```
형 식 : <form action = "url" method = "get | post"> ~ </form>
▪ action                        : 데이터를 처리할 프로그램의 url
▪ method                        : 데이터를 서버에 전달하는 방법
    * get                       - 데이터를 질의 문자열(query string) 형태로 서버에게 전달 (기본)
                                - 데이터의 양이 제한되며, 데이터가 노출됨
    * post                      - 데이터를 메시지 바디(message body)에 포함시켜 서버에게 전달
                                - 데이터의 양에 제한이 없으며, 데이터가 노출되지 않음
▪ enctype = "application/x-www-form-urlencoded(기본) | multipart/form-data | text/plain"
                                : post 방식에서 데이터의 전송 인코딩 형식
novalidate 또는 novalidate = "novalidate"
                                : 데이터 전송 전 유효성 미검사
▪ target = "_self(기본) | _blank | _parent | _top"
                                : 데이터 처리 결과를 표시할 장소
▪ accept-charset = "문자 셋" : 데이터의 문자 인코딩 방식
▪ autocomplete = "on(기본) | off"
                                : 입력 자동 완성
▪ name = "이름"                 : 폼 이름
```

<form> 태그에서 autocomplete 속성과 novalidate 속성은 HTML5에서 추가한 것이다.

4.2.2.2 입력 태그

<form> 태그 내에서 폼의 형식을 정의하기 위하여 <input> 태그가 사용된다. HTML

부분에서 <input> 태그의 다양한 속성들에 대해서 알아보았다. 이번에는 HTML5에서 새롭게 추가한 속성들에 대해 살펴본다. <input> 태그의 형식은 다음과 같다.

```
형 식 : 〈form〉 ~ 〈input 속성〉 ~ 〈/form〉
```

HTML에서 다루었던 <input> 태그의 속성들은 다음과 같다.

```
형 식 : 〈input   type = "형식"                : 입력 요소의 형식
                  name = "이름"                : 입력 요소의 이름
                  value = "값"                 : 입력 요소의 값
                  size = "문자 수"             : 입력 요소의 크기
                  checked = "checked"          : 미리 선택 표시
                  maxlength = "문자 수"〉      : 입력 요소의 최대 문자 수
```

각 속성에 대한 설명은 다음과 같다.

- type
  - text : 텍스트 입력 필드 (기본)
  - password : 패스워드 입력 필드 (• 으로 표시)
  - checkbox : 체크 박스
  - radio : 여러 개 중 하나를 선택하는 라디오 버튼
  - hidden : 숨겨진 입력 필드
  - image : 이미지를 submit 버튼으로 정의
  - file : 파일 업로드
  - button : 클릭할 수 있는 버튼
  - submit : 데이터 전송 버튼
  - reset : 입력 내용 취소 버튼
- name
  - 입력 요소의 이름
  - submit과 reset을 제외한 모든 type의 필수 속성
- value
  - text, password : 입력 요소의 기본값
  - checkbox, radio : 버튼이 선택되었을 때 전송되는 값
  - submit, reset : 버튼에 표시될 내용
- checked
  - checkbox, radio의 기본값 (페이지가 로드될 때 기본으로 선택됨)
- size
  - text, password 입력 필드의 크기 (기본 영문자 20)
- maxlength
  - text, password에서 입력받을 수 있는 최대 문자 수

다음은 HTML5에서 <input> 태그에 새롭게 추가한 속성들이다.

- type
  - color : 색상 입력 컨트롤(control)
  - date : 날짜 입력 컨트롤
  - datetime : 날짜와 시각 입력 컨트롤 (기본 UTC time zone)
  - datetime-local : 날짜와 시각 입력 컨트롤 (time zone 없음)
  - email : 이메일 주소 입력 필드
  - month : 연월 입력 컨트롤 (time zone 없음)
  - number : 수 입력 필드
  - range : 일정 범위의 수 입력 컨트롤
  - search : 검색 텍스트 입력 필드
  - tel : 전화번호 입력 필드
  - time : 시각 입력 컨트롤 (time zone 없음)
  - url : url 입력 필드
  - week : 연, 주 입력 컨트롤 (time zone 없음)
- autocomplete : 입력 자동 완성
- autocfocus : 문서 로드 시 입력 필드에 마우스 커서 표시
- form : 입력 요소가 속하는 폼 지정
- formaction : <form>태그의 action 속성 재설정 (submit 타입)
- formenctype : <form>태그의 enctype 속성 재설정 (submit 타입)
- formmethod : <form>태그의 method 속성 재설정 (submit 타입)
- formnovalidate : <form>태그의 novalidate 속성 재설정 (submit 타입)
- formtarget : <form>태그의 target 속성 재설정 (submit 타입)
- height : 입력 요소의 세로 길이
- list : 미리 정의된 옵션 목록
- max : 최대값
- min : 최소값
- multiple : 입력 요소에 여러 개의 값 허용
- pattern : 입력 값의 패턴을 정규 표현식으로 표시
- placeholder : 입력 요소에 힌트를 미리 표시
- required : 입력 필드가 필수임을 표시
- step : 입력 값의 간격
- width : 입력 요소의 가로 길이

type 속성

<input> 태그의 속성 중 type 속성을 사용하여 다양한 형식의 폼을 작성하는 방법을 이해하도록 하자. 앞으로 실행 결과는 각 속성이 지원되는 브라우저를 활용할 것이며, type 속성은 주로 오페라 브라우저를 사용한다.

color 타입

type을 color로 지정하면 색상 컨트롤(control)을 생성하여 사용자가 색상을 선택하도록 한다. 다음 예제를 살펴보자.

input-color.html

```
<!DOCTYPE html>
<html>
   <head>
      <title> color 타입 </title>
   </head>
   <body>
      <form>
            좋아하는 색깔 <input type="color" name="color">
      </form>
   </body>
</html>
```

예제와 같이 color 타입을 사용할 경우, 브라우저 화면에 나타나는 작은 색상 박스의 화살표를 누르면 색상 선택기가 나타나서 사용자가 원하는 색상을 선택할 수 있다. 실행 결과는 [그림 4.15]와 같다.

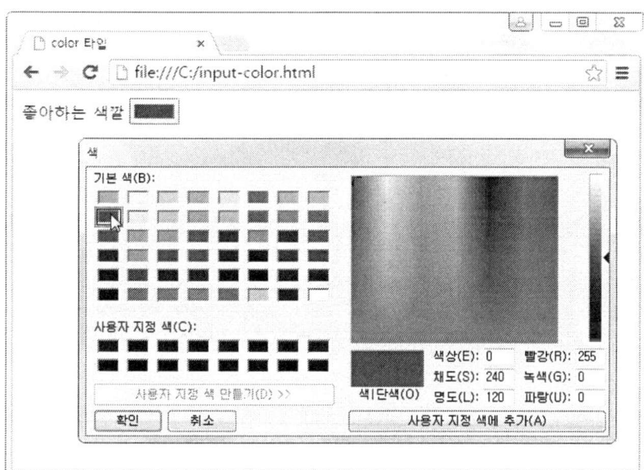

[그림 4.15] **color 타입 예제 실행 결과 (크롬)**

date 타입

type을 date로 지정하면 사용자가 날짜를 선택할 수 있는 날짜 컨트롤이 나타난다. 다음은 date 타입을 활용하는 예제이다.

input-date.html

```
<!DOCTYPE html>
<html>
    <head>
        <title> date 타입 </title>
    </head>
    <body>
        <form>
            당신이 태어난 날은 : <input type="date" name="date">
        </form>
    </body>
</html>
```

브라우저 화면에서 작은 박스의 화살표를 누르면 달력을 보여주어 사용자가 원하는 날짜를 선택하도록 한다. 예제의 결과는 [그림 4.16]과 같다.

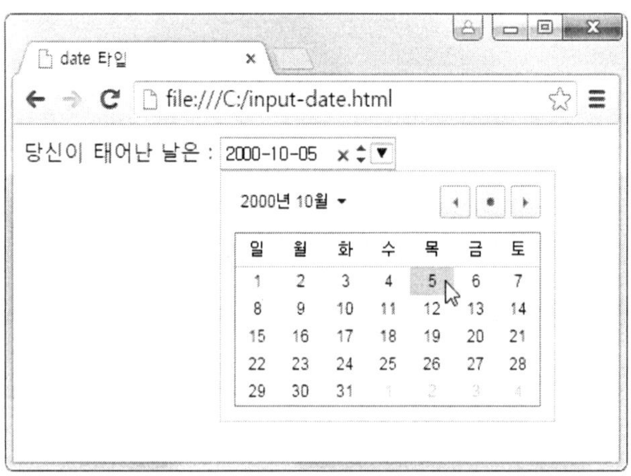

[그림 4.16] date 타입 예제 실행 결과 (크롬)

tel 타입

type을 tel로 지정하면 전화번호 입력 필드가 생성된다. 사용자는 이곳에 전화번호를 입력할 수 있다. 다음 예제의 결과는 [그림 4.17]과 같다.

예제 input-tel.html

```
<!DOCTYPE html>
<html>
    <head>
        <title> tel 타입 </title>
    </head>
    <body>
        <form>
                당신의 전화번호는 : <input type="tel" name="tel">
        </form>
    </body>
</html>
```

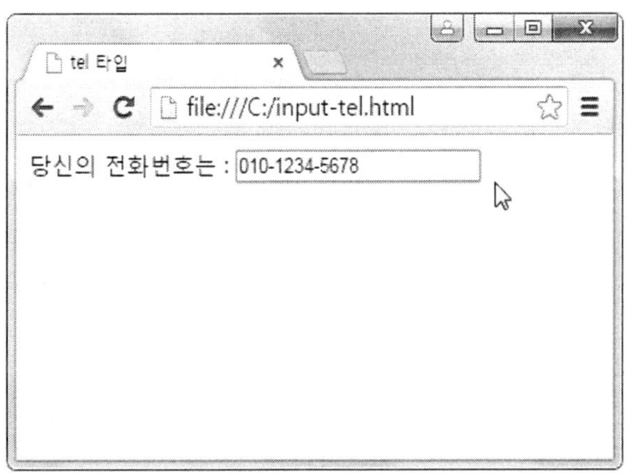

[그림 4.17] tel 타입 예제 실행 결과 (크롬)

datetime-local 타입

type을 datetime-local로 지정하면 날짜와 시각을 입력할 수 있는 컨트롤이 생성된다. 사용자는 컨트롤을 이용하여 원하는 날짜와 시각을 선택할 수 있다. 다음 예제의 실행 결과는 [그림 4.18]에서 확인할 수 있다.

input-datetime-local.html

```
<!DOCTYPE html>
<html>
    <head>
        <title> datetime-local 타입 </title>
    </head>
    <body>
        <form>
            당신이 태어난 날짜와 시각은 : <input type="datetime-local" name="date">
        </form>
    </body>
</html>
```

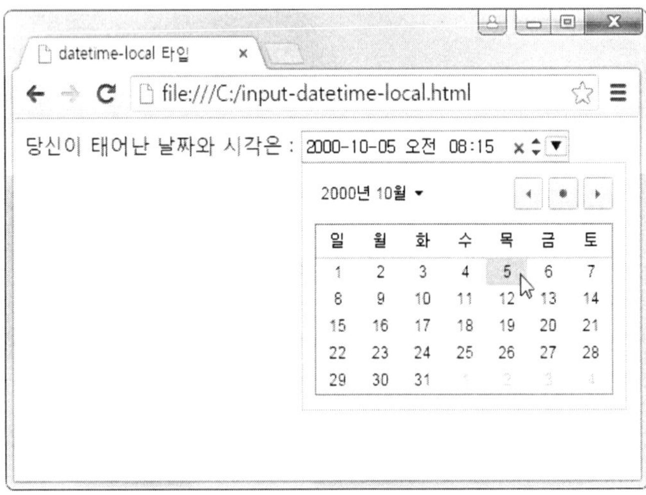

[그림 4.18] datetime-local 타입 예제 실행 결과 (크롬)

email 타입

type을 email로 지정하면 이메일 주소 입력 필드를 생성한다. 이메일 주소 입력 시 오류를 검사하는데, 이메일 주소에서 '@'의 유무로 오류를 판단한다. 다음은 email 타입을 활용하는 예제이다.

input-email.html

```
<!DOCTYPE html>
<html>
    <head>
        <title> email 타입 </title>
    </head>
    <body>
        <form>
            당신의 이메일 주소는 : <input type="email" name="email">
            <input type="submit">
        </form>
    </body>
</html>
```

예제의 실행 결과는 [그림 4.19]와 같다. 화면에서와 같이 '@' 없이 단순히 문자만 입력하고 보내기 버튼을 누르면 이메일 주소가 잘못 입력되었음을 메시지로 알려준다.

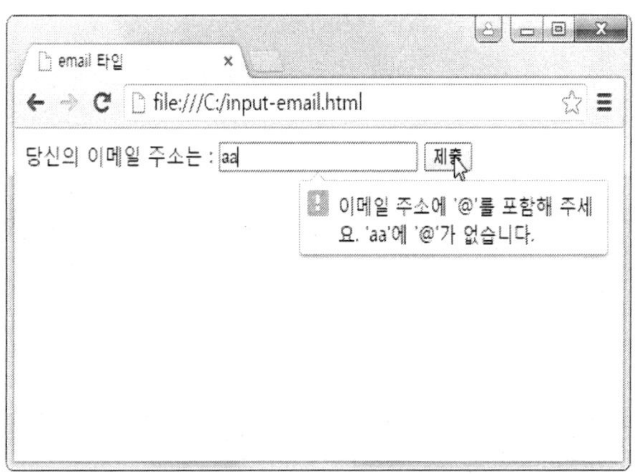

[그림 4.19] **email 타입 예제 실행 결과 (크롬)**

month 타입

type을 month로 지정하면 달력이 나타나서 연과 월을 선택할 수 있는 컨트롤이 생성된다. 컨트롤에서 연과 월 외에 다른 것은 선택할 수 없다. 다음 예제의 결과는 [그림 4.20]과 같다.

input-month.html

```
<!DOCTYPE html>
<html>
    <head>
        <title> month 타입 </title>
    </head>
    <body>
        <form>
            당신이 태어난 연도와 월은 : <input type="month" name="month">
        </form>
    </body>
</html>
```

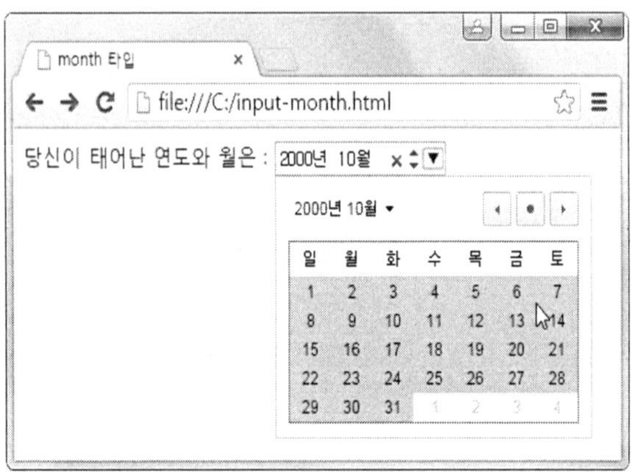

[그림 4.20] month 타입 예제 실행 결과 (크롬)

number 타입

type을 number로 지정하면 수를 입력할 수 있는 컨트롤이 생성된다. 이때 min과 max 속성을 사용하면 범위를 설정할 수 있다.

number 타입의 속성은 다음에 보는 바와 같다.

- max = "수" : 최대값
- min = "수" : 최소값
- step = "수" : 간격
- value = "수" : 기본값

step 속성을 사용하면 number 타입 사용 시 나타나는 스핀 박스(spin box)의 증감 단위를 설정할 수 있다. 설정하지 않은 경우 1씩 증감한다. 다음 예제의 실행 결과는 [그림 4.21]과 같다.

예제 input-number.html

```
<!DOCTYPE html>
<html>
    <head>
        <title> number 타입 </title>
    </head>
    <body>
        <form>
                1 ~ 100 사이에서 당신이 좋아하는 수는 :
                <input type="number" name="number" min="1" max="100">
        </form>
    </body>
</html>
```

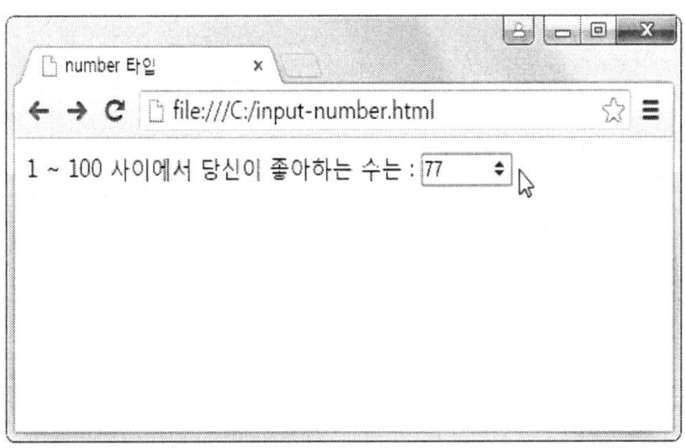

[그림 4.21] number 타입 예제 실행 결과 (크롬)

range 타입

type을 range로 지정하면 마우스로 스크롤 바를 움직여서 수를 선택할 수 있으며, range 타입에는 다음과 같은 속성들이 있다. min과 max 속성은 범위를 지정하는데 사용된다.

- max = "수" : 최대값
- min = "수" : 최소값
- step = "수" : 간격
- value = "수" : 기본값

다음 예제를 살펴보자. 실행 결과는 [그림 4.22]와 같다.

input-range.html

```
<!DOCTYPE html>
<html>
    <head>
        <title> range 타입 </title>
    </head>
    <body>
        <form>
                1 ~ 10 사이에서 당신이 원하는 위치는 :
                <input type="range" name="range" min="1" max="10">
        </form>
    </body>
</html>
```

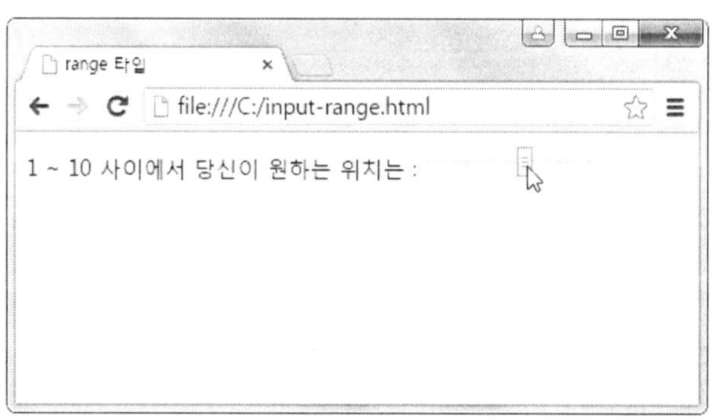

[그림 4.22] range 타입 예제 실행 결과 (크롬)

search 타입

type을 search로 지정하면 검색 텍스트를 입력할 수 있는 필드가 나타나서 사용자가 검색어를 입력할 수 있도록 한다. 다음 예제의 결과는 [그림 4.23]과 같다.

input-search.html

```
<!DOCTYPE html>
<html>
    <head>
        <title> search 타입 </title>
    </head>
    <body>
        <form>
              검색하고 싶은 용어는 : <input type="search" name="search">
        </form>
    </body>
</html>
```

[그림 4.23] search 타입 예제 실행 결과 (크롬)

time 타입

type을 time으로 지정하면 시각을 입력할 수 있는 컨트롤이 생성된다. 사용자는 컨트롤에서 원하는 시각을 선택할 수 있다. 다음 예제를 실행하면 [그림 4.24]의 결과를 얻게 된다.

input-time.html

```
<!DOCTYPE html>
<html>
    <head>
        <title> time 타입 </title>
    </head>
    <body>
        <form>
              당신의 태어난 시각은 : <input type="time" name="time">
        </form>
    </body>
</html>
```

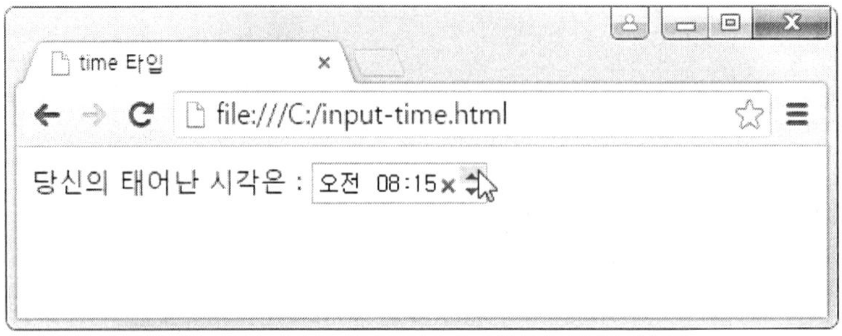

[그림 4.24] time 타입 예제 실행 결과 (크롬)

url 타입

type을 url로 지정하면 url을 입력할 수 있는 필드가 나타난다. 입력 필드에 'http://' 없이 주소를 적으면 정확한 url을 요구하는 메시지가 나타난다. 다음 예제의 실행 결과는 [그림 4.25]와 같다.

input-url.html

```
<!DOCTYPE html>
<html>
    <head>
        <title> url 타입 </title>
    </head>
    <body>
        <form>
              당신이 방문하고 싶은 홈페이지 주소는 : <input type="url" name="url">
        </form>
    </body>
</html>
```

[그림 4.25] url 타입 예제 실행 결과 (크롬)

week 타입

type을 week로 지정하면 연도와 주를 입력할 수 있는 컨트롤이 생성된다. 브라우저에 달력 모양이 나타나서 연도와 주를 선택할 수 있다. 다음 예제의 실행 결과는 [그림 4.26]과 같다.

input-week.html

```
<!DOCTYPE html>
<html>
    <head>
        <title> week 타입 </title>
    </head>
    <body>
        <form>
              당신이 휴식을 취할 주간은 : <input type="week" name="week">
        </form>
    </body>
</html>
```

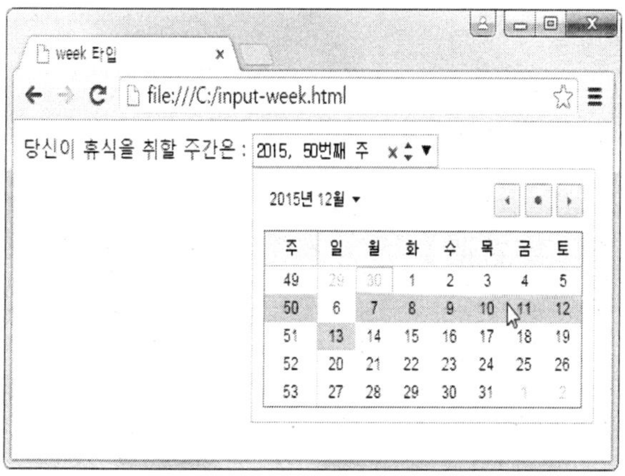

[그림 4.26] week 타입 예제 실행 결과 (크롬)

autocomplete 속성

autocomplete 속성을 사용하면 자동 완성 기능으로 사용자의 입력을 도와준다. 이 속성의 값을 on으로 설정하면, 이전에 입력했던 내용을 기억했다가 보여준다. 이 속성은 <form> 태그에서도 사용 가능하다.

형 식 : 〈form autocomplete = "on | off"〉
〈input autocomplete = "on | off"〉

autofocus 속성

autofocus 속성을 사용하면 문서가 로드될 때 입력 필드에 자동으로 포커스가 주어지면서 사용자의 입력을 기다린다.

형 식 : 〈input autofocus〉 또는 〈input autofocus = "autofocus"〉

autocomplete 속성과 autofocus 속성을 이용하여 예제를 작성하여 보자.

input-autocomplete.html

```
1: <!DOCTYPE html>
2: <html>
3:     <head>
4:         <title> auto 속성 </title>
5:     </head>
6:     <body>
7:         <form autocomplete="on">
8:             <fieldset>
9:                 <legend> 회원가입 </legend>
10:                 이름 : <input type="text" name="name" autofocus> <br> <br>
11:                 주소 : <input type="text" name="address"> <br> <br>
12:                 성별 : <input type="radio" name="sex" value="male"> 남
13:                        <input type="radio" name="sex" value="female"> 여
14:             </fieldset>
15:             <input type="submit" value="보내기">
16:         </form>
17:     </body>
18: </html>
```

예제의 7행~16행에서 autocomplete 속성과 autofocus 속성을 사용한다. 7행에서 autocomplete 속성을 사용하여 자동 완성 기능을 활용하도록 하고, 10행에서 autofocus 속성을 사용하여 문서 로드 시 마우스 포인터가 이름 입력 필드에서 깜빡이도록 한다. 한편, <fieldset> 태그를 이용하여 입력 요소들을 묶어 테두리를 표시하고, <legend> 태

그를 이용하여 제목을 붙인다. <fieldset> 태그와 <legend> 태그는 다음에 자세히 공부한다. 예제의 실행 결과는 [그림 4.27]과 같다.

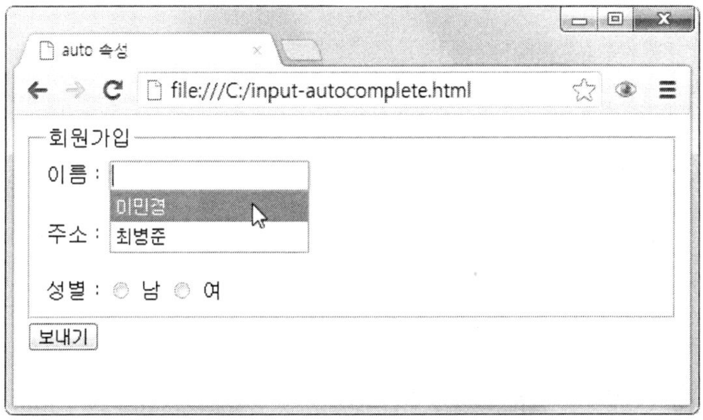

[그림 4.27] **auto 속성 예제 실행 결과 (크롬)**

list 속성

list 속성은 사용자에게 미리 정의된 항목들을 목록으로 보여주고 선택하도록 할 때 사용한다. <datalist> 태그와 함께 사용하며, <datalist> 태그의 id 속성의 값과 list 속성의 값이 일치하여야 한다.

형 식 : 〈input list = "아이디"〉

〈datalist〉 태그

<datalist> 태그는 항목들을 목록으로 묶는데 사용하며 <input> 요소에 자동 완성 기능을 제공하는 데 사용한다. <select> 태그와 달리 바로 항목들을 보여 주지 않는다.

형 식 : 〈datalist id = "아이디"〉 ~ 〈/datalist〉

<input> 태그의 list 속성과 <datalist> 태그를 활용하여 예제를 작성하여 보자.

input-list.html

```
1: <!DOCTYPE html>
2: <html>
3:     <head>
4:         <title> list 속성 </title>
5:     </head>
6:     <body>
7:         <form>
8:             당신이 좋아하는 과일은
9:             <input list="fruits" name="fruit">
10:                <datalist id="fruits">
11:                    <option value="바나나">
12:                    <option value="딸기">
13:                    <option value="복숭아">
14:                    <option value="포도">
15:                    <option value="사과">
16:                </datalist>
17:        </form>
18:    </body>
19: </html>
```

예제의 9행~16행에서 list 속성과 <datalist> 태그를 사용하고 있다. 앞에서 설명한 대로 list 속성의 값과 <datalist> 태그의 id의 값이 서로 fruits로 일치한다. 따라서 생성된 목록에서 항목을 선택할 수 있다. 예제의 실행 결과는 [그림 4.28]과 같다.

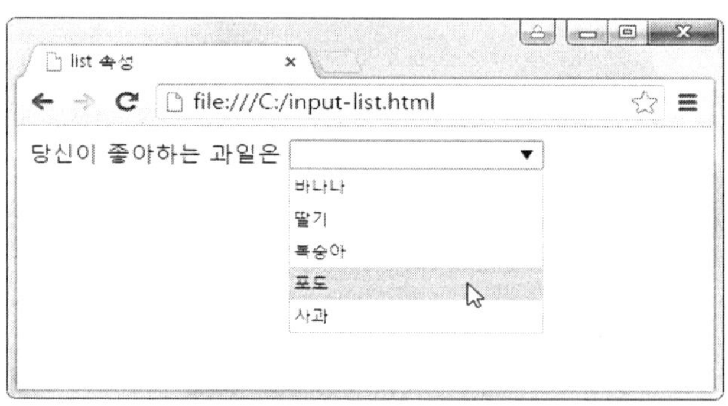

[그림 4.28] list 속성 예제 실행 결과 (크롬)

기타 속성

지금까지 살펴본 속성들 외에도 <input> 태그에는 다음과 같은 속성들을 사용할 수 있다.

- multiple 또는 multiple = "multiple" : 입력 요소에 여러 개의 값 허용
- pattern = "정규 표현식" : 입력값의 패턴을 정규 표현식으로 표시
- placeholder = "값" : 입력 요소에 힌트를 미리 표시
- required 또는 required = "required" : 필수 입력 필드
- step = "수" : 입력 값의 간격

pattern 속성을 이해할 수 있도록 몇 가지 사용 예를 보이면 다음과 같다.

[사용 예]
- pattern="[A-Za-z]{3}" : 영문자 3글자
- pattern="[A-Za-z0-9]{3,8}" : 영문자와 수 3~8글자
- pattern="[0-9]+" : 수 1개 이상
- pattern="[0-9]{4}" : 4자리 수

다음은 앞에서 살펴본 속성들을 사용하는 예제이다.

input-etc.html

```
1: <!DOCTYPE html>
2: <html>
3:     <head>
4:         <title> 기타 속성 </title>
5:     </head>
6:     <body>
7:         <form>
8:             이름 : <input type="text" name="name" placeholder="이름 입력" required> <br> <br>
9:             당신이 5의 배수 중 좋아하는 수는 : <input type="number" name="number"
                                                        step="5"> <br> <br>
10:            당신이 좋아하는 4자리 수는 : <input type="text" name="code" pattern="[0-9]{4}"
                                                   title="four digit code"> <br> <br>
11:            첨부파일 : <input type="file" name="file" multiple> <br> <br>
12:            <input type="submit" value="보내기">
13:        </form>
14:    </body>
15: </html>
```

예제의 8행에서는 placeholder 속성을 사용하여 '이름 입력'이라는 글씨를 흐리게 표시하여 이곳에 이름을 입력하라는 힌트를 주고, required 속성을 사용하여 필수 입력 필드임을 설정한다. 9행에서는 step 속성을 이용하여 수의 증감 간격을 5로 설정한다. 10행에서는 pattern 속성값으로 '[0-9]{4}'를 배정하여 입력 필드에서 4자리의 수를 입력받을 수 있도록 한다. 11행에서는 multiple 속성을 사용하여 파일들을 선택할 수 있

도록 설정한다. 예제의 결과는 [그림 4.29]~[그림 4.31]과 같다.

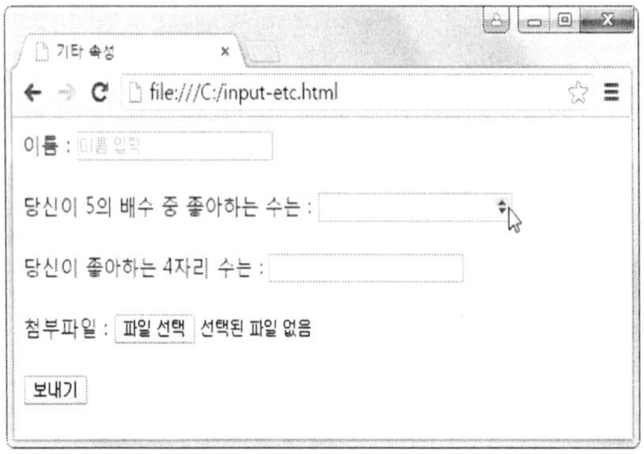

[그림 4.29] placeholder 속성 활용 결과 (크롬)

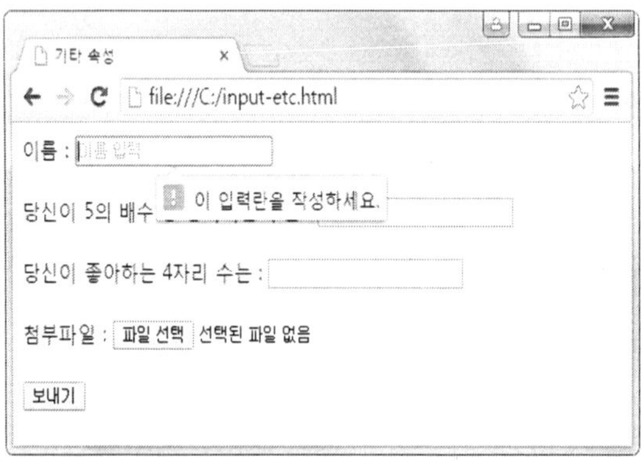

[그림 4.30] required 속성 활용 결과 (크롬)

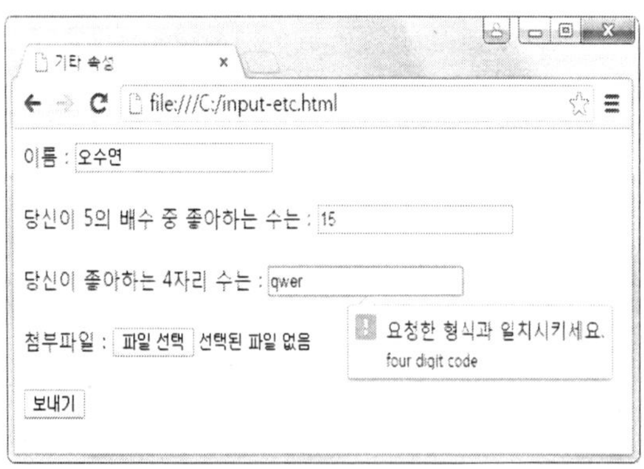

[그림 4.31] pattern 속성 활용 결과 (크롬)

폼 속성 설정

폼의 데이터 처리와 관련된 속성을 <input> 태그의 submit 또는 image 타입 정의에서 설정할 수 있으며, 기존의 설정 내용은 변경된다.

```
형 식 :
<input type="submit" formaction="프로그램의 url">
<input type="submit" formenctype="application/x-www-form-urlencoded(기본) |
                                  multipart/form-data | text/plain">
<input type="submit" formmethod="get(기본) | post">
<input type="submit" formnovalidate 또는 formnovalidate="formnovalidate">
<input type="submit" formtarget="_self(기본) | _blank | _parent | _top | 프레임명">

• formaction       : <form> 태그의 action 속성 설정
• formenctype      : <form> 태그의 enctype 속성 설정
• formmethod       : <form> 태그의 method 속성 설정
• formnovalidate   : <form> 태그의 novalidate 속성 설정
• formtarget       : <form> 태그의 target 속성 설정
```

formaction 속성은 <form> 태그의 action 속성을 설정하는 것으로, 폼의 데이터를 처리하는 프로그램을 지정한다. formenctype 속성은 <form> 태그의 enctype 속성을 설정하는 것으로, 폼 데이터의 전송 인코딩 형식을 지정한다. formmethod 속성은 <form> 태그의 method 속성을 설정하는 것으로 데이터 전송 방식을 지정한다. 보통 폼에서 데이터 전송 처리를 할 때 사용자가 데이터를 올바르게 입력하였는지 유효성 검사를 한다. formnovalidate 속성은 <form> 태그의 novalidate 속성을 설정하는 것으로, 폼 데이터를 유효성 검시 없이 전송하도록 설정한다. formtarget 속성은 <form> 태그의 target 속성을 설정하는 것으로, 폼 데이터 전송 후 응답 내용을 표시할 장소를 지정한다. _self는 현재 창에, _blank는 새 창에, _parent는 부모 창에, _top은 최상위의 창에 응답 내용을 출력한다.

앞에서 설명한 폼 관련 속성을 사용하여 예제를 작성하여 보자.

input-form.html

```
1: <!DOCTYPE html>
2: <html>
3:     <head>
4:         <title> form 속성 </title>
5:     </head>
6:     <body>
7:         <form action="a.jsp" method="post" id="form">
8:             <fieldset>
9:                 <legend>회원가입</legend>
10:                 이름 : <input type="text" name="name"> <br> <br>
11:                 성별 : <input type="radio" name="sex" value="male"> 남
12:                        <input type="radio" name="sex" value="female"> 여
13:             </fieldset>
14:             <input type="submit" value="보내기">
15:             <input type="submit" value="b.jsp에게 보내기" formaction="b.jsp">
16:             <input type="submit" value="text/plain 으로 보내기" formenctype="text/plain">
17:             <input type="submit" value="get 방식으로 보내기" formmethod="get">
18:             <input type="submit" value="유효성 검사 없이 보내기" formnovalidate>
19:             <input type="submit" value="새 창으로 보내기" formtarget="_blank">
20:         </form>
21:         주소 : <input type="text" name="address" form="form">
22:     </body>
23: </html>
```

예제의 14행~19행에서 폼 관련 속성을 설정하고 있다. 폼 정의 시 설정된 속성의 값은 새로운 값으로 재설정된다. 7행의 <form> 태그의 id 값과 21행의 <input> 태그 안의 form 속성의 값이 'form'으로 일치하므로, 14행의 버튼을 클릭하게 되면 10행~12행의 데이터와 21행의 주소 데이터가 함께 폼의 action으로 지정한 a.jsp 프로그램에게 전송된다. 15행의 버튼을 클릭하게 되면 action 속성이 b.jsp 프로그램으로 재설정되어 10행~12행의 데이터를 b.jsp 프로그램에게 전송한다.

16행의 버튼을 클릭하게 되면 enctype 속성을 text/plain로 변경하여 데이터를 전송하고, 17행의 버튼을 클릭하게 되면 method를 get으로 변경하여 데이터를 전송한다. 18행의 버튼을 클릭하게 되면 유효성 검사 없이 데이터를 전송하게 되고, 19행의 버튼을 클릭하게 되면 target 값을 _blank로 변경하여 데이터를 전송하게 된다. 결과 화면은 [그림 4.32]와 같다.

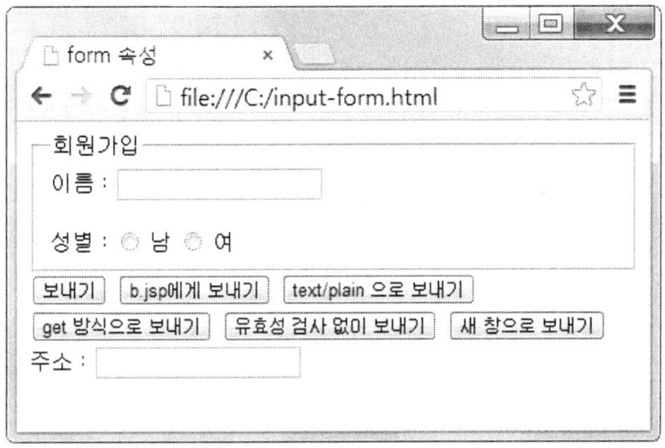

[그림 4.32] **폼 속성 예제 실행 결과 (크롬)**

4.2.2.3 암호화 키 생성 태그

<keygen> 태그는 암호화를 위한 개인 키와 공개 키 쌍을 생성하는 필드를 만드는데 사용한다.

형 식 : 〈keygen [속 성]〉

<keygen> 태그에는 다음과 같은 속성들이 있다.

- autofocus 또는 autofocus = "autofocus" : 문서를 로드 시 자동 포커스
- challenge = "값" : 제출되는 키와 함께 전달
- disabled 또는 disabled = "disabled" : keygen 태그의 비활성화
- form = "폼 이름" : keygen 요소가 속하는 폼 이름
- keytype = "rsa(기본) | dsa | ec" : 암호화 알고리즘 선택
- name = "이름" : keygen 요소의 이름

다음은 <keygen> 태그에 대한 예제이다.

keygen.html

```
1: <!DOCTYPE html>
2: <html>
3:     <head>
4:         <title> keygen 태그 </title>
5:     </head>
6:     <body>
7:             <h2> 암호화하여 값을 전달 </h2>
8:             <form>
9:                 값 <input type="text" name="text">
10:                encryption: <keygen name="security" keytype="rsa">
11:                <input type="submit" value="보내기">
12:            <form>
13:    </body>
14: </html>
```

예제의 10행에서 <keygen> 태그를 사용하며, keytype 속성에 사용할 알고리즘을 rsa로 지정한다. 예제의 실행 결과는 [그림 4.33]과 같으며, 화면에 보이는 작은 창을 통해서 암호화 등급을 선택할 수 있다.

[그림 4.33] 〈keygen〉 태그 예제 실행 결과 (크롬)

4.2.2.4 계산 결과 태그

<output> 태그는 계산의 결과를 표현하는 데 사용한다.

형 식 : 〈output [속 성]〉 ~ 〈/output〉

<output> 태그에서는 다음과 같은 속성들을 사용한다.

- for = "변수 이름" : 계산에 사용되는 변수들의 이름 나열
- form = "폼 아이디" : output 요소가 속하는 폼의 아이디
- name = "이름" : output 요소의 이름

계산을 하기 위해서는 parseInt 메소드를 이용하여 입력된 값을 수로 변환해야 한다.

다음은 <output> 태그를 사용하여 바로 사칙연산을 수행하는 예제이다.

output.html

```
1: <!DOCTYPE html>
2: <html>
3:   <head>
4:     <title> output 태그 </title>
5:   </head>
6:   <body>
7:     <h2> 두 수의 계산 </h2>
8:     <form oninput="x.value = parseInt(a.value) + parseInt(b.value),
                      y.value = parseInt(a.value) - parseInt(b.value),
                      z.value = parseInt(a.value) * parseInt(b.value),
                      t.value = parseInt(a.value) / parseInt(b.value)">
9:        a : <input name="a" type="number">
10:       b : <input name="b" type="number"> <br><br>
11:       덧셈 :  <output name="x" for "a b"> </output> <br><br>
12:       뺄셈 :  <output name="y" for "a b"> </output> <br><br>
13:       곱셈 :  <output name="z" for "a b"> </output> <br><br>
14:       나눗셈 : <output name="t" for "a b"> </output>
15:    <form>
16:   </body>
17: </html>
```

예제의 9행~10행에서 a와 b를 number 타입으로 정의하여, 마우스로 수를 선택할 수 있도록 한다. 11행~14행의 <output> 태그들에서는 선택된 a와 b의 값을 이용하여 계산한 결과를 바로 화면에 보여준다. 예제의 실행 결과는 [그림 4.34]와 같다.

[그림 4.34] 〈output〉 태그 예제 실행 결과 (크롬)

4.2.2.5 그룹 태그

<fieldset> 태그와 <legend> 태그를 이용하여 폼 입력 요소들을 하나의 그룹으로 묶어서 화면에 나타낼 수 있다.

〈fieldset〉 태그

<fieldset> 태그는 관련있는 폼 입력 요소들을 하나의 그룹으로 묶는다. 화면에 테두리로 그룹을 표시한다. 제목을 나타내는 <legend> 태그를 함께 사용한다.

형 식 : 〈fieldset [속성]〉 ~ 〈/fieldset〉

<fieldset> 태그에서는 다음과 같은 속성들을 사용한다.

- disabled 또는 disabled="disabled" : 그룹의 입력 요소들을 비활성화
- form = "폼 아이디" : fieldset 요소가 속하는 폼의 아이디
- name = "이름" : fieldset 요소의 이름

〈legend〉 태그

<fieldset> 요소 내에서 그룹에 이름을 붙이는데 사용한다.

형 식 : 〈legend〉 ~ 〈/legend〉

다음은 <fieldset> 태그와 <legend> 태그를 이용하여 작성한 예제이다.

fieldset.html

```
1: <!DOCTYPE html>
2: <html>
3:    <head>
4:       <title> 그룹 </title>
5:    </head>
6:    <body>
7:       <form>
8:          <fieldset>
9:             <legend> 개인 정보 입력 </legend>
10:               이름 : <input type="text" name="name"> <br> <br>
11:               주소 : <input type="text" name="address"> <br> <br>
12:               전화번호 : <input type="text" name="tel">
13:          </fieldset>
14:          <input type="submit" value="입력">
15:       </form>
16:    </body>
17: </html>
```

예제의 8행~13행에서 <fieldset> 태그를 사용하여 관련 입력 요소들을 하나로 묶는다. 9행에서 <legend> 사용하여 그룹에 이름을 붙인다. 예제의 결과는 [그림 4.35]와 같다.

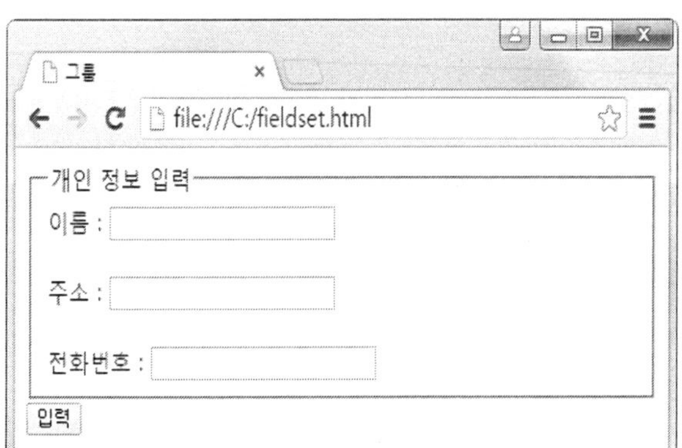

[그림 4.35] 〈fieldset〉 태그 사용 결과 (크롬)

4.2.3 미디어 태그

웹에서 멀티미디어 파일을 재생하는 페이지를 작성할 수 있으며, 이때 사용하는 것이 미디어 태그들이다. HTML5 문서에서 사운드와 동영상을 활용하는 방법에 대해 소개한다.

〈source〉 태그

<source> 태그는 <video> 요소와 <audio> 요소에서 사용할 수 있는 미디어 자원을 정의한다.

형 식 : 〈source [속 성]〉

다음은 <source> 태그에서 사용하는 속성들이다.

- media = "미디어 질의(media query)" : 미디어 자원의 타입
- src = "url" : 미디어 파일의 주소
- type = "mime_type" : 미디어 자원의 MIME 타입
  보통 video/ogg, video/mp4, video/webm, audio/ogg, audio/mpeg 중에서 선택

type 속성은 미디어 자원의 타입을 기술한다. 일반적으로 video/ogg, video/mp4, video/webm, audio/ogg, audio/mpeg 중에서 선택하며, 이 외에 MIME 형식의 다른 미디어 타입도 가능하다. 미디어 질의에 대해서는 앞 장의 CSS에서 설명하였다.

〈audio〉 태그

<audio> 태그는 문서에 사운드 파일을 삽입하는데 사용한다.

형 식 : 〈audio [속 성]〉 ~ 〈/audio〉

<audio> 태그에는 다음과 같은 속성들이 있다.

- src = "url" : 사운드 파일의 주소
- autoplay 또는 autoplay = "autoplay" : 자동 재생
- controls 또는 controls = "controls" : play, pause, seeking, volume 기능의 컨트롤러 사용
- loop 또는 loop = "loop" : 반복적으로 재생
- preload = "auto | metadata | none" : 페이지 로드 시 사운드 파일 로드 방식
  (auto는 파일 전부 로딩, metadata는 메타데이터만 로딩, none은 로딩하지 않음)

<audio> 태그에서 사용 가능한 파일은 mp3, ogg의 확장자를 갖는 파일이다. preload 속성을 metadata로 설정하면 페이지 로드 시에는 사운드 파일에 대한 메타데이터만 가져오고 실제 사용자가 컨트롤을 조작하면 그때 파일을 로드한다. 다음은 <audio> 태그를 사용하여 음악 파일을 삽입하는 예제이다.

audio.html

```
1: <!DOCTYPE html>
2: <html>
3:    <head>
4:        <title> audio 태그 </title>
5:    </head>
6:    <body>
7:        <center> <br>
8:            <h2> 문서에 사운드 넣기 </h2>
9:            <audio loop="loop" controls autoplay>
10:                <source src="hello.ogg" type="audio/ogg">
11:                <source src="hello.mp3" type="audio/mpeg">
12:                당신의 브라우저에서는 <audio> 태그를 지원하지 않습니다.
13:            </audio>
14:        </center>
15:    </body>
16: </html>
```

예제의 9행과 같이 controls 속성을 사용하면 음악의 재생, 중지 등을 조절할 수 있는 컨트롤러가 화면에 나타난다. 그리고 autoplay 속성을 사용하여 문서가 로드되면서 음악이 자동 재생되도록 한다. 10행~11행처럼 <source> 태그를 사용하여 음악 파일을 종류별로 여러 개 적으면 이 중에서 브라우저가 지원하는 음악 파일이 재생된다. 12행은 <audio> 태그를 지원하지 않는 브라우저에서 출력되는 텍스트이다. 예제의 실행 결과는 [그림 4.36]과 같다.

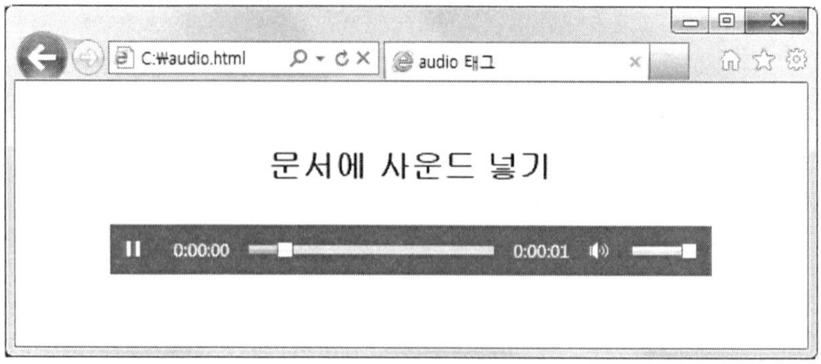

[그림 4.36] 〈audio〉 태그 예제 실행 결과 (익스플로러)

〈video〉 태그

<video> 태그는 동영상 파일을 문서에 삽입하는 데 사용한다.

형 식 : 〈video [속 성]〉 ~ 〈/video〉

<video> 태그의 속성들은 다음과 같다.

- src = "url" : 동영상 파일의 주소
- height = "픽셀 수" : 세로 길이
- width = "픽셀 수" : 가로 길이
- autoplay 또는 autoplay = "autoplay" : 자동 재생
- controls 또는 controls = "controls" : play, pause, seeking, volume 기능의 컨트롤러 사용
- loop 또는 loop = "loop" : 반복적으로 재생
- muted 또는 muted = "muted" : 소리 없이 화면만 재생
- poster = "url" : 동영상 대신 화면에 보여줄 이미지 파일의 주소
- preload = "auto | metadata | none" : 페이지 로드 시 동영상 파일 로드 방식
  (auto는 파일 전부 로딩, metadata는 메타데이터만 로딩, none은 로딩하지 않음)

<video> 태그에서 사용 가능한 파일은 mp4, ogg, webm의 확장자를 갖는 파일이다. <video> 태그를 사용하여 동영상 파일을 삽입하는 다음 예제를 살펴보자.

video.html

```
1: <!DOCTYPE html>
2: <html>
3:    <head>
4:        <title> video 태그 </title>
5:    </head>
6:    <body>
7:        <center> <br>
8:            <h2> 문서에 동영상 넣기 </h2>
9:            <video width="300" height="200" controls poster="rose.jpg">
10:                <source src="test.ogg" type="video/ogg">
11:                <source src="test.mp4" type="video/mp4">
12:                <source src="test.webm" type="video/webm">
13:                당신의 브라우저에서는 <video> 태그를 지원하지 않습니다.
14:            </video>
15:        </center>
16:    </body>
17: </html>
```

예제의 9행과 같이 controls를 사용하면 동영상의 재생, 중지 등을 조절할 수 있는 컨트롤러가 화면에 나타난다. poster를 사용하여 재생 버튼을 누르기 전까지 동영상을 대신해서 보여줄 이미지 파일을 지정한다. 그리고 10행~12행처럼 <source> 태그를 사용하여 동영상 파일을 종류별로 여러 개 적으면 이들 중에서 브라우저가 지원하는 동영상 파일이 재생된다. 13행은 <video> 태그를 지원하지 않는 브라우저에서 출력되는 텍스트이다. 예제의 실행 결과는 [그림 4.37]에서 보는 바와 같다.

[그림 4.37] 〈video〉 태그 예제 실행 결과 (크롬)

〈embed〉 태그

<embed> 태그는 외부 프로그램이나 플러그인 파일을 삽입할 때 사용한다.

형 식 : 〈embed [속 성]〉

<embed> 태그에서는 다음과 같은 속성들을 사용한다.

- src = "url" : 프로그램이나 플러그인 파일의 주소
- height = "픽셀 수" : 세로 길이
- width = "픽셀 수" : 가로 길이
- type = "mime_type" : 파일의 MIME 타입

다음은 <embed> 태그를 사용하여 동영상을 삽입하는 예제이다.

embed.html

```
1: <!DOCTYPE html>
2: <html>
3:    <head>
4:         <title> embed 태그 </title>
5:    </head>
6:    <body>
7:         <embed src="test.wmv" width="300" height="300" style="border:1px solid blue;">
8:    </body>
9: </html>
```

예제의 7행처럼 <embed> 태그로 컨테이너를 만들어 동영상을 삽입한다. 7행의 src에 삽입하고자 하는 파일과 컨테이너의 크기를 적고 스타일을 지정한다. 따라서 예제를 브라우저에서 실행하면 test.wmv라는 동영상 파일이 가로 300픽셀, 세로 300픽셀의 크기로 웹 브라우저에서 재생된다. 예제의 결과는 [그림 4.38]과 같다.

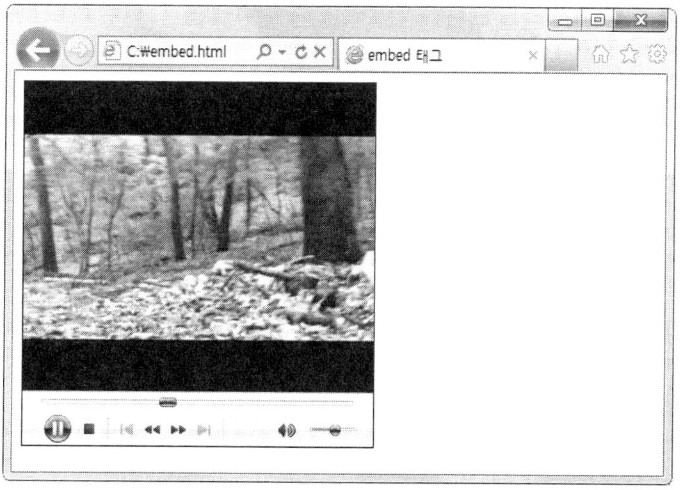

[그림 4.38] <embed> 태그 예제 실행 결과 (익스플로러)

4.3 HTML5 그래픽

HTML5에서는 <canvas> 태그와 JavaScript를 이용하여 페이지에 도형을 그릴 수 있다. 이 절에서는 <canvas> 태그와 JavaScript에서 제공하는 그래픽 메소드에 대해서 자세히 알아본다.

4.3.1 캔버스 태그

HTML5에서 그래픽을 표현하기 위해서는 <canvas> 태그를 이용한다.

<canvas> 태그

<canvas> 태그는 그래픽이 그려질 영역(컨테이너)을 만든다. 유화를 그릴 때 캔버스를 사용하는 것처럼, 페이지에 그림을 그리기 위해서는 사각형의 그림 영역인 캔버스가 필요하다. 이 영역을 설정하는 것이 <canvas> 태그이다.

형 식 : <canvas> ~ </canvas>

<canvas> 태그에는 다음과 같은 속성들이 있다.

- id = "이름"　　　: 그림 영역 이름
- height = "픽셀 수" : 그림 영역 세로 길이
- width = "픽셀 수"　: 그림 영역 가로 길이

<canvas> 태그의 속성들에서 사용하는 크기의 단위는 기본으로 픽셀(pixel) 수이다. 이제 <canvas> 태그를 이용하여 실제 예제를 작성하여 보자.

canvas.html

```
1: <!DOCTYPE html>
2: <html>
3:     <head>
4:         <title> canvas </title>
5:         <style type="text/css">
6:             canvas {border:1px solid blue;}
7:         </style>
8:     </head>
9:     <body>
10:        <canvas id="cvs" width="300" height="300"> </canvas>
11:    </body>
12: </html>
```

예제의 10행에서 가로와 세로의 크기가 각각 300픽셀인 정사각형의 캔버스를 설정하고 캔버스의 id는 cvs로 지정한다. 5행~7행의 스타일을 적용하여 그림 영역의 테두리를 보여준다. 예제의 결과는 [그림 4.39]와 같다.

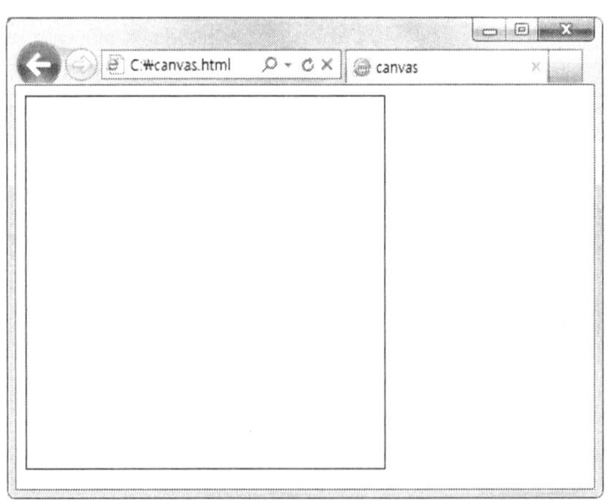

[그림 4.39] 〈canvas〉 태그 예제 실행 결과 (익스플로러)

4.3.2 그래픽 메소드

HTML5에서 그림을 그리기 위해서는 JavaScript를 사용한다. 그림을 그리기 위한 준비 작업을 소개하고, 여기에 필요한 그래픽 메소드를 알아본다.

그림 그리기 준비

그림을 그리기 위해서는 <canvas> 태그를 사용하여 그림 영역을 정의한 후에, 다음과 같은 JavaScript 코드를 작성한다.

```
1:  <canvas id="cvs" width="300" height="300"> </canvas>
2:  <script type="text/javascript">
3:          var wpcanvas = document.getElementById("cvs");
4:          var wpcontext = wpcanvas.getContext("2d");
5:  </script>
```

그림 그리기 준비 과정을 설명한다.

- 1행에서 <canvas> 태그를 이용하여 캔버스를 생성한다. 여기서는 가로세로 각각 300픽셀 크기인 영역의 id를 cvs로 지정하였다.
- 2행에서 <script> 태그를 사용하여 스크립트의 타입을 text/javascript로 지정한다.
- 3행에서 document 객체의 getElementById() 메소드를 이용하여 캔버스를 불러온다. 여기서 1행에서 생성한 캔버스의 id를 사용한다. 이를 wpcanvas 변수에 저장한다.
- 4행에서 그림 영역에 2차원의 다양한 도형을 그릴 수 있는 메소드들을 가진 컨텍스트 객체(context object)를 getContext("2d") 메소드를 이용하여 생성한다. 여기서는 객체의 이름을 wpcontext라고 지정하였다.

지금까지 그림 그리기 준비 과정에 대해서 알아보았으므로 앞으로 실제로 그림 그리는 방법에 대해서 설명한다. 도형 그리기, 스타일 지정, 텍스트 그리기, 이미지 삽입, 그림 변형, 그림 합성에 대해서 차례로 살펴보도록 한다.

4.3.2.1 도형 그리기

도형을 그리기 위해서는 JavaScript의 메소드들을 사용한다. 이들을 이용하여 선, 곡선, 원, 다각형 등을 그릴 수 있다. 도형 그리기 관련 메소드들을 정리하면 [표 4.1]과 같다.

[표 4.1] 도형 그리기 관련 메소드

메소드	설명과 사용 예
lineTo(x,y)	점(x,y)까지 직선을 그림 context.lineTo(20,100);
beginPath()	경로를 시작함 context.beginPath();
closePath()	경로를 닫음 context.closePath();
moveTo(x,y)	점(x,y)로 이동 context.moveTo(20,20);
rect(x,y,w,h)	점(x,y)부터 가로 w, 세로 h인 사각형 생성 context.rect(20,20,100,100);
fillRect(x,y,w,h)	점(x,y)부터 가로 w, 세로 h인 사각형에 색을 채움 context.fillRect(20,20,150,100);
strokeRect(x,y,w,h)	점(x,y)부터 가로 w, 세로 h인 사각형의 테두리 그림 context.strokeRect(20,20,150,100);
clearRect(x,y,w,h)	점(x,y)부터 가로 w, 세로 h인 사각형 영역을 지움 context.clearRect(20,20,150,100);
fill()	도형에 색을 채움 context.fill();
stroke()	도형의 테두리를 그림 context.stroke();
arcTo(x1,y1,x2,y2,r)	현재 좌표점부터 점(x1,y1)사이의 접선과 점(x1,y1)부터 점(x2,y2)까지의 가상 접선에 동시에 접하는 반지름 r인 호 생성 context.arcTo(100,20,100,70,50);
arc(x,y,r,sAngle,eAngle,aClockwise)	원점(x,y) 반지름 r 시작각도 sAngle 끝각도 eAngle인 호를 그림 aClockwise = false(시계방향) I true(시계반대방향) context.arc(100,75,50,0*Math.PI,1.5*Math.PI,false);
quadraticCurveTo(cpx,cpy,x,y)	조절점(cpx,cpy)을 이용하여 기존의 점과 점(x,y) 사이의 곡선 생성 context.quadraticCurveTo(20,100,200,20);
bezierCurveTo(cpx1,cpy1,cpx2,cpy2,x,y)	조절점1(cpx1,cpy1)과 조절점2(cpx2,cpy2)를 이용하여 기존의 점과 점(x,y) 사이의 곡선 생성 context.bezierCurveTo(20,100,200,100,200,20);
isPointInPath(x,y)	경로에 점(x,y)이 존재하는지 여부 context.isPointInPath(20,30);
clip()	클립 영역을 설정 context.clip();

도형 그리기 메소드를 이용하여 그림을 그리면 도형은 캔버스의 좌측 상단을 기준점 (0, 0)으로 하여 배치된다.

사각형 그리기 예제

도형 그리기 메소드들을 활용하여 그림 영역에 사각형을 그리는 예제이다.

canvas-rect.html

```
1: <!DOCTYPE html>
2: <html>
3:    <head>
4:          <title> canvas </title>
5:          <style type="text/css">
6:               canvas {border:1px solid blue;}
7:          </style>
8:    </head>
9:    <body>
10:         <canvas id="cvs" width="300" height="300"> </canvas>
11:
12:         <script type="text/javascript">
13:              var wpcanvas = document.getElementById("cvs");
14:              var wpcontext = wpcanvas.getContext("2d");
15:
16:              wpcontext.fillRect(20, 20, 100, 100);
17:              wpcontext.strokeRect(20, 160, 100, 100);
18:              wpcontext.fillRect(160, 20, 100, 100);
19:              wpcontext.clearRect(190, 50, 40, 40);
20:         </script>
21:    </body>
22: </html>
```

사각형을 그리기 위해서 예제 10행에서 <canvas> 태그를 사용하여 캔버스를 만들고 13행~14행처럼 그림 그리기 준비를 한다. 16행~19행에서 그래픽 메소드를 사용하여 사각형을 그린다. 여기서는 색을 지정하지 않았기 때문에 모든 색은 기본 색인 검정색으로 표현된다. 16행에서는 점(20, 20)에서 가로와 세로 각각 100픽셀인 검정색으로 채워진 사각형을 그린다. 17행에서는 점(20, 160)에서 가로와 세로 각각 100픽셀인 검정색 테두리를 가진 사각형을 그린다. 18행에서도 검정색으로 채워진 사각형을 그리며, 19행은 18행에서 그린 사각형 안에 작은 사각형 크기로 색을 지워서 투명하게 만든다. 예제의 실행 결과는 [그림 4.40]과 같다.

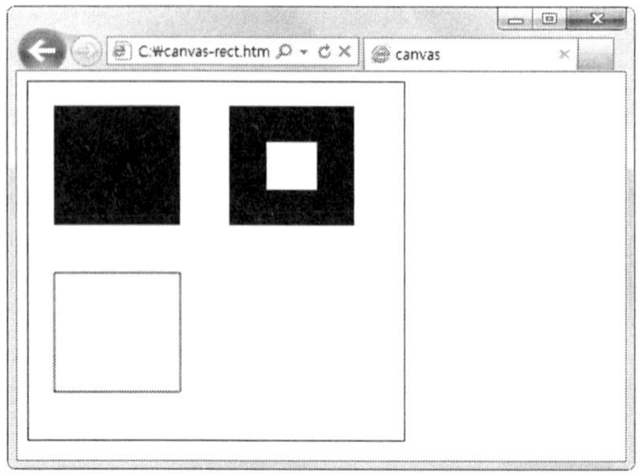

[그림 4.40] 사각형 그리기 결과 (익스플로러)

선 그리기 예제

이 예제에서는 선 그리기 메소드들을 이용하여 도형을 그린다.

canvas-line.html

```
<!DOCTYPE html>
<html>
  <head>
      <title> canvas </title>
      <style type="text/css">
         canvas {border:1px solid blue;}
      </style>
  </head>
  <body>
      <canvas id="cvs" width="300" height="300"> </canvas>

      <script type="text/javascript">
         var wpcanvas = document.getElementById("cvs");
         var wpcontext = wpcanvas.getContext("2d");

         wpcontext.beginPath();
         wpcontext.moveTo(50, 20);
         wpcontext.lineTo(50, 100);
         wpcontext.lineTo(130, 100);
         wpcontext.closePath();
         wpcontext.fill();

         wpcontext.beginPath();
         wpcontext.moveTo(250, 20);
         wpcontext.lineTo(170, 100);
```

```
26:             wpcontext.lineTo(250, 100);
27:             wpcontext.closePath();
28:             wpcontext.stroke();
29:
30:             wpcontext.rect(50, 160, 200, 100);
31:             wpcontext.stroke();
32:         </script>
33:     </body>
34: </html>
```

예제의 16행에서 경로를 시작하고 17행에서 점(50, 20)으로 이동한다. 18행~19행에서 점(50, 20)부터 점(50, 100)까지 선을 그리고, 점(50, 100)부터 점(130, 100)까지 선을 그린다. 그리고 20행에서 경로를 닫아 삼각형 모양을 만든다. 실제로 이 선들은 화면에는 나타나지 않는다. 21행에서 이 부분에 색을 채우면 비로소 검정색으로 채워진 삼각형이 보인다. 23행~27행은 앞의 방법과 같이 지정된 점들까지 선을 그리고 경로를 닫아 삼각형 모양을 만든다. 28행에서 stroke() 메소드를 호출하면 비로소 삼각형 모양의 테두리가 화면에 나타난다. 끝으로 30행에서는 한 번에 사각형을 만들고 이것 역시 31행의 stroke() 메소드들 이용하여 검정색 테두리를 가진 사각형이 보이도록 한다. 예제의 실행 결과는 [그림 4.41]과 같다.

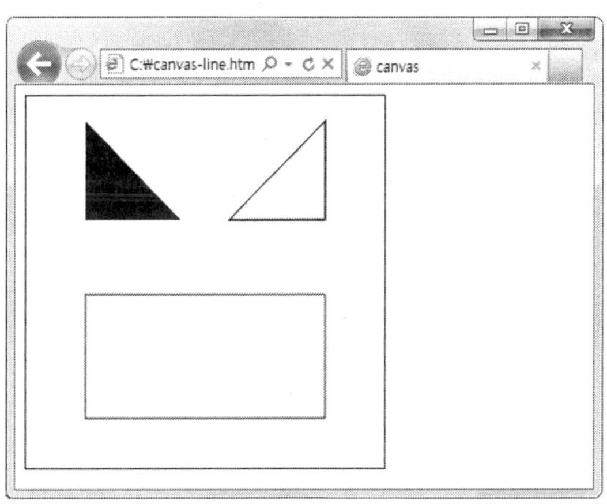

[그림 4.41] **선 그리기 결과 (익스플로러)**

클립 활용 예제

클립을 이용하는 예제를 살펴본다.

canvas-clip.html

```
1: <!DOCTYPE html>
2: <html>
3:     <head>
4:         <title> canvas </title>
5:         <style type="text/css">
6:             canvas {border:1px solid blue;}
7:         </style>
8:     </head>
9:     <body>
10:         <canvas id="cvs1" width="150" height="150"> </canvas>
11:         <canvas id="cvs2" width="150" height="150"> </canvas>
12:         <script type="text/javascript">
13:             var wpcanvas1 = document.getElementById("cvs1");
14:             var wpcontext1 = wpcanvas1.getContext("2d");
15:             wpcontext1.fillRect(0, 0, 150, 150);
16:
17:             var wpcanvas2 = document.getElementById("cvs2");
18:             var wpcontext2 = wpcanvas2.getContext("2d");
19:             wpcontext2.rect(40, 40, 70, 70);
20:             wpcontext2.clip();
21:             wpcontext2.fillRect(0, 0, 150, 150);
22:         </script>
23:     </body>
24: </html>
```

예제에서 두 개의 캔버스를 만들어 한 곳에는 clip() 메소드를 적용하고, 다른 곳에는 적용하지 않는다. [그림 4.42]의 실행 결과를 살펴보기 바란다. 13행~15행은 첫 번째 캔버스에 검정색으로 채워진 사각형을 그린다. 결과는 화면의 왼쪽과 같다.

17행~21행은 두 번째 캔버스에 흰 사각형 안에 검정색의 작은 사각형이 있는 그림을 그린다. 19행에서 작은 사각형을 그리고 20행에서 clip() 메소드를 이용해서 클립 영역을 설정하여 사각형의 바깥 부분은 화면에서 감추도록 설정한다. 21행에서 검정색으로 채워진 큰 사각형을 그리게 되면, clip() 메소드를 적용한 작은 사각형으로 인하여 화면에는 작은 사각형 이외의 영역이 감춰진다. 결과는 화면의 오른쪽과 같다.

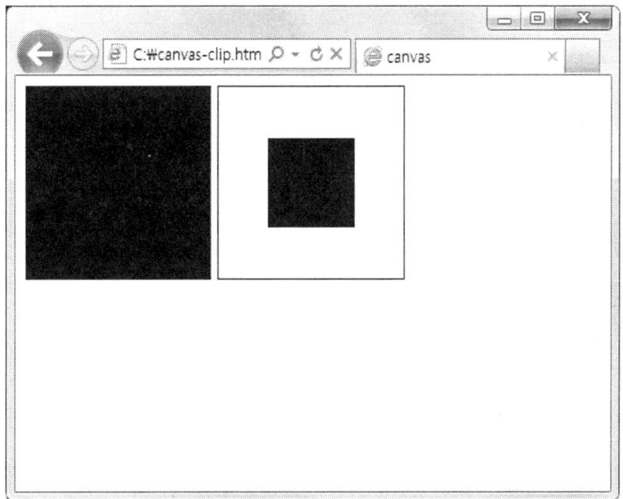

[그림 4.42] 클립 예제 실행 결과 (익스플로러)

곡선 그리기 예제

곡선을 그리는 예제를 살펴보자.

canvas-curve.html

```
<!DOCTYPE html>
<html>
    <head>
        <title> canvas </title>
        <style type="text/css">
            canvas {border:1px solid blue;}
        </style>
    </head>
    <body>
        <canvas id="cvs" width="300" height="300"> </canvas>

        <script type="text/javascript">
            var wpcanvas = document.getElementById("cvs");
            var wpcontext = wpcanvas.getContext("2d");

            wpcontext.beginPath();
            wpcontext.moveTo(20, 50);
            wpcontext.quadraticCurveTo(70, 150, 120, 50);
            wpcontext.stroke();
```

```
20:
21:             wpcontext.moveTo(150, 50);
22:             wpcontext.bezierCurveTo(150, 100, 250, 100, 250, 50);
23:             wpcontext.stroke();
24:         </script>
25:     </body>
26: </html>
```

곡선을 그리기 위해서는 조절점을 사용한다. 조절점을 한 개 이용하기도 하고 두 개 이용하기도 한다. 예제의 16행~19행은 한 개의 조절점(70, 150)을 이용하여 점(20, 50)과 점(120, 50) 사이의 곡선을 그린다. [그림 4.43]의 실행 결과에서 화면의 왼쪽 곡선과 같다. 21행~23행은 조절점(150, 100)과 조절점(250, 100) 두 개를 이용하여 점(150, 50)과 점(250, 50) 사이의 곡선을 그린다. 화면의 오른쪽 곡선과 같다. 왼쪽 곡선에 비해 오른쪽 곡선이 좀 더 둥그런 모양으로 표현된다.

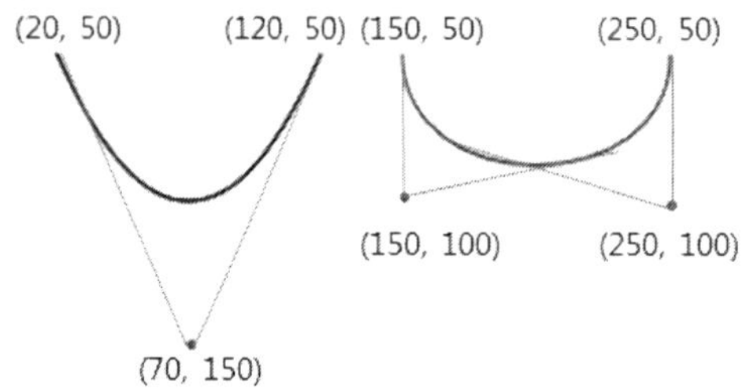

[조절점 사용 예]

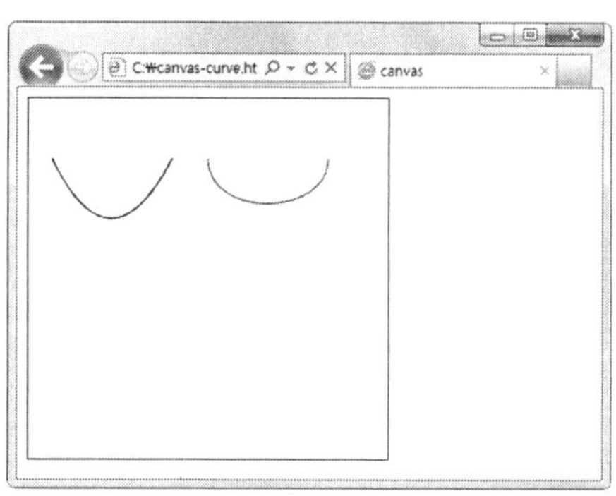

[그림 4.43] **곡선 그리기 결과 (익스플로러)**

호 그리기 예제

이번에 공부할 것은 원의 호를 그리는 예제이다. 여기서 사용하는 각도는 라디안(radian) 값으로 표기한다. 일반 각도(degree)를 라디안 값으로 변환하는 공식은 다음과 같다.

radian = (Math.PI / 180) × degree

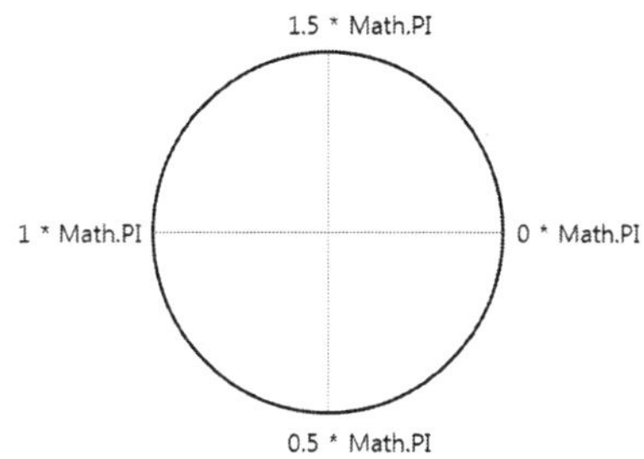

[각도 사용 예]

canvas-arc.html

```
<!DOCTYPE html>
<html>
    <head>
        <title> canvas </title>
        <style type="text/css">
            canvas {border:1px solid blue;}
        </style>
    </head>
    <body>
        <canvas id="cvs" width="300" height="300"> </canvas>

        <script type="text/javascript">
            var wpcanvas = document.getElementById("cvs");
            var wpcontext = wpcanvas.getContext("2d");

            wpcontext.beginPath();
            wpcontext.arc(70, 70, 50, 0*Math.PI, 1*Math.PI, true);
            wpcontext.stroke();

            wpcontext.beginPath();
            wpcontext.arc(220, 70, 50, 0*Math.PI, 1*Math.PI, false);
            wpcontext.stroke();

            wpcontext.beginPath();
            wpcontext.moveTo(100, 120);
            wpcontext.arcTo(150, 120, 150, 170, 50);
            wpcontext.stroke();
        </script>
    </body>
</html>
```

예제의 16행~18행은 중심점이 (70, 70)이고 반지름이 50픽셀인, 시작 각도 0도와 끝 각도 180도 사이의 원의 호를 반시계 방향으로 그린다. [그림 4.44]에서 보는 결과 화면의 왼쪽 곡선과 같다. 20행~22행은 중심점이 (220, 70)이고 반지름이 50픽셀인, 시작 각도 0도와 끝 각도 180도 사이의 원의 호를 시계 방향으로 그린다. 결과 화면의 오른쪽 곡선과 같다. 24행~27행은 점(100, 120)과 점(150, 120) 사이의 접선과 점(150, 120)과 점(150, 170) 사이의 접선에 동시에 접하는 반지름 50픽셀인 호를 그린다. 결과 화면의 아래쪽에서 확인할 수 있다.

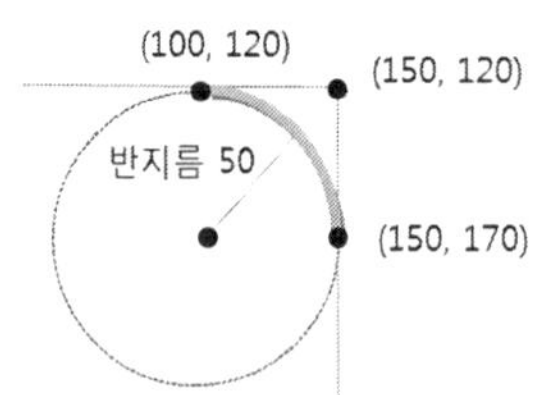

[arcTo 메소드 사용 예]

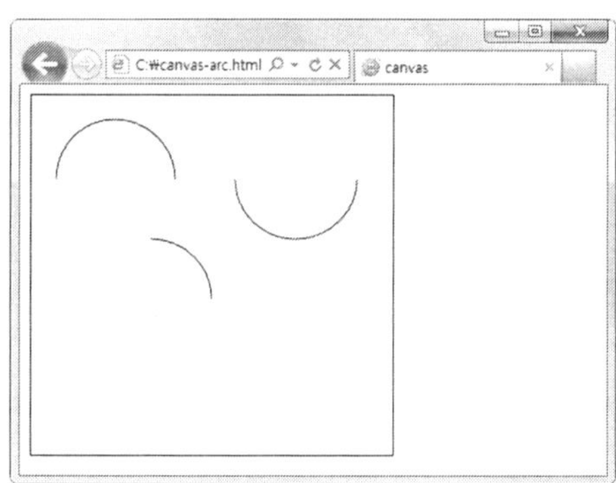

[그림 4.44] 호 그리기 결과 (익스플로러)

4.3.2.2 스타일 지정

기본 도형에 색을 입히거나 그라디언트(gradient)로 색의 변화를 줄 수 있으며, 그림자 설정으로 입체감을 주는 등 다양한 스타일로 꾸밀 수 있다. [표 4.2]에 나타나 있는 스타일에 관한 속성을 이용할 수 있다.

[표 4.2] **스타일 관련 속성**

속성	속성값	설명과 사용 예
lineWidth	수 (기본 1)	선의 두께 context.lineWidth=5;
lineCap	butt, round, square (기본 butt)	선의 끝 모양 context.lineCap="round";
lineJoin	bevel, round, miter (기본 miter)	선의 꺾인 부분 모양 context.lineJoin="miter";
miterLimit	수 (기본 10)	선의 꺾인 부분 크기 context.miterLimit=2;
fillStyle	색상명 또는 rgb 값 (기본 black)	도형 색상 context.fillStyle="red";
strokeStyle	색상명 또는 rgb 값 (기본 black)	도형 테두리 색상 context.strokeStyle="red";
shadowColor	색상명 또는 rgb 값 (기본 black)	그림자 색상 context.shadowColor="pink";
shadowBlur	수 (기본 0)	그림자의 선명도 context.shadowBlur=10;
shadowOffsetX	수 (기본 0)	도형에서 그림자의 수평 거리 context.shadowOffsetX=10;
shadowOffsetY	수 (기본 0)	도형에서 그림자의 수직 거리 context.shadowOffsetY=10;

스타일에 관한 메소드는 [표 4.3]에 정리되어 있다.

[표 4.3] **스타일 관련 메소드**

메소드	설명과 사용 예
createLinearGradient(x1,y1,x2,y2)	점(x1,y1)부터 점(x2,y2)까지의 영역에 그라디언트 생성 context.createLinearGradient(x1,y1,x2,y2);
createRadialGradient(x1,y1,r1,x2,y2,r2)	원점(x1,y1)이고 반지름 r1인 원으로부터 원점(x2,y2)이고 반지름 r2인 원까지의 영역에 그라디언트 생성 context.createRadialGradient(100,50,5,60,50,50);
addColorStop(position,color) position은 0.0 ~ 1.0 사이의 값	그라디언트 위치와 색상 gradient.addColorStop(0.5,"red");
createPattern(image, type) type = repeat(기본) | repeat-x | repeat-y | no-repeat	이미지로 패턴 생성 context.createPattern(image,"repeat"); repeat : 수평, 수직으로 반복 repeat-x : 수평으로 반복 repeat-y : 수직으로 반복 no-repeat : 반복 없음

스타일 지정 예제

다음은 스타일 지정 속성을 이용하여 도형을 그리는 예제이다.

canvas-fillstyle.html

```
1: <!DOCTYPE html>
2: <html>
3:     <head>
4:         <title> canvas </title>
5:         <style type="text/css">
6:             canvas {border:1px solid gray;}
7:         </style>
8:     </head>
9:     <body>
10:        <canvas id="cvs" width="300" height="300"> </canvas>
11:
12:        <script type="text/javascript">
13:            var wpcanvas = document.getElementById("cvs");
14:            var wpcontext = wpcanvas.getContext("2d");
15:
16:            wpcontext.fillStyle = "red";
17:            wpcontext.fillRect(20, 20, 100, 100);
18:
19:            wpcontext.strokeStyle = "blue";
20:            wpcontext.lineWidth = 10;
21:            wpcontext.strokeRect(20, 160, 100, 100);
22:
23:            wpcontext.fillStyle = "green";
24:            wpcontext.fillRect(160, 20, 100, 100);
25:            wpcontext.clearRect(190, 50, 40, 40);
26:        </script>
27:    </body>
28: </html>
```

예제의 16행에서 도형에 채우는 색상을 빨간색으로 지정하고, 17행에서 점(20, 20)에서 가로와 세로의 크기가 각각 100픽셀인 색이 채워진 사각형을 그린다. 앞에서 설정한 대로 빨간색이 채워진 사각형이 나타난다. 19행에서는 테두리 색을 파란색으로, 20행에서는 선의 두께를 10픽셀로 설정한다. 그리고 21행에서 점(20, 160)에서 가로와 세로가 각각 100픽셀인 사각형을 그리면, 두께가 10픽셀인 파란색 테두리를 가진 사각형이 나타난다. 23행~25행은 초록색으로 채워진 사각형 안에 조그만 사각형 모양이 지워진 채로 나타나도록 한다. 예제의 실행 결과는 [그림 4.45]와 같다.

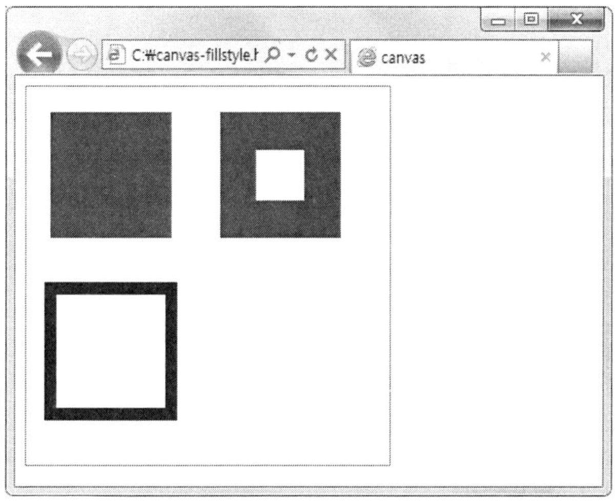

[그림 4.45] 사각형 스타일 적용 결과 (익스플로러)

선 스타일 예제

다음은 선의 모양을 다루는 예제이다.

canvas-line-style.html

```
<!DOCTYPE html>
<html>
    <head>
        <title> canvas </title>
        <style type="text/css">
          canvas {border:1px solid gray;}
        </style>
    </head>
    <body>
        <canvas id="cvs" width="400" height="300"> </canvas>
        <script type="text/javascript">
          var wpcanvas = document.getElementById("cvs");
          var wpcontext = wpcanvas.getContext("2d");
          wpcontext.strokeStyle = "red";
          wpcontext.lineWidth = 10;

```

```
17:             wpcontext.beginPath();
18:             wpcontext.lineCap = "butt";
19:             wpcontext.lineJoin = "bevel";
20:             wpcontext.moveTo(20, 150);
21:             wpcontext.lineTo(60, 70);
22:             wpcontext.lineTo(100, 150);
23:             wpcontext.closePath();
24:             wpcontext.stroke();
25:
26:             wpcontext.beginPath();
27:             wpcontext.lineCap = "round";
28:             wpcontext.lineJoin = "round";
29:             wpcontext.moveTo(140, 150);
30:             wpcontext.lineTo(180, 70);
31:             wpcontext.lineTo(220, 150);
32:             wpcontext.closePath();
33:             wpcontext.stroke();
34:
35:             wpcontext.beginPath();
36:             wpcontext.lineCap = "square";
37:             wpcontext.lineJoin = "miter";
38:             wpcontext.moveTo(260, 150);
39:             wpcontext.lineTo(300, 70);
40:             wpcontext.lineTo(340, 150);
41:             wpcontext.closePath();
42:             wpcontext.stroke();
43:         </script>
44:     </body>
45: </html>
```

예제에서는 세 개의 삼각형을 그리는데, 각기 선의 끝 부분과 꺾인 부분을 다르게 그린다. 우선 14행에서 선의 색은 빨간색으로 15행에서 선의 두께는 10픽셀로 설정한다. 첫 번째 삼각형에 대해서는 18행~19행에서 선의 끝 모양은 butt로 꺾인 부분은 bevel으로 설정한다. 두 번째 삼각형에 대해서는 27행~28행에서 선의 끝 모양은 round로 꺾인 부분도 round로 설정한다. 마지막으로 세 번째 삼각형에 대해서는 36행~37행에서 선의 끝 모양은 square로 꺾인 부분은 miter로 설정한다. 이에 따라 세 개 삼각형의 꼭지점 부분의 모양이 다르게 된다. 예제의 실행 결과는 [그림 4.46]과 같다.

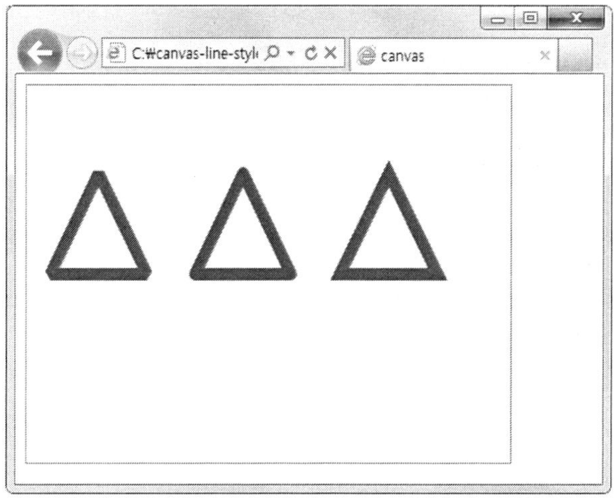

[그림 4.46] 선 스타일 적용 결과 (익스플로러)

다음은 선의 연결 부분의 크기를 다루는 예제를 소개한다.

canvas-miter.html

```
<!DOCTYPE html>
<html>
   <head>
      <title> canvas </title>
      <style type = "text/css">
        canvas {border:1px solid gray;}
      </style>
   </head>
   <body>
      <canvas id="cvs" width="400" height="300"> </canvas>

      <script type="text/javascript">
        var wpcanvas = document.getElementById("cvs");
        var wpcontext = wpcanvas.getContext("2d");
        wpcontext.strokeStyle = "red";
        wpcontext.lineWidth = 10;
        wpcontext.lineCap = "butt";
        wpcontext.lineJoin = "miter";

        wpcontext.beginPath();
        wpcontext.miterLimit = 1;
        wpcontext.moveTo(70, 150);
        wpcontext.lineTo(110, 70);
        wpcontext.lineTo(150, 150);
```

```
25:             wpcontext.closePath();
26:             wpcontext.stroke();
27:
28:             wpcontext.beginPath();
29:             wpcontext.miterLimit = 5;
30:             wpcontext.moveTo(260, 150);
31:             wpcontext.lineTo(300, 70);
32:             wpcontext.lineTo(340, 150);
33:             wpcontext.closePath();
34:             wpcontext.stroke();
35:         </script>
36:     </body>
37: </html>
```

예제의 15행~18행에서 선의 색은 빨간색으로, 두께는 10픽셀로, 선의 끝 모양은 butt로, 꺾인 부분은 miter로 설정한다. 20행~26행에서 정의하는 삼각형은 21행에서 선의 연결 부분의 크기를 1픽셀로 하여 그린다. 28행~34행의 삼각형은 29행에서 선의 연결 부분의 크기를 5픽셀로 하여 두 삼각형들의 차이를 확인할 수 있도록 한다. 이에 따라 다른 부분은 같은 스타일로 설정했더라도 연결 부분의 크기에 따라서 다른 모양이 나타남을 확인할 수 있다. 실행 결과는 [그림 4.47]과 같다.

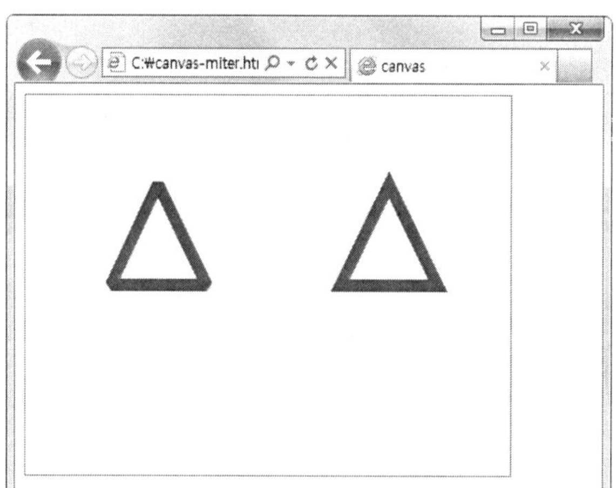

[그림 4.47] 선의 연결 부분 스타일 적용 결과 (익스플로러)

그림자 생성 예제

도형에 그림자를 생성하는 다음 예제를 살펴보자.

canvas-shadow.html

```
1: <!DOCTYPE html>
2: <html>
3:   <head>
4:     <title> canvas </title>
5:     <style type="text/css">
6:       canvas {border:1px solid gray;}
7:     </style>
8:   </head>
9:   <body>
10:     <canvas id="cvs" width="300" height="300"> </canvas>
11:
12:     <script type="text/javascript">
13:       var wpcanvas = document.getElementById("cvs");
14:       var wpcontext = wpcanvas.getContext("2d");
15:
16:       wpcontext.beginPath();
17:       wpcontext.rect(20, 20, 100, 100);
18:       wpcontext.fillStyle = "red";
19:       wpcontext.shadowColor = "orange";
20:       wpcontext.shadowBlur = 10;
21:       wpcontext.shadowOffsetX = 20;
22:       wpcontext.shadowOffsetY = 20;
23:       wpcontext.closePath();
24:       wpcontext.fill();
25:
26:       wpcontext.beginPath();
27:       wpcontext.rect(150, 150, 100, 100);
28:       wpcontext.fillStyle = "blue";
29:       wpcontext.shadowColor = "skyblue";
30:       wpcontext.shadowBlur = 10;
31:       wpcontext.shadowOffsetX = -20;
32:       wpcontext.shadowOffsetY = 20;
33:       wpcontext.closePath();
34:       wpcontext.fill();
35:     </script>
36:   </body>
37: </html>
```

예제의 16행~18행에서 빨간색의 사각형을 그린다. 19행~22행에서 오렌지색으로 x축 y축으로 각각 20픽셀만큼 떨어진 곳에 10픽셀만큼 퍼지는 모양의 그림자를 설정한다. 20행의 shadowBlur 값이 커질수록 더 희미하게 표현된다. 26행~28행에서는 파란색의 사각형을 그린다. 29행~32행에서 하늘색으로 x축으로 -20픽셀, y축으로 20픽셀만큼 떨어진 곳에 10픽셀만큼 퍼지는 모양의 그림자를 설정한다. 예제의 실행 결과는 [그림 4.48]과 같다.

[그림 4.48] 그림자 생성 결과 (익스플로러)

그라디언트 생성 예제

다음에 살펴볼 예제는 그라디언트를 생성하는 방법을 활용한다.

canvas-gradient.html

```
<!DOCTYPE html>
<html>
    <head>
        <title> canvas </title>
        <style type="text/css">
            canvas {border:1px solid gray;}
        </style>
    </head>
    <body>
        <canvas id="cvs" width="300" height="300"></canvas>

        <script type="text/javascript">
            var wpcanvas = document.getElementById("cvs");
            var wpcontext = wpcanvas.getContext("2d");

            var grad = wpcontext.createLinearGradient(10, 10, 120, 120);
            grad.addColorStop(0.3, "red");
            grad.addColorStop(0.7, "yellow");
            wpcontext.fillStyle = grad;
```

```
20:            wpcontext.fillRect(10, 10, 120, 120);
21:
22:            var grad1 = wpcontext.createRadialGradient(200,200,5,200,200,60);
23:            grad1.addColorStop(0, "navy");
24:            grad1.addColorStop(0.2, "blue");
25:            grad1.addColorStop(0.4, "royalblue");
26:            grad1.addColorStop(0.6, "deepskyblue");
27:            grad1.addColorStop(0.8, "skyblue");
28:            grad1.addColorStop(1, "powderblue");
29:            wpcontext.fillStyle = grad1;
30:            wpcontext.fillRect(140, 140, 120, 120);
31:        </script>
32:    </body>
33: </html>
```

예제의 16행~20행에서 빨간색과 노란색의 그라디언트를 가진 사각형을 그린다. 16행에서 점(10, 10)으로부터 점(120, 120)까지의 영역에 그라디언트를 생성하고, 17행~18행에서 그라디언트 영역 중 시작으로부터 0.3 지점에 빨간색, 0.7 지점에 노란색을 설정한다. 19행에서 색상을 생성된 그라디언트로 설정하고 20행에서 사각형을 그리면, 그라디언트가 표현된 사각형을 얻게 된다. 22행~30행에서는 파란색과 흰색의 그라디언트를 가진 원을 그린다. 자세히 설명하면, 22행에서 중심점이 (200, 200)이고 반지름이 5픽셀인 원으로부터 중심점이 (200, 200)이고 반지름이 60픽셀인 원까지의 영역에 그라디언트를 생성한다. 23행~28행에서는 적당한 위치마다 색상을 설정한다. 29행에서 색상을 생성된 원모양의 그라디언트로 설정하고 30행에서 사각형을 그리면, 사각형 영역 안에 원 모양의 그라디언트가 보인다. 예제의 실행 결과는 [그림 4.49]와 같다.

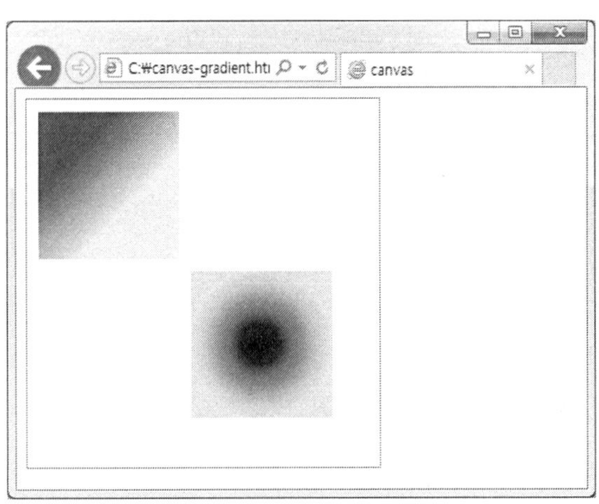

[그림 4.49] 그라디언트 생성 결과 (익스플로러)

패턴 생성 예제

다음은 이미지를 이용하여 패턴을 생성하는 예제이다.

canvas-pattern.html

```
1: <!DOCTYPE html>
2: <html>
3:     <head>
4:         <title> canvas </title>
5:         <style type="text/css">
6:             canvas {border:1px solid gray;}
7:         </style>
8:     </head>
9:     <body>
10:        <p>사용된 이미지 <br><br> <img src="small-heart.jpg" id="img"></p>
11:        <p>패턴 작업</p>
12:        <canvas id= "cvs" width="300" height="200"> </canvas>
13:
14:        <script type="text/javascript">
15:            var wpcanvas = document.getElementById("cvs");
16:            var wpcontext = wpcanvas.getContext("2d");
17:
18:            var wpimage = document.getElementById("img");
19:            var pat = wpcontext.createPattern(wpimage,"repeat");
20:            wpcontext.rect(0, 0, 140, 140);
21:            wpcontext.fillStyle = pat;
22:            wpcontext.fill();
23:        </script>
24:    </body>
25: </html>
```

예제의 10행에서 패턴으로 사용할 이미지의 id를 img로 설정한다. 18행~19행에서 document 객체의 getElementById() 메소드를 이용하여 id가 img인 객체를 불러와 wpimage 변수에 저장하고, 이를 이용하여 패턴을 생성한다. 이때 타입을 repeat로 지정하였기 때문에 패턴이 반복적으로 생성된다. 20행~22행에서 이 패턴을 갖는 사각형을 생성한다. 예제의 실행 결과는 [그림 4.50]과 같다.

[그림 4.50] 패턴 생성 결과 (익스플로러)

4.3.2.3 텍스트 그리기

<canvas> 태그로 정의한 그림 영역에 텍스트도 표현할 수 있으며, 텍스트에 다양한 스타일을 적용할 수 있다. 텍스트에 적용할 수 있는 속성과 속성값을 [표 4.4]에 정리하였다.

[표 4.4] **텍스트 관련 속성**

속성	속성값	설명과 사용 예
font	폰트 속성들	폰트 스타일 context.font="italic small-caps bold 12px arial";
textAlign	start(기본), end, left, right, center	텍스트 정렬 context.textAlign="right";
textBaseline	alphabetic(기본), bottom, hanging, ideographic, middle, top	텍스트 기준선의 위치 context.textBaseline="middle";

[표 4.5]는 텍스트에 사용할 수 있는 메소드들을 보여준다.

[표 4.5] **텍스트 관련 메소드**

메소드	설명과 사용 예
fillText(text,x,y[,maxWidth])	점(x,y)에 폭 maxWidth만큼 text를 그림 context.fillText("Hello World",10,50,100);
strokeText(text,x,y[,maxWidth])	점(x,y)에 폭 maxWidth만큼 text의 테두리를 그림 context.strokeText("Hello World",10,50,100);
measureText(text).width	텍스트의 폭 측정 (픽셀 수) context.measureText("Hello World").width;

텍스트 그리기 예제

그림 영역에서 텍스트를 작성하는 다음 예제를 살펴보자.

canvas-text.html

```
1: <!DOCTYPE html>
2: <html>
3:    <head>
4:       <title> canvas </title>
5:       <style type="text/css">
6:          canvas {border:1px solid gray;}
7:       </style>
8:    </head>
9:    <body>
10:      <canvas id="cvs" width="400" height="200"> </canvas>
11:
12:      <script type="text/javascript">
13:         var wpcanvas = document.getElementById("cvs");
14:         var wpcontext = wpcanvas.getContext("2d");
15:
16:         wpcontext.fillStyle = "red";
17:         wpcontext.font = "italic small-caps bold 50px 궁서체";
18:         wpcontext.fillText("안녕하세요!!!", 10, 50);
19:
20:         wpcontext.strokeStyle = "blue";
21:         wpcontext.strokeText("반갑습니다!!!", 10, 150);
22:      </script>
23:   </body>
24: </html>
```

예제의 16행~17행에서 사용할 글씨의 색상과 글씨체를 설정한다. 18행에서 점(10, 50) 위치에 글씨를 쓰면, 앞에서 설정한 대로 빨간색의 글씨가 나타난다. 20행에서 파란색의 테두리 색을 설정하고 21행에서 점(10, 150) 위치에 글씨를 쓰면, 파란색의 테두리를 가진 글씨가 나타난다. 예제의 실행 결과는 [그림 4.51]과 같다.

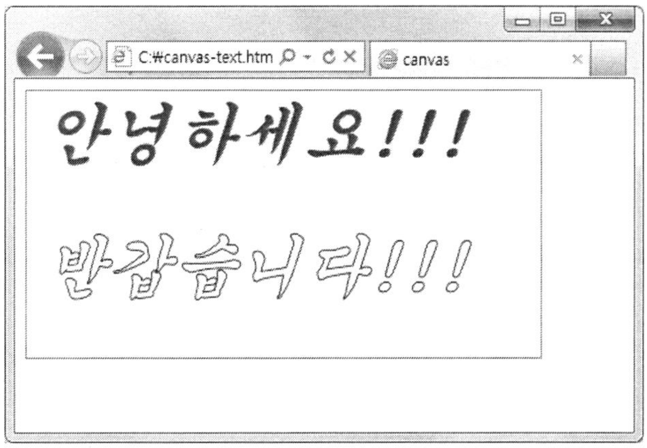

[그림 4.51] **텍스트 작성 결과 (익스플로러)**

기준선 그리기 예제

다음 예제에서는 기준선(baseline)을 활용하는 방법을 알아보자.

canvas-baseline.html

```
<!DOCTYPE html>
<html>
    <head>
        <title> canvas </title>
        <style type="text/css">
            canvas {border:1px solid gray;}
        </style>
    </head>
    <body>
        <canvas id="cvs" width="800" height="200"></canvas>

        <script type="text/javascript">
            var wpcanvas = document.getElementById("cvs");
            var wpcontext = wpcanvas.getContext("2d");

            wpcontext.fillStyle = "red";
            wpcontext.font = "bold 25px 궁서체";
            wpcontext.moveTo(0, 100);
            wpcontext.lineTo(800, 100);
            wpcontext.stroke();
```

```
21:
22:            wpcontext.textBaseline = "bottom";
23:            wpcontext.fillText("bottom", 10, 100);
24:            wpcontext.textBaseline = "middle";
25:            wpcontext.fillText("middle", 120, 100);
26:            wpcontext.textBaseline = "top";
27:            wpcontext.fillText("top", 240, 100);
28:            wpcontext.textBaseline = "alphabetic";
29:            wpcontext.fillText("alphabetic", 300, 100);
30:            wpcontext.textBaseline = "hanging";
31:            wpcontext.fillText("hanging", 480, 100);
32:            wpcontext.textBaseline = "ideographic";
33:            wpcontext.fillText("ideographic", 600, 100);
34:         </script>
35:      </body>
36: </html>
```

예제의 18행~20행에서는 기준선을 화면에 표시한다. 22행~33행에서는 기준선에 대한 6가지 속성값을 모두 적용한다. 22행~23행은 textBaseline을 bottom으로 설정하고 점(10, 100)에 글씨를 쓴다. 24행~25행은 textBaseline을 middle로 설정하고 점(120, 100)에 글씨를 쓴다. 이러한 방법으로 top, alphabetic, hanging, ideographic을 각각 설정하고 글씨를 쓰면 화면의 기준선을 중심으로 글씨들이 나타난다. [그림 4.52]의 실행 결과를 보면 기준선의 6가지 속성값들의 차이를 확인할 수 있다.

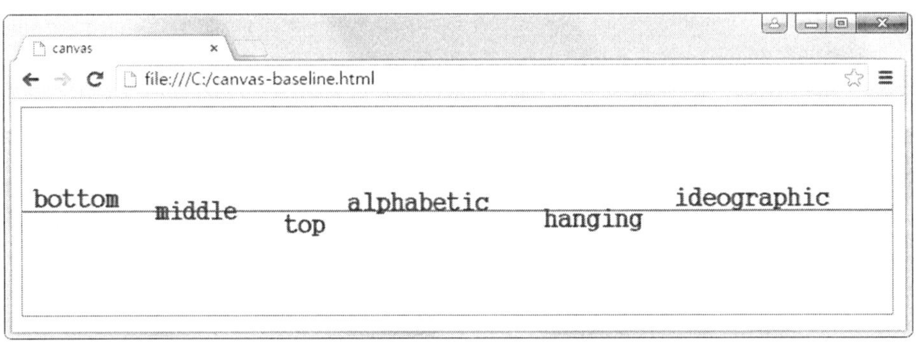

[그림 4.52] **기준선 활용 결과 (크롬)**

4.3.2.4 이미지 삽입

캔버스 위에 도형 대신 이미지를 보여줄 수 있다. [표 4.6]에 나타나 있는 이미지 관련 속성을 이용하여 이미지를 다룬다.

[표 4.6] 이미지 관련 속성

속 성	속성값	설명과 사용 예
width	수	이미지의 너비 imageData.width=100;
height	수	이미지의 높이 imageData.height=100;
data	배열 (크기 4×픽셀 수)	이미지의 각 픽셀의 rgba 값 (0 - 255) 4개씩 지정 (r=red, g=green, b=blue, a=alpha strength(투명도)) imageData.data[0]=255;

[표 4.7]에는 이미지 관련 메소드들이 정리되어 있으며, 이들을 이용하여 이미지를 다양한 방법으로 처리할 수 있다.

[표 4.7] 이미지 관련 메소드

메소드	설명과 사용 예

createImageData(width,height)
 	
createImageData(imageData)
	- width, height 크기의 빈 이미지 객체 생성
	context.createImageData(100,100);
	- imageData 크기의 빈 이미지 객체 생성
	context.createImageData(imageData);

drawImage(imageData,x,y)
 	
drawImage(imageData,x,y,width,
height)
drawImage(imageData,sx,sy,
swidth,sheight,x,y,width,height)
	- 점(x,y)에 이미지 삽입
	context.drawImage(imageData,20,20);
	- 점(x,y)에 width, height만큼 조절하여 이미지 삽입
	context.drawImage(imageData,20,20,100,100);
	- 원본 이미지의 점(sx,sy)에서 swidth, sheight만큼 잘라내어
	점(x,y)에 width, height만큼 조절하여 이미지 삽입
	context.drawImage(imageData,100,50,150,150,0,0,50,50);

getImageData(x,y,width,height)	- 캔버스의 점(x,y)에서 width, height 크기의 이미지를 얻어옴 context.getImageData(0,0,100,100);

putImageData(imageData,x,y)
 	
putImageData(imageData,x,y,dx,
dy,width,height)
	- 캔버스의 점(x,y)에 imageData 올려놓음
	context.putImageData(imageData,50,50);
	- 캔버스의 점(x,y)에 imageData 올려놓고,
	점(dx,dy)에서 width, height만큼만 화면에 보여줌
	context.putImageData(imageData,50,50,200,200,100,100);

다음은 원본 이미지에서 필요한 부분만을 추출하고 화면에 추출된 이미지를 출력하는 예제이다.

canvas-image.html

```
1: <!DOCTYPE html>
2: <html>
3:    <head>
4:       <title> canvas </title>
5:       <style type="text/css">
6:          canvas {border:1px solid gray;}
7:       </style>
8:    </head>
9:    <body>
10:      <p> 원본 이미지 <br> <br> <img src="dragonfly.jpg" id="img"> </p>
11:      <p> 이미지 추출 </p>
12:      <canvas id="cvs" width="300" height="300"> </canvas>
13:
14:      <script type="text/javascript">
15:            document.getElementById("img").onload = function() {
16:                  var wpcanvas = document.getElementById("cvs");
17:                  var wpcontext = wpcanvas.getContext("2d");
18:
19:                  var wpimage = document.getElementById("img");
20:                  wpcontext.drawImage(wpimage, 100, 50, 150, 150, 0, 0, 300, 300);
21:            };
22:      </script>
23:   </body>
24: </html>
```

예제의 15행~21행에서 함수를 정의하고, 15행에서는 10행의 이미지가 화면에 로드될 때 함수를 실행하도록 한다. 19행에서는 원본 이미지를 불러온다. 20행에서는 불러온 이미지의 점(100, 50)에서 가로와 세로 각각 150픽셀 크기의 사각형을 잘라내어 점(0, 0)에 가로와 세로 각각 300픽셀 크기로 출력하여, 실제로 자른 이미지보다 확대된 이미지를 얻을 수 있다. 실행 결과는 [그림 4.53]과 같다. 사진에서 꽃 위에 앉아 있는 잠자리만 추출하여 크게 확대하였다.

[그림 4.53] 이미지 추출 결과 (익스플로러)

4.3.2.5 그림 변형

그림을 확대하거나 회전하거나 이동하는 등 현재의 모습에 변화를 줄 수 있다. [표 4.8]에 나타나 있는 변형 관련 메소드를 이용하여 그림의 모양을 변형시킨다.

[표 4.8] 변형 관련 메소드

메소드	설명과 사용 예
translate(x,y)	캔버스의 (0, 0) 위치를 x, y만큼 이동 context.translate(70,70);
scale(x,y)	캔버스의 기본 크기 단위(1픽셀)의 가로와 세로를 x, y만큼 확대 및 축소 context.scale(3,2); x는 3배 y는 2배 확대
rotate(angle)	캔버스를 angle만큼 시계방향으로 회전 (angle은 라디안 값) context.rotate(20*Math.PI/180);

메소드	설명과 사용 예
transform(a,b,c,d,e,f)	캔버스를 기존 변형에서 상대적으로 변형 캔버스의 기본 크기 단위를 가로 a만큼 세로 d만큼 확대 및 축소, 캔버스의 x축을 b방향으로 y축을 c방향으로 기울임, 캔버스의 (0, 0) 위치를 (e, f)로 이동 context.transform(0.8,0.3,-0.3,0.8,0,0);
settransform(a,b,c,d,e,f)	캔버스의 형태를 재설정 캔버스의 기본 크기 단위를 가로 a만큼 세로 d만큼 확대 및 축소, 캔버스의 x축을 b방향으로 y축을 c방향으로 기울임, 캔버스의 (0, 0) 위치를 (e, f)로 이동 context.settransform(0.8,0.3,-0.3,0.8,0,0);

그림 변형 예제

다음은 변형 관련 메소드들을 이용하여 그림을 변형시키는 예제이다.

canvas-transform-1.html

```
<!DOCTYPE html>
<html>
    <head>
        <title> canvas </title>
        <style type="text/css">
            canvas {border:1px solid gray;}
        </style>
    </head>
    <body>
        <canvas id="cvs" width="300" height="300"> </canvas>

        <script type="text/javascript">
            var wpcanvas = document.getElementById("cvs");
            var wpcontext = wpcanvas.getContext("2d");
            wpcontext.strokeStyle = "blue";

            wpcontext.strokeRect(100, 20, 20, 20);
            wpcontext.scale(2, 2);
            wpcontext.translate(10, 10);
            wpcontext.rotate(20*Math.PI/180);
            wpcontext.strokeRect(100, 20, 20, 20);
        </script>
    </body>
</html>
```

예제의 17행에서 점(100, 20) 위치에 가로와 세로의 길이가 각각 20픽셀인 사각형을 그린다. 18행~20행에서는 변형을 활용한다. 18행에서 캔버스의 가로와 세로를 각각 2배로 확대하도록 설정한다. 이것은 캔버스의 가로와 세로의 기본 단위가 1픽셀에서 2픽셀로 변경된 것을 의미한다. 19행에서는 현재의 캔버스의 (0, 0)의 위치를 x축, y축 방향으로 10픽셀씩 이동한다. 20행에서는 시계방향으로 20도만큼 캔버스를 회전시킨다. 그 후 21행에서 다시 17행과 똑같은 사각형을 그리면 앞의 그림과는 전혀 다른 위치와 다른 각도의 사각형을 보게 된다. 예제 실행 결과는 [그림 4.54]와 같다.

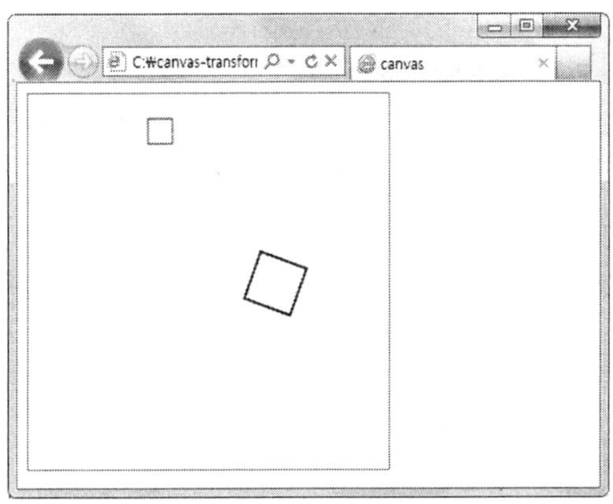

[그림 4.54] **변형 예제 실행 결과 (익스플로러)**

그림 이동 예제

다음은 transform() 메소드를 이용하여 도형을 이동시키는 예제이다.

canvas-transform-2.html

```
<!DOCTYPE html>
<html>
    <head>
        <title> canvas </title>
        <style type="text/css">
            canvas {border:1px solid gray;}
        </style>
    </head>
    <body>
        <canvas id="cvs" width="300" height="300"> </canvas>

        <script type="text/javascript">
```

```
13:         var wpcanvas = document.getElementById("cvs");
14:         var wpcontext = wpcanvas.getContext("2d");
15:         wpcontext.strokeStyle = "blue";
16:
17:         wpcontext.strokeRect(100, 20, 20, 20);
18:         wpcontext.transform(2, 0.45, -0.45, 2, 50, 50);
19:         wpcontext.strokeRect(100, 20, 20, 20);
20:     </script>
21:   </body>
22: </html>
```

예제의 17행에서 점(100, 20) 위치에 가로와 세로의 길이가 각각 20픽셀인 사각형을 그린다. 18행에서는 캔버스를 x축과 y축 방향으로 2배 크기로 확대하고, x축을 0.45 방향만큼 y축을 -0.45 방향만큼 기울이도록 설정한다. 그리고 x축과 y축을 각각 50픽셀씩 이동한다. 이제 19행에서 17행과 똑같은 사각형을 그려도 앞의 그림과는 전혀 다른 위치와 각도의 사각형이 그려지는 것을 확인할 수 있다. 예제의 실행 결과는 [그림 4.55]와 같다.

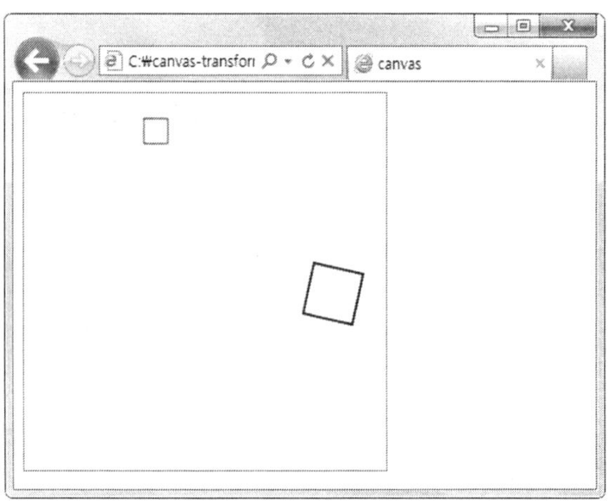

[그림 4.55] **변형 예제 실행 결과 (익스플로러)**

4.3.2.6 그림 합성

두 개 이상의 도형을 겹쳐서 그리게 되면, 보통 나중에 그린 도형이 먼저 그린 도형 위에 나타난다. 이 겹쳐진 상황을 다양한 모습으로 표현할 수 있다. [표 4.9]에 나타나 있는 합성 관련 속성을 이용하여 도형의 겹침을 다룬다.

[표 4.9] 합성 관련 속성

속성	속성값	설명과 사용 예
globalAlpha	실수 (0 ~ 1 사이의 값)	도형의 투명도(0 투명, 1 불투명) context.globalAlpha=0.5;
globalCompositeOperation	source-over(기본), source-in, source-out, source-atop, destination-over, destination-in, destination-out, destination-atop, lighter, copy, xor	2개 이상의 도형을 겹쳐서 표현 context.globalCompositeOperation="source-in";

그림 합성 예제 1

다음은 투명한 세 개의 원을 서로 겹치게 작성하여 화면에 출력하는 예제이다.

예제 canvas-compositing-1.html

```
<!DOCTYPE html>
<html>
    <head>
        <title> canvas </title>
        <style type="text/css">
            canvas {border:1px solid gray;}
        </style>
    </head>
    <body>
        <canvas id="cvs" width="300" height="300"> </canvas>

        <script type="text/javascript">
            var wpcanvas = document.getElementById("cvs");
            var wpcontext = wpcanvas.getContext("2d");
            wpcontext.globalAlpha = 0.7;

            wpcontext.fillStyle = "red";
            wpcontext.beginPath();
            wpcontext.arc(100, 100, 50, 0*Math.PI, 2*Math.PI);
            wpcontext.fill();

            wpcontext.fillStyle = "yellow";
            wpcontext.beginPath();
            wpcontext.arc(170, 100, 50, 0*Math.PI, 2*Math.PI);
            wpcontext.fill();

```

```
27:             wpcontext.fillStyle = "blue";
28:             wpcontext.beginPath();
29:             wpcontext.arc(140, 150, 50, 0*Math.PI, 2*Math.PI);
30:             wpcontext.fill();
31:         </script>
32:     </body>
33: </html>
```

예제의 15행에서 투명도를 0.7로 설정하는데, 수가 작을수록 투명해진다. 17행~20행에서는 빨간색 원, 22행~25행에서는 노란색 원, 27행~30행에서는 파란색 원을 겹치는 부분이 생기도록 정의한다. 앞에서 설정한 투명도로 인해 겹치는 부분의 아래쪽 도형도 보인다. 예제의 실행 결과는 [그림 4.56]과 같다.

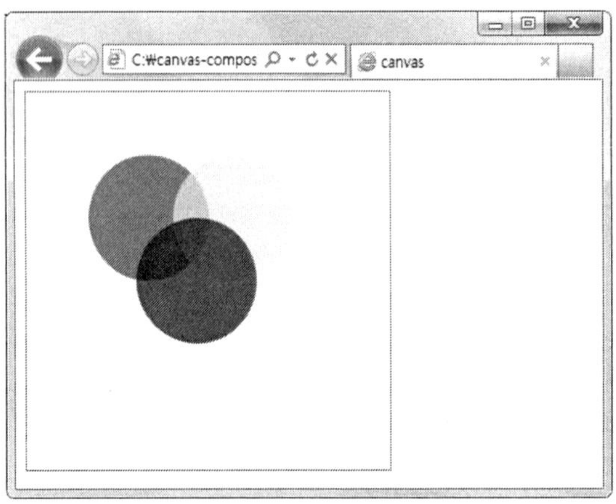

[그림 4.56] **투명도 활용 결과 (익스플로러)**

그림 합성 예제 2

다음은 세 개의 원을 작성하여 서로 합성하는데 globalCompositeOperation 속성을 이용하는 예제이다.

canvas-compositing-2.html

```
<!DOCTYPE html>
<html>
    <head>
        <title> canvas </title>
        <style type="text/css">
            canvas {border:1px solid gray;}
        </style>
```

```
8:     </head>
9:     <body>
10:        <canvas id="cvs" width="300" height="300"> </canvas>
11:
12:        <script type="text/javascript">
13:            var wpcanvas = document.getElementById("cvs");
14:            var wpcontext = wpcanvas.getContext("2d");
15:            wpcontext.globalCompositeOperation = "lighter";
16:
17:            wpcontext.beginPath();
18:            wpcontext.fillStyle = "red";
19:            wpcontext.arc(100, 100, 50, 0*Math.PI, 2*Math.PI);
20:            wpcontext.fill();
21:
22:            wpcontext.beginPath();
23:            wpcontext.fillStyle = "green";
24:            wpcontext.arc(170, 100, 50, 0*Math.PI, 2*Math.PI);
25:            wpcontext.fill();
26:
27:            wpcontext.beginPath();
28:            wpcontext.fillStyle = "blue";
29:            wpcontext.arc(140, 150, 50, 0*Math.PI, 2*Math.PI);
30:            wpcontext.fill();
31:        </script>
32:    </body>
33: </html>
```

예제의 15행에서 globalCompositeOperation의 속성값들 중에서 lighter로 설정한다. 17행~20행에서는 빨간색 원, 22행~25행에서는 초록색 원, 27행~30행에서는 파란색 원을 정의한다. 세 개의 원은 겹치는 부분이 발생하는데, 이번에는 서로 겹쳐진 부분에 색상이 합성된 효과가 나타난다. 예제의 실행 결과는 [그림 4.57]과 같다.

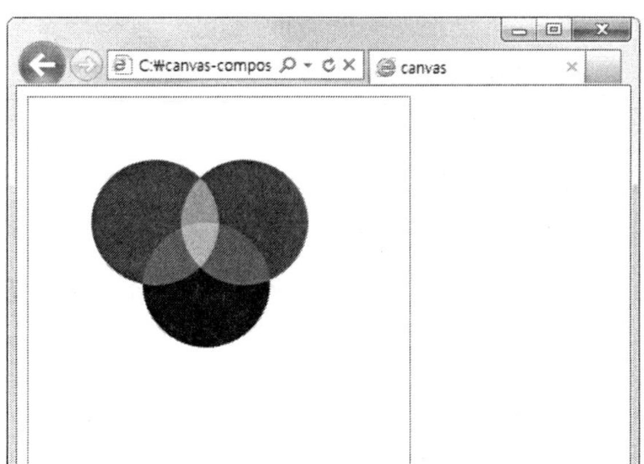

[그림 4.57] 합성 활용 결과 (익스플로러)

4.4 HTML5 API

HTML5에서는 웹 애플리케이션을 위해 다양한 API를 제공하고 있다. 이러한 API를 사용하기 위해서는 JavaScript에 대해 이해하고 있어야 한다. 이 절에서는 HTML5에서 제공하는 주요 API에 대해서 자세히 알아본다. HTML5에서 제공하는 API의 종류는 [표 4.10]과 같다.

[표 4.10] HTML5에서 제공하는 API 종류

API	설명
드래그 앤 드롭(drag and drop)	객체를 끌어다 놓는 기능 제공
웹 스토리지(web storage)	클라이언트에서 키-값 형태의 데이터 저장 기능 제공
웹 워커(web worker)	백그라운드(background)로 실행되는 멀티 스레드 지원
파일 API(file API)	클라이언트에 존재하는 파일에 접근할 수 있는 기능 제공
지오로케이션(geolocation)	사용자의 위치 정보를 알아내는 기능 제공
애플리케이션 캐시 (application cache)	클라이언트에서 애플리케이션 캐시 기능 제공
서버 전송 이벤트 (server-sent events)	서버에서 클라이언트로 주기적으로 데이터를 전송하는 기능 지원
웹 소켓(web socket)	웹 서버와 클라이언트 사이의 양방향 통신 지원
인덱스드 데이터베이스 (indexed database)	인덱스를 갖는 데이터베이스 구현 기능 제공

4.4.1 드래그 앤 드롭

드래그 앤 드롭(drag and drop)은 객체를 마우스로 끌어서 옮기는 기능이다. HTML5에서 드래그 앤 드롭 API를 지원함으로써 드래그 앤 드롭 애플리케이션의 간편한 개발이 가능해졌다. 드래그 앤 드롭 기능을 사용하기 위해서는 다음의 요구사항을 준수해야 한다.

기본 요건

드래그 대상(drag object)과 드롭 장소(drop location)가 필요하다. 이들에 대해 알아보고 관련 속성(property)과 메소드(method)에 대해서 살펴본다.

[드래그 대상]
- 끌어서 이동할 요소
- 드래그 대상이 되려면 draggable 속성의 값을 true로 설정해야 함

[드롭 장소]
- 끌어다 놓을 장소
- HTML 요소들의 기본값은 드롭을 허용하지 않도록 설정됨
- 드롭이 가능하려면 preventDefault() 메소드를 사용하여 기본값을 취소해야 함

드래그 앤 드롭을 사용하기 위해서는 [표 4.11]의 속성의 설정이 필요하다. 드래그 대상의 draggable 속성을 true로 설정해야 드래그를 할 수 있다.

[표 4.11] **드래그 대상의 속성**

속성	속성값	설명과 사용 예
draggable	true, false, auto	드래그 가능 여부 설정 draggable="true"

HTML의 요소들은 기본적으로 드롭을 허용하지 않는다. 그러므로 [표 4.12]의 preventDefault() 메소드를 사용하여 기본값인 드롭 허용 금지를 취소해야 한다.

[표 4.12] **드롭 장소의 주요 메소드**

메소드	설명과 사용 예
preventDefault()	요소의 드롭 허용 금지 취소 event.preventDefault();

이벤트

드래그 대상과 드롭 장소가 정해졌으면 드래그 앤 드롭을 시작할 수 있다. 이때, 어떠한 객체를 드래그 앤 드롭 할 때는 여러 가지의 이벤트들이 발생한다. 이러한 이벤트들을 처리함으로써 드래그 앤 드롭 기능을 구현할 수 있다.

[표 4.13]과 [표 4.14]는 드래그 앤 드롭과 관련 있는 주요 이벤트들이다. 드래그 대상과 드롭 장소에 따라 발생하는 이벤트가 다르므로, 이러한 이벤트를 적절히 사용하여 드래그 앤 드롭 기능을 구현한다.

[표 4.13] 드래그 대상에서 발생하는 주요 이벤트

이벤트	설명
ondrag	요소를 드래그하는 동안 발생
ondragstart	요소를 드래그하기 시작할 때 발생
ondragend	드래그가 끝날 때 발생

[표 4.14] 드롭 장소에서 발생하는 주요 이벤트

이벤트	설명
ondragenter	요소가 드롭 장소에 들어갈 때 발생
ondragleave	요소가 드롭 장소를 벗어날 때 발생
ondragover	요소가 드롭 장소 위에 있을 때 발생
ondrop	요소가 드롭 장소에 드롭될 때 발생

데이터 전송

어떤 객체를 드래그 앤 드롭 한다는 것은 객체의 이동을 말하며, 이는 데이터 전송에 관련 있는 dataTransfer 객체를 통해서 할 수 있다. dataTransfer 객체의 주요 속성과 메소드는 [표 4.15]와 같다.

[표 4.15] dataTransfer 객체의 주요 속성 및 메소드

구분	이름	설명
속성	effectAllowed	드래그 앤 드롭에서 허용되는 실행 형식 초기화 (none, copy, copyLink, copyMove, link, linkMove, move, all, uninitialized 중의 값을 가짐)
	dropEffect	드래그 앤 드롭 실행 형식 (none, copy, link, move 중의 값을 가짐)
메소드	setData(format, data)	주어진 포맷으로 데이터 설정
	getData(format)	주어진 포맷의 데이터를 가져옴
	clearData(format)	주어진 포맷의 데이터 삭제

파일 유형

dataTransfer 객체를 이용하여 데이터 전송이 가능한 파일 형식은 [표 4.16]과 같다.

[표 4.16] 데이터 전송 가능한 형식

이벤트	설명
text	문자열 (text/plain 형식)
url	url 리스트 (text/uri-list 형식)
file	파일

드래그 앤 드롭 만들기

드래그 앤 드롭을 구현하기 위해서는 다음의 순서대로 진행한다.

드래그 대상의 draggable 속성 설정

```
<div id="item" draggable="true"> 사과 </div>
```

id가 item인 객체의 속성을 드래그 가능하도록 설정한다.

드래그 대상의 dragstart와 dragend 이벤트 처리 함수 구현

```
function dragstart(wpevent)
{
        wpevent.dataTransfer.effectAllowed='move';
        wpevent.dataTransfer.setData("text", wpevent.target.id);
}

function dragend(wpevent)
{
        wpevent.dataTransfer.clearData("text");
```

dragstart 이벤트 처리 함수에서 wpevent.dataTransfer.effectAllowed는 드래그 앤 드롭에서 허용되는 실행 형식을 설정하는 것으로 이동하는 것이라면 move로 설정한다. 실제 드래그할 때 마우스 포인터 모양을 자세히 보면 이동을 나타내는 모양으로 바뀌어 보인다. dataTransfer.setData("text", wpevent.target.id)에서 "text"는 전송할 데이터의 유형이 텍스트임을 나타내고, target 요소는 전송할 데이터 즉 드래그할 객체를 지정한다.

dragend 이벤트 처리 함수에서 wpevent.dataTransfer.clearData("text")는 지정된 전송 데이터를 삭제한다.

드롭 장소의 dragover와 drop 이벤트 처리 함수 구현

```
function dragover(wpevent)
{
        wpevent.preventDefault();
}

function drop(wpevent)
{
        wpevent.preventDefault();
        var item=wpevent.dataTransfer.getData("Text");
        wpevent.target.appendChild(document.getElementById(item));
        wpevent.stopPropagation();
}
```

dragover 이벤트 처리 함수에서는 preventDefault() 메소드를 사용하여 드롭 허용 금지를 취소시켜 드롭이 가능한 상태를 만들어 준다. drop 이벤트 처리 함수에서 wpevent.dataTransfer.getData("Text")는 dataTransfer 객체를 통해서 전송되어 온 텍스트 유형의 데이터, 즉 드롭되는 데이터를 item 변수에 저장한다. 그리고 appendChild() 메소드를 이용하여 item 요소를 드롭 장소인 target 요소의 자식 요소로 설정함으로써 드롭을 구현한다. 또한, stopPropagation() 메소드는 현재 요소보다 상위에 존재하는 요소로 이벤트가 전파되는 것을 중지시키기 위하여 사용한다.

드래그 앤 드롭 예제

다음은 드래그 앤 드롭 기능을 이용하여 진열대에 있는 상품들을 장바구니로 옮기는 예제이다.

dragdrop.html

```
<!DOCTYPE html>
<html>
   <head>
      <title> drag & drop </title>
      <style type="text/css">
       div {float:left; margin:10px; width:200px; height:200px;
            border:1px solid gray; text-align:center;}
       #item1, #item2, #item3 {width:50px; height:50px; text-align:center; font-weight:bold;}
       #item1 {background-color:red;}
       #item2 {background-color:skyblue;}
       #item3 {background-color:yellow;}
       p, pre {font-weight:bold; text-align:center;}
      </style>
   </head>
   <body>
      <script type="text/javascript">
         function dragover(wpevent)
         {   wpevent.preventDefault();}
         function dragstart(wpevent)
         {   wpevent.dataTransfer.effectAllowed='move';
             wpevent.dataTransfer.setData("Text",wpevent.target.id);}
         function dragend(wpevent)
         {   wpevent.dataTransfer.clearData("Text");}
         function drop(wpevent)
         {   wpevent.preventDefault();
             var item=wpevent.dataTransfer.getData("Text");
             wpevent.target.appendChild(document.getElementById(item));
             wpevent.stopPropagation();}
      </script>
      <p> 장바구니에 물건을 담으세요!
           <pre>     [진열대]                         [장바구니]        </pre>
      </p>
      <div id="div1" ondrop="drop(event)" ondragover="dragover(event)">
           <div id="item1" draggable="true" ondragstart="dragstart(event)"
                               ondragend="dragend(event)"> 사과 </div>
           <div id="item2" draggable="true" ondragstart="dragstart(event)"
                               ondragend="dragend(event)"> 배 </div>
           <div id="item3" draggable="true" ondragstart="dragstart(event)"
                               ondragend="dragend(event)"> 귤 </div>
      </div>
      <div id="div2" ondrop="drop(event)" ondragover="dragover(event)"> </div>
   </body>
</html>
```

드래그 앤 드롭을 구현하는 다음과 같은 절차에 따라 예제를 작성하였다.

- 드래그 대상의 draggable 속성 설정
  예제의 34행~36행에서 3개의 객체에 각각 'draggable="true"'로 설정하여 드래그가 가능하도록 하였다.

- 드래그 대상의 dragstart와 dragend 이벤트 처리 함수 구현
  dragstart 이벤트 처리 함수는 예제의 19행~21행에서 드래그 앤 드롭으로 할 수 있는 작업을 move로 설정하고, 전송할 데이터의 유형은 텍스트로 정의하고 전송할 객체를 지정한다. dragend 이벤트 처리 함수는 22행~23행에서 드롭이 끝나면 지정된 전송 데이터를 삭제한다.

- 드롭 장소의 dragover와 drop 이벤트 처리 함수 구현
  dragover 이벤트 처리 함수는 예제의 17행~18행에서 볼 수 있듯이, HTML 요소들이 드롭을 허용하지 않도록 기본값이 설정되어 있기 때문에, 드롭이 가능하도록 기본값을 취소하기 위해 preventDefault() 메소드를 사용한다.
  drop 이벤트 처리 함수는 예제의 24행~28행과 같이 구현한다. 26행에서 item 변수에 텍스트 유형의 데이터, 즉 드롭되는 데이터를 저장한다. 27행에서 appendChild() 메소드를 이용하여 item 변수가 저장하는 요소를 드롭 장소인 target 요소의 자식 요소로 저장함으로써 드롭을 구현한다. 28행의 stopPropagation() 메소드는 현재 요소보다 상위에 있는 요소로 동일한 이벤트가 전파되는 것을 금지하기 위하여 사용한다.

예제의 실행 결과는 [그림 4.58]과 [그림 4.59]와 같다.

[그림 4.58] **드래그 앤 드롭 전 (크롬)**

[그림 4.59] **드래그 앤 드롭 후 (크롬)**

[그림 4.58]은 처음 브라우저에서 실행한 화면이며, [그림 4.59]는 진열대에서 한 상품을 선택하여 장바구니로 드래그 앤 드롭을 한 후의 결과 화면이다.

4.4.2 웹 스토리지

웹 스토리지(web storage)는 클라이언트에 존재하는 저장 공간으로, 사용자는 이를 사용하여 데이터를 저장하고 활용할 수 있다. 웹 스토리지는 기존의 쿠키(cookie)와는 차이점이 있다.

쿠키와의 차이점

- 쿠키의 저장 공간의 크기는 일반적으로 쿠키당 4KB이고 도메인(domain)당 쿠키가 20개까지 제한되지만, HTML5에서는 웹 스토리지의 크기를 도메인당 5MB로 권장하고 있으며 확장도 가능하다.
- 웹 스토리지는 로컬 스토리지(localStorage)와 세션 스토리지(sessionStorage)의 두 종류의 스토리지를 제공한다. 따라서 데이터를 도메인별로 윈도우별로 데이터의 생존기간에 따라 독립적으로 저장할 수 있으며, 관리 측면에서도 유리하다.
- 쿠키는 서버에 요청을 할 때마다 매번 HTTP 헤더에 포함하여 전송된다. 이는 네트워크의 부하로 이어진다. 반면에 웹 스토리지의 데이터는 서버에 전송되지 않는다.

localStorage와 sessionStorage

웹 스토리지는 localStorage와 sessionStorage의 두 종류의 저장소가 있다. localStorage는 데이터를 도메인마다 별도로 저장하며 해당 도메인의 스크립트들이 데이터를 사용할 수 있다. sessionStorage는 윈도우(창)마다 데이터를 별도로 저장하며 해당 윈도우의 스크립트가 데이터를 사용한다. 이들의 또 다른 차이점은 데이터의 생존 기간이다. localStorage는 데이터가 삭제될 때까지 계속 저장하지만, sessionStorage는 윈도우가 종료될 때까지만 데이터를 저장한다. 웹 스토리지는 데이터를 key(키)와 value(값)의 쌍으로 저장한다.

이들 저장소에서 사용하는 주요 속성과 메소드는 [표 4.17]과 같다.

[표 4.17] **웹 스토리지의 주요 속성 및 메소드**

구분	이름	설명
속성	length	저장된 데이터의 수
메소드	clear()	저장된 모든 데이터 삭제
	key(index)	index 위치에 있는 key를 반환
	getItem(key)	key에 대응되는 value를 반환
	setItem(key, value)	key의 값으로 value를 저장
	removeItem(key)	key와 저장된 값 삭제

localStorage와 sessionStorage에서 데이터를 읽고 쓰는 방법은 다음과 같으므로 선택하여 사용할 수 있다.

```
[데이터 읽기]
- value = localStorage.key;
- value = localStorage.getItem("key");

[데이터 쓰기]
- localStorage.key = value;
- localStorage.setItem("key", value);
```

앞으로 localStorage와 sessionStorage의 활용 방법을 예제를 통해 공부한다. 동일한 예제를 두 가지 웹 스토리지를 이용하여 각각 구현할 것이므로 예제의 실행 결과에서 이들의 차이점을 확인하기 바란다.

localStorage 사용 예제

다음은 웹 페이지에서 사용자의 방문 횟수를 기록하기 위해 localStorage를 활용하는 예제이다.

localstorage-counter.html

```
1: <!DOCTYPE html>
2: <html>
3:     <head>
4:         <title> 로컬 스토리지 </title>
5:     </head>
6:     <body>
7:         <div id="output"> </div>
8:
9:         <script type="text/javascript">
10:        if(typeof(Storage) != "undefined")
11:        {
12:            if(localStorage.count)
13:            {
14:                    localStorage.count++;
15:            }
16:            else
17:            {
18:                    localStorage.count = 1;
19:            }
20:            document.getElementById("output").innerHTML =
                                  "당신은 " + localStorage.count + "번 방문했습니다.";
21:        }
22:        else
23:        {
24:            document.getElementById("output").innerHTML =
                                  "당신의 브라우저에서는 웹 스토리지를 지원하지 않습니다.";
25:        }
26:        </script>
27:    </body>
28: </html>
```

예제의 7행에서 방문 횟수를 화면에 출력할 수 있는 장소를 설정한다. 다음에 10행에서 웹 스토리지를 사용하기 전 브라우저가 localStorage를 지원하는지 확인한다. localStorage를 지원한다면 12행에서 count라는 키가 존재하는지 확인하고, 존재하면 14행처럼 count의 값을 하나 증가시킨다. 만일 키가 존재하지 않으면 18행처럼 localStorage에 count라는 키를 생성하고 값을 1로 초기화 한다. 그 후, 20행에서와 같이 7행에서 정의한 장소에 방문 횟수를 출력한다.

20행의 'document.getElementById("output").innerHTML'에서 'getElementById("output")'은 id가 output인 요소를 검색하여 반환해 주는 역할을 하므로 7행의 div 요소를 찾아

낸다. innerHTML은 HTML DOM 객체에 속한 HTMLElement 객체의 속성으로 HTML 문서의 특정 요소의 내용을 설정하거나 반환할 때 사용하며, 여기서는 7행의 div 요소의 내용을 설정할 때 사용한다.

한편, localStorage를 지원하지 않는다면 24행에서 7행에서 정의한 장소에 오류 메세지를 출력한다. 실행 결과는 [그림 4.60]과 [그림 4.61]에서 보는 바와 같다.

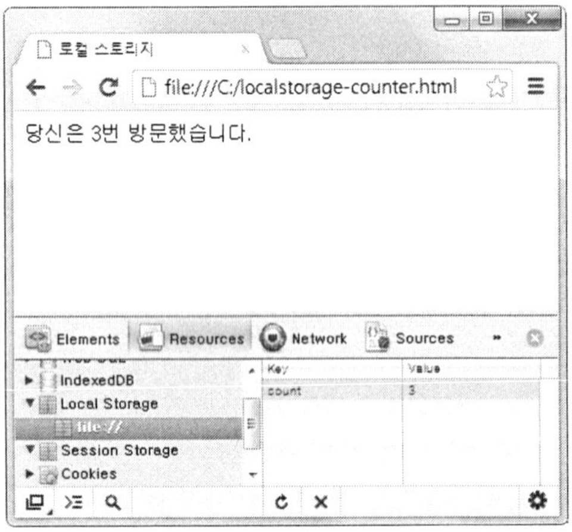

[그림 4.60] localStorage (크롬)

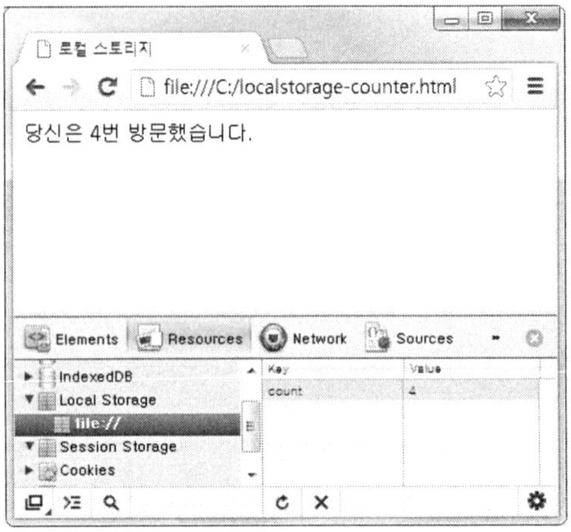

[그림 4.61] 새 창에서 다시 실행 (크롬)

예제의 실행 결과 [그림 4.60]과 같이 방문 횟수가 화면에 출력된다. 크롬 브라우저에서 마우스의 오른쪽 버튼을 누르고 '요소 검사'를 선택하면 localStorage에 저장된 키와 값을 확인할 수 있다. [그림 4.61]은 이 문서를 다시 새 창에서 실행했을 때의 결과 화면이다. 값이 3에서 4로 변경되었음을 확인할 수 있다.

다음은 사용자로부터 색상을 입력받아 그 색으로 배경색을 변경하는 예제로 localStorage를 이용한다.

localstorage-color.html

```
1: <!DOCTYPE html>
2: <html>
3:     <head>
4:         <title> 로컬 스토리지 </title>
5:     </head>
6:     <body>
7:         <script type="text/javascript">
8:           window.onload = function() {
9:               get();
10:          }
11:          function get()
12:          {
13:              var wpcolor = localStorage.getItem("color");
14:              if(wpcolor)
15:              {
16:                  document.bgColor = wpcolor;
17:              }
18:          }
19:          function set(wpcolor)
20:          {
21:              localStorage.setItem("color", wpcolor);
22:              document.bgColor = wpcolor;
23:              alert("배경색 변경 완료!");
24:          }
25:        </script>
26:        색상 입력 <input type="text" id="color" size="10"> <br> <br>
27:        <button type="button" onclick="set(color.value)"> 색상 변경 </button>
28:     </body>
29: </html>
```

예제의 26행에서 색상을 입력받아 27행의 색상 변경 버튼을 누르면, onclick 이벤트 처리 함수인 set 함수를 호출하여 입력받은 색상값을 매개변수로 전달한다. 19행~24행의 set 함수 중 21행에서 localStorage에 color 키의 값으로 전달받은 색상값을 저장하고, 22행에서 이를 배경색으로 설정한다. 그리고 23행에서 배경색 변경 메시지를 화면에 출력한다. 11행~18행의 get 함수 중 13행에서는 localStorage에서 저장되어 있는 color키의 값을 읽어와서 16행에서 배경색으로 설정한다. 8행~10행은 문서가 처음 로드될 때 호출되는 부분으로 get 함수를 호출한다. 따라서 처음 시작할 때는 기존에 저장되어있는 배경색으로 화면이 출력된다. 실행 결과는 [그림 4.62]와 같다.

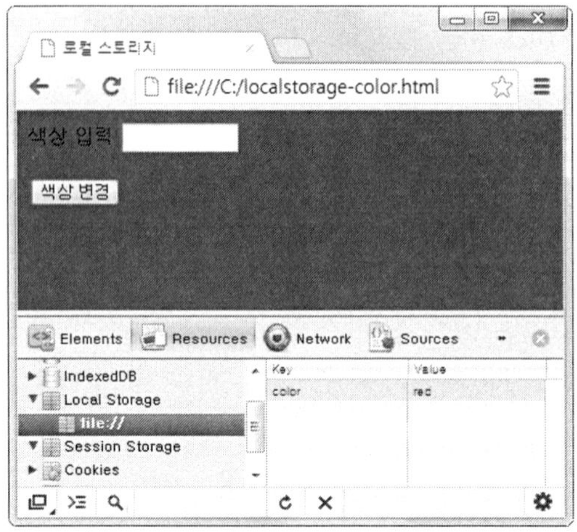

[그림 4.62] localStorage (크롬)

[그림 4.62]는 먼저 배경색을 빨간색으로 변경한 후에 다시 새 창에서 실행한 화면이다. 이처럼 이 문서가 브라우저에 로드되면 배경색이 빨간색으로 유지되며, 브라우저에서 localStorage에 저장된 키와 값을 확인할 수 있다.

sessionStorage 사용 예제

다음은 웹 페이지에서 사용자의 방문 횟수를 기록하기 위해 sessionStorage를 활용하는 예제이다.

sessionstorage-counter.html

```
<!DOCTYPE html>
<html>
    <head>
        <title> 세션 스토리지 </title>
    </head>
    <body>
        <div id="output"> </div>

        <script type="text/javascript">
         if(typeof(Storage) != "undefined")
         {
              if (sessionStorage.count)
              {
                  sessionStorage.count++;
              }
              else
```

```
17:             {
18:                 sessionStorage.count = 1;
19:             }
20:             document.getElementById("output").innerHTML =
                            "당신은 " + sessionStorage.count + "번 방문했습니다.";
21:         }
22:         else
23:         {
24:             document.getElementById("output").innerHTML =
                            "당신의 브라우저에서는 웹 스토리지를 지원하지 않습니다.";
25:         }
26:     </script>
27:   </body>
28: </html>
```

이 예제는 앞의 localstorage-counter.html과 동일하지만 웹 스토리지가 localStorage에서 sessionStorage로 바뀌었다. 자세히 살펴보면, 예제의 7행에서 방문 횟수를 화면에 출력할 수 있는 장소을 설정한다. 다음에 10행에서 웹 스토리지를 사용하기 전 브라우저가 sessionStorage를 지원하는지 확인한다. sessionStorage를 지원한다면 12행에서 count라는 키가 존재하는지 확인하고, 존재하면 14행처럼 count의 값을 하나 증가시킨다. 만일 키가 존재하지 않으면 18행처럼 sessionStorage에 count라는 키를 생성하고 값을 1로 초기화 한다. 그 후, 20행에서와 같이 7행에서 정의한 장소에 방문 횟수를 출력한다. 만일 sessionStorage를 지원하지 않는다면 24행에서 오류 메세지를 출력한다. 실행 결과는 [그림 4.63]과 [그림 4.64]에서 확인할 수 있다.

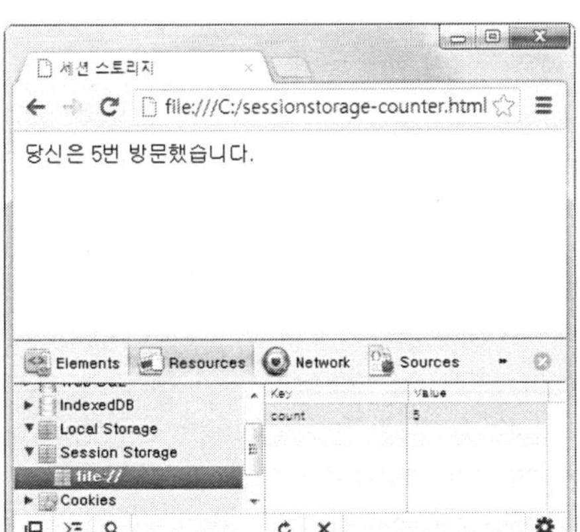

[그림 4.63] sessionStorage (크롬)

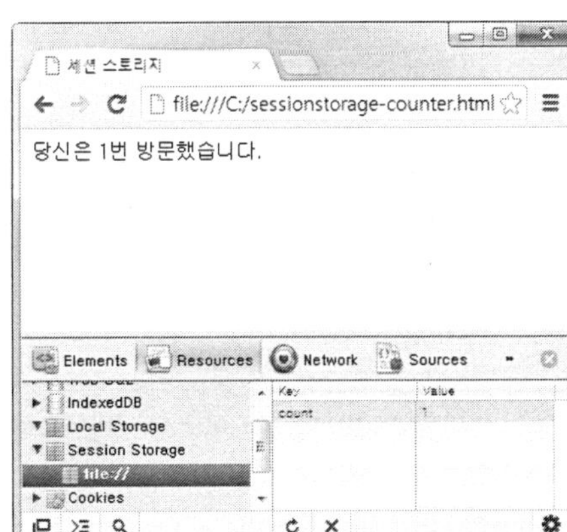

[그림 4.64] 새 창에서 다시 실행 (크롬)

[그림 4.63]과 같이 방문 횟수가 화면에 출력된다. 일단 로드된 창에서 새로 고침으로 방문 횟수를 증가시키게 되면 count 값이 유지되면서 증가함을 볼 수 있다. 그러나 [그림 4.64]와 같이 이 문서를 다른 새 창에서 실행했을 때는 전에 저장되었던 count의 값이 사라지고 count는 초기화된다. 따라서 기존의 값을 계속 유지했던 localStorage와는 달리 sessionStorage에서는 기존의 값이 유지되지 않음을 확인할 수 있다.

다음 예제는 사용자로부터 색상을 입력받아 그 색으로 배경색을 바꾸는 예제로 sessionStorage를 이용한다.

sessionstorage-color.html

```
1: <!DOCTYPE html>
2: <html>
3:     <head>
4:         <title> 세션 스토리지 </title>
5:     </head>
6:     <body>
7:         <script type="text/javascript">
8:          window.onload = function() {
9:             get();
10:         }
11:         function get()
12:         {
13:            var wpcolor = sessionStorage.getItem("color");
14:            if(wpcolor)
15:            {
16:               document.bgColor = wpcolor;
17:            }
18:         }
19:         function set(wpcolor)
20:         {
21:            sessionStorage.setItem("color", wpcolor);
22:            document.bgColor = wpcolor;
23:            alert("배경색 변경 완료!");
24:         }
25:        </script>
26:        색상 입력 <input type="text" id="color" size="10"> <br> <br>
27:        <button type="button" onclick="set(color.value)"> 색상 변경 </button>
28:     </body>
29: </html>
```

이 예제는 앞의 localstorage-color.html에서 웹 스토리지를 localStorage에서 sessionStorage으로 바꾸었다. 자세히 설명하면, 예제의 26행에서 색상을 입력받아 27행의 set 함수를 호출하여 입력받은 색상값을 매개변수로 전달한다. 19행~24행의 set 함수 중 21행에서 sessionStorage에 color 키의 값으로 전달받은 색상값을 저장하고, 22행에서 이를 배경색으로 설정한다. 23행에서는 배경색 변경 메시지를 화면에 출력한다. 11행~18행의 get 함수 중 13행에서는 sessionStorage에서 저장되어 있는 color 키의 값을 읽어와서 16행에서 이를 배경색으로 설정한다. 8행~10행은 문서가 처음 로드될 때 호출되는 부분으로 get 함수를 호출한다. 따라서 처음 시작할 때는 기존에 저장되어 있는 배경색으로 화면이 출력된다. 실행 결과는 [그림 4.65]와 [그림 4.66]과 같다.

[그림 4.65] sessionStorage (크롬)

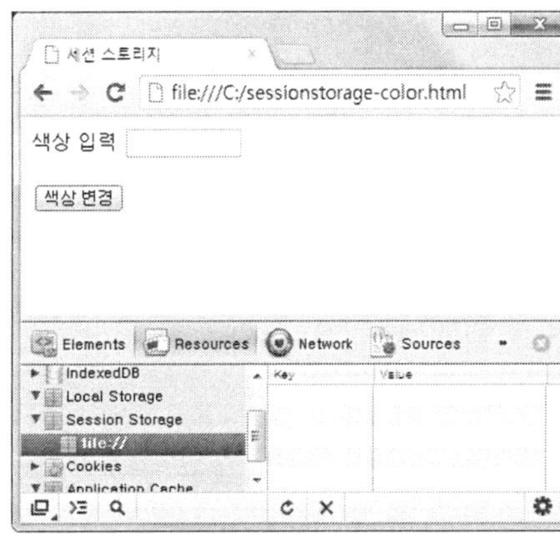

[그림 4.66] 새 창에서 다시 실행 (크롬)

[그림 4.65]는 예제가 웹 브라우저에서 실행되고 배경색을 파란색으로 변경했을 때의 상황이다. 이 문서의 배경색이 파란색으로 sessionStorage에 저장되어 있는 것을 확인할 수 있다. 또한, 일단 로드된 창에서 새로 고침을 하여도 변경된 배경색은 계속 유지됨을 알 수 있다. 그러나 [그림 4.66]과 같이 이 문서를 다른 새 창에서 실행했을 때는 전에 저장된 color 키와 값이 사라졌음을 확인할 수 있다. 기존의 값을 계속 유지했던 localStorage와는 달리 sessionStorage는 창이 종료될 때까지만 데이터를 저장하므로 새로운 창에서는 기존의 값이 유지되지 않는다. 따라서 localStorage 예제와는 달리 sessionStorage 예제에서는 새로운 창의 배경색이 기본색인 흰색임을 확인할 수 있다.

4.4.3 웹 워커

웹 워커(web worker)는 JavaScript 프로그램을 백그라운드(background)로 실행하는 기능을 제공한다. 하나의 스레드(thread)로 작업을 처리하는 웹 브라우저에서 시간이 오래 걸리는 작업을 실행할 경우에는 다른 작업을 처리하지 못하거나 성능이 급격히 저하되는 현상이 종종 발생하였다. HTML5에서는 멀티 스레드(multi thread)를 지원하는 웹 워커를 활용하여 시간이 오래 걸리는 작업은 백그라운드로 실행함으로써 다른 작업이 방해받지 않도록 할 수 있다.

일반적으로 포그라운드(foreground) 프로세스(process)는 대화형(interaction)으로 실행되고 백그라운드(background) 프로세스는 배치형(batch)으로 실행되며, 백그라운드 프로세스의 우선 순위를 포그라운드 프로세스보다 낮게 스케줄링 할 수 있다.

웹 워커를 활용하기 위해서는 다음과 같이 new 키워드를 사용하여 Worker 객체를 생성하여야 한다.

```
var w = new Worker("JavaScript 파일");
```

Worker 객체에서 제공하는 주요 메소드와 이벤트는 [표 4.18]과 다음과 같다.

[표 4.18] Worker 객체의 주요 메소드 및 이벤트

구분	이름	설명과 사용 예
메소드	postMessage(message)	웹 워커에게 메시지 송신
	terminate()	웹 워커를 강제로 종료
이벤트	onmessage	웹 워커가 보낸 메세지 수신 onmessage = function(event){...};
	onerror	에러 발생 시 처리 onerror = function(event){...};

웹 워커를 생성한 문서와 웹 워커는 서로 메세지를 주고 받을 수 있다. 웹 워커에게 메세지를 보낼 때는 postMessage()를 이용하고 웹 워커로부터 메시지를 받을 때는 onmessage를 이용한다. onmessage 이벤트에 'function(event){...};'와 같이 처리 함수를 정의하면 웹 워커가 보낸 메시지를 매개변수 event로 받아 처리할 수 있다.

다음은 임의의 수가 소수(prime number)인지 아닌지를 검사하는 예제들이다. 웹 워커를 사용한 것과 그렇지 않은 것의 비교를 통해서 백그라운드(background)에서의 실행과 포그라운드(foreground)에서의 실행의 차이를 알아본다.

웹 워커를 사용하는 예제

웹 워커를 사용하기 위해서 worker.js와 worker.html의 두 개의 파일을 준비한다. worker.js 파일은 웹 워커가 처리할 JavaScript 프로그램으로 임의의 수를 매개변수로 받아 이 수가 소수인지를 판단해 주는 일을 한다. worker.html 파일은 웹 워커를 생성한 후 임의의 수를 웹 워커에게 전달하고 처리 결과를 받는 일을 한다.

worker.js

```
1: function prime(digit) {
2:      for(var i = 2; i <= Math.sqrt(digit); i++) {
3:        if(digit % i == 0)
4:             return false;
5:      }
6:      return true;
7: }
8:
9: onmessage = function(wpevent) {
10:       if(prime(wpevent.data))
11:            postMessage(wpevent.data + ": 소수입니다.");
12:       else
13:            postMessage(wpevent.data + ": 소수가 아닙니다.");
14: }
```

예제의 1행~7행은 수 digit가 소수인지 아닌지를 판단하는 prime 함수이다. 2이상의 어떤 수로든 나누어떨어지면 소수가 아니므로 false를 반환하고, 그렇지 않으면 소수이므로 true를 반환한다. 9행~14행에서는 onmessage를 통해서 메시지를 전달받는다. 10행에서 wpevent.data를 통해서 임의의 수를 받아 prime 함수를 호출하여 그 결과가 true인지 아닌지를 판단한다. 결과가 true이면 11행을 통해 메시지를 보내고, 결과가 false이면 13행을 통해 메시지를 보낸다.

worker.html

```
<!DOCTYPE html>
<html>
   <head>
      <title> worker </title>
      <script type="text/javascript">
        function check() {
           var wpworker = new Worker("worker.js");
           wpworker.postMessage(document.getElementById("number").value);
```

```
9:              wpworker.onmessage = function(wpevent) {
10:                 document.getElementById("output").innerHTML = wpevent.data;
11:             }
12:         }
13:     </script>
14: </head>
15: <body>
16:     <input type="text" id="number" size="15">
17:     <button type="button" onclick="check()"> 소수 검사 </button>
18:     <div id="output"> </div>
19: </body>
20: </html>
```

예제의 16행에서는 텍스트 입력 필드에서 임의의 수를 number란 이름으로 입력받고, 17행에서는 소수 검사를 위해서 버튼을 누를 때 check 함수를 호출한다. 18행은 검사 결과를 화면에 출력하는 장소를 정의하는 부분이다. 6행~12행은 웹 워커를 이용하여 number가 소수인지 판별하고 그 결과를 화면에 출력하는 함수이다. 7행에서는 웹 워커를 생성한다. 8행에서는 id가 number인 요소를 찾아 그 요소의 값을 웹 워커에서 보낸다. 그 요소의 값이 16행의 입력 필드에 입력한 값이다. 웹 워커에서는 수를 받아서 소수인지 아닌지를 판단하고 그 결과를 반환하는데, 이것을 9행에서 매개변수 wpevent로 받는다. 10행에서는 반환 결과인 wpevent.data를 18행에서 정의한 id가 output인 곳에 출력한다. 실행 결과는 [그림 4.67]과 같다.

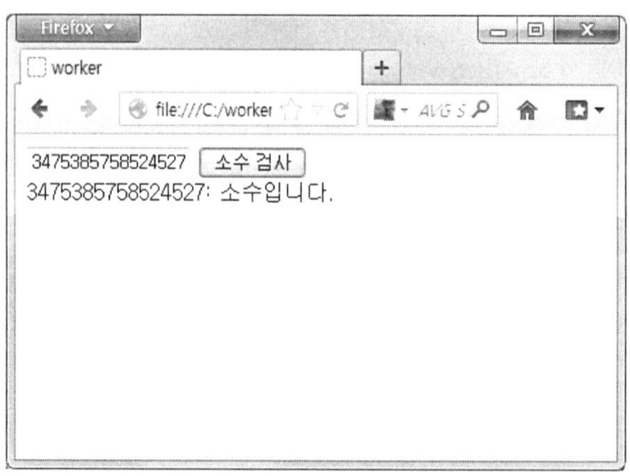

[그림 4.67] **웹 워커 이용 결과 (파이어폭스)**

예제의 실행 화면인 [그림 4.67]과 같이 입력 필드에 수를 입력한다. 소수 검사에 오랜 시간이 걸리도록 그림에서와 같이 비교적 큰 수를 입력한다. 큰 수의 소수 검사에는 오랜 시간이 걸리지만, 백그라운드에서 실행을 하는 것이기 때문에 그동안 웹 브라우저는 다른 일을 처리할 수 있다. 일정 시간 경과 후에는 소수 검사의 결과가 화면에 출력되는 것을 확인할 수 있다.

웹 워커를 사용하지 않는 예제

다음 예제는 웹 워커를 사용하지 않고 임의의 수를 입력받아서 이 수가 소수인지를 판단하는 예제이다.

worker-foreground.html

```
1: <!DOCTYPE html>
2: <html>
3:     <head>
4:         <title> worker </title>
5:         <script type="text/javascript">
6:             function prime(digit) {
7:                 for(var i = 2; i <= Math.sqrt(digit); i++) {
8:                         if(digit % i == 0)
9:                             return false;
10:                }
11:                return true;
12:            }
13:
14:            function check() {
15:                var num = document.getElementById("number").value;
16:
17:                if(prime(num))
18:                    document.getElementById("output").innerHTML = num + ": 소수입니다.";
19:                else
20:                    document.getElementById("output").innerHTML = num + ": 소수가 아닙니다.";
21:            }
22:        </script>
23:    </head>
24:    <body>
25:        <input type="text" id="number" size="15">
26:        <button type="button" onclick="check()"> 소수 검사 </button>
27:        <div id="output"> </div>
28:    </body>
29: </html>
```

예제의 25행에서 임의의 수를 number란 이름으로 입력받고, 26행에서 소수 검사 버튼을 누를 때 14행~21행에서 정의한 check 함수를 호출한다. 27행에서는 검사 결과를 화면에 출력하는 장소를 정의한다. 6행~12행은 매개변수 digit를 받아서 이 수가 소수인지 판단하는 함수이다. 앞의 예제에서는 웹 워커가 수행하던 부분이지만 이 예제에서는 직접 처리한다. 14행~21행은 check 함수를 정의한 부분으로 15행에서는 25행에서 입력된 수를 변수 num에 저장한다. 17행에서는 prime 함수를 호출하여 그 결과가 true인지 아닌지를 판단한다. 결과가 true이면 18행을 실행하여 27행에서 정의한 id가 output인 장소에 결과 메시지를 출력하고, 결과가 false이면 20행을 실행하여 결과 메시지를 출력한다. 실행 결과는 [그림 4.68]과 같다.

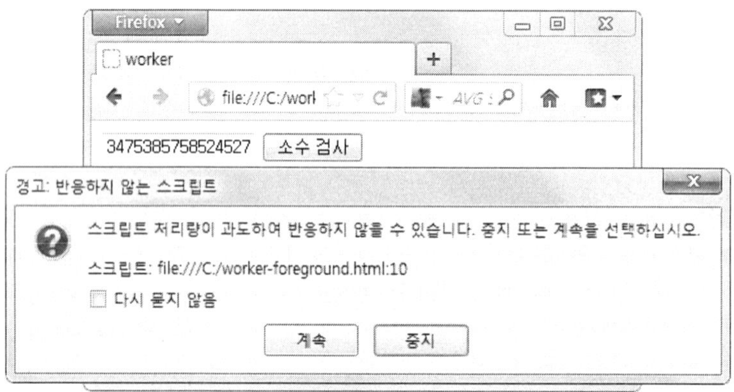

[그림 4.68] **웹 워커 이용하지 않은 결과 (파이어폭스)**

예제의 실행 결과를 살펴보자. [그림 4.68]과 같이 입력 필드에 수를 입력한다. 소수 검사에 오랜 시간이 걸리도록 하기 위해서 큰 수를 입력한다. 소수 검사에 오랜 시간이 걸리고 포그라운드에서 실행을 하기 때문에, 그동안 웹 브라우저가 다른 일의 처리를 멈추게 되어 그림과 같은 경고창이 나타나는 것을 확인할 수 있다.

4.4.4 파일 API

파일 API(file API)는 클라이언트에 저장된 파일을 웹 브라우저로 읽어올 수 있게 한다. 읽기 전용으로 읽어오기 때문에 파일을 수정할 수는 없다. 또한 미리 정한 파일 형식에 대해서만 읽어올 수 있다.

파일을 읽어오기 위해서는 File 객체와 FileReader 객체가 필요하다. File 객체는 파일에 대한 정보를 알려주며, FileReader 객체는 파일을 읽어올 때 사용한다. FileReader 객체는 다음과 같이 new 키워드를 사용하여 생성한다.

```
var reader = new FileReader();
```

File 객체에서 제공하는 주요 속성과 메소드는 [표 4.19]에서 보는 바와 같다.

[표 4.19] **File 객체의 주요 속성 및 메소드**

구분	이름	설명
속성	name	파일 이름
	size	파일 크기
	type	파일의 MIME 형식
	lastModifiedDate	파일이 마지막 수정된 시각
메소드	slice(start, length)	시작 위치에서 데이터를 길이만큼 잘라내어 새로운 Blob 객체 생성

FileReader 객체의 주요 속성, 메소드 및 이벤트는 [표 4.20]에 정리되어 있다.

[표 4.20] **FileReader 객체의 주요 속성, 메소드, 이벤트**

구분	이름	설명
속성	result	읽은 파일의 내용
	error	파일 읽는 중의 오류
메소드	readAsArrayBuffer(blob)	blob 객체(또는 file 객체)이 데이터를 읽어 ArrayBuffer 객체로 변환
	readAsBinaryString(blob)	blob 객체(또는 file 객체)의 데이터를 읽어 바이너리로 변환
	readAsDataURL(blob)	blob 객체(또는 file 객체)의 데이터를 읽어 DataURL 형식으로 변환
	readAsText(blob) readAsText(blob, encoding)	blob 객체(또는 file 객체)의 데이터를 읽어 UTF-8 또는 지정된 encoding으로 변환
	abort()	파일 읽기 중지
이벤트	onload	읽기 성공 시 발생
	onprogress	읽기 진행 상황 보고 시 발생
	onerror	읽기 오류일 때 발생

다음은 FileReader 객체를 이용하여 클라이언트에 저장되어 있는 텍스트 파일을 읽어오는 예제이다.

file.html

```
1: <!DOCTYPE html>
2: <html>
3:    <head>
4:       <title> file api </title>
5:       <script type="text/javascript">
6:          function file_read(files) {
7:             for(var i = 0; i < files.length; i++) {
8:                var wpfile = files[i];
9:                document.getElementById("name").innerHTML = "파일명:" + wpfile.name;
10:               document.getElementById("type").innerHTML = "파일 타입:" + wpfile.type;
11:               document.getElementById("size").innerHTML = "파일 크기:" + wpfile.size
                                                               + "Bytes";
12:               var wpfilereader = new FileReader();
13:               wpfilereader.onload = function() {
14:                  document.getElementById("file_content").value = wpfilereader.result;
15:               }
16:               wpfilereader.readAsText(wpfile, "EUC-KR");
17:            }
18:         }
19:      </script>
20:   </head>
21:   <body>
22:      <input type="file" id="file" onchange="file_read(files);"> <br> <br>
23:      <div id="name"> 파일명 </div>
24:      <div id="type"> 파일 타입 </div>
25:      <div id="size"> 파일 크기 </div> <br> <br>
26:      파일 내용 <br> <textarea id="file_content" rows="10" cols="70"> </textarea>
27:   </body>
28: </html>
```

예제의 22행에서는 파일 타입 입력 양식을 이용하여 읽어올 파일을 선택한다. 23행~25행에서는 파일의 정보를 화면에 출력하는 장소를 정의하고 26행에서는 파일의 내용을 출력하기 위해 텍스트 영역을 생성한다. 22행에서 파일을 선택하면 6행~18행에서 정의된 file_read 함수를 호출하게 된다. 이때 파일을 여러 개 선택할 수도 있다. 그러면 8행의 files[i] 배열을 이용해서 파일을 하나씩 담고 7행의 for문을 이용해서 파일을 하나씩 파일의 개수만큼 읽어오는 일을 반복한다. 9행에서 파일의 이름을 읽어 23

행에서 정의한 id가 name인 장소에 파일의 이름을 출력시킨다. 같은 방법으로 파일의 타입과 파일의 크기도 출력한다. 12행에서 FileReader 객체를 생성하고 14행에서 생성된 객체를 통해 파일 내용을 읽어서 26행 위치에서 정의한 id가 file_content인 장소에 출력한다. 16행에서처럼 한글을 출력하고 싶으면 euc-kr로 설정한다. 실행 결과는 [그림 4.69]에서 보는 바와 같다.

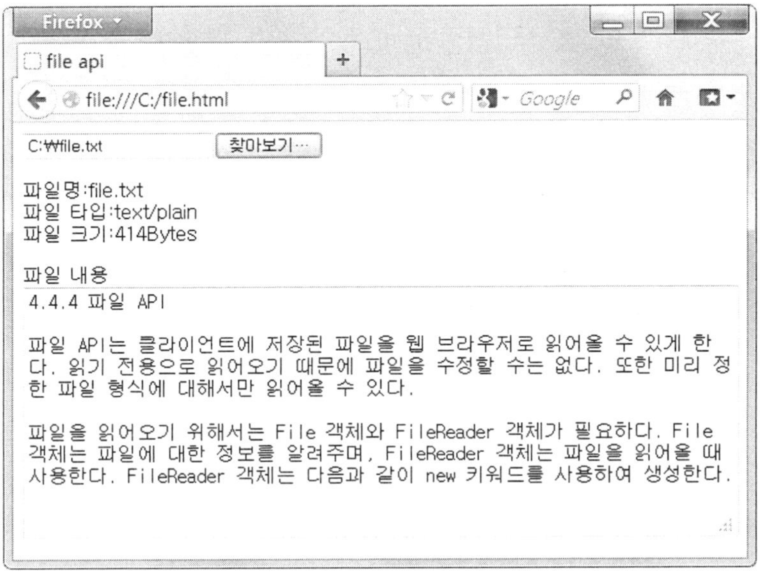

[그림 4.69] **파일 API 예제 실행 결과 (파이어폭스)**

4.4.5 지오로케이션

지오로케이션(geolocation) API를 이용하면 PC나 모바일 장치 등의 브라우저에서 사용자의 현재 위치를 알아낼 수 있다. 이때 사용하는 메소드에 대해서 알아보자.

getCurrentPosition(success_callback, error_callback, options)

- 현재의 위치 정보를 얻음
- success_callback : 위치 정보를 성공적으로 얻은 경우에 호출, Position 객체 전달
- error_callback : 위치 정보 얻는데 실패할 경우에 호출, PositionError 객체 전달
- options : PositionOptions 객체 전달

getCurrentPosition() 메소드는 현재의 위치 정보를 얻어오는 것으로 위치 정보 획득에

성공하면 success_callback 함수를 이용하여 Position 객체를 통해 위치 정보를 획득할 수 있다. 위치 정보 획득에 실패하면 error_callback 함수를 이용하여 PositionError 객체를 통해 실패 관련 정보를 얻을 수 있다. options는 위치 정보 획득시의 옵션을 설정할 수 있다.

위치 정보를 획득하기 위해서는 navigator 객체의 Geolocation 객체가 제공하는 getCurrentPosition() 메소드를 사용하여야 하며, 다음과 같은 방법으로 설정한다.

```
navigator.geolocation.getCurrentPosition(successCallback, errorCallback);
```

다음은 getCurrentPosition() 메소드에서 사용하는 Position 객체, PositionError 객체, PositionOptions 객체에 대해서 알아본다.

Position 객체의 주요 속성은 [표 4.21]과 같으며 세부 위치 정보를 제공한다.

[표 4.21] **Position 객체의 주요 속성**

속성	설명
coords	세부 위치 정보 latitude : 위도 (degree로 표시) longitude : 경도 (degree로 표시) altitude : 고도 (meters로 표시), 표시할 수 없으면 null 값 accuracy : 위도, 경도 오차 (meter로 표시) altitudeAccuracy : 고도의 오차 (meter로 표시), 표시할 수 없으면 null 값 heading : 디바이스가 움직이는 진행 방향 (degree로 표시), 표시할 수 없으면 null 값 speed : 디바이스의 진행 속도 (ms로 표시), 표시할 수 없으면 null 값
timestamp	위치 정보를 얻을 때의 시각 정보

Position 객체를 이용하여 위치 정보를 얻는 방법은 다음과 같다.

```
position.coords.latitude      : 위도 정보를 얻음
position.coords.longitude     : 경도 정보를 얻음
```

PositionError 객체의 주요 속성은 [표 4.22]와 같으며 에러 정보를 제공한다.

[표 4.22] PositionError 객체의 주요 속성

속성	설명
code	에러 코드 0 (UNKNOWN_ERROR) : 알 수 없는 에러 1 (PERMISSION_DENIED) : 위치 정보를 얻을 권한이 없음 2 (POSITION_UNAVAILABLE) : 위치 정보를 얻을 수 없음 3 (TIMEOUT) : 시간 초과
message	에러 메세지

PositionOptions 객체의 주요 속성은 [표 4.23]과 같으며 위치 정보 제공 시의 옵션을 설정할 수 있다.

[표 4.23] PositionOptions 객체의 주요 속성

속성	설명
enableHighAccuracy	정확도가 높은 위치 정보를 요청할 때 true 지정 (기본 false)
timeout	위치 정보를 구하기 위해 허용되는 시간 제한
maximumAge	위치 정보의 유효 기간

위치 정보 얻기

다음은 getCurrentPosition() 메소드를 사용하여 사용자의 현재 위치에 대한 정보를 얻는 예제이다.

geolocation.html

```
<!DOCTYPE html>
<html>
  <head>
    <title> geolocation </title>
    <script type="text/javascript">
    window.onload = function() {
            navigator.geolocation.getCurrentPosition(successCallback, errorCallback);
    }

```

```
10:     function successCallback(wp_position) {
11:             document.getElementById("result").innerHTML += "<br> <br>" +
                        "위도: " + wp_position.coords.latitude + "<br>" +
                        "경도: " + wp_position.coords.longitude + "<br>" +
                        "오차: " + wp_position.coords.accuracy;
12:     }
13:
14:     function errorCallback(wp_position_error) {
15:             document.getElementById("result").innerHTML =
                    wp_position_error.code + ": " + wp_position_error.message;
16:     }
17:     </script>
18:   </head>
19:   <body>
20:     <div id="result"> 사용자 위치 정보 </div>
21:   </body>
22: </html>
```

예제의 6행에서 페이지가 웹 브라우저에 로드될 때 함수를 호출하도록 하였다. 7행에서는 getCurrentPosition 메소드를 호출하여 위치 정보를 획득한다. 성공하면 10행~12행을 수행하며 실패하면 14행~16행을 실행한다. 11행에서는 위도와 경도 그리고 오차를 읽어오고 이것들을 20행에서 정의한 장소에 출력한다. 실행 결과는 [그림 4.70]과 [그림 4.71]에서 보는 바와 같다.

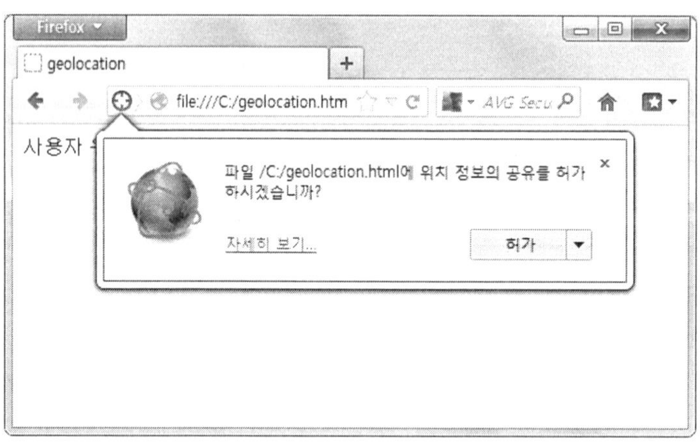

[그림 4.70] 위치 정보 공유 허가 (파이어폭스)

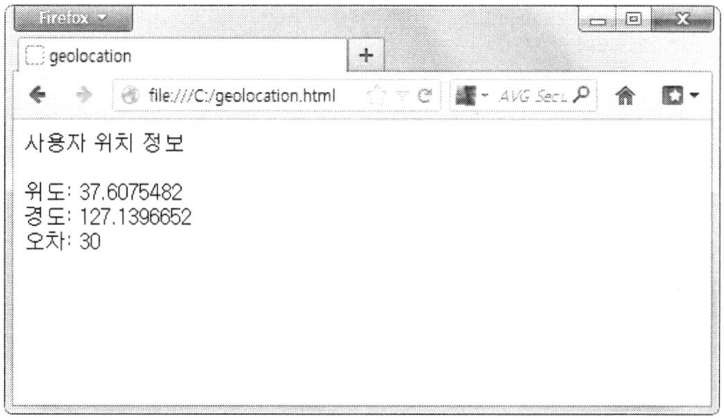

[그림 4.71] **현재 위치 추적 (파이어폭스)**

[그림 4.70]에서 위치 정보의 공유를 허가받아서 [그림 4.71]처럼 현재의 위치를 출력한다.

지도 이용

구글이나 네이버 등에서 제공하는 지도를 활용하여 사용자의 지도 상의 위치를 화면에 보여줄 수 있다. 구글 지도를 활용하기 위해서는 구글에서 제공하는 Google Maps API와 google.maps.LatLng 객체, google.maps.Map 객체를 이용해야 한다.

API 이용

Google Maps API를 이용하기 위해서는 'http://maps.google.com/maps/api/js' 스크립트를 사용해야 하고, sensor 매개변수 값을 설정해야 한다. sensor 매개변수는 애플리케이션에서 사용자의 위치를 확인하는 데 센서를 사용할지 여부를 지정하는 것으로 반드시 true 또는 false로 설정해야 한다.

다음과 같이 <script> 태그를 사용하여 연결한다.

```
<script type="text/javascript"
        src="http://maps.google.com/maps/api/js?sensor=false">
</script>
```

google.maps.LatLng 객체

지도 상에서 위치를 나타내는 객체이다. new 키워드를 사용하여 생성한다. 위도와 경도의 값을 주면 그 지점의 지도를 보여준다.

```
var wplatlng = new google.maps.LatLng(position.coords.latitude, position.coords.longitude);
```

지도 옵션

지도의 초기값을 설정한다.

- zoom : 줌 레벨 지정 (레벨이 높을수록 높은 해상도로 확대됨)
- center : 중심점 지정
- mapTypeId : 지도 유형 지정

지도 유형은 [표 4.24]에서 확인할 수 있다.

[표 4.24] MapTypeId

지도 유형	설명
ROADMAP	기본 2D 구글 지도 표시
SATELLITE	위성 사진 형태의 구글 지도 표시
HYBRID	위성 사진 형태와 도로, 도시 등 지형 지물을 함께 표시
TERRAIN	고도 및 산, 강 등을 나타내기 위한 기복 형태의 지도 표시

지도 옵션의 설정 방법은 다음과 같다.

```
var wpOptions = { zoom:15, center:wplatlng,
                  mapTypeId:google.maps.MapTypeId.ROADMAP};
```

google.maps.Map 객체

지도를 표현하는 객체이다. new 연산자를 사용하여 생성한다.

```
var wpmap = new google.maps.Map(document.getElementById("map"), wpOptions);

<div id="map" style="width:700px; height:500px;"> </div>
```

wpmap이라는 변수를 정의하고 document.getElementById() 메소드를 통해 id가 map인 장소에 지도를 생성한다. wpOptions는 지도의 속성을 초기화하는 데 사용한다.

다음은 구글 지도를 활용하여 사용자의 현재 위치를 보여주는 예제이다.

geolocation-map.html

```
1: <!DOCTYPE html>
2: <html>
3:     <head>
4:          <title> geolocation </title>
5:          <script type="text/javascript"
                  src="http://maps.google.com/maps/api/js?sensor=false">
6:          </script>
7:          <script type="text/javascript">
8:          window.onload = function() {
9:                  navigator.geolocation.getCurrentPosition(successCallback, errorCallback);
10:         }
11:
12:         function successCallback(wp_position) {
13:                 var wplatlng = new google.maps.LatLng(wp_position.coords.latitude,
                                                  wp_position.coords.longitude);
14:                 var wpOptions = {zoom:15, center:wplatlng,
                                      mapTypeId:google.maps.MapTypeId.ROADMAP};
15:                 var wpmap = new google.maps.Map(document.getElementById("map"),
                                                  wpOptions);
16:         }
17:
18:         function errorCallback(wp_position_error) {
19:                 document.getElementById("map").innerHTML =
                            wp_position_error.code + ": " + wp_position_error.message;
20:         }
21:         </script>
22:     </head>
23:     <body>
24:         <div id="map" style="width:700px; height:500px;"> </div>
25:     </body>
26: </html>
```

예제의 8행에서 페이지가 웹 브라우저에 로드될 때 함수를 호출한다. 5행에서 구글 지도를 연결한다. 9행에서는 getCurrentPosition() 메소드를 호출하여 위치 정보를 획득한다. 성공하면 12행~16행을 수행하며 실패하면 18행~20행을 실행한다. 13행에서는 구글에서 제공하는 메소드를 통해서 위도와 경도를 설정한다. 14행은 화면에 보일 지도에 대한 스타일을 정하는 것으로 현재의 위치를 중앙에 오도록 하고 2차원 지도로 보이게 한다. zoom의 값이 클수록 화면은 더 확대되어 보인다. 15행에서는 이러한 옵션들을 이용해서 지도를 생성하고 24행의 map 위치에 출력한다. 실행 결과는 [그림 4.72]와 같다.

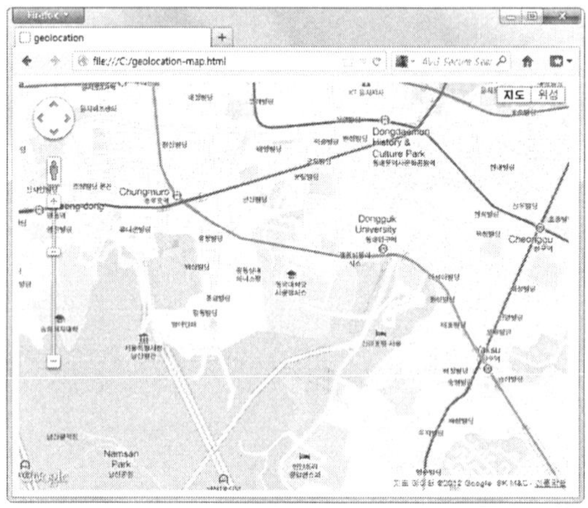

[그림 4.72] **구글 지도를 이용한 현재 위치 (파이어폭스)**

4.4.6 애플리케이션 캐시

애플리케이션 캐시(application cache)는 오프라인 상태에서도 온라인 상태일 때처럼 애플리케이션이 실행되도록 하는 기능이다. 이는 애플리케이션이 참조하는 파일들을 클라이언트의 로컬 캐시(local cache)에 저장함으로써 가능하다. 애플리케이션 캐시를 학습하기 위해서 다음의 실행 환경을 준비한다.

실행 환경

애플리케이션 캐시 예제를 실행하기 위한 준비 사항에 대해서 알아본다.

컴퓨터 2대

컴퓨터 하나는 서버 용이며, 다른 하나는 서버에 접속하는 클라이언트 용이다.

실행 방법

· 서버의 C:\Program Files\Apache Software Foundation\Tomcat 7.0\webapps\ROOT 폴

더에 테스트할 파일을 저장한다. 이 경로는 부록에서 설명하는 Apache Tomcat 설치 방법 대로 실행하면 생성되는 홈 디렉토리(home directory)이다.

· 클라이언트의 웹 브라우저의 주소 입력창에 'http://IP 주소:8080/파일명'을 입력한다.

애플리케이션 캐시 미사용 예제

· 서버의 IP를 확인한다. 서버에서 명령 프롬프트 창을 실행시켜 ipconfig 명령어를 입력하면 IP를 알 수 있다.

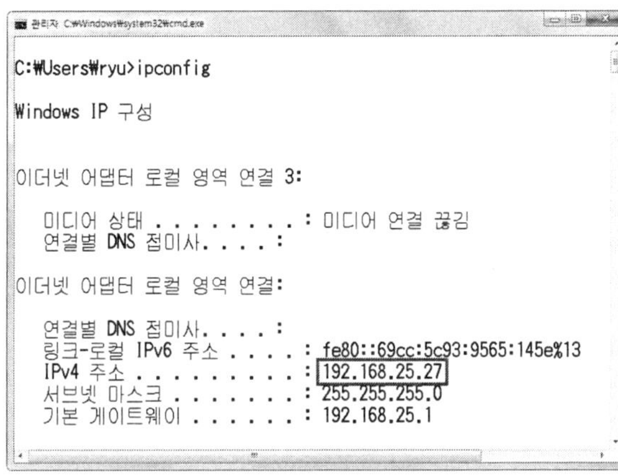

[그림 4.73] 서버의 IP 확인

· 서버의 C:\Program Files\Apache Software Foundation\Tomcat 7.0\webapps\ROOT 폴더에 다음의 파일 cache.html와 cache.js를 저장한다.

cache.html

```
<!DOCTYPE html>
<html>
    <head>
        <title> application cache </title>
    </head>
    <body>
        <script type="text/javascript" src="cache.js"> </script>
        <div id="output"> </div>
    </body>
</html>
```

cache.js

```
window.onload = function() {
    document.getElementById("output").innerHTML = "안녕하세요!! 환영합니다!!";
};
```

예제에서 document.getElementById("output").innerHTML은 HTML 문서 안에서 id가 output인 요소 위치에 “안녕하세요!! 환영합니다!!” 라는 텍스트를 출력한다.

· [그림 4.74]는 클라이언트의 브라우저가 온라인 상태에서 페이지를 로드한 결과이다. 클라이언트의 웹 브라우저 주소 입력창에 서버의 IP와 파일명을 입력한다. 즉, 자신의 IP 주소를 사용하여 ‘http://IP 주소:8080/cache.html’을 입력하고 접속한다. 브라우저 화면에서 마우스 오른쪽 버튼을 클릭하면 ‘요소 검사’ 란 메뉴 항목이 있는데, 이를 선택하고 Resources 탭을 누르면 애플리케이션 캐시 정보를 확인할 수 있다. 이 경우에는 애플리케이션 캐시를 설정하지 않았기 때문에 아무것도 보이지 않는다.

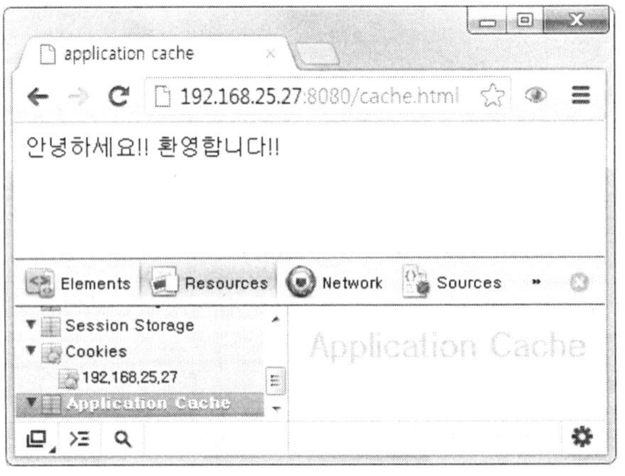

[그림 4.74] 온라인 상태에서의 접속 (크롬)

이제 인터넷 선을 컴퓨터에서 뽑아 연결을 끊고 오프라인 상태에서 클라이언트의 브라우저가 앞과 같은 페이지에 접속하면 어떻게 되는지 살펴보자. [그림 4.75]와 같이 클라이언트의 브라우저가 오프라인 상태에서는 페이지에 연결할 수 없으므로 경고 메시지를 보여주는 것을 확인할 수 있다.

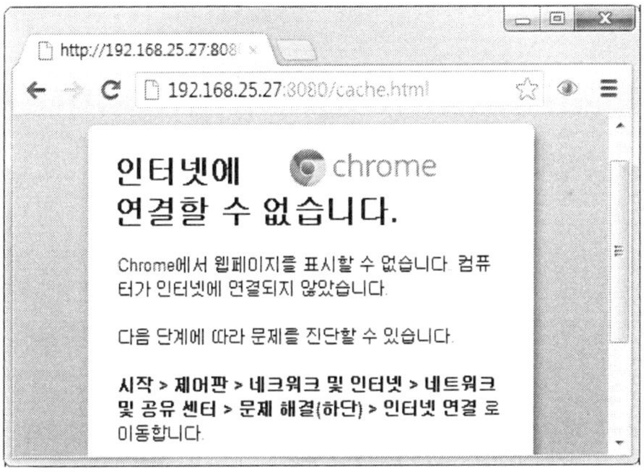

[그림 4.75] 오프라인 상태에서의 접속 (크롬)

애플리케이션 캐시 사용 예제

이제 애플리케이션 캐시를 사용하면 어떻게 달라지는지 살펴보자. 애플리케이션 캐시를 사용하기 위해서는 다음과 같은 manifest 파일을 작성해야 한다.

manifest 파일 작성

manifest 파일은 오프라인 상태에서 애플리케이션을 실행하기 위해서 로컬 캐시에 저장할 파일 목록을 기술한 텍스트 파일이다. 다음의 규칙을 준수하여 작성한다.

- 파일 유형은 text/cache-manifest임
- 파일의 첫 줄은 CACHE MANIFEST로 시작
- CACHE, FALLBACK, NETWORK의 세 개의 섹션으로 구성
- CACHE 섹션 : 로컬 캐시에 저장할 파일 기술 (필수)
- FALLBACK 섹션 : 지정된 파일이 존재하지 않을 경우에 대체할 파일 기술
- NETWORK 섹션 : 로컬 캐시에 저장하지 않고 네트워크를 통해 전송받을 파일 기술
- 파일은 url 형식으로 기술하며, 절대 경로 또는 상대 경로로 표시
- 모든 파일은 메인 페이지와 동일한 도메인 내에 있어야 함
- 주석문은 '#'으로 시작

세 개의 섹션 중에서 CACHE 섹션은 필수이며, 만약 별도의 섹션 지시어 없이 manifest 파일을 기술하면 CACHE 섹션으로 간주한다. 이러한 규칙을 준수하여 다음과 같은 manifest 파일을 작성한다. 여기서는 필수적인 내용만을 간략히 기술한다.

cache.manifest

```
CACHE MANIFEST

# 응용 프로그램 버전 : 1.0

CACHE:
cache-manifest.html
cache.js
```

cache-manifest.html은 앞의 cache.html 파일의 <html> 태그를 수정한 것이다. <html> 태그 안에 연결할 manifest 파일을 지정한다.

cache-manifest.html

```
<!DOCTYPE html>
<html manifest="cache.manifest">
   <head>
      <title> application cache </title>
   </head>
   <body>
      <script type="text/javascript" src="cache.js"> </script>
      <div id="output"> </div>
   </body>
</html>
```

cache.js

```
window.onload = function() {
    document.getElementById("output").innerHTML = "안녕하세요!! 환영합니다!!";
};
```

- 서버의 C:\Program Files\Apache Software Foundation\Tomcat 7.0\webapps\ROOT 폴더에 cache.manifest, cache-manifest.html, cache.js의 3개의 파일을 저장한다. 클라이언트의 웹 브라우저의 주소 입력창에 [그림 4.76]처럼 서버의 IP와 파일명을 입력하여 접속한다.

[그림 4.76]은 클라이언트의 브라우저가 온라인 상태에서 페이지에 접속한 결과이다. 브라우저 화면에서 마우스의 오른쪽 버튼을 클릭하면 '요소 검사' 라는 메뉴 항목이 있는데, 이를 선택한 후 Resources 탭을 눌러 Application Cache를 선택하면 [그림 4.76]의 우측 하단에 보이는 것처럼 애플리케이션 캐시 정보를 확인할 수 있다. 여기서 앞의 3개의 파일 이름들을 볼 수 있다.

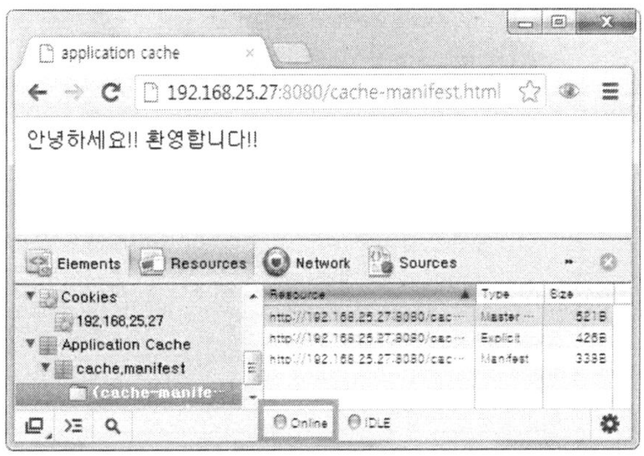

[그림 4.76] **온라인 상태에서의 접속 (크롬)**

[그림 4.77]은 오프라인 상태에서 브라우저가 페이지 내용을 출력한 결과이다. 이제 애플리케이션 캐시가 설정되었으므로 오프라인 상태에서도 페이지의 내용을 볼 수 있다. [그림 4.77]의 하단 중앙을 보면 오프라인임을 나타내는 빨간색 표시가 나타나 있음에도 애플리케이션 캐시를 이용하여 마치 온라인처럼 서비스됨을 알 수 있다.

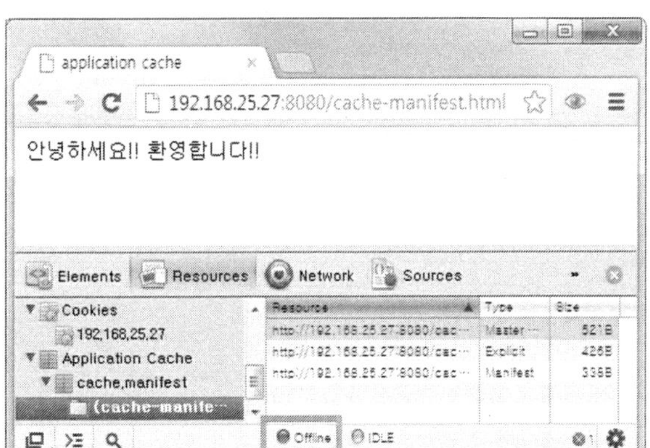

[그림 4.77] **오프라인 상태에서의 접속 (크롬)**

애플리케이션 캐시 업데이트

애플리케이션 캐시의 업데이트를 위해서는 applicationCache 객체를 이용해야 한다.

applicationCache 객체

applicationCache 객체의 주요 속성 및 메소드를 [표 4.25]에서 보여주고 있다.

[표 4.25] applicationCache 객체의 주요 속성 및 메소드

구분	이름	설명
속성	status	현재 상태를 정수값으로 알려줌 0 (UNCACHED) : 캐시되지 않은 상태 1 (IDLE) : 캐시가 업데이트되지 않은 상태 2 (CHECKING) : 업데이트 체크 3 (DOWNLOADING) : 업데이트 다운로드 중 4 (UPDATEREADY) : 업데이트할 내용이 있음 5 (OBSOLETE) : 캐시 무효화
메소드	update()	캐시 파일의 업데이트를 수행
	swapCache()	update() 완료 후 기존의 캐시를 업데이트된 캐시로 대체

애플리케이션 캐시 업데이트 방법

애플리케이션 캐시를 업데이트하는 방법은 다음과 같다.

- 캐시 상태를 점검하여 applicationCache.status가 UPDATEREADY 상태인지 확인한다.

```
if(window.applicationCache.status == window.applicationCache.UPDATEREADY) { ... }
```

- 업데이트할 내용이 있으면 window.applicationCache.update()를 호출하여 사용자의 캐시를 업데이트한다.

```
window.applicationCache.update();
```

- applicationCache.swapCache()를 사용하여 기존의 캐시를 업데이트된 캐시로 교체한다.

```
window.applicationCache.swapCache();
```

애플리케이션 캐시 업데이트

- applicationCache 객체를 활용하여 캐시 업데이트가 가능하도록 cache-update.js 파일을 작성한다.

cache-update.js

```
window.onload = function() {
  if(applicationCache.status == applicationCache.UPDATEREADY) {
      applicationCache.update();
      applicationCache.swapCache();
  }
  else { document.getElementById("output").innerHTML = "안녕하세요!! 환영합니다!!";
  }
};
```

cache-update.html

```
<!DOCTYPE html>
<html manifest="cache-update.manifest">
   <head> <title> application cache </title> </head>
   <body>
       <script type="text/javascript" src="cache-update.js"> </script>
       <div id="output"> </div>
   </body>
</html>
```

cache-update.manifest

```
CACHE MANIFEST

# 응용 프로그램 버전 : 1.0

CACHE:
cache-update.html
cache-update.js
```

- 클라이언트에서 온라인 상태로 서버에 접속하면 [그림 4.78]과 같다.

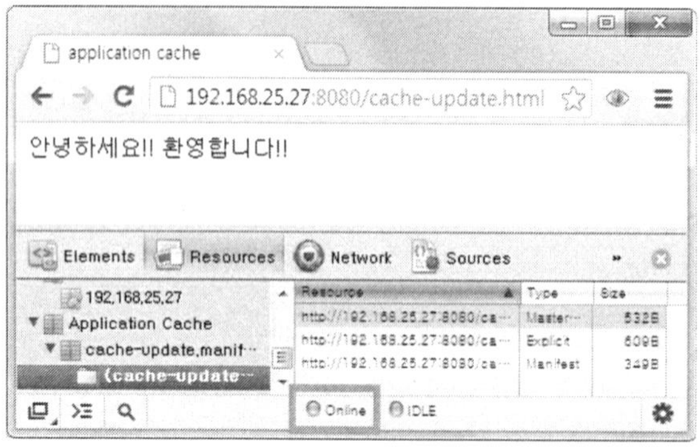

[그림 4.78] 온라인 상태에서의 접속 (크롬)

· cache-update.js 파일은 다음과 같이 수정한다.

cache-update.js

```
......
document.getElementById("output").innerHTML = "안녕하세요!! 환영합니다!! 또 오세요!! *^^* ";
......
```

· 클라이언트에서 온라인 상태로 서버에 다시 접속한다. 파일의 내용이 변경되었음에도 불구하고 [그림 4.79]에서 보는 것처럼 변경된 내용이 반영되지 않는다.

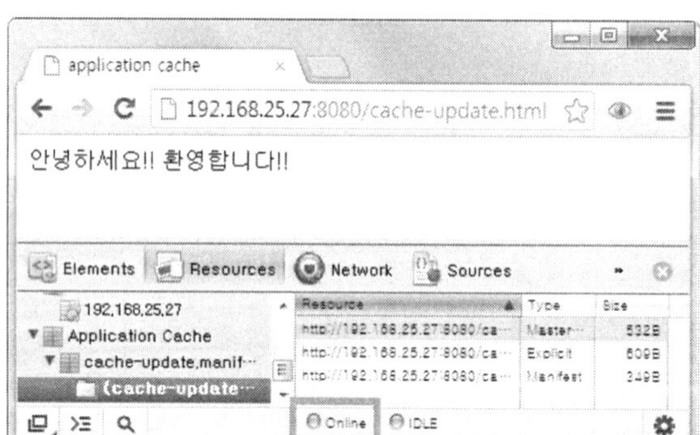

[그림 4.79] 온라인 상태에서의 접속 (크롬)

이와 같이 애플리케이션 캐시에 의해 로컬 캐시에 저장된 파일은 서버에서 해당 파일의 내용이 변경되더라도 반영되지 않는다. 그 이유는 서버에 있는 manifest 파일 정보와 로컬 캐시에 있는 manifest 파일 정보만을 비교하기 때문이다. 서버에 있는 manifest 파일이 변경되면 로컬 캐시에 있는 manifest 파일과 다르기 때문에 수정된 파일들을 다운받아 로컬 캐시에 저장하여 사용한다. 그러므로 manifest 파일의 내용도 수정해야 한다.

· 이번에는 manifest 파일의 내용도 함께 수정한다. 간단히 주석문의 내용인 버전의 수를 올려서 적는다.

cache.manifest

```
......
# 응용 프로그램 버전 : 2.0
......
```

[그림 4.80]은 클라이언트의 브라우저가 온라인 상태에서 페이지에 연결한 결과이다. 변경된 내용이 반영된 것을 확인할 수 있다. [그림 4.81]과 같이 클라이언트의 브라우저가 오프라인 상태에서도 변경된 페이지의 내용이 출력되는 것을 확인할 수 있다.

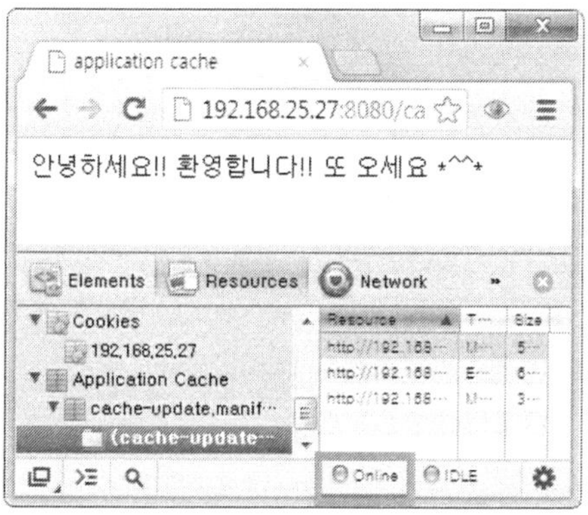

[그림 4.80] **온라인 상태에서의 접속 (크롬)**

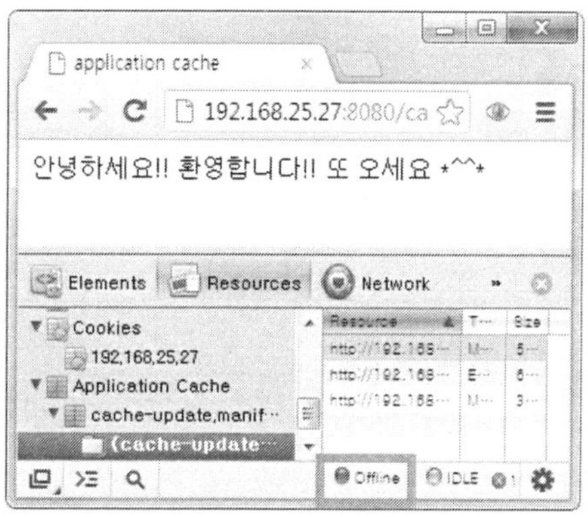

[그림 4.81] **오프라인 상태에서의 접속 (크롬)**

이처럼 애플리케이션 캐시는 서버에 있는 파일의 수정 상태를 manifest 파일의 수정 유무로 판단하기 때문에, 서버에서 파일을 수정하였으면 manifest 파일의 내용도 함께 수정해야 한다. 그렇지 않으면 서버에서 파일의 내용을 변경하더라도 로컬 캐시에 반영되지 않아, 기존의 로컬 캐시에 저장되었던 수정 전 파일을 그대로 사용하게 된다.

4.4.7 서버 전송 이벤트

서버 전송 이벤트(server-sent events)는 서버 프로그램이 클라이언트에게 일정한 주기로 메시지를 보내는 푸시(push) 기능의 구현에 사용된다. 클라이언트가 서버에게 수정된 데이터가 있는지 확인하지 않아도 자동으로 서버가 수정된 데이터를 클라이언트에게 보내줄 수 있다. 이를 위해서 EventSource 객체를 활용한다.

EventSource 객체는 다음과 같은 방법으로 생성한다.

```
var source = new EventSource("서버 사이드 스크립트의 url");
```

생성된 EventSource 객체를 통해서 서버로부터 메시지를 수신할 수 있다. 서버 사이드 스크립트는 JSP, ASP, PHP 등을 이용하여 구현할 수 있으며 본 예제에서는 JSP로 구현하기로 한다. JSP에 대해서는 이 책의 뒷부분에서 자세히 배운다.

EventSource 객체의 주요 속성, 메소드 및 이벤트에 대해서 정리하면 [표 4.26]과 같다.

[표 4.26] EventSource 객체의 주요 속성, 메소드, 이벤트

구분	이름	설명
속성	readyState	EventSource의 상태 - CONNECTING : 서버에 접속 요청 중 - OPEN : 서버에 접속 요청 완료 - CLOSED : 서버와 접속 종료
	url	EventSource 생성할 때 지정된 url
메소드	close()	서버와의 접속 해제
이벤트	onopen	서버 접속 완료 시 발생
	onmessage	서버에게 메시지를 받을 때 발생
	onerror	에러가 있을 때 발생

서버 전송 이벤트는 서버가 클라이언트에게 주기적으로 메시지를 보내도록 한다. 이렇게 보내는 메시지는 다음과 같은 규칙을 준수하여 작성한다.

[메시지 규칙]
- Content-Type: text/event-stream
- 문자 인코딩은 UTF-8 형식
- 주석문은 ':' 으로 시작
- '필드명 : 필드값' 형식으로 전송

메시지를 작성할 때는 Content-Type을 text/event-stream으로 하고 필드명과 필드값을 하나로 묶어서 전송한다. 이때 메시지에서 사용되는 필드는 [표 4.27]과 같다.

[표 4.27] 메시지에서 사용되는 필드

필드	설명
event	이벤트의 이름
data	메시지 내용 기술, 이 값이 없으면 이벤트 발생 안 함
id	이벤트의 id
retry	재요청 간격 (ms) / 미작성 시 브라우저에서 지정한 대로 동작

실행 방법

서버 전송 이벤트 예제를 실행하는 방법에 대해서 알아본다.

- C:\Program Files\Apache Software Foundation\Tomcat 7.0\webapps\ROOT 폴더에 서비스할 파일을 저장한다. 여기서는 server-send-event.html과 server-send-event.jsp를 저장한다. 이 경로는 부록에서 설명하는 Apache Tomcat 설치 방법대로 실행하면 생성되는 홈 디렉토리(home directory)이다. 또한, JSP를 사용하기 위해서 부록에서 설명하는 JDK 설치 방법대로 실행한다.
- 웹 브라우저의 주소 입력창에 'http://localhost:8080/파일명'을 입력한다. 여기서는 'http://localhost:8080/server-send-event.html'을 입력한다.

다음은 서버 전송 이벤트를 이용하여 서버가 클라이언트에게 3초 간격으로 메시지를 보내는 예제이다.

server-send-event.html

```
<!DOCTYPE html>
<html>
   <head>
      <title> server send event </title>
      <script type="text/javascript">
        window.onload = function() {
             var wpeventsource = new EventSource("server-sent-event.jsp");
             wpeventsource.onmessage = function(wpevent) {
               document.getElementById("output").innerHTML += wpevent.data + "<br>";
             };
        }
      </script>
   </head>
   <body>
      <div id="output"> </div>
   </body>
</html>
```

예제의 15행에서는 화면에 메시지를 출력할 장소를 정의한다. 6행에서는 문서가 로드되면서 바로 함수를 호출하도록 하고, 7행에서 EventSource 객체를 생성한다. 이때 사용된 서버 사이드 스크립트는 server-sent-event.jsp로, 클라이언트에게 주기적으로 메시지를 전송한다. 8행~9행에서는 서버로부터 메시지를 수신하고, 15행에서 정의한 곳에 이를 출력한다. 메시지 출력은 기존의 내용에 새로운 것을 추가하는 방식으로 한다.

server-sent-event.jsp

```
1: <%@ page import="java.util.Date" %>
2: <%
3:     response.setContentType("text/event-stream");
4:
5:     Date time = new Date();
6: %>
7: retry: 3000
8: data: <%= time %>
```

sse.jsp 파일은 서버가 클라이언트에게 보내는 메시지 내용을 포함한다. 3행에서 출력하는 문서의 Content-Type을 text/event-stream으로 설정하고, 5행에서 날짜와 시각을 알려주는 Date() 객체를 생성한다. 7행에서 메시지 송신 간격을 3초로 정한다. 8행에서 날짜와 시각을 송신 메시지로 설정한다. [그림 4.82]는 서버 전송 이벤트가 실행되고 있는 결과 화면이다. 3초마다 서버로부터 메시지가 수신됨을 확인할 수 있다.

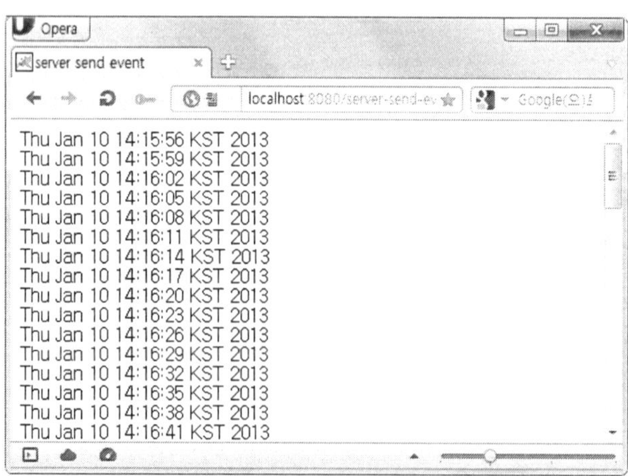

[그림 4.82] 서버 전송 이벤트 예제 실행 결과 (오페라)

4.4.8 웹 소켓

웹 소켓(web socket)은 웹 서버와 클라이언트 사이의 양방향 통신을 지원한다. 클라이언트가 서버에 접속하여 연결이 되면, 클라이어트와 서버는 서로 메시지를 교환할 수 있다. 이를 위해서는 WebSocket 객체가 필요하며, 주요 속성, 메소드 및 이벤트를 정리하면 [표 4.28]과 같다.

[표 4.28] **WebSocket 객체의 주요 속성, 메소드, 이벤트**

구분	이름	설명
속성	bufferedAmount	전송 대기 중인 데이터의 바이트 수
	readyState	서버와의 접속 상태 0 (CONNECTING) : 연결되기 전 상태 1 (OPEN) : 연결된 상태 2 (CLOSING) : 연결 해제 수행 상태 3 (CLOSED) : 연결 해제 상태
	url	서버의 url 주소
메소드	close()	연결 해제
	send()	서버에 메시지 전송
이벤트	onclose	연결 해제 시 발생
	onerror	에러가 있을 때 발생
	onmessage	메시지 수신 시 발생
	onopen	서버와 웹 소켓 연결 시 발생

WebSocket 객체는 다음과 같이 new 키워드를 사용하여 생성한다.

```
var socket = new WebSocket("url");
```

생성된 WebSocket 객체를 이용하여 클라이언트에서 서버로 메시지를 보낼 수 있다. 여기서 url은 서버의 주소를 적는다. 이때 'http:'가 아니라, 'ws:' 또는 'wss:'를 적어야 한다. 'ws:'는 웹소켓 연결 프로토콜이며 'wss:'는 보안 웹소켓 연결 프로토콜이다. 예를 들면, 'ws://localhost:8080/Socket/'형식으로 작성한다. 이처럼 접속할 포트를 함께 적기도 한다.

클라이언트가 서버에게 메시지를 보낼 때는 다음과 같은 메소드를 이용한다.

```
socket.send(메세지);     : 메시지 전송
socket.close();          : 서버와 클라이언트의 통신 종료
```

실행 환경

웹 소켓을 사용하기 위해서는 웹 소켓 서버가 필요하다. 웹 소켓 서버를 위한 오픈 소스 모듈로는 pywebsocket, jWebSocket, phpwebsocket 등이 있으며 직접 사용자 PC에 설치하여 사용할 수 있다. 본 예제에서는 WebSocket.org 사이트(http://www.websocket.org/)에서 테스트 용으로 서비스하는 웹 소켓 서버(ws://echo.websocket.org)를 사용한다.

다음은 웹 소켓을 이용하여 서버와 클라이언트 사이의 양방향 통신을 하는 예제이다. 클라이언트가 서버에게 메시지를 보내면, 서버가 메시지를 받아 다시 클라이언트에게 보낸다.

websocket.html

```
<!DOCTYPE html>
<html>
  <head>
      <title> websocket </title>
      <script type="text/javascript">
       var wpwebsocket;
       window.onload = function() {
              wpwebsocket = new WebSocket("ws://echo.websocket.org");
              wpwebsocket.onopen = function(wpevent) {
                  document.getElementById("wpresult").innerHTML = "연결 성공";
              };
              wpwebsocket.onclose = function(wpevent) {
                  document.getElementById("wpresult").innerHTML += "<br>연결 해제";
              };
              wpwebsocket.onmessage = function(wpevent) {
          document.getElementById("wpresult").innerHTML += "<br>[서버]" + wpevent.data;
              };
       }
      function wpsend() {
              wpwebsocket.send(document.getElementById("wpdata").value);
              document.getElementById("wpdata").value = " ";
              document.getElementById("wpdata").select();
      }
      function disconnect() {
              wpwebsocket.close();
      }
      </script>
  </head>
  <body>
      <input type="text" id="wpdata">
      <button onclick="wpsend()"> 송신 </button>
      <button onclick="disconnect()"> 연결해제 </button>
      <div id="wpresult"> </div>
  </body>
</html>
```

예제의 30행에서는 메시지를 입력받고, 31행의 송신 버튼을 누르면 19행~23행에 정의되어 있는 wpsend() 함수를 호출한다. 32행의 연결해제 버튼을 누르면 24행~26행에 정의되어 있는 disconnect() 함수를 호출한다. 33행에서는 화면에 서버와 통신하는 메시지를 출력할 장소를 설정한다. 7행~18행은 문서가 로드되면서 바로 호출되는 함수이다. 8행에서 WebSocket 객체를 생성한다. 이때 연결될 서버 주소는 ws://echo.websocket.org로 WebSocket.org에서 서비스하는 웹 소켓 서버이다. 9행~11행에서는 서버와 연결할 때 발생하는 이벤트를 처리하고, 12행~14행에서는 서버와의 연결을 끊을 때 발생하는 이벤트를 처리한다. 15행~17행은 서버의 응답 메시지를 33행의 영역에 출력한다. wpsend() 함수 내에서 20행의 send() 메소드는 30행에서 입력받은 데이터를 서버에게 전송한다. disconnect() 함수 내의 25행의 close() 메소드는 서버와의 연결을 종료시킨다. 실행 결과는 [그림 4.83]과 같다.

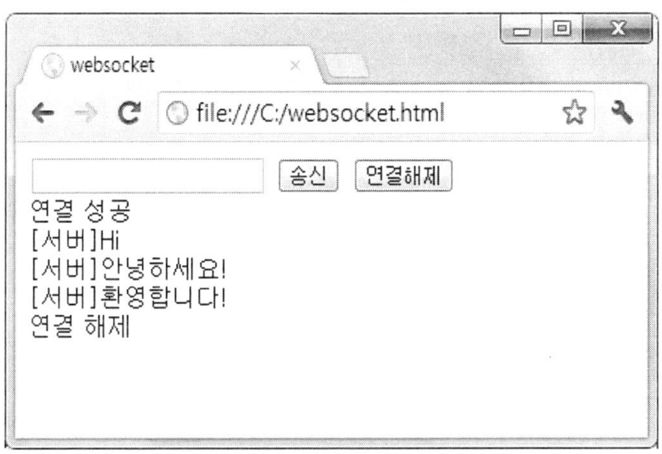

[그림 4.83] **웹 소켓 예제 실행 결과 (크롬)**

예제 실행 결과 [그림 4.83]과 같은 화면이 나온다. 웹 소켓 서버와의 연결이 성공하면 연결 성공이라는 메시지가 출력된다. 입력창에 메시지를 입력하고 송신 버튼을 누르면 입력한 메시지가 서버로 보내지고, 서버에서는 받은 메시지를 다시 돌려보낸다. 이렇게 되돌아온 메시지는 화면에 출력된다. 서버와의 연결을 끊고 싶으면 연결해제 버튼을 누른다.

4.5 HTML5 추가 및 제외 사항

HTML5에는 새롭게 추가된 속성과 제외된 속성, 그리고 권장하지 않는 속성과 태그들이 있다. 본 절에서는 이와 같은 속성 및 태그들에 대해서 알아본다.

추가된 속성

HTML5에 새롭게 추가된 속성에 대해서 살펴보자. 추가된 각 속성마다 사용 가능한 태그를 [표 4.29]에 정리하였다.

[표 4.29] HTML5에 새롭게 추가된 속성

속성	사용 태그	설명
autocomplete, min, max, multiple, pattern, step	〈input〉	〈input〉 태그에 새롭게 추가된 속성 참조
formaction, formenctype, formmethod, formtarget, formnovalidate,	〈input〉, 〈button〉	〈input〉 태그에 새롭게 추가된 속성 참조
async	〈script〉	스크립트 실행 시 비동기적으로 실행
autofocus	〈input〉, 〈select〉, 〈textarea〉, 〈button〉	문서 로드 시 입력 필드에 포커스 표시
charset	〈meta〉	문자 인코딩 설정
disabled	〈fieldset〉	〈fieldset〉에 속한 모든 컨텐츠를 사용할 수 없도록 설정
form	〈input〉, 〈output〉, 〈select〉, 〈textarea〉, 〈button〉, 〈label〉, 〈object〉, 〈fieldset〉	입력 요소가 속하는 폼 지정
hreflang, rel	〈area〉	링크 대상의 언어, 링크 타입 설정
manifest	〈html〉	애플리케이션 API에서 사용
maxlength, wrap	〈textarea〉	최대 글자 수, 줄바꿈 여부 설정
media	〈a〉, 〈area〉	미디어 타입 설정
novalidate	〈form〉	폼 데이터를 유효성 검사 없이 전송
placeholder	〈input〉, 〈textarea〉	입력 요소에 힌트를 미리 표시

속성	사용 태그	설명
required	〈input〉, 〈select〉, 〈textarea〉	입력 필드가 필수임을 표시
reversed	〈ol〉	목록을 역순으로 표시
scoped	〈style〉	〈style〉 태그의 영향 범위 설정
sizes	〈link〉	ref에서 아이콘을 설정할 때 아이콘 크기
sandbox	〈iframe〉	내용에 대한 제약 설정 "", allow-forms, allow-same-origin, allow-scripts, allow-top-navigation 중에서 선택
seamless	〈iframe〉	내용을 자연스럽게 보이도록 삽입
srcdoc	〈iframe〉	프레임에 포함시킬 내용 설정
target	〈base〉	링크된 문서가 표시될 장소 지정
type, label	〈menu〉	메뉴 형태, 메뉴 이름 설정

모든 태그에서 사용할 수 있는 속성을 글로벌 속성이라고 한다. HTML5에서 지원하는 기존의 글로벌 속성에 대해서 알아보고, 새롭게 추가된 글로벌 속성에 대해서도 살펴보자. [표 4.30]은 기존의 속성들이고 [표 4.31]은 새로 추가된 속성들이다.

[표 4.30] HTML5에서 지원하는 기존의 글로벌 속성

속성	속성값	설명과 사용 예
accesskey	character	단축키로 사용 가능한 값 accesskey="h"
class	클래스 이름	요소의 클래스 class="intro"
dir	ltr, rtl, auto	텍스트 방향 dir="rtl"
id	아이디 이름	요소의 아이디 id="name"
lang	language_code	요소의 언어 lang="en"
style	스타일 정의	요소의 스타일 style="color:red;"
tabindex	수	탭키의 이동 순서 tabindex="3"
title	텍스트	요소의 제목 title="HTML5 Introduction"

[표 4.31] HTML5에 새롭게 추가된 글로벌 속성

속성	속성값	설명과 사용 예
contenteditable	true, false, inherit	편집 가능 여부 contenteditable="true"
contextmenu	메뉴의 아이디	요소의 컨텍스트 메뉴 contextmenu="menu_id"
draggable	true, false, auto	요소의 드래그 가능 여부 draggable="true"
dropzone	copy, move, link	드롭 장소에 대한 실행 형식 dropzone="copy"
hidden	hidden	브라우저에서 모습을 감춤 hidden="hidden"
spellcheck	true, false	철자를 체크 spellcheck="true"

제외된 속성

HTML5에서 제외된 속성들이 있다. 이들을 정리하면 [표 4.32]와 같다.

[표 4.32] HTML5에서 제외된 속성

속성	사용 태그
archive, classid, codebase, codetype, declare, standby	〈object〉
axis, abbr	〈td〉, 〈th〉
longdesc	〈img〉, 〈iframe〉
name	〈img〉
nohref	〈area〉
profile	〈head〉
rev, charset	〈link〉, 〈a〉
scheme	〈meta〉
scope	〈td〉
shape, coords	〈a〉
summary	〈table〉
target	〈link〉
valuetype, type	〈param〉
version	〈html〉

HTML5에서는 기존의 태그에서 사용하던 속성들 중 CSS로 정의할 수 있는 속성들은 제외하였다. [표 4.33]에서 이러한 스타일 관련 속성들을 보여주고 있다.

[표 4.33] CSS에서 지원하므로 HTML5에서 제외된 속성

속성	사용 태그
align	〈caption〉, 〈iframe〉, 〈img〉, 〈input〉, 〈object〉, 〈legend〉, 〈table〉, 〈hr〉, 〈div〉, 〈h1〉, 〈h2〉, 〈h3〉, 〈h4〉, 〈h5〉, 〈h6〉, 〈p〉, 〈col〉, 〈colgroup〉, 〈tbody〉, 〈td〉, 〈tfoot〉, 〈th〉, 〈thead〉, 〈tr〉
alink, link, text, vlink, background	〈body〉
bgcolor	〈table〉, 〈tr〉, 〈td〉, 〈th〉, 〈body〉
border	〈object〉
cellpadding, cellspacing	〈table〉
char, charoff	〈col〉, 〈colgroup〉, 〈tbody〉, 〈td〉, 〈tfoot〉, 〈th〉, 〈thead〉, 〈tr〉
clear	〈br〉
compact	〈dl〉, 〈menu〉, 〈ol〉, 〈ul〉
frame	〈table〉
frameborder	〈iframe〉
height	〈td〉, 〈th〉
hspace, vspace	〈img〉, 〈object〉
marginheight, marginwidth	〈iframe〉
noshade	〈hr〉
nowrap	〈td〉, 〈th〉
rules	〈table〉
scrolling	〈iframe〉
size	〈hr〉
type	〈li〉, 〈ul〉
valign	〈col〉, 〈colgroup〉, 〈tbody〉, 〈td〉, 〈tfoot〉, 〈th〉, 〈thead〉, 〈tr〉
width	〈hr〉, 〈table〉, 〈td〉, 〈th〉, 〈col〉, 〈colgroup〉, 〈pre〉

권장하지 않는 속성

HTML5에서 더 이상 사용을 권장하지 않는 속성들이 있다. 이들을 [표 4.34]에서 보여주고 있다.

[표 4.34] HTML5에서 권장하지 않는 속성

속성	설명
img의 border	값이 0일 때만 사용, CSS 사용 권장
script의 language	생략 가능
a의 name	id 속성 사용 권장

권장하지 않는 태그

HTML5에서 더 이상 사용을 권장하지 않는 태그들이 있다. 이들을 정리하면 [표 4.35]와 같다.

[표 4.35] HTML5에서 권장하지 않는 태그

태그	설명
〈frame〉, 〈frameset〉, 〈noframes〉	사용하지 않기를 권장
〈basefont〉, 〈big〉, 〈center〉, 〈font〉, 〈strike〉, 〈tt〉	CSS 사용 권장
〈acronym〉	〈abbr〉 사용 권장
〈applet〉	〈object〉 사용 권장
〈isindex〉	〈form〉 사용 권장
〈dir〉	〈ul〉 사용 권장
〈noscript〉	HTML에서만 사용 가능하고 XML에서는 사용하지 않으므로 권장하지 않음

부 록

본 부록에서는 HTML5 API를 활용하기 위하여 필요한 프로그램 설치 방법에 대해서 설명한다. JSP를 작동하기 위해서 자바 프로그램을 컴파일하고 실행하는데 필요한 JDK를 설치하고, 서버를 이용한 예제를 실행시키기 위해서 Apache Tomcat을 설치한다.

부록 1 JDK 설치 방법

JSP를 작동하기 위해서는 자바 프로그램을 컴파일하고 실행하는데 필요한 JDK(Java Developement Kit)가 반드시 설치되어야 한다. 설치 방법은 6장의 부록 JDK 설치 방법에서 구체적으로 설명한다.

부록 2 Apache Tomcat 설치 방법

서버를 이용하는 예제를 실행시키기 위해서는 서버 운영 프로그램을 설치해야한다. 이에 따라 아파치(apache)라는 비영리 단체가 개발하여 무상으로 배포하고 있는 오픈 소스 소프트웨어인 톰캣(tomcat)이라는 프로그램을 설치한다. 설치 방법은 6장의 부록 Apache Tomcat 설치 방법에서 구체적으로 설명한다.

연습문제

복습문제

01. (   ) 선언은 HTML 태그가 아닌 선언(declaration)으로 브라우저에게 문서의 유형을 알려주는 것이며, HTML5에서는 문서 유형을 html로 선언한다.

02. 〈details〉 태그는 추가적인 세부 사항을 기술하기 위해서 사용하며, 주로 세부 사항의 요약을 표시하는 (   ) 태그와 함께 사용한다.

03. (   ) 태그는 그림, 사진, 다이어그램 등을 포함시킬 때 사용하며, 그림의 제목을 나타내기 위해서 〈figcaption〉 태그를 함께 사용할 수 있다.

04. 〈input〉 태그의 type을 (   )으로 지정하면 날짜와 시각을 선택할 수 있다. 여기서 시각은 UTC 타임존(time zone)을 기본으로 한다. 〈input〉 태그의 type을 (   )으로 지정하면 이것도 역시 날짜와 시각을 선택할 수 있는 컨트롤이 생성된다. 차이점은 여기서 시각은 타임존(time zone)을 사용하지 않는다는 것이다. 즉, 지역에 맞는 시각을 입력할 수 있다.

05. 〈input〉 태그의 type을 (   )로 지정하면 수를 입력할 수 있는 컨트롤이 생성된다. 〈input〉 태그의 type을 (   )로 지정하면 마우스로 스크롤 바를 움직여서 수를 선택할 수 있다.

06. 〈input〉 태그의 (   ) 속성은 자동완성 기능으로 사용자의 입력을 도와주고, (   ) 속성은 문서가 로드될 때 입력 필드에서 마우스 커서가 깜빡여서 사용자의 입력을 기다린다.

07. 〈input〉 태그의 list 속성은 사용자에게 미리 정의된 항목들을 목록으로 보여줘 선택하도록 할 때 사용한다. (   ) 태그와 함께 사용하며, (   ) 태그의 id 속성의 값과 list 속성의 값이 일치해야 한다.

08. (   ) 태그는 〈video〉 태그와 〈audio〉 태그를 위해 사용할 수 있는 미디어 자원을 정의한다.

09. 그림을 그리기 위해서는 JavaScript로 다음의 코드를 작성해야 한다. 괄호를 채우시오.

```
<canvas id="cvs" width="300" height="300"> </canvas>
<script type="text/javascript">
        var wpcanvas = (                                        )
        var wpcontext = (                                       )
</script>
```

10. 점(50, 50)에서 가로, 세로 각각 100픽셀인 노란색으로 채워진 사각형을 그린다. 괄호를 채우시오.

```
<canvas id="cvs" width="300" height="300"> </canvas>
<script type="text/javascript">
        var wpcanvas = (                                        )
        var wpcontext = (                                       )
        (                               )
        (                               )
</script>
```

11. 점(100, 100)에서 반지름이 50픽셀인 빨간색으로 채워진 원을 그린다. 괄호를 채우시오.

```
<canvas id="cvs" width="300" height="300"> </canvas>
<script type="text/javascript">
        var wpcanvas = (                                        )
        var wpcontext = (                                       )
        wpcontext.fillStyle = "red";
        (                                       )
        (                                       )
        (                                       )
</script>
```

12. 점(10, 10)에서 가로, 세로 각각 200픽셀인 빨간색에서 파란색으로 변하는 그라디언트를 가지는 사각형을 그린다. 괄호를 채우시오.

```
<canvas id="cvs" width="300" height="300"> </canvas>
<script type="text/javascript">
        var wpcanvas = (                                        )
        var wpcontext = (                                       )

        var grad=wpcontext.createLinearGradient(10, 10, 120, 0);
        grad.addColorStop(0.3, "red");
        (                                      )
        wpcontext.fillStyle = (                )
        (                                      )
</script>
```

13. 드래그 앤 드롭은 하나의 객체를 마우스로 끌어서 옮기는 기능이다. 드래그 대상의 (   ) 속성을 true로 설정해야 드래그를 할 수 있다. HTML의 요소들은 기본적으로 드롭을 허용하지 않는다. 그러므로 (   ) 메소드를 사용하여 기본값인 드롭 허용 금지를 취소시켜야 한다.

14. 웹 스토리지에는 (   )와 (   )의 두 종류의 저장소가 있다. (   )는 데이터를 도메인마다 별도로 저장하며 해당 도메인의 스크립트들이 데이터를 사용할 수 있다. (   )는 윈도우마다 데이터를 별도로 저장하며 해당 윈도우의 스크립트가 데이터를 사용한다. (   )는 데이터가 삭제될 때까지 계속 저장하지만, (   )는 윈도우가 종료될 때까지만 데이터를 저장한다.

15. HTML5에서는 멀티 스레드(multi thread)를 제공하는 (   )를 활용하여 시간이 오래 걸릴 것 같은 작업은 백그라운드에서 실행함으로써 다른 작업에 방해되지 않도록 할 수 있다.

16. (   )는 PC에 저장된 파일을 웹 브라우저로 읽어올 수 있게 한다. 읽기 전용으로 읽어오기 때문에 파일을 수정할 수는 없다. 또 미리 정한 파일 형식에 대해서만 읽어올 수 있다. 파일을 읽어오기 위해서는 (   ) 객체와 (   ) 객체가 필요하다. (   ) 객체는 주로 파일에 대한 정보를 알려준다. (   ) 객체는 파일을 읽어올 때 사용한다.

17. (   ) API를 이용하면 PC나 모바일 장치 등의 브라우저에서 사용자의 현재 위치를 알아낼 수 있다.

18. 애플리케이션 캐시를 사용하기 위해서는 (   ) 파일을 작성한다. 이 파일은 오프라인 상태에서 애플리케이션의 실행을 위해서 로컬 캐시에 저장할 파일 목록을 기술하는 텍스트 파일이다.

19. (   )는 서버에서 클라이언트에게 일정한 주기로 메시지를 보내는 푸시(push) 기능을 말한다. 즉, 클라이언트가 서버에게 수정된 데이터가 있는지 확인하지 않아도 자동으로 서버가 수정된 데이터를 클라이언트에게 보낼 수 있다.

20. (   )은 웹 서버와 클라이언트 사이의 양방향 통신을 지원한다. 클라이언트가 서버에 접속하여 연결이 되면, 클라이언트와 서버는 메시지를 서로 교환할 수 있다. 이를 위해서는 객체가 필요하며 이때, 서버의 주소를 적어야 한다. 서버의 주소는 'http:'가 아니라, (   ) 또는 (   )를 적어야 한다.

실습문제

01. 기본적인 태그인 <html>, <head>, <title>, <body>와 새롭게 추가된 시맨틱 태그인 <header>, <nav>, <article>, <section>, <aside>, <footer>를 이용하여 실행 결과가 다음과 같은 HTML5 문서를 작성하시오. 적절한 CSS 파일도 함께 작성한다.

02. 다음은 자신을 소개하는 페이지이다. 이처럼 텍스트와 이미지를 클릭하여 다른 문서로 이동하는 HTML5 문서를 작성하시오. <ruby>, <mark>, <details> 태그도 함께 사용한다. 내용은 자신을 소개하는 것으로 하며, 이미지는 자신이 선택하여 사용한다.

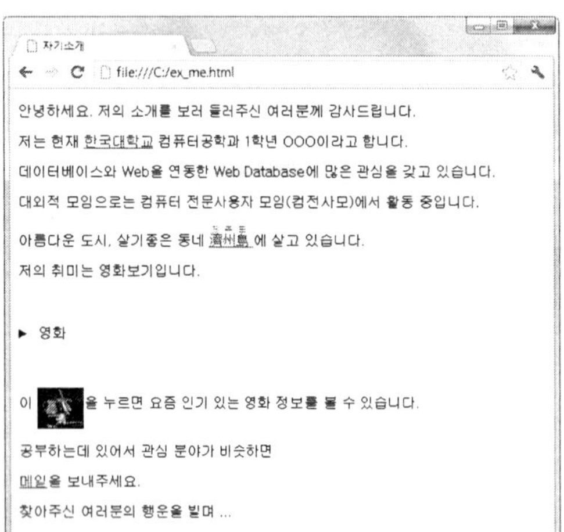

03. 다음은 <progress> 태그와 window 객체 메소드를 이용하여 나타낸 것이다. 드라이버 다운로드 버튼을 누르면 새로운 창이 열리고 시간이 흐름에 따라서 화면에 진행 상황이 표시된다. 초록색 진행 표시가 오른쪽 끝에 도달하면 alert() 함수를 사용하여 알림창을 보이고, 확인 버튼을 누르면 알림창과 다운로드 창이 함께 사라지도록 한다. HTML5 문서를 작성하시오.

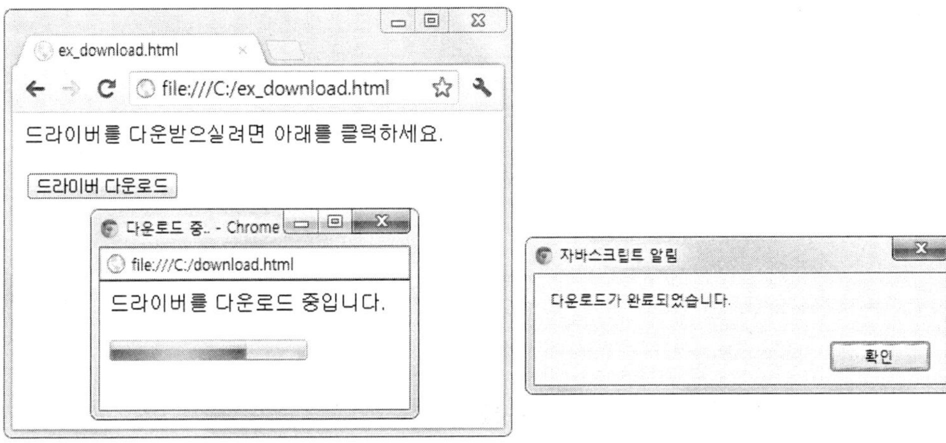

04. 문제의 답을 체크하고 채점 버튼을 누르면, 정답을 맞힌 비율을 막대 그래프로 화면에 표시한다. <meter> 태그를 이용하여 다음과 같은 실행 결과를 갖는 HTML5 문서를 작성하시오.

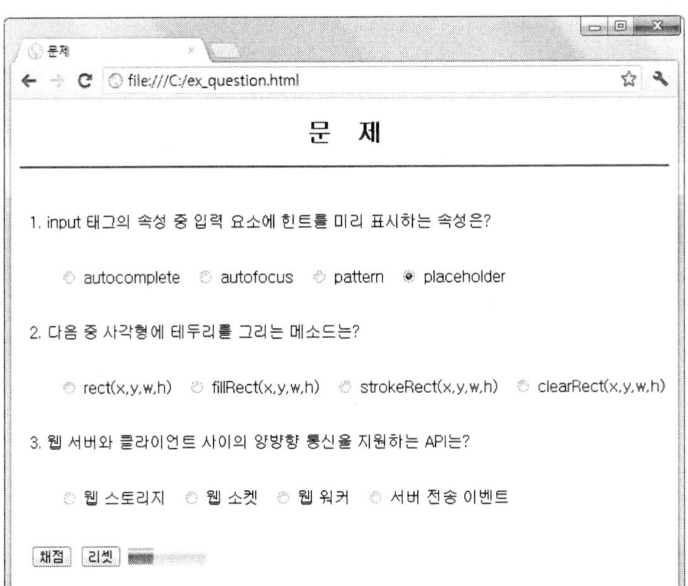

O5. 날짜와 시각에 관련된 〈input〉 태그의 type 속성을 사용하여 화면과 같은 결과가 출력되는 HTML5 문서를 작성하시오.

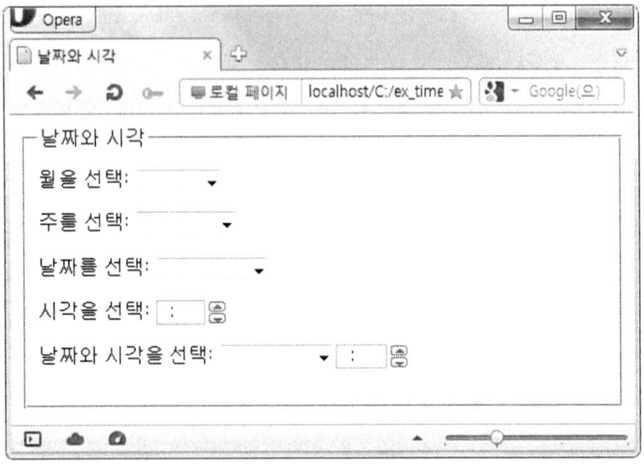

O6. 입력 태그와 함께 autofocus, placeholder, required 등의 속성을 적절히 사용하여 다음과 같은 실행 결과를 갖는 HTML5 문서를 작성하시오.

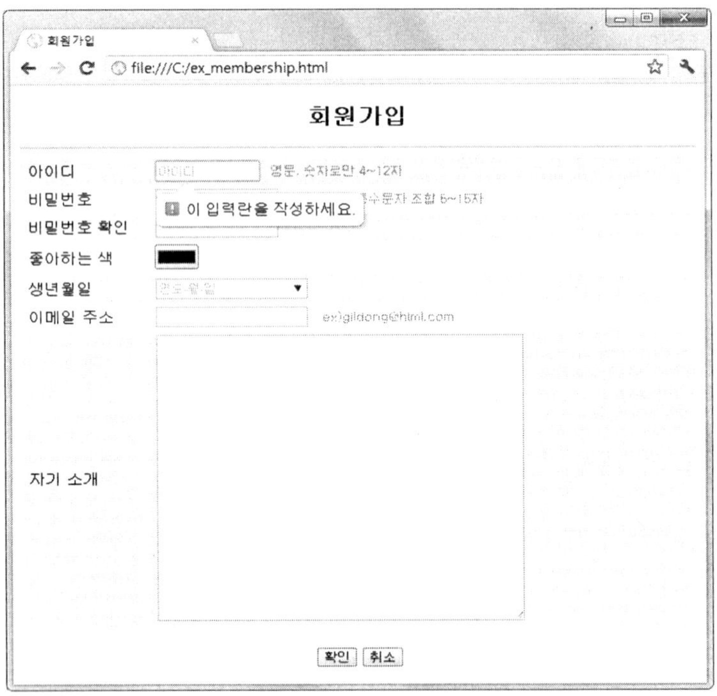

07. 다음은 상품의 가격과 개수를 입력하면 금액을 계산해 주는 웹 문서이다. 〈input〉태그와 〈output〉 태그를 사용하여 다음과 같은 실행 결과를 갖는 HTML5 문서를 작성하시오.

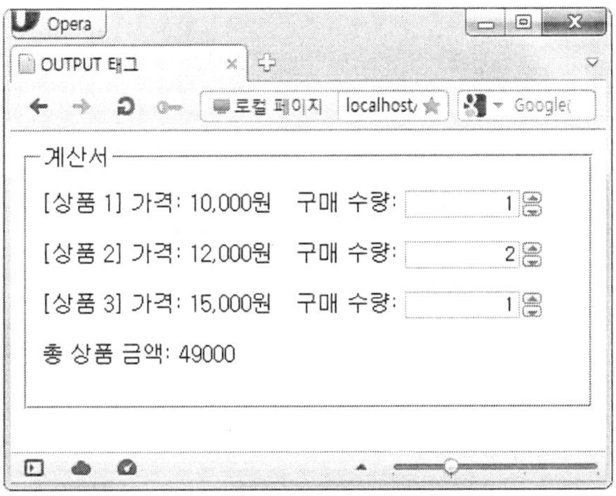

08. 목록 작성을 위한 〈ol〉 태그의 start와 reversed 속성을 사용하여 다음 화면과 같이 실행되는 HTML5 문서를 작성하시오.

09. 문서가 브라우저에 로드될 때 동영상을 재생하지 않는 HTML5 문서를 작성하시오. poster 속성을 이용하여 동영상을 플레이하기 전에는 사진이 보이도록 한다. 사진과 동영상 파일은 자신이 선택하여 사용한다.

10. <canvas> 태그와 arc() 메소드를 이용하여 다음 그림과 같은 신호등 모양을 나타내는 HTML5 문서를 작성하시오.

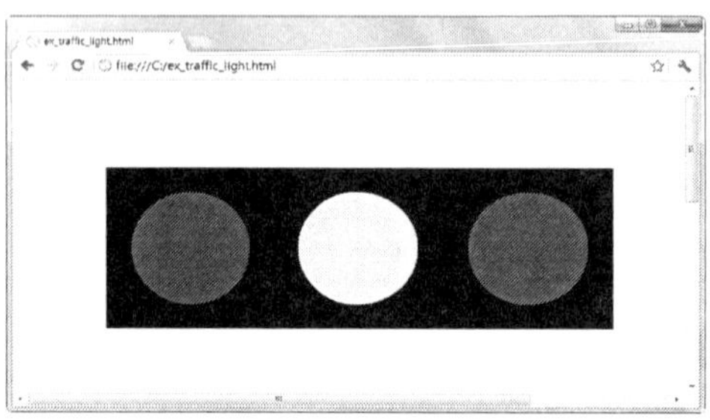

11. <canvas> 태그와 arc() 메소드와 clip() 메소드를 이용하여 다음 그림처럼 이미지의 일부분을 원모양으로 나타내는 HTML5 문서를 작성하시오. 이미지 파일은 자신이 선택하여 사용한다.

12. 〈canvas〉 태그와 arc() 메소드를 이용하여 다음과 같은 무지개 모양을 나타내는 HTML5 문서를 작성하시오.

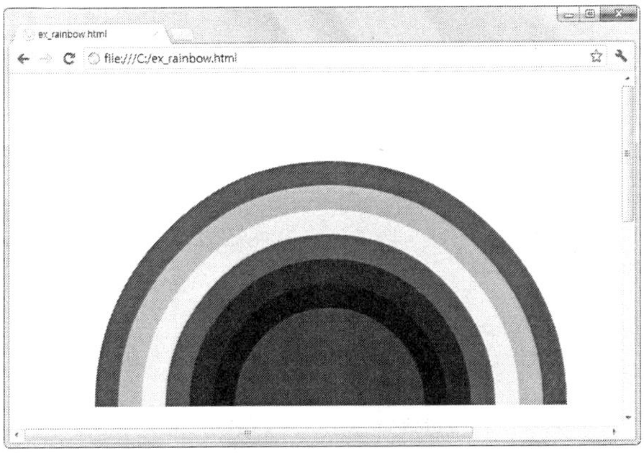

13. 〈canvas〉 태그, rect() 메소드와 fillText() 메소드, 그리고 그림자 속성 등을 이용하여 다음 화면을 출력하는 HTML5 문서를 작성하시오.

14. <canvas> 태그와 drawImage() 메소드를 이용하여 다음 화면처럼 원본 이미지에서 일부를 추출하여 나타내는 HTML5 문서를 작성하시오.

15. 다음은 <canvas> 태그와 arc() 메소드와 rotate() 메소드를 이용하여 색상의 변화를 주면서 움직이는 원을 나타낸 것이다. 이와 같이 실행되는 HTML5 문서를 작성하시오.

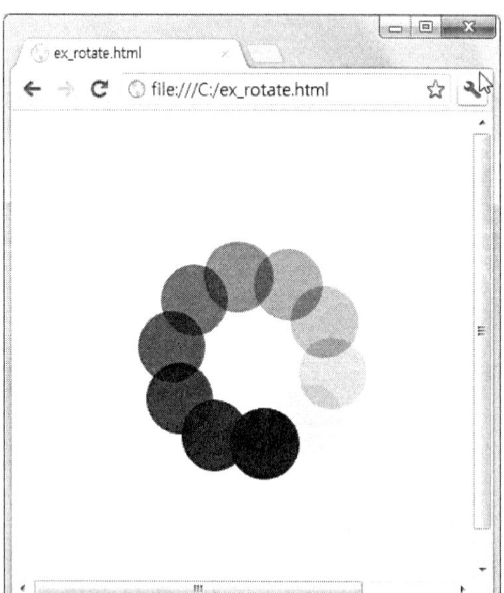

16. 다음은 그림을 합성하는데 필요한 globalCompositeOperation 속성값 모두를 사용한 화면이다. HTML5 문서를 작성하시오.

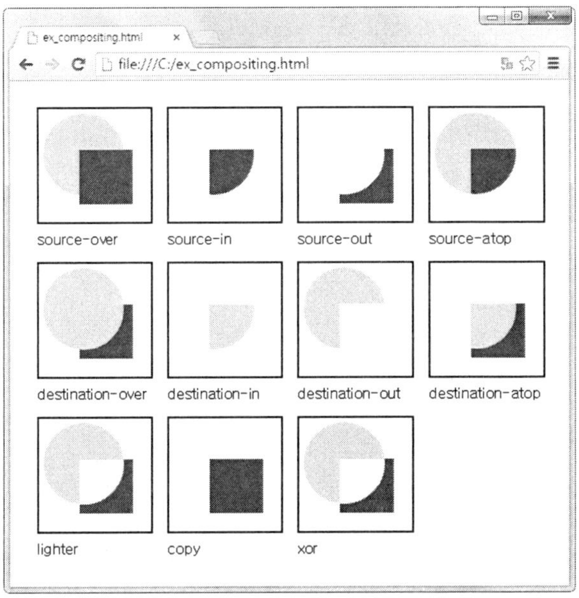

17. 다음 화면은 HTML5 API 중 드래그 앤 드롭을 사용하여 나타낸 것이다. HTML5 문서를 작성하시오. 이미지를 이용하여 과일을 나타내고 그 이미지를 과일 목록에서 장바구니로, 장바구니에서 과일 목록으로 옮길 수 있다. 이때 화면의 아래 부분에서 무슨 과일을 옮겼는지 알려준다.

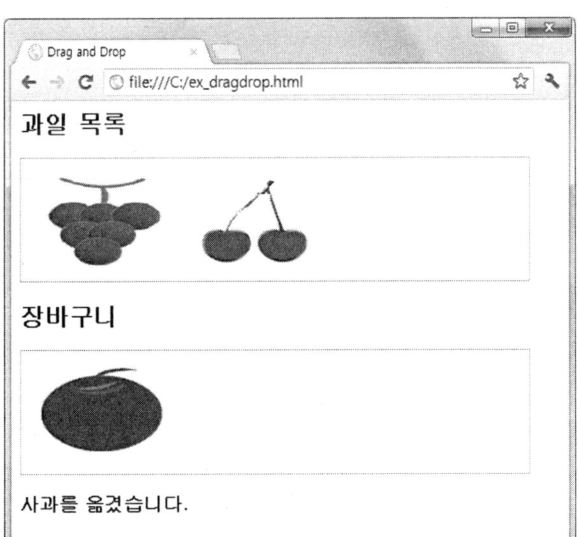

18. 다음은 HTML5 API 중 로컬 스토리지를 사용하여 나타낸 것이다. 글씨체를 입력받아 웹 문서의 글씨체를 변경하고, 알림창으로 변경이 완료되었음을 알린다. 로컬 스토리지를 사용하였으므로 다음에 이 문서를 다시 로드했을 때는 변경된 글씨체로 보인다. HTML5 문서를 작성하시오.

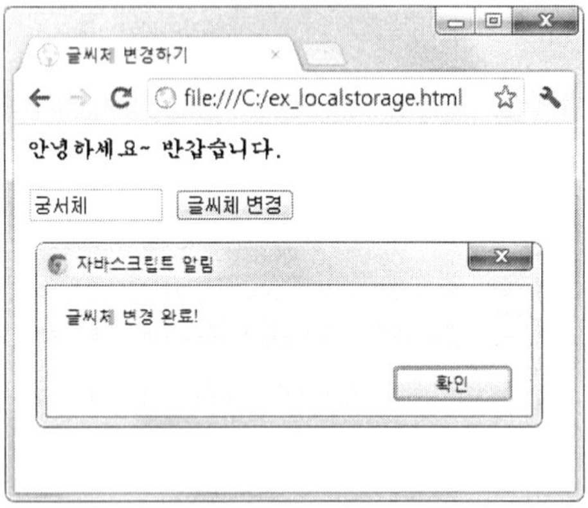

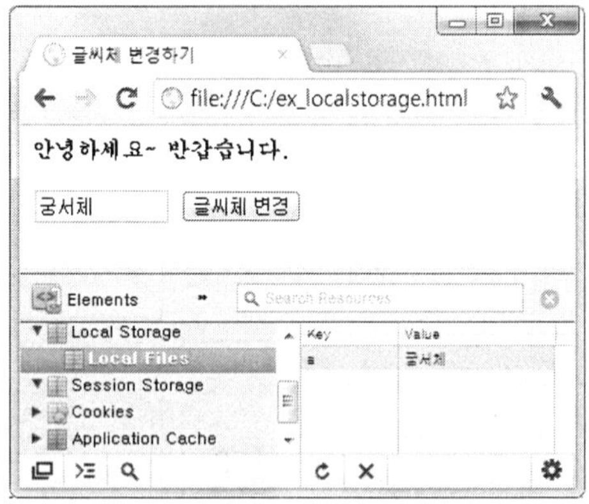

19. HTML5 API 중 지오로케이션을 사용하여 지도를 보여주는 HTML5 문서를 작성하시오. 위도와 경도를 사용자가 입력하고, 지도 유형을 선택하면 해당 지도 유형으로 지정된 위치의 지도가 나타난다.

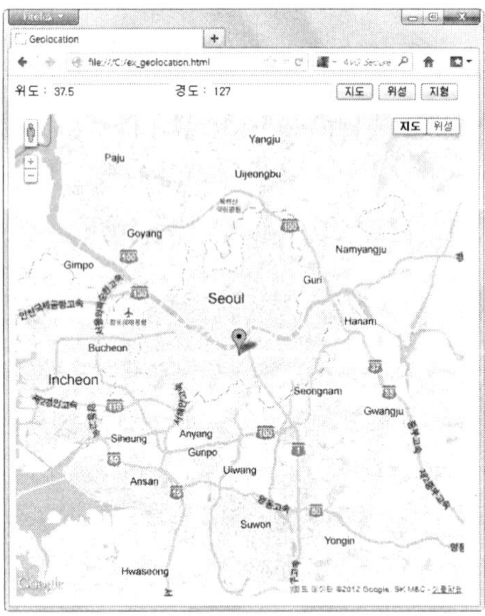

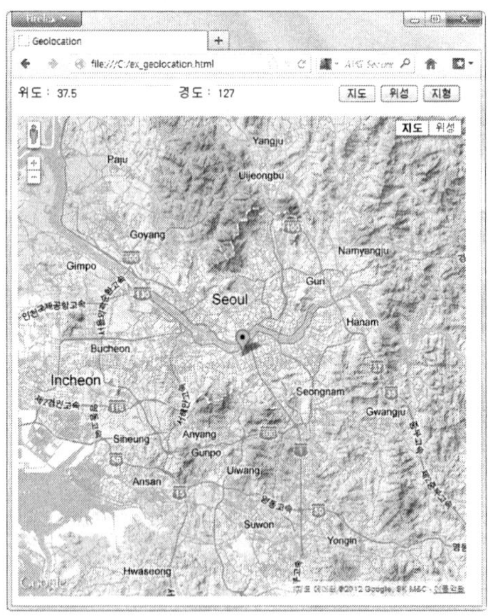

20. 다음은 HTML5 API 중 웹 소켓을 사용하여 나타낸 것이다. HTML5 문서를 작성하시오.

웹 소켓 서버는 WebSocket.org 사이트(http://www.websocket.org/)에서 테스트할 수 있도록 서비스하는 웹 소켓 서버(ws://echo.websocket.org)를 사용한다. 연결시도 버튼을 누르면 웹 소켓 서버와 연결을 하고, 연결해제 버튼을 누르면 웹 소켓 서버와의 연결을 끊는다. 입력창에 메시지를 입력하고 송신 버튼을 누르면 메시지를 웹 소켓 서버로 보내고 화면에도 보여준다. 곧 웹 소켓 서버에서 응답 메시지를 받으면 그것을 화면에 표시한다.

❖ 참고 문헌

01. developers.google.com/maps/
02. developer.mozilla.org/en-US/docs/HTML/HTML5
03. en.wikipedia.org/wiki/Cache_manifest_in_HTML5
04. en.wikipedia.org/wiki/Drag-and-drop
05. en.wikipedia.org/wiki/HTML5
06. en.wikipedia.org/wiki/Server-sent_events
07. en.wikipedia.org/wiki/Web_Storage
08. en.wikipedia.org/wiki/WebSocket
09. en.wikipedia.org/wiki/Web_worker
10. en.wikipedia.org/wiki/W3C_Geolocation_API
11. jakarta.apache.org
12. java.sun.com
13. whatwg.org/html
14. www.apple.com
15. www.google.com
16. www.microsoft.com
17. www.mozilla.or.kr
18. www.opera.com
19. www.websocket.org/
20. www.tutorialspoint.com/html5/
21. www.w3.org/TR/eventsource/
22. www.w3.org/TR/FileAPI/
23. www.w3.org/TR/geolocation-API/
24. www.w3.org/TR/html-aapi/
25. www.w3.org/TR/html-alt-techniques/
26. www.w3.org/TR/html-markup/
27. www.w3.org/TR/html5/
28. www.w3.org/TR/html5-author/
29. www.w3.org/TR/html5-diff/
30. www.w3.org/TR/offline-webapps/
31. www.w3.org/TR/ruby-use-cases/
32. www.w3.org/TR/websockets/
33. www.w3.org/TR/webstorage/
34. www.w3.org/TR/workers/
35. www.w3.org/TR/2dcontext/
36. www.w3schools.com/html/html5_intro.asp

Chapter 5

SQL

웹 · 프 · 로 · 그 · 래 · 밍

CHAPTER 05 SQL

관계형 데이터베이스에서 사용되는 표준 언어인 SQL에 대하여 공부한다.

5.1 SQL 기초

관계형 데이터베이스와 SQL, 그리고 MySQL의 개요에 대하여 설명한다.

5.1.1 관계형 데이터베이스

웹 애플리케이션에서는 사용자를 위해 처리해야 하는 데이터의 저장 및 관리가 필요하다. 이때 데이터는 파일로 저장하여 관리하기도 하지만, 체계적인 관리를 위해서 데이터베이스 관리 시스템(DBMS : Database Management System)을 사용하는 것이 일반적이다. 데이터베이스는 어느 개인이나 조직이 관리하는 데이터의 모음이며, 데이터베이스 관리 시스템은 데이터를 저장하고 이용할 수 있게 해주는 소프트웨어 패키지(software package)이다.

데이터베이스 관리 시스템을 사용하면 애플리케이션이 데이터의 표현 및 저장 방식으로부터 영향을 받지 않는 데이터의 독립(data independence), 인덱스를 활용한 빠른 데이터 접근, 데이터에 대한 무결성 제약조건(integrity constraint)의 순수, 여러 사용자들의 동시 접근, 장애 복구, 보안 등의 기능을 잘 지원하므로 데이터베이스를 효율적으로 구현할 수 있다.

데이터베이스의 데이터를 기술하기 위하여 데이터 모델(또는 데이터베이스 모델)을 사용하며, 이에는 네트워크 모델(network model), 계층적 모델(hierarchical model), 관계형 모델(relational model), 객체 모델(object model), 객체 관계 모델(object-relational model) 등 여러 가지가 있다. 이 중에서 관계형 모델은 데이터의 표현 방식이 단순하고 강력한 질의 언어를 갖추고 있어서 많은 데이터베이스 관리 시스템에서 지원한다. 한편, 현실 세계의 데이터를 모델링하기 위해서는 주로 개체 관계 모델(E-R model : Entity-Relationship model)을 사용한다.

관계형 데이터베이스 관리 시스템의 예를 들면 Oracle, IBM DB2, Microsoft SQL Server, Microsoft Access, Sybase, Informix, MySQL, PostgreSQL, SQLite 등이 있으며, 이 책에서는 오픈 소스로 많이 활용되는 MySQL을 선택하여 데이터베이스 구현 방법을 설명한다. 관계형 모델은 표준 언어인 SQL을 사용하므로, 어느 관계형 데이터베이스 관리 시스템을 사용하더라도 SQL만 익히면 쉽게 데이터베이스를 구현할 수 있다.

관계형 데이터베이스의 특징

관계형 데이터 모델(relational data model)은 IBM의 Edgar F. Codd 박사에 의해 1970년 논문으로 소개되었다. 관계형 모델은 현실 세계의 개체(entity)와 개체들 간의 관계(relationship)를 모두 관계(relation)로 표현하는 것을 특징으로 하며, 이 관계는 행(row)과 열(column)로 이루어진 테이블로 표시할 수 있다. 관계형 모델에서 각 용어의 의미는 [표 5.1]과 같다.

[표 5.1] **관계형 모델의 용어**

관계형 용어	SQL 용어	파일 용어
관계(relation)	테이블(table)	레코드 타입(record type)
투플(tuple)	행(row)	레코드(record)
속성(attribute)	열(column)	필드(field)

이 책에서는 앞의 용어들 중에서 SQL 용어 위주로 사용한다. 학생 테이블을 예로 들어 용어들을 설명하면 [그림 5.1]과 같다.

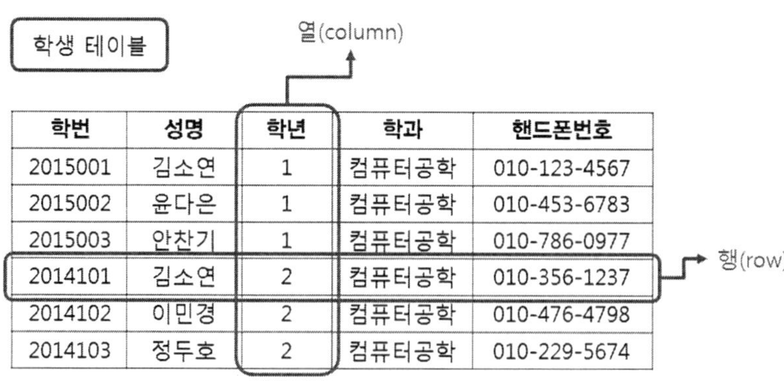

[그림 5.1] **테이블 구조**

관계형 모델은 집합 이론을 근거로 하였으므로 테이블은 집합의 특성을 갖는다. 즉, 각 행은 유일하여야(unique) 하며 중복되는 행이 있어서는 안 된다. 또한 각 행의 각 열이 지시하는 셀(cell)의 값은 단일 값(atomic value)을 가져야 한다. 즉, 셀은 집합이나 리스트 등 여러 개의 값으로 나눌 수 있는 값을 가져서는 안 된다.

테이블에서 각 행을 유일하게 식별할 수 있는 하나 이상의 열의 집합을 수퍼 키(super key)라고 하고, 수퍼 키의 부분집합으로 각 행을 유일하게 식별할 수 있는 최소의 집합을 후보 키(candidate key)라고 하며, 후보 키 중에서 하나를 기본 키(primary key)로 정한다. 예를 들면, [그림 5.1]의 학생 테이블에서 {학번, 학과} 두 개의 열은 각 행을 유일하게 식별할 수 있으므로 수퍼 키이며, {학번} 열은 단독으로도 각 행을 유일하게 식별할 수 있으므로 후보 키가 된다. 이 테이블에서 {핸드폰 번호}도 중복값이 없으므로 후보 키이며, {성명}은 동명이인이 있으므로 후보 키가 될 수 없다. 그리고 후보 키들 중에서 {학번}을 선택하여 기본 키로 사용할 수 있다. 한편 어느 테이블에서 다른 테이블의 후보 키를 사용할 때 이를 외부 키(foreign key)라고 한다.

5.1.2 SQL

SQL(Structured Query Language)은 관계형 데이터베이스에서 데이터 정의, 데이터 조작, 데이터 제어를 위한 표준화된 언어이며, DBMS에서 대화형으로 이용하거나 또는 응용 프로그램 내에 삽입하여 사용할 수 있다.

SQL은 1970년대 IBM에서 System R이란 DBMS를 위해 SEQUEL(Structured English Query Language)이란 이름으로 개발되었으나, 후에 SQL로 이름이 바뀌었다. 이후 여러 관계형 DBMS에서 SQL을 사용하기 시작하였으며, 표준 SQL의 제정 필요성에 따라 국제 표준기구인 ISO/IEC에서 표준화 작업을 진행하여 1986년부터 SQL-86, SQL-89, SQL-92, SQL-1999, SQL-2003, SQL-2008, SQL-2011 표준을 발표하여 왔다.

SQL을 사용 목적에 따라 구분하면 [표 5.2]와 같다.

[표 5.2] SQL의 구분

구분	설명	문장 종류
데이터 정의어 (DDL : Data Definition Language)	테이블을 정의하는데 사용하며, 테이블 생성, 삭제, 변경, 이름 변경 등 수행	create : 테이블 생성
		drop : 테이블 삭제
		alter : 테이블 변경
		rename : 테이블 이름 변경
데이터 조작어 (DML : Data Manipulation Language)	데이터를 검색하거나, 데이터의 삽입, 수정, 삭제 수행	select : 데이터 검색
		insert : 데이터 삽입
		update : 데이터 수정
		delete : 데이터 삭제
데이터 제어어 (DCL : Data Control Language)	데이터베이스의 접근 권한을 부여하거나 회수	grant : 권한 부여
		revoke : 권한 회수

SQL의 문장들 중에서 주로 사용되는 것들의 활용 방법에 대해서 앞으로 자세히 살펴보도록 한다.

5.1.3 MySQL

MySQL은 SQL을 지원하며, 오픈 소스(open source) 관계형 데이터베이스 관리 시스템 중 가장 많이 활용되고 있다. MySQL은 유닉스, 리눅스 및 윈도우 운영 체제에서 사용 가능하며, 홈페이지나 쇼핑몰 등 다양한 웹 사이트 개발에 널리 사용되고 있다. 이 책에서는 앞으로 JSP와 연동하여 웹 페이지를 작성하는 데 MySQL을 활용할 것이다.

MySQL을 사용하기 위해서는 부록 1에서와 같은 절차로 MySQL을 설치한 후, 다음과 같이 MySQL을 실행한다.

- 컴퓨터에 MySQL이 설치되면 [그림 5.2]와 같은 메뉴가 생성된다. MySQL을 실행하기 위해서는 메뉴에서 'MySQL 5.5 Command Line Client'를 선택한다.

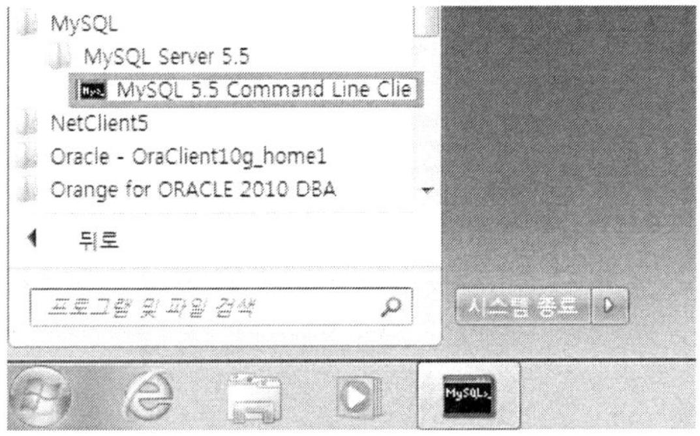

[그림 5.2] MySQL 선택

· [그림 5.3]과 같은 화면이 나타나면 MySQL 프로그램을 설치할 때 설정한 비밀번호를 입력하여 MySQL에 접속한다.

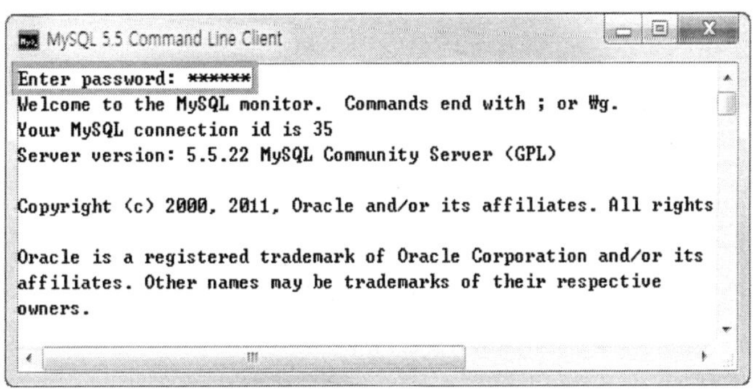

[그림 5.3] MySQL 실행

MySQL의 구체적인 사용 방법은 앞으로 테이블 생성 및 데이터 조작에 대한 설명을 통해 자세히 살펴본다.

5.2 테이블 생성

본 절에서는 테이블 생성 문장인 create 문과 테이블 삭제 문장인 drop 문에 대해서 설명한다.

5.2.1 create 문

create 문은 데이터베이스 및 테이블을 생성하는 문장으로, 데이터베이스를 생성하기 위한 문장의 형식은 다음과 같다.

형 식
create database 데이터베이스_이름;

먼저 create 문을 사용하여 [그림 5.4]와 같이 데이터베이스를 생성하여 보자. 여기서는 데이터베이스의 이름을 guestbook_db라고 지정한다.

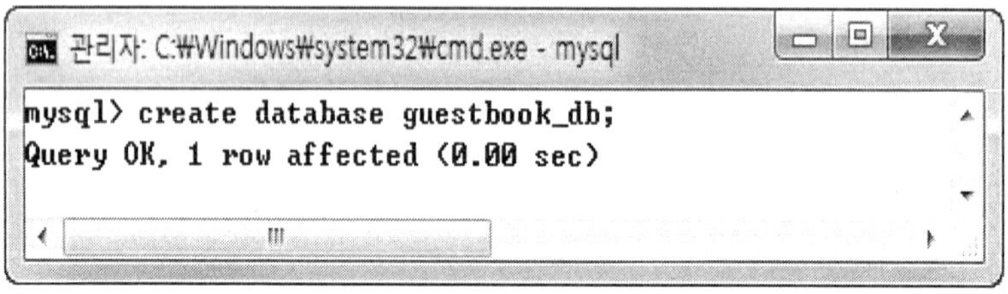

[그림 5.4] 데이터베이스 생성

데이터베이스가 제대로 생성되었는지 확인하기 위하여, [그림 5.5]와 같이 show 명령어를 이용한다.

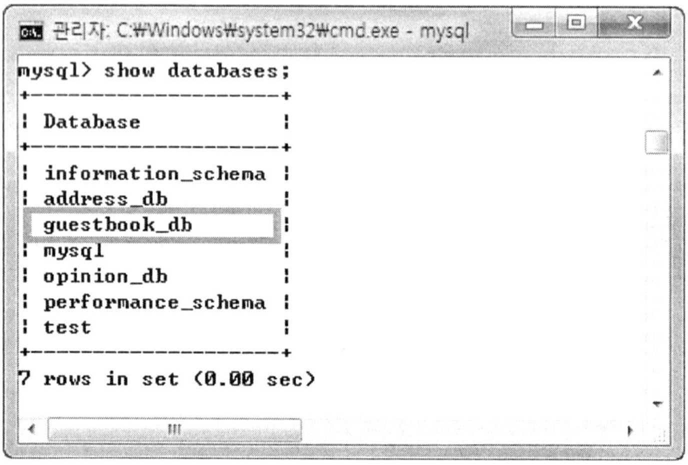

[그림 5.5] 생성된 데이터베이스 확인

MySQL에서는 현재 사용할 데이터베이스를 use 명령어를 사용하여 [그림 5.6]과 같이 지정해야 한다.

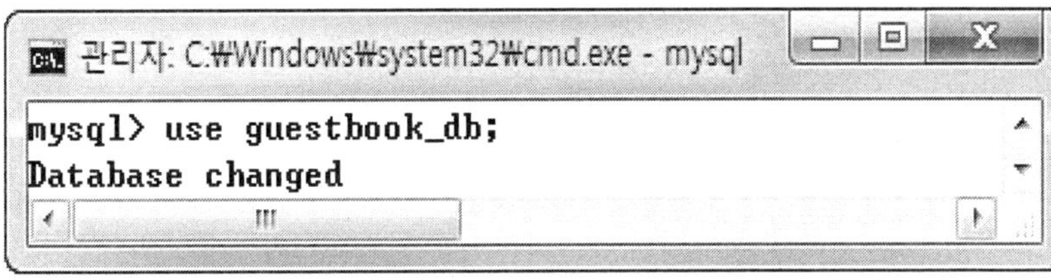

[그림 5.6] **사용할 데이터베이스 지정**

현재 사용 중인 데이터베이스는 [그림 5.7]과 같이 status 명령어를 활용하여 확인할 수 있다.

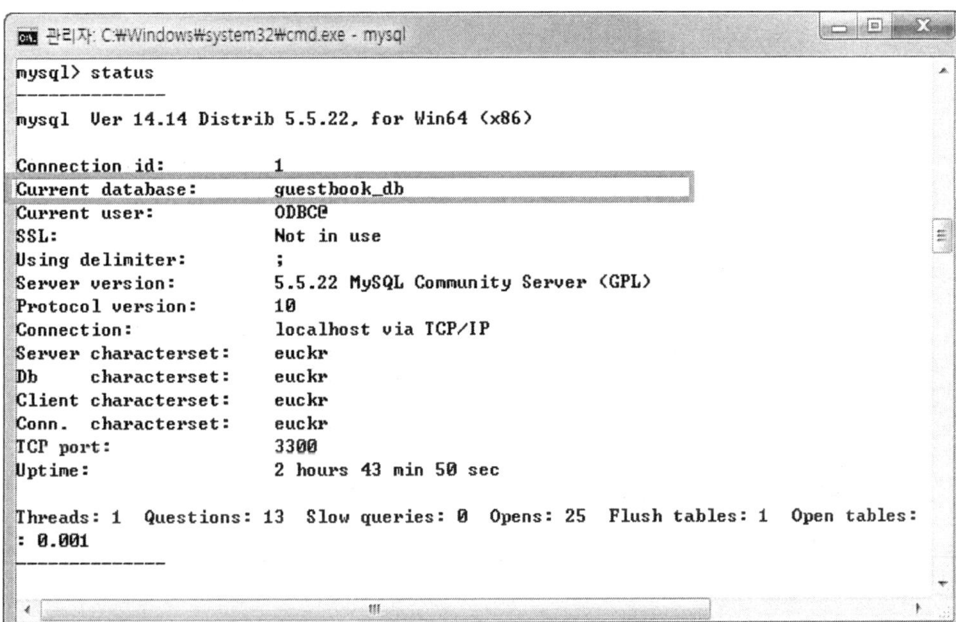

[그림 5.7] **현재 사용 중인 데이터베이스 확인**

테이블을 생성하기 위한 create 문의 형식은 다음과 같다. 이 문장의 형식은 선언하는 내용이 많아 복잡하므로 이를 단순화하여 설명한다.

형 식
- 테이블 선언 : create table 테이블_이름 (
  열_선언_리스트 [, 기본_키_선언] [, 유니크_키_선언_리스트]
  [, 외부_키_선언_리스트]);
- 열_선언 : 열_이름 자료형 [not null] [default 값]
- 기본_키_선언 : primary key (열_이름_리스트)
- 유니크_키_선언 : unique (열_이름_리스트)
- 외부_키_선언 : foreign key (열_이름_리스트) references 테이블_이름 [(열_이름_리스트)]

앞의 형식에서 대괄호([ ])는 생략이 가능함을 표시한다. 열_선언_리스트는 하나 또는 쉼표(,)로 구분된 복수의 열_선언을 나타내고, 유니크_키_선언_리스트는 하나 또는 쉼표로 구분된 복수의 유니크_키_선언을 의미하며, 외부_키_선언_리스트는 하나 또는 쉼표로 구분된 복수의 외부_키_선언을 표시한다. 그리고 열_이름_리스트는 하나 또는 쉼표로 구분된 복수의 열_이름을 나타낸다.

테이블을 선언하기 위해서는 형식에서 보는 것처럼, 테이블 이름을 정의한 뒤, 열을 선언하고 기본 키, 유니크 키, 외부 키를 선언한다. 열 선언에서는 열 이름과 자료형을 선언하며, null을 허용하지 않을 경우에는 not null 표기를 하고, default 값을 선택적으로 설정할 수 있다. 기본 키를 선언하기 위해서는 primary key, 유니크 키를 선언하기 위해서는 unique, 외부 키를 선언하기 위해서는 foreign key 키워드를 사용한다.

열 선언에서는 자료형(data type)을 정의하여야 한다. MySQL에서 지원하는 주요 자료형을 [표 5.3]에서 설명하고 있다.

[표 5.3] MySQL의 주요 자료형

자료형	설명
int	정수
varchar(n)	가변 길이 문자열 (n은 길이)
boolean	논리값 (true, false)
bit(n)	비트 (n은 길이)
char(n)	고정 길이 문자열 (n은 길이)
float	실수
date	날짜
time	시각
timestamp	날짜와 시각

SQL에서 사용되는 용어인 기본 키(primary key, 주 키), 유니크 키(unique key), 외부 키(foreign key, 외래 키)의 의미를 [표 5.4]에서 설명하고 있다. 관계형 데이터베이스의 후보 키는 기본 키를 제외하고 SQL에서 유니크 키로 선언한다.

[표 5.4] **키 설명**

용어	설명
기본 키	테이블의 각 행을 유일하게 식별할 수 있는 한 개 이상 열의 집합, null 값 허용 안됨
유니크 키	테이블의 각 행을 유일하게 식별할 수 있는 한 개 이상 열의 집합, null 값 허용
외부 키	다른 테이블의 기본 키 (다른 테이블과의 관계를 표시)

MySQL의 create 문을 이용하여 웹 사이트의 방명록을 위한 테이블을 생성하는 방법을 설명한다. 방명록에 필요한 테이블의 구성은 [표 5.5]와 같다.

[표 5.5] **방명록을 위한 테이블의 구성**

열	데이터 타입	설명
id	int	글의 번호 (기본 키)
title	varchar	제목
author	varchar	글쓴이
e_mail	varchar	전자우편 주소
cnt	int	조회 수
date	varchar	글을 작성한 날짜
password	varchar	패스워드
content	varchar	글의 내용

앞에서 설명한 use 명령어를 활용하여 사용할 데이터베이스를 지정한 후에, create 문을 사용하여 [표 5.5]의 테이블과 열들을 [그림 5.8]과 같이 생성한다. 기본 키는 id 열로 설정한다. 생성된 테이블의 명세는 [그림 5.9]처럼 desc 명령어를 사용하여 확인할 수 있다.

```
MySQL 5.5 Command Line Client
mysql> create table guestbook_table(
    -> id int,
    -> title varchar(15),
    -> author varchar(8),
    -> e_mail varchar(50),
    -> cnt int,
    -> date varchar(10),
    -> password varchar(20),
    -> content varchar(100),
    -> primary key(id));
Query OK, 0 rows affected (0.10 sec)
```

[그림 5.8] 테이블 생성

```
MySQL 5.5 Command Line Client
mysql> desc guestbook_table;
+----------+--------------+------+-----+---------+-------+
| Field    | Type         | Null | Key | Default | Extra |
+----------+--------------+------+-----+---------+-------+
| id       | int(11)      | NO   | PRI | 0       |       |
| title    | varchar(15)  | YES  |     | NULL    |       |
| author   | varchar(8)   | YES  |     | NULL    |       |
| e_mail   | varchar(50)  | YES  |     | NULL    |       |
| cnt      | int(11)      | YES  |     | NULL    |       |
| date     | varchar(10)  | YES  |     | NULL    |       |
| password | varchar(20)  | YES  |     | NULL    |       |
| content  | varchar(100) | YES  |     | NULL    |       |
+----------+--------------+------+-----+---------+-------+
8 rows in set (0.01 sec)
```

[그림 5.9] 생성된 테이블 확인

5.2.2 drop 문

drop 문을 이용하여 테이블과 데이터베이스를 삭제할 수 있다. 이에 대해 자세히 알아보자.

먼저, 테이블을 삭제하기 위한 문장의 형식은 다음과 같다. 형식에서 대괄호([ ])는 생략 가능함을 나타내고 수직 막대 기호(|)는 선택을 표시한다.

형 식

```
drop table 테이블_이름 [ restrict(기본) | cascade ];
```

앞의 형식에서 테이블 삭제 시 restrict 또는 cascade 키워드 중 하나를 선택적으로 사용할 수 있다. 기본(default)으로 설정되는 restrict는 다른 테이블에서 외부 키로 이 테이블을 참조하고 있는 경우에는 삭제하지 못하도록 하는 것이고, cascade는 이 테이블을 참조하는 다른 테이블의 외부 키도 함께 삭제하도록 설정한다. 그러나 restrict와 cascade 기능은 아직 MySQL에서 지원되지 않지만 포팅(porting)의 편의를 위해 사용이 허용된다.

[그림 5.10]은 drop 문을 사용하여 테이블을 삭제한 결과이다.

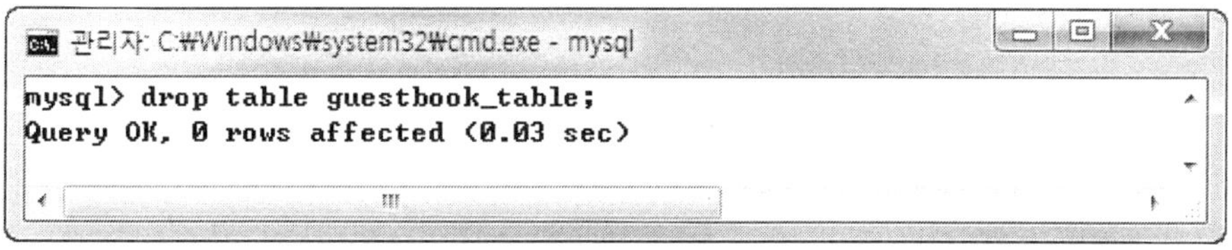

[그림 5.10] **테이블 삭제**

[그림 5.11]은 show 명령어를 이용하여 테이블이 삭제된 상태를 확인한 것이다.

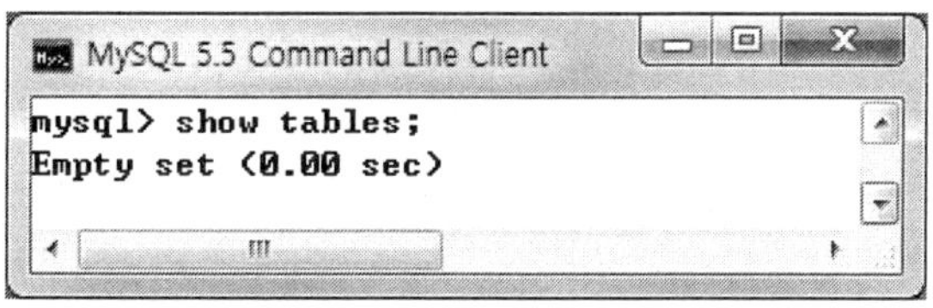

[그림 5.11] **삭제된 테이블 상태 확인**

다음은 데이터베이스를 삭제하는 문장의 형식이다.

형 식

```
drop database 데이터베이스_이름;
```

drop 문을 사용하여 [그림 5.12]와 같이 데이터베이스를 삭제할 수 있다. 이때 데이터베이스에 저장된 모든 데이터가 함께 삭제되므로 주의하여 사용하여야 한다.

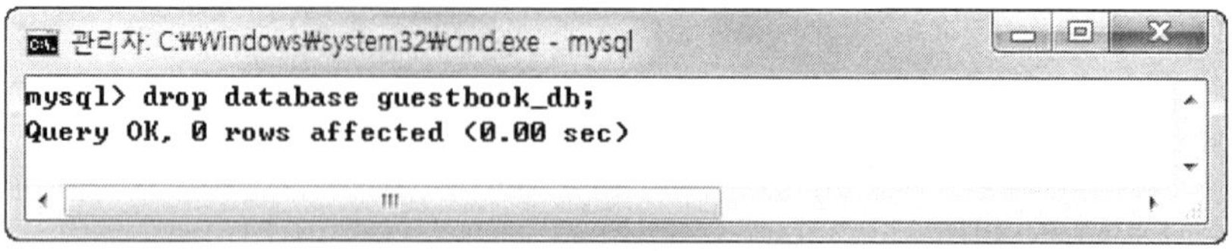

[그림 5.12] 데이터베이스 삭제

[그림 5.13]과 같이 show 명령어를 이용하여 데이터베이스가 삭제된 상태를 확인한다.

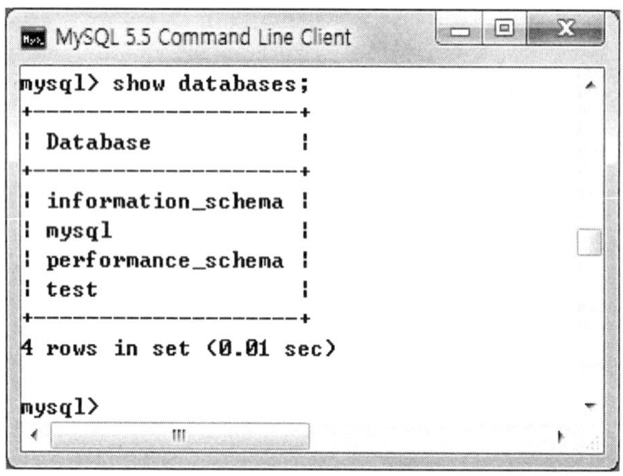

[그림 5.13] 삭제된 데이터베이스 상태 확인

5.3 데이터 조작

데이터를 조작하기 위해서는 SQL의 데이터 조작 언어인 DML을 사용해야 하며, DML에는 select, insert, delete, update 문장이 있다. 그 내용에 대하여 예제와 함께 살펴보자.

5.3.1 select 문

select 문은 테이블의 내용을 검색할 때 이용한다. select 문의 형식은 다음과 같다.

```
형 식
select [ all(기본) | distinct ] 열_이름_리스트
from 테이블_이름
[where 조건식]
[group by 열_이름_리스트 ]
[order by 열_이름_리스트 [ asc(기본) | desc ]];
```

select 문을 이용하여 테이블에서 한 개 이상의 특정 열들을 검색할 수 있으며, 이 경우 all이나 distinct의 키워드를 이용할 수 있다. 이때 all은 기본(default)으로 검색 결과에서 중복된 행을 제거하지 않으며, distinct는 중복된 행을 제거한 결과를 출력할 경우 사용한다.

where 절은 테이블 검색 시 특정 조건을 설정할 수 있는 부분이고, group by는 열의 값에 의해 테이블의 행들을 그룹으로 분할할 수 있도록 한다. order by는 질의문을 실행한 결과를 정렬하는 것으로 asc를 사용하여 오름차순, desc를 사용하여 내림차순으로 정렬할 수 있다. 이 문장의 사용 방법에 대하여 앞으로 상세히 설명한다.

모든 데이터 검색

테이블 내용을 검색하기 위해서는 먼저 insert 문을 이용하여 테이블에 행들을 삽입한다. 테이블의 모든 데이터는 와일드카드(wildcard) *를 사용하여 검색할 수 있다.

'select *'를 이용하면 테이블의 모든 데이터를 검색할 수 있으며, 테이블에서 정의한 열 순서대로 모든 행을 출력한다. 이의 사용 예를 [그림 5.14]에서 보여주고 있다.

```
MySQL 5.5 Command Line Client
mysql> select * from guestbook_table;
+----+------------------+--------+--------------------+-----+----------+----------+----------------+
| id | title            | author | e_mail             | cnt | date     | password | content        |
+----+------------------+--------+--------------------+-----+----------+----------+----------------+
|  1 | 반가워요         | 박기영 | parkky@hanmail.net |   4 | 15/01/02 | 3886     | 반갑습니다.!!  |
|  2 | 안녕?            | 김수연 | kimsy@naver.com    |  20 | 15/01/10 | 8920     | 안녕하세요!!   |
|  3 | 즐거운 날        | 정병준 | jungbj@gmail.com   |  10 | 15/01/12 | 3579     | 여기를 보세요. |
|  4 | 날씨가 좋네요    | 박기영 | parkky@hanmail.net |  16 | 15/01/20 | 2350     | 맑고 깨끗한 하늘 |
|  5 | 재미있는 이야기  | 박기영 | parkky@hanmail.net |  38 | 15/01/22 | 5129     | 유익한 이야기  |
|  6 | 공부합시다       | 오다은 | ohdu@gmail.com     |  24 | 15/01/25 | 1386     | 최선을 다합시다. |
+----+------------------+--------+--------------------+-----+----------+----------+----------------+
6 rows in set (0.00 sec)
```

[그림 5.14] 테이블의 모든 데이터를 검색한 결과

열들 중 일부 검색

테이블의 데이터를 검색할 때 테이블의 일부 열들만을 선택하여 출력할 수 있다. 이때 as 키워드를 사용하여 열의 이름을 바꿀 수 있다.

[그림 5.15]는 테이블의 열들 중에서 5개의 열들만을 선택하여 검색하는 예이다. 이때는 select 다음에 출력하고자 하는 열의 이름을 입력한다. 열의 순서는 사용자가 원하는 대로 작성할 수 있으며, 열의 이름을 바꾸어 출력할 수가 있다. 여기에서는 author를 as를 이용하여 글쓴이로 바꾼 것을 보여주고 있다.

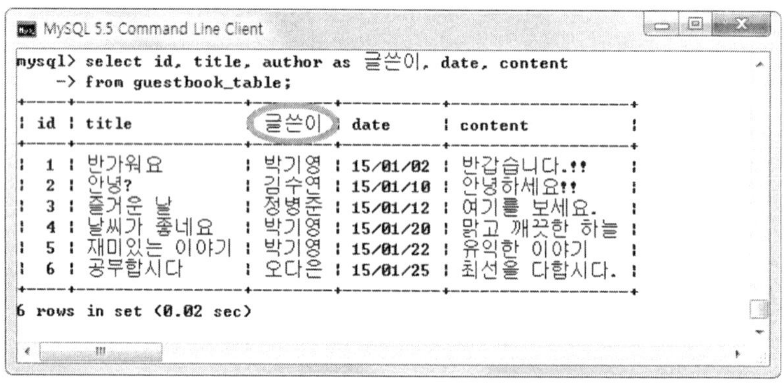

```
MySQL 5.5 Command Line Client
mysql> select id, title, author as 글쓴이, date, content
    -> from guestbook_table;
+----+------------------+--------+----------+------------------+
| id | title            | 글쓴이 | date     | content          |
+----+------------------+--------+----------+------------------+
|  1 | 반가워요         | 박기영 | 15/01/02 | 반갑습니다.!!    |
|  2 | 안녕?            | 김수연 | 15/01/10 | 안녕하세요!!     |
|  3 | 즐거운 날        | 정병준 | 15/01/12 | 여기를 보세요.   |
|  4 | 날씨가 좋네요    | 박기영 | 15/01/20 | 맑고 깨끗한 하늘 |
|  5 | 재미있는 이야기  | 박기영 | 15/01/22 | 유익한 이야기    |
|  6 | 공부합시다       | 오다은 | 15/01/25 | 최선을 다합시다. |
+----+------------------+--------+----------+------------------+
6 rows in set (0.02 sec)
```

[그림 5.15] 열 이름을 변경하여 검색한 결과

distinct를 이용한 검색

SQL에서는 select 문의 실행 결과 중복된 행이 있어도 그대로 출력한다. 관계형 모델이 집합 이론에 근거하였으므로 중복된 행을 허용하지 않는 원칙에 위배되지만, 현실적으로 중복된 행을 삭제하기 위해서는 많은 자원이 필요하므로 검색 시간의 단축을 위해 중복된 행을 허용하는 것이다.

select 문에서 distinct 키워드는 검색된 행들에서 중복된 행을 제거하여 하나씩만을 보여줄 때 이용한다. 그 내용을 자세히 살펴보자.

다음은 테이블에서 author 열을 출력하는 select 문이다. [그림 5.16]의 실행 결과를 살펴보면 모든 행의 author 열의 값이 검색되면서 중복된 값이 출력된 것을 확인할 수 있다. 그 이유는 author 열이 기본 키나 유니크 키가 아니므로 여러 행에서 author 열에 대해 같은 값을 가질 수 있기 때문이다.

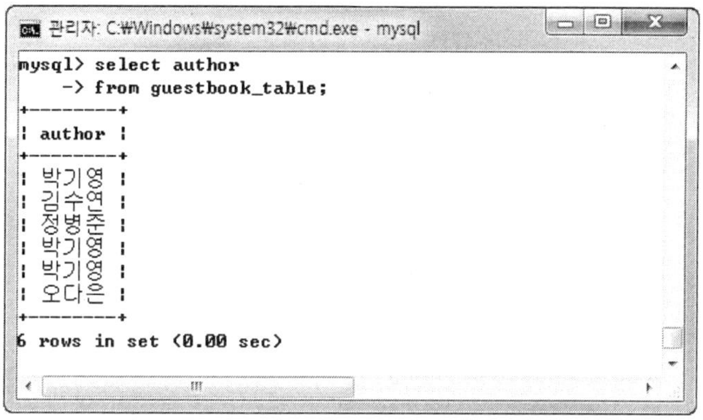

[그림 5.16] select 문을 실행한 결과

이 경우 중복된 값을 제거할 수 있으며, 이때에 사용하는 것이 distinct 키워드이다. 다음의 예는 앞의 질의문에서 select 다음에 distinct 키워드를 덧붙여 사용한 것이다. 이 질의문의 실행 결과는 [그림 5.17]과 같으며, 앞의 예제에서 중복되었던 박기영이 한 번만 출력되는 것을 확인할 수 있다.

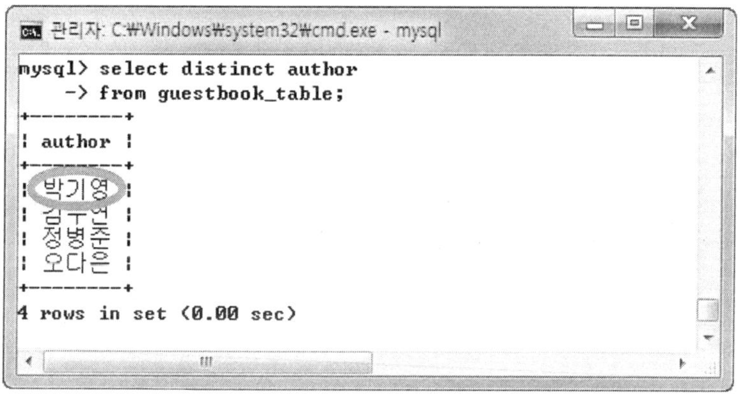

[그림 5.17] distinct를 이용한 결과

where 절을 이용한 조건 검색

where 절은 조건식을 이용하여 조건식을 만족시키는 데이터에 대한 검색을 수행할 수 있도록 한다. 조건식은 참 또는 거짓을 판단할 수 있는 식으로, 조건식에서 사용되는 관계 연산자는 [표 5.6]에, 그리고 논리 연산자는 [표 5.7]에 정리되어 있다.

[표 5.6] 관계 연산자

관계 연산자	의미
=	같음
!=	같지 않음
〈	작음
〉	큼
〈=	작거나 같음
〉=	크거나 같음

[표 5.7] 논리 연산자

논리 연산자	의미
and	논리곱
or	논리합
not	논리 부정

[그림 5.18]은 where 절을 이용한 예제이다. 이 예제에서는 author가 박기영이면서 cnt의 값이 10을 초과한 행을 찾아서, 해당 행의 5개 열의 값을 출력한다.

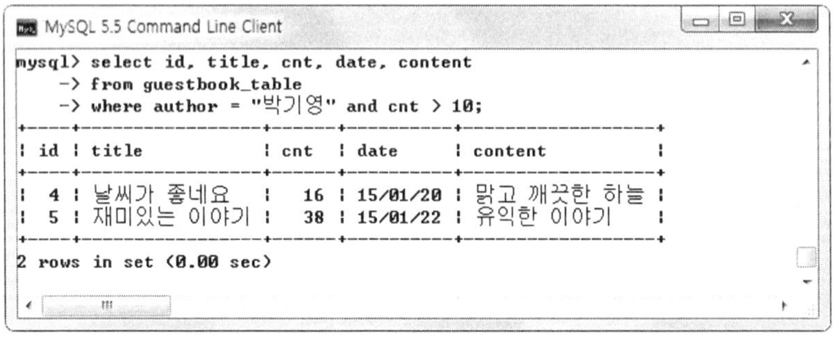

```
mysql> select id, title, cnt, date, content
    -> from guestbook_table
    -> where author = "박기영" and cnt > 10;
+----+------------------+------+----------+-------------------+
| id | title            | cnt  | date     | content           |
+----+------------------+------+----------+-------------------+
|  4 | 날씨가 좋네요      |   16 | 15/01/20 | 맑고 깨끗한 하늘   |
|  5 | 재미있는 이야기    |   38 | 15/01/22 | 유익한 이야기      |
+----+------------------+------+----------+-------------------+
2 rows in set (0.00 sec)
```

[그림 5.18] where 절을 이용하여 검색한 결과

집계 함수를 이용한 검색

MySQL에서는 여러 가지의 집계(aggregate) 함수를 제공하며 [표 5.8]과 같다.

[표 5.8] 집계 함수

함수	의미
count	값의 개수
sum	값의 합
avg	값의 평균
max	최대값
min	최소값

[표 5.8]에서 count는 조건에 맞는 행의 개수를 세며, 중복된 것도 포함한다. sum은 열의 값들의 합을, avg는 열의 값들의 평균을 계산한다. sum과 avg는 수에 대해서만 연산이 가능하고, 문자열에 대해서는 연산이 불가능하다. max는 열에서 제일 큰 값을 구하고, min은 열에서 제일 작은 값을 구한다. 검색된 행의 수를 계산하는 count(*)를 제외한 모든 집계 함수는 값이 null인 경우 이를 배제하고 계산한다.

[그림 5.19]는 집계 함수 중 max를 이용하여, 조회 수의 최대값을 검색하기 위한 것이다.

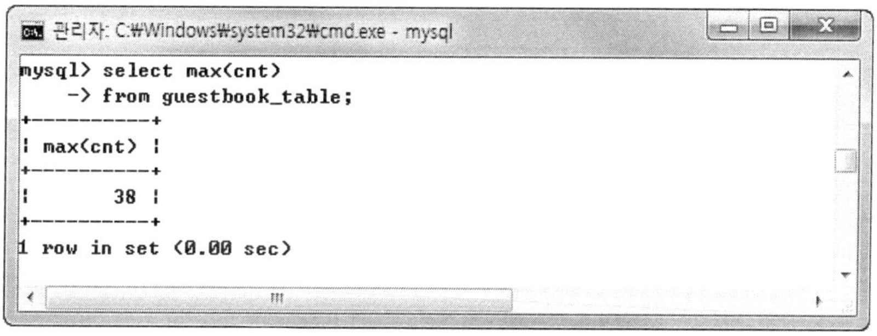

[그림 5.19] 집계 함수를 이용하여 검색한 결과

group by를 이용한 검색

select 문의 group by 절에 있는 열의 값에 의해 테이블의 행들을 그룹으로 분할할 수 있다. [그림 5.20]에서는 테이블의 행들을 author별로 분할하고 각 그룹에 속한 행의 개수를 출력하는 예이다.

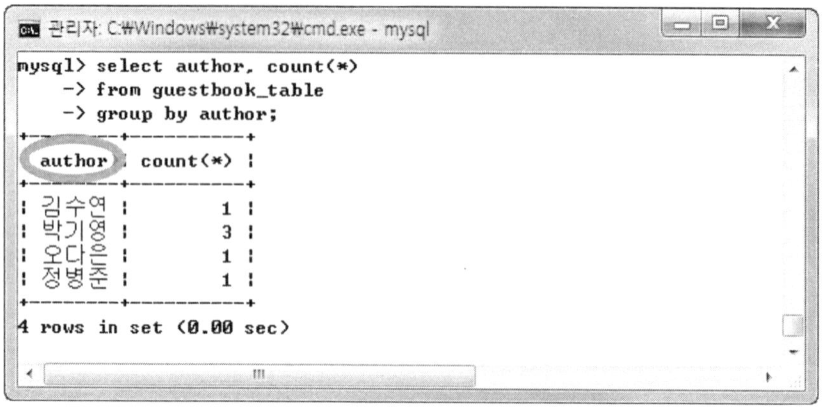

[그림 5.20] group by 예제 결과

asc 및 desc를 이용한 검색

질의문을 실행한 결과에 대하여 오름차순 또는 내림차순으로 정렬할 수 있다. 이 경우 오름차순은 'order by asc'를 이용하며, 내림차순은 'order by desc'를 활용하게 된다.

[그림 5.21]은 author를 제1기준으로 하여 오름차순으로 행들을 출력하며, author가 동일한 경우 date를 제2기준으로 하여 내림차순으로 출력하게 된다.

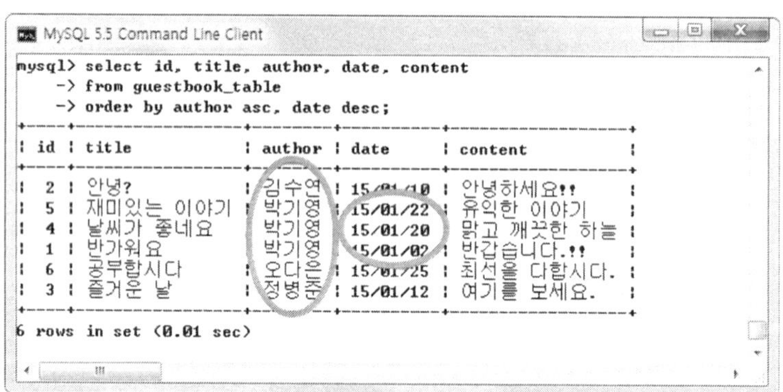

[그림 5.21] asc와 desc를 이용하여 검색한 결과

like를 이용한 검색

like 키워드는 문자열을 패턴 매칭 방법으로 검색하는 데 이용하며, [표 5.9]의 와일드카드(wildcard) 문자를 사용한다.

[표 5.9] like 연산에 사용되는 와일드카드

문자	의미
_	단일 문자
%	0개 이상의 문자를 가진 문자열

와일드카드 _는 단일 문자를 의미하는 것으로 사용하는 개수만큼 정확히 일치하는 개수의 문자열을 검색할 때 사용한다. 와일드카드 %의 경우에는 "a%"이면 a로 시작하는 문자열을, "%a"는 a로 끝나는 문자열을, "%a%"는 a를 포함하는 문자열을 의미한다.

이러한 와일드카드 문자를 이용한 like 절의 예제를 [그림 5.22]에서 보여주고 있으며, '정'으로 시작하는 author를 가진 행을 찾아 출력한다.

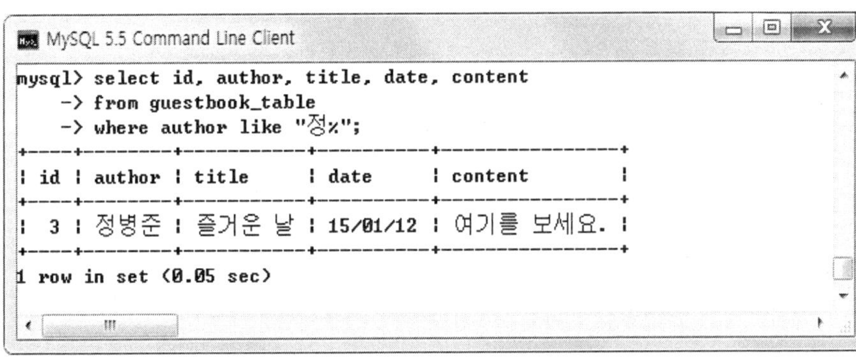

[그림 5.22] like 절을 이용한 검색 결과

5.3.2 insert 문

insert 문은 테이블에 새로운 행을 삽입하는 문장으로 형식은 다음과 같다.

```
형식1
  insert into 테이블_이름 [ (열_이름_리스트) ]
  values (열_값_리스트);

형식2
  insert into 테이블_이름 [ (열_이름_리스트) ]
  select 문;
```

첫 번째 형식은 테이블에 하나의 행씩 삽입할 때 이용한다. 두 번째 형식은 select 문의 검색 결과를 테이블에 삽입할 때 이용한다. 먼저 형식1을 이용하는 예제를 살펴보자.

[그림 5.23]에서와 같이 insert 문에서 테이블의 이름인 guestbook_table과 values 다음에 한 행씩 열에 삽입될 데이터를 순서대로 작성하고, 마지막 행의 끝을 세미콜론(;)으로 마친다. 만약 열의 값이 없는 경우에는 쌍따옴표(“ ”)를 이용하여 null을 삽입한다. 여기에서 null은 값이 존재하지 않거나 아직 알 수 없는 것을 의미하며, null을 허용하지 않는 열에는 null을 삽입할 수 없다.

```
MySQL 5.5 Command Line Client
mysql> insert into guestbook_table values
    -> (1, "반가워요", "박기영", "parkky@hanmail.net", 4, "15/01/02", 3886, "반갑습니다.!!"),
    -> (2, "안녕?", "김수연", "kimsy@naver.com", 20, "15/01/10", 8920, "안녕하세요!!"),
    -> (3, "즐거운 날", "정병준", "jungbj@gmail.com", 10, "15/01/12", 3579, "여기를 보세요."),
    -> (4, "날씨가 좋네요", "박기영", "parkky@hanmail.net", 16, "15/01/20", 2350, "맑고 깨끗한 하늘"),
    -> (5, "재미있는 이야기", "박기영", "parkky@hanmail.net", 38, "15/01/22", 5129, "유익한 이야기"),
    -> (6, "공부합시다", "오다은", "ohdu@gmail.com", 24, "15/01/25", 1386, "최선을 다합시다.");
Query OK, 6 rows affected (0.03 sec)
Records: 6  Duplicates: 0  Warnings: 0
```

[그림 5.23] insert 문의 사용 예

이 테이블에 [그림 5.23]처럼 6개의 행들을 삽입한 후에 테이블의 내용을 확인하면 [그림 5.24]와 같다. 이것은 앞에서 공부한 select 문을 통해 얻은 결과이다.

```
MySQL 5.5 Command Line Client
mysql> select * from guestbook_table;
+----+-----------------+--------+--------------------+-----+----------+----------+------------------+
| id | title           | author | e_mail             | cnt | date     | password | content          |
+----+-----------------+--------+--------------------+-----+----------+----------+------------------+
|  1 | 반가워요        | 박기영 | parkky@hanmail.net |   4 | 15/01/02 | 3886     | 반갑습니다.!!    |
|  2 | 안녕?           | 김수연 | kimsy@naver.com    |  20 | 15/01/10 | 8920     | 안녕하세요!!     |
|  3 | 즐거운 날       | 정병준 | jungbj@gmail.com   |  10 | 15/01/12 | 3579     | 여기를 보세요.   |
|  4 | 날씨가 좋네요   | 박기영 | parkky@hanmail.net |  16 | 15/01/20 | 2350     | 맑고 깨끗한 하늘 |
|  5 | 재미있는 이야기 | 박기영 | parkky@hanmail.net |  38 | 15/01/22 | 5129     | 유익한 이야기    |
|  6 | 공부합시다      | 오다은 | ohdu@gmail.com     |  24 | 15/01/25 | 1386     | 최선을 다합시다. |
+----+-----------------+--------+--------------------+-----+----------+----------+------------------+
6 rows in set (0.00 sec)
```

[그림 5.24] 데이터 삽입 결과

두 번째 형식을 이용하는 예제를 살펴보자. [그림 5.25]와 같이 guestbook_table로부터 id 값이 3인 조건을 만족하는 id, author, e_mail 값을 검색하여, 그 결과를 새로운 테이블 guestbook_table2에 삽입한다. guestbook_table2는 id, author, e_mail열로 구성된 테이블로 미리 생성된 테이블이다.

```
mysql> insert into guestbook_table2
    -> select id, author, e_mail
    -> from guestbook_table
    -> where id = 3;
Query OK, 1 row affected (0.03 sec)
Records: 1  Duplicates: 0  Warnings: 0
```

[그림 5.25] **서브 질의를 이용한 데이터 삽입**

삽입 결과는 select 문을 통해 [그림 5.26]과 같이 확인한다.

```
mysql> select * from guestbook_table2;
+------+--------+-------------------+
| id   | author | e_mail            |
+------+--------+-------------------+
|    3 | 정병준 | jungbj@gmail.com  |
+------+--------+-------------------+
1 row in set (0.00 sec)
```

[그림 5.26] **데이터 삽입 결과**

5.3.3 update 문

update 문은 테이블에 저장된 데이터를 수정할 경우 사용한다. update 문의 형식은 다음과 같다.

```
형 식
update 테이블_이름
set 열_갱신_리스트
[where 조건식];
열_갱신 : 열_이름 = 열_값
```

형식에서 열_갱신_리스트는 하나 또는 쉼표(,)로 구분된 복수의 열_갱신을 의미한다. update 문은 where 절의 조건에 맞는 행을 테이블에서 찾아서 set 절에 명시된 대로 열의 값을 갱신한다. 이 경우 where 조건식을 만족시키는 모든 행들의 열의 값이 함께 갱신된다.

[그림 5.27]은 id가 3인 행을 guestbook_table에서 찾아서 title을 "행복한 날"로 고치는 예제이다.

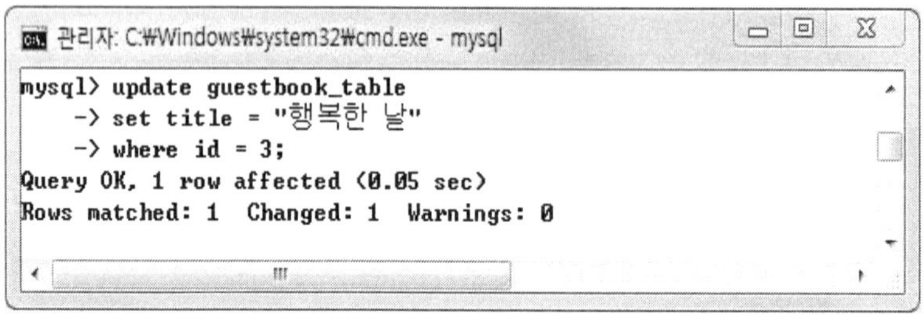

[그림 5.27] update 문의 사용 예

이 질의문을 실행한 후 테이블의 내용은 [그림 5.28]과 같다.

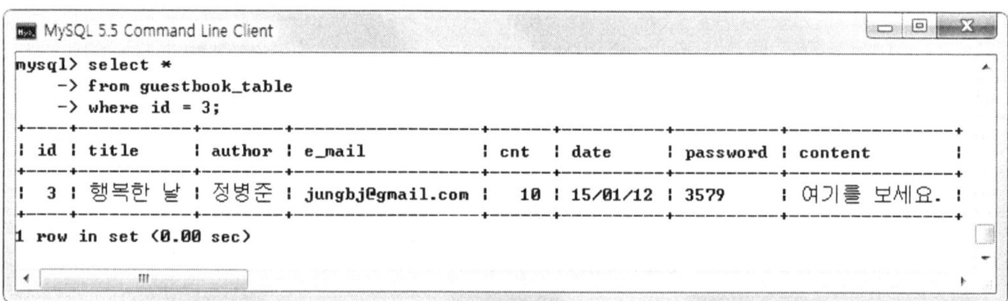

[그림 5.28] update 문의 실행 결과

5.3.4 delete 문

delete 문은 테이블에서 행을 삭제할 경우 사용하며, 그 형식은 다음과 같다.

형 식
```
delete
from 테이블_이름
[where 조건식];
```

delete 문은 where 절의 조건식을 만족시키는 행들을 찾아 테이블에서 삭제한다. 만약에 where 절이 생략되면 테이블의 내용 전부를 삭제하여 빈 테이블로 만든다.

[그림 5.29]의 예는 id의 값이 1인 행을 테이블에서 삭제하는 것이다.

```
관리자: C:\Windows\system32\cmd.exe - mysql
mysql> delete
    -> from guestbook_table
    -> where id = 1;
Query OK, 1 row affected (0.02 sec)
```

[그림 5.29] delete 문의 사용 예

이 질의문을 실행한 후의 결과는 [그림 5.30]과 같다.

```
MySQL 5.5 Command Line Client
mysql> select * from guestbook_table;
+----+----------------+--------+---------------------+-----+----------+----------+----------------+
| id | title          | author | e_mail              | cnt | date     | password | content        |
+----+----------------+--------+---------------------+-----+----------+----------+----------------+
|  2 | 안녕?          | 김수연 | kimsy@naver.com     |  20 | 15/01/10 | 8920     | 안녕하세요!!   |
|  3 | 행복한 날      | 정병준 | jungbj@gmail.com    |  10 | 15/01/12 | 3579     | 여기를 보세요. |
|  4 | 날씨가 좋네요  | 박기영 | parkky@hanmail.net  |  16 | 15/01/20 | 2350     | 맑고 깨끗한 하늘 |
|  5 | 재미있는 이야기 | 박기영 | parkky@hanmail.net |  38 | 15/01/22 | 5129     | 유익한 이야기  |
|  6 | 공부합시다     | 오다은 | ohdu@gmail.com      |  24 | 15/01/25 | 1386     | 최선을 다합시다. |
+----+----------------+--------+---------------------+-----+----------+----------+----------------+
5 rows in set (0.00 sec)
```

[그림 5.30] delete 문의 실행 결과

부 록

부록에서는 본 장에서 다루는 SQL 질의문 처리와 앞으로 배울 JSP에서 데이터베이스 구현(implementation)에 필요한 관계형 DBMS인 MySQL을 설치하는 방법에 대해서 설명한다. MySQL 설치와 환경설정 과정을 순서대로 따라하면, 데이터베이스 프로그래밍 환경이 구축된다.

부록 1 MySQL 설치 방법

MySQL은 표준 데이터베이스 질의 언어인 SQL을 지원하는 관계형 DBMS이다. 또한, 오픈 소스로 개발되는 소프트웨어이므로 무료로 다운 받을 수 있으며, 소규모의 웹 사이트를 구축하는 데 많이 사용하고 있다.

MySQL은 윈도우가 아닌 콘솔(즉, 도스 모드) 상에서 대화형으로 실행한다. 그리고 프로그램 내에 삽입하여 사용할 수도 있다. 다음에서 MySQL의 다운로드부터 설치하는 과정을 설명한다.

01. 브라우저 주소 창에 'http://www.mysql.com'이라는 URL을 입력하면 다음과 같은 웹 페이지가 나타나며, Downloads(GA) 메뉴에서 MySQL의 최신 버전을 다운받을 수 있다.

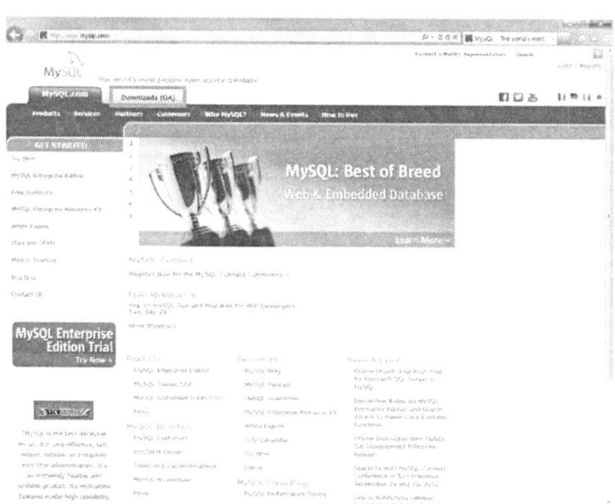

02. Download(GA) 탭의 왼쪽 메뉴에서 'MySQL Community Server'를 선택한 후, 리스트 중에서 컴퓨터의 비트수에 따라 'Windows(x86, 64-bit), MSI Installer' 또는 'Windows(x86, 32-bit), MSI Installer'의 오른쪽에 있는 Download 버튼을 클릭한다.

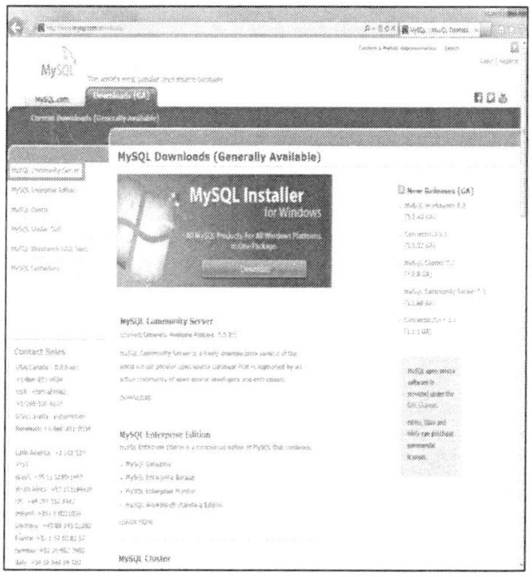

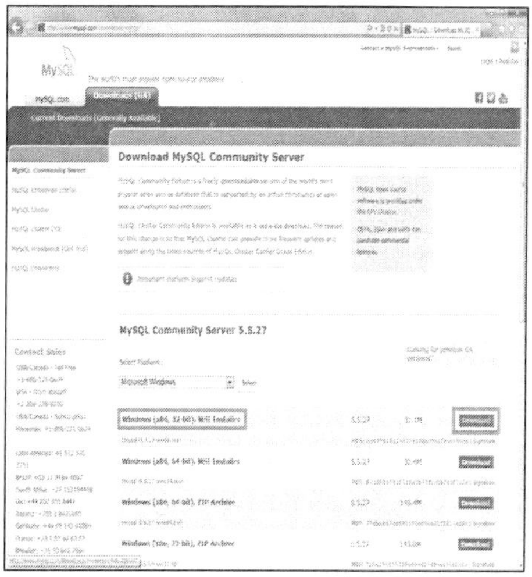

03. 다음의 왼쪽 화면에서 별도의 회원 가입 없이 'No thanks, just start my download!' 선택하여 다운로드 받는다. 물론 회원 가입 후에 다운로드 할 수도 있다.

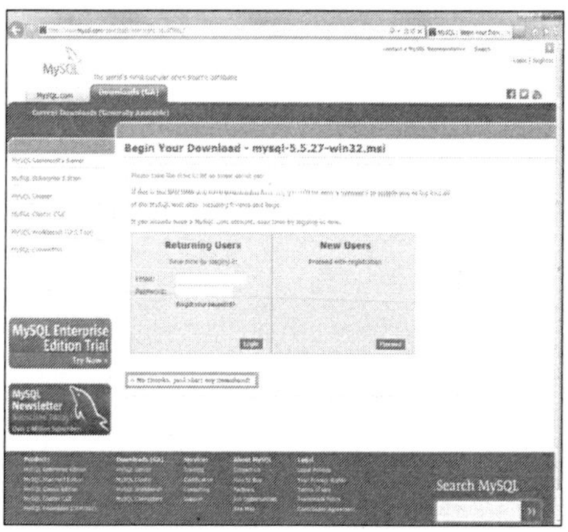

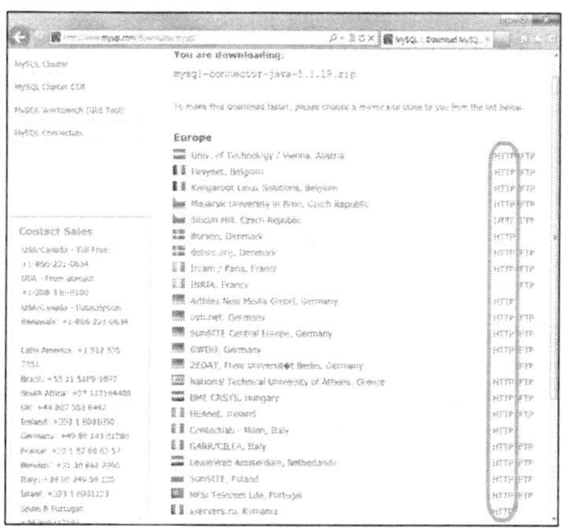

04. MySQL을 다운로드 받으면 다음과 같은 절차에 따라 설치 파일을 실행한다.

① 먼저 설치 환영 화면이 뜨면 Next 버튼을 눌러 사용자 라이선스 동의 화면의 내용을 읽고 동의 옵션을 체크한 후 Next 버튼을 클릭한다.

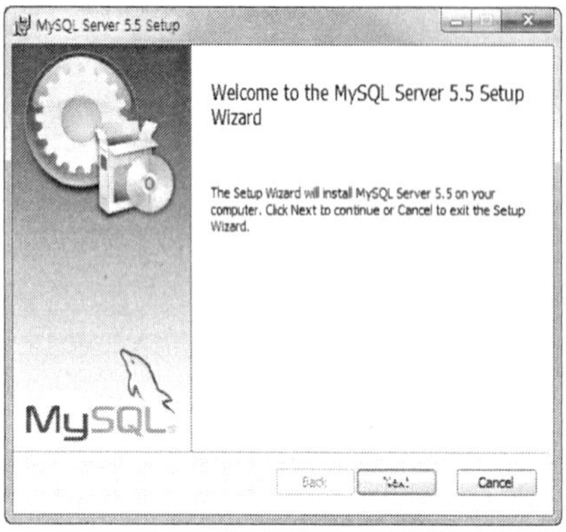

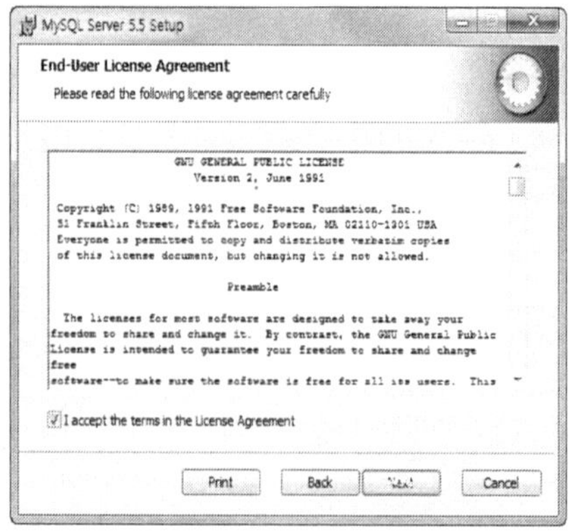

② 다음의 왼쪽 화면에서와 같이 3가지 설치 유형 중 Typical을 선택하고 Next 버튼을 클릭한 후, 설치할 준비가 되었다는 메시지를 확인하고 Install 버튼을 클릭한다.

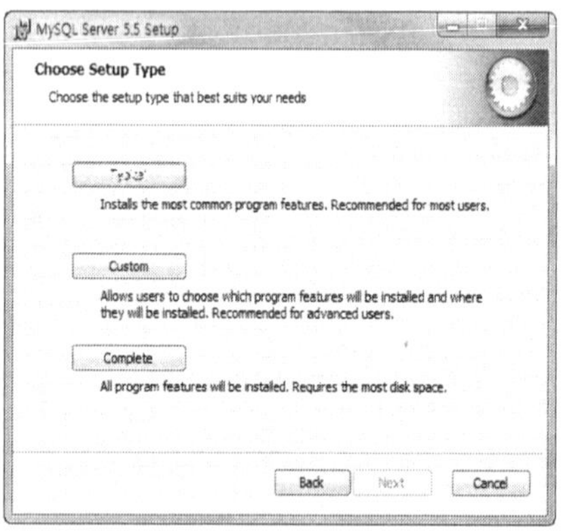

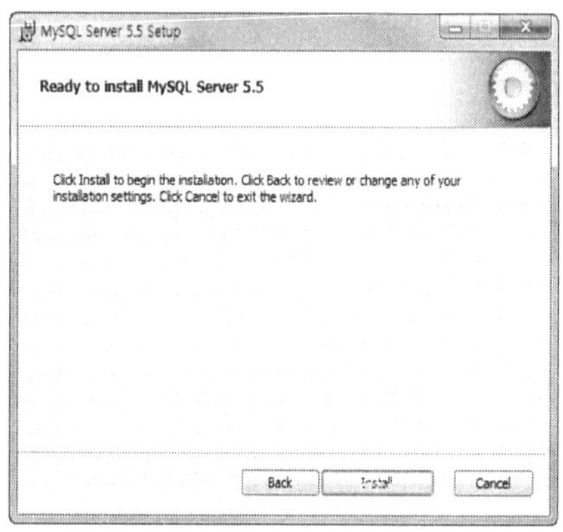

③ 다음의 왼쪽 화면과 같이 설치할 준비를 진행한 후, 오른쪽 화면이 나타나면 Next 버튼을 클릭하여 설치를 진행한다.

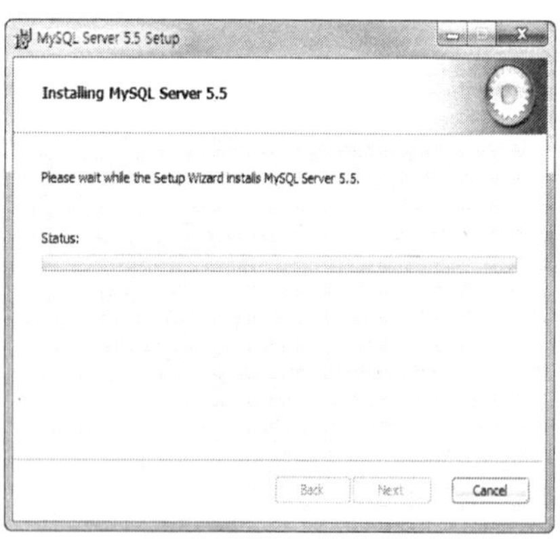

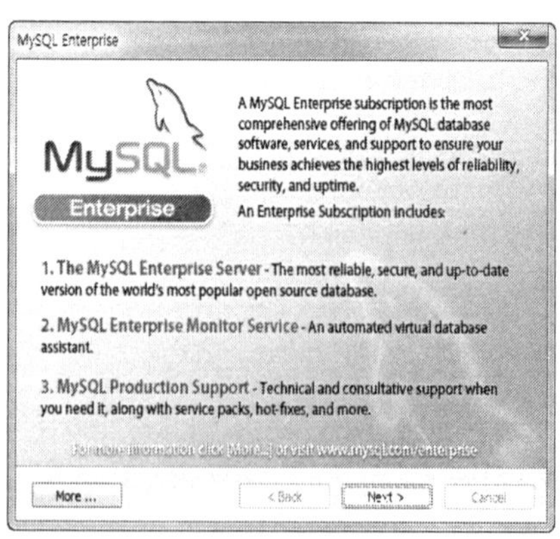

④ 다음의 왼쪽 화면에서 Next 버튼을 클릭한 후, 오른쪽 화면과 같이 설치 완료 메시지가 나타나면 Finish 버튼을 클릭한다.

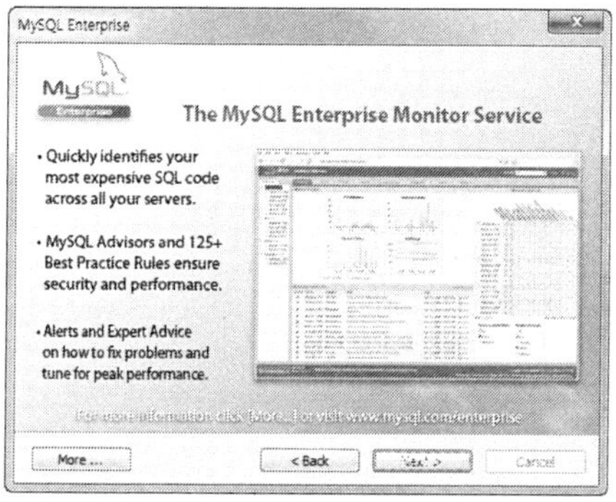

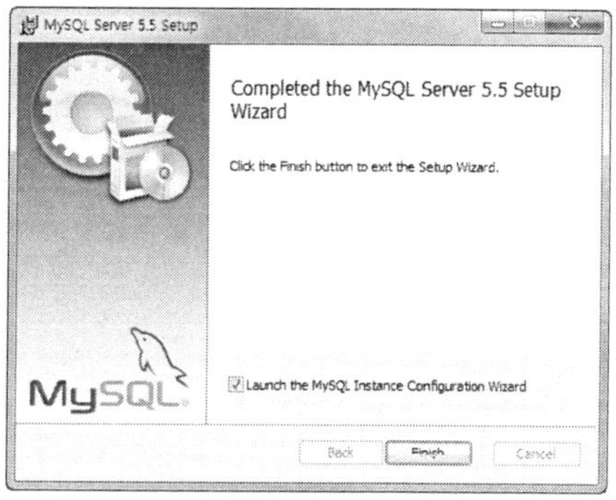

⑤ 설치가 완료된 후 MySQL 서버 인스턴스 환경설정 설치 마법사가 실행되면, 'Detailed Configuration'을 선택한 후 Next 버튼을 클릭한다.

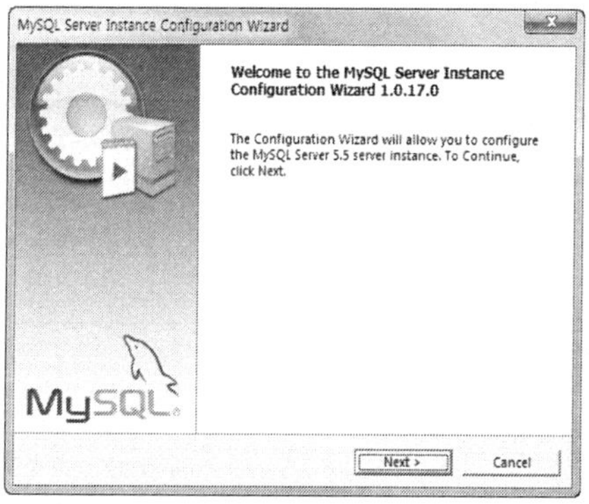

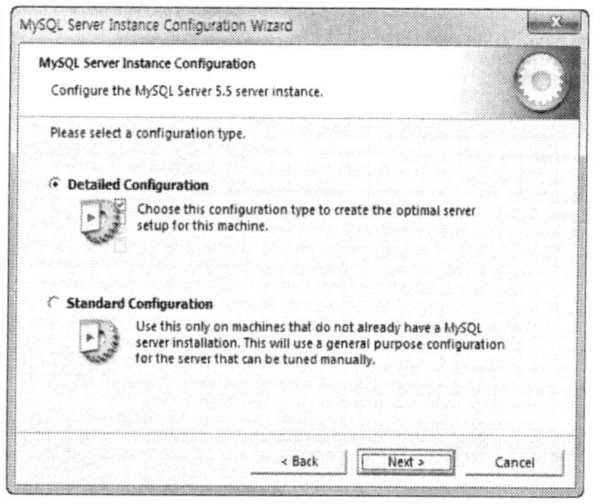

⑥ 다음의 왼쪽 화면과 같이 서버 유형은 'Developer Machine'을 선택하고, 오른쪽 화면과 같이 데이터베이스는 'Multifunctional Database'를 선택한 후 Next 버튼을 클릭한다.

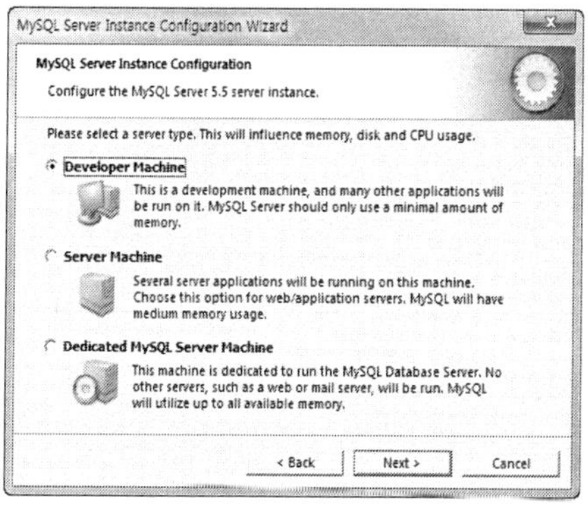

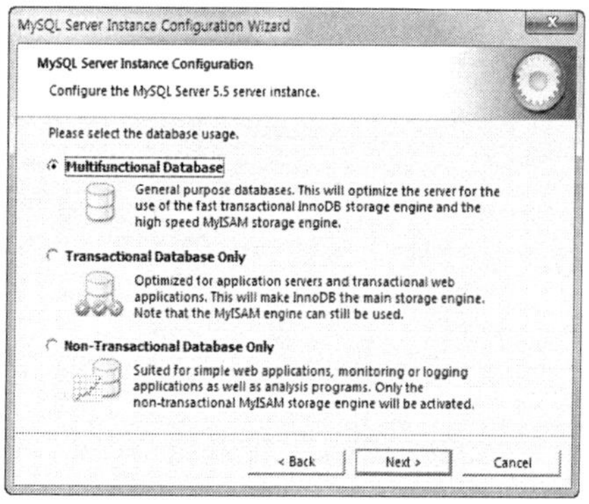

⑦ 다음의 왼쪽 화면과 같이 설치할 경로를 지정한 후 Next 버튼 클릭하면, 오른쪽 화면과 같이 서버에 동시 연결 유형을 선택하는 화면이 나오는데 'Decision Support(DSS)/OLAP'를 선택한 후 Next 버튼을 클릭한다.

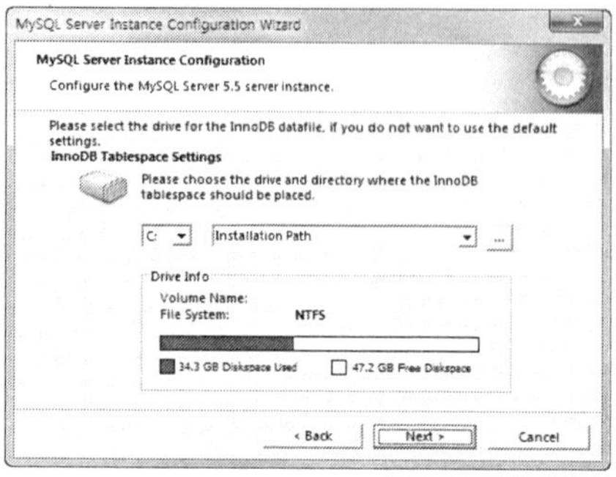

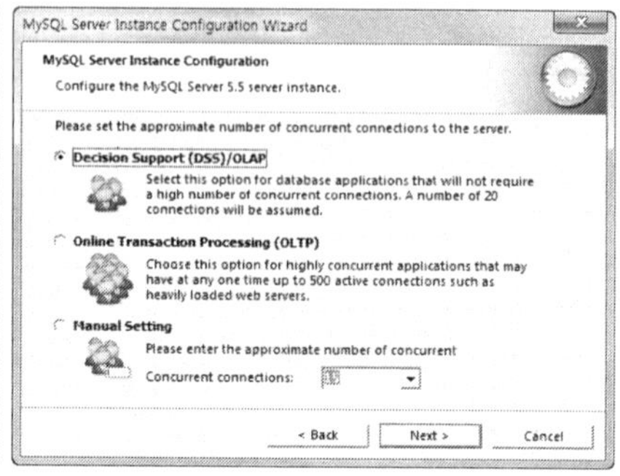

⑧ 다음의 왼쪽 화면과 같이 TCP/IP 네트워킹을 위해 포트 번호를 3306으로 설정하고, 오른쪽 화면에서 기본 문자셋 유형을 euckr로 선택한 후 Next 버튼을 클릭한다.

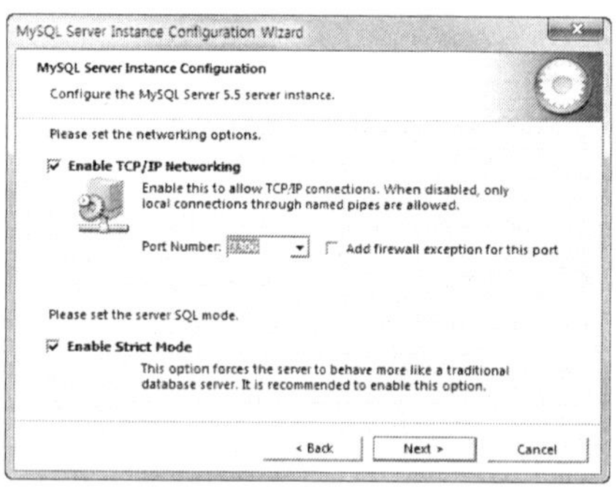

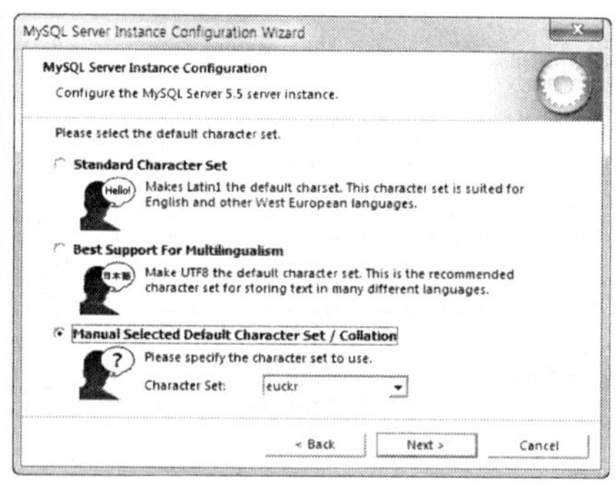

⑨ 다음의 왼쪽 화면과 같이 옵션을 모두 선택한 후, 오른쪽 화면에서 보안 옵션 설정을 위해 MySQL 접속 시 사용할 비밀번호를 설정한 후 Next 버튼을 클릭한다.

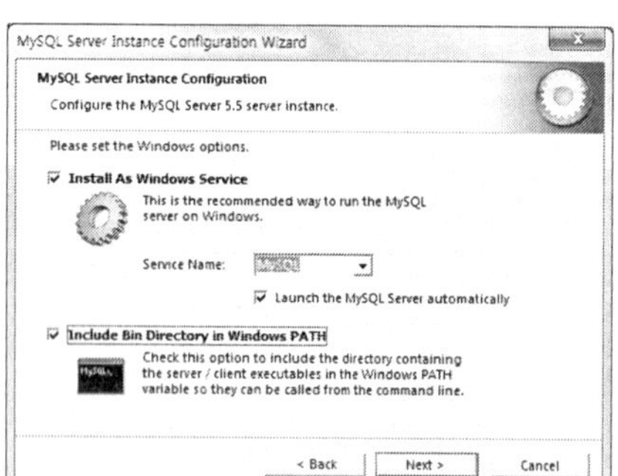

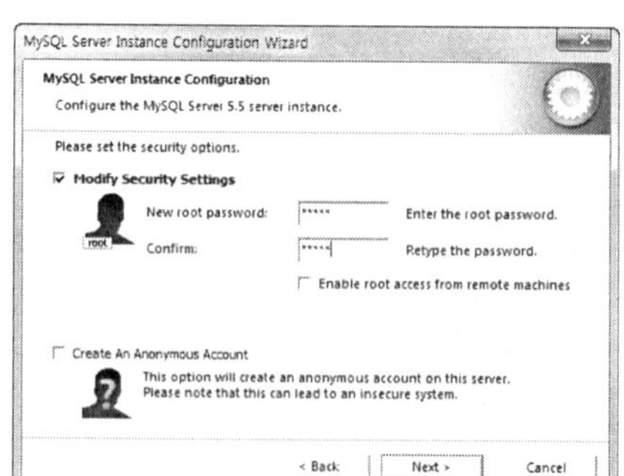

⑩ 다음의 왼쪽 화면과 같이 설정한 값들을 적용하도록 Execute 버튼을 클릭한 후, 오른쪽 화면에서와 같이 환경 설정이 적용되었는지를 확인한 후 Finish 버튼을 클릭하면 모든 설치가 완료된다.

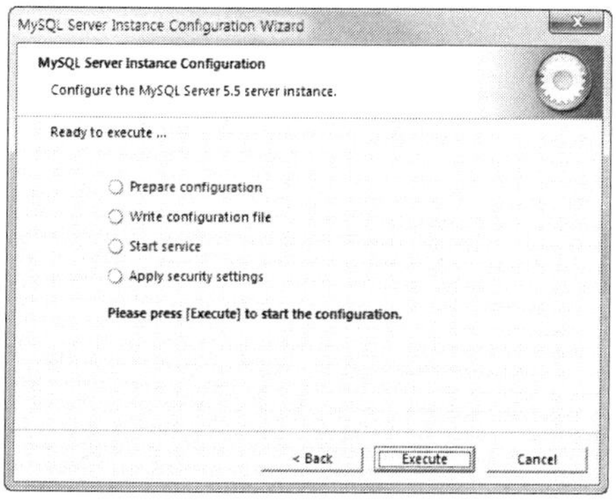

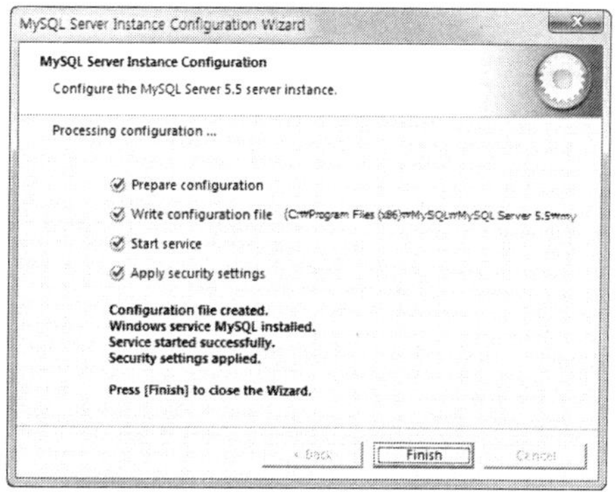

연습문제

복습문제

01. ( )는 어느 개인이나 조직이 관리하는 데이터의 모음이며, 데이터를 체계적으로 관리하기 위해서 ( )을 사용한다.

02. 데이터 모델 중 ( )은 데이터의 표현 방식이 단순하고 강력한 질의 언어를 갖추고 있어서 많은 데이터베이스 관리 시스템에서 지원한다.

03. 관계형 모델에서 관계(relation)는 ( )과 ( )로 이루어진 테이블로 표시할 수 있다.

04. SQL에서 테이블의 각 행을 유일하게 식별할 수 있으며 null 값을 허용하지 않는 키를 ( )라고 하고, null 값이 허용되는 키를 ( )라고 하며, 다른 테이블의 후보 키를 ( )라고 한다.

05. SQL은 관계형 데이터베이스에서 데이터를 ( ), ( ), ( )하기 위한 표준화된 언어이다.

06. SQL 데이터 정의어의 문장으로는 ( ), ( ), ( ), ( )이/가 있다.

07. SQL 데이터 조작어의 문장으로는 ( ), ( ), ( ), ( )이/가 있다.

08. SQL 데이터 제어어의 문장으로는 ( ), ( )이/가 있다.

09. 관계형 데이터베이스 관리 시스템 중 ( )은 SQL을 지원하고, 오픈 소스 관계형 데이터베이스 관리 시스템 중 가장 많이 활용되며, 유닉스나 리눅스, 윈도우 운영 체제에서 사용 가능하다.

10. 데이터베이스 및 테이블을 생성하는 문장은 ( ) 문이다.

11. MySQL에서 현재 사용할 데이터베이스를 지정하는 명령어는 ( )이다.

12. 테이블을 선언할 때 기본 키를 선언하기 위해서는 ( ) 키워드를, 유니크 키를 선언하기 위해서는 ( ) 키워드를, 외부 키를 선언하기 위해서는 ( ) 키워드를 사용한다.

13. 데이터베이스 및 테이블을 삭제하는 문장은 ( ) 문이다.

14. 테이블 삭제 시 기본으로 설정되는 ( )는 다른 테이블에서 외부 키로 이 테이블을 참조하고 있는 경우에는 삭제하지 못하도록 하는 것이고, ( )는 이 테이블을 참조하는 다른 테이블의 외부 키도 함께 삭제하도록 한다.

15. 테이블의 내용을 검색할 때 사용하는 명령어는 select 문이며, 검색된 행들에서 중복된 행을 제거하여 하나씩만을 보여줄 때 ( ) 키워드를 이용한다.

16. select 문에서 ( )절은 조건을 이용하여 데이터에 대한 검색을 수행할 수 있도록 한다.

17. SQL에서 여러 가지 집계함수를 제공하는데, 값의 개수를 구할 경우에는 ( ) 함수를, 값의 평균을 구할 때는 ( ) 함수를 사용한다.

18. 질의문 실행결과를 오름차순으로 정렬하기 위해서는 order by ( )를, 내림차순으로 정렬하기 위해서는 order by ( )를 이용한다.

19. like를 이용한 검색에서 ( )는 단일 문자를, ( )는 0개 이상의 문자를 가진 문자열을 의미한다.

20. 테이블에 저장된 데이터를 수정할 경우에는 ( ) 문을, 테이블에서 행을 삭제할 경우는 ( ) 문을 사용한다.

실습문제

01. 다음과 같이 여론조사 프로그램 작성을 위해 필요한 데이터베이스 및 테이블을 생성하시오.

① 데이터베이스 이름 : opinion_db

② 테이블 이름 : opinion_tbl

[표] opinion_tbl 테이블의 구성

열 이름	데이터 타입	설명
id	int	고유번호 (기본 키)
fruit	varchar	과일
sum	int	응답수

02. 다음과 같이 게시판 프로그램 작성을 위해 필요한 데이터베이스 및 테이블을 생성하시오.

① 데이터베이스 이름 : board_db

② 테이블 이름 : board_tbl

[표] board_tbl 테이블의 구성

열 이름	데이터 타입	설명
id	int	고유번호 (기본 키)
name	varchar	이름
e_mail	varchar	이메일
title	varchar	게시글 제목
content	varchar	게시글 내용
passwd	varchar	암호
ref	int	참조글 ID

03. 다음의 학생, 과목, 수강 테이블을 univ_db 데이터베이스에 생성하시오. (참고: 밑줄은 기본 키를 나타냄)

학생(<u>학번</u>, 성명, 학년)
과목(<u>과목번호</u>, 과목이름, 담당교수)
수강(<u>학번</u>, <u>과목번호</u>, 점수)

04. 앞에서 생성한 학생, 과목, 수강 테이블에 각각 다음과 같이 값을 입력하시오.

[학생 테이블]

학번	성명	학년
2015001	김소연	1
2015002	윤다은	1
2015003	안찬기	1
2014001	김소연	2
2014002	이민경	2

[과목 테이블]

과목번호	과목이름	담당교수
CS101	웹 프로그래밍	김두호
CS303	데이터베이스 시스템	강기영
CS304	소프트웨어 공학	장민경

[수강 테이블]

학번	과목번호	점수
2015001	CS101	95
2015002	CS101	85
2015003	CS303	88
2014001	CS303	92
2014002	CS304	86

❖ 3~4번 문제에서 생성한 학생, 과목, 수강 테이블을 이용하여 다음의 문제를 해결할 수 있는 SQL 문장을 작성하시오.

05. 웹 프로그래밍 수강생의 학년, 학번, 성명을 검색하시오.

06. 이름이 강기영인 교수가 담당하는 과목이름을 검색하시오.

07. 학번이 2014002인 학생의 학년을 1학년으로 변경하시오.

08. 웹 프로그래밍 과목 성적의 평균을 구하시오.

09. 웹 프로그래밍 과목의 점수가 90 이상인 학생의 이름과 학년을 검색하시오.

10. 학생 테이블에 전화번호 열을 추가하시오.

❖ 참고 문헌

01. 오세만, 이용규, *인터넷 프로그래밍 입문*, 개정판, 생능출판사, 2005

02. 이석호, *데이터베이스 시스템*, 정익사, 2009

03. R. Bradford, *Effective Mysql Optimizing SQL Statements*, McGraw Hill, 2011

04. P. J. Pratt, *Guide to MySQL*, Cengage Learning, 2012

05. R. Ramakrishnan and J. Gehrke, *Database Management Systems*, 3rd Edition, McGraw Hill, 2003

06. A. Silberschatz, H. F. Korth and S. Sudarshan, *Database System Concepts*, 6th Edition, McGraw Hill, 2010

07. V. Vaswani, *Mysql Database Administration*, McGraw Hill, 2009

08. en.wikipedia.org/wiki/SQL

09. www.mysql.com

10. www.mysqlkorea.com

11. www.oracle.com/us/products/mysql/index.html

12. www.sql.org

13. www.sqlcourse.com

14. www.tizag.com/mysqlTutorial/

15. www.w3.org

16. www.w3schools.com/sql/default.asp

Chapter 6

JSP

웹 · 프 · 로 · 그 · 래 · 밍

06 JSP

CHAPTER

서버 사이드 스크립트 언어로 사용되는 JSP에 대하여 공부한다.

6.1 JSP 기초

JSP의 개요와 JSP 페이지의 처리 방식에 대하여 설명한다.

6.1.1 JSP 개요

JSP(Java Server Pages)는 자바를 기반으로 하는 동적 웹 사이트 구축 언어이다. JSP는 서버 사이드 스크립트(server side script) 언어로서 기본적으로 서블릿(servlet) 기술을 기반으로 하고 있지만, 서블릿 프로그래밍보다 쉽고 빠르게 웹 사이트를 구축할 수 있는 장점이 있다. 또한, 자바를 기반으로 한 언어이기 때문에 자바의 일반적인 특징을 갖추고 있으며, 다음의 네 가지로 그 특징을 정리할 수 있다.

플랫폼에 독립적

자바는 일반 언어들과는 달리 소스 코드를 목적 코드(object code)가 아닌 중간 단계의 바이트 코드(byte code)로 컴파일한 후에, 그 바이트 코드(확장자 .class)를 JVM(Java Virtual Machine)에서 인터프리트(interpret) 방식으로 실행한다. 그리고 플랫폼에 JVM이 설치되어 있다면 플랫폼의 종류에 상관없이 바이트 코드의 실행이 가능하다. JSP는 이러한 자바의 특징을 갖고 있으므로 플랫폼과 서블릿 컨테이너의 종류에 상관없이 실행할 수 있다.

서버 자원의 효율적 관리

기존의 CGI(Common Gateway Interface)는 클라이언트의 요청이 있을 때마다 새로운 프로세스(process)를 생성하는 방식이므로 클라이언트의 요청이 많으면 서버의 자원을 많이 사용하게 된다. 반면에 서블릿은 자원을 효율적으로 사용하기 위해 스레드(thread)에 의해 클라이언트의 요청을 처리한다. 마찬가지로 JSP도 클라이언트의 요청이 들어오면 스레드를 생성하여 처리한다. 그러므로 서버의 자원을 보다 효율적으로 관리할 수 있고 기존의 CGI 방식보다 요청에 빠르게 응답할 수 있다.

컴포넌트 기반 개발

자바에서는 자주 사용되는 기능을 별도의 클래스 파일로 작성한 후 필요 시 불러와 사용할 수 있으며, 이와 같은 컴포넌트(component)를 자바 빈(java bean)이라고 한다. JSP는 자바 빈을 활용할 수 있으므로 반복적으로 자주 사용되는 기능을 컴포넌트로 만들어 재사용할 수 있으며, 이에 따라 빠른 개발이 가능하여 생산성을 향상시킬 수 있다. 또한 컴포넌트의 코드를 외부로부터 숨기고 정해진 인터페이스를 통해 사용하도록 하므로 중요한 코드를 보호하고, JSP 코드를 간결하게 하는 등 컴포넌트 기반 개발의 효과를 거둘 수 있다.

비즈니스 로직과 프리젠테이션 로직의 분리

JSP 페이지는 사용자의 요청에 대한 내부적인 처리를 담당하는 비즈니스 로직(business logic)과 화면 디스플레이를 담당하는 프레젠테이션 로직(presentation logic)이 혼재하므로, 페이지가 복잡해질 수 있다. 이때 비즈니스 로직은 자바 빈으로 개발하고, 프리젠테이션 로직은 JSP로 개발함으로써 두 가지 로직을 분리할 수 있으며, 개발자와 디자이너 간의 분업도 가능해진다.

6.1.2 JSP 처리 방식

서버에 저장된 웹 페이지가 사용자가 요청할 때 변경 없이 그대로 사용자에게 전달되는 것을 정적 웹 페이지(static web page)라고 한다. 반면에 동적 웹 페이지(dynamic web page)는 사용자의 요청에 따라 웹 페이지의 내용이 변경되어 사용자에게 전달된다.

동적 웹 페이지를 작성하기 위해서는 클라이언트 사이드 스크립트 언어 또는 서버 사이드 스크립트 언어를 이용한다. 앞에서 공부한 JavaScript가 클라이언트 사이드 언어에 해당되며, JSP, ASP, PHP 등이 서버 사이드 언어에 해당된다. 서버 사이드 언어를 사용하면 사용자의 요청에 대해 동적으로 처리함으로써 게시판, 방명록 등의 동적인 데이터 처리가 필요한 웹 페이지의 작성이 가능해진다.

JSP 페이지의 처리 방식을 구체적으로 살펴보면 [그림 6.1]과 같다. 클라이언트가 서버에게 JSP 페이지를 요청하면 웹 서버가 그 요청을 서블릿 컨테이너에게 전송하여 JSP 페이지를 검색한다. JSP 페이지가 검색되면 이를 Java 파일로 변환 및 컴파일하여 서블릿 객체를 생성한다. 이 객체를 서블릿 컨테이너에 로딩 및 실행한 후, 사용자에게 실행 결과를 HTML 페이지 형태로 응답해준다.

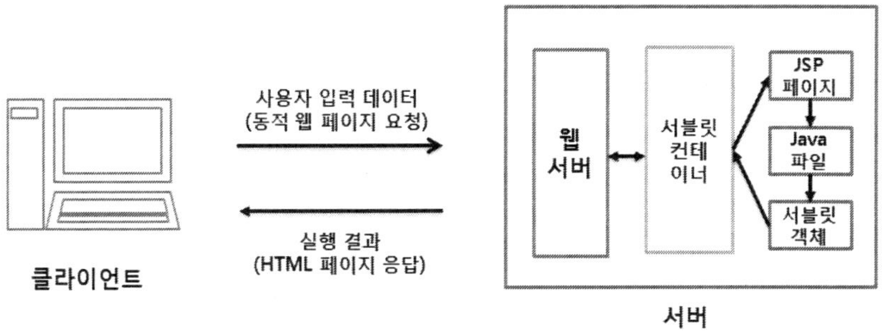

[그림 6.1] JSP 페이지 처리 방식

웹 페이지 처리 방식의 설명에서 나타난 전문 용어들을 다음에 간단히 정리한다.

✿ 용어설명

- **서버 사이드(server side) :** 클라이언트-서버 구조에서 서버 쪽의 처리를 의미하며, 클라이언트 쪽의 처리를 클라이언트 사이드(client side)라고 함
- **스크립트 언어(script language) :** 목적 코드로의 컴파일 과정 없이 한 문장씩 인터프리트(interpret) 방식으로 실행할 수 있는 언어
- **CGI(common gateway interface)** : 폼 입력이나 데이터베이스 질의 등을 처리하는 CGI 프로그램과 웹 서버 사이에 데이터를 주고받기 위한 표준화된 방법
- **서블릿(servlet)** : 웹 서버에서 실행되는 자바 프로그램으로 기존 CGI 프로그램과는 달리 클라이언트 요청 시마다 메번 프로세스를 생성하지 않고 스레드(thread) 형태로 실행
- **서블릿 컨테이너(servlet container) :** 서블릿 객체를 생성하여 관리하고 실행하는 프로그램으로, 그 종류로는 Tomcat, Websphere, Resin 등이 있음
- **자바 컴파일러(java compiler) :** 자바 언어로 작성된 프로그램을 컴파일하여 중간 코드인 바이트 코드(byte code)를 생성하는 프로그램
- **JVM(java virtual machine) :** 자바 바이트 코드를 해석해서 실행하는 가상 컴퓨터

6.2 JSP 기본 요소

JSP 페이지는 HTML 페이지와 같이 정적인 내용을 처리하는 부분과 사용자의 요청에 대한 응답을 동적으로 처리하기 위한 부분으로 구성된다. HTML은 앞장에서 자세히 살펴보았으므로, 본 절에서는 동적인 처리를 위한 JSP 구성 요소들에 대해 살펴보기로 한다.

JSP 페이지의 기본적인 구성 요소들은 다음과 같으며, 앞으로 각 구성 요소에 대한 정의 방법을 설명한다.

· 지시문(directive)
· 스크립팅 요소(scripting element)
· 액션 태그(action tag)
· 내장 객체(implicit object)

6.2.1 지시문

지시문(directive)은 JSP 페이지의 속성을 정의하는 것으로 페이지의 처리와 관련된 정보를 기술하기 위해 사용한다. JSP 페이지의 최상단에 '<%@ … %>'와 같은 형식의 기호를 사용하여 인코딩 정보, 포함될 외부 파일 정보, 사용 언어 정보 등을 표현할 수 있다.

JSP 지시문의 형식은 다음과 같으며, 지시문_이름은 반드시 지정하여야 한다. 속성_정의_리스트는 속성_정의가 한 번 이상 반복되며, 속성_정의는 속성에 속성의 값을 배정한다.

```
형식 : <%@ 지시문_이름  속성_정의_리스트 %>
        속성_정의 : 속성 = "속성_값"
```

주요 지시문으로는 page 지시문, include 지시문, taglib 지시문이 있으며, 각 지시문에 대해서 살펴보기로 한다.

page 지시문

page 지시문은 JSP 페이지의 처리와 관련된 지시사항들을 정의한다. page 지시문은 지시문 정의 형식의 지시문_이름에 page 키워드를 기술하고 속성에 속성의 값을 배정하며, 사용 예는 다음과 같다.

```
사용 예 : 〈%@ page  contentType="text/html;  charset=euc-kr" %〉
```

사용 예의 콘텐츠 타입(content type) 속성 정의에서 MIME 타입은 HTML 문서 형식인 "text/html"로, 문자 셋(character set)은 한글 완성형 코드인 "euc-kr"로 명시하였다. page 지시문에서 주로 사용되는 속성 및 속성값들은 다음의 [표 6.1]과 같으며, 속성들 중 contentType, import 속성을 많이 사용한다.

page 지시문은 하나의 JSP 페이지에서 여러 번 사용할 수 있으나, page 지시문 안에서 정의하는 속성들은 import 속성을 제외하고는 한 페이지에서 한 번만 정의할 수 있다.

[표 6.1] **page 지시문의 속성 및 기본값**

속성	설명	기본값
contentType	MIME 타입과 문자 셋	text/html; SO-8859-1
import	임포트할 패키지	java.lang.* javax.servlet.* javax.servlet.jsp.* javax.servlet.http.*
pageEncoding	서블릿으로 변환할 때의 문자 인코딩 방식	ISO-8859-1
session	HTTP 세션 사용 여부	true
buffer	클라이언트로 전송되는 out 객체의 버퍼 크기	8KB
autoFlush	버퍼가 찼을 때 클라이언트로 자동 출력 여부	true
extends	현재 페이지가 상속받을 수퍼 클래스	
errorpage	에러를 출력할 페이지의 url	null
isErrorpage	현재 페이지를 에러 페이지로 사용 여부	false
isELIgnored	식 언어(expression language) 사용 여부	false
isThreadSafe	다중 스레드 사용 여부	true
info	JSP 페이지에 대한 정보	
language	JSP 페이지에서 사용하는 언어	java

include 지시문

include 지시문은 외부 파일(JSP, HTML, XML, 텍스트 등)을 JSP 페이지에 삽입할 때 사용하는 것으로, 자주 사용하는 기능을 외부 파일로 작성한 후 필요할 때 JSP 페이지에 포함시켜 사용할 수 있다.

include 지시문의 형식은 다음과 같다.

형식 : 〈%@ include file="파일의 url" %〉

형식에서처럼 include 키워드를 사용하여 file 속성의 값으로 JSP 페이지 내에 포함할 외부 파일의 url을 지정한다. url은 절대(absolute) url이나 상대(relative) url일 수 있으며, 홈 디렉토리(폴더) 내의 파일은 파일 이름만 적는다. 다음은 include 지시문을 사용하는 예제이다.

include-directive.jsp

```
<%@ page contentType="text/html; charset=euc-kr" %>
<html>
<head><title> include 지시문 예제 </title></head>
<body>
    include 지시문 사용하기
    <br><hr>
    <%@ include file="include-test.jsp" %>
</body>
</html>
```

이 예제는 include 지시문을 사용하여 외부 JSP 페이지를 포함시키며, 다음 예제는 "included text"라는 문자열을 출력하는 외부 JSP 페이지이다.

include-test.jsp

```
<%@ page language="java" contentType="text/html; charset=euc-kr" %>
<html>
    <head><title> include 지시문 예제 </title></head>
    <body>
            included text
    </body>
</html>
```

앞의 include-directive.jsp 파일을 실행하면 외부 JSP 페이지인 include-test.jsp 파일을 포함시켜 [그림 6.2]와 같은 결과를 출력하는 것을 확인할 수 있다.

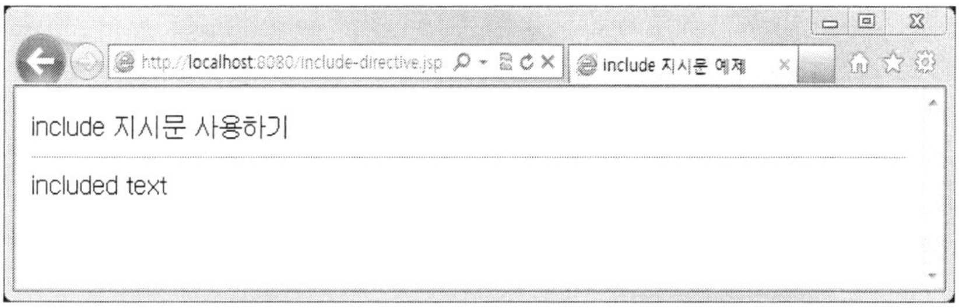

[그림 6.2] include 지시문 실행 결과

참고로 JSP에는 include 지시문과 유사한 역할을 하는 <jsp:include> 액션 태그도 있는데, include 지시문은 컴파일 시간(compile time)에 내용이 정적인(static) 파일을 포함시키기 위해 사용하는데 반해, <jsp:include> 액션 태그는 내용이 정적이거나 또는 동적인(dynamic) 파일을 실행 시간에 페이지가 요청될 때 포함시키기 위해 사용한다.

여기서 정적인 파일은 페이지의 내용이 변하지 않는 것을 의미하고, 동적인 파일은 클라이언트 요청(request)에 대한 응답(response)을 동적으로 포함시키므로 페이지의 내용이 변하는 것을 의미한다. 따라서 정적인 파일을 포함하기 위해서는 두 가지 모두 사용할 수 있지만 동적인 파일을 포함하기 위해서는 액션 태그를 사용해야 한다.

taglib 지시문

taglib 지시문은 JSP 페이지에 태그 라이브러리를 포함시켜 사용할 수 있도록 해준다. 태그 라이브러리란 JSP의 기본적인 태그들을 확장하기 위한 사용자 정의 태그들의 집합을 의미하며, taglib 지시문은 JSP 페이지가 사용자 정의 태그를 사용한다는 것을 알려주는 역할을 한다. 이 지시문의 형식은 다음과 같다.

```
형식 : 〈%@ taglib uri = "태그 라이브러리의 uri" prefix = "사용자 정의 태그의 접두어" %〉
```

앞의 형식에서와 같이 taglib라는 키워드를 사용하고 uri와 prefix 속성을 정의한다. uri 속성값으로는 사용자가 정의한 JSP 태그를 포함하는 태그 라이브러리의 uri(uniform resource identifier)를, prefix 속성값으로는 사용자 정의 태그의 앞에 붙이는 접두어를 정의하며 사용 예는 다음과 같다.

```
사용 예 : <%@ taglib uri="userLib" prefix="userTag" %>
```

사용 예를 살펴보면, uri 속성에는 사용자가 정의한 태그 라이브러리의 uri를 “userLib”로 지정하고, prefix 속성에는 사용자 정의 태그의 접두어를 “userTag”로 지정하였다. 이에 따라 사용자 정의 태그의 앞에는 “userTag:”를 붙여서 사용하게 된다.

6.2.2 스크립팅 요소

JSP 페이지 내에서는 스크립팅 요소(scripting element)들을 이용하여 자바 코드를 작성하며, 이러한 스크립팅 요소로 작성된 코드는 JSP 페이지와 함께 서블릿 코드로 변환되어 실행된다.

JSP 스크립팅 요소는 다음과 같이 선언문(declaration), 스크립트릿(scriptlet), 식(expression)의 세 가지로 구성된다.

선언문

선언문(declaration)은 JSP 페이지 내에서 사용할 변수나 메소드를 선언하기 위해 사용하며, 선언문 형식은 다음과 같다.

```
형식 (변수) :
<%!
    자료형 변수_리스트;    // 변수_리스트는 하나의 변수 이름 또는 쉼표(,)로 연결된
                           두 개 이상의 변수 이름들임
%>
```

```
형식 (메소드) :
 <%!
    public [리턴_타입] 메소드_이름(매개변수_리스트) { // 리턴_타입은 결과값의 자료형
           자바_코드
           [ return 결과값; ]                    // 결과값은 값, 변수 또는 식
    }
 %>
```

앞의 형식에서와 같이 ‘<%! … %>’와 같은 형식의 기호를 사용하여 정의하며, 첫 번째의 형식은 변수를 선언하는 것이고, 두 번째의 형식은 메소드를 선언하는 것이다. 사용 예는 다음과 같다.

```
사용 예 (변수) :
  <%!
        int a;                // 변수 a를 선언
        int b, c;             // 변수 b, c를 동시에 선언
        int d = 1;            // 변수 d의 선언과 함께 1을 저장 (초기화)
  %>
```

```
사용 예 (메소드) :
  <%!
        public int add(int a, int b) {
              int c = a + b;
              return c;
        }
  %>
```

첫 번째 사용 예는 선언문을 사용하여 변수를 선언한 것으로 변수를 한 개 또는 동시에 여러 개를 선언한 예와 변수의 값을 초기화한 예이며, 두 번째 사용 예는 선언문를 사용하여 두 정수의 합을 계산하는 메소드를 정의한 것으로, add 메소드는 매개변수 a와 b를 더한 값을 반환한다. 이렇게 정의된 메소드는 다음에 설명할 스크립트릿에서 호출하여 사용할 수 있다.

스크립트릿

스크립트릿(scriptlet)은 JSP 페이지 내에서 실행할 자바 코드를 기술하는 부분으로 형식은 다음과 같다.

```
형식 :
  <%
      자바_코드
  %>
```

앞의 형식에서와 같이 스크립트릿은 '<% … %>'와 같은 형식의 기호를 사용하며, 자바_코드 부분에는 자바 코드를 자바 문법에 따라 기술할 수 있다.

```
사용 예 :
 〈%
       int x = 2;
       int y = 3;
       int z;

       z = add(x, y);
 %〉
```

이 스크립트릿 예를 살펴보면, 변수 x, y의 값으로 각각 2, 3을 배정하고, 선언문에서 정의한 add 메소드를 호출하여 그 결과값을 변수 z에 배정한다.

식

식(또는 표현식, expression)은 JSP 페이지 내에서 클라이언트에게 출력할 값을 포함시킬 때 사용하며, 형식은 다음과 같다.

```
형식 : 〈%= 자바_식 %〉
```

앞의 형식에서와 같이 식은 '<%= … %>'와 같은 기호를 사용하고, 변수, 수식 등 자바의 식이 주어질 수 있으며 사용 예는 다음과 같다.

```
사용 예 (변수) : 〈%= x %〉 + 〈%= y %〉 = 〈%= z %〉
출력 결과      : 2 + 3 = 5
```

```
사용 예 (수식) : 〈%= x %〉 + 〈%= y %〉 = 〈%= x+y %〉
출력 결과      : 2 + 3 = 5
```

앞의 예는 변수와 수식의 사용 방법을 각각 보여준 것으로, 첫 번째 사용 예는 변수 x, y, z의 값을 출력하는 예이고, 두 번째 예는 변수 x, y의 값과 두 변수를 더한 결과값을 출력하는 예이다. 변수 x, y, z의 값이 각각 2, 3, 5라고 가정하면 예에서 보이는 출력 결과를 얻게 된다.

6.2.3 액션 태그

액션 태그(action tag)는 JSP 페이지 내에서 어떠한 액션이 발생하는 시점에 실행되는 것으로, JSP에서 필요로 하는 일부 기능들을 XML 기반의 태그로 작성한 것이다. 주요 기능으로는 JSP 페이지의 이동을 제어하거나 자바 빈 객체를 사용할 수 있도록 한다.

액션 태그 작성 시 주의할 점은 액션 태그가 XML을 기반으로 하기 때문에 시작 태그가 있으면 반드시 종료 태그가 있어야 하며, 태그는 접두어 'jsp:'로 시작하여야 한다.

JSP에는 다양한 액션 태그들이 있으며 그 종류 및 기능은 [표 6.2]와 같다.

[표 6.2] **액션 태그의 종류 및 기능**

액션 태그	기능
〈jsp:include〉	다른 JSP 페이지 삽입
〈jsp:forward〉	다른 페이지로 이동
〈jsp:param〉	다른 페이지로 매개 변수 전달
〈jsp:plug-in〉	자바 애플릿 또는 자바 빈 실행
〈jsp:useBean〉	자바 빈 객체의 사용
〈jsp:setProperty〉	자바 빈 객체의 속성값 지정
〈jsp:getProperty〉	자바 빈 객체의 속성값 가져옴

다음에서 각 액션 태그에 대한 설명과 사용 예를 살펴보기로 하자.

〈jsp:include〉 태그

<jsp:include> 태그는 앞서 설명한 <%@ include %> 지시문과 비교했을 때 외부 페이지를 현재 페이지에 포함시킨다는 점에서는 유사하지만, <jsp:include> 태그는 외부 페이지의 동적인 처리 결과를 포함시킨다는 점에서 차이가 있다. 다음은 <jsp:include> 태그의 사용 예이다.

```
형식 : 〈jsp:include page = "a.jsp" flush = "false"/〉
```

사용 예에서 <jsp:include> 태그를 이용하여 외부에 있는 a.jsp 페이지를 현재 JSP 페이지에 포함시키는데, 이때 flush 속성은 페이지 제어가 외부 페이지로 이동할 때 현재

까지의 출력버퍼 내용을 비울지에 대한 여부를 나타내는 것으로 true로 지정하면 버퍼 내용을 출력하고, false로 지정하면 버퍼 내용을 유지한다.

〈jsp:forward〉 태그

<jsp:forward> 태그는 JSP 페이지 사이를 이동할 때 사용하는 태그로 사용자 요청의 처리에 따라 다른 페이지로 이동해야 할 경우에 유용하다. 사용 예는 다음과 같다.

```
사용 예 : 〈jsp:forward page="a.jsp"/〉
```

즉, <jsp:forward> 태그를 사용하여 a.jsp로 제어를 이동하는 예로, page 속성의 값은 이동할 페이지의 절대 url 또는 상대 url로 지정할 수 있다.

〈jsp:param〉 태그

<jsp:param> 태그는 다른 페이지로 변수와 변수의 값을 전달할 때 사용하는 것으로 사용 예는 다음과 같다.

```
사용 예 :
〈jsp:forward page="a.jsp"〉
    〈jsp:param name="param_name" value="value1"/〉
〈/jsp:forward〉
```

사용 예를 보면 현재 페이지에서 이동할 페이지인 a.jsp에 매개변수 param_name의 값 value1을 넘겨준다.

〈jsp:plug-in〉 태그

<jsp:plug-in> 태그는 웹 브라우저에서 자바 애플릿이나 자바 빈을 실행시킬 때 사용하는 태그로 사용 예는 다음과 같다.

```
사용 예 : 〈jsp:plug-in type="applet" code="applet_exe.class" codebase="/class_code"/〉
```

사용 예를 살펴보면, type 속성의 값은 실행할 플러그-인 객체 유형(applet 또는 bean)을, code 속성의 값은 자바 클래스 파일 이름을, codebase 속성의 값은 클래스 파일이 있는 절대 url 또는 상대 url을 지정한다. 앞의 예는 "/class_code" 위치에 있는 applet_exe 클래스 파일을 실행하는 것이다.

〈jsp:useBean〉 태그

<jsp:useBean> 태그는 자바 빈을 JSP 페이지에서 사용할 때 쓰이며, 사용 예는 다음과 같다.

```
사용 예 : <jsp:useBean id="useBean" class="Bean.class" scope="page"/>
```

사용 예에서 id 속성은 자바 빈 객체에 접근할 때 사용하는 이름을 지정하고, class 속성은 자바 빈 클래스의 이름을 명시한다. scope 속성은 자바 빈 객체의 사용 범위를 지정하는데, [표 6.3]과 같은 속성값을 사용할 수 있다.

[표 6.3] scope 속성값의 종류

속성값	설명
page	같은 페이지 내에서 사용 (기본값)
request	같은 요청을 처리하는 페이지들이 사용
session	같은 세션에서 생성된 페이지들이 사용
application	같은 애플리케이션에서 생성된 페이지들이 사용

〈jsp:setProperty〉 태그

<jsp:setProperty> 태그는 <jsp:useBean> 태그를 통해 생성된 객체의 속성 값을 설정하는 태그로 사용 예는 다음과 같다.

```
사용 예 :
<jsp:useBean id="bean">
    <jsp:setProperty name="bean" property="title" value="web programming"/>
</jsp:useBean>
```

사용 예는 bean 객체의 속성인 title의 값을 "web programming"으로 설정한 것이다.

〈jsp:getProperty〉 태그

<jsp:getProperty> 태그는 <jsp:useBean> 태그를 통해 생성된 객체의 속성값을 읽어올 때 사용하는 태그로, 사용 예는 다음과 같다.

```
사용 예 :
<jsp:useBean id="bean">
   <jsp:setProperty name="bean" property="title" value="web programming"/>
    책 이름은 <jsp:getProperty name="bean" property="title"/>입니다.
</jsp:useBean>
```

앞의 사용 예는 <jsp:setProperty>에서 설정한 title 속성의 값을 <jsp:getProperty> 태그를 이용하여 읽어오는 것으로, 앞의 예를 실행하면 '책 이름은 web programming입니다.'가 출력된다.

6.2.4 내장 객체

사용자가 정의할 필요없이 자동으로 제공되는 객체를 내장 객체(implict object)라고 하며, JSP에서 제공하는 주요 내장 객체는 [표 6.4]와 같다. 내장 객체는 JSP 페이지에서 <% ... %> 또는 <%= ... %> 내에서 사용하며, 많이 활용되는 내장 객체는 별도의 절에서 예제와 함께 자세히 살펴보기로 한다.

[표 6.4] JSP 내장 객체 및 기능

내장 객체	설명	자바 클래스
request	클라이언트의 요청 처리	javax.servlet.http.HttpServletrequest
response	클라이언트의 요청에 대한 응답	javax.servlet.http.HttpServletresponse
out	출력 스트림 처리	javax.servlet.jsp.jspWriter
session	클라이언트의 세션 정보 처리	javax.servlet.http.HttpSession
application	애플리케이션 정보 처리	javax.servlet.ServletContext
pageContext	JSP 페이지의 내용(context)	javax.servlet.jsp.pageContext
config	JSP 페이지의 초기화(initialization) 매개변수 저장	javax.servlet.ServletConfig
page	현재의 JSP 페이지	javax.servlet.jsp.Httpjsppage
exception	예외 처리	java.lang.throwable

자바 클래스는 객체를 정의한 것이며, 클래스를 모아 놓은 것이 패키지이다. JSP 내장 객체들을 패키지별로 분류하면 다음의 [표 6.5]와 같다.

[표 6.5] JSP 내장 객체의 분류

패키지 / 분류	java.lang	javax.servlet	javax.servlet.http	javax.servlet.jsp
JSP 페이지 관련 객체	page	config		
입출력 관련 객체			request/response	out
컨텍스트 관련 객체		application	session	pageContext
예외 관련 객체	exception			

6.2.5 간단한 예제 작성

간단한 JSP 페이지를 작성해 보고, JSP 페이지의 실행 방법에 대해 살펴본다. 먼저, 다음 예제와 같이 JSP 페이지를 작성하여 'C:\Program Files\Apache Software Foundation\Tomcat 7.0\webapps\ROOT' 디렉토리에 welcome.jsp란 이름으로 저장한다. 이 경로는 부록에서 설명하는 JSP 실행 환경을 구축하면 생성되는 홈 디렉토리(home directory)이다.

참고로 앞으로 나오는 예제들에서 왼편에 보이는 행 번호와 쌍점들은 프로그램의 설명을 위해 편의상 추가한 것이므로 실제 프로그램 작성 시에는 넣지 않도록 주의한다.

welcome.jsp

```
1 :  <%@ page contentType="text/html; charset=euc-kr" %>
2 :  <html>
3 :      <head><title> Welcome to JSP ! </title></head>
4 :      <body>
5 :          <center>
6 :          <%
7 :              out.println("Welcome to JSP !");
8 :          %>
9 :          <br><hr>
10 :         <%
11 :             String text = "Welcome to JSP !";
12 :         %>
13 :         <%= text %>
14 :         </center>
15 :     </body>
16 : </html>
```

앞의 예제의 1행에서는 page 지시문의 contentType 속성을 사용하여 문서 종류를 HTML 파일(text/html)로 정의하고, 문자 인코딩 방식을 한글 완성형 코드(euc-kr)로 정의한다.

2행~16행은 HTML 요소와 JSP 코드로 구성된 문서의 내용으로 3행에서는 JSP 페이지의 제목을 정의하며, 6행~8행은 JSP 내장 객체인 out 객체의 println 메소드를 사용하여 "Welcome to JSP !" 텍스트를 출력한다. 10행~12행에서는 문자열 변수 text에 "Welcome to JSP !"라는 값을 배정하고, 13행은 해당 변수의 값을 출력한다.

완성된 JSP 페이지를 실행하기 위해 웹 브라우저의 주소 입력창에 'http://localhost:8080/welcome.jsp'를 입력하면, [그림 6.3]과 같은 결과 화면이 나타난다. 이 경로는 자신의 웹 사이트를 나타내며, 웹 서버의 포트 번호 8080을 사용한다. 예제에서 작성된 2가지 방식의 텍스트 출력의 결과가 브라우저에 나타나며, 페이지의 제목도 출력된 것을 확인할 수 있다.

[그림 6.3] welcome.jsp 실행 결과

6.3 JSP 기본 문법

JSP의 기본 태그와 기본 문법에 대하여 설명한다.

6.3.1 기본 태그

JSP 페이지를 작성하기 위해서는 다양한 태그들이 필요하다. 보통은 HTML의 태그를 사용하며, 사용자 정의 태그도 사용한다. 앞으로 JSP 페이지 내에서 사용되는 기본 태그의 형식에 대해 살펴보고 예제를 통하여 이해하도록 한다.

식 태그

식 태그(또는 표현식 태그, expression tag)는 자바의 식(expression)의 연산 결과를 클라이언트에게 출력할 때 사용하며, 형식은 다음과 같다.

형식 : 〈%= 자바_식 %〉

스크립트릿 태그

스크립트릿 태그(scriptlet tag)는 JSP 페이지 내에서 실행할 자바 코드를 기술하는 부분으로 <%....%> 태그 내부에 수행하려는 자바 코드를 삽입하며, 형식은 다음과 같다.

형식 : 〈% 자바_코드 %〉

다음은 식 태그와 스크립트릿 태그를 이용하여 간단한 덧셈 연산을 하는 예제이다.

scriptlet-tag.jsp

```
1 : <%@ page contentType="text/html; charset=euc-kr" %>
2 : <html>
3 :     <head><title> 덧셈을 하는 식 </title></head>
4 :     <body>
5 :     <%
6 :             // 덧셈을 한다.
7 :             int a = 3;
8 :             int b = 5;
9 :     %>
10 :
11 :     3 + 5 = <%= a + b %>
12 :    </body>
13 : </html>
```

앞의 예제에서 6행은 주석을 나타내며, 7행과 8행에서는 a와 b에 각각 3과 5의 값을 배정한다. 그리고 11행에서 보는 바와 같이 a와 b를 더한 결과인 8을 식 태그를 이용하여 화면에 출력한다. 실행 결과는 [그림 6.4]와 같다.

[그림 6.4] 식 태그 예제 실행

주석

주석(comment)이란 프로그램에 대한 부수적인 설명이며, 프로그래머는 주석을 이용하여 코드의 기능이나 목적 등을 기술할 수 있다. 이것은 실행되지 않기 때문에 프로그램의 결과에 아무런 영향을 미치지 않는다. JSP에서 사용 가능한 주석의 종류 및 형식은 다음과 같다.

[표 6.6] JSP 주석의 종류

형식	설명
〈!-- 주석 --〉	HTML 주석
〈%-- 주석 --%〉	원본 소스에서만 주석이 보이고 클라이언트의 소스 보기에서는 보이지 않으므로, 보안이 필요한 경우에 활용
// 주석	한 줄 이내의 주석
/* 주석 */	여러 줄의 주석

comment.jsp

```
1 : <%@ page contentType="text/html; charset=euc-kr" %>
2 : <html>
3 :     <head><title> 주석 예제 </title></head>
4 :     <body>
5 :         <!-- HTML 주석입니다..-->
6 :         <%--  소스 보기에서는 주석이 안 보입니다.
7 :               이것은 블록 단위 주석입니다.
8 :           --%>
9 :         <%
10 :                out.println("주석 예제입니다.");
11 :          %>
12 :     </body>
13 : </html>
```

이 예제에서 5행은 HTML 주석으로 표기한 것으로 [그림 6.5]에서와 같이 클라이언트 브라우저의 소스 보기에서 그 내용이 확인되며, 6행~8행은 JSP의 블록 단위 주석으로 클라이언트의 소스 보기에서 그 내용이 보이지 않는 특징이 있으므로 보안이 필요한 주석 작성에 유용하다.

10행의 out.println 메소드는 문자열을 그대로 화면에 출력해 주는 역할을 하는 것으로 자세한 내용은 'JSP 내장 객체' 부분에서 살펴보도록 한다.

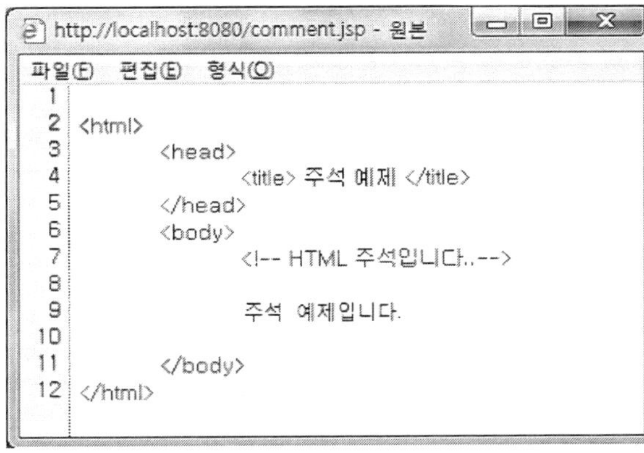

[그림 6.5] **주석 예제 실행 화면에서 소스 보기**

[그림 6.6]은 주석 예제를 실행한 결과이다.

[그림 6.6] **주석 예제 실행 결과**

6.3.2 자료형 및 변수

변수란 특정 자료형(data type)의 값을 저장하기 위한 이름을 붙인 기억공간이다. JSP에서 사용되는 변수는 자바의 문법에 따라 선언하고, 변수의 이름은 자바에서 변수, 객체, 속성, 메소드 등의 이름으로 사용하는 식별자(identifier)의 명명 규칙에 따라 부여한다.

즉, 영문자나 밑줄(_) 또는 달러문자($)로 시작하고, 두 번째부터는 이들과 숫자까지 사용하여 명명하며, 자바의 키워드(또는 예약어)는 식별자로 사용할 수 없다. JSP의 기본 자료형은 정수형, 실수형(부동소수점 수), 문자형 등 다양한 형태가 있으며 [표 6.7]에서 보는 바와 같다.

[표 6.7] JSP의 기본 자료형

자료형	설명
boolean	true 또는 false (1 bit)
char	자바의 유니코드 문자 (2 bytes)
byte	-128~127 범위의 정수 (1 byte)
short	-32,768~32,767 범위의 정수 (2 bytes)
int	-2,147,483,648~2,147,483,647 범위의 정수 (4 bytes)
long	-9,223,372,036,854,775,808~9,223,372,036,854,775,807 범위의 정수 (8 bytes)
float	부동소수점 실수 (4 bytes)
double	부동소수점 실수 (8 bytes)

변수를 선언하는 방법은 다음과 같다. 형식에서 대괄호([ ])는 생략 가능함을 표시한다.

```
형 식 : 자료형 변수_선언_리스트;      // 변수_선언_리스트는 하나의 변수_선언 또는
                                     // 쉼표(,)로 연결된 두 개 이상의 변수_선언들임
        변수_선언 : 변수_이름[= 값]  // 변수 선언 시 초기화 가능
```

앞의 형식에 따라 자료형을 사용하여 한 개 이상의 변수들을 선언하며, 사용 예는 다음과 같다.

```
사용 예 : int a;          // 정수 자료형의 변수 a
          float b, c;     // 실수 자료형의 변수 b, c
          int d = 1;      // 정수 자료형의 변수 d의 선언과 함께 1을 저장(초기화)
```

이와 같이 하나의 변수를 선언하거나 여러 개의 변수들을 쉼표(,)로 연결하여 동시에 선언할 수 있다.

다음은 변수를 선언하고 변수에 문자열을 배정한 후 변수의 값을 출력하는 예제이다.

variable.jsp

```
1 : <%
2 :       String text;
3 :       text = "Hello";
4 : %>
5 : <%= text %>
```

이 예제는 2행에서 문자열 객체인 String을 이용하여 변수 text를 선언한다. 다음으로 3행에서 text 변수에 문자열 "Hello"를 배정한다. 그리고 5행에서 변수의 값을 출력한다. 이 결과는 [그림 6.7]과 같다.

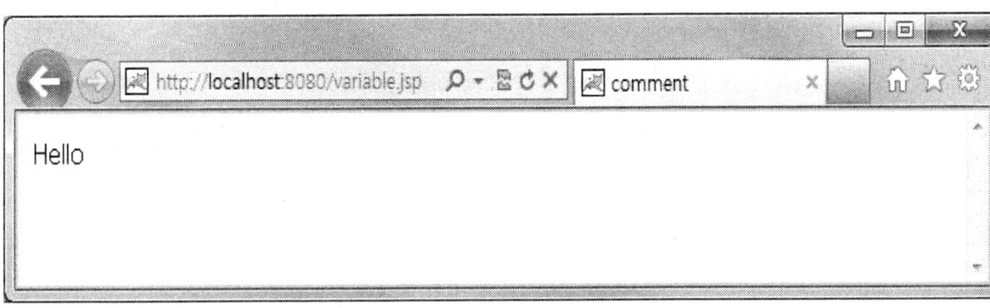

[그림 6.7] **변수 활용 결과**

배열

배열은 하나의 변수에 같은 자료형의 하나 이상의 값을 저장하고자 할 때 사용한다. 배열은 1차원 배열뿐만 아니라 2차원, 3차원 배열 등 고차원 배열도 사용할 수 있다.

JSP에서의 배열은 변수와 마찬가지로 자료형을 사용해 선언하며 대괄호([ ]) 안에 배열의 크기를 지정한다. 배열의 각 원소(element)는 인덱스를 이용하여 접근할 수 있다. 배열의 인덱스는 0부터 시작하며 (대괄호 안에 배열의 크기로 지정한 수 - 1)이 최대 인덱스가 되므로 1차원 배열의 원소의 수는 (최대 인덱스 + 1)이 된다.

다음은 배열을 이용하는 예제이다.

array.jsp

```
1 : <%@ page language="java" contentType="text/html; charset=euc-kr" %>
2 : <%
3 :     String[] jewel = new String[4];
4 :
5 :     jewel[0] = "pearl";
6 :     jewel[1] = "crystal";
7 :     jewel[2] = "jade";
8 :     jewel[3] = "sapphire";
9 : %>
10 : [ 배열 jewel[4]의 내용 ]<br>
11 : <%= jewel[0] %>. <%= jewel[1] %>. <%= jewel[2] %>. <%= jewel[3] %>.
```

이 예제에서는 3행에서 문자열 타입으로 배열 jewel을 선언한다. 그 다음 5행~8행은 배열의 각 원소에 값을 배정한다. 여기서는 String[4]라고 선언했기 때문에 jewel[0]부터 jewel[3]까지 4개의 원소를 저장할 수 있는 공간이 배정된다. 예제의 실행 결과는 [그림 6.8]과 같다.

[그림 6.8] **배열 활용 결과**

6.3.3 연산자

연산자에는 산술 연산자, 증감 연산자, 관계 연산자, 논리 연산자, 문자열 연산자, 배정 연산자 등이 있다. JSP에서 사용하는 여러 연산자들에 대하여 살펴보자.

6.3.3.1 산술 연산자

산술 연산자는 사칙연산 등 산술 연산을 하는 데 사용한다. 산술 연산자의 종류는 다음과 같다.

```
종류 : +, -, *, /, %
```

산술 연산자는 앞의 연산 기호 중에서 선택하여 사용할 수 있으며, 연산 대상(operand)은 수식, 변수 또는 상수(값)이다. 사용 예는 다음과 같다.

```
사용 예 :  a + b   //  덧셈
           a - b   //  뺄셈
           a * b   //  곱셈
           a / b   //  나눗셈
           a % b   //  나머지
```

앞의 예에서 나머지(modulo) 연산은 나눗셈의 나머지를 계산해준다. 그리고 나눗셈 a / b는 결과값이 실수형으로 산출되므로, 정수로 결과를 산출하기 위해서는 parseInt 메소드를 사용하면 된다.

6.3.3.2 증감 연산자

산술 연산자의 일종인 증감 연산자는 ++, -- 기호를 변수 앞이나 뒤에 붙여 변수의 값을 1씩 증가 또는 감소시키는 데 사용한다. 증감 연산자의 종류는 다음과 같다.

```
종 류 : ++, --
```

증감 연산자는 변수의 앞 또는 뒤에 ++, -- 기호 중 선택하여 사용하며, 사용 예는 다음과 같다.

```
사용 예 :  ++a   //  a의 값을 1 증가시킨 후 사용 (전위 증가)
           a++   //  a의 값을 사용 후 1 증가시킴 (후위 증가)
           --a   //  a의 값을 1 감소시킨 후 사용 (전위 감소)
           a--   //  a의 값을 사용 후 1 감소시킴 (후위 감소)
```

예를 들어 a의 값이 5일 때, 'b = ++a;'를 실행하면 변수 a와 변수 b의 값 모두 6이 된다. 다른 예로 변수 a의 값이 5일 때, 'b = a++;'를 실행하면 변수 a의 값은 6이 되고, 변수 b의 값은 5가 된다. -- 연산자도 ++와 마찬가지이며 다른 점은 덧셈 대신 뺄셈을 한다는 점이다. 설명에서 배정 연산자를 사용하였지만 곧 배우게 된다.

6.3.3.3 관계 연산자

관계 연산자는 값의 대소 관계를 판단하여 참(true) 또는 거짓(false)을 구하는 데 사용한다. 관계 연산자의 종류는 다음과 같다.

종 류 : 〉, 〉=, 〈, 〈=, ==, !=

관계 연산자는 앞의 연산 기호 중에서 선택하여 사용하며 연산 대상은 수식, 변수 또는 값이다. 사용 예는 다음과 같다.

```
사용 예 :  a 〉 b      //  a가 b보다 클 때 참
           a 〉= b     //  a가 b보다 크거나 같을 때 참
           a 〈 b      //  a가 b보다 작을 때 참
           a 〈= b     //  a가 b보다 작거나 같을 때 참
           a == b     //  a와 b의 값이 같을 때 참
           a != b     //  a와 b와 값이 같지 않을 때 참
```

예를 들어, a > b에서 변수 a의 값이 b의 값보다 크면 연산의 결과가 참(true)이고 그렇지 않으면 거짓(false)이다. 이와 같이 관계 연산자를 사용하여 참 또는 거짓을 판단할 수 있는 식을 관계식(relational expression)이라고 한다. 나머지 비교 연산자도 마찬가지 방법으로 평가된다.

6.3.3.4 논리 연산자

논리 연산자는 논리 연산을 수행하여 참(true) 또는 거짓(false)을 구한다. 논리 연산자의 종류는 다음과 같다.

종 류 : &&, ||, !

논리 연산자는 앞의 기호 중에서 선택하여 사용하며, 논리 연산자를 사용하여 참 또는 거짓을 판단할 수 있는 식을 논리식(logical expression)이라고 한다. 논리 연산의 대상은 참이나 거짓을 판단할 수 있는 논리식, 관계식, 불리언 변수 또는 불리언 값(true, false)이다. 사용 예는 다음과 같다.

```
사용 예 :  a && b   //   AND
           a || b   //   OR
           !a       //   NOT

           a 〉 b && c == d
           a 〉 7 || b 〈= 100
```

예를 들어 a와 b가 불리언 변수일 때, a && b는 a와 b가 모두 참일 때 참이고 그렇지 않으면 거짓이며, a || b는 a와 b가 모두 거짓일 때 거짓이고 그렇지 않으면 참이다. !a는 a의 반대 값을 갖는다. 마지막의 두 예처럼 변수들 간의 관계 연산 결과를 논리 연산자와 함께 사용할 수 있다.

다음은 관계 연산자와 논리 연산자를 이용하여 참과 거짓을 판단하는 예제이다.

operator-logical.jsp

```
1 : <%@ page language="java" contentType="text/html; charset=euc-kr" %>
2 : <h3> 관계 연산자와 논리 연산자 </h3>
3 :
4 : [ 관계 연산 ] <br>
5 : 7 > 5 : <%= 7 > 5 %> <br>
6 : 7 <= 8 : <%= 7 <= 8 %> <br>
7 : 4 != 4 : <%= 4 != 4 %> <br>
8 :
9 : <br> [ 논리 연산 ] <br>
10 : 7 > 5 && 4 != 4 : <%= 7 > 5 && 4 != 4 %> <br>
11 : 7 > 5 || 4 != 4 : <%= 7 > 5 || 4 != 4 %> <br>
12 : !(4 !=4) : <%= !(4 != 4) %>
```

이 예제에서 5행~7행은 관계 연산의 예이고, 10행~12행은 논리 연산의 예이나. 이 예제의 결과는 [그림 6.9]와 같다.

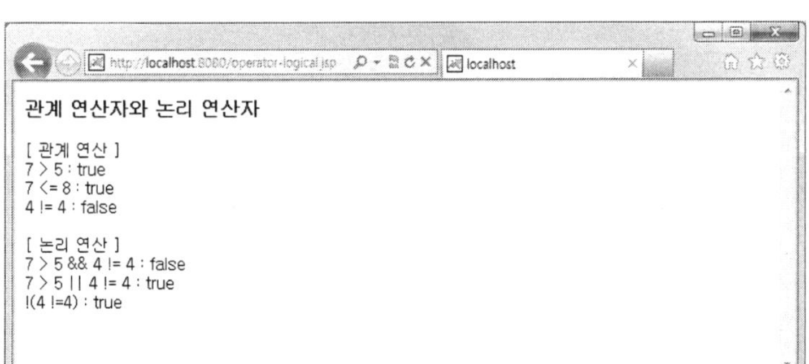

[그림 6.9] 관계 연산자와 논리 연산자를 활용한 결과

6.3.3.5 문자열 연산자

JSP에서는 문자열을 연결할 때 '+' 연산자를 사용한다.

operator-string.jsp

```
<%
    String temp;
    temp = " Good ";
%>
temp = " Good " <br>
temp + " Morning ! " : <%= temp + " Morning ! " %> <br>
temp + " Afternoon ! " : <%= temp + " Afternoon ! " %> <br>
temp + " Evening ! " : <%= temp + " Evening ! " %>
```

이 예제에서 "Good" 문자열을 각각 "Morning !", "Afternoon !", "Evening !" 문자열과 연결하여 "Good Morning !", "Good Afternoon !", "Good Evening !"의 문자열을 만드는 것을 볼 수 있다. 예제의 실행 결과는 [그림 6.10]과 같다.

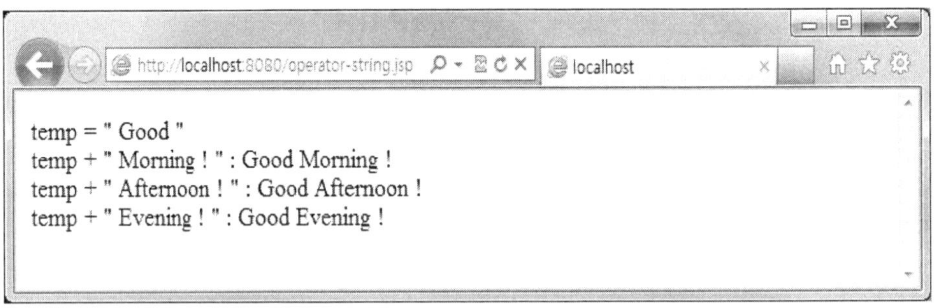

[그림 6.10] 문자열 연결 연산자를 활용한 결과

6.3.3.6 배정 연산자

배정 연산자는 변수에 값을 저장하는 데 사용하며, 할당 연산자 또는 대입 연산자라고도 한다. 종류는 다음과 같으며, 배정 연산자의 왼쪽에는 변수를 사용하고 오른쪽에는 수식, 변수 또는 값을 사용한다.

종 류 : =, +=, -=, *=, /=, %=

배정 연산자의 사용 예는 다음과 같다.

```
사용 예 :
  a = 1;      //   a에 1을 저장
  a = b;      //   a에 b의 값을 저장
  a += b;     //   a의 값과 b의 값을 더한 결과를 a에 저장 (a = a + b;)
  a -= b;     //   a의 값에서 b의 값을 뺀 결과를 a에 저장 (a = a - b;)
  a *= b;     //   a의 값과 b의 값을 곱한 결과를 a에 저장 (a = a * b;)
  a /= b;     //   a의 값을 b의 값으로 나눈 결과를 a에 저장 (a = a / b;)
  a %= b;     //   a의 값을 b의 값으로 나눈 나머지를 a에 저장 (a = a % b;)
```

사용 예에서 'a += b;'는 'a = a + b;'와 동일한 연산이며, 다른 연산들도 동일한 연산을 괄호 안에 표시하였다.

다음은 JSP에서 산술 연산자와 배정 연산자를 이용하는 예제이다.

operator-assignment.jsp

```
1: <%@ page language="java" contentType="text/html; charset=euc-kr" %>
2: <h3> 산술 연산자와 배정 연산자 </h3>
3: <%
4:        int a = 7;
5:        int b = 3;
6:        String c = "20";
7:        float d = 3.0f;
8: %>
9:     A = 7    B = 3    C = "20"    D = 3.0f <br><br>
10:    [ 수의 연산 ] <br>
11:    A + B = <%= a + b %> <br>
12:    A - B = <%= a - b %> <br>
13:    A * B = <%= a * b %> <br>
14:    A / B = <%= a / b %> <br>
15:    A / D = <%= a / d %> <br>
16:    A % B = <%= a % b %> <br><br>
17:    [ 문자열 연산 ] <br>
18:    C + C = <%= c + c %> <br><br>
19:    [ 수와 문자열의 연산 ] <br>
20:    A + C = <%= a + c %><br>
21:    A + C = <%= a + Integer.parseInt(c) %>
```

이 예에서 4행~7행은 변수에 값을 배정하고, 11행~16행은 산술 연산자의 사용 예를 보이고 있다. 나눗셈을 위해 '/'를 사용하는 경우 14행에서와 같이 두 변수 타입이 정수형으로 동일하면 연산 결과도 정수형이 되지만, 15행에서와 같이 변수 타입이 하나는 정수형, 다른 하나는 실수형인 경우 연산 결과는 변수 값 표현 범위가 더 넓은 실수형이 되는 것을 확인할 수 있다.

20행은 문자열 연결 연산자 '+'를 이용하여 문자열을 연결하게 되며, 21행에서는 수와 문자열의 연산 시 문자열 타입의 변수값을 정수형으로 변환하는 Integer.parseInt 메소드를 이용하여 수로 변환한 후 계산하는 것을 보이고 있다. 이 예제의 결과는 [그림 6.11]과 같다.

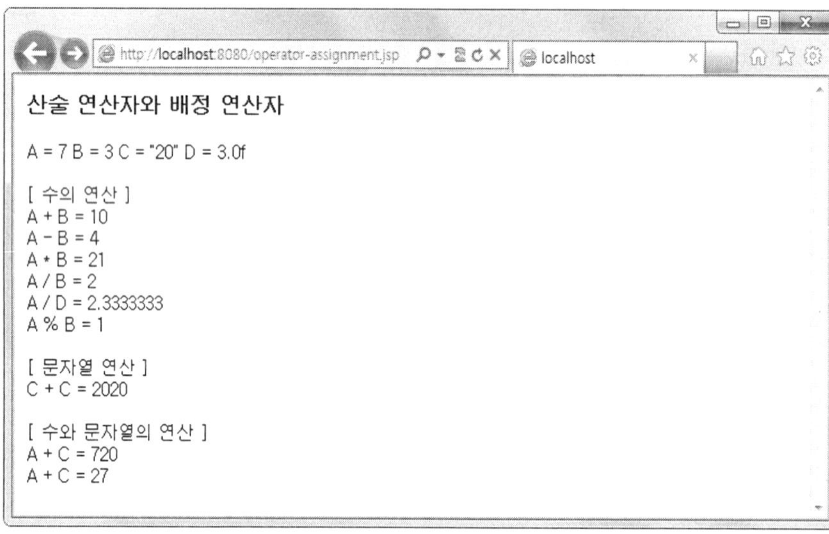

[그림 6.11] **산술 연산자와 배정 연산자를 활용한 결과**

6.3.4 문장

JSP의 조건문과 반복문에 대해서 설명한다.

6.3.4.1 조건문

조건문은 조건에 따라 문장을 선택하여 실행하는 것으로 JSP의 조건문에는 if 문과 switch 문이 있다.

if 문

if 문은 조건식의 평가 결과(true, false)에 따라 두 가지 중에서 하나를 선택하는 문장으로 형식은 다음과 같다.

```
형 식 :
  if(조건식1) {
            문장_리스트1      // 조건식1이 '참' 일 경우 실행
  }
  [ [ else if(조건식2) {
            문장_리스트2      // 조건식1이 '거짓'이고, 조건식2가 '참' 일 경우 실행
     } ]
     else {
            문장_리스트3      // 조건식1, 조건식2 모두 '거짓' 일 경우 실행
     }
  ]
```

앞의 형식에서 조건식1과 조건식2는 참 또는 거짓으로 평가되는 식이며, 문장_리스트1, 문장_리스트2, 문장_리스트3은 각각 한 개 이상의 JSP 문장을 의미한다. 그리고 대괄호([ ])는 생략이 가능함을 표시한다. 따라서 if 절은 필수이며 else if 절과 else 절이 함께 생략되거나 else if 절만 생략될 수 있다. 이에 따라 앞의 형식에 대한 사용 예를 다음과 같은 세 가지로 나타낼 수 있다.

사용 예 :

(a) if 문	(b) if-else 문	(c) if-else if-else 문

if(조건식1)
{
    문장_리스트1
}
	if(조건식1)
	{
	    문장_리스트1
	}
	else
	{
	    문장_리스트2
	}
		if(조건식1)
		{
		    문장_리스트1
		}
		else if(조건식2)
		{
		    문장_리스트2
		}
		else
		{
		    문장_리스트3
		}

첫 번째는 조건식1이 만족하는 경우에만 문장_리스트1을 실행하는 경우이고, 두 번째는 조건식1이 참인 경우 문장_리스트1을 거짓인 경우 문장_리스트2를 실행한다. 세 번째는 조건식1이 참이면 문장_리스트1을 실행하며, 조건식1이 거짓이면서 조건식2가 참이면 문장_리스트2를 실행하고, 조건식1과 조건식2가 모두 거짓이면 문장_리스트3을 실행한다.

다음은 if 문을 사용하는 예제이다.

if.jsp

```
1: <%
2:        int score;
3:        score = 95;
4:        String temp;
5:
6:        if(score >= 90)
7:               temp = "pass";
8:        else
9:               temp = "fail";
10: %>
11: <%= temp %>
```

이 예에서 변수 score는 95라는 값을 저장한다. 6행의 if 문에서 이 score 값을 90과 비교한다. 비교 결과는 참이기 때문에 변수 temp에 pass라는 값을 배정한다. 만약 거짓이었다면 temp에는 fail이라는 값이 배정될 것이다. 예제의 실행 결과는 [그림 6.12]와 같다.

[그림 6.12] **if 문 예제 실행 결과**

switch 문

switch 문은 다중 선택문으로 식(expression)의 평가 결과에 따라 여러 가지 중의 하나를 선택하여 실행하는 경우에 이용하며 형식은 다음과 같다.

```
형 식 :
 switch (식)
        {
            case 값1  :  문장_리스트1
                         [break;]
            case 값2  :  문장_리스트2
                         [break;]
            …
            case 값n  :  문장_리스트n
                         [break;]
            default   :  문장_리스트n+1
                         [break;]
        }
```

앞의 형식에서 문장_리스트는 한 개 이상의 JSP 문장을 의미하며, 식은 변수일 수도 있다. switch 문은 식을 각 case 값과 비교하여 값이 일치하는 case의 문장을 실행한다. 만일 식과 일치하는 값이 없으면 default의 문장을 실행한다. 사용 예는 다음과 같다.

```
사용 예 :
        switch(정수형 변수) {
                case 값1 :
                                문장1;      break;
                case 값2 :
                                문장2;      break;
                                ......
                case 값n :
                                문장n;      break;
                default    :
                                문장n+1;
        }
```

앞의 예에서 switch 문의 정수형 변수의 값과 case의 값들을 비교하여 값이 일치하는 case의 문장을 수행하고, 값이 일치하는 case가 없는 경우에는 default의 문장을 수행한다.

다음은 switch 문을 이용하여 요일 중 하나를 출력하는 예제이다.

switch.jsp

```
<%
        int today = 3;
        String day;

        switch ( today ){
                case 1 :
                        day = "Monday"; break;
                case 2 :
                        day = "Tuesday"; break;
                case 3 :
                        day = "Wednesday"; break;
                case 4 :
                        day = "Thursday"; break;
                case 5 :
                        day = "Friday"; break;
                case 6 :
                        day = "Saturday"; break;
                default :
                        day = "Sunday";
        }
%>
Today is <%= day %> !
```

이 예제에서는 변수 today의 값을 각 case 조건과 비교하여 해당 실행문을 수행한다. 먼저 today 변수에 3을 배정한다. 그리고 3과 각 case의 값을 비교하여 일치하는 경우 그에 해당하는 문장을 실행한다. 예제의 결과는 [그림 6.13]과 같다.

[그림 6.13] switch 문 예제 실행 결과

6.3.4.2 반복문

반복문은 루프(loop)라고도 하며 주어진 조건이 만족하는 동안 반복하여 루프 본체(loop body)의 문장들을 실행한다. 반복문에는 for 문, while 문, do while 문이 있다.

for 문

for 문은 루프 본체의 하나 이상의 문장을 정해진 횟수만큼 반복적으로 실행하는 문장으로 형식은 다음과 같다.

```
형 식 :
        for(초기화식; 조건식; 증감식) {
                문장_리스트
        }
```

앞의 형식에서 문장_리스트 한 개 이상의 JSP 문장을 의미한다. 초기화식은 루프의 반복 횟수를 제어하는 데 사용되는 변수를 초기화하며, for 문이 시작될 때 맨 처음에 단 한 번 실행된다. 조건식은 루프의 종료 여부를 판단하는 식으로, 루프 본체의 실행 전에 매번 평가한다. 증감식은 제어 변수의 값을 증가시키거나 감소시키는 데 사용하며, 수정된 제어 변수의 값에 의해 조건식이 거짓으로 판단될 때 루프를 벗어난다. 사용 예는 다음과 같다.

```
사용 예 :
        for(i = 1; i 〈 10; i++) {
                문장_리스트
        }
```

사용 예의 초기화식에서 제어 변수 i의 초기값으로 1을 배정한다. 조건식에서 i의 값이 10 미만이면 루프 본체의 문장_리스트를 실행하고 나서, 증감식에서 제어 변수 i의 값을 1 증가시킨다. 그리고 다시 조건식을 평가하여 루프의 반복 여부를 결정한다.

다음은 for 문을 이용하는 예제이다.

for.jsp

```
1 : <%@ page language="java" contentType="text/html; charset=euc-kr" %>
2 : <%
3 :     int i, fac;
4 :     fac = 1;
5 :     for(i = 1; i <= 10; i++){
6 :             fac = fac * i;
7 :     }
8 : %>
9 : 10! = <%= fac %> <br>
10 : <%
11 :     int temp = 0;
12 :     for(i = 0; i <= 30; i = i + 3){
13 :             temp = temp + i;
14 :     }
15 : %>
16 : 0에서 30까지의 3의 배수의 합 : <%= temp %>
```

이 예제는 먼저 2행~8행은 for 문의 반복 제어 변수 i의 값을 1로 초기화한 후, 값을 1씩 증가시키며, 10!을 구한다. 다음으로 10행~15행은 증가값을 3으로 정하여 0부터 30까지의 수 중에서 3의 배수의 합을 구한다. 예제의 실행 결과는 [그림 6.14]와 같다.

[그림 6.14] for 문 예제 실행 결과

while 문

while 문은 조건식이 참인 동안 루프 내의 하나 이상의 문장을 반복적으로 실행하는 문장으로 형식은 다음과 같다.

```
형 식 :
        while(조건식) {
                문장_리스트
                증감식;
        }
```

형식에서 문장_리스트 하나 이상의 JSP 문장을 의미한다. 사용 예는 다음과 같다.

```
사용 예 :
        while(i < 10) {
                문장_리스트
                i++;
        }
```

앞의 예에서는 변수 i의 값이 10 미만인 조건이 만족하는 동안 문장_리스트를 수행한다. 여기서 한 가지 유의할 점은 while 문의 실행 전에 제어 변수 i의 값을 초기화하여야 한다는 것이다.

다음은 while 문을 이용하는 예제이다. 그 내용을 살펴보자.

while.jsp

```
1 : <%@ page language="java" contentType="text/html; charset=euc-kr" %>
2 : <%
3 :     int i = 0;
4 :     while( i < 10 ) {
5 :           i = i + 1;
6 : %>
7 :
8 :           환영합니다!
9 :
10 : <%        if(( i % 3 ) == 0) { %>
11 :                <br>
12 : <%        }
13 :     }  %>
```

이 예제에서는 '환영합니다!' 라는 문장을 while 문을 이용하여 10번 반복하여 브라우저에 출력한다. 이때 한 줄에는 문장이 3번만 출력되도록 한다. 우선 3행의 변수 i를 이용하여 while 문의 조건에서 i의 값이 10보다 작은 동안 루프 내에서 그 값을 하나씩 증가시키면서 '환영합니다!'를 반복하여 출력한다.

그리고 10행에서 보는 바와 같이 if 문을 두어 변수 i의 값을 3으로 나눈 나머지가 0이 되면 11행에서 줄바꿈 태그인
을 실행하여 한 줄에 3 문장씩 출력하도록 한다. 예제의 실행 결과는 [그림 6.15]와 같다.

[그림 6.15] while 문 예제 실행 결과

do while 문

do while 문은 조건식이 참인 동안 루트 본체의 하나 이상 문장을 반복적으로 실행하는 문장으로 형식은 다음과 같다. 형식에서 문장_리스트는 하나 이상의 JSP 문장을 의미한다.

```
형 식 :
        do {     문장_리스트
                 증감식;
         } while(조건식);
```

for 문이나 while 문과는 달리 do while 문의 조건식은 루프의 마지막에 위치한다. 따라서 do while 문은 조건식의 참과 거짓에 상관없이 문장_리스트가 최소한 한 번은 실행된다.

다음은 do while 문을 이용하는 예제이다. 그 내용을 살펴보자.

do-while.jsp

```
1 : <%@ page language="java" contentType="text/html; charset=euc-kr" %>
2 : [ while ] <br><br>
3 : <%
4 :     int i;
5 :     i = 0;
6 :     while(i < 0) {
7 :             i = i + 1;
8 :             out.println("수박.");
9 :     }
10 : %>
11 :
12 : <br> [ do - while ] <br>
13 : <%
14 :     i = 0;
15 :     do {
16 :             i = i + 1;
17 :             out.println("수박.");
18 :     } while(i < 0);
19 : %>
```

이 예제 3행~10행의 반복문은 while 문으로 변수 i가 0보다 작은지의 여부를 먼저 검사한 후 결과가 참일 동안 문장을 반복한다. 그러나 13행~19행의 do while 문에서는 루프를 먼저 실행한 후에 i가 0보다 작은지를 검사한다.

따라서 while 문에서는 조건을 먼저 검사하므로 '수박'이 출력되지 않으나, do while 문에서는 문장을 먼저 실행하고 조건을 나중에 검사하므로 '수박'이 한 번 출력된다. 예제의 실행 결과는 [그림 6.16]과 같다.

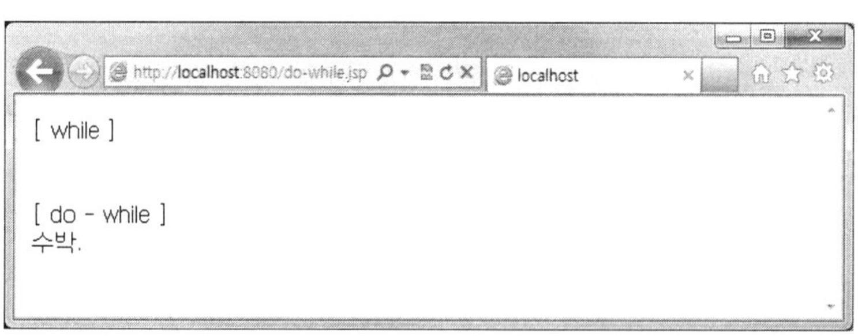

[그림 6.16] do while 문 예제 실행 결과

6.3.5 클래스

JSP에서는 자바에서 정의된 클래스의 메소드들을 사용할 수 있다. 다음에서 Integer 클래스, String 클래스, Date 클래스, Math 클래스, File 클래스의 주요 메소드들을 살펴본다.

Integer 클래스는 정수를 처리하기 위하여 사용하며, 주요 메소드 및 사용 예는 [표 6.8]과 같다.

[표 6.8] Integer 클래스의 주요 메소드

메소드	설명	사용 예
toString()	데이터를 문자열로 변환	Integer.toString(56)
parseInt("문자열")	문자열 데이터를 정수형으로 변환	Integer.parseInt("56")
valueOf("문자열")	문자열 데이터를 정수형 객체로 반환	Integer.valueOf("56")
equals(객체)	객체의 정수값이 같으면 true, 아니면 false 반환	Integer num1=new Integer(7); Integer num2=new Integer(7); num1.equals(num2)

String 클래스는 문자열을 다루기 위한 클래스로, 주요 메소드 및 사용 예는 [표 6.9]와 같다.

[표 6.9] String 클래스의 주요 메소드

메소드	설명	사용 예
toUpperCase()	알파벳 글자를 대문자로 변환	String str="milk"; str.toUpperCase()
toLowerCase()	알파벳 글자를 소문자로 변환	String str-"MILK"; str.toLowerCase()
equals(객체)	지정한 객체의 두 문자열이 같으면 true, 아니면 false 반환	"HOUSE".equals("House")
concat("문자열")	문자열 연결	String str="chocolate"; str.concat("milk")
substring (인덱스1, 인덱스2)	인덱스1에서 인덱스2 전까지 문자열 반환, 인덱스2 생략되면 끝까지 문자열 반환	String str="web programming"; str.substring(3, 5)
replace (기존 문자, 새로운 문자)	기존 문자를 새로운 문자로 대체	String str="Hello?"; str.replace("?", "!")
trim()	앞뒤 공백 제거	String str=" hybrid car "; str.trim()
getBytes()	바이트 배열로 변환	String str="name"; str.getBytes()

Date 클래스는 날짜와 시각을 처리하기 위하여 사용하며, 주요 메소드 및 사용 예는 [표 6.10]과 같다.

[표 6.10] Date 클래스의 주요 메소드

메소드	설명	사용 예
getDate()	날짜	Date d=new Date(); d.getDate()
getYear()	연	d.getYear() + 1900
getMonth()	월	d.getMonth() + 1
getDay()	일	d.getDay()
getHours()	시	d.getHours()
getMinutes()	분	d.getMinutes()
getSeconds()	초	d.getSeconds()
toLocaleString()	현재 지역의 날짜	d.toLocalString()

Math 클래스는 수학 계산을 위하여 사용하며, 주요 메소드 및 사용 예는 [표 6.11]과 같다.

[표 6.11] Math 클래스의 주요 메소드

메소드	설명	사용 예
abs(n)	n의 절대값	Math.abs(-5)
sqrt(n)	n의 제곱근	Math.sqrt(4)
sin(n)	n의 사인값	Math.sin(4)
cos(n)	n의 코사인값	Math.cos(4)
tan(n)	n의 탄젠트값	Math.tan(4)
max(n1, n2)	n1과 n2 중의 최대값	Math.max(5, 7)
min(n1, n2)	n1과 n2 중의 최소값	Math.min(5, 7)

File 클래스는 파일이나 디렉토리를 처리하기 위하여 사용하며, 주요 메소드 및 사용 예는 [표 6.12]와 같다.

[표 6.12] File 클래스의 주요 메소드

메소드	설명	사용 예
canRead()	파일이 읽기가 가능하면 true, 아니면 false	File file=new File("class.jsp"); file.canRead()
canWrite()	파일이 쓰기가 가능하면 true, 아니면 false	file.canWrite()
delete()	파일 삭제	file.delete()
getPath()	파일 경로 반환	file.getPath()
getName()	파일 이름 반환	file.getName()
length()	파일 길이 반환	file.length()
mkdir()	디렉토리 생성	file.mkdir()

다음은 앞에서 설명한 클래스들의 주요 메소드들을 사용하는 예제이다.

class-method.jsp

```
<%@ page contentType="text/html; charset=euc-kr" %>
<%@ page import="java.util.*,java.text.*,java.util.Date,java.io.*" %>

<b> Integer 클래스의 메소드 </b><hr>
<%
    out.println("Integer.toString(56) => (string)" + Integer.toString(56) + "<br>");
    out.println("Integer.parseInt(\"56\") => (int)" + Integer.parseInt("56") + "<br>");
%>
<br>
<b> String 클래스의 메소드 </b><hr>
<%
    String str = "milk";
    String str2 = "MILK";
%>
<%= "sting : milk => 대문자 : " + str.toUpperCase() + " => 소문자 : " +
        str2.toLowerCase() %>
<br><br>
<%
    out.println("HOUSE".equals("House"));
%>
<br><br>
<b> Date 클래스의 메소드 </b><hr>
```

```
22 : <%!
23 :     Date d = new Date();
24 : %>
25 : <%= d.getYear() + 1900 %>-<%= d.getMonth() + 1 %>-<%= d.getDate() %>
26 : <br><br>
27 : <b> Math 클래스의 메소드</b><hr>
28 : <%= "-5의 절대값 : " + Math.abs(-5) + "<br> 4의 제곱근 : " + Math.sqrt(4) %>
```

예제의 5행~8행은 Integer 클래스의 메소드인 toString과 parseInt를 사용하여 각각 문자열과 정수형으로 변환하는 부분이다. 11행~15행은 String 클래스의 메소드인 toUpperCase와 toLowerCase를 사용하여 각각 소문자는 대문자로, 대문자는 소문자로 변환하는 부분이고, 18행은 String 클래스의 equals 메소드를 사용하여 문자열의 일치 여부를 확인하는 부분이다.

22행~25행은 Date 클래스의 메소드를 사용하여 연, 월, 일을 출력하는 부분이고, 27행~28행은 Math 클래스의 메소드를 사용하여 절대값과 제곱근을 구하는 부분이다. 이 예제의 결과는 [그림 6.17]과 같다.

[그림 6.17] **클래스의 주요 메소드 실행 결과**

6.3.6 함수

사용자가 특정 기능을 수행하는 부분을 함수로 정의하여 사용할 수 있다. 사용자 정의 함수는 선언문(<%! ... %>)에서 다음 형식과 같이 선언한다.

```
형 식 :
 〈%!
        [리턴_타입] 함수명( [매개변수_리스트] ) {
              문장_리스트
              [ return 결과값; ]                    // 결과값은 값, 변수 또는 식
        }
 %〉
```

형식에서 매개변수_리스트는 하나 또는 쉼표(,)로 구분된 복수의 매개변수(parameter)들을 나열한 것이다. 매개변수_리스트는 생략 가능하므로 매개변수가 없어도 된다. 문장_리스트는 하나 이상의 문장을 의미한다. 그리고 return 문은 함수의 결과값을 반환하는 데 사용하며, 결과값이 없을 경우 return 문의 생략이 가능하다.

이와 같이 선언된 함수는 다음 형식과 같이 스크립트릿(<% ... %>)에서 호출한다.

```
형 식 :

 〈%
          함수명( [매개변수_리스트] );
 %〉
```

다음은 사용자 함수 선언 및 호출에 관한 예제이다.

function.jsp

```
<%@ page language="java" contentType="text/html; charset=euc-kr" %>
<%!
    int p, q;
    int square(int i, int j){
            int value = 1;
            int k = 0;
            while (k < j){
                    value = value * i;
                    k = k + 1;
            }
            return value;
    }
%>

<%
```

```
16 :            out.println("[ 사용자 함수 선언 및 사용 예 ]");
17 :            p = square(2, 5);
18 : %>
19 :
20 : <br><br>    2<sup>5</sup>  : <%= p %>
21 : <%
22 :            q = square(5, 2);
23 : %>
24 : <br><br>    5<sup>2</sup>  :  <%= q %>
```

이 예제에서는 사용자 함수를 이용하여 수의 반복적인 곱셈을 수행하고 있다. 사용자 함수는 사용하기 전에 선언해야 하며, 4행~12행은 이에 해당된다. square 함수는 i와 j 두 개의 매개변수를 받아서 i를 j번 곱하며, 그 결과는 square 함수 이름으로 반환한다.

16행의 out.println 메소드는 문자열을 그대로 화면에 출력하는 역할을 한다. 17행과 22행에서 적절한 매개변수와 함께 앞에서 정의한 square 함수를 호출한다. 본 예제의 실행 결과는 [그림 6.18]과 같다.

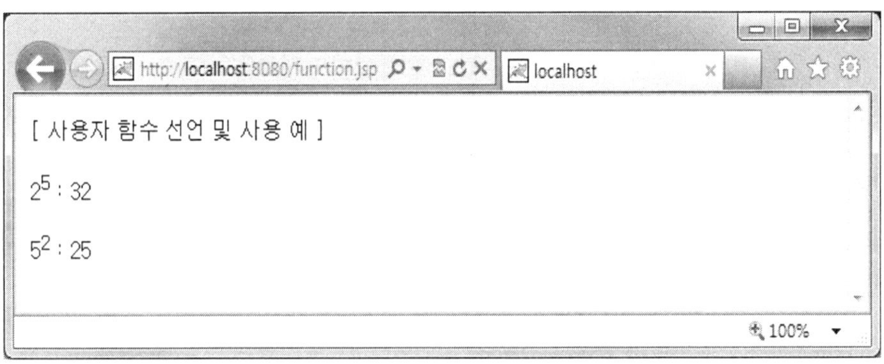

[그림 6.18] **사용자 함수 정의 및 호출 결과**

6.3.7 예외 처리

JSP 스크립트를 실행하는 중에 예외(exception)가 발생할 때 이를 처리하기 위한 문장으로 try-catch-finally 문이 있다.

다음은 try-catch-finally 문의 형식이다.

```
형 식 :  try {
                문장_리스트   // 예외가 발생할 수 있는 코드
         }
         catch(예외타입1, 식별자1) {
                문장_리스트   // 예외 처리 코드
         }
         [ catch(예외타입2, 식별자2) {
                문장_리스트   // 예외 처리 코드
         } ]*
         [ finally {
                예외 발생과 관계없이 무조건 수행되는 코드
         } ]
```

형식에서 문장_리스트는 하나 이상의 문장을 나타내고, catch 블록은 하나 이상 사용될 수 있으며, try 블록에는 예외가 발생할 가능성이 있는 코드를 기술한다. try 블록의 실행 도중 예외가 발생하면 catch 블록으로 제어가 넘어가서 발생된 예외 타입을 처리하는 catch 블록을 실행한다. 따라서 catch 블록은 예외를 처리하기 위한 코드를 포함하며, try 블록에서 예외가 발생하지 않으면 catch 블록은 수행되지 않는다. finally 블록은 예외의 발생 여부에 관계없이 항상 수행되는 부분으로 생략할 수 있다.

다음은 try-catch-finally 문의 사용 예이다.

```
사용 예 :  try {
              int a = 0, num = 0;

              num = 100 / a;
              out.println(num);
           }
           catch(Exception e) {
              out.println("오류가 발생했습니다." + e.getMessage());
           }
           finally {
              out.println("무조건 실행되는 부분입니다.");
           }
```

사용 예를 보면 try 블록에서 정수형 변수 a와 num을 선언한 후, 변수 a에 0을 배정하고 수 100을 변수 a로 나눈 값을 출력한다. catch 블록은 try 블록을 실행할 때 발생할 수 있는 Exception 타입의 예외를 처리하기 위한 부분으로, 예외 메시지를 반환하는 getMessage 메소드를 이용하여 오류 메시지를 출력한다. finally 블록은 예외의 발생과 관계없이 무조건 실행되는 코드를 포함한다.

다음은 이러한 사용 예를 활용하는 예제이다.

try.jsp

```
1 : <%@ page contentType="text/html; charset=euc-kr" %>
2 : <html>
3 :   <body>
4 :     <hr>
5 :     <center>
6 :     <%
7 :         try{
8 :                 int a = 0;
9 :                 int num = 100 / a;
10 :
11 :                 out.println(num);
12 :         }
13 :         catch(Exception e){
14 :                 out.println("오류가 발생했습니다." + e.getMessage() + "<br>");
15 :         }
16 :         finally{
17 :                 out.println("무조건 실행되는 부분입니다.");
18 :         }
19 :     %>
20 :     </center>
21 :     <hr>
22 :   </body>
23 : </html>
```

예제의 7행~12행은 try 블록으로 변수 a의 값으로 0을 배정하고, 정수 100을 변수 a로 나눈 값을 출력하는 부분으로, 정수를 0으로 나눌 수 없으므로 catch 블록으로 제어가 이동되어 오류 메시지를 출력한다. 마지막으로 finally 블록이 예외의 발생과 관계없이 실행된다. 이 예제의 실행 결과는 [그림 6.19]와 같다.

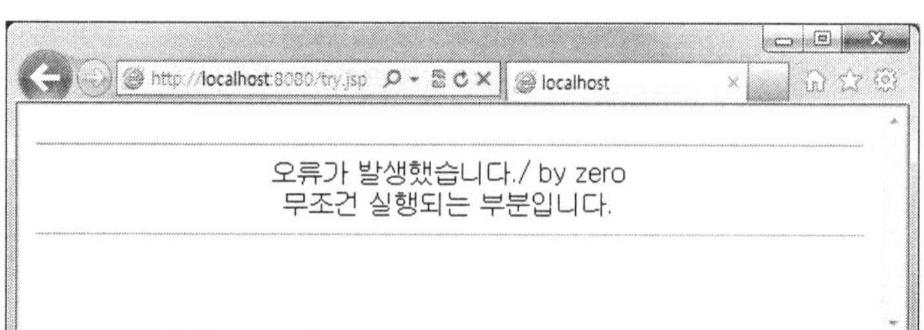

[그림 6.19] try-catch-finally 문 예제 실행 결과

6.4 JSP 내장 객체

JSP에서는 앞의 'JSP 기본 요소' 부분에서 살펴본 바와 같이 내장 객체들을 제공한다. JSP의 객체는 속성(property)과 메소드(method)로 구성된다.

본 절에서는 내장 객체들 중에서 동적 웹 페이지 작성에 주로 사용되는 request 객체, response 객체, out 객체, session 객체, application 객체에 대해서 자세히 살펴보도록 한다.

6.4.1 request 객체

request 객체는 서버에서 클라이언트에게 데이터를 요청할 때 사용하는 객체로 사용 형식은 다음과 같다.

```
형 식 : request.메소드( [변수] );
```

request 객체는 [표 6.13]에 나타난 메소드들을 제공한다.

[표 6.13] request 객체의 주요 메소드

메소드	설명
String getParameter(name)	매개변수 name의 값을 반환하며, 지정된 매개변수가 없으면 null 반환
String getCharacterEncoding()	전송된 데이터의 문자 인코딩 방식 반환

HTML의 form 입력 양식에서 서버로 데이터를 전송하는 방식에는 get 방식과 post 방식이 있다. 이들에 대하여 자세히 설명한다.

get 방식은 HTML의 form에서 method를 get으로 지정한다. 이 방식에서 클라이언트의 데이터는 요청(request)의 뒤에 질의 문자열(query string) 형태로 덧붙여 서버로 보내며, 이 데이터는 QUERY_STRING이란 환경변수로 서버에게 전달된다. 클라이언트 브라우저의 주소 표시줄에서 질의 문자열은 url 뒤에 노출되므로 보안이 어려운 단점이 있으며, 질의 문자열의 길이 제한이 있으므로 많은 데이터를 보낼 수 없다. 또한 get 방식은 서버의 상태를 바꾸지 않는(idempotent) 조회 또는 검색 요청의 처리에 사용될 수 있다.

post 방식은 HTML의 form에서 method를 post로 지정한다. 이 방식에서 클라이언트의 데이터는 질의 문자열이 아닌 메시지 바디(message body)에 포함시켜 서버로 보내며, 이 데이터는 표준 입력(standard input) 형식으로 서버에게 전달된다. 따라서 데이터가 노출되지 않으므로 보안에서 get 방식보다 유리하며, 임의의 길이의 데이터를 보낼 수 있는 장점이 있다. 또한 post 방식은 검색 요청뿐만 아니라 서버의 상태를 바꿀 수 있는 데이터 저장이나 수정 등의 처리에도 사용할 수 있다.

각 방식의 활용 방법을 다음 예에서 자세히 살펴보도록 한다.

get 방식

클라이언트에서 서버로 데이터를 전송할 때는 매개변수의 형태 혹은 HTML의 form을 이용한다. 매개변수 형태로 데이터를 전송하는 경우는 '변수명=값'의 형태를 취하며 '?'를 기준으로 데이터를 구분하게 된다.

전송되는 값이 여러 개일 경우 '&'를 이용하여 서로 연결한다. 클라이언트로부터 전송된 데이터는 request.getParameter 메소드를 이용하여 처리한다. 다음의 예제와 [그림 6.20], [그림 6.21]을 살펴보자.

get.html

```
1: <html>
2:   <head><title> Request 객체를 이용한 Get 방식 예제 </title></head>
3:   <body>
4:     <center>
5:         Get 방식을 통한 데이터의 전송. <br><br>
6:         <a href="get.jsp?name=강기영&id=20152292&dept=컴퓨터공학과">
7:             값 넘기기
8:         </a><br>
9:     </center>
10:    <hr>
11:  </body>
12: </html>
```

예제의 6행에서 get.jsp라는 페이지로 name, id, dept라는 변수에 각각 강기영, 20152292, 컴퓨터공학과라는 값을 배정하여 전송하며, [그림 6.20]의 '값 넘기기' 링크를 클릭할 때 데이터가 get.jsp로 전달된다. 다음의 get.jsp 페이지를 살펴보자.

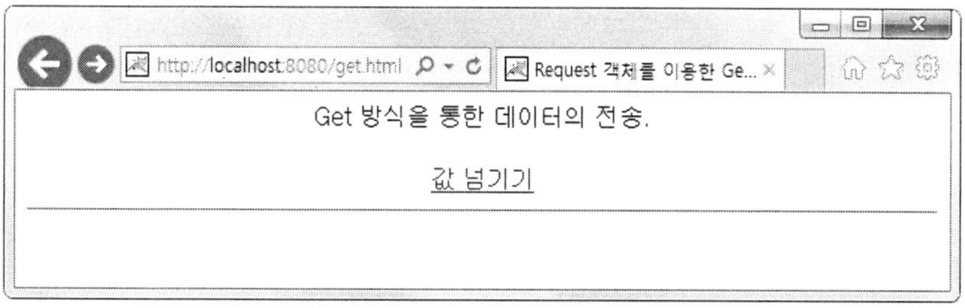

[그림 6.20] get.html 실행 결과

get.jsp

```
1: <%@ page language="java" contentType="text/html; charset=euc-kr" %>
2:   <html>
3:     <head><title> Request 객체를 이용한 Get 방식 예제 </title></head>
4:     <body>
5:       <hr>
6:       <center>
7:           get.html로부터 넘어온 값들 <br><br>
8:       <%
9:           String name = request.getParameter("name");
10:          name = new String(name.getBytes("ISO-8859-1"), "euc-kr");
11:          String id = request.getParameter("id");
12:          String dept = request.getParameter("dept");
13:          dept = new String(dept.getBytes("ISO-8859-1"), "euc-kr");
14:
15:          out.println("이름 : " + name + "<br>");
16:          out.println("학번 : " + id + "<br>");
17:          out.println("소속 : " + dept + "<br>");
18:      %><br><br>
19:      </center>
20:      <hr>
21:    </body>
22: </html>
```

예제의 9행~13행에서 request.getParameter 메소드를 활용하여 전송된 데이터를 받는다. get 방식에서 한글을 처리하기 위해서는 10행과 13행에서와 같이 자바의 표준 문자 셋인 “ISO-8859-1”을 한국어 지원인 “euc-kr”로 바꾸어 주어야 한다. 15행~17행에서 [그림 6.21]과 같은 결과를 출력한다.

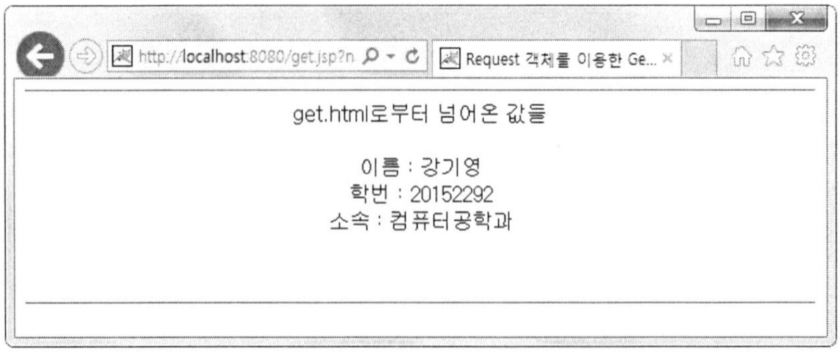

[그림 6.21] **get 방식 활용 결과**

post 방식

앞서 살펴본 get 방식은 서버로 전달되는 데이터가 공개되어 보안상의 문제가 발생하기 때문에 이를 해결하기 위해 post 방식을 사용한다. post 방식은 전송되는 데이터의 양에도 제한이 없다. 다음은 post 방식으로 데이터를 전달하는 예제이다.

post.html

```
1:  <html>
2:     <head><title> Request 객체를 이용한 post 방식 예제 </title></head>
3:     <body>
4:        <hr>
5:        <center>
6:               Post 방식을 통한 데이터의 전송 <br><br>
7:               <form action="post.jsp" method="post">
8:                     이름 : <input type="text" name="name"><br><br>
9:                     학번 : <input type="text" name="id"><br><br>
10:                    소속 : <input type="text" name="dept"><br><br>
11:                    <input type="submit" value="입력">
12:             </form>
13:       </center>
14:       <hr>
15:    </body>
16: </html>
```

예제의 7행~12행에서 form 입력 양식의 input 타입의 값을 text로 지정하여, 이름, 학번, 소속에 대한 입력 필드를 생성한다.

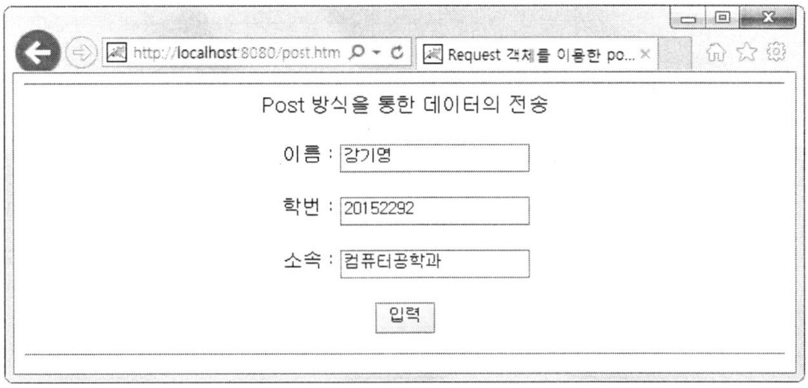

[그림 6.22] post.html 실행 결과

[그림 6.22]와 같이 post.html 페이지에서 HTML의 form 양식을 이용하여 사용자로부터 입력받은 name, id, dept를 post.jsp 페이지로 전송한다. 7행에서 post 방식을 이용하여 post.jsp 페이지로 데이터를 넘기는 것을 살펴볼 수 있다. 다음은 post.jsp 페이지이다.

post.jsp

```
<%@ page language="java" contentType="text/html; charset=euc-kr" %>
<% request.setCharacterEncoding("euc-kr"); %>
<html>
 <head><title> Request 객체를 이용한 post 방식 예제 </title></head>
  <body>
    <center>
      <hr>
      post.html로부터 넘어온 값들 <br><br>
      <%
          String name = request.getParameter("name");
          String id = request.getParameter("id");
          String dept = request.getParameter("dept");

          out.println("이름 : " + name + "<br>");
          out.println("학번 : " + id + "<br>");
          out.println("소속 : " + dept + "<br>");
      %><br><br>
      <hr>
    </center>
  </body>
</html>
```

폼의 입력 데이터가 전송되면 post.jsp에서는 request.getParameter 메소드를 이용하여 name, id, dept의 값을 받게 되며, 14행~16행에서 [그림 6.23]과 같은 결과를 출력한다.

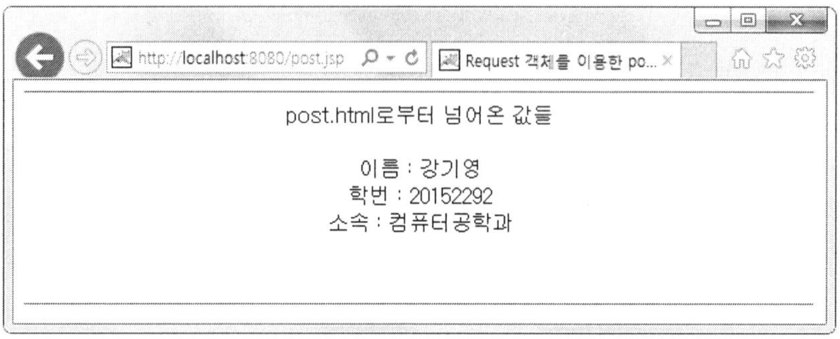

[그림 6.23] post 방식 활용 결과

6.4.2 response 객체

response 객체는 서버에서 클라이언트로 데이터를 응답할 때 사용하며, 그 사용 형식은 다음과 같다.

```
형 식 : response.메소드( [변수] );
```

[표 6.14]는 response 객체의 주요 메소드를 설명하고 있다.

[표 6.14] response 객체의 주요 메소드

메소드	설명
sendRedirect("url")	url의 페이지로 이동

다음은 response 객체의 sendRedirect 메소드를 활용하여 사용자로부터 이름과 비밀번호가 바르게 입력되었으면 성공 메시지를, 그렇지 않으면 실패 메시지를 출력하는 예제이다.

response-login.html

```
1 : <html>
2 :   <head><title> Response.sendRedirect 예제 </title></head>
3 :   <body>
4 :   <center>
5 :     <h2> Response.sendRedirect 예제 </h2>
6 :     <hr>
7 :     이름과 암호를 입력하시오.
8 :
9 :     <form action="response-loginresult.jsp" method="post">
10 :        이름 : <input type="text" name="name" size="40"><br>
11 :        비밀번호 : <input type="password" name="pwd" size="40"><br><br>
12 :        <input type="submit" value="로그인">
13 :        <input type="reset" value="원래대로">
14 :     </form>
15 :   </center>
16 :   </body>
17 : </html>
```

이 예제는 사용자의 이름과 비밀번호를 폼을 이용하여 post 방식으로 response-loginresult.jsp 페이지로 전달하며 그 내용을 9행~14행에서 보여주고 있다.

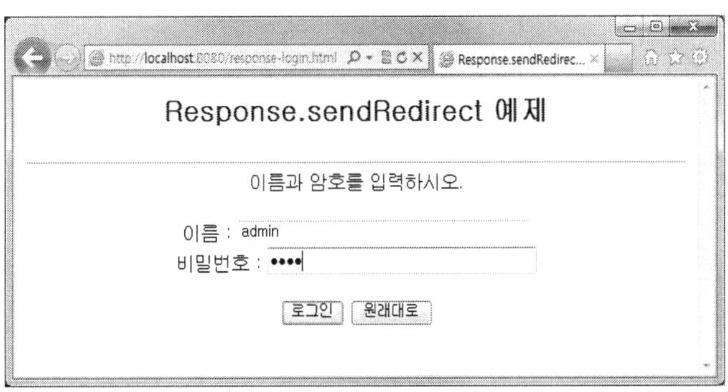

[그림 6.24] response-login.html 실행 결과

다음으로 사용자가 입력한 내용을 처리하는 response-loginresult.jsp에 대하여 살펴보자.

response-loginresult.jsp

```
1 : <%@ page contentType="text/html; charset=euc-kr" %>
2 : <html>
3 :    <head><title> Response.sendRedirect 예제 </title></head>
4 :    <body>
5 :    <%
6 :            String name = request.getParameter("name");
7 :            String pass = request.getParameter("pwd");
8 :
9 :            if(name.equals("admin") && pass.equals("1234")){
10 :                   response.sendRedirect("response-success.html");
11 :            } else {
12 :                   response.sendRedirect("response-fail.html");
13 :            }
14 :
15 :   %>
16 :   </body>
17 : </html>
```

사용자로부터 입력받은 이름과 비밀번호는 response-loginresult.jsp 페이지로 전달되어 처리된다. 먼저 9행에서는 response-login.html로부터 전달받은 name과 pwd의 값을 각각 미리 지정한 이름 admin과 비밀번호 1234와 equals 메소드를 이용하여 비교한다. 이 두 조건을 모두 만족하게 되면 10행에서 response.sendRedirect 메소드를 이용하여 response-success.html 문서로 이동하며, 그렇지 않을 경우 12행에서 response-fail.html 문서로 이동한다.

로그인에 성공한 경우에는 response-success.html이 실행되면서, [그림 6.25]와 같이 환영 문구를 출력한다.

response-success.html

```
<html>
    <head><title> Response.sendRedirect 예제 </title></head>
    <body>
        <hr><center>
            로그인을 환영합니다! <br>
        </center><hr>
    </body>
</html>
```

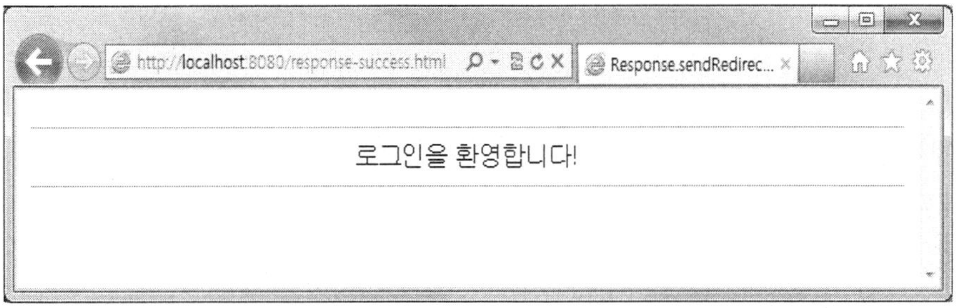

[그림 6.25] **로그인에 성공한 결과**

로그인에 실패한 경우에는 response-fail.html이 실행되면서, [그림 6.26]과 같이 경고 문구를 출력한다.

response-fail.html

```
<html>
    <head><title> Response.sendRedirect 예제 </title></head>
    <body>
        <hr><center>
            이름이나 비밀번호를 다시 확인하시오! <br>
        </center><hr>
    </body>
</html>
```

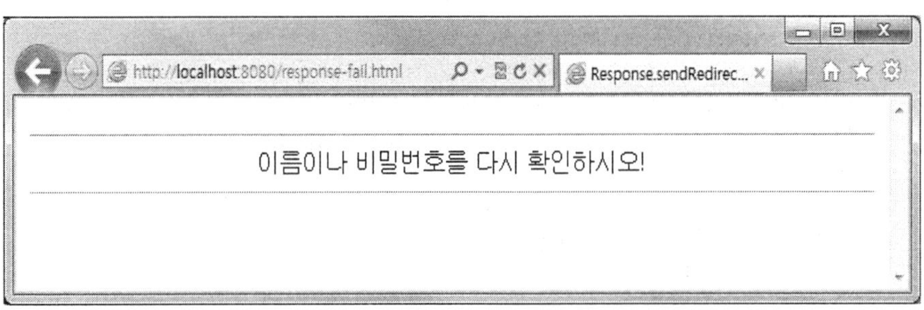

[그림 6.26] **로그인에 실패한 결과**

6.4.3 out 객체

out 객체는 문자열이나 변수에 저장된 값을 출력할 때 사용하는 것으로, 사용 형식은 다음과 같다.

형 식 : out.메소드([변수]);

out 객체에서 주로 사용하는 메소드들은 JSP 페이지에서 생성된 내용을 화면에 출력하는 것들로 그 종류는 [표 6.15]와 같다.

[표 6.15] **out 객체의 주요 메소드**

메소드	설명
print("문자열")	데이터 출력
println("문자열")	데이터 출력 후, \r\n 또는 \n 출력 (줄바꿈)
newLine()	\r\n 또는 \n 출력 (줄바꿈)

print 메소드는 데이터만 출력하지만, println 메소드는 데이터 출력 후 다음 줄로 줄을 바꾼다.

다음은 out 객체의 메소드들을 활용하는 예제이다. 이 예제의 출력 결과를 통하여 메소드들의 차이점을 확인하기 바란다.

out-print.jsp

```
<%@ page contentType="text/html; charset=euc-kr" %>
<html>
   <head><title> out 객체 사용 예제 </title></head>
   <body>
    <pre>
    <%
         for(int i = 0; i < 3; i++) {
              out.print("바나나");
         }
     %>

     <%
         for(int i = 0; i < 3; i++) {
              out.println("포도");
           }
     %>
     <%
```

```
18 :            for(int i = 0; i < 3; i++) {
19 :                out.print("파인애플");
20 :                out.newLine();
21 :            }
22 :      %>
23 :      </pre>
24 :    </body>
25 : </html>
```

예제의 6행~10행은 out 객체의 print 메소드, 12행~16행은 println 메소드, 17행~22행은 print 메소드와 newLine 메소드를 사용하여 특정 문자열을 반복문을 통해 출력하는 예제이다. 예제의 실행 결과는 [그림 6.27]과 같다.

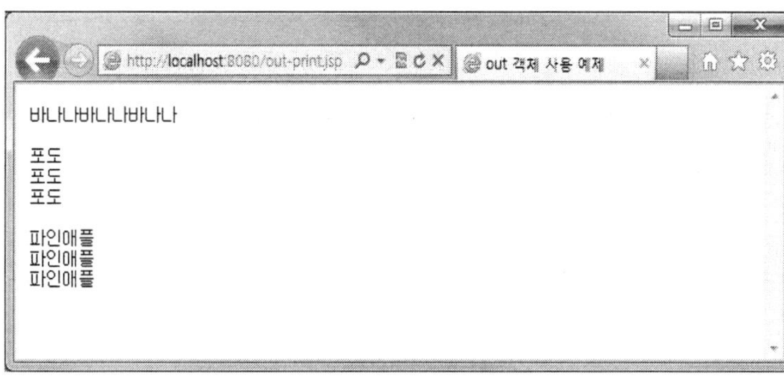

[그림 6.27] out 객체 예제 실행 결과

[그림 6.27]의 결과 화면을 살펴보면, print 메소드를 사용한 경우는 줄바꿈 없이 문자열을 출력하였고, println 메소드를 사용한 경우는 줄을 바꾸어 문자열이 출력된 것을 확인할 수 있다. print 메소드를 사용하여 출력할 경우 줄을 바꾸는 효과를 나타내려면 newLine 메소드를 함께 사용하여야 한다.

6.4.4 session 객체

session 객체는 사용자의 세션 정보를 서버와의 세션이 유지되는 동안 보관하는 객체이다. 사용 형식은 다음과 같다.

```
형 식 : session.메소드( [변수] );
```

[표 6.16]은 session 객체의 주요 메소드들을 설명하고 있다.

[표 6.16] session 객체의 주요 메소드

메소드	설명
getId()	ID 반환
getCreationTime()	생성 시각 반환
getLastAccessedTime()	마지막 접근 시각 반환
getAttribute()	저장된 속성의 값 반환
getAttributeNames()	저장된 속성 이름 리스트 반환
setAttribute("문자열", 객체)	속성의 값 설정
removeAttribute("문자열")	저장된 속성 삭제

다음은 session 객체의 setAttribute 메소드와 getAttribute 메소드를 이용하여 세션 정보를 출력하는 예제이다.

session.html

```
1 :  <html>
2 :   <head><title> session 객체 예제 </title></head>
3 :   <body>
4 :   <center>
5 :     <h2> session 객체 예제 </h2>
6 :     <hr>
7 :     아이디와 비밀번호를 입력하시오.
8 :
9 :     <form action="session-set.jsp" method="post">
10 :        아이디 : <input type="text" name="id" size="40"><br>
11 :        비밀번호 : <input type="password" name="pw" size="40"><br><br>
12 :        <input type="submit" value="로그인">
13 :        <input type="reset" value="원래대로">
14 :     </form>
15 :   </center>
16 :   </body>
17 : </html>
```

예제의 9행~14행은 form 입력 양식에서 아이디와 비밀번호를 입력받아 post 방식으로 session-set.jsp에게 넘겨주며, 실행 결과는 [그림 6.28]과 같다.

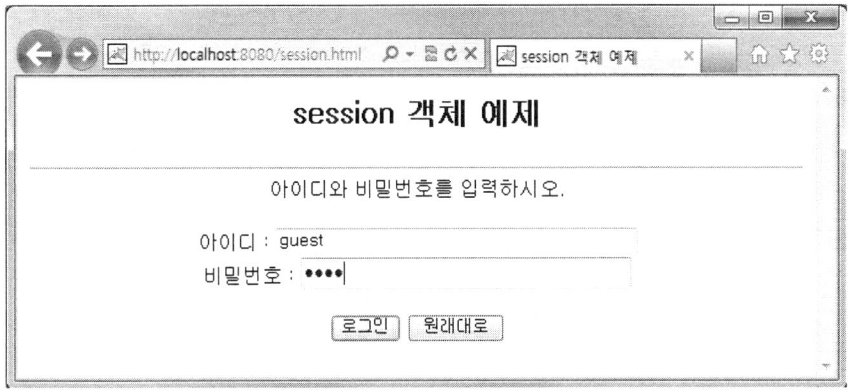

[그림 6.28] session 정보 입력 화면

다음은 입력받은 아이디와 비밀번호를 session 객체의 속성의 값으로 설정하는 예제이다.

session-set.jsp

```
<%@ page contentType="text/html; charset=euc-kr" %>

<html>
  <head><title> session 정보 설정 예제 </title></head>
  <body>
    <h2> session 정보 설정 </h2><br>
    <%
          String id = request.getParameter("id");
          String pw = request.getParameter("pw");
    %>

          아이디는 <%= id %>입니다. <br>
          비밀번호는 <%= pw %>입니다. <br>

    <%
          session.setAttribute("id", id);
          session.setAttribute("pwd", pw);
    %>

    <a href="session-get.jsp"> session-get 페이지로 이동 </a>
  </body>
</html>
```

예제의 7행~10행은 session.html로부터 넘겨받은 아이디와 비밀번호를 문자열 객체인 id, pw에 배정하고, 12행~13행에서 해당 값을 출력한다. 15행~18행은 session 객체의 setAttribute 메소드를 이용하여 session 객체의 속성의 값을 설정하는 부분이다. 이 예제의 실행 결과는 [그림 6.29]와 같다.

[그림 6.29] session 정보 설정

다음은 session 객체의 속성의 값으로 설정한 아이디와 비밀번호를 getAttribute 메소드를 이용하여 가져오는 예제이다.

session-get.jsp

```
1 : <%@ page contentType="text/html; charset=euc-kr" %>
2 :
3 : <html>
4 :   <head><title> session 정보 가져오기 예제 </title></head>
5 :   <body>
6 :     <h2> session 정보 가져오기 </h2>
7 :     <br>
8 :     현재 세션의 아이디는 <%= session.getAttribute("id") %>입니다. <br>
9 :     현재 세션의 비밀번호는 <%= session.getAttribute("pwd") %>입니다. <br>
10 :   </body>
11 : </html>
```

예제의 8행~9행은 session 객체의 getAttribute 메소드를 이용하여 세션 객체의 아이디와 비밀번호를 가져와 출력하는 부분으로 실행 결과는 [그림 6.30]과 같다.

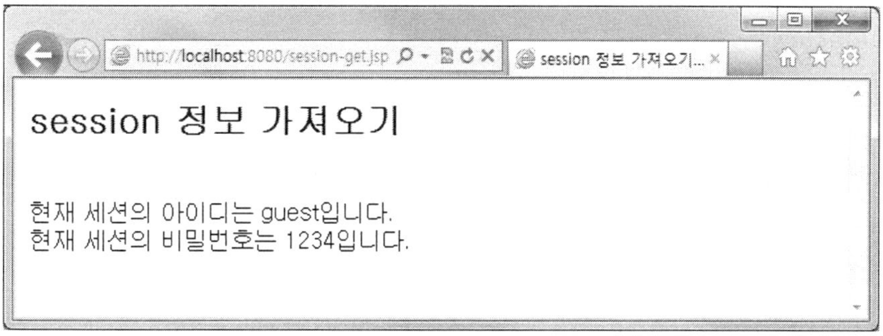

[그림 6.30] session 정보 가져오기

6.4.5 application 객체

application 객체는 웹 애플리케이션에 관한 정보를 저장하며 애플리케이션의 페이지들이 정보를 공유하기 위해 사용된다. 사용 형식은 다음과 같다.

```
형 식 : application.메소드( [변수] );
```

[표 6.17]은 application 객체의 주요 메소드들을 설명하고 있다.

[표 6.17] application 객체의 주요 메소드

메소드	설명
getServerInfo()	서버 정보 반환
getAttribute("문자열")	저장된 속성의 값 반환
getAttributeNames()	저장된 속성 이름 리스트 반환
setAttribute("문자열", 객체)	속성의 값 설정
removeAttribute("문자열")	저장된 속성 삭제

application 객체는 응용 프로그램이 실행되는 동안 계속 유지되는데 반해, session 객체는 사용자의 세션이 지속되는 동안만 유지되는 점이 다르다. 따라서 이러한 차이점을 잘 알아야 한다.

다음은 application 객체의 setAttribute 메소드와 getAttribute 메소드를 이용하는 예제이다.

application-set.jsp

```
1 : <%@ page contentType="text/html; charset=euc-kr" %>
2 : <html>
3 :   <head><title> application 객체 사용 객체 </title></head>
4 :     <body>
5 :       <h2> application 객체 사용 예제 </h2>
6 :       <%
7 :            String value = "apple";
8 :            application.setAttribute("fruit", value);
9 :            String fruit = (String)application.getAttribute("fruit");
10 :      %>
11 :
12 :      application 객체에 저장된 값 : <%= fruit %>
13 :    </body>
14 : </html>
```

예제의 7행은 문자열 객체 변수 value에 apple을 배정하고 8행은 setAttribute 메소드를 사용하여 fruit 객체에 이를 저장한다. 9행에서는 getAttribute 메소드를 사용하여 fruit 값을 가져와 12행에서 출력한다. 이 예제의 실행 결과는 [그림 6.31]과 같다.

[그림 6.31] application 객체 예제 실행 결과

6.5 JSP와 데이터베이스 연동

이 절에서는 JDBC를 이용한 데이터베이스 연동 방법에 대해 설명한다. JDBC 설정 방법은 부록에 별도로 정리하였으며, 이 절의 예제를 실행하기 위해서는 먼저 JDBC를 설정하여야 한다.

6.5.1 JDBC를 이용한 데이터베이스 연동

JDBC(Java Database Connectivity)는 자바 프로그램에서 데이터베이스에 연결하기 위한 표준 인터페이스이다. JDBC를 이용하여 데이터베이스와 연동하는 절차는 다음과 같다.

(1) java.sql 패키지 임포트

데이터베이스 연동에 필요한 자바의 클래스와 인터페이스들을 임포트(import) 한다. 다음의 사용 예처럼 "java.sql.*"를 page 지시문을 이용하여 임포트 한다.

```
사용 예 : <%@ page import = "java.sql.*" %>
```

(2) JDBC 드라이버 로드

Class는 실행 중인 자바 어플리케이션의 클래스 정보를 저장하고 있는 클래스이며, forName 메소드는 문자열의 매개변수에 해당하는 객체를 반환한다. 데이터베이스 연동을 위해서 다음의 사용 예와 같이 MySQL의 JDBC 드라이버를 로드한다.

```
사용 예 : Class.forName("com.mysql.jdbc.Driver");
```

(3) 데이터베이스 경로 지정

다음의 사용 예와 같이 JSP 페이지에서 사용할 데이터베이스 이름을 포함하는 url을 문자열 객체 변수에 배정한다.

```
사용 예 : String jdbcurl = "jdbc:mysql://localhost:3306/address_db";
```

(4) Connection 객체 생성

Connection 객체를 생성하여 데이터베이스에 연결하는 과정으로 다음의 사용 예와 같이 앞에서 지정한 데이터베이스 경로와 미리 지정된 아이디 manager와 패스워드 wppass를 통해 접속한다.

```
사용 예 : Connection conn = DriverManager.getConnection(jdbcurl,"manager","wppass");
```

(5) Statement 객체 생성

SQL 문을 실행하기 위해서는 Statement 객체를 생성해야 하는데, 다음의 사용 예와 같이 앞에서 생성한 Connection 객체의 createStatement 메소드를 이용하여 생성한다.

사용 예 : Statement stmt = conn.createStatement();

(6) SQL 문 설정

SQL 문 문자열을 스트링 객체 변수에 배정한다. 다음의 사용 예1은 address_tbl이라는 테이블의 모든 열을 검색하는 SQL 문을 sql1 변수에 배정하는 것이고, 사용 예2는 opinion_tbl의 id가 3인 행의 sum 열의 값을 1 증가시키는 SQL 문을 sql2 변수에 배정하는 것이다.

사용 예1 : String sql1 = "select * from address_tbl";

사용 예2 : String sql2 = "update opinion_tbl set sum=sum+1 where id=3";

(7) SQL 문 실행

앞에서 설정한 SQL 문을 실행한다. 검색문인 경우에는 실행 결과를 ResultSet 객체에 배정한다. 사용 예1은 검색을 수행하는 executeQuery 메소드를 사용하여 앞에서 설정한 sql1 검색문을 실행하고, 실행 결과를 ResultSet 객체 변수에 배정한다. 사용 예2는 갱신을 수행하는 executeUpdate 메소드를 사용하여 앞에서 설정한 sql2 갱신문을 실행한다.

사용 예1 : ResultSet rs = stmt.executeQuery(sql1);

사용 예2 : stmt.executeUpdate(sql2);

(8) ResultSet 객체 사용

앞에서 데이터베이스 검색 결과로 생성한 ResultSet 객체를 사용한다. 다음 사용 예는 while 문과 ResultSet 객체의 next 메소드를 이용하여 검색된 행을 하나씩 순서대로 이동하면서, 각 행의 student_id, name, e_mail, address 열의 값을 getString 메소드를 활용하여 출력하는 예이다.

```
사용 예 : while(rs.next()) {
                <%= rs.getString("student_id") %>
                <%= rs.getString("name") %>
                <%= rs.getString("e_mail") %>
                <%= rs.getString("address") %>
          }
```

[표 6.18]은 ResultSet 객체의 주요 메소드를 설명하고 있다.

[표 6.18] ResultSet 객체의 주요 메소드

메소드	설명
next()	다음 레코드로 이동
previous()	이전 레코드로 이동
first()	처음 레코드로 이동
last()	마지막 레코드로 이동
beforeFirst()	처음 레코드의 이전으로 이동
afterLast()	마지막 레코드의 다음으로 이동
getRow()	현재 레코드의 행 번호 반환

(9) 예외 처리

(2)~(8) 단계에서 예외가 발생하면, 다음의 사용 예와 같이 오류 메시지를 출력한다. 이를 위해 앞에서 공부한 try 블록을 사용한다.

```
사용 예 : out.println("DB 연동 오류입니다. : " + e.getMessage());
```

6.5.2 데이터베이스 연동 예제

이제 지금까지 학습한 JDBC를 이용한 데이터베이스 연동 방법을 바탕으로 데이터베이스에 저장된 데이터를 출력하는 간단한 예제를 작성하여 보자. 이 예제는 초기 페이지와 데이터베이스에 저장된 데이터를 출력하는 페이지로 구성된다.

이 예제를 위해서 다음과 같은 주소록 데이터베이스와 테이블이 미리 생성되어야 하며, [표 6.19]는 테이블의 구성을 나타내고 있다.

- 데이터베이스 이름 : address_db
- 테이블 이름 : address_tbl

[표 6.19] address_tbl 테이블의 구성

열 이름	데이터 타입	설명
student_id	varchar	학번 (기본 키)
name	varchar	이름
e_mail	varchar	전자 우편
address	varchar	주소

다음 예제는 address_tbl 테이블의 내용을 출력하는 jdbc-test.jsp로 이동하기 위한 초기 페이지이다.

jdbc-test.html

```
1 : <html>
2 :     <head><title> JDBC 예제 </title></head>
3 :     <body>
4 :         <center>
5 :             <h2>
6 :                 데이터베이스에 저장된 주소록을 <br><br> JDBC를 이용하여 출력하기
7 :             </h2>
8 :
9 :             <form action="jdbc-test.jsp" method="get">
10 :                 <input type="submit" value="주소록 출력">
11 :             </form>
12 :         </center>
13 :     </body>
14 : </html>
```

예제의 9행에서 HTML의 form 입력 양식을 이용하여 jdbc-test.jsp로 이동하도록 한다. 예제의 실행 화면은 [그림 6.32]와 같다.

[그림 6.32] **주소록 초기 화면**

다음 예제는 데이터베이스에 저장된 내용을 출력하는 JSP 스크립트이다. 앞에서 공부한 데이터베이스 연동 절차를 순서대로 확인하기 바란다.

jdbc-test.jsp

```
<%@ page language="java" contentType="text/html; charset=euc-kr" pageEncoding="euc-kr" %>
<%@ page import="java.sql.*" %>

<html>
<body>
<center>
<h1> 주소록 </h1>
<table border="1" align="center">
    <tr>
        <td align="center"> Student_ID </td>
        <td align="center"> Name </td>
        <td align="center"> E-mail </td>
        <td align="center"> Address </td>
    </tr>

    <%
        Connection conn = null;
        Statement stmt = null;
        ResultSet rs = null;

        try {
            Class.forName("com.mysql.jdbc.Driver");
            String jdbcurl = "jdbc:mysql://localhost:3306/address_db";
            conn = DriverManager.getConnection(jdbcurl, "manager", "wppass");
            stmt = conn.createStatement();
            String sql = "select * from address_tbl";
            rs = stmt.executeQuery(sql);
```

```
28 :            }
29 :            catch(Exception e) {
30 :                  out.println("DB 연동 오류입니다. : " + e.getMessage());
31 :            }
32 :
33 :            while(rs.next()) {
34 :     %>
35 :     <tr>
36 :          <td align="center"><%= rs.getString("student_id") %></td>
37 :          <td align="center"><%= rs.getString("name") %></td>
38 :          <td align="center"><%= rs.getString("e_mail") %></td>
39 :          <td align="center"><%= rs.getString("address") %></td>
40 :     </tr>
41 :     <%
42 :          }
43 :     %>
44 : </table>
45 :
46 :     <%
47 :          stmt.close();
48 :          conn.close();
49 :     %>
50 : </center>
51 : </body>
52 : </html>
```

예제의 2행은 page 지시문을 이용하여 java.sql 패키지를 임포트(import) 한다. 9행~14행은 데이터베이스의 내용을 테이블 형태로 나타내기 위해 테이블의 열 제목을 출력하는 부분이다.

JDBC를 통해 데이터베이스와 연동하는 부분은 21행~28행의 try 블록으로, 22행은 JDBC 드라이버 로드, 23행은 데이터베이스 경로 지정, 24행은 Connection 객체 생성, 25행은 Statement 객체 생성, 26행은 SQL 문 설정, 27행은 SQL 문 실행 부분이다. 29행~31행은 예외 처리 부분으로 데이터베이스 연동에 실패한 경우에 오류 메시지를 출력한다.

33행~42행은 SQL 문의 실행 결과로 검색된 모든 행들에 대하여 한 행씩 순서대로 while 루프를 실행한다. 36행~39행은 각 열의 값을 rs.getString 메소드를 이용하여 출력한다. 47행~48행은 사용한 객체를 종료하는 부분이다.

지금까지 살펴본 jdbc-test.jsp의 실행 결과는 [그림 6.33]과 같다.

[그림 6.33] **주소록 결과 화면**

6.6 JSP 프로그래밍 예제

지금까지 학습한 내용을 바탕으로 데이터베이스를 활용하는 JSP 스크립트 예제를 작성하여 보자. 이 절에서 공부할 예제는 여론조사 및 게시판이다.

6.6.1 여론조사

여론조사란 국가나 사회의 여러 가지 문제에 대한 대중의 의견이나 경향 등에 대한 통계 조사를 말한다. 이러한 여론조사는 웹에서도 가능하며, 이를 위해서는 사용자로부터 의견을 입력받는 화면과 여론조사 결과를 보여주는 화면이 필요하다.

여론조사 예제를 위해서 필요한 데이터베이스와 테이블은 다음과 같으며, [표 6.20]은 여론조사 작성에 필요한 테이블의 열들을 보여준다. 데이터베이스와 테이블은 앞의 SQL 부분에서 설명한 방법을 이용하여 스스로 생성하도록 한다.

- 데이터베이스 이름 : opinion_db
- 테이블 이름 : opinion_tbl

[표 6.20] **opinion_tbl 테이블의 구성**

열 이름	데이터 타입	설명
id	int	고유번호 (기본 키)
fruit	varchar	과일
sum	int	응답 수

또한, 여론조사를 위해 필요한 화면 및 해당 파일명은 다음과 같다.

- 여론조사 초기 화면 : opinion.html
- 의견 입력 화면 : opinion-poll.html
- 여론조사 결과 화면 : opinion-result.jsp

여론조사 초기 화면

우리가 작성하게 될 여론조사의 초기 화면을 위한 HTML 문서는 다음과 같으며, 그 결과를 [그림 6.34]에서 보여주고 있다.

opinion.html

```
1 : <html>
2 :   <head><title> JSP를 이용한 여론조사 </title></head>
3 :   <body>
4 :   <center>
5 :   <table border="0">
6 :     <tr>
7 :       <td align="center">
8 :         <h2> 여론조사 </h2>
9 :         <font size="3"> 좋아하는 과일을 조사합니다.</font><br><br>
10 :        <font size="3"> 투표하기 링크를 누르면 조사에 참여할 수 있습니다.</font><br><br>
11 :        <font size="3"> 결과보기 링크를 누르면 결과를 확인할 수 있습니다.</font><br><br>
12 :        <img src="image/green_tree.gif"> <a href="opinion-poll.html"> 투표하기 </a>
13 :        <img src="image/red_tree.gif"> <a href="opinion-result.jsp"> 결과보기 </a><br>
14 :        <img src="image/island.gif" width="70%">
15 :      </td>
16 :    </tr>
17 :  </table>
18 :  </center>
19 :  </body>
20 : </html>
```

이 페이지는 여론조사 초기 화면을 출력하는 것으로 8행~11행은 여론조사 내용을 보여준다. 12행에서 링크를 통하여 사용자로부터 의견을 입력받는 opinion-poll.html 페이지로 이동하고, 13행에서 링크를 통하여 여론조사 결과를 보여주는 opinion-result.jsp 페이지로 이동한다.

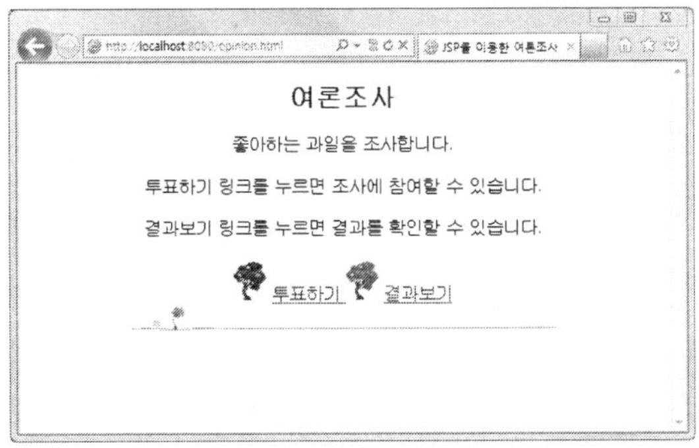

[그림 6.34] 여론조사 초기 화면

의견 입력 화면

사용자로부터 radio 입력 양식을 통하여 의견을 입력받는다. 이러한 것을 수행하는 것이 다음의 opinion-poll.html이며, 결과 화면은 [그림 6.35]와 같다.

opinion-poll.html

```
1 : <html>
2 :  <head><title> JSP를 이용한 여론조사 </title></head>
3 :  <body>
4 :  <center>
5 :  <table border="0">
6 :      <tr><td align="center">
7 :      <h2> 여론조사 참여 </h2>
8 :      <form action="opinion-result.jsp" method="post">
9 :         <img src="image/ball.gif"> 좋아하는 과일을 선택해 주세요. <br><br>
10 :        <input type="radio" name="opinion_id" value="0"> 사과 <br>
11 :        <input type="radio" name="opinion_id" value="1"> 포도 <br>
12 :        <input type="radio" name="opinion_id" value="2"> 딸기 <br>
13 :        <input type="radio" name="opinion_id" value="3"> 메론 <br><br>
14 :        <input type="submit" value="투표하기">
15 :     </form>
16 :     <img src="image/island.gif" width="70%">
17 :     </td></tr>
18 :  </table>
19 :  </center>
20 :  </body>
21 : </html>
```

예제에서 라디오 버튼을 이용하여 사용자로부터 의견을 입력받게 되며, 그 내용을 10행~13행에서 보여주고 있다. 입력한 사용자의 의견은 8행에서 post 방식으로 opinion-result.jsp로 전달된다.

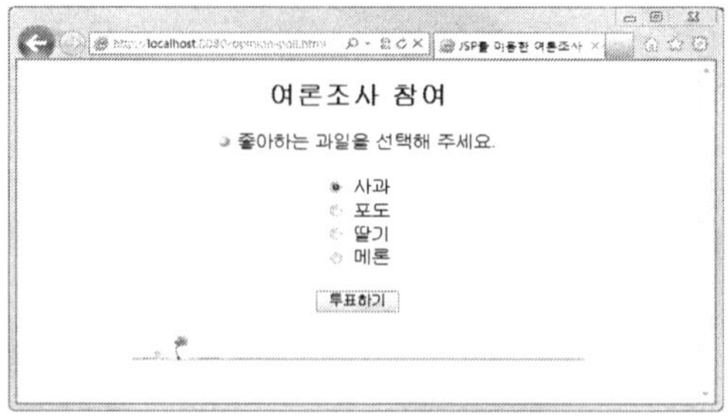

[그림 6.35] **의견 입력 화면**

여론조사 결과 화면

사용자의 의견을 데이터베이스에 저장하고 처리한 결과를 화면에 보여주는 opinion-result.jsp 의 내용은 다음과 같다.

opinion-result.jsp

```
<%@ page language="java" contentType="text/html; charset=euc-kr" pageEncoding="euc-kr" %>
<%@ page import="java.sql.*" %>
<%@ page import="java.text.*" %>
<% request.setCharacterEncoding("euc-kr"); %>

<html>
  <head><title> JSP를 이용한 여론조사 </title></head>
  <body>
  <%
      int choice_id, i;
      int opinion[] = {0, 0, 0, 0};
      float total, rate[] = {0, 0, 0, 0};
      String choice = "";
      String fruit[] = {"사과", "포도", "딸기", "메론"};
      String opinion_id = request.getParameter("opinion_id");
      Connection conn = null;
      Statement stmt = null;
      String sql = "";
      ResultSet rs = null;

      try {
              Class.forName("com.mysql.jdbc.Driver");
              String url = "jdbc:mysql://localhost:3306/opinion_db";
              conn = DriverManager.getConnection(url, "manager", "wppass");
              stmt = conn.createStatement();
              sql = "select * from opinion_tbl";
              rs = stmt.executeQuery(sql);
```

```
		}
		catch(Exception e) {
			out.println("DB 연동 오류입니다. : " + e.getMessage());
		}

	if(!rs.next()) {
		for(i = 0; i < 4; i++) {
			String sql1 = "insert into opinion_tbl values (" + i + ",'" + fruit[i] + "', 0)";
			try{
				stmt.executeUpdate(sql1);
			}
			catch(Exception e) {
				out.println("DB 연동 오류입니다. : " + e.getMessage());
			}
		}
	}
	else {
		rs.previous();

		i = 0;

		while(rs.next()) {
			opinion[i] = Integer.parseInt(rs.getString("sum"));
			i++;
		}
	}

	if(opinion_id != null) {
		String sql2 = "update opinion_tbl set sum = sum + 1 where id = " + opinion_id;
		try{
			stmt.executeUpdate(sql2);
		}
		catch(Exception e) {
			out.println("DB 연동 오류입니다. : " + e.getMessage());
		}
	}

	choice_id = Integer.parseInt(opinion_id);
	opinion[choice_id] += 1;

	total = opinion[0] + opinion[1] + opinion[2] + opinion[3];

	for(i = 0; i < 4; i++)
		rate[i] = (opinion[i] / total) * 100;
%>
<center>
<h2> 여론조사 결과 </h2>
```

```
75 :    <table border="0" width="500">
76 :      <tr>
77 :          <td bgcolor="yellow" width="30%"><b> 사과 : <%=Math.round(rate[0])%>%</b></td>
78 :          <td><img src="image/blue_pole.gif" width=<%=rate[0]%>% height="25"></td>
79 :      </tr>
80 :      <tr>
81 :          <td bgcolor="orange"><b> 포도 : <%=Math.round(rate[1])%>% </b></td>
82 :          <td><img src="image/blue_pole.gif" width=<%=rate[1]%>% height="25"></td>
83 :      </tr>
84 :      <tr>
85 :          <td bgcolor="salmon"><b> 딸기 : <%=Math.round(rate[2])%>% </b></td>
86 :          <td><img src="image/white_pole.gif" width=<%=rate[2]%>% height="25"></td>
87 :      </tr>
88 :      <tr>
89 :          <td bgcolor="red"><b> 메론 : <%=Math.round(rate[3])%>%</b></td>
90 :          <td><img src="image/white_pole.gif" width=<%=rate[3]%>% height="25"></td>
91 :      </tr>
92 :    </table><br><br>
93 :
94 :    당신은 <font color="blue"><b><%=fruit[choice_id]%></b></font>를(을) 선택하였습니다.<br>
95 :    총 <b><font color="red"><%=Math.round(total)%></font><b>명이 참여하였습니다.<br><br>
96 :    <a href="opinion.html"> 처음으로 </a>
97 :  </center>
98 :  </body>
99 : </html>
```

먼저, 10행~19행은 프로그램에서 사용할 변수들을 선언 및 초기화하는 부분이다. 22행~27행은 'JDBC를 이용한 데이터베이스 연동'에서 설명한 부분으로, 22행은 JDBC 드라이버 로드, 23행은 데이터베이스 경로 지정, 24행은 Connection 객체 생성, 25행은 Statement 객체 생성, 26행은 SQL 문 설정, 27행은 SQL 문 실행 부분이다. 29행~31행은 JDBC 연동 오류 처리 부분으로 데이터베이스 연동에 실패한 경우 오류 메시지를 출력한다.

33~43행은 테이블을 초기화하는 부분으로 (0, 사과, 0), (1, 포도, 0), (2, 딸기, 0), (3, 메론, 0)의 4개의 행을 테이블에 삽입한다. 44행~53행은 각각의 sum을 배열 opinion에 배정하는 부분이고, 55행~63행은 사용자가 선택한 의견에 해당하는 응답 수를 1 증가시킨 뒤 테이블에 저장하는 부분이다.

65행~66행은 사용자가 선택한 항목에 대한 값을 parseInt 메소드를 사용하여 정수형의 수로 변환한 후, 응답 수를 1 증가시킨 뒤 opinion에 배정하는 부분이다.

68행은 전체 응답자 수를 계산하는 부분이며, 70행~71행은 각 항목의 전체에 대한 백분율을 계산하는 부분이다. 이 값은 화면에 그래프의 길이를 표현할 때 사용된다.

75행~92행은 화면에 각 항목의 백분율을 출력하고, 그만큼의 길이를 그래프로 표현한다. 이때 이미지의 width를 조절하여 그래프의 길이를 나타낸다. 94행은 사용자가 선택한 항목이 무엇인지 나타내기 위한 부분이고, 95행은 여론조사에 참여한 사람들의 총 인원을 나타내는 부분이다. 실행 결과는 [그림 6.36]에서 보여주고 있다.

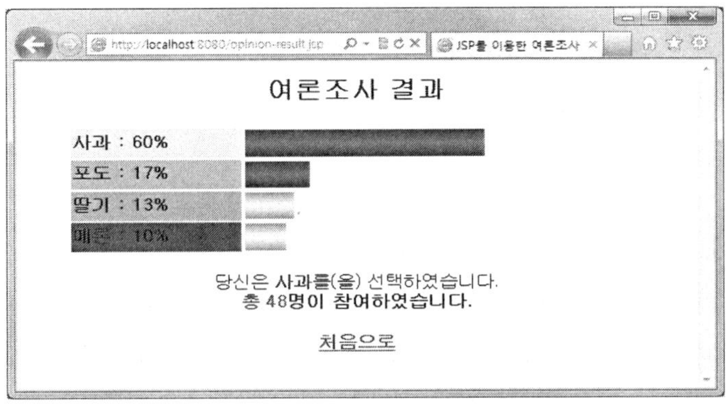

[그림 6.36] **여론조사 결과 화면**

6.6.2 게시판

본 절에서는 웹에서 흔히 접하는 게시판을 작성해 보도록 한다. 게시판 예제는 게시글 작성, 게시글 목록 보기, 게시글 수정, 게시글 삭제로 구성된다.

게시판 예제를 위해서 필요한 데이터베이스와 테이블은 다음과 같다.

- 데이터베이스 이름 : board_db
- 테이블 이름 : board_tbl

[표 6.21]은 board_tbl 테이블을 구성하는 열 이름과 데이터 타입을 나타낸다.

[표 6.21] **board_tbl 테이블의 구성**

열 이름	데이터 타입	설명
id	int	고유번호 (기본 키)
name	varchar	이름
e_mail	varchar	이메일
title	varchar	게시글 제목
content	varchar	게시글 내용
passwd	varchar	암호
ref	int	참조글 id

열 이름 중 id는 행의 고유번호로 각 게시글을 유일하게 식별하게 해주는 기본 키이며, passwd는 암호로 작성자가 게시글을 스스로 수정하거나 삭제하는데 이용되고, ref는 특정 행의 고유번호에 대한 참조 값으로 답글을 입력할 때 참조하는 글의 id 값을 저장하는 데 사용된다. 데이터베이스와 테이블은 앞에서 설명한 SQL을 이용하여 생성한다.

예제를 구현하는데 필요한 JSP 페이지는 다음과 같다.

- 게시글 작성　　　: board-insert.jsp, board-insert-db.jsp
- 게시글 목록 보기 : board-list.jsp, board-read.jsp
- 게시글 수정　　　: board-modify-pwd.jsp, board-modify.jsp, board-modify-db.jsp
- 게시글 삭제　　　: board-delete-pwd.jsp, board-delete-db.jsp

[그림 6.37]은 게시판 초기 화면을 보여주고 있다. 이 화면은 게시글의 목록을 보여주는 board-list.jsp를 실행한 것으로, board-list.jsp에 대해서는 다음에 설명한다.

[그림 6.37] 게시판 초기 화면

게시글 작성

게시글의 작성은 board-insert.jsp를 통하여 수행되는데, 새글과 답글을 구분하여 처리한다. 폼 입력 양식을 통하여 사용자로부터 글쓴이, 메일 주소, 글제목, 글내용, 패스워드를 입력받는다.

board-insert.jsp

```
<%@ page language="java" contentType="text/html; charset=euc-kr" pageEncoding="euc-kr" %>
<html>
  <head><title> 게시판 </title></head>
  <body>
  <center>
  <h2> 게 시 판 </h2>
  <form action="board-insert-db.jsp" method="post">
    <table border="0">
      <tr>
          <td><img src="image/ball.gif"> 글 쓴 이 : </td>
          <td><input type="text" name="name" size="15"></td>
      </tr>
      <tr>
          <td><img src="image/ball.gif"> 메일주소 : </td>
          <td><input type="text" name="e_mail" size="30"></td>
      </tr>
      <tr>
          <td><img src="image/ball.gif"> 글 제 목 : </td>
          <td><input type="text" name="title" size="50"></td>
      </tr>
      <tr>
          <td valign="top"><img src="image/ball.gif"> 글 내 용 : </td>
          <td><textarea name="content" cols="65" rows="4"></textarea></td>
      </tr>
      <tr>
          <td><img src="image/ball.gif"> 패스워드 : </td>
          <td><input type="password" name="passwd" size="10" maxlength="8"></td>
      </tr>
    </table><br><br>

    <input type="submit" value="등록하기">
    <input type="reset" value="다시쓰기">

    <%
         String flag = request.getParameter("flag");
         if("r".equals(flag)){ %>
             <input type="hidden" name="ref" value="<%= request.getParameter("ref") %>">
             <input type="hidden" name="reply" value="y">
    <% } else %>
             <input type="hidden" name="reply" value="n">
   </form>

   <img src="image/green_tree.gif">
   <a href="board-list.jsp"> 게시글 목록 보기 </a><br>
```

```
45 :     <img src="image/island.gif" width="95%">
46 :     </center>
47 :   </body>
48 : </html>
```

board-insert.jsp는 입력 양식을 통하여 작성된 게시글 내용을 board-insert-db.jsp로 전달하여 데이터베이스에 저장되도록 하며 7행에서는 post 방식을 사용하고 있다. 이때 작성하는 글이 새글이면 입력 양식을 통하여 작성된 내용을 그대로 board-insert-db.jsp로 전달하며, 답글이면 추가로 35행~38행에서와 같이 참조하는 글의 id 값을 저장하고 있는 ref의 값과 답글임을 구분해주는 reply 값 “y”를 hidden 속성을 이용하여 전달한다. 이때 35행의 flag 속성값은 board-read.jsp의 메뉴 중 ‘답글 쓰기’를 선택하면 전송되는 값으로 flag 값이 “r”과 같은 경우에 if 문의 내용을 실행한다. 결과 화면은 [그림 6.38]과 같다.

[그림 6.38] **게시글 작성**

이제 사용자의 입력 내용을 데이터베이스에 저장하는 board-insert-db.jsp에 대하여 살펴보도록 하자.

board-insert-db.jsp

```
<%@ page language="java" contentType="text/html; charset=euc-kr" pageEncoding="euc-kr" %>
<%@ page import="java.sql.*" %>
<%@ page import="java.text.*" %>
<% request.setCharacterEncoding("euc-kr"); %>

<html>
  <body>
  <%
     int temp = 0, cnt ;
     int new_id = 0, ref = 0;
     String name, e_mail, title, content, passwd, reply;
     Connection conn = null;
     Statement stmt = null;
     ResultSet rs = null;
     String sql_update;

     try {
            Class.forName("com.mysql.jdbc.Driver");
            String url = "jdbc:mysql://localhost:3306/board_db";
            conn = DriverManager.getConnection(url, "manager", "wppass");
            stmt = conn.createStatement();
            String sql = "select max(id) as max_id, count(*) as cnt from board_tbl";
            rs = stmt.executeQuery(sql);
     }
     catch(Exception e) {
            out.println("DB 연동 오류입니다. : " + e.getMessage());
     }

     while(rs.next()) {
          cnt = Integer.parseInt(rs.getString("cnt"));
          if(cnt != 0)
             new_id = Integer.parseInt(rs.getString("max_id"));
     }

     new_id++;
     name = request.getParameter("name");
     e_mail = request.getParameter("e_mail");
     title = request.getParameter("title");
     content = request.getParameter("content");
     passwd = request.getParameter("passwd");
     reply = request.getParameter("reply");

     if("y".equals(reply)) {
           ref = Integer.parseInt(request.getParameter("ref"));
     } else {
```

```
46 :                ref = new_id;
47 :        }
48 :
49 :        sql_update = "insert into board_tbl values (" + new_id + ",'"+ name + "','"   +
           e_mail + "','" + title + "','" + content + "','" + passwd + "'," + ref + ")";
50 :        try {
51 :                stmt.executeUpdate(sql_update);
52 :        }
53 :        catch(Exception e) {
54 :                out.println("DB 연동 오류입니다. : " + e.getMessage());
55 :        }
56 :    %>
57 :    <center>
58 :        <h2> 작성한 글이 등록되었습니다. </h2>
59 :        <img src="image/green_tree.gif">
60 :        <a href="board-list.jsp"> 게시글 목록 보기 </a>
61 :    </center>
62 :  </body>
63 : </html>
```

먼저, 9행~15행은 프로그램에서 사용할 변수들을 선언 및 초기화하는 부분이다. 18행~23행은 'JDBC를 이용한 데이터베이스 연동 방법'에서 설명한 부분으로, 18행은 JDBC 드라이버 로드, 19행은 데이터베이스 경로 지정, 20행은 Connection 객체 생성, 21행은 Statement 객체 생성, 22행은 SQL 문 설정, 23행은 SQL 문 실행 부분이다. 25행~27행은 JDBC 연동 오류 처리 부분으로 데이터베이스 연동에 실패한 경우 오류 메시지를 출력한다.

29행~33행은 입력된 글이 하나 이상인 경우에 등록할 행의 new_id 값을 부여하기 위한 부분이다. 22행에서 count 함수를 이용하여 입력된 글의 수를 구한 값이 0이 아니면, 22행에서 구한 max_id 값을 32행에서와 같이 new_id 값에 배정하고, 35행에서 new_id 값을 하나 증가하여 새로운 new_id 값을 구한다. 만일 22행에서 cnt 값이 0이면, 30행~32행을 실행하지 않고 35행에서 new_id 값을 하나 증가하여 첫 글이 등록되는 것이다.

36행~41행은 폼에 입력한 데이터를 가져오는 부분으로, board-insert.jsp에서 전달된 값이며 테이블에 저장될 열 값이다. ref 값은 43행~47행에서와 같이 답글이면 board-insert.jsp에서 전달된 ref 값을, 그렇지 않고 새글이면 앞에서 구한 new_id 값을 ref에 저장한다.

49행~55행에서 새로운 내용을 데이터베이스에 저장한 후, 58행~60행의 내용을 출력하며, 사용자는 자신이 작성한 게시글이 올바르게 작성되었음을 확인하게 된다. [그림 6.39]는 게시글이 성공적으로 등록되었음을 보여주고 있다.

[그림 6.39] 게시글 작성 확인

게시글 목록 보기

사용자가 새로운 게시글을 작성한 후에는 [그림 6.39]의 '게시글 목록 보기' 링크를 통하여 board-list.jsp 페이지로 이동하게 된다. board-list.jsp는 사용자가 작성한 게시글의 목록을 보여준다.

board-list.jsp

```
<%@ page language="java" contentType="text/html; charset=euc-kr" pageEncoding="euc-kr" %>
<%@ page import="java.sql.*" %>

<html>
  <head><title> 게시판 </title></head>
  <body>
    <center><h2> 게시글 목록 보기 </h2></center>
    <center>
    <table border="1" align="center" width="603">
      <tr>
        <td align="center" bgcolor="silver" width="75"> 글번호 </td>
        <td align="center" bgcolor="silver" width="75"> 글쓴이 </td>
        <td align="center" bgcolor="silver" width="275"> 글제목 </td>
        <td align="center" bgcolor="silver" width="175"> 전자우편 </td>
      </tr>

      <%
        int id, ref;
        int rownum = 0;
        Connection conn = null;
        Statement stmt = null;
        String sql = null;
        ResultSet rs = null;

        try {
```

```
                Class.forName("com.mysql.jdbc.Driver");
                String jdbcurl = "jdbc:mysql://localhost:3306/board_db";
                conn = DriverManager.getConnection(jdbcurl, "manager", "wppass");
                stmt = conn.createStatement();
                sql = "select * from board_tbl order by ref desc, id asc ";
                rs = stmt.executeQuery(sql);
            }
        catch(Exception e) {
                out.println("DB 연동 오류입니다. : " + e.getMessage());
            }

            rs.last();
            rownum = rs.getRow();
            rs.beforeFirst();

            while(rs.next())
            {
                id = Integer.parseInt(rs.getString("id"));
                ref = Integer.parseInt(rs.getString("ref"));
        %>

        <tr>
            <td align="center"> <%= rownum %></td>
            <td align="left"> <%= rs.getString("name") %></td>
            <td align="left"><% if(id != ref) out.println(" └→"); %>
                <a href=board-read.jsp?id=<%=rs.getString("id")%> width="250">
                    <%=rs.getString("title")%></a></td>
            <td align="center"><%= rs.getString("e_mail") %></td>
        </tr>

        <%
                rownum--;
            }
        %>

      </table>

      <img src="image/green_tree.gif"><a href="board-insert.jsp"> 게시글 쓰기 </a>
      <%
         stmt.close();
         conn.close();
      %>
      <img src="image/island.gif" width="95%">
      </center>
   </body>
</html>
```

먼저, 11행~14행은 게시글 항목의 제목을 출력하는 부분이고, 18행~23행은 board-list.jsp 프로그램에서 사용할 변수들을 선언 및 초기화하는 부분이다. 26행~31행은 'JDBC를 이용한 데이터베이스 연동'에서 설명한 부분으로, 26행은 JDBC 드라이버 로드, 27행은 데이터베이스 경로 지정, 28행은 Connection 객체 생성, 29행은 Statement 객체 생성, 30행은 SQL 문 설정, 31행 SQL 문 실행 부분이다. 33행~35행은 JDBC 연동 오류 처리 부분으로 데이터베이스 연동에 실패한 경우 오류 메시지를 출력한다.

30행의 SQL 문은 select 명령어를 이용하여 board_tbl 테이블에서 모든 열의 내용을 검색하는 부분인데, 최신의 글을 맨 위에 출력하도록 ref는 내림차순으로 id는 오름차순으로 정렬한다. 37행~39행은 레코드의 전체 수를 구하고 포인터의 위치를 처음 레코드의 이전으로 이동하는 것으로 [표 6.18]에서 설명한 ResultSet 객체의 메소드들을 이용한다.

41행~57행은 while 반복문을 통하여 결과 셋(result set)의 내용을 화면에 출력한다. 이때 rownum 값을 하나씩 감소시키면서 행의 위치를 이동하며 출력한다. 47행~53행은 board_tbl 테이블에 저장된 게시글을 글번호, 글쓴이, 글제목, 전자우편 순으로 출력하는데, 50행에서 id 값과 ref 값이 동일한지를 확인하여 답변 글이면 이를 나타내는 기호(└→)를 출력하도록 한다.

작성된 게시판에서 글의 내용을 살펴보기 위해서는 [그림 6.40]에서 글제목에 설정된 링크를 눌러야 하며, 그 결과 51행에서 행의 id 값이 board-read.jsp로 전달된다. id 값을 전달받은 board-read.jsp는 해당하는 행의 내용을 읽어 출력하게 된다. 실행 결과는 [그림 6.40]에서 확인할 수 있다.

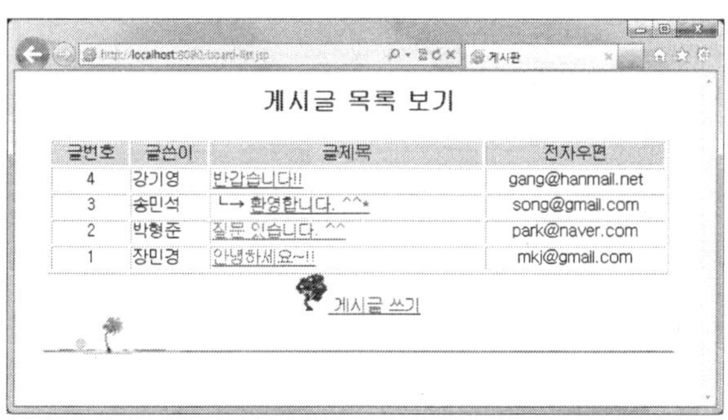

[그림 6.40] **게시글 목록 보기**

board-read.jsp는 board-list.jsp의 실행 화면에서 글제목을 눌렀을 때 실행되는 페이지이다. 다음에서 그 내용을 살펴보자.

board-read.jsp

```
<%@ page language="java" contentType="text/html; charset=euc-kr" pageEncoding="euc-kr" %>
<%@ page import="java.sql.*" %>
<html>
  <head><title> 게시판 </title></head>
  <body>
    <center><h2> 게시글 내용 </h2></center>
    <center>
    <%
        int id, ref = 0;
        String name = "", e_mail = "", title = "", content = "";
        Connection conn = null;
        Statement stmt = null;
        ResultSet rs = null;

        id = Integer.parseInt(request.getParameter("id"));

        try {
            Class.forName("com.mysql.jdbc.Driver");
            String url = "jdbc:mysql://localhost:3306/board_db";
            conn = DriverManager.getConnection(url, "manager", "wppass");
            stmt = conn.createStatement();
            String sql = "select * from board_tbl where id = " + id;
            rs = stmt.executeQuery(sql);
        }
        catch(Exception e) {
            out.println("DB 연동 오류입니다. : " + e.getMessage());
        }

        while(rs.next())  {
            name = rs.getString("name");
            e_mail = rs.getString("e_mail");
            title = rs.getString("title");
            content = rs.getString("content");
            ref = Integer.parseInt(rs.getString("ref"));
        }
    %>
    <table border="0" width="500">
      <tr>
        <td width="100"><img src="image/ball.gif"> 글 쓴 이 : </td>
        <td><%= name %></td>
      </tr>
      <tr>
        <td><img src="image/ball.gif"> 메일주소 : </td>
        <td><%= e_mail %></td>
```

```
45 :         </tr>
46 :         <tr>
47 :             <td><img src="image/ball.gif"> 글 제 목 : </td>
48 :             <td><%= title %></td>
49 :         </tr>
50 :         <tr>
51 :             <td><img src="image/ball.gif"> 글 내 용 : </td>
52 :             <td><%= content %></td>
53 :         </tr>
54 :     </table><br><br>
55 :
56 :     <img src="image/green_tree.gif">
57 :     <a href="board-insert.jsp?ref=<%= ref %>&flag=r"> 답글 쓰기 </a>
58 :
59 :     <img src="image/green_tree.gif">
60 :     <a href="board-modify-pwd.jsp?id=<%= id %>"> 게시글 수정 </a>
61 :
62 :     <img src="image/green_tree.gif">
63 :     <a href="board-delete-pwd.jsp?id=<%= id %>"> 게시글 삭제 </a>
64 :
65 :     <img src="image/green_tree.gif">
66 :     <a href="board-list.jsp"> 게시글 목록 보기 </a>
67 :   </body>
68 : </html>
```

9행~13행은 board-read.jsp 프로그램에서 사용할 변수들을 선언 및 초기화하는 부분이다. 18행~23행은 'JDBC를 이용한 데이터베이스 연동 방법'에서 설명한 것과 같은 부분으로, 18행은 JDBC 드라이버 로드, 19행은 데이터베이스 경로 지정, 20행은 Connection 객체 생성, 21행은 Statement 객체 생성, 22행온 SQL 문 설정, 23행은 SQL 문 실행 부분이다. 25행~27행은 JDBC 연동 오류 처리 부분으로 데이터베이스 연동에 실패한 경우 오류 메시지를 출력한다. 22행의 SQL 문은 board_tbl 테이블에서 board-list.jsp에서 글제목을 눌렀을 때 넘어온 id 값과 동일한 id 값을 가진 행을 검색하는 내용이다.

29행~35행은 while 반복문을 통하여 글쓴이, 메일 주소, 글제목, 글내용에 해당하는 값을 해당 변수에 배정하고, 37행~54행에서 테이블 형태로 그 값을 출력한다. 56행~66행은 링크를 통하여 자신이 원하는 화면으로 이동하는 부분으로, 57행에서 '답글쓰기'를 선택하면 flag 값 r과 참조 id 값을 board-insert.jsp로 넘기고, 60행에서 '게시글 수정'을 선택하면 id 값을 board-modify-pwd.jsp로 넘기며, 63행에서 '게시글 삭제'를 선택하면 id 값을 board-delete-pwd.jsp로 넘긴다. 66행의 '게시글 목록 보기'를 선택하면 board-list.jsp로 이동한다. 실행 결과는 [그림 6.41]과 같다.

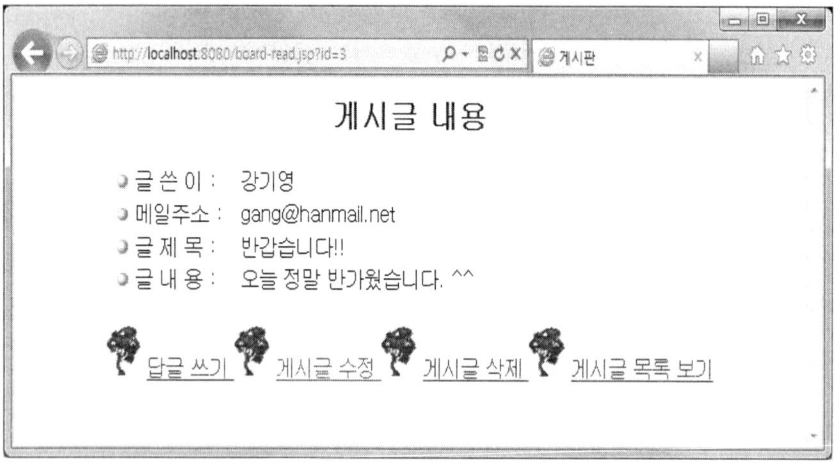

[그림 6.41] **선택한 게시글 내용**

게시글 수정

사용자가 작성한 게시글은 수정이 가능하다. 데이터의 수정은 board-modify-pwd.jsp에서 패스워드를 입력받고, board-modify.jsp에서 이를 확인하여 해당하는 행의 내용을 화면에 출력한 후, board-modify-db.jsp에서 수정한 내용을 저장하는 과정을 거친다.

게시글을 수정하기 위해서는 [그림 6.41] 화면의 '게시글 수정' 링크를 클릭해야 하며, 그 결과 board-modify-pwd.jsp가 실행된다. board-modify-pwd.jsp에서는 게시글을 작성한 사용자임을 확인하기 위해서 패스워드를 입력받는다. 다음은 board-modify-pwd.jsp의 내용이다.

board-modify-pwd.jsp

```
<%@ page language="java" contentType="text/html; charset=euc-kr" pageEncoding="euc-kr" %>
<html>
  <head><title> 게시글 수정 </title></head>
  <body>
    <center><h2> 패스워드를 입력하시오. </h2><br><br>

    <form action="board-modify.jsp" method="post">
```

```
8 :       <table border="0">
9 :         <tr>
10 :          <td><img src="image/ball.gif"> 패스워드 : </td>
11 :          <td><input type="password" name="passwd" size="30"></td>
12 :          <td><input type="hidden" name="id"
                      value="<%= request.getParameter("id") %>"> </td>
13 :        </tr>
14 :      </table><br><br>
15 :
16 :      <input type="submit" value="수정하기">
17 :      <input type="reset" value="다시쓰기">
18 :    </form>
19 :
20 :    <img src="image/green_tree.gif">
21 :    <a href="board-read.jsp?id=<%= request.getParameter("id") %>"> 수정 취소 </a>
22 :
23 :    <img src="image/island.gif" width="99%">
24 :    </center>
25 :   </body>
26 : </html>
```

먼저, 11행에서 사용자로부터 패스워드를 입력받는다. 그리고 12행에서는 board-read.jsp로부터 받은 id 값을 저장하며, 입력 양식의 hidden 속성을 이용하여 화면에는 보이지 않게 한다. 이러한 내용을 board-modify.jsp로 전달하며 7행에서 이를 나타내고 있다. 21행에서 '수정 취소'를 선택하면 board-read.jsp로 이동하면서 id 값을 전달한다. 이 예제의 결과 화면은 [그림 6.42]와 같다.

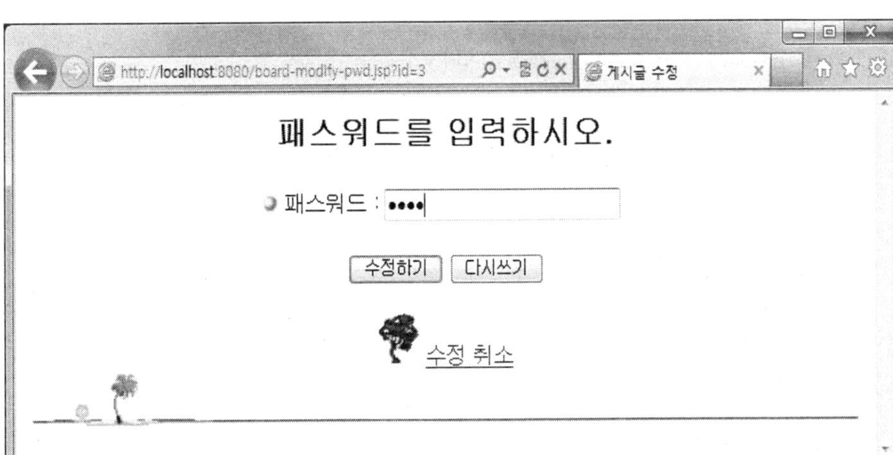

[그림 6.42] 게시글 수정을 위한 패스워드 입력

board-modify.jsp에서는 해당하는 게시글 내용을 입력 양식을 통하여 출력하고, 이를 사용자가 새로 수정하도록 하여 수정된 내용을 board-modify-db.jsp로 전달한다. 다음은 board-modify.jsp의 내용이다.

board-modify.jsp

```
<%@ page language="java" contentType="text/html; charset=euc-kr" pageEncoding="euc-kr" %>
<%@ page import="java.sql.*" %>
<html>
  <body>
      <%
          int id;
          String name = "", e_mail = "", title = "", content = "", passwd = "";
          Connection conn = null;
          Statement stmt = null;
          ResultSet rs = null;
          id = Integer.parseInt(request.getParameter("id"));

          try {
                Class.forName("com.mysql.jdbc.Driver");
                String url = "jdbc:mysql://localhost:3306/board_db";
                conn = DriverManager.getConnection(url, "manager"", "wppass");
                stmt = conn.createStatement();
                String sql = "select * from board_tbl where id = " + id;
                rs = stmt.executeQuery(sql);
          }
          catch(Exception e) {
                out.println("DB 연동 오류입니다. : " + e.getMessage());
          }

          passwd = request.getParameter("passwd");

          while(rs.next())  {
              if(!passwd.equals(rs.getString("passwd")))
              {
      %>

      <center><h2> 잘못 입력된 패스워드입니다. </h2>
          <img src="image/green_tree.gif">
          <a href="board-read.jsp?id=<%= request.getParameter("id") %>"> 뒤로 </a>
      </center>
      <%
              }
              else
              {
```

```
    %>
    <center><h2> 게시글 수정 </h2><br><br>
    <form action="board-modify-db.jsp" method="post">
     <table border="0">
        <tr>
           <td><img src="image/ball.gif"> 글 쓴 이 : </td>
           <td><input type="text" name="name" size="15"
                value="<%= rs.getString("name") %>"></td>
        </tr>
        <tr>
           <td><img src="image/ball.gif"> 메일주소 : </td>
           <td><input type="text" name="e_mail" size="30"
                value="<%= rs.getString("e_mail") %>"></td>
        </tr>
        <tr>
           <td><img src="image/ball.gif"> 글 제 목 : </td>
           <td><input type="text" name="title" size="50"
                value="<%= rs.getString("title") %>"></td>
        </tr>
        <tr>
           <td valign="top"><img src="image/ball.gif"> 글 내 용 : </td>
           <td><textarea name="content" cols="65" rows="4">
               <%= rs.getString("content") %></textarea></td>
        </tr>
      </table><br><br>

      <input type="hidden" name="id" value="<%= request.getParameter("id") %>">

      <input type="submit" value="등록하기">
      <input type="reset" value="다시쓰기">
    </form>

     <img src="image/green_tree.gif">
     <a href="board-read.jsp?id=<%= request.getParameter("id") %>"> 취소 </a>
    </center>
    <%
      }
     }
     %>
  </body>
</html>
```

6행~10행은 board-modify.jsp 프로그램에서 사용할 변수들을 선언 및 초기화하는 부분이고, 11행의 id 값은 board-modify-pwd.jsp로부터 넘어온 값이다. 14행~19행은 'JDBC를 이용한 데이터베이스 연동 방법'에서 설명한 것과 같은 부분으로, 14행은 JDBC 드라이버 로드, 15행은 데이터베이스 경로 지정, 16행은 Connection 객체 생성, 17행은 Statement 객체 생성, 18행은 SQL 문 설정, 19행은 SQL 문 실행 부분이다. 21행~23행은 JDBC 연동 오류 처리 부분으로 데이터베이스 연동에 실패한 경우 오류 메시지를 출력한다. 18행의 SQL 문은 board_tbl 테이블에서 board-modify-pwd.jsp에서 넘어온 id 값과 동일한 id 값을 가진 행을 검색하는 내용이다.

25행의 passwd 값은 board-modify-pwd.jsp로부터 넘어온 값이며, 28행은 사용자로부터 입력받은 패스워드와 해당 행에 저장된 패스워드를 비교하는 문장이다. 값을 비교하여 서로 같지 않으면 32행~35행을 실행하고, 서로 같으면 41행~72행을 실행한다.

43행~60행은 board_tbl 테이블 행에 저장된 내용을 테이블 형태로 화면에 출력하고 이를 사용자가 수정하도록 하며, 새로 수정한 게시글의 내용은 42행에서와 같이 board-modify-db.jsp에 post 방식으로 전달한다.

이때, 현재의 행을 기억하기 위해 62행에서는 board-modify-pwd.jsp로부터 받은 id 값을 저장하며, 입력 양식의 hidden 속성을 이용하여 화면에는 보이지 않게 한다. 이 결과 화면은 [그림 6.43]에서 확인할 수 있다.

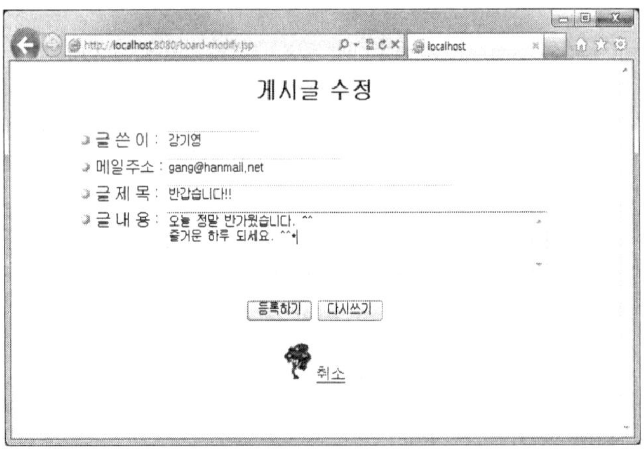

[그림 6.43] **게시글 수정**

board-modify-db.jsp에서는 board-modify.jsp에서 전달받은 수정된 게시글 내용을 board_tbl 테이블에 저장한다. 이러한 과정을 수행하는 board-modify-db.jsp의 내용은 다음과 같다.

board-modify-db.jsp

```
1 : <%@ page language="java" contentType="text/html; charset=euc-kr" pageEncoding="euc-kr" %>
2 : <%@ page import="java.sql.*" %>
3 : <% request.setCharacterEncoding("euc-kr"); %>
4 : <html>
5 :   <body>
6 :       <%
7 :             int id;
8 :             String name = "", e_mail = "", title = "", content = "";
9 :             Connection conn = null;
10 :            Statement stmt = null;
11 :            ResultSet rs = null;
12 :
13 :            id = Integer.parseInt(request.getParameter("id"));
14 :            name = request.getParameter("name");
15 :            e_mail = request.getParameter("e_mail");
16 :            title = request.getParameter("title");
17 :            content = request.getParameter("content");
18 :
19 :            try {
20 :                  Class.forName("com.mysql.jdbc.Driver");
21 :                  String url = "jdbc:mysql://localhost:3306/board_db";
22 :                  conn = DriverManager.getConnection(url, "manager", "wppass");
23 :                  stmt = conn.createStatement();
24 :                  String sql_update = "update board_tbl set name = '" + name + "',
                    e_mail = '" + e_mail + "', title = '" + title + "', content = '" + content
                    + "' where id = " + id ;
25 :                   stmt.executeUpdate(sql_update);
26 :            }
27 :            catch(Exception e) {
28 :                   out.println("DB 연동 오류입니다. : " + e.getMessage());
29 :            }
30 :       %>
31 :
32 :     <center><h2> 게시글이 수정되었습니다. </h2>
33 :     <img src="image/red_tree.gif">
34 :     <a href="board-read.jsp?id=<%= request.getParameter("id") %>"> 작성한 글 확인 </a>
35 :     <img src="image/green_tree.gif">
36 :     <a href="board-list.jsp"> 게시글 목록 보기 </a>
37 :     </center>
38 :   </body>
39 : </html>
```

7행~11행은 board-modify-db.jsp 프로그램에서 사용할 변수들을 선언 및 초기화하는 부분이다. 13행~17행은 board-modify.jsp에서 넘겨준 id, name, e_mail, title, content 값

을 넘겨받는 부분이다.

20행~25행은 'JDBC를 이용한 데이터베이스 연동 방법'에서 설명한 것과 같은 부분으로, 20행은 JDBC 드라이버 로드, 21행은 데이터베이스 경로 지정, 22행은 Connection 객체 생성, 23행은 Statement 객체 생성, 24행은 SQL 문 설정, 25행은 SQL 문 실행 부분이다. 27행~29행은 JDBC 연동 오류 처리 부분으로 데이터베이스 연동에 실패한 경우 오류 메시지를 출력한다. SQL 문을 이용하여 실제로 행의 데이터가 테이블에 수정되어 저장되는 부분은 24행이다.

34행은 modfiy.jsp에서 넘어온 id 값을 이용하여 작성한 글을 확인할 수 있으며, 36행에서 '게시글 목록 보기'를 선택하면 board-list.jsp로 이동하여 게시글 목록을 확인할 수 있다.

[그림 6.43]에서 글제목과 글내용을 수정한 결과 board-modify-db.jsp를 통하여 행의 내용이 갱신되며, 이후 [그림 6.44]와 같은 화면이 출력된다.

[그림 6.44] 게시글 수정 확인

[그림 6.44]의 '작성한 글 확인' 링크를 클릭하면, 성공적으로 수정된 결과를 [그림 6.45]에서 확인할 수 있다.

[그림 6.45] 게시글 제목이 수정된 결과

게시글 삭제

사용자가 작성한 게시글은 삭제가 가능하다. 이 과정도 게시글의 수정과 마찬가지로, 데이터의 삭제를 위해 board-delete-pwd.jsp 페이지에서 패스워드를 입력받고, board-delete-db.jsp 스크립트에서 이를 확인하여 해당하는 행의 내용을 삭제하는 과정을 거친다.

게시글을 삭제하기 위해서는 [그림 6.41] 화면의 '게시글 삭제' 링크를 클릭해야 하며, 그 결과 board-delete-pwd.jsp가 실행된다. board-delete-pwd.jsp에서는 게시글을 작성한 사용자임을 확인하기 위해서 패스워드를 입력받으며, 내용은 다음과 같다.

board-delete-pwd.jsp

```
1 : <%@ page language="java" contentType="text/html; charset=euc-kr" pageEncoding="euc-kr" %>
2 : <html>
3 :   <head><title> 게시글 삭제 </title></head>
4 :   <body>
5 :     <center><h2> 패스워드를 입력하시오 </h2><br><br>
6 :       <form action="board-delete-db.jsp" method="post">
7 :         <table border="0">
8 :           <tr>
9 :              <td><img src="image/ball.gif"> 패스워드 : </td>
10 :             <td><input type="password" name="passwd" size="30"></td>
11 :             <td><input type="hidden" name="id"
                        value="<%= request.getParameter("id") %>"></td>
12 :          </tr>
13 :        </table><br><br>
14 :        <input type="submit" value="삭제하기">
15 :        <input type="reset" value="다시쓰기">
16 :      </form>
17 :      <img src="image/green_tree.gif">
18 :      <a href="board-read.jsp?id=<%= request.getParameter("id") %>"> 삭제 취소 </a>
19 :      <img src="image/island.gif" width="99%">
20 :    </center>
21 :   </body>
22 : </html>
```

10행에서 사용자로부터 패스워드를 입력받는다. 그리고 11행에서는 board-read.jsp로부터 받은 id 값을 저장하며, 입력 양식의 hidden 속성을 이용하여 화면에는 보이지 않게 한다. 이러한 내용을 board-delete-db.jsp로 전달하며 6행에서 이를 나타내고 있다. 18행에서 '삭제 취소'를 선택하면 board-read.jsp로 이동하면서 id 값을 전달한다. 이의 실행 결과는 [그림 6.46]에서 확인할 수 있다.

[그림 6.46] **게시글 삭제를 위한 패스워드 입력**

board-delete-db.jsp에서는 해당 행을 찾아 삭제한다. 이러한 기능을 수행하는 board-delete-db.jsp 페이지는 다음과 같다.

board-delete-db.jsp

```
<%@ page language="java" contentType="text/html; charset=euc-kr" pageEncoding="euc-kr" %>
<%@ page import="java.sql.*" %>
<html>
  <body>
    <%
        int id;
        String passwd = "", sql, sql1;
        Connection conn = null;
        Statement stmt = null;
        ResultSet rs = null;
        id = Integer.parseInt(request.getParameter("id"));

        try {
              Class.forName("com.mysql.jdbc.Driver");
              String url = "jdbc:mysql://localhost:3306/board_db";
              conn = DriverManager.getConnection(url, "manager", "1234");
              stmt = conn.createStatement();
              sql = "select * from board_tbl where id = " + id;
              rs = stmt.executeQuery(sql);
        }
        catch(Exception e) {
              out.println("DB 연동 오류입니다. : " + e.getMessage());
        }

        passwd = request.getParameter("passwd");

```

```
27 :            while(rs.next()) {
28 :                    if(!passwd.equals(rs.getString("passwd")))
29 :                    {
30 :        %>
31 :        <center><h2> 잘못 입력된 패스워드입니다. </h2>
32 :          <img src="image/green_tree.gif">
33 :          <a href="board-read.jsp?id=<%= request.getParameter("id") %>"> 뒤로 </a>
34 :        </center>
35 :        <%
36 :                    }
37 :                else
38 :                    {
39 :                            sql1 = "delete from board_tbl where id = " + id;
40 :                            try {
41 :                                    stmt.executeUpdate(sql1);
42 :                            }
43 :                            catch(Exception e) {
44 :                                    out.println("DB 연동 오류입니다. : " + e.getMessage());
45 :                            }
46 :        %>
47 :        <center><h2> 게시글이 삭제되었습니다. </h2>
48 :          <img src="image/green_tree.gif">
49 :          <a href="board-list.jsp"> 게시글 목록 보기 </a>
50 :        </center>
51 :        <%
52 :                           break;
53 :                    }
54 :            }
55 :        %>
56 :    </body>
57 : </html>
```

6행~10행은 board-delete-db.jsp 프로그램에서 사용할 변수들을 선언 및 초기화하는 부분이고, 11행은 board-read.jsp에서 넘어온 id 값을 매개변수로 넘겨받는 부분이다. 14행~19행은 'JDBC를 이용한 데이터베이스 연동 방법'에서 설명한 것과 같은 부분으로, 14행은 JDBC 드라이버 로드, 15행은 데이터베이스 경로 지정, 16행은 Connection 객체 생성, 17행은 Statement 객체 생성, 18행은 SQL 문 설정, 19행은 SQL 문 실행 부분이다. 21행~23행은 JDBC 연동 오류 처리 부분으로 데이터베이스 연동에 실패한 경우 오류 메시지를 출력한다.

25행은 board-read.jsp에서 넘어온 passwd 값을 매개변수로 넘겨받는 부분이다. 28행은 사용자로부터 입력받은 패스워드와 해당 행에 저장된 패스워드를 비교하는 문장이다. 서로 같지 않으면 31행~34행을 실행하고, 서로 같으면 37행~53행을 실행한다.

39행의 SQL 문은 board_tbl 테이블에서 board-delete-pwd.jsp에서 넘어온 id 값과 동일한 id 값을 가진 행을 삭제하는 내용으로, 41행에서 이를 실행하며 이후 [그림 6.47]과 같은 화면이 출력된다.

[그림 6.47] **게시글 삭제 확인**

삭제된 게시글의 내용을 확인하려면 [그림 6.47]의 '게시글 목록 보기' 링크를 클릭하며, 성공적으로 삭제 작업이 수행된 결과를 [그림 6.48]에서 보여주고 있다.

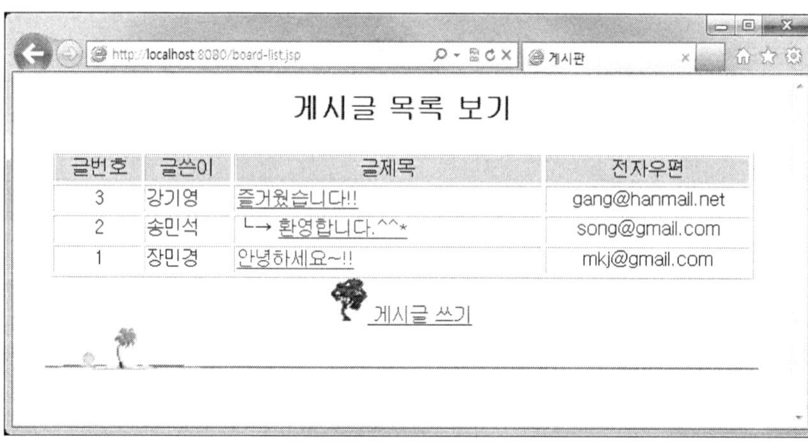

[그림 6.48] **게시글 삭제 결과**

부 록

본 부록에서는 JSP를 실행하기 위한 환경 구축 방법에 대해서 설명한다. 우선 자바 프로그램을 컴파일하고 실행하는데 필요한 JDK를 설치하고, 웹 서버 상에서 자바 서블릿 코드를 실행하기 위한 Apache Tomcat을 설치한다. 마지막으로 JSP 프로그램과 데이터베이스를 연동하기 위한 JDBC 설정 방법에 대해 설명한다.

JDK 설치 방법

JSP를 작동하기 위해서는 자바 프로그램을 컴파일하고 실행하는데 필요한 JDK(Java Developement Kit)가 반드시 설치되어야 하며, 다음과 같은 순서에 따라 JDK를 설치할 수 있다. 본 절에서는 최신 버전인 JDK 7.0을 다운받아 설치한다.

01. 웹 브라우저의 주소 창에 'http://java.sun.com'이라는 url을 입력하면 다음과 같은 웹 페이지가 나타나며, JDK의 최신 버전을 다운받을 수 있다.

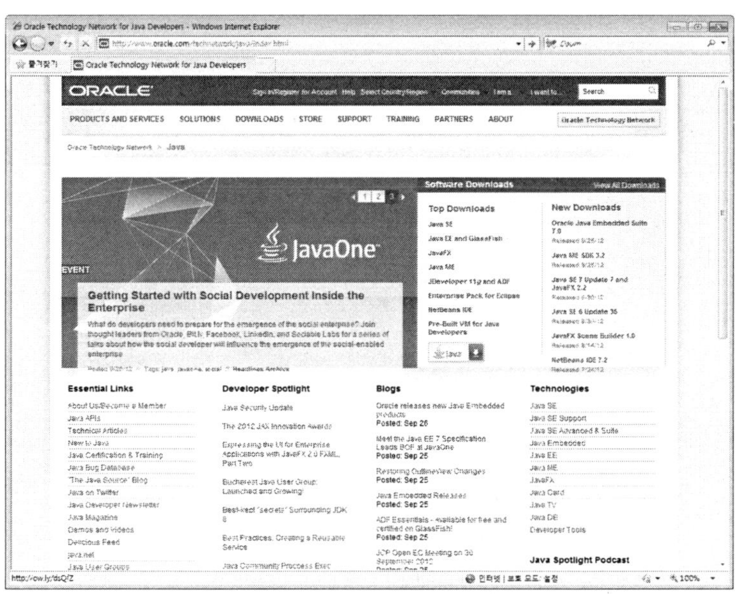

O2. 메인 화면의 'Software Downloads'라는 메뉴에서 'Java SE'를 클릭한다.₩

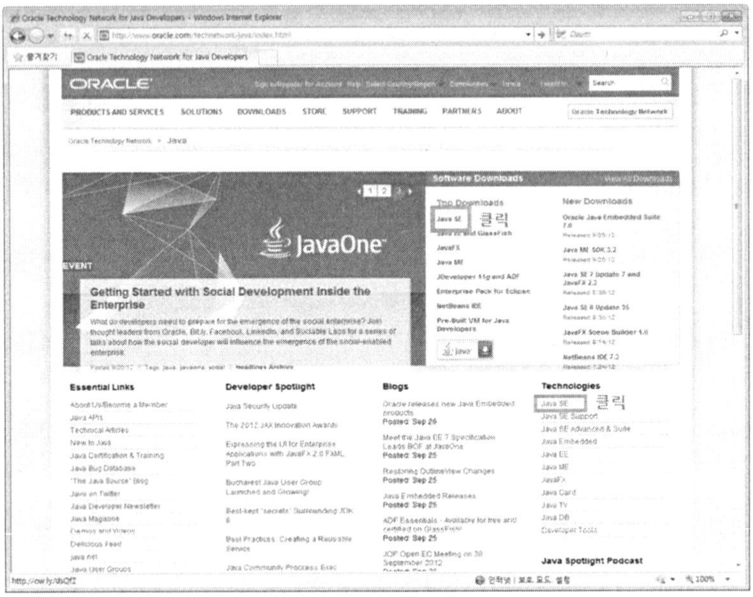

O3. 라이선스에 동의하고, Window 64bit 운영체제 파일인 'jdk-7u2-windows-x64.exe'를 선택한다.

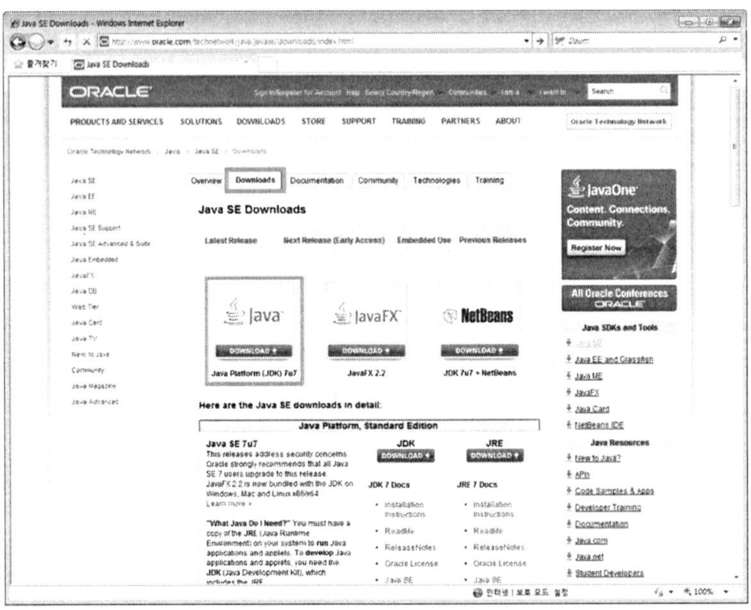

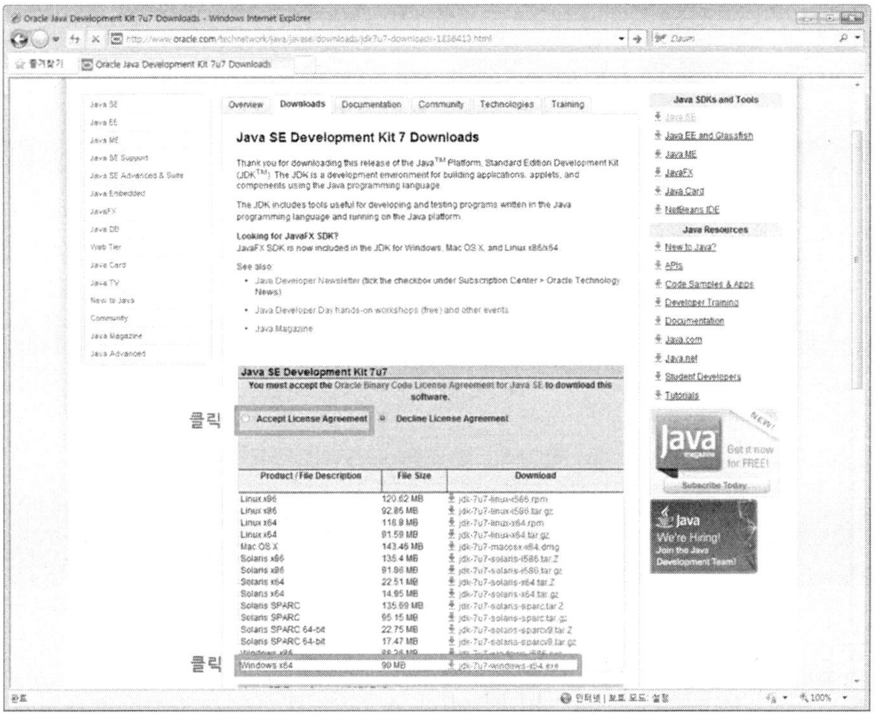

04. 다음과 같은 절차에 따라 설치 파일을 실행한다.

① 먼저 설치 환영 화면이 뜨면 Next 버튼을 눌러 설치할 항목을 선택한 후 Next 버튼을 클릭한다.

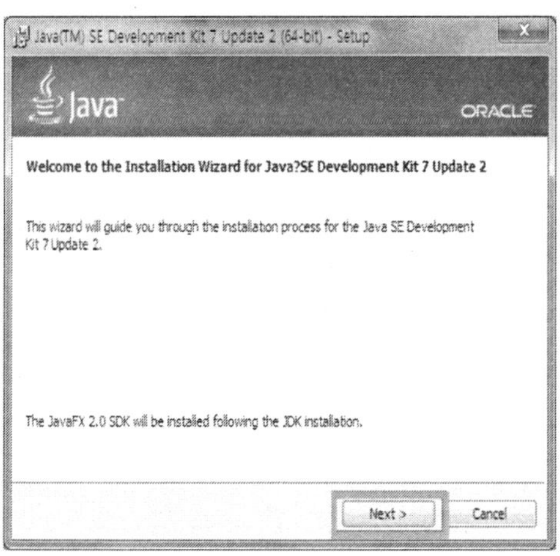

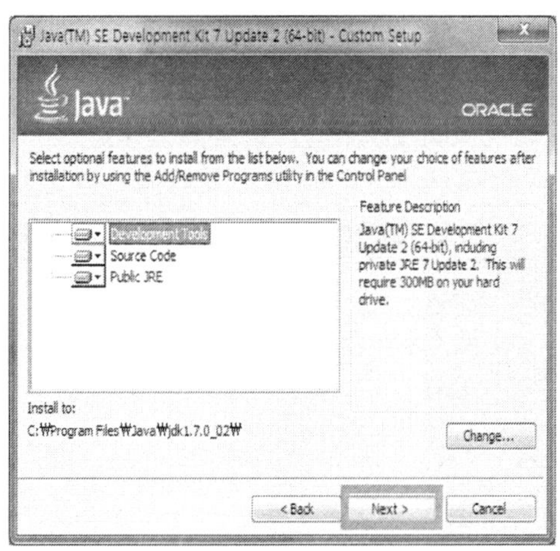

② 다음 화면과 같이 설치할 경로를 확인한 후 Next 버튼을 클릭한다.

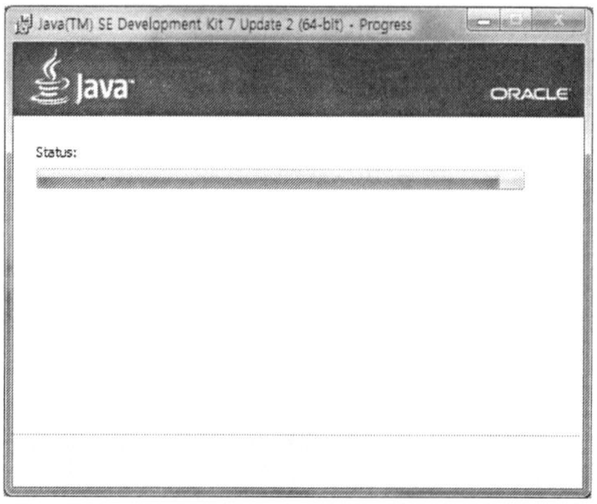

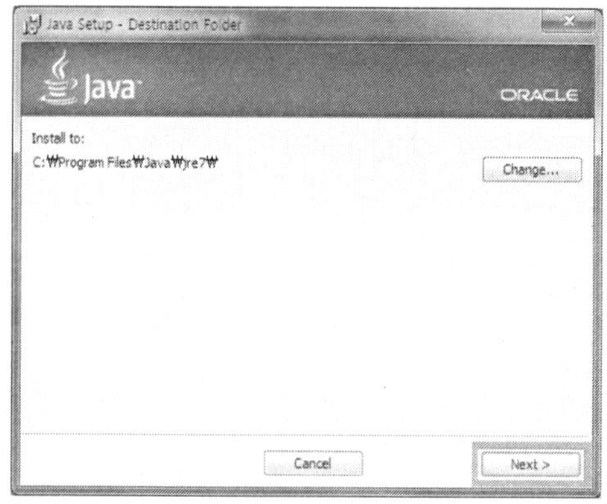

③ 다음과 같은 설치 과정을 확인한 후, Continue 버튼을 클릭한다.

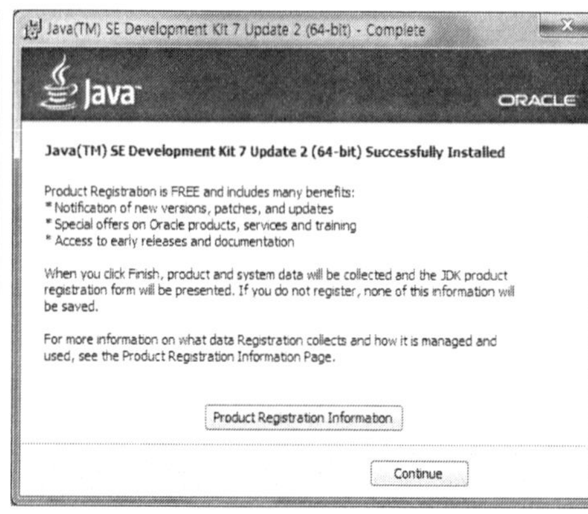

④ 다음 왼쪽 화면과 같이 'JavaFX 2.0 SDK' 설치에 대한 내용을 확인한 후 Next 버튼을 클릭하고, 오른쪽 화면과 같이 설치 경로를 확인한 후 Next 버튼을 클릭한다.

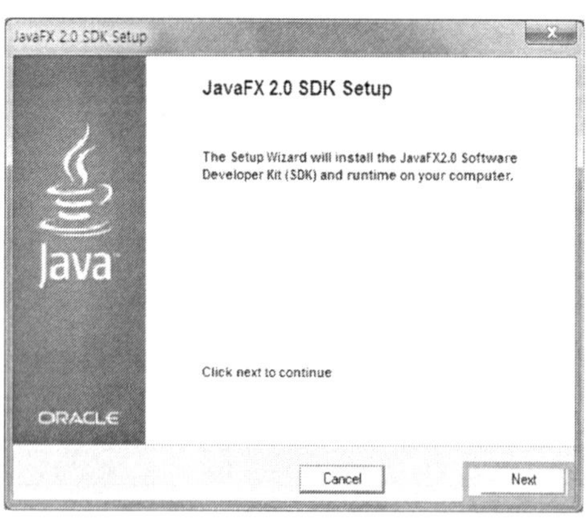

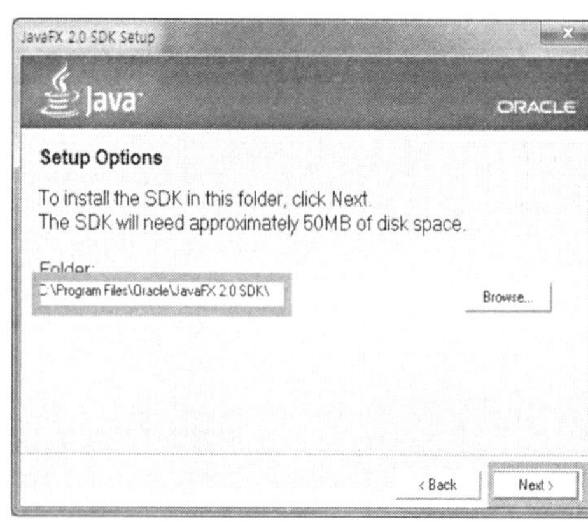

⑤ 다음 왼쪽 화면과 같이 설치 과정을 확인한 후, 오른쪽 화면과 같이 설치 완료에 대한 메시지를 확인 후 Close 버튼을 클릭한다.

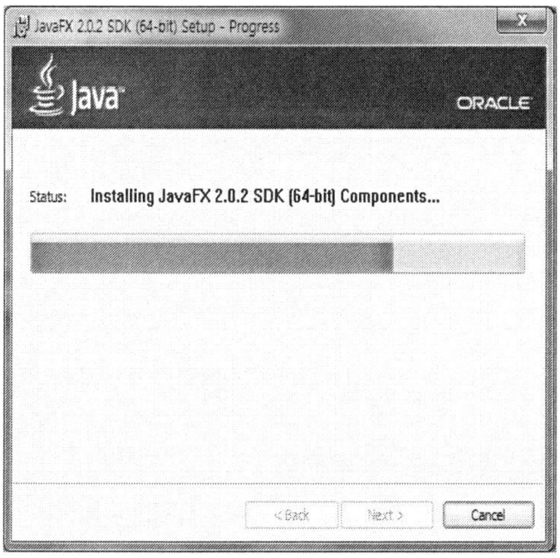

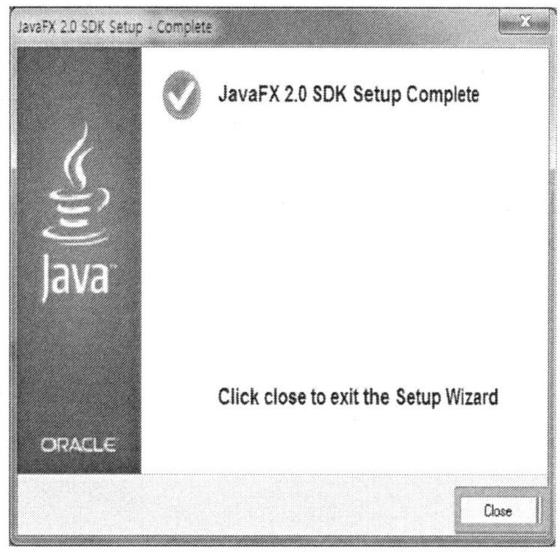

05. 설치가 완료되면 자바 프로그램을 실행하기 위한 환경 변수를 설정해야 한다.

① 다음 그림과 같이 [제어판] → [시스템 및 보안] → [시스템]으로 들어간다.

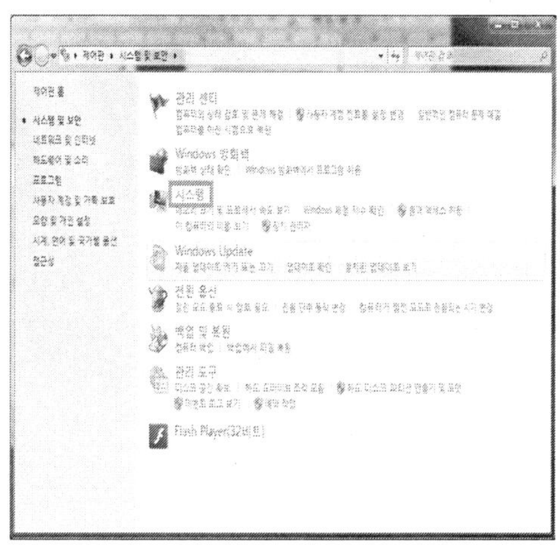

② 왼쪽 메뉴에서 [고급 시스템 설정] 항목을 클릭하면 환경변수를 설정하는 화면이 나오고 여기서 Path 변수를 클릭하여 [편집]을 누른다.

③ Path 변수 값에서 가장 오른쪽 부분에 커서를 두고, 그림과 같이 ';C:₩Program Files₩Java₩jdk1.7.0_02₩bin;'을 추가한다.

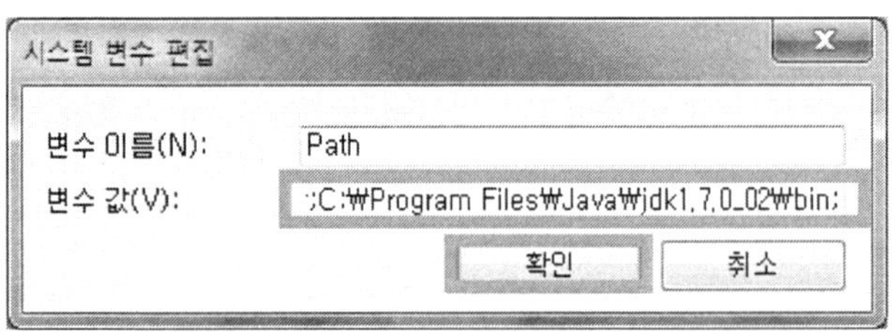

④ 새로운 시스템 변수인 JAVA_HOME과 CLASSPATH 변수를 추가해야 하는데, 다음 그림과 같이 JAVA_HOME 변수 값은 'C:₩Program Files₩Java₩jdk1.7.0_02', CLASSPATH 변수 값은 '.;C:₩Program Files₩Java₩jdk1.7.0_02₩lib₩tools.jar'로 각각 설정한다.

06. JDK 설치가 잘 되었는지를 확인하기 위하여 그림과 같이 [프로그램 및 파일 검색] 메뉴를 통해 cmd 명령어를 실행한다.

07. 콘솔 입력창이 나타나면 javac 명령어를 입력하여 그림과 같은 결과 화면이 나타나는 것을 확인한다.

```
관리자: C:\Windows\system32\cmd.exe
C:\Users\seong>javac
Usage: javac <options> <source files>
where possible options include:
  -g                         Generate all debugging info
  -g:none                    Generate no debugging info
  -g:{lines,vars,source}     Generate only some debugging info
  -nowarn                    Generate no warnings
  -verbose                   Output messages about what the compiler is doing
  -deprecation               Output source locations where deprecated APIs are used
  -classpath <path>          Specify where to find user class files and annotation processors
  -cp <path>                 Specify where to find user class files and annotation processors
  -sourcepath <path>         Specify where to find input source files
  -bootclasspath <path>      Override location of bootstrap class files
  -extdirs <dirs>            Override location of installed extensions
  -endorseddirs <dirs>       Override location of endorsed standards path
  -proc:{none,only}          Control whether annotation processing and/or compilation is done.
  -processor <class1>[,<class2>,<class3>...] Names of the annotation processors to run; bypasses def
ault discovery process
  -processorpath <path>      Specify where to find annotation processors
  -d <directory>             Specify where to place generated class files
  -s <directory>             Specify where to place generated source files
  -implicit:{none,class}     Specify whether or not to generate class files for implicitly reference
d files
  -encoding <encoding>       Specify character encoding used by source files
  -source <release>          Provide source compatibility with specified release
  -target <release>          Generate class files for specific VM version
  -version                   Version information
  -help                      Print a synopsis of standard options
  -Akey[=value]              Options to pass to annotation processors
  -X                         Print a synopsis of nonstandard options
  -J<flag>                   Pass <flag> directly to the runtime system
  -Werror                    Terminate compilation if warnings occur
  @<filename>                Read options and filenames from file

C:\Users\seong>
```

08. 또한 java 명령어를 입력하여 그림과 같은 화면이 나타나면 JDK 설치 및 환경 설정이 제대로 된 것이다.

```
관리자: C:\Windows\system32\cmd.exe
C:\Users\seong>java
사용법: java [-options] class [args...]
           (클래스 실행)
   또는  java [-options] -jar jarfile [args...]
           (jar 파일 실행)
여기서 options는 다음과 같습니다.
    -d32          사용 가능한 경우 32비트 데이터 모델을 사용합니다.
    -d64          사용 가능한 경우 64비트 데이터 모델을 사용합니다.
    -server       "server" VM을 선택합니다.
    -hotspot      "server" VM의 동의어입니다[사용되지 않음].
                  기본 VM은 server입니다..

    -cp <class search path of directories and zip/jar files>
    -classpath <class search path of directories and zip/jar files>
                  클래스 파일을 검색할 ;(으)로 구분된 디렉토리,
                  JAR 아카이브 및 ZIP 아카이브 목록입니다.
    -D<name>=<value>
                  시스템 속성을 설정합니다.
    -verbose[:class|gc|jni]
                  상세 정보 출력을 사용으로 설정합니다.
    -version      제품 버전을 인쇄한 후 종료합니다.
    -version:<value>
                  실행할 버전을 지정해야 합니다.
    -showversion  제품 버전을 인쇄한 후 계속합니다.
    -jre-restrict-search | -no-jre-restrict-search
                  버전 검색에서 사용자 전용 JRE를 포함/제외합니다.
    -? -help      이 도움말 메시지를 인쇄합니다.
    -X            비표준 옵션에 대한 도움말을 인쇄합니다.
    -ea[:<packagename>...|:<classname>]
    -enableassertions[:<packagename>...|:<classname>]
                  세분성이 지정된 검증을 사용으로 설정합니다.
    -da[:<packagename>...|:<classname>]
    -disableassertions[:<packagename>...|:<classname>]
                  세분성이 지정된 검증을 사용 안함으로 설정합니다.
    -esa | -enablesystemassertions
                  시스템 검증을 사용으로 설정합니다.
    -dsa | -disablesystemassertions
                  시스템 검증을 사용 안함으로 설정합니다.
    -agentlib:<libname>[=<options>]
                  <libname> 고유 에이전트 라이브러리를 로드합니다(예: -agentlib:hprof).
                  -agentlib:jdwp=help 및 -agentlib:hprof=help도 참조하십시오.
    -agentpath:<pathname>[=<options>]
                  전체 경로명을 사용하여 고유 에이전트 라이브러리를 로드합니다.
    -javaagent:<jarpath>[=<options>]
                  Java 프로그래밍 언어 에이전트를 로드합니다. java.lang.instrument를 참조하십시오.
    -splash:<imagepath>
                  이미지가 지정된 스플래시 화면을 표시합니다.
자세한 내용은 http://www.oracle.com/technetwork/java/javase/documentation/index.html을 참조하십시오.

C:\Users\seong>
```

Apache Tomcat 설치 방법

톰캣(tomcat)은 아파치(apache)라는 비영리 단체가 개발하여 무상으로 배포하고 있는 오픈 소스 소프트웨어로, 웹 서버 상에서 자바 코드를 실행하기 위한 컨테이너이다. 본 절에서는 톰캣의 최신 버전인 7.0을 다운받아 설치하도록 한다.

01. 웹 브라우저의 주소 창에 http://jakarta.apache.org라는 url을 입력하면 다음과 같은 웹 페이지가 나타나며, 아파치 톰캣의 최신 버전을 다운받을 수 있다.

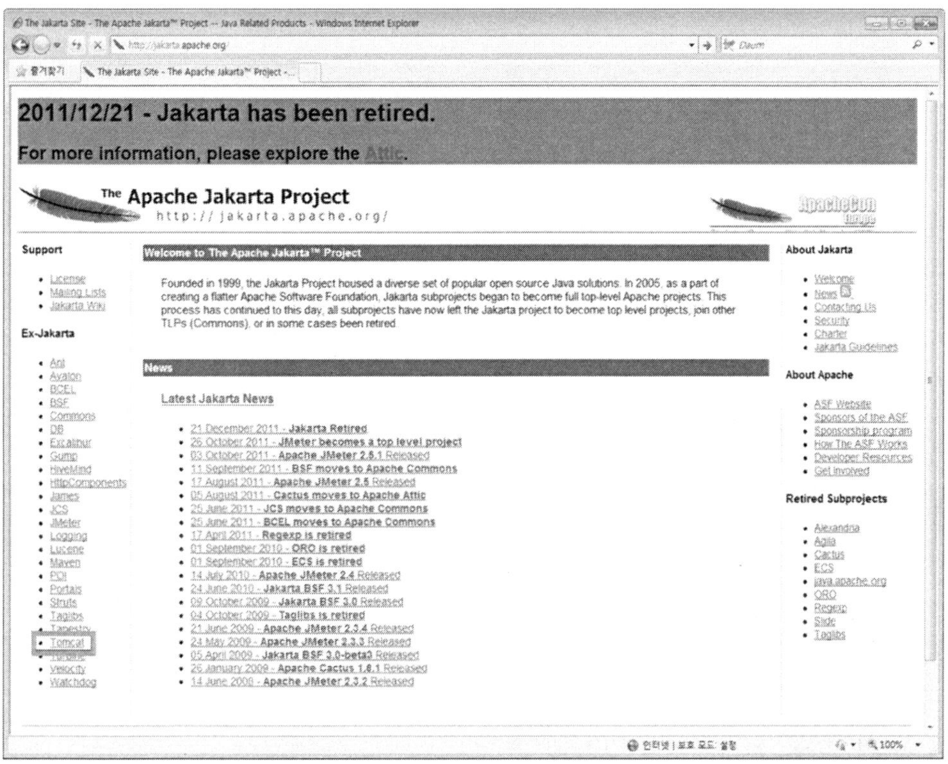

02. 메인 페이지의 왼쪽 하단에서 Tomcat 메뉴를 클릭하면 그림과 같은 웹 페이지가 나타나며, Download 메뉴 항목들 중에서 Tomcat 7.0을 선택한 후 '32-bit/64-bit Window Service Installer(pgp, md5)' 설치 파일을 클릭한다.

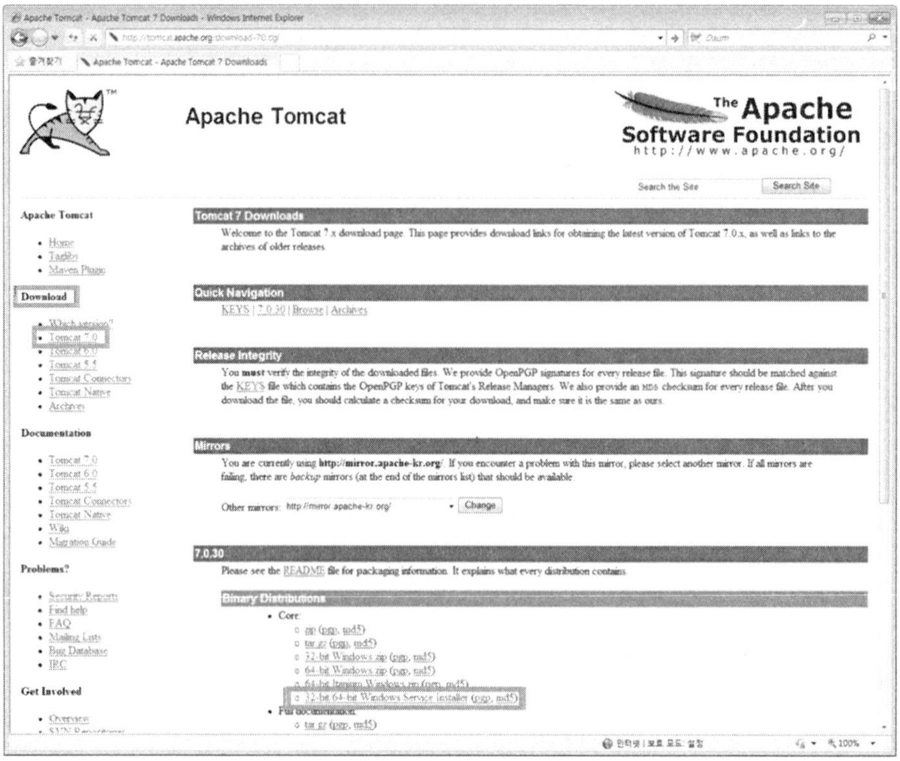

O3. Tomcat 7.0을 다운로드 받으면 다음과 같은 절차에 따라 설치 파일을 실행한다.

① 설치 환영 화면이 뜨면 Next 버튼을 클릭하여 사용자 라이선스 동의 화면의 내용을 읽고 I Agree 버튼을 클릭한다.

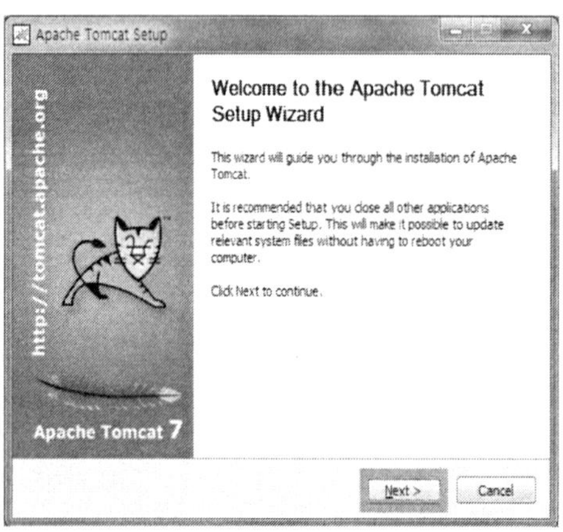

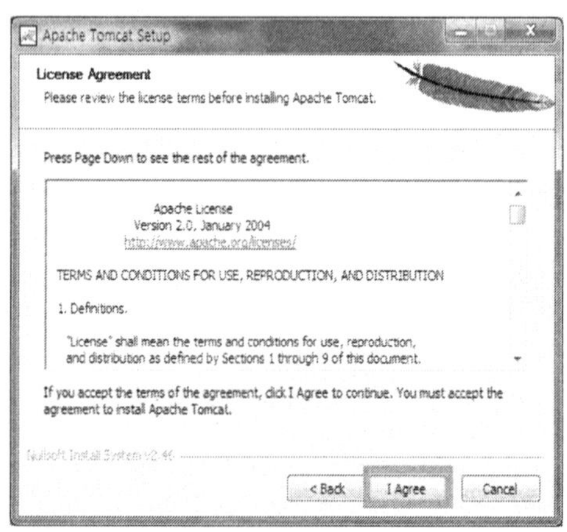

② 다음의 왼쪽 화면과 같이 설치 유형을 선택하고 Next 버튼을 클릭한 후, 오른쪽 화면에서와 같이 아파치 서버와의 연동을 위해 HTTP 연결 포트를 8080으로 설정한다.

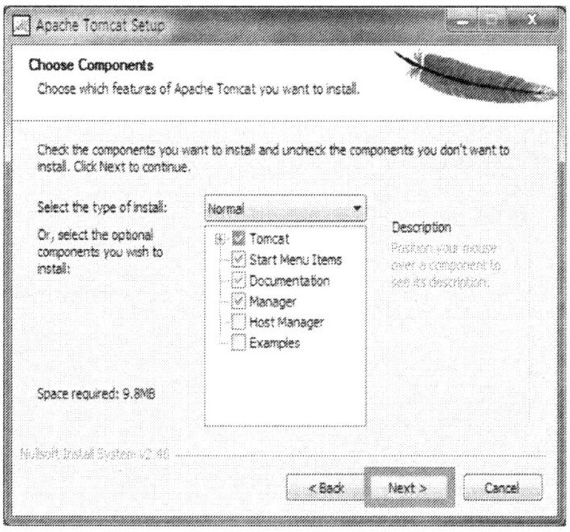
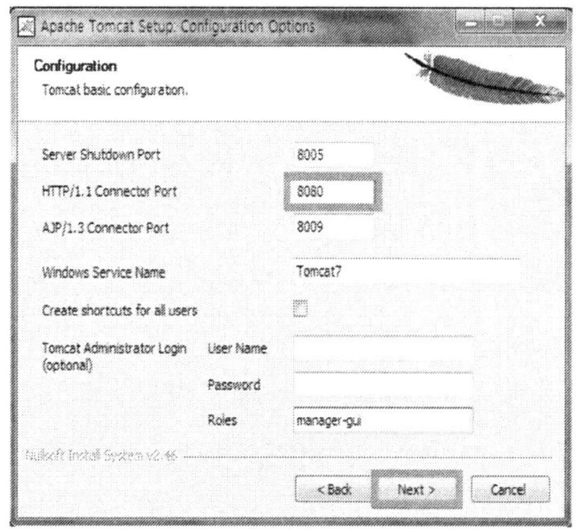

③ 다음의 왼쪽 화면에서 자바 가상 머신 설치 경로를 선택한 후 Next 버튼을 클릭한 후, 오른쪽 화면과 같이 아파치 톰캣을 설치할 폴더를 선택한 후 Install 버튼을 클릭한다.

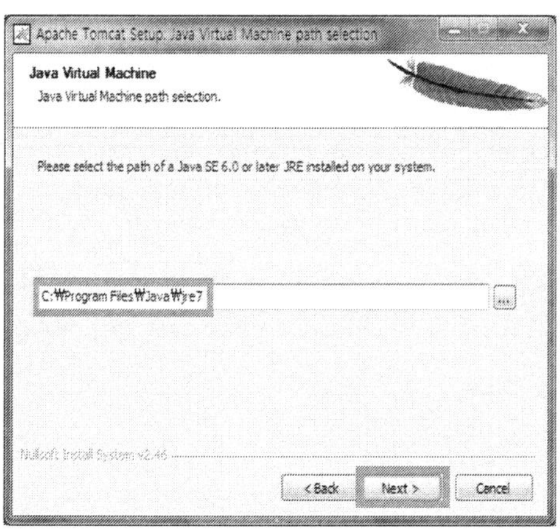
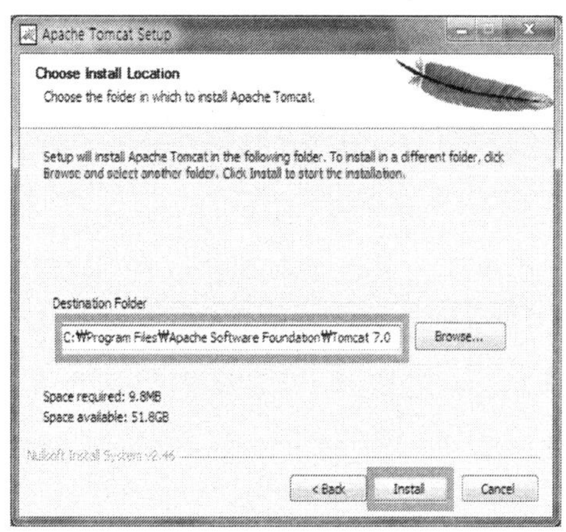

④ 다음의 왼쪽 화면과 같은 설치 과정을 확인한 후, 오른쪽 화면과 같이 설치 완료에 대한 메시지를 확인 후 Finish 버튼을 클릭한다.

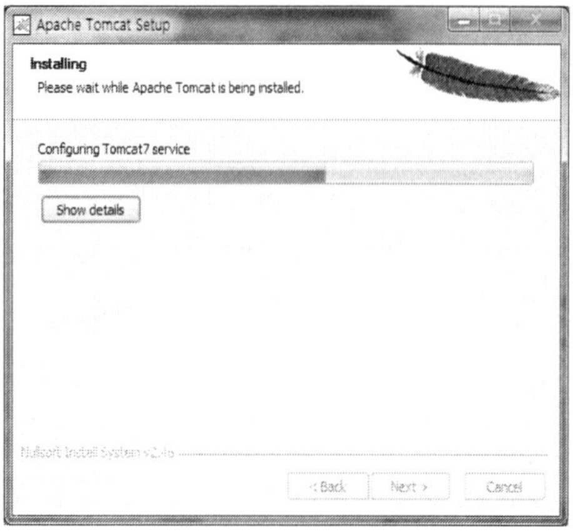

04. 설치가 완료되면 환경 변수를 설정해야 하는데, 그림과 같이 시스템 변수로 CATALINA_HOME을 정의하고, 변수 값으로 'C:₩Program Files₩Apache Software Foundation₩Tomcat 7.0'을 설정한다.

JDBC 설정 방법

본 절에서는 JSP 프로그램과 데이터베이스를 연동하기 위한 설정 방법을 설명한다. JSP 프로그램과 데이터베이스를 연동하기 위해서는 다음 절차와 같이 커넥터(Connector)를 다운로드 받은 후 별도의 설정 과정이 필요하다.

01. MySQL을 다운 받았던 사이트(http://www.mysql.com)에 접속하여 Downloads(GA)의 왼쪽 리스트 중 MySQL Connectors를 클릭한 후, 자바 플랫폼 기반의 커넥터인 Connector/J를 클릭한다. 이후에 그림과 같이 Connector/J의 Download 버튼을 클릭하면 커넥터를 다운로드 받을 수 있다.

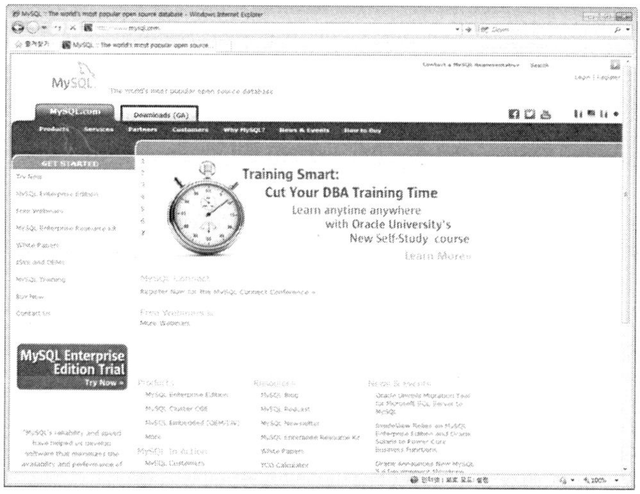
Training Smart:
Cut Your DBA Training Time
Learn anytime anywhere
with Oracle University's
New Self-Study course
MySQL Enterprise Edition Trial

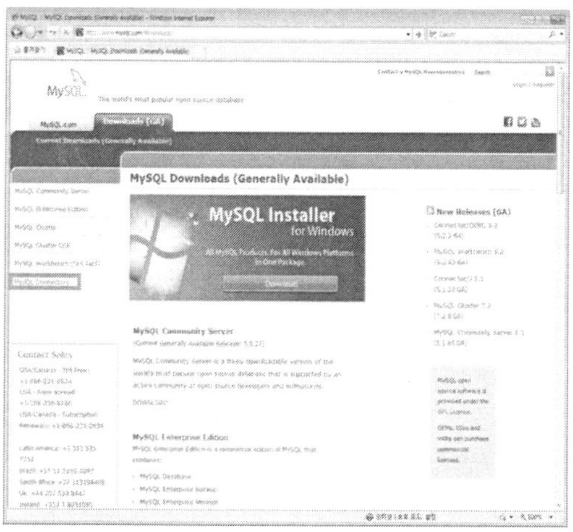
MySQL Downloads (Generally Available)
MySQL Installer
for Windows

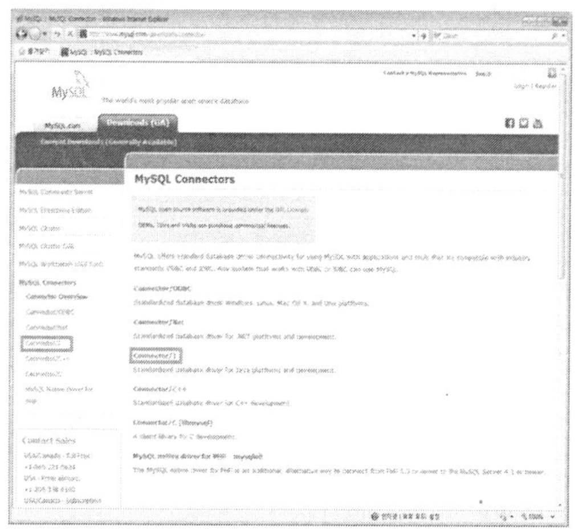
MySQL Connectors

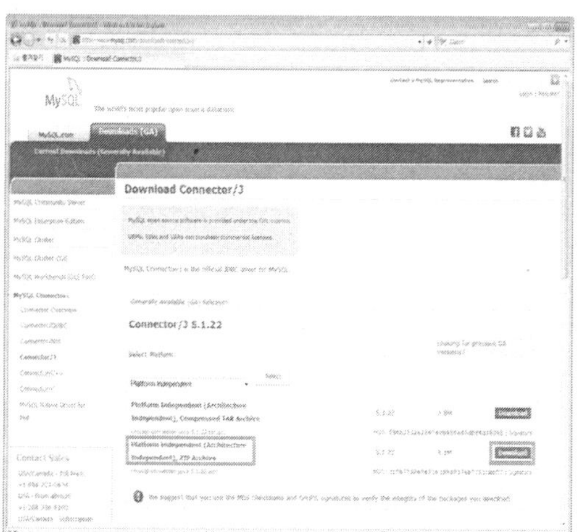
Download Connector/J
Connector/J 5.1.22

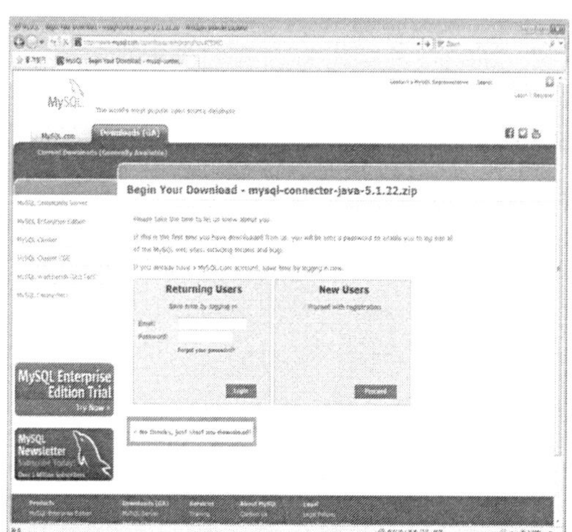
Begin Your Download - mysql-connector-java-5.1.22.zip
Returning Users
New Users
MySQL Enterprise Edition Trial

02. 앞에서 다운로드 받은 압축 파일을 해제하면 그림과 같이 'mysql-connector-java-5.1.12-bin.jar' 파일이 있으며, 이 파일을 다음 첫 번째 그림처럼 'C:₩Program Files₩Apache Software Foundation₩Tomcat 7.0₩lib'로 복사한다. (만일, 제대로 실행되지 않으면, 다음 두 번째 그림처럼 'C:₩Program Files₩Java₩jdk1.7.0_05₩jre₩lib₩ext' 경로에 동일한 파일을 복사한다.) 이 과정이 정상적으로 완료되면 JSP 프로그램과 MySQL 데이터베이스를 연동할 수 있다.

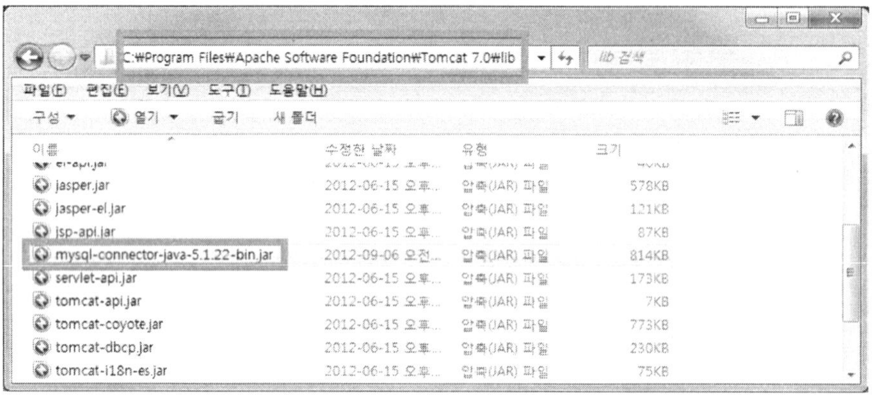

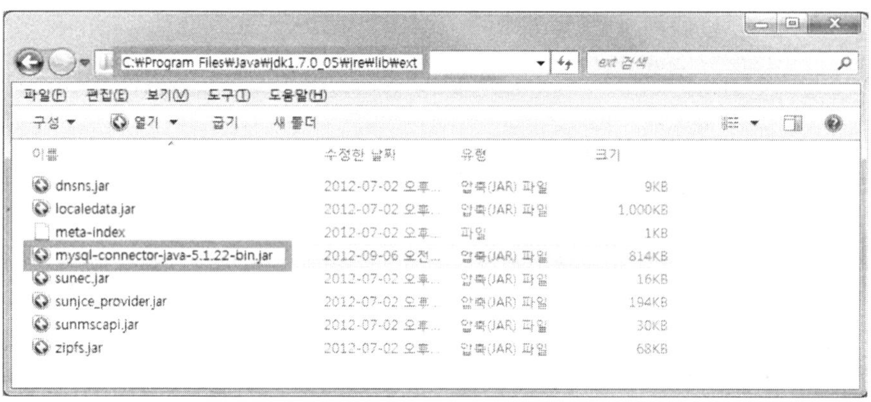

연습문제

01. JSP는 (   )의 약자이며, 자바를 기반으로 하는 동적 웹 사이트 구축 언어이다.

02. (   )는 클라이언트-서버 구조에서 서버 쪽의 처리를 의미하며, 클라이언트 쪽의 처리를 클라이언트 사이드라고 한다.

03. JSP 페이지의 기본 구성 요소는 지시문, (   ), 액션 태그, (   )이다.

04. JSP 스크립트 요소는 3가지이며, JSP 페이지 내에서 사용할 변수나 메소드를 선언할 때 사용하는 (   ), JSP 페이지 내에서 실행할 자바 코드를 기술하는 부분인 (   ), JSP 페이지 내에 클라이언트로 출력될 결과값을 포함시키고자 할 때 사용하는 (   )이다.

05. JSP 페이지 내에서 어떠한 액션이 발생하는 시점에 실행되는 것으로 JSP에서 사용하는 일부 기능들을 XML 기반의 태그로 작성한 것을 (   )라고 한다.

06. JSP 주석의 종류 중 한 줄 이내의 주석은 (   )로 표현하고, 여러 줄의 주석은 (   )로 표현한다.

07. (   )는 값(value)을 저장하는 이름이 부여된 기억 장소이며, 하나의 변수에 하나 이상의 값을 저장하고자 할 때는 (   )을 사용한다.

08. 산술 연산자의 일종인 증감 연산자는 (   ), (   ) 기호를 변수 앞 또는 뒤에 붙여 변수의 값을 1씩 증가 또는 감소시키는 데 사용한다.

09. 배정 연산에서 a *= b;의 의미는 a의 값과 b의 값을 곱한 결과를 a에 저장한 것으로 (   )와 같다.

10. 논리 연산자 중 AND 연산은 (   ), OR 연산은 (   ), NOT 연산은 (   ) 기호를 사용한다.

11. 조건에 따라 실행문을 선택하는 조건문의 종류로는 (   ), (   )이 있고, 조건을 만족하는 동안 반복에서 문장을 수행하는 반복문의 종류로는 (   ), (   ), (   )이 있다.

12. if 문의 종류에는 if 문, (   ), (   ) 세 가지가 있다.

13. switch 문은 다중 선택문으로 식의 평가 결과에 따라 여러 가지 중의 하나를 선택하여 실행하는 경우에 이용하며, 조건을 구분하기 위해 (   ) 키워드를 사용하고, 식과 일치하는 값이 없는 경우를 위해 (   ) 키워드를 사용한다.

14. for 문은 루프 본체의 하나 이상의 문장을 정해진 횟수만큼 반복적으로 실행하는 문장으로, (   )은 루프의 반복 횟수를 제어하는 데 사용하는 식이며, (   )은 루프의 종료 여부를 판단하는 식이고, (   )은 제어 변수의 값을 증가시키거나 감소시키는 데 사용하는 식이다.

15. Date 클래스 중 날짜를 알려주는 메소드는 (   )이고, Integer 클래스 중 문자열 데이터를 정수형으로 변환하는 메소드는 (   )이다.

16. 내장 객체 중, 클라이언트의 요청 정보를 가져올 때 사용하는 것은 (   ) 객체이고, 클라이언트 요청에 응답할 때 사용하는 것은 (   ) 객체이며, 문자열이나 변수에 저장된 값을 출력할 때 사용하는 것은 (   ) 객체이다.

17. request 객체의 메소드 중 매개변수에 배정된 값을 반환하는 데 사용하는 메소드는 (   )이다.

18. form 입력 양식에서 서버로 데이터를 전송하는 방식으로, (　　　　　　) 방식은 서버로 전달되는 매개변수 값이 공개되어 보안상의 문제가 발생하기 때문에 이를 해결하기 위해 (　　　　　　) 방식을 사용한다.

19. response 객체의 메소드 중 매개변수로 지정된 페이지로 이동시키는 메소드는 (　　　　　　　　　　)이다.

20. out 객체의 메소드 중 데이터를 출력하는 데 사용하는 메소드는 (　　　　　　) 이고, 데이터 출력 후에 줄바꿈을 하는 메소드는 newline을 출력하는 것은 (　　　　　　)이다.

O1. 다음 그림과 같은 결과를 갖도록 if-else if-else 문을 이용하여 JSP 페이지를 작성하시오. (단, 90점 이상 A, 80점~89점 B, 70점~79점 C, 60점~69점 D, 기타 F임)

O2. 다음 그림과 같은 결과가 나오도록 switch 문을 이용하여 JSP 페이지를 작성하시오. (단, 1월~3월 1분기, 4월~6월 2분기, 7~9월 3분기, 10월~12월 4분기임)

O3. 1부터 1,000까지의 합을 구하는 JSP 페이지를 for 문, while 문을 이용하여 각각 작성하시오.

O4. for 문을 이용하여 다음 그림과 같은 결과가 나오도록 JSP 페이지를 작성하시오.

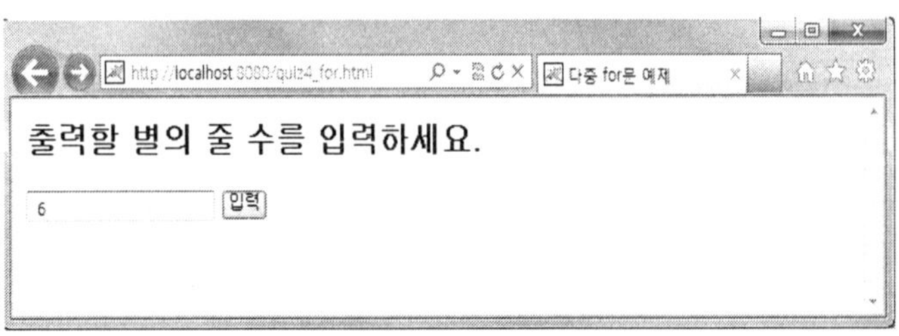

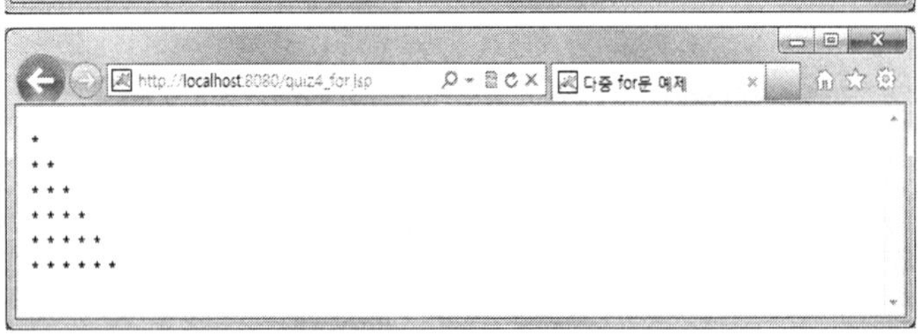

05. forward 액션 태그를 사용하여 다음 그림과 같은 결과가 나오도록 JSP 페이지를 작성하시오.

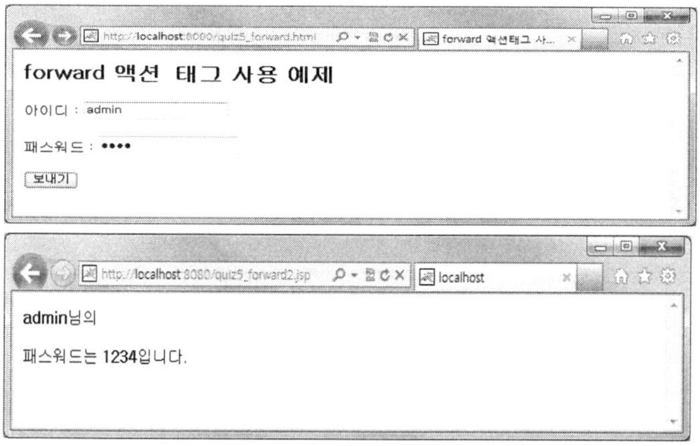

06. String 클래스의 메소드를 이용하여 다음 그림과 같은 결과가 나오도록 JSP 페이지를 작성하시오.

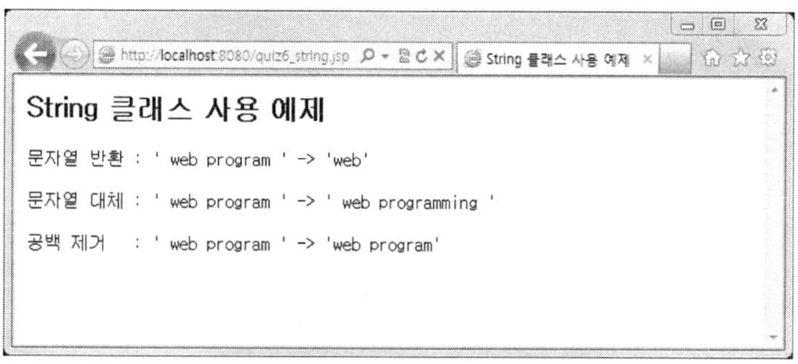

07. Date 클래스의 메소드를 이용하여 다음 그림과 같은 결과가 나오도록 JSP 페이지를 작성하시오.

08. Math 클래스의 메소드를 이용하여 다음 그림과 같은 결과가 나오도록 JSP 페이지를 작성하시오.

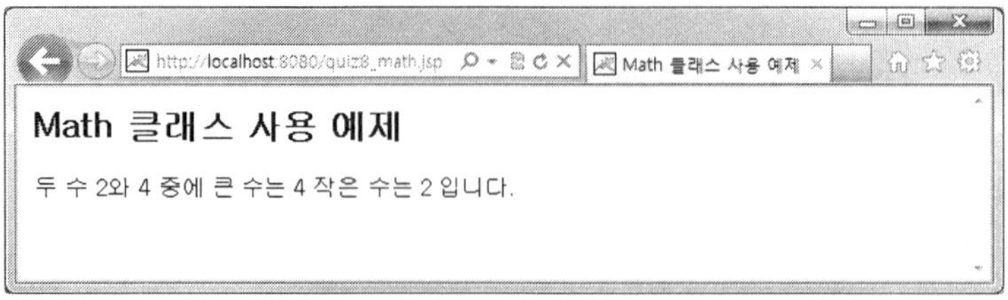

09. File 클래스의 메소드를 이용하여 다음 그림과 같은 결과가 나오도록 JSP 페이지를 작성하시오.

10. 섭씨 온도를 화씨 온도로 변환하는 사용자 정의 함수를 정의하여 다음 그림과 같은 결과가 나오도록 JSP 페이지를 작성하시오.
(단, 화씨 온도 = 섭씨 온도 x 1.8 + 32임)

11. request 객체의 post 방식을 이용하여 다음 그림과 같이 덧셈과 뺄셈을 하는 JSP 페이지를 작성하시오.

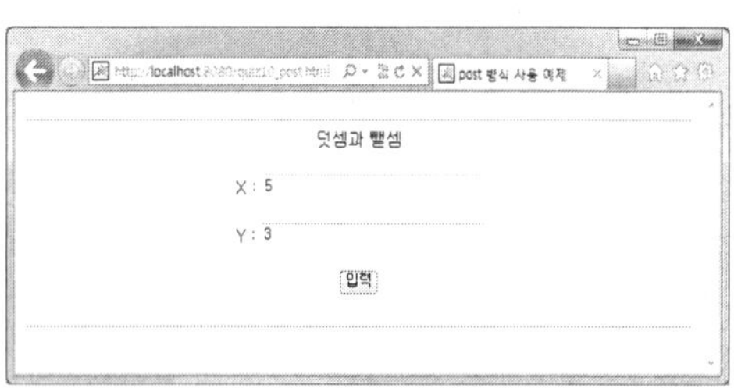

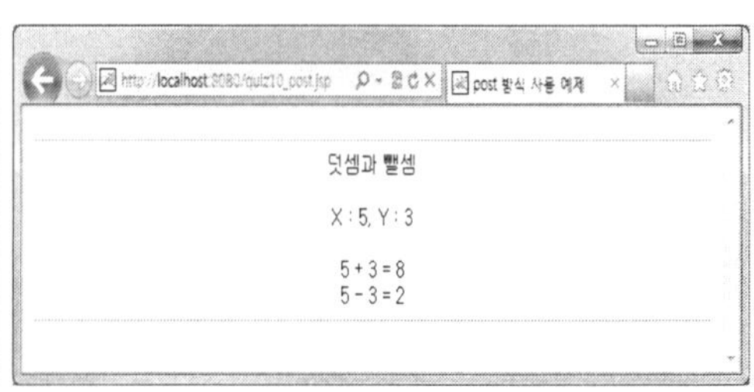

12. response 객체를 사용하여 다음 그림과 같은 결과가 나오도록 JSP 페이지를 작성하시오.

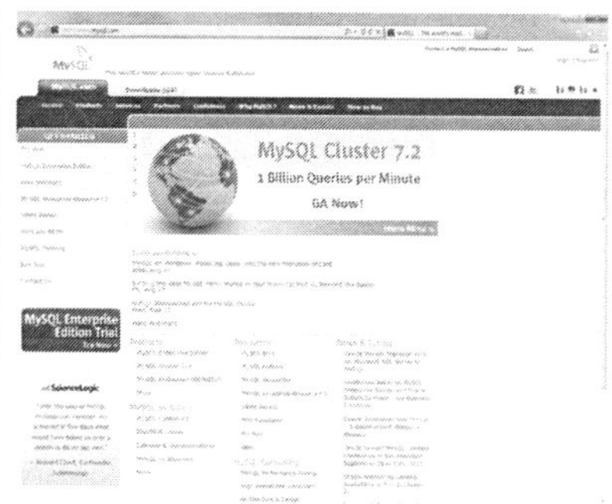

13. session 객체를 사용하여 다음 그림과 같은 결과가 나오도록 JSP 페이지를 작성하시오.

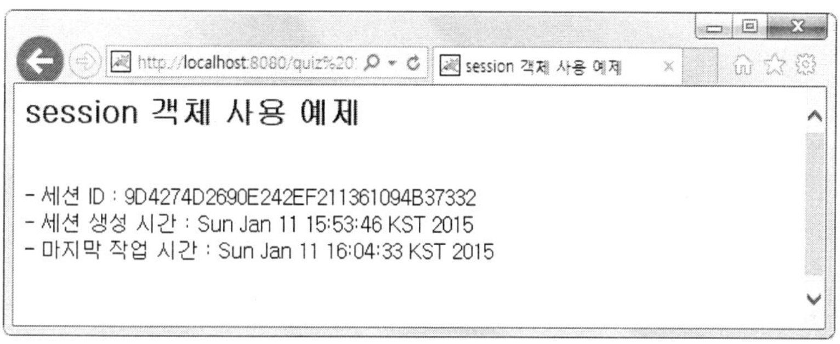

14. application 객체를 사용하여 다음 그림과 같은 결과가 나오도록 JSP 페이지를 작성하시오.

15. JDBC를 이용하여 다음 그림과 같이 데이터베이스에 저장된 내용 모두가 출력되도록 JSP 페이지를 작성하시오.

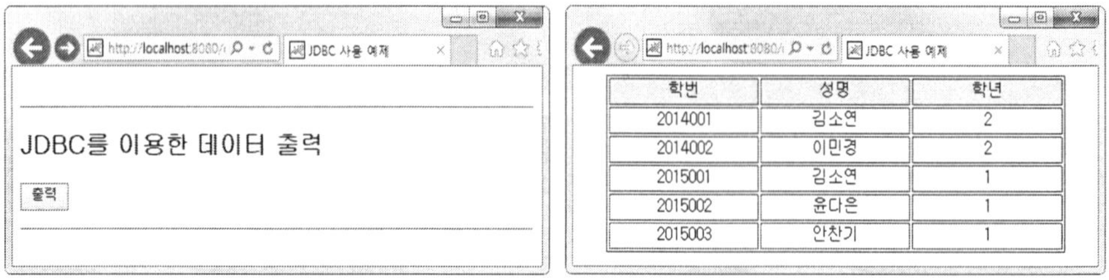

※ 본 장의 여론조사 예제에 다음과 같은 기능을 추가하는 프로그램을 작성하시오.

16. 여론조사에 사용된 테이블에 gender, age 열을 추가하여, 여론조사 참여 시 성별과 나이를 테이블에 저장할 수 있도록 프로그램을 수정하시오.

17. 결과 화면에 성별과 연령대별로 조사 결과가 나타나도록 프로그램을 수정하시오.
(단, 20세~29세 20대, 30세~39세 30대, 40세~49세 40대, 50세~59세 50대임)

※ 본 장의 게시판 예제에 다음과 같은 기능을 추가하는 프로그램을 작성하시오.

18. 게시판에서 사용된 테이블에 date라는 열을 추가하고, Date 메소드를 이용하여 게시판에 글을 등록할 때 날짜도 함께 등록할 수 있도록 프로그램을 수정하시오.

19. 게시글 제목으로 원하는 게시물을 찾을 수 있는 board-search.jsp를 작성해 보시오.
(단, 검색할 제목을 입력하기 위하여 board-list.jsp 화면에 입력 필드와 검색 단추를 추가하고, board-search.jsp에서 검색 결과를 목록 형식으로 출력하도록 함)

20. 게시글의 목록을 나타낼 때 한 화면에 3개씩 보여주는 기능을 추가하시오.
(단, 화면 간의 이동은 이전화면, 다음화면 링크를 이용함)

❖ 참고 문헌

01. 오세만, 이용규, *인터넷 프로그래밍 입문*, 개정판, 생능출판사, 2005

02. B. Bates and B. Basham, *Head First Servlets and JSP : Passing the Sun Certified Web Component Developer Exam*, 2nd Edition, O'Reilly, 2008

03. T. Downey, *Web Development With Java*, Springer-Verlag New York, 2007

04. M. Ernest, *Java SE 7 Programming Essentials*, John Wiley & Sons, 2012

05. E. Jendrock, I. Evans, D. Gollapudi and K. Haase, *The Java EE 6 Tutorial: Basic Concepts*, 4th Edition, Prentice Hall, 2010

06. B. Kurniawan, *Servlet & Jsp : A Tutorial*, Independent Pub Group, 2011

07. V. Vaswani, *MySQL Database Administration*, McGraw Hill, 2009

08. developer.java.sun.com/developer/onlineTraining/JSPIntro/

09. docs.oracle.com/javaee/5/tutorial/doc/

10. en.wikipedia.org/wiki/JavaServer_Pages

11. jakarta.apache.org

12. java.sun.com/products/jsp/docs.html

13. www.javatpoint.com/jsp-tutorial

14. www.jspin.com

15. www.jsptut.com

16. www.mysql.com

17. www.mysqlkorea.com

18. www.oracle.com/technetwork/java/javaee/jsp/index.html

19. www.roseindia.net/jsp/jsp.htm

20. www.tutorialspoint.com/jsp/index.htm

찾아보기

&

-

_

<

B

C

D

E

ㅎ

■ 저자 약력

이용규

미국 시라큐스대학교 전산학박사
현 동국대학교 컴퓨터공학과 교수

김신우

동국대학교 컴퓨터공학과 공학박사
현 동국대학교 컴퓨터공학과 강사

박성은

동국대학교 컴퓨터공학과 공학박사
현 ㈜웝스 책임컨설턴트

웹 프로그래밍

이용규·김신우·박성은 지음

초판발행 : 2013. 2. 18
제1판2쇄 : 2016. 2. 5
발 행 인 : 김 승 기
발 행 처 : (주)생능출판사
신고번호 : 제406-2005-000002호
신고일자 : 2005. 1. 21
I S B N : 978-89-7050-746-0(93000)

10881
경기도 파주시 광인사길 143
대표전화 : (031) 955-0761 FAX : (031) 955-0768
홈페이지 : http://www.booksr.co.kr

파본 및 잘못된 책은 바꾸어 드립니다. 정가 27,000원